蓟门法学

第十一辑

主　编

刘大炜（中国政法大学法学院分党委书记　教授）

陈维厚（中国政法大学法学院院长助理、研工办主任　副教授）

编委会

刘大炜　陈维厚　李　丹　刘文豪　陈思羽

宋雨琪　张古月　陈慨洋　苗凌云　王绪加

中国政法大学出版社

2022·北京

图书在版编目（ＣＩＰ）数据

蓟门法学. 第十一辑/刘大炜，陈维厚主编.—北京：中国政法大学出版社，2022.8

ISBN 978-7-5764-0643-6

Ⅰ.①蓟…　Ⅱ.①刘…　②陈…　Ⅲ.①法学—文集　Ⅳ.①D90-53

中国版本图书馆CIP数据核字(2022)第155564号

书　名	蓟门法学（第十一辑） JIMEN FAXUE DISHIYIJI
出版者	中国政法大学出版社
地　址	北京市海淀区西土城路 25 号
邮　箱	fadapress@163.com
网　址	http://www.cuplpress.com (网络实名：中国政法大学出版社)
电　话	010-58908466(第七编辑部) 010-58908334(邮购部)
承　印	北京九州迅驰传媒文化有限公司
开　本	720mm×960mm　1/16
印　张	29
字　数	430 千字
版　次	2022 年 8 月第 1 版
印　次	2022 年 8 月第 1 次印刷
定　价	98.00 元

序　言

　　时光荏苒，岁月如梭。距离 2012 年 3 月 31 日第一届"蓟门法学"研究生学术论文大赛正式启动，已过去了十年。十辑《蓟门法学》学术论文集，见证了我们不负韶华的激昂岁月和志存高远的学术追求，也见证了法学院强化研究生学术志趣、学术诚信和能力培养的坚定决心，一批批法学院优秀学子也伴随着这一年一度的学术赛事逐渐成长。经过又一年的酝酿积蓄，法学院学子秉持"路漫漫其修远兮，吾将上下而求索"的信念，积极努力、笔耕不辍，经过评委老师的斟酌筛选，《蓟门法学》（第十一辑）得以顺利集结出版，如期付梓。

　　《蓟门法学》（第十一辑）学术论文集，共收录从众多参赛作品中脱颖而出的论文 35 篇，囊括法学理论、法律史学、宪法学、行政法学、法与经济学、法律职业伦理、体育法学七个学科门类。这些论文从不同角度对我国立法和司法实践中遇到的传统问题、热点问题、难点问题进行了精彩而又不失深度地阐述。与往年不同的是，此辑的论文题材更为广泛、形式更为多样、内容也更为丰富。论文主题涵盖了网络空间国家审慎义务、大数据杀熟的反垄断规制、政府数据开放的权属界定等学术前沿；侧重于理论探讨、价值评价的论文有之；取材于现实实践、具体操作的论文亦有之；论文作者对工具分析、对比分析等多种论文写作方法的运用也轻车熟路、可圈可点。字里行间，可以感受到学子们对新知的强烈渴望，对疑惑的寻根究底，对学术的坚定执着。翻阅文集，我们可以感受到学子们的思维火花；虽然有些文章和观点还略显稚嫩，存在不足，却依旧可以使我们得到启发。严谨认真的治学态度、求实创新的探索精神将通过莘莘学子薪火相传。

　　"奇文共欣赏，疑义相与析。"期望《蓟门法学》能够为法学学子洞开一个学术窗口，用以展示法学学子的学术成果与勇攀高峰的精神风貌，也希望每一辑优秀论文集的出版，都能够激发研究生学术创作的积极性与问题探索的好奇心、唤起研究生承担社会使命的责任心。希望法学院研究生通过"蓟门法学"研究生学术论文大赛这个平台继续砥砺奋进，不断提高学术水平与能力，为研究生生涯与未来人生奠定基础。

诚然，论文大赛的圆满成功，离不开许多人的支持和帮助。在此，我们由衷地感谢法学院全体老师和同学们的包容与信任，由衷地感谢在百忙之中抽出时间为大赛义务评审论文的各专业的评委老师，由衷地感谢积极投稿参加论文大赛的蓟门学子们。学院研究生会特别是学术部的同学在大赛过程中承担了大量的事务性工作，在此道一声"辛苦了"！

"桐花万里丹山路，雏凤清于老凤声。"相信我们会胼手胝足、砥砺前行，青出于蓝，而胜于蓝，积于跬步，而至千里！

《蓟门法学》编委会
二〇二二年七月

目　录

第三部分　宪法学

第四部分　行政法学

第五部分　法与经济学

第六部分　法律职业伦理

第七部分　体育法学

第 一 部 分

法学理论

承诺是保护性理由吗？

朱慎独*

摘　要： 关于承诺的实践角色的讨论，涉及概念与证成两个方面。承诺是选择独立性理由，其约束力不依赖于承诺者的价值选择。拉兹为辩护其独立性提出保护性理由理论。其主张自主的价值既是采取被承诺行为的理由，也是不将其他相冲突的价值作为理由的排他性理由。但此种基于价值的排他性理由观点是误导性的，因为自主作为价值本身并不具有选择独立性。如果承诺的独立性是应当被接受的，那么承诺性理由就是基于纯粹意志的排他性理由，其功能在于排除行动者的外在意志，从而使得行动者可以相互负责、相互尊重的独特方式开展交往行为。承诺性理由的存在不仅迫使我们承认基于意志的理由的可能性，也提醒我们反思基于价值的理由与基于意志的理由间的相似性。

关键词： 承诺性理由；选择独立性；保护性理由；自主价值；纯粹意志

一、承诺的独立性：内容独立性与目的独立性

为何要遵守承诺，是一个有趣而复杂的问题。人们经常根据承诺的要求采取与自己的重要考虑不一致的行为，并且认为自己有义务这么做。例如，履行对自己不再有实益的买卖合同，受竞业禁止的约束而放弃心仪的就业机会。但将承诺接受为道德概念会遭遇一项门槛式批评，即"不理性批评"。该批评预设了关于人类行为的特殊观念。拉兹对这一观念进行了精致阐述，即"将典型

---

* 朱慎独，中国政法大学 2020 级法学理论专业博士。

的选择与行为视为受到意志的决定，该意志既知晓且受到理由的限制，又在行为中扮演自主的角色"。[1]因此，"能动者的行为应当是考察理性上可理解的选项后，他所选择采取的"。拉兹称之为"行动者的古典概念"（the classical conception of human agency）。

为了尽快把握古典概念对承诺的批评，我先简要说明古典概念的特征，更完整的论述留待文章的第四部分。第一，也是最根本的是，古典概念在理由的定义上支持"理由的外在命题"，即所有行动理由是由独立于人类意志的外在事实提供的。当然，并非所有事实都能提供行动理由，只有那些包含价值属性（value property）的事实才有此地位。这些事实通过说明行为在什么意义上对行动者是内在的好以解释并证成相应的行为要求。[2]第二，在意志与理由的关系上，古典概念持有一种独特的"自主命题"。一方面，理由的规范性力量并没有剥夺行动者的自由选择。对于关乎个人生活之重要面向的事务而言，选项间的不可通约性确保了行动者有足够的自主空间。尽管并非任何选项之间都是不可通约的，但即使通盘考虑某些足够重要的理由，行动者仍然有充分的选择空间。[3]另一方面，古典概念虽然支持行动者应当被允许在理由处于不可通约之时自由选择如何行动，但是否认这一选择本身使得选项更有价值。[4]本文称其为"非规范性自主命题"。

不难发现，古典概念通过特殊方式将行动者的目标选择作为其实践推理的中心。这里的目的并不限于事业或人际关系等个人目标（goal），而是包括一切行动者积极参与的有价值的事物，无论其是否具有道德性质。[5]承诺性理由令人困惑之处就在于，它拥有为不符合选择中心论模型的行为提供证成的能力。

---

[1] See Joseph Raz, *Engaging Reason: On the Theory of Value and Action*, Oxford University Press, 1999, pp. 47-48.

[2] See Joseph Raz, *Value, Respect, and Attachment*, Cambridge University Press, 2001, p. 43.

[3] See Joseph Raz, *Engaging Reason: On the Theory of Value and Action*, Oxford University Press, 1999, p. 65.

[4] See Joseph Raz, *Engaging Reason: On the Theory of Value and Action*, Oxford University Press, 1999, pp. 56-57, 109-111.

[5] 初看起来，这种概括与现实生活存在严重的不一致。例如，日常生活中占据重要地位的义务性理由的约束力并不依赖于个人选择，而是强制适用于行动者。但这并不意味着从选择中心论的实践推理模式开始是不合理的。一方面，以选择中心论的推理模型作为行动的基本模式，有助于考察约束力并不依赖于个人选择的理由是如何可能的。另一方面，即使选择中心论的推理模型不足以作为实践推理的基本样态，它对于讨论遵守承诺的问题仍然是可资使用的。在承诺的典型实践中，遵守承诺并不必然违反其他义务，也不涉及重要的社会问题，而只是与行动者的当前目的相冲突。

承诺对象经常不是实现承诺者目的的恰当方式，但该主张仍然是有效的。对这一现象的代表性处理方式是将承诺性理由归结为"内容独立性理由"（content-independent reason）。其核心思想是，承诺的约束力不依赖于被承诺行为在具体情境中的内容和后果的价值。[1]相反，其约束力取决于行为内容与后果的好坏的理由就可称为"内容依赖性理由"（content-dependent reason）。在古典概念下，内容依赖性理由就是基于价值的理由，其与承诺性理由存在两方面的差别。第一，内容依赖性理由的功能是使选项变得恰当与可理解，但承诺性理由并不会使被承诺的行为对承诺者更有吸引力。第二，承诺性理由的约束力是独立于个人选择的，而内容依赖性理由只有在与选择相关时方进入实践推理。为了论证的简便，本文将只考虑承诺性理由在行为价值不可通约下的作用。[2]这样一来，两种理由的差异可以归结为同一特征，即承诺性理由的选择独立性。本文将称这一特征为"承诺的独立性论题"。能否妥当地说明这一特征也是检验任何承诺理论是否有说服力的主要标准。[3]

当然，理解承诺的实践角色并不必然采取独立性论题的看法，它可以且在事实上经常被认为是分量足够重要的理由。而拉兹的重要贡献之一就在于他对这一替代性理解的严厉拒斥。他以多种形式的反对意见表明，将承诺性理由视为分量更重的理由是对承诺者面对的真正难题的回避。[4]一方面，遵循原则而行动固然可能产生复杂而间接的利益。例如，提升个人的总体效率，以特定方

---

[1] Joseph Raz, "Is There a Reason to Keep a Promise", in Gregory Klass and Jaseph Raz eds, *Philosophical Foundations of Contract Law*, Oxford University Press, 2014, pp. 61-62.

[2] 笔者并不是要否认被承诺的对象经常是不够好的，甚至是愚蠢或糟糕的。这类情形在商业合同中占据相当高的比例。本文之所以专注于不可通约之选项间的承诺问题，是出于以下两个理由：第一，在不可通约的情形中，承诺者的不理智或疏忽大意被去除，遵守承诺的问题因此变得更独特。第二，下文将会强调，承诺的主要意义是允许承诺者以独特方式与受诺者进行人际交往。而使这一目的得以实现的关键要素是承诺内容对受诺者的利益。相较之下，被承诺行为对于承诺者究竟是足够好的还是不够好的，并不影响承诺功能的发挥。

[3] 接受承诺是基于意志的理由并不会使其指引具有任意性。一方面，尽管选择与实现目的无疑是意向性行动的不可忽略的部分，遵守承诺未必阻止承诺者实现其目的。它只是表明个人选择并不是拒绝履行承诺的充分证成。另一方面，并非任何承诺都是有效的，也并非任何承诺的履行都是不可调整的。H. G. Beale, W. D. Bishop, M. P. Furmston, *Contract: Cases and Materials*, Butterworths, 2001, pp. 1055-1092. H. G. Beale, *Chitty on Contracts*, Sweet&Maxwell, 2012, pp. 1129-1131; R. A. Buckley ed, *Illegality and Public Policy*, Sweet&Maxwell, 2009, pp. 94-96, 89-106.

[4] Joseph Raz, *Practical Reasons and Norms*, Oxford University Press, 1975, pp. 41-42; Joseph Raz, *The Morality of Freedom*, Oxford University Press, 1986, pp. 39-41; Joseph Raz, *Ethics in the Public Domain: Essays in the Morality of Law and Politics*, Clarendon Press, 1994, pp. 48-49.

式促进合作，甚至是一些尚无法确定的共同善的利益。[1]但在考察违背承诺的问题时，这些利益必须被假设为已经考虑的。遵守承诺的难题始终在于，承诺可以证成不受到承诺者的"所有"选择依赖性理由支持的行为。[2]即使与某些具体原则相关的利益可能尚未得到准确甄别或辨析，这也只是认识性问题，对承诺的实践难题的性质没有影响。

因此，承诺的初步困惑在于，它包括两个看似矛盾的命题：就特定承诺的原目的 E 而言：（1）承诺者有改变或放弃目的 E 的自由；（2）承诺者没有不履行与目的 E 相关的承诺的自由。而其他实践推理则允许两者在一定程度内的一致。而概念分析也界定了证成的目的：任何承诺理论都应该说明这两个命题何以同时为真。本文主要考察拉兹对这一主题的贡献。文章的第二部分与第三部

---

〔1〕 在其关于合同自由、职业自由、婚姻自由等权利的讨论中，针对权利的规范性力量总是与其对持有者的具体利益的促进间不相对称的问题，拉兹主张这一不对称性是因为权利的证成性利益并非对个人利益的保护，而是对特定的公共文化的保护。他提出如下双层式论证："这一论证包含两个阶段。第一阶段致力于表明对个人的民事和政治权利的保护有助于实现共同善（common good）。第二阶段表明，在大多数情况下，被这些权利促进的共同善对个人来说比他们自己享有这些民事与政治权利更重要，因此，权利在自由民主社会中享有的地位是出于它们对共同善的保护。"但诉诸共同善的利益究竟有何特殊之处并不容易说明。首先，拉兹所说的共同善并非个人利益的机械总和，而是指那些其存在可以无冲突的、非排他的、非独占的方式使社会成员普遍受益的价值。例如，牛津城市的美丽就是一种共同善。而在权利的问题上，保护权利促进的是一种普遍的自由文化。就具体权利而言，保护合同自由则促进了自由市场这一共同善。其次，共同善的重要性仍然是通过其对个人利益的重要性来说明的。生活在美丽的城市中使人的生活内在地变得更好，而生活在自由市场中则对缔约者与非缔约者都有广泛的利益。类似的，遵守承诺可能有助于促进一个所有人都诚信交往的社会环境，而这一环境对于每个人都是重要的。尽管遵守具体承诺对承诺者的确切利益可能不重要，但通过遵守承诺而得到维持的诚信社会却对其有不可或缺的价值。正是这一共同善的价值提供了遵守承诺的理由。Joseph Raz, *Ethics in the Public Domain: Essays in the Morality of law and politics*, Clarendon Press, 1994, pp. 52–55.

这一论证看似是有吸引力的，且可能实际存在于许多遵守承诺者的脑海中。在相当普遍的生活情境中，对利益或行为价值的权衡都是以此种模糊的方式进行的。例如，商誉到底能带来多少实际利益是无法计算的，但这并不妨碍企业家基于"商誉的价值"而采取行动。因此，精确的利益与模糊的利益都可以作为实践推理的内容。然而，诉诸共同善可带来的不确定利益是否能弥补承诺的具体利益与其规范性要求间的裂缝却是另一回事。如果诉诸共同善的利益确实可以解释遵守承诺的要求，那么该诚信环境的不确定利益必然比违背任何具体承诺的利益更重要。承诺性理由也不是选择独立性理由，而是受到共同善支持的分量极重的理由。但主张一种不确定的利益总是具有确定能超越具体承诺之利益的重要性是相当令人困惑的。由于拉兹并未提供任何更精密的论述，共同善论证似乎只是将遵守承诺的问题隐藏在一个无法被澄清，也无法被质疑的利益对象背后。它回避而非回答了这一问题。

〔2〕 当然，在拉兹对个人福祉与权利的早期讨论中，类似的问题并没有以如此严格的方式被定义。但笔者确实认为这是不可避免的。在其后期论述中，不同领域间的价值区分已经没有实质重要性。因此也不再有理由认为就遵守承诺的权衡而言，只有承诺者的利益被权衡了。我们应当假设承诺者已经将一切与遵守承诺有关的利益或损失（对其而言的重要性）都考虑在内。

分将介绍和澄清拉兹所提出的承诺性理由是保护性理由的主张，即承诺性理由包含自主价值的排他性理由。在最后一部分，本文将论证承诺性理由并非基于自主价值的排他性理由，而是基于纯粹意志的排他性理由。外在命题虽然重要，却是对行动理由完整图景的具有误导性的观点。

二、什么是保护性理由？

拉兹的承诺理论为古典概念与承诺性理由的调和提供了代表性观点。他试图在以下两个主张的对立中把握承诺的定位：一方面，承诺必须能证成其他理由无法证成的行动理由，否则就无法反映其通常被认为所具有的实践重要性。另一方面，承诺之所以有此功能，是因为允许个人以承诺的方式构建人际关系在客观上是好的。为了考察这一对立如何可能，本文先介绍其保护性理由，再检视自主的利益是否能证成将承诺视为保护性理由的主张。

在其颇有影响的论述中，拉兹主张承诺性理由是受到强制性规则（mandatory rule）要求的理由。承诺性理由的独特性与考察规则的实践角色是密切相关的。他提出如下"承诺的义务命题"。[1]

在类型 C 的情形下，任何人表达一项这样的意图，即通过该沟通意图的行为承担一项履行某一行为的义务并赋予相对方以针对该履行义务的权利，就应当履行该行为且他的相对方就有要求他如此做的权利（除非相对方将其从该要求中释放）。

该命题包含承诺的主要特征，即承诺是承诺者自我施加义务，并使受诺者对该义务享有独占性控制权的安排。但最重要的是厘清义务的要求究竟是什么。拉兹指出义务的特征在于它是由双层证成（a two-level justification）的规则所支持的。尽管规则也是由特定价值证成的，它的要求却是特殊的，即"一条要求行动者应当 ϕ 的有效规则的事实既是采取 ϕ-ing 的理由，也是不得基于特定理由不采取 ϕ-ing 的理由。就规则是采取 ϕ 的理由而言，它只是重申了该原则所依赖的采取 ϕ 的理由的力量。但一条规则也是一个排他性理由——也就是不得基于特定的冲突理由而行动的理由，而这解释了原则作为理由的独立性"。[2]同时，

---

〔1〕 Joseph Raz, "Promises and Obligation", in P. M. S. Hacker and Joseph Raz eds, *Law, Morality and Society: Essays in Honour of H. L. A Hart*, Clarendon Press, 1977, p. 211. 这一立场并非毫无争议。采取这一定义将面对的最严峻挑战莫过于用"义务"与"义务的自我承担"这两个规范性概念——而不是非规范性概念——解释承诺可能带来的"规范性循环"（normative circle）。但考虑到并没有理由认为规范性循环必然是错误的，也尚没有更好的非循环性定义，该命题对于展示承诺的规范性特征暂且是足够的。

〔2〕 Joseph Raz, "Promises and Obligation", in P. M. S. Hacker and Joseph Raz eds, *Law, Morality and Society: Essays in Honour of H. L. A Hart*, Clarendon Press, 1977, pp. 218-219, 221-222.

他明确地将承诺性理由的问题视为"（它）对主体的适用不仅是因为遵循它有助于实现他们的目标"。[1]

由于拒绝承认意志的规范性地位，拉兹认为承诺规则的积极面向就只是采取被承诺行为的某些基于价值的理由，即遵守承诺能给承诺者带来的好处。[2]这个定义虽然简单，但仍反映了外在命题的根本特征，也就是理性主体的意志在概念上必然"只"受到价值的指引。既然在个人的理由权衡并不支持被承诺行为时仍然予以遵守也是正当的，那么这一要求也必然受到价值的支持。除此之外，由于拉兹从不假设在遵守或违背承诺各自有什么好处上有任何秘密，承诺规则的积极面向也已经被包含在承诺者的理由权衡中了。

承诺规则的约束力在很大程度上是由其消极面向，即排他性理由的面向来实现的。虽然存在文本差异，排他性理由可以大致被看作是"不遵循与规则冲突的理由"。[3]排他性理由也是行动理由，但在这里被关注的行动是"不要基于特定理由而行动"。[4]对于一个要求不基于建议采取φ的理由 R1 而行动的排他性理由，以下两种情形与这一要求都是相容的：（1）如果你从未采取φ，或者（2）虽然你采取φ，但这是基于其他理由。[5]但是，在上述两种情形下，R1 都可能已经得到恰当权衡。在综合考虑后，R1 可能无助于实现个人目的，或者存在比 R1 更重要的理由支持不采取φ。因此，排他性理由并不阻止行动者考虑或权衡被排除理由。被排除理由的意义与重要性从未被取消。排他性理由只是要求行动者不要将被排除理由作为其行为的指引和正当化根据。[6]

一个必须时刻谨记的要点是，探讨排他性理由所围绕的问题始终是承诺的选择独立性。给定（a）意向性行动就是被选择依赖性理由决定的，与（b）所

---

[1] Joseph Raz, "Promises and Obligation", in P. M. S. Hacker and Joseph Raz eds, *Law, Morality and Society: Essays in Honour of H. L. A Hart*, Clarendon Press, 1977, pp. 223-224.

[2] Joseph Raz, "Promises and Obligation", in P. M. S. Hacker and Joseph Raz eds, *Law, Morality and Society: Essays in Honour of H. L. A Hart*, Clarendon Press, 1977, p. 221; Joseph Raz, *Practical Reasons and Norms*, Oxford University Press, 1975, p. 77. .

[3] Joseph Raz, "Promises and Obligation", in P. M. S. Hacker and Joseph Raz eds, *Law, Morality and Society: Essays in Honour of H. L. A Hart*, Clarendon Press, 1977, p. 222; Joseph Raz, *Between Authority and Interpretation: On the Theory of Law and Practical Reason*, Oxford University Press, 2009, p. 144.

[4] Joseph Raz, *The Authority of Law: Essays on Law and Morality*, Oxford University Press, 2009, p. 17.

[5] Joseph Raz, *Practical Reasons and Norms*, Oxford University Press, 1975, p. 39. Joseph Raz, *The Authority of Law: Essays on Law and Morality*, Oxford University Press, 2009, p. 17.

[6] Joseph Raz, *Practical Reasons and Norms*, Oxford University Press, 1975, pp. 184-185.

有选择依赖性理由都已经被正确考虑，没有价值可以再被添加。似乎存在两种可能实现承诺之功能的方式：（1）增加支持采取被承诺行为的理由的分量；（2）减少不支持采取被承诺行为的理由的分量。拉兹实则以特殊的方式走入第二种方式。一方面，他以将冲突理由排除的方式减少了不支持采取被承诺行为之理由的总体分量。另一方面，他坚持这一排除性力量是某些支持遵守承诺的理由所具有的。因此，保护性理由就是基于价值的排他性理由。这些价值既是支持特定行为φ的理由，也是支持不将与φ相冲突之理由作为理由的理由。

但这一做法的两方面都是不可能实现的。理由是无法被部分排除的。拉兹试图表明在被要求遵守承诺的过程中，承诺者仍然是为某些价值而行动的。但价值的规范性地位是由其与其他价值的关系，通常就是由其与其他理由分量的对比来呈现的。当特定的意向性行为被采取，其背后总是存在由行动者所选择的及其没有选择的部分共同组成的完整故事。例如，某些理由比其他理由的分量更重，某些理由与其他理由是不可通约的等。将特定价值从整体的价值网络中截取出来并假装行动者仍是在根据价值而行动是很难接受的。而承认某些理由可以被剥夺作为行动的规范性指引的地位，就是说行动者可以正当地偏离基于价值的理由的指引。这已经与外在命题的初衷产生严重冲突。

如果说第一个反对意见是否成功还需要诉诸对价值间相互关联的方式作进一步探讨，第二个反对意见却是原则性的。那就是，除非排他性理由可以整体地排除承诺者采取意向性行动的意志，否则它不可能排除不确定范围的冲突理由。支持或反对被承诺行为的理由是不确定的。由于古典概念将个人选择作为实践推理的中心，支持或反对遵守承诺的理由不仅是提前预测的，更是存在相互转换的情形。随着个人选择或外部环境的改变，某一时刻支持遵守承诺的理由可能在另一时刻被转化为反对采取被承诺行为的理由。而最极端的情形莫过于，所有与选择相关的理由都不支持履行承诺。此时没有价值足以提供排他性理由。换言之，对于选择依赖性理由而言，不存在一个稳定且不变的关于支持或反对被承诺行为的理由集合。如果排他性理由的目标是那些反对被承诺行为的理由，那么它必须可以不论具体对象地排除它们。而这只能通过排除承诺者的行动意志，也就是通过排除其根据对价值的选择而行动的意志来实现。因此，被排除的不是某个或某些理由，而是行动者受价值指引的意志。

这一意见有深远的影响。它关注什么被意图排除与什么是真正被排除的对象间的差别，关注什么被意图保留与什么是真正被保留作为行动指引的事物间的差别。选择依赖性理由是如此不确定，以至于没有任何基于价值的排他性理由可以服务于确保承诺者有总体权衡之后的遵守承诺的理由。但这一结论建立在基于价值的理由都是选择依赖性理由的观点之上。如果确实存在某些非选择性的价值，那么基于价值的排他性理由似乎仍是可被维持的。为了检验这一可能性，我们必须考察自主的价值是否足以克服这一挑战。

三、承诺性理由的自主价值论证

就概念而言，承诺无疑在双方当事人间创造特别约束（special bond），即"约束承诺者将受诺者的主张不再视为只是每个人都可以要求其尊重或帮助的众多主张中的一个，而是视其为拥有优先性力量"。[1]但这一约束绝不是其本身就有价值，只有当该特别关系的创造被认为有价值时，承诺才被证成。[2]拉兹指出，承诺是由一类特殊的价值所证成的，它"拓展了人们通过行为塑造自己生活（或生活的某些方面）的能力"，[3]也就是一种增加对自我生活之控制的价值。笔者称其为"自主价值论证"。

尽管存在不同理解的可能性，[4]但拉兹主要是在自我创造（self-creation）的意义上理解作为实践推理普遍特征的自主的。[5]自我创造是一种规范性创造（normative creation）。这一思想支持"关于我们为何的问题，在重要的意义上就是我们通过生活中的持续选择所造就的，也就是我们的生活是一个持续的自我创造的过程"。通过拥抱特定目标及作出自我贡献，行动者为自己创造了新的成功与失败的方式。这是因为接受某个目的不是在物理或精神层面的变化，而是在规范性处境上的变化，个人选择创造了超越选项本身之价值的理由。[6]换言

---

[1] Joseph Raz, "Promises and Obligation", in P. M. S. Hacker and Joseph Raz eds, *Law, Morality and Society: Essays in Honour of H. L. A Hart*, Clarendon Press, 1977, p. 228.

[2] Joseph Raz, "Promises and Obligation", in P. M. S. Hacker and Joseph Raz eds, *Law, Morality and Society: Essays in Honour of H. L. A Hart*, Clarendon Press, 1977, pp. 227-228.

[3] Joseph Raz, "Is There a Reason to Keep a Promise", in Gregory Klass and Joseph Raz eds, *Philosophical Foundations of Contract Law*, Oxford University Press, 2014, pp. 61-62.

[4] 拉兹实际上提供过两种对于自主的论述。除自我创造意义上的自主外，也可以在"社会理想"（social ideal）的意义上理解自主。这样的自主并非实践推理的必然要素，而是一种独特的文化选择。Joseph Raz, *The Morality of Freedom*, Oxford University Press, 1986, pp. 389-390.

[5] Joseph Raz, *The Morality of Freedom*, Oxford University Press, 1986, p. 389.

[6] Joseph Raz, *The Morality of Freedom*, Oxford University Press, 1986, p. 387.

之，自我创造就是通过价值和理由的创造缔造个人生活的过程。[1]

在描述承诺的规范性结构上，借鉴自我创造是有益的。承诺者通过承担义务的意图为自己创造了新的行动要求。在承诺者与受诺者的关系中，承诺的作出为前者创造了新的"犯错误"的方式，将原本可以自由采取的行为转变为一种不应为之事。而这一转变正是通过排他性理由完成的，排他性理由使得行动者不得将自己的选择作为不履行承诺的正当性依据。然而，在承诺之具有此种效力的来源究竟为何的问题上，借鉴自我创造所能得到的教训又是相当模糊的。我们尚无法知道支持承诺或自我创造的价值的具体内容究竟为何。但无论对其内容的精准阐明有什么困难，只要自主价值与其他价值一样是具有选择依赖性的，自主价值论证仍是不成功的。如果承诺者将在具体情境中坚持自主视为重要之事，他确实有理由不将其他价值作为自己不遵守承诺的正当化事由，因此他应当遵守承诺。但如果承诺者在具体情境中不重视自主，即使自主价值确实有排他性地位，承诺者仍然没有必须遵守承诺的理由。

拉兹试图通过自主价值的不可选择性缓解这一难题。他主张："对于那些生活在支持自主的文化中的个人而言，他们别无选择而只能自主：没有其他可以在这样的社会中繁荣的方式。"[2]接受自主作为社会理想的社会形式（social form）会对该社会的整个价值体系的普遍性质产生深远影响。通过接受自我创造之重要事并为个人自主提供条件，这一自主文化通过改变各种价值实践的进入方式，或给价值实践的开展留出更多自由选择空间的方式改变了其性质。在这样的社会文化中，每个人只能通过自主的方式才能在相应的价值实践中获得成功。例如，在一个婚姻自由的社会中，无论参与者是否愿意，都只能以自主的方式缔结婚姻。

---

[1] 这样的表述明显与古典概念内含的非规范性自主命题不一致。但如果注意到拉兹对于自我创造的条件性（conditional）特征的特殊理解，在不可通约的选项间创造属于行动者的理由的可能性最终仍要诉诸某些重要的内在价值来辩护，其与古典概念仍然是一致的，意志仍然没有独立的规范性角色。由于拉兹对自我创造与承诺的论述中存在许多解释空间，在这里会先展示一种内部调和的可能性，另一种会超越古典概念立场的解释将在最后一部分展开。这种内部调和依赖于意志在发挥规范性作用上的条件性特征的特殊理解。拉兹明确否认意志在影响规范性关系上的任意性，自我创造的标准情形是在不可通约的选项间发生。但是就其早期关于自我创造的讨论中，拉兹并没有进一步表示规范性的自我创造究竟是意志固有的、无需再诉诸其他价值来解释的能力，还是建立在其他价值的基础上。这一点在其关于承诺的讨论中发生了改变。承诺者之所以拥有作出承诺的规范性权力，是因为允许行动者通过自我约束的方式改变规范性处境是有价值的。Joseph Raz, *The Morality of Freedom*, Oxford University Press, 1986, pp. 387-388.

[2] Joseph Raz, *The Morality of Freedom*, Oxford University Press, 1986, p. 391.

　　尽管这一回答包含许多令人信服之处，它却没有正面回答承诺的规范性问题。我们关注的并不是社会形式的后果，而是承诺作为基本规范性观念的可理解性。自主作为一种积极的生活方式确非必然。但讨论与自我创造有关的种种社会现象就是询问在某些偶然的历史性因果之外，我们是否还有足够的规范性理由将其作为重要之事对待。支持自主的社会文化的重要性不止预设了自我创造的价值，也预示了在此基础上延伸的自主之社会理想已经被社会性地接纳。但是，它没有回答自我创造的价值是否是选择独立性的，而是将遵守承诺的可能性安置在社会形式的规范性作用之上。但这只是将承诺性理由的正当性难题转化为社会文化选择的正当性难题。也就是在社会文化层面的自我创造为什么能正当地约束其成员的选择。除此之外，即使承认自主是在该社会中实现自我繁荣的不可避免的方式，若特定关系或目标的成功不是行动者所在意的，他似乎仍然没有在这些行为中坚持自主的理由。假如对某些承诺的不遵守会影响该人参与其他活动的能力，这一影响可能会为遵守特定承诺提供额外理由。但拉兹正确地承认违背某个承诺并不必然影响承诺者作出其他承诺的能力。[1]因此，自主并不足以作为一种非选择性价值证成遵守承诺的规范性要求。

四、基于纯粹意志的排他性理由

　　承诺性理由的独立性似乎迫使我们承认，如果基于价值的理由在个人实践推理中的适用都有选择依赖性的特征，那么它们就不足以作为对所有规范性实践的统一说明。因此，承诺并不是保护性理由，亦即不是"基于价值的排他性理由"。本文主张排他性理由是基于纯粹意志（pure will）的理由。这里的纯粹意志是指不将任何关于具体对象的个人倾向作为目的的意志。为了呈现这一定义的意义，引入拉兹对意志的概念区分是有帮助的。拉兹指出，人们会在两种不同的意义上使用意志的概念。第一，作为采取意向性行动的能力的意志。"拥有意志就是拥有根据意志行动的能力，也就是根据一个人对自己和自身所处境况的理解指引行为的能力。"[2]第二，作为对各种行为对象或目的的投入程度

---

　　[1]　Joseph Raz, "Is There a Reason to Keep a Promise", in Gregory Klass and Joseph Raz eds, *Philosophical Foundations of Contract Law*, Oxford University Press, 2014, p. 67.

　　[2]　Joseph Raz, *Engaging Reason: On the Theory of Value and Action*, Oxford University Press, 1999, p. 109.

的表达的意志。[1]当行为被理由决定时，意志可以决定偏离理由的要求，但这是意志薄弱的体现。当行动理由处于不可通约时，意志可以决定如何行动。厚意志表达了理由本身不要求的投入或态度。

然而，拉兹所列明的厚意志与薄意志都是以客观事实的某些特征为对象或目的的，意志必然是受到关于行动者自身及其所处境况的事实驱动的。虽然两者与事实进行关联的方式与程度有所不同，但它们都呈现了古典概念的洞见——以客观事实为目的的意志只受客观事实的指引，而没有自我约束的能力。我们可以将以客观事实为对象的意志称为"外在意志"，而将不以此为目的的意志称为"纯粹意志"。外在命题实则是只接受外在意志的分析性结论。

关于这一区分，若干补充是必要的。第一，请务必记住外在事实不仅包括行为价值，也包括行动者或人类生命的价值。基于对他人之存在的价值予以尊重也符合外在命题的内涵。忽略后者会不恰当地削弱外在命题的力量。在关于涉己义务（self-regarding duty）的讨论中，拉兹也呈现出这一问题。[2]第二，同样要记住的是，纯粹意志是消极性的，它只能阻止行动者以特定方式采取意向性行动，但无法积极地驱动个人行为。没有谁的生活仅仅是为了履行义务而开展的，也没有人作出承诺的理由只是为了遵守它。关于义务的主张通常只在某个人试图偏离特定行为要求时才被提出。

承诺性理由的功能可以进一步在其与其他义务的差别中得到阐明。并非所

---

〔1〕 Joseph Raz, *Engaging Reason: On the Theory of Value and Action*, Oxford University Press, 1999, p. 110.

〔2〕 Joseph Raz, *Ethics in the Public Domain: Essays in the Morality of Law and Politics*, Clarendon Press, 1994, pp. 38-40. 例如，拉兹曾主张，涉己义务可以通过我们持有的行动者观念得到证成。拉兹提出，存在自我尊重的义务是因为它是个人福祉观念的条件。自我尊重意味着相信存在每个人都应当或不应当做之事，以及相信有价值的生活必须以恰当的方式开展。由于没有自我尊重观念的人不会将恰当地认识和回应客观价值的要求作为个人生活的中心观念，自我尊重是特定个人福祉观念的必要条件。既然遵循价值而生活是我们自我理解的重要部分，每个人都应当自我尊重。初看起来，将自我尊重建立在关于行动者的共同理解——而不是"行动者就是有价值的"这一客观事实上——是有启发性的。这似乎表明外在命题只是解释我们通常观点的方式之一。但在另一方面，拉兹似乎仍然将这些通常观点理解为对某些客观事实的反映。例如，在较近的论述中，他将行动者视为价值者（valuer），即自身就有价值的存在。根据这一理解，规范性观念又是源自关于行动者价值的客观事实。这一摇摆不定的处理方式使得行动者价值仍无法回避外在命题的问题。如果行动者的价值和其他价值没有性质上的差异，那么是否要尊重每个行动者又是可以选择的。相互尊重的重要性很难得到维持。而如果我们的自我理解确实表明行动者的价值是与其他价值不同的——并且我相信拉兹确实持有这种倾向，那么价值间的差异必须得到进一步阐明。在缺乏这一论证的前提下，让我们先假设行动者的价值也和其他价值一样被外在命题所囊括。据此，根据对他人价值的认识或偏好而采取交往行为也是满足外在命题的。

有义务都受到外在意志的控制，[1]但基于承诺的义务在适用和免除上受到行动者对行为价值的偏好与评价的影响。这并不是说承诺者对受诺者某些方面的偏好是义务的证成性理由，而是说只有在承诺者对受诺者持有特定态度或关切时，承诺者才有作出承诺的动机。一般情形下，人际交往都是基于双方的选择与偏好开展或退出的，而我们对他人的关怀也是出于偶然性的倾向。但通过作出和遵守承诺，承诺者赋予受诺者福祉的某些方面以优先性地位。受诺者利益对承诺者的重要性不再仅取决于其倾向。在承诺的范围内，受诺者的利益是无论承诺者的外在意志如何，他都必须予以尊重和关切的事物。因此，承诺表达了独特的人际交往态度，这是将受诺者视为其必须为之负责的主体——而非只是当前偏好的对象的态度。

但上述界定并没有消除基于纯粹意志的理由与外在命题间的冲突，为此有必要简要考察外在命题提供的规范性故事开始。拉兹将规范性视为理性行动的中心特征，也就是指"特定的认知性，情绪性或意向性反应在多种情形下是恰当的，而在其他情形下是不恰当的"。[2]而在接受行为规范性的前提下，拉兹主张为解释行为在不同情形中的恰当性，某种可以为行为评价的改变提供解释的先验（a priori）标准。[3]而只有普遍事实（universal fact）能提供这一标准。[4]

行为规范性与先验标准的探讨并没有直接支持任何版本的外在命题。使古

---

〔1〕 例如，哈特指出在诸如承诺的民事法律关系中，"它（法律）承认或赋予他们一种不同于刑事法律所赋予的在法律关系中的地位（*locus standi*）"。这一地位体现在"个人被法律赋予了对他人义务的，或多或少的排他性控制，以至于在被其义务覆盖的行为领域内，拥有权利的个人就是义务者的小型主权者"。H. L. A. Hart, *Essays on Bentham: Studies in Jurisprudence and Political Theory*, Clarendon Press, 1982, pp. 183-184.

〔2〕 Joseph Raz, *Engaging Reason: On the Theory of Value and Action*, Oxford University Press, 2003, p. 47. 需要注意的是，此处对规范性的理解似乎失之过宽，以至于将不属于行动理由的情形亦囊括其中。在诸如承诺的问题中，我们关心的不是认知或情绪的恰当性，而是行为的恰当性。这并不是否认认知或情绪在交往中的意义，但就他人的义务提出主张显然不涉及对他人情感动机的要求。基于义务而行动无法代替基于对受诺者的偏好而行动的意义。正是这种不可替代性使得情绪和行为都具有独特意义。需要注意的是，在搁置认知或情绪的前提下，拉兹并没有赋予行为评价以进一步的区分。虽然他也零散地指出行为评价可以在不同意义上进行——如错误的面包制作步骤对于制作面包的目的也是不恰当的，但他将此种宽泛意义上的行为不恰当都视为错误的。

〔3〕 Joseph Raz, *Value, Respect, and Attachment*, Cambridge University Press, 2004, pp. 47-48.

〔4〕 所谓普遍事实，是指在效力上无需诉诸任何单称指向（singular reference），亦即无需诉诸任何时间或地点，或诉诸特定主体的特征，且原则上可以在任何地点和时间实例化（instantiate）的事实。Joseph Raz, *Value, Respect, and Attachment*, Cambridge University Press, 2004, pp. 49-56.

典概念版本的外在命题产生的是拉兹持有的关于人类行动方式的特殊理解。拉兹将人的理性能力视为"根据他们在世界中的处境而行动的能力"，即行动者根据周围的事物与外部环境选择目的的能力。[1] 且拉兹所说的选择目的并非任意的选择，而是对在行动者看来行为具有的"使之好的性质"（good-making properties）的事物的选择。[2] 这无疑正确地捕捉到了行为价值在生活中的深刻地位。只有它们包含"生活的艺术"（art of life），可以指导人们如何生活以及什么是成功的、有意义的和有价值的生活。[3] 尽管道德亦有重要地位，但每个人都不可能只靠遵守承诺、尊重他人权利与遵守法律等来构建自己的生活。

然而，上述阐释并没有覆盖拉兹关于价值的所有重要观点。拉兹不仅认为价值是理性行动的指导，还认为价值在性质上会为个人选择保留足够的空间。[4] 因此他设想的并非极端意义上的外在命题，而是一种内含自主空间的外在命题。后者似乎反映了一种模糊的生活观念，即人类生活不仅是有价值的生活，也是具有个体独特性的。通过将个人选择放置在实践推理的中心，每个人的经验性的但同时具有独特性的部分得到了一定程度的尊重。正是个体对不同价值获得持有的独有情感和倾向决定了他们会参加哪些活动，以及将什么作为个人生活的重要目标。

外在命题与拉兹所提倡的自主间的距离为意志的规范性地位提供了初步的突破口，那就是自主——即使只是非规范性自主命题所包含的自主观念——也无法从价值的规范性地位中直接分析得出。如果行为价值是恰当性判断的唯一来源，在价值选项处于不可通约时，对个人选择进行强制或诱导等手段的否定性评价就很难得到维持。[5] 承前所述，拉兹附条件地支持行动者意志的规范性地位，如在有利于增加行动者对自己事务的控制时，赋予其对他人作出承诺或进行自我创造的权力。但这一策略现在与其实践理由观不再能保持一致。因为

---

[1] Joseph Raz, *Engaging Reason: On the Theory of Value and Action*, Oxford University Press, 1999, p. 109.

[2] Joseph Raz, *Engaging Reason: On the Theory of Value and Action*, Oxford University Press, 1999, p. 28.

[3] Joseph Raz, *The Morality of Freedom*, Oxford University Press, 1986, p. 213.

[4] 虽然拉兹也曾支持一种附条件的以意志创造价值与理由的可能性。但这类情形最终需要诉诸作为其条件的价值的规范性地位，因此只是价值指引的特殊状况。而意志唯一能在遵循价值引导之外影响实践推理的情境，就是个人在不可通约的价值选项间进行选择。

[5] 例如，拉兹自己也承认假设价值活动的成功是最重要的标准，而被强制者可以找寻到新的目标且获得更圆满的成功，尊重他人的自主与独立性是无法由此得到解释的。Joseph Raz, *The Morality of Freedom*, Oxford University Press, 1986, pp. 377-378.

非规范性自主命题所保护的个人选择是以价值不具有决定如何行动之能力为前提的。而隐藏在这一观念背后并非行动者是否拥有对行为选项的自由选择空间，而是在行为不具有必然性的情形中进行自我约束的重要意义。本文称其为"非必然性观念"。

然而，在非必然性的行为可能中进行自我约束并不只有价值不可通约的情境。拉兹的非规范性自主命题是将非必然性观念与价值的规范性地位进行结合的产物，但两者并非相互蕴含的。虽然意向性行动必然以某种客观事实为目的，但生理性需求或纯粹的愉悦完全可能通过影响行动者态度、情绪或倾向的方式在不同程度上影响其是否遵循价值指引的决定。拉兹固然没有忽略这一问题，但是他对于意志的作用与重要性的评价与其结论的严肃程度间却存在惊人的不一致。一方面，拉兹虽然承认个人经常倾向于违背基于价值的理由的指引，但他从未将其视为实践理由观的一部分。每个理性主体都有"自动"识别与回应价值的能力。但另一方面，表达个人态度与投入程度的意志既是导致行动者偏离价值指引的动因，也是驱使其在不可通约的价值间作出选择，进行自我创造的来源。这一态度既可能引导其偏离价值，也可能引导其遵守价值，或在价值无决定性分量时作出艰难选择。而既然意志在不可通约的价值间进行选择被保留为实践理由的一般特征，为何意志在遵循与偏离价值间作出的选择却不被视为规范性实践的重要背景呢？当影响个人态度的因素出现在行动背景中时，遵循价值指引并非一个自然的或自动的故事，而是伴随着可能的努力与牺牲。且这一牺牲的重要意义并不亚于在职业、婚姻或教育等方面进行的选择。

上述评论为承诺性理由的可能性提供了初步基础。承诺性理由是基于纯粹意志的排他性理由，它以纯粹意志排除了行动者的外在意志，也就是排除了其将价值选择作为不履行承诺的正当性指引的规范可行性。这并不是不可能的。尽管我们可以将关于价值的事实视为客观存在，但这种客观事实并非天然具有指引行为的地位。在意向性行动中，基于价值的事实和基于欲望或情绪的因素会频繁地影响个人行为，外在意志同时受到价值与非价值因素的指引。而价值之所以在意向性行动中具有深刻地位，是因为纯粹意志排除了每个人将违背价值的因素作为行为指引的正当理由。因此，无论是从违背价值到遵循价值的理由，还是从遵循价值到遵守承诺的理由，行动理由的转变都不是由客观事实决定的，而是由行动者或行动者群体的纯粹意志所决定的。由于行动理由的产生均是这一纯粹意志的产物，承诺性理由是有可能存在的。

五、余论

关于承诺的独立性论题的讨论有助于澄清关于承诺的两个错误认识。首先，承诺的效力来自被承诺行为的价值。其次，承诺的效力来自承诺者的任意性意志。承诺具有排除行动者将其对价值的选择作为不履行承诺的正当性依据的功能，但这一功能并非来自行为价值，因此承诺不是基于价值的排他性理由，也就不是拉兹所说的保护性理由。承诺是基于纯粹意志的排他性理由，这一意志的纯粹性体现在，行动者不再将外在事物对其具有的重要性作为其行动的指引，而表达了承诺者将受诺者的利益视为不同于一般利益的对象予以尊重的态度。因此，承诺的存在使得行动者间可以相互尊重、相互负责的方式进行交往，而不是仅基于个人倾向的偶然一致建立人际关系。最后，承诺性理由的存在不仅迫使我们承认基于意志的理由的存在，也提示我们注意基于价值的理由与基于意志的理由间的相似性。价值之所以在人类生活中占据深刻的地位并非自然如此，亦是行动者的纯粹意志在遵循价值与服从欲望间所作出的重大选择。据此，一个以意志的角色为中心，而仍然足以包容价值的规范性地位的行动者理由观念将是必要的。

理论与实践的统观：法理学与部门法学的相处之道

周瑾睿*

　　摘　要：随着法学研究的精细化展开，法理学与部门法学都陷入了各自的困境，彼此之间的距离也愈发遥远。殊不知，法理学与部门法学应该是一个有机的整体，它们各自的困境恰恰是对方的价值所在和自处之道，解决了"法理学与部门法学的关系"的问题同时也就解决了它们各自的理论困境。作为种概念的法理学与部门法学共享着法学实践性、规范性和价值导向性的学问品格，法理学因此由持内在参与立场的法理论和持外在参与立场的法哲学构成。法理学与部门法学在学科上存在着输入与输出的关系，在方法上存在着陈述与反思、解释与体系化、局限与弥补的关系，在法治上存在着价值与行为的关系。法理学因为部门法学的实践检验而永葆活力，部门法学因为法理学的理论供给而迈向理性。

　　关键词：法理学；部门法学；法教义学；实践属性；价值属性

　　20 世纪 80 年代中国人民大学戴逸教授提出"法学是幼稚的"戴逸之问后，部门法学就走向了深挖"专业槽"的精致化和体系化的教义学道路。[1]经过三十多年的发展，各部门法学形成了各自的话语体系，彼此间的理解和沟通却随之出现了障碍，突出表现为宪法学与其他部门法学、刑法学与民法学的对话困难。作为理论法学代表的法理学，其与作为应用法学的部门法学的距离愈显遥远，出现了"缺乏实践效果"的无用论与"和部门法知识重合"的冗余论怀

---

　　* 周瑾睿，中国政法大学 2021 级法学理论专业博士。
　　〔1〕 雷磊："法哲学在何种意义上有助于部门法学"，载《中外法学》2018 年第 5 期。

疑，甚至出现了"中国法理学的死亡"的论断。[1]可以看出，在 2005 年至 2010 年的短暂勃兴后，法理学研究已不太被部门法学者关注，为数不多还能吸引学界目光的"法教义学和社科法学的对话"，也被机械地视为西方法学理论通过其东方代理人以"不在场的在场"的方式狭路相逢。对于部门法学的困境，我们需要一种勾连各部门法学话语的理论框架；对于法理学的困境，我们需要一种联通各部门法学应用的实践契机。如此看来，解决了"法理学与部门法学的关系"的问题，同时也就解决了它们各自的理论困境，或者说，法理学与部门法学应该是一个有机的整体，它们各自的困境恰恰是对方的价值所在和自处之道。

一、何谓法理学

"法理学与部门法学的关系"问题在历史上一直处于被不断提出和变更回答的状态，对这一问题存在平等互促型、等级互促型、单向批判型、开放存疑型等并不统一的答案。[2]这种多元分歧的现象根源于"何谓法理学"这一前提性问题尚未达成共识。相对而言，部门法学的内涵较为清晰，其主体内容即部门法教义学，是围绕现行有效的实在法展开的解释和体系化工作。为了有针对性地说明法理学与部门法学的联系和区别，有必要用"属加种差"的方法对法理学概念进行检验，也即首先从法学的属概念视角进行分析。原因在于，按照康德对"理由"的分类标准，理由可以分为"认识理由"和"存在理由"，[3]种概念是属概念体系建立的根基，没有种概念也就没有属概念的存在理由，反之，属概念是种概念的抽象归纳，没有属概念也就没有种概念的认识理由。因此，作为属概念的法学为法理学和部门法学提供了认识可能，对法理学和部门法学的关系探讨也就转移到了法学身上。

纵观西方法学和中国法学的历史，可以发现：法学是研究法律现象（制度、文化、思想、行为等）的知识体系，是一门以特定原理、概念来探求法律问题之答案的学问。[4]因此，法学就具备了独特的实践属性和价值属性，作为种概念的法理学与部门法学共享着法学实践性、规范性和价值导向性的学问品格。这对于解决法理学的定义及其与部门法学之间的关系问题似乎是可行的。

〔1〕 徐爱国："论中国法理学的'死亡'"，载《中国法律评论》2016 年第 2 期。
〔2〕 李拥军、侯明明："法理学二元划分的意义与功用——对法理学与部门法学关系的深层省思"，载《学习与探索》2019 年第 4 期。
〔3〕 ［德］康德：《实践理性批判》，韩水法译，商务印书馆 1999 年版，第 2 页。
〔4〕 雷磊：《法理学》，中国政法大学出版社 2019 年版，第 9 页。

（1）在思维模式上，法学是一种实践理性而非理论理性。后者指涉信念和认知，而前者指涉人们的行为方式。法学不追求纯粹的知识，其活动的所有方面都直接或间接地指向生活中的具体问题，提出切实的法律方案，实质涉及对人们之间行为、利益的调整。[1]（2）在知识建构上，不同于自然科学有关人类主体对世界客体的认识和改造的"主—客"两分，法学研究是一种"主体间性"的科学活动，旨在"确保个人和集团的……自我理解以及其他个人和集团的相互理解"。[2]法学之理是法律共同体内部形成共识的真理，这一过程伴随着从"意见"不断向"知识"的梯度上升。（3）在学科归属上，区别于研究"自然世界之实然"的自然科学和研究"社会世界之实然"的社会科学，法学属于研究"社会世界之应然"的人文学科。[3]不同于追求普遍实然之知识的事实判断，法学判断是有关正确与不正确、有效与无效的价值判断，并试图在大量千差万别的情事中实现个案正义。[4]以此看来，本文就将社科法学摒除于探讨范围，采用参与者视角而非观察者视角，注重规范层面而非事实层面的因果关系解释。

在参与者视角内部，持内在参与立场的法理论（legal theory）和持外在参与立场的法哲学（legal philosophy）都被保留了下来，[5]共同构成了本文所要定义的法理学（jurisprudence）。[6]法哲学是关于法的一般哲学理论，持学科外的视角解决哲学三大问题在法学中的投影——概念论（法是什么）、认识论（如何认识法）、伦理学（什么样的法是公正的），是研究法的价值的学科。法理论是法学家们从 19 世纪后半叶开始，为了拒绝哲学宰制而开辟出的法学自己的基础研究领域，其作为法教义学的"总论"，也被称为关于法的一般法学理论或"纯法学的法理学"。它致力于研究法的基本概念（如权利和义务、法律规范、法律渊源、法律体系）、形式结构及其一般基础，[7]是研究法的客观意

---

〔1〕 雷磊：《法理学》，中国政法大学出版社 2019 年版，第 10 页。

〔2〕 J. Habermas, *Erkenntnis und Interesse*, Suhrkamp Frankfurt a. M. , 1991, p. 221.

〔3〕 舒国滢：《法学的知识谱系》，商务印书馆 2020 年版，第 9 页。

〔4〕 舒国滢："法学是一门什么样的学问？——从古罗马时期的 Jurisprudentia 谈起"，载《清华法学》2013 年第 1 期。

〔5〕 ［德］马蒂亚斯·耶施泰特：《法理论有什么用?》，雷磊译，中国政法大学出版社 2017 年版，第 71~74 页。

〔6〕 陈景辉："法理学的性质：关于法律一般属性的讨论如何可靠"，载《吉林大学社会科学学报》2019 年第 4 期。

〔7〕 刘幸义：《法律概念与体系结构：法学方法论文集》，翰芦图书出版有限公司 2015 年版，第 9 页。

义（规范）的学科。法教义学是法学的一种作业方式，法哲学主要是一种概念论立场，两者的研究主题存在差异且相互补足，逻辑上的无必然关联性也就表示两者并不冲突，[1]因此，法理论和法哲学可以构成本文所要定义的"中义"的法理学。与此相区别，"广义"的法理学是指居于法哲学上位概念的法理学，即与"法实践"相并立的一切以法为研究对象的理论学科，包括法教义学、法哲学、法史学、法社会学、比较法学等；[2]"狭义"的法理学是指居于法哲学下位概念的法理学，即与"法伦理"相并立的以"法是什么"为研究对象的理论哲学。[3]本文之所以采用"中义"的法理学定义，首先，在于"广义"的法理学无法确定一个清晰的、无异议的逻辑起点，其所提供的一般理论可能是从任一其他学科视角出发对法的研究，而不一定是关于法的"法学理论"，如关于法的经济理论或社会理论。其次，"狭义"的法理学与前面提到的法学谋求独立的历史现实不符，这将使法理学之中的法理依旧屈从于哲学的辖制，而非基于部门法学之中的法理而建构成的统一的系统，其无法确使法律科学成为自治的学科。[4]综上所述，"中义"的法理学定义不仅符合分析结构，也具有逻辑可行性，更为重要的是，唯有如此定义，才能使对"法理学与部门法学的关系"问题的讨论更为有效。

二、学科上的输入与输出

按照德国法学的分类传统，法学可以被二分为法教义学和基础研究。[5]部门法学的主体即是围绕特定实在法的解释和体系化展开的"部门法教义学"，这也与我国部门法学日益精细的教义化研究和教学现状相符。部门法学与法理学共享着法学实践性、规范性和价值导向性的学问品格，但它们彼此之间还存在着各自的生存空间，即种差。法理学区别于部门法学的意义在于其对部门法学有所助益，或者说某种程度上能够克服部门法学的局限。部门法学的局限表

---

〔1〕 雷磊："自然法学如何进入法教义学与社科法学之争"，载《中国社会科学报》2016年7月20日，第5版。

〔2〕 Jürgen Schmidt, "Die Neutralität der Rechtstheorie gegenüber der Rechtsphilosophie", *Rechtstheorie* 2 (1971), S. 95.

〔3〕 雷磊：" '法哲学'讲什么？——冯·德尔·普佛尔滕《法哲学导论》导读"，载《中国法律评论》2017年第3期。

〔4〕 王夏昊："论'法理'的多层次与统一性——以康德认识论为基础"，载《学术界》2021年第8期。

〔5〕 ［德］迪特玛尔·冯·德尔·普佛尔滕：《法哲学导论》，雷磊译，中国政法大学出版社2017年版，第44~45页。

现在：对法律规范最终有效性理据问题的回答陷入了二律背反境地、[1]无法回答"法是什么"的存在论难题、[2]预设有效的实在法体系是否真正有效的价值论难题。[3]这些法教义学的局限最终都依赖于法哲学的克服，即"法学方法论离不开一定的法哲学预设"。[4]可以发现，按照"中义"的法理学定义，无论是理论哲学理论（法是什么？）还是实践哲学理论（什么样的法是正义的？），都可以经由法理学（中的法哲学）输入部门法学之中，部门法学的理论机体因此得以丰富。

同时，部门法学又因为法理学（中的法理论）的存在，得以抵御其他学科对整个法学的学科挑战和科学性挑战。例如在学科挑战上，法社会学将法学的关注点从书本回归到生活本身，在法律解释（法律目的探究）、法律漏洞（自由法）、脱离法律的司法裁判以及事实发现（利益衡量和利益比较）等方面都发挥着不可替代的重要作用，但法社会学无法完成司法裁判的"临门一脚"，也即实现从实然（事实）到应然（规范）的跨越，无法直接提出规范性主张（如应当如何解释制定法）。法社会学的发现必须由法教义学的概念来引导，并进行体系建构。所以，法教义学需要法社会学，但又不能被法社会学取代，作为法教义学的"总论"，法理学如同一张过滤网位于相邻学科与部门法教义学之间，扮演着"法律科学边界上的观察哨"的角色。[5]过滤标准在于依据法和法律科学的专业法则，相邻学科知识在多大范围内能够被编码转化。[6]这样，超越了实在法体系遇到的难题虽然要借助其他学科给出回答，但其由法律问题引发，答案也要回到法律中发挥影响，法理学依然保证了法学自身的学科独立

---

〔1〕 为此问题提供答案的是凯尔森的"基础规范理论"和哈特的"承认规则理论"，然而前者是超验逻辑预设的，后者是经验的，因此两种观点就陷入了非经验与经验的二律背反中。参见王夏昊："从法教义学到法理学——兼论法理学的特性、作用与功能局限"，载《华东政法大学学报》2019年第3期。

〔2〕 理论上讲，法律可能被视为以下四种类型事实中的一个：语义学事实（semantic facts）、自然事实（natural facts）、社会事实（social facts）与规范事实（normative facts）。参见陈景辉："法理学的性质：关于法律一般属性的讨论如何可靠"，载《吉林大学社会科学学报》2019年第4期。

〔3〕 这一问题可类比"我认为（预设）你是合格的法官"不等于"你真正是合格的法官"。由于价值探寻的工作受到实在法体系的约束，因此最终获得的只能是"实在法体系所容许的"最佳价值，而不是"真正意义上的"最佳价值。参见陈景辉："部门法学的教义化及其限度——法理学在何种意义上有助于部门法学"，载《中国法律评论》2018年第3期。

〔4〕 ［德］卡尔·拉伦茨：《法学方法论》，陈爱娥译，商务印书馆2003年版，第120页。

〔5〕 Stig Strömholm, "Hauptströmungen der schwedischen Rechtsphilosophie und Rechtstheorie in der Nachkriegzeit", *Rechtstheorie* 3 (1972), S. 35.

〔6〕 雷磊："法理论及其对部门法学的意义"，载《中国法律评论》2018年第3期。

性。而在科学性挑战上，无论是传统科学观的辩护路径，还是后现代科学观的构想路径，法理学（一般法教义学）都能为部门法学奠定不断趋向于理性化的科学基础。

相对于法理学向部门法学输入法理论及法学外的其他学科的观点或方法，部门法学对法理学也有输出的反作用，即表现为部门法学研究的法理化，部门法学研究已成为法理学知识新的增长点。[1]部门法学作为特殊法教义学，其任务之一在于提炼本部门法内的基本概念，将各个部门法学的基本概念进行抽象化与再提炼，就形成了超越于特殊法教义学的一般法教义学。[2]如将民事法学中的民事法律规范、刑事法学中的刑事法律规范、行政法学中的行政法律规范等概念上升到"法律规范"的高度，这就进入了法理论研究的范畴。如果说部门法学中的法理是基于特定有效实在法搭建的，那法理学中的法理则是基于部门法学之中的法理构成的。[3]"所有规则在适用时必然需要解释，都有漏洞，在很大程度上需要具体化，这些方法上的认识也可以质疑某些法哲学的立场，例如纯粹的法律实证主义或静态的自然法思想。"[4]又如《民法典》[5]确立了绿色原则作为市民生活的一项基本原则，但是节俭伦理在消费主义时代产生了不同于生产力水平低下时代的新内涵，这就为法哲学理论基础的更新提供了契机。这两方面构成了部门法学向法理学（包括法理论及法哲学）的反向输出。部门法学、实践生活为法理学研究提供了丰富的素材，缺失这些内容作为支撑，法学理论的研究就会显得空泛。法理学与部门法学之间带有批判性质的"输入—输出"循环往复、双向促进，使理论不断适应实践，使实践不断贴近理性。

三、方法上的体系化与解释

法理学与部门法学在实践方法上的关系，通常受到法理学无用论、冗余论等尖锐的批评。法律实践需不需要法理学？德沃金曾指出："在法理学与法律实践或司法裁判之间，无法划出一条清晰可见的边界……任何真实的法律论证，其内容无论如何明确或独特，都依赖法理学所提供的抽象基础，而且当这些基

---

〔1〕 张文显："法理：法理学的中心主题和法学的共同关注"，载《清华法学》2017年第4期。

〔2〕 Robert Alexy, *Theorie der juristischen Argumentation*, 2. Aulf., Frankfurt a. M, 1991, p. 308.

〔3〕 王夏昊："论'法理'的多层次与统一性——以康德认识论为基础"，载《学术界》2021年第8期。

〔4〕 ［德］卡尔·拉伦茨：《法学方法论》，陈爱娥译，商务印书馆2003年版，第121页。

〔5〕 为了行文方便，本书所涉及的我国的法律法规均省略"中华人民共和国"字样，如《中华人民共和国民法典》简称为《民法典》，下文不再一一说明。

础产生对立时，法律论证就只能取一而舍其他……因此，法理学是裁判必要的组成，即任何依法判决的无声开场白。"[1]更进一步的观点是冗余论：将纯法学的法理学（法理论）视为一般法教义学，将部门法学视为特殊法教义学，后者已经掌握了前者的方法论，足以胜任作为应用法学的法律适用功能，前者就没有存在的必要了。[2]对于其将法理论视为一般法教义学的观点，笔者并不准备作出区分，因为这在很大程度上与前一章中部门法学对法理学的概念输出的观点重合，同时，无论法理论与一般法教义学存在着多大差异，都不能否认两者具有超越各部门法学之上的、关于纯法学理论学科的相似之处。那么问题的焦点就在于特殊法教义学是否吸收了一般法教义学的方法论，以至于后者失去了存在的必要。

法（教义）学方法是法律人在了解、认识并运用特定国家现行有效的实在法的内容或意义的过程中必须遵循的一系列标准和规则。[3]法学方法论就是对上述方法的陈述与反思，那么我们可以认为，特殊法教义学方法论倾向于"陈述性"工作，一般法教义学方法论倾向于"反思性"工作。原因在于，作为部门法体系的方法论，特殊法教义学方法论必须与部门法学密切相关，而无法全然不顾作为部门法学基础的特殊实在法，其目标在于采取诠释—评价的方式寻找法理、为法官提供"具体应然之法律判断"；[4]而作为国家法体系的方法论，一般法教义学方法论相较于陈述方法，更重要的是追问：在什么条件、什么时间下，法律人对特定国家实在法的适用和解释是正当的？特殊法教义学的价值及成效如何？其任务在于证明它所提供的法律论证方法与行动依据是理性可接受的，即具有可证立性。[5]这种反思就使其与部门法学既取得了联系又保持了一定的距离，同时实现了方法论的独立属性和规范属性，以及法学的实践属性和价值属性。

一般法教义学和特殊法教义学的方法论的第二个区别应该在法教义学的研究任务中寻找。法教义学的研究任务包括解释与体系化，以解释为焦点的法教义学可称为实践的法教义学，以体系化为焦点的法教义学可称为理论的法教义学。[6]根据理论法学和应用法学的区分，我们似乎同样可以认为一般法教义学

〔1〕 ［美］德沃金：《法律帝国》，李常青译，中国大百科全书出版社 1996 年版，第 83 页。

〔2〕 陈景辉："法理论为什么是重要的——法学的知识框架及法理学在其中的位置"，载《法学》2014 年第 3 期。

〔3〕 舒国滢、王夏昊、雷磊：《法学方法论》，中国政法大学出版社 2018 年版，第 12 页。

〔4〕 Karl Engisch, *Logische Studien zur Gesetzesanwendung*, 2Aufl., Heidelberg 1960, S. 3.

〔5〕 Aulis Aarnio, *Essays on the Doctrinal Study of Law*, Springer Publisher, 2011, p. 193.

〔6〕 Aulis Aarnio, *Reason and Authority a treatise on the dynomic paradiym of legal docmatics*, Dartmouth Publishing Company, 1997, p. 75.

倾向于"理论"的法教义学，特殊法教义学倾向于"实践"的法教义学，它们各自方法论的任务也分别倾向于"体系化"与"解释"。这样对应的合理性在于，离开了概念框架（体系），任何法律解释都无法被生产出来，这种概念框架如果想具有普遍的属性，就必须是由一般法教义学（法理论）所提炼或体系化的。反之，当特殊法教义学（部门法学）在疑难案件中无法给出一个可接受性的解释结果时，那么它就反向地向一般法教义学提供了一个更新解释方法和漏洞填补规则等理论体系的契机，没有特殊法教义学的大量且鲜活的素材，法律的体系化就不可能完成。因此，两种方法论分别倾向"体系化"和"解释"的工作，使法教义学的理论部分与实践部分得以分别作业、相互支持。

最后还要强调的一点，区别在于特殊法教义学方法论上的局限性，即无法独自回答法律适用目标的位阶问题。法学方法论的本质是解决法律适用中的"说理"问题，它要尽可能地实现法律适用中的最终目标，即获得一个正确或理性的法律裁判，这个最终目标由两方面构成：一是依法裁判，二是实现个案正义。在普通法律案件中双方并不矛盾，依法裁判作为形式法治的要求，可以有效保障作为实质法治要求的个案正义的实现，个案正义反过来也能促进人们对依法裁判的信仰并保障社会的长治久安。但是不能否认的是，依法裁判/可预测性与个案正义/正当性在疑难案件中也存在一定的紧张关系，即所谓合法不合理、合理不合法的问题。这两个目标的位阶应如何排序？存在着形式主义、实质主义与推定主义等不同的司法哲学立场，它们会进一步导致裁判结论与方式的差异。[1]在此，我们不从"中义"的法理学（法哲学）可以对司法哲学立场进行优劣评判的功能进行区别，而依然坚持本章的一般法教义学（法理论）角度对与特殊法教义学的区别进行回答。

应该看到，在刑事部门法学领域中，罪刑法定原则被奉为圭臬，坚持依法裁判的优先地位；在民事部门法学领域中，意思自治原则被视为帝王条款，个案正义具有不输于甚至高于依法裁判的地位。这种特殊法教义学方法论中的差异，就要求回到一般法教义学方法论中才能得到解释和统一。解决方案是：（1）依法裁判具有初始优先性，因为法官的首要任务就是依据法律作出决定；（2）欲实现个案正义的超越，不仅要衡量规范背后实质原则间的相对重要性，亦要衡量其与规则所承载的法的安定性（形式原则）间的相对重要性。[2]一般

---

[1] 雷磊："法哲学在何种意义上有助于部门法学"，载《中外法学》2018年第5期。

[2] 舒国滢、王夏昊、雷磊：《法学方法论》，中国政法大学出版社2018年版，第182页。

法教义学的体系化功能就体现于此：裁判者必须遵守的"依法裁判"不等于"依法条裁判"，一个严格遵照现行实在法作出的决定，有可能实质上违反了"依法裁判"的要求。法律决定不应当被视为一个个单独法条的简单联合，其必须作出如下预设：这些看起来相互独立的条文，实际上能够被真正结合为一个关于"法律"的整体，以使法官的决定建立在这个整体而不是单独的法条之上。显然，这个"整体性要求"通过法律的体系性，保障了法律评价的一致性。"法律才能以同一个声音说话……把自己对某些人所使用的公平或正义之类的实质标准扩展至每个人"，[1]以实现依法裁判和个案正义的统一。

四、法治上的价值与行为

"中义"的法理学和部门法学共享着法学的规范属性，它们因此也就肩负着法学在法治领域的重要职责，在此想要说明的是它们二者之间的不同职责贡献。党的十九大报告再次强调了全面推进依法治国必须坚持"依法治国和以德治国相结合"的基本原则，这是中国特色社会主义法治体系区别于西方法治话语的优势体现，因此不能忽视在历史经验语境下对传统儒家德治思想的借鉴与检省。儒家德治思想视法律为政治道德的组成部分，道德的统治蕴涵了法律的统治，同时符合了实质法治和形式法治的要求。[2]儒家德治思想有能力为法治提供内生型的价值观根基，但这种价值观并不能对部门法学和实践起到直接的指导作用。原因在于法治要求依"法"裁判，只有当某个实在法体系将中华传统道德内化为法律原则时，这种道德价值才能真正起到指导司法的作用，而这就进入了法理学的作用范围：一方面，道德价值需要经过法哲学的检验以形成适用于法学领域的理论立场，另一方面，道德价值需要经过法理论的立法操作以形成适用于司法领域的裁判依据。

上述分析仅是为了指出法理学在"德治与法治相结合"方面的特殊作用，而非为了否定部门法学在法治领域的贡献。如前所述，法治与德治都追求规则之治，二者在逻辑分析和历史经验层面并无必然矛盾，法治真正反对的是人治思想。法治优于人治的原因在于：第一，法治以民主共和为基础，代表理性的统治，可以消除人治中难以避免的危及人民幸福与社会和谐的某些个人的因素；第二，法治内含着平等、正义、自由、美德等社会价值，推行法治也就在于促

---

〔1〕 Ronald Dworkin, *Law's Empire*, Harvard University Press, 1986, p. 165.

〔2〕 舒国滢、王重尧："德治与法治相容关系的理论证成"，载《河南师范大学学报（哲学社会科学版）》2018 年第 5 期。

进这些价值。[1]正如亚里士多德所说："法律不应被看作和自由对立的奴役，其毋宁是拯救。"[2]以上两点代表了西方学者关于法治的两种观点：第一，"法治"是一个表征活动的概念，其核心是依法办事，这一要求已成为社会关系参与者活动的普遍原则。富勒同样表达："法治的真意一定指，国家须严格适用由公民决定其权利和义务的已事先宣布因而应被遵守的规则。否则就无法对公民产生效力，法治也将徒劳无用。"[3]按照这种观点，部门法学对法治的主要作用将在此体现。第二，"法治"是一个表征价值的概念，不是任何一种法律秩序都称得上是法治状态，法治是有特定价值目标的法律秩序。就现代社会来说，其最低限度应包括：（1）法律必须体现主权在民原则；（2）公民在法律面前一律平等；（3）法律必须认可、尊重、支持和保护人民的自由和权利；（4）法律承认利益多元化，对一切正当利益施以无歧视性差别的保护。按照这种观点，法理学对法治的主要作用将在此体现。总的来说，部门法学和法理学对法治的作用也可以用亚里士多德的定义来概括："法治应包含两重意义：已成立的法律获得普遍的服从，而大家所服从的法律又应该本身是制定得良好的法律。"[4]前者主要依靠部门法学，后者主要依靠法理学。

五、结语

马季创作过一个相声《五官争功》，讲述的是一个人睡觉做梦，梦到他脸上的五官在相互争功：眼睛说自己是世界的窗口，耳朵说自己是声音的来源，鼻子说自己是空气的通道，嘴巴说自己是食物的入口。正当他们争论不休时，眉毛跳出来说："我才是最重要的，如果没有我，那脸还是人脸吗？"法理学就是法学的眉毛。[5]在上文，我们梳理了法理学与部门法学在学科层面、方法层面、法治层面的关系，可以看到，它们不仅在应然层面，而且在实然层面也是一个有机的整体。于对方的先天缺陷中，它们找到了自身的价值所在和自处之道，法理学因为部门法学的实践检验而永葆活力，部门法学因为法理学的理论供给而迈向理性。没有部门法学的法理学是空洞的，没有法理学的部门法学是盲目的，[6]理解了"法理学与部门法学的关系"同时也就解决了它们各自的理

---

〔1〕 张文显：《二十世纪西方法哲学思潮研究》，法律出版社 2006 年版，第 513 页。

〔2〕 [古希腊] 亚里士多德：《政治学》，吴寿彭译，商务印书馆 1981 年版，第 276 页。

〔3〕 L. L. Fuller, *The Morality of Law*, Yale University Press, 1969, p. 209.

〔4〕 [古希腊] 亚里士多德：《政治学》，吴寿彭译，商务印书馆 1981 年版，第 199 页。

〔5〕 雷磊：《法理学》，中国政法大学出版社 2019 年版，前言第 5 页。

〔6〕 雷磊："法理学与部门法学的三重关系"，载《河北法学》2020 年第 2 期。

论困境。"对于一国的法治而言，没有法律科学是灾难性的，没有法律科学的指导和学术监督，一个国家就不可能有稳定的法律适用，不可能有法的安定性存在。法律愈庞杂，愈需要法律科学和法学理论。"[1]

---

〔1〕 〔德〕N. 霍恩：《法律科学与法哲学导论》，罗莉译，法律出版社 2005 年版，第 106 页。

人工智能是法律上的人吗？

曾立城*

摘　要： 人工智能是否拥有法律主体资格的争议由来已久，却仍莫衷一是。否定性结论的两个通常理由均不成立：一方面，自然人不是法律主体资格成立的必要条件。另一方面，主张人工智能缺乏自由意志的反对意见仅适用于弱人工智能，而随着强人工智能技术的日渐成熟，它将无法回应强人工智能所可能带来的挑战。法律上的人作为一个法理论概念，具有法定性和构成性。在立法技术和司法适用上，将强人工智能接纳为法律上的人并不存在巨大的障碍。但是法律技术上的可能不表示它是立法政策中理所应当的选择。尤其是考虑到强人工智能如果拥有主体资格，其在行使广义上的规范创制权时，将给法律秩序与人类生活带来的重大危机，我们有理由拒绝人工智能的主体资格。

关键词： 人工智能；法律主体；强人工智能；自由意志；自然人

引　言

人工智能带给人类忧虑的根本原因是，它有可能挑战人的主体地位。虽然计算机和网络技术为人类所用不过是近百年间的事情，但是当代社会无疑已经迈入数字时代。这不仅体现在信息技术与人工智能协助着人类从事各行各业的活动，也体现在网络接入逐渐被主张为一项基本人权。人工智能的研发，是这场科技革命的重头戏，它带来了有目共睹的便利，但是也带来了前所未有的忧虑。然而，不同于其他的科技成果与工具发明，人工智能（俗称"机器人"）

---

* 曾立城，中国政法大学 2020 级法学理论专业博士。

更类似于人，它甚至具备优越于人类的学习、决策与执行能力。无论是体力劳动还是智力活动的某些领域，人工智能更出色地完成任务已经成为现实。例如，机器人"AlphaGo"接连战胜了人类职业围棋选手，几无败绩。由此一来，人类驾驭人工智能的信心就受到了一定动摇。

那么，人工智能能否成为法律上的主体？法律是调整社会生活的秩序的，它对政府与个人行动的指引既是普遍的，也是终局的。此外，法律也是政治和意识形态的输出品。法律表达的是作为立法者的人类自身对主体之间、主体与客体之间关系的理解与建构。就此而言，人工智能促使司法裁判方式的转型，虽然是人工智能与法律的重要互动，但是尚不构成对法律的巨大挑战。此时，人工智能扮演着解释与适用法律的辅助性角色，对此，我们没有充分的理由予以拒绝：一方面，法律可能被更加严格、非任意地解释，依法裁判的理念被忠实地执行；另一方面，法律职业共同体将被从简单或枯燥的工作中解放出来，在如下五个法律工作领域，人工智能的应用已经步入产品化阶段：法律研究、电子取证、结果预测、自助式合规审查以及合同分析。[1]此外，它当然还可以用以检索类似案件，助益"同案同判"。真正的难题在于，法律应当如何看待人工智能？其中的基础问题则是，人工智能究竟构成法律上的主体抑或客体，它是与人同等地享有法律权利与承担法律义务，还是作为某种物受到人的支配？答案并非不言而喻。无论是赞成者还是反对者，都提供了值得认真对待的丰富理由。但是随着技术的发展，人必须作出选择，并且不同的选项将塑造不同的法律实践与生活。

对此，常见观点概括起来，有肯定说、否定说、代表说、委托说四种。[2]我们不妨首先关注其中的典型主张，值得检讨是的两种反对人工智能主体地位的常见理由。无论是通过自然人的条件还是通过自由意志作为构成性因素来质疑人工智能的法律主体地位，在反思性地超越这两种论证思路的过程中，我们将明确法律主体资格的构成条件，将问题首先限定在法理论的领域，也将对人工智能作出细致的分类。这是本文前两部分的任务。在此基础上，第三部分将展示人工智能作为法律上的人的可能性，并从法学的角度指出我们为什么不应当实现这种可能。也就是说，人工智能的法律主体地位之存废，不在于法学建构上的可能或不可能，而在于法律人态度上的接受或拒绝。并且目前来看，拒

---

〔1〕 郑戈："算法的法律与法律的算法"，载《中国法律评论》2018年第2期。

〔2〕 彭中礼："人工智能法律主体地位新论"，载《甘肃社会科学》2019年第4期。

绝的理由具有明显的优势。

一、无效的反对理由：并非自然人

否认人工智能成为法律上的人的通常理由是，人工智能并非自然人，因此它们无法行使法律权利或者履行法律义务，也就不是适格的法律主体。"机器人不是具有生命的自然人……将其作为拟制之人以享有法律主体资格，在法理上尚有斟酌之处。"[1]隐藏在这个判断背后的逻辑是：其一，只有自然人才能构成法律上的人；其二，拥有行使权利以及承担义务的资质能力，是成为法律上的人的前提条件。初看起来，这两个命题都是正确的，但却未必经得起检讨。

首先，自然人并非法律上的人的充分条件，因为并非所有的自然人都是法律上的人。奴隶制度是最为典型的例子，奴隶被当作主人的财产和客体。法律即使保护奴隶的生命和财产，也不过是出于对其主人的利益的保护，而非出于对奴隶自身的法律地位的承认。除此以外，古罗马法对主体资格的限缩有过之而无不及。"在早期罗马法的主体结构中，一个 homo（生物意义上的人）是不当然适用罗马法的，唯有代表家族的家父才可以享有法律主体权力，而家子、奴隶、共同体以外的个人均无法律主体身份。"[2]也许身处文明社会的我们会声称，奴隶制度是传统社会的糟粕与恶法，古罗马法也已不过是散落在故纸堆的明日黄花，但是无法否认，它们在历史上就是实实在在、行之有效的法律。

其次，更为重要的是，自然人也非法律上的人的必要条件，因为并非所有法律上的人都是自然人。如果说自然人作为法律上的人的基础是人的理性，那么非自然人所拥有的理由则在于拟制。[3]在现代法律实践中，法人与国家被普遍承认为法律主体。我国民法典就规定了营利法人、非营利法人与特别法人这三种类别，并且承认法人也拥有类似于自然人的权利能力和行为能力。不只在民商事活动、而且在公法领域中，国家与政府也总是以其自身的名义参与法律关系，哪怕国家显然不是一个有血有肉的实体。即使揭开法人和国家的血纱，发现隐藏在后的是被组织起来的人的集合，但是法人和国家的法律地位仍然无

---

[1] 吴汉东："人工智能时代的制度安排与法律规制"，载《法律科学（西北政法大学学报）》2017年第5期。

[2] 龙卫球："法律主体概念的基础性分析（下）——兼论法律的主体预定理论"，载《学术界》2000年第4期。

[3] 吴高臣："人工智能法律主体资格研究"，载《自然辩证法通讯》2020年第6期。

法被简单地还原为自然人的权利义务。法人与作为成员的自然人在名义上和财产上界限分明。如果将目光延伸至伦理学，我们会发现，动物也可以成为（道德）权利的主体，"人与动物在原初的意义上都享有一种生存于所处之境的权利"。[1]在我国，关于动物权利的讨论尚不普遍或热烈，但却方兴未艾。以上表明，不仅某些自然人可以被排除在权利主体之外，而且某些非自然人也可以被包容进来。

最后，法律上的人是法律规范的拟制和创造，它与主体的自然属性缺乏必然的逻辑关联。这个判断可以在前述例子中获得印证。奴隶在事实上并非不能发出要约或承诺，只不过法律不以特定的效果赋予其这些行为而已。相比于自然人，法人和国家也欠缺了生命、荣誉等重要的人格，但是这并不妨碍它们行使法定权利或履行法定义务，只不过其权利和义务的范围要窄一些。归根结底，就法律上的人的构成因素而言，权利能力与主体资格是同一个事物的两个面向，相互之间并非互为前件与后件，而都是法律规范内容的复现。法律上的人并非权利与义务之外的实体，而是权利与义务的人格化统一体，由于权利与义务就是法律规范，法律上的人本质上也是一批法律规范的人格化统一体。[2]

关于法律与权利的一元论，常见但并不成立的反对意见是权利居先理论。权利居先理论认为，法律权利在逻辑上和时间上先于法律，作为国家秩序的法律旨在认可和保护独立于秩序而出现的权利。但是，法律权利存在与否的事实，无法通过感官被认知，而只能在预定关于某种法律权利的规范存在时，才是逻辑上以至心理学上可能的判断。法律权利的存在以预定法律规范的存在为前提。自然权利只有借助法律的保证才能成为法律权利，因此法律必定在权利之前或者至少与权利同时存在。如果权利居先理论是正确的，那么法律不能创造或者取消、而只能保证权利，这与实践显然相左。[3]因此，法律权利与法律的关系，不是前者优先于后者，而是后者统摄着前者。

二、不完整的反对理由：缺乏自由意志

相较而言，反对人工智能成为法律主体的如下理由更有说服力：人工智能缺乏自由意志与理性，无法自主地决断和行事，而始终依赖于它们的掌控者。

---

〔1〕 朱振："论动物权利在法律上的可能性——一种康德式的辩护及其法哲学意涵"，载《河南大学学报（社会科学版）》2020年第3期。

〔2〕 〔奥〕汉斯·凯尔森：《纯粹法学说》，〔德〕马蒂亚斯·耶施泰特编，雷磊译，法律出版社2021年版，第212~213页。

〔3〕 〔奥〕凯尔森：《法与国家的一般理论》，沈宗灵译，商务印书馆2013年版，第131~134页。

"当前的人工智能不具备人类理性，不可取得类似于自然人的法律主体资格，在现行法律体制下，为其拟制一个法律人格对社会问题的解决也无重大意义，赋予其法律人格的理由不足。"[1]或者主张说，人工智能不具备规范性的认知能力，因而更接近于动物而非法人。[2]实际上，反对者在此运用了三段论推理：任何法律主体都拥有自由意志（大前提），人工智能缺失了自由意志（小前提），因此，人工智能并非法律主体（结论）。大前提是正确的。由于忽略了科技发展的可能性，小前提却是片面的。

（一）自由意志作为法律主体资格的构成要素

首先，如果某个事物缺乏自由意志，那么法律直接调整它的活动就属于放错重点。法律不需要直接调整完全听命于人和受制于人的人工智能，就像一张桌子或者一个杯子的运动不会直接成为法律规范的内容一样。但是，法律禁止住户从高楼上抛下杯子，要求家具公司依照合同交付桌子。当人与人工智能是主体与客体（物）的关系，法律只需调整人对人工智能的运用便已足够。前者对后者享有的是一种对物权。此时，人工智能对法律挑战是脆弱的，现行法律制度的框架已经提供足够多的应对策略。

其次，自由意志是法律创制、法律适用与参与法律关系的必要条件。立法学是一门政治科学，立法者借助理性裁量与权衡对立的价值的分量，从而作出取舍与决断。司法活动也不可避免地具有自由裁量空间，为了防止法官专断，自由裁量需配套细致论证，这既依赖于法官的经验，更依赖于他的理性。"因此，人工智能一旦统治了审判，那么它会将价值判断彻底驱逐出去，这在事实上会贬低道德判断的重要性……"[3]此外，只有在当事人拥有意思自治时，他们订立的合同才真实有效，也才能在违约行为发生时合理地要求责任的承担。

最后，在现行法律制度中，无论是自然人还是法人，或者拥有真实的或者拥有拟制的意志。极端的哲学家可能主张，即使是自然人也不具备自由意志，人的心理和行动总是社会背景或者个人经历的结果，只不过人们对此因果关系浑然不觉。但是我们相信，证成人的自由意志的理由要远多于证伪，这不只是经验判断，更是价值选择。至于法人，作为人的组织，它并非有机体，因此当然无法像人类那样具备真实的意志。法律的意志是规范上的拟制。例如，公司

[1] 刘洪华："人工智能法律主体资格的否定及其法律规制构想"，载《北方法学》2019年第4期。

[2] 冯洁："人工智能体法律主体地位的法理反思"，载《东方法学》2019年第4期。

[3] 陈景辉："人工智能的法律挑战：应该从哪里开始？"，载《比较法研究》2018年第5期。

的章程通常规定了公司的议事规则，正是议事程序将特定管理人员的意志转化为集体的意志，公司也就有了以自己的名义行事的能力。

（二）弱人工智能与强人工智能：自由意志必定不存在？

既然自由意志是必要的，那么可否像法人一样，为人工智能拟制意志呢？尽管在技术上这并非不可能，但却属于多此一举。首要的原因在于，人工智能的所谓意志总是可以轻而易举地被还原为某个人或某些人的意志，将二者相互隔绝独立是无必要的。拟制出人工智能的意志，也不会方便社会生活与法律实践。例如，"就当前备受关注的人工智能致害责任承担问题，无论《欧盟建议稿》抑或'格里申法案'并未因赋予人工智能法律主体地位而产生相应的解决措施"。[1]

但是，人工智能必然缺乏自由意志吗？那些科幻作品中的想象会成为现实吗？这是信息技术上的难题，但是并非没有解决的可能。传统的人工智能是弱人工智能，它们的一举一动完全受到人类设计的算法的支配，因而是不具备自我意识的工具。而强人工智能却近似于、甚至超越于人类，它们系统地模拟人类能力，可以自主地认知、计算、决策乃至为自身设定目标。当然，在约翰·塞尔所使用的原初意义上，弱人工智能与强人工智能并不作此划分。[2]但是，按照自由意志的有无区分弱人工智能与强人工智能，已经是约定俗成。例如有学者认为，"以人工智能产品是否具有辨认能力和控制能力，可以将人工智能产品划分为弱人工智能产品与强人工智能产品"。[3]

由于不具备自由意志，弱人工智能显然无法成为法律上的人。弱人工智能所执行的程序虽然具有特定的目的，但是这个目的并不跳脱在人类设计之外，它所借以计算的知识也都来自于人类的输入，而非自主的摄取，全无自主性可言。"在这种情况下，模拟和扩展'人类智能'机器人虽具有相当智性，但不具备人之心性和灵性，与具有'人类智慧'的自然人和自然人集合体是不能简单等同的。换言之，受自然人、自然人集合体——民事主体控制的机器人，尚不足以取得独立的主体地位。"[4]此时可以将其界定为法律客体中的特殊物予

---

〔1〕 刘洪华："人工智能法律主体资格的否定及其法律规制构想"，载《北方法学》2019 年第 4 期。

〔2〕 塞尔认为，强人工智能是被当作为心灵的计算机，弱人工智能却不过是研究人类心灵的工具或者对人类心灵的模拟。参见 John R. Searle, "*Minds, Brains, and Programs*", The Behavioral and Brain Sciences, 1980, Vol. 3, No. 3, pp. 417-457.

〔3〕 刘宪权："人工智能时代的'内忧''外患'与刑事责任"，载《东方法学》2018 年第 1 期。

〔4〕 吴汉东："人工智能时代的制度安排与法律规制"，载《法律科学（西北政法大学学报）》2017 年第 5 期。

以规制。[1]

总而言之,借助"缺乏自由意志"的理由,来反对人工智能构成法律上的人,正确地指出了自由意志是法律主体资格的必然构成,但也不当地将人工智能统一限缩为弱人工智能,而未能注意到科技高速发展带来的可能性。尽管弱人工智能只能是法律客体,强人工智能的出现将使这个反对理由变得同样无效。

三、强人工智能作为法律主体:一个应当拒绝的可能性

当拥有了自由意志,人工智能被接受为法律主体便不再有技术上的困难。"人工智能应该有权利,不是因为它们像人类,而是因为它们具有精神。"[2]首先,在创制法律时,人工智能可以比普通的立法者更加逻辑缜密与体系统一,在某种程度上,它们还可以消减价值权衡的不确定性与价值相对主义。其次,在法律适用时同样如此,无论是证据的整理查验、裁判文书的撰写,还是释法说理、填补法律漏洞或自由裁量,人工智能均可能出色地完成工作。最后,在法律生活中,人工智能既可以以其本身的名义订立合同,也可以通过体力或智力劳动积累财产(事实上,已经有出版单位结集出版人工智能创作的诗歌,关于人工智能著作的权属争议也持续不休)。最重要的是,强人工智能承担法律责任也并非不可能。[3]毕竟,强人工智能与自然人的差别已经相当有限了。

尽管如此,将人工智能接受为法律主体并不是必然的选择。已如前述,观察法律人格的演进史,从"自然人可以不是法律上的人"到"非自然人可以是法律上的人",与自然人的相同或差异并非肯定或者否定人工智能获得主体地位的根本理由。法律主体地位的取得在逻辑上也先于法律权利的享有或法律义务的承担。因此,人工智能主体地位的肯定仅仅具有形式上的可能性,但是,是否有必要将它们当作与人平等的对象,而非当作人所占有的物,这个问题应当由人在实质考量之后作出选择。在这个意义上,人工智能是否构成法律上的主体,已经不单单是凭借狭义的法学就能彻底回答的问题,[4]它仍要求一种法学

---

[1] 参见刘洪华:"人工智能法律主体资格的否定及其法律规制构想",载《北方法学》2019年第4期。

[2] Phil McNally、Sohai Inayatullay:"机器人的权利———二十一世纪的技术、文化和法律(上)",邵水浩译,载《世界科学》1989年第6期。

[3] 袁曾:"人工智能有限法律人格审视",载《东方法学》2017年第5期。

[4] 陈吉栋:"论机器人的法律人格——基于法释义学的讨论",载《上海大学学报(社会科学版)》2018年第3期。

外部的、更接近于法政策学的考量。

当人工智能成为法律上的人，它们也就在不同程度上参与法律秩序的建构之中。在最低限度上，人工智能裁判的释法说理，承担着将法律由一般规范具体化为个别规范的功能。由于法律的制定主体是自然人，作为裁判者的人工智能虽然也拥有一定的自由裁量空间，但是它们在整体上仍然受到人的命令的约束。此时的问题并不在于智慧司法是否确定地比人为更加"智慧"，而在于我们是否应当像拒绝（睿智的）独裁者一样拒绝机器人法官。[1]当人工智能与人订立合同，它们受到的约束就小了许多。当然，合同的订立受到民事法律的规范，但是，意思自治原则使得人工智能可以更加自由而平等地与人协商、共同制定在当事人之间具备约束力的条款。此时，人工智能一方面是普通法律的受指引者，另一方面是个别法律的创制者。至少在这种情境下，人与人工智能分享着立法者的身份，但是由于二者的天然差异，按照这种方式制定出来的法律也就更像是契约。

无论是将立法权让渡给人工智能，还是人与人工智能共同行使立法权限，法律秩序都将面临严重的危机。在前一种情况下，人不再是为自己立法，这对人的尊严和法律的正当性都是致命的打击。在后一种情况下，虽然法律可以被当作是人与人工智能的协商成果，但是法律与合同毕竟存在天壤之别。合同是相互之间的指令，这便无法满足法律的权威性主张，法律秩序同样面临着正当性难题，恐怕也不会有人能够保证法律的执行了。因此也就不难理解，"从后果主义上看，人工智能法律主体化势必会给人类带来不堪承受之重"。[2]与此相类似，借镜动物权利的讨论，我们也将发现，动物权利在法律上是否能够被证立，关键仍在于我们的观念是否接受它。[3]

有鉴于此，一种稳妥的解决方式是将强人工智能仍然当作法律上的物，而非人。弱人工智能自不待言，强人工智能的权利和义务也可以追溯至并归属于它们的研发者、制造者和使用者。[4]在权属判断方面，尤其重要的考虑因素是尊重各方的意思自治，研发者、制造者和使用者之间的合意内容构成判断的主要依据。在责任承担方面，三者之间的合意内容原则上不应当具有对外的效力，

---

[1] Luís Greco："没有法官责任的法官权力：为什么不许有机器人法官"，钟宏彬译，载《月旦法学》2021 年第 8 期。

[2] 刘练军："人工智能法律主体论的法理反思"，载《现代法学》2021 年第 4 期。

[3] 朱振："论动物权利在法律上的可能性——一种康德式的辩护及其法哲学意涵"，载《河南大学学报（社会科学版）》2020 年第 3 期。

[4] 李爱君："人工智能法律行为论"，载《政法论坛》2019 年第 3 期。

而是需要结合对人工智能产品的控制力、规避风险能力等因素，决断三者承担补充的连带责任。

结　语

人工智能的法律主体资格问题是当下热闹的"算法法学"的深刻难题，也构成部门法学与人工智能交叉研究的重要理论预设。[1]法律上的人，并非法律权利与法律义务的实体持有者，而是权利与义务本身的人格化统一体。否则，便陷入了认识对象的双重化的谬误。但是，人工智能是否是法律上的人，这不只涉及科学技术的发展程度和法律技术的可行性，更关键的是要认识到，这不是一个价值中立的问题：我们是否有理由接受人工智能与我们的平等地位，甚至是超越于我们的发号施令者地位。当人工智能成为法律上的主体，它就不只要履行义务，还将行使权利，这也就包括了广义的创设法律规范的权力。法律的体系性要求无差别的适用，但是当人不再是为自己立法、机器人亦可为人立法，人之尊严的贬损将使法律遭受正当性危机。更有甚者，人的概念也将被重新解构。因此，在本文的议题上采用反对者的保守姿态，目前来看具有明显的优势。

〔1〕 朱凌珂："赋予强人工智能法律主体地位的路径与限度"，载《广东社会科学》2021 年第 5 期。

给孙芳普法的两种样态

——以电影《找到你》为中心

闫　波[*]

摘　要：电影《找到你》中孙芳的悲剧源于其未能经由普法获取法律知识，因此不能将争议诉诸法律。从普法的角度而言，宣谕性普法和关系性普法的欠缺导致了这一结果。宣谕性普法是国家旨在树立法制权威、实现现代化的法治教育活动，婚姻家庭关系原生规范的完整性和弱规范性导致宣谕性普法对孙芳陷于失效。关系性普法是主体通过调用社会资本获得法律知识的过程，孙芳未被作为法律人的李捷视为可交流的对象，无法完成社会资本的调用过程，从而未能基于关系获得法律知识。关系性普法的实现有赖于拥有法律知识者的善意沟通。在"八五"普法实施过程中，应当增强婚姻法领域中宣谕性普法的主动性，并充分利用社会力量进行普法。

关键词：《找到你》；法律意识；宣谕性普法；关系性普法

一、问题的提出：孙芳悲剧

电影《找到你》讲述了正在闹离婚的女律师李捷的女儿被保姆孙芳偷走，在找寻女儿的过程中逐渐了解孙芳人生和事件全貌的故事，这部电影以女性的主视角刻画了李捷、孙芳和朱敏三个角色，展示了现代社会中女性在事业和家庭上面临的双重困境。与性别叙事视角下的分析不同，本文聚焦于孙芳与法律

---

* 闫波，中国政法大学 2021 级法学理论专业硕士。

的互动和不互动，考察孙芳与法律的擦肩而过。

不算被追捕，剧中的孙芳似乎从未主动与法律扯上关系，但她却真切地在涉法争议中由来往返，并最终陷入悲剧。法律的缺位或引发、或加剧了这些悲剧。而要对此进行分析就首先应当观察，她涉及了哪些法律争议。孙芳的女儿珠珠罹患重病，丈夫洪家宝拒绝拿钱治疗，二人发生冲突。女儿去世后孙芳找洪离婚，丈夫向她索财。孙芳在给洪家宝送钱时，洪家宝试图强奸她，孙芳反抗中不慎杀死了洪家宝。随后，她拐走了李捷的女儿，引发了全片李捷寻女的故事。孙芳涉及的婚姻法争议是问题的根源，但从法律上看，孙芳在所涉的婚姻法争议中并非不利一方，对于罹患重症的子女，父母有法定救助义务，如果孙芳能够诉诸法律，虽然洪家宝也无太多财产，但是对共有的房产和车辆的分割也能在一定程度上解决珠珠治疗费用的燃眉之急。对于离婚争议，不管法官是否基于种种因素〔1〕选择不认定家庭暴力和判决离婚，至少孙芳完全不用向洪家宝支付洪家宝无端主张的种种费用，孙芳找洪家宝交钱和激情杀人也就不会发生。因此，我们也许可以说，法律意识的欠缺导致了孙芳的悲剧。

无疑，当法律本能发挥作用却未起效，不啻令人扼腕。更引人注意的是，导致孙芳悲剧的并非"野生动植物保护""枪支标准认定"等艰深复杂的法律问题，而是看起来十分浅易平常的婚姻法纠纷。这必然引出一个问题：长期实施的普法或法治教育〔2〕为何未能服务于孙芳？面对不知法的孙芳，"全社会办事依法、遇事找法、解决问题用法、化解矛盾靠法"〔3〕的法治教育目标之实现就颇有疑问了。另一个值得思考的问题是，孙芳并非完全与法律陌路，她在一位律师的家中做保姆，这位律师对婚姻家庭法非常熟悉，还正在代理一个抚养权诉讼。为什么孙芳也没能从作为律师的雇主那里得到帮助？〔4〕本文试图从普法的角度回答这两个问题。孙芳和其他无数生活在社会夹缝的人如何可能成为知法、守法、用法的公民，是法治教育和法治建设必须回应的问题。

---

〔1〕 如贺欣教授分析了法官的快速结案需求、调解偏好、对家暴概念的认知和人身安全考虑，导致法官倾向于不认定家暴。参见贺欣、肖惠娜："司法为何淡化家庭暴力"，载《中国法律评论》2019 年第 4 期。

〔2〕 自 1985 年"一五"普法规划颁布以来，我国普法工作已开展达 30 多年之久。

〔3〕 2021 年 6 月 15 日发布的《中央宣传部、司法部关于开展法治宣传教育的第八个五年规划（2021—2025 年）》。

〔4〕 这并非不可能。尤伊克和西尔贝在其书中开篇分析的就是一位从未与法律打过交道的保姆在其雇主的帮助下进行诉讼，成功维护自己的权利的故事。参见［美］帕特里夏·尤伊克、苏珊·S. 西尔贝：《日常生活与法律》，陆益龙译，商务印书馆 2015 年版，第 17~31 页。

在开始分析之前，还有最后一个问题需要回答。孙芳的悲剧是否只是电影的建构，现实中的孙芳是否能够便利地寻求司法和其他帮助，不至于引发剧中悲剧？一般地，任何能够引起社会共鸣的现实主义影视作品必然建立在较强的现实逻辑的基础上，从而可以作为"法律与文学"分析的对象。[1]更重要的是，与"为权利而斗争"的话语不同，法律社会学研究指出，由于"纠纷双方和他们的承担的责任、对冲突的看法、选择的处理机制、寻求的目标、主流意识形态、相关群体、代表和官员，以及纠纷处理机构"[2]等种种原因，忍受和协商才是大多数纠纷解决的常态，只有极少数升级的纠纷需要调解、仲裁乃至诉讼。麦宜生（Michelson）将之形象地形容为"攀登纠纷之塔"（climbing the dispute pagoda）。[3]许多定量研究也印证了在中国有大量民事纠纷未进入法律或其他纠纷解决程序。[4]当然，这些证据并不能直接说明孙芳所面临的明显和严重的纠纷也不会产生利用法律的需求，一个具体的例证是，根据程朝阳和高鑫对2014年至2018年妻子因受家庭暴力杀夫案件的考察，其中至少有三分之一的妻子未曾寻求过任何合法救济途径。[5]因此，孙芳的困境至少在这一群体，以及更多并未作出极端行为、但也受到家庭暴力和其他侵害者中存在着，从而，本文的分析并非空中楼阁。

本文的结构是，第二部分通过梳理普法的两种模式，即宣谕式普法和关系性普法，从而考察孙芳可能从哪些途径获得所需的法律知识。第三部分结合婚姻法的伦理属性，考察宣谕式普法为什么未能将法律知识传递给孙芳，或者在这种传递已经完成的情况下，为什么未能说服孙芳利用法律。第四部分从社会资本的角度探讨关系性普法为何未发生，以及为何关系性普法是必要的。

二、普法的两种模式

孙芳没有利用法律，说明普法没有作用于孙芳，或者普法本身陷于失效。

---

〔1〕　参见苏力：《法治及其本土资源》，中国政法大学出版社1996年版，第37~38页。

〔2〕　William L. F. Felstiner, Richard L. Abel, Austin Sarat. "The Emergence and Transformation of Disputes: Naming, Blaming, Claiming the dispute pagoda", *Law & Society Review*, Vol. 15, No. 3-4, 1980 (81), pp. 631-654.

〔3〕　Ethan Michelson. "Climbing the Dispute Pagoda: Grievances and Appeals to the Official Justice System in Rural China", *American Sociological Review*, Vol. 72, No. 6, 2007, p. 459.

〔4〕　参见刘青、石任昊："当代中国民事纠纷解决方式的选择——基于CGSS2005的法社会学分析"，载《社会发展研究》2016年第4期。

〔5〕　参见程朝阳、高鑫："对'受虐妇女杀夫'类案件的法理分析——以2014—2018年典型案例为样本"，载《山东警察学院学报》2019年第5期。

而要解答为什么普法没有发生作用，就必须考察普法可能存在的模式，即孙芳可能从哪些途径获知法律。

普法或法治教育是法律知识及其内含的法治精神从知法者向不知法者传递、从立法者这一单个主体知法扩散到社会全部主体知法的过程。"法是主权者的命令"，法律由国家各级立法机构制定或认可的，因此普法天然具有国家这一缺省主语。在一种理想化的分析中，立法者是原初的知法者，整个社会是普法的受体，但在任何具体的时间点上，社会中必然存在一定范围的知法者，例如法官、律师这样的"重复当事人"[1]，以及"利用法律"[2]的人，他们将法律知识和法治精神传递给不知法的主体也是一种普法，从而，普法又不必然是在国家主导下自上而下进行的。因此，普法可以根据主体进行区分，但这种区分面临质疑。一个典型的问题是，法官在法庭上向当事人宣讲回避等司法程序、在司法开放日为当事人提供帮助和为其亲属解答法律问题究竟属于何种普法？最后一种无疑属于私主体之间的普法，但前两者是由法律和政策规定的一种普法义务，因而是国家普法的一部分。这一问题也存在于其他国家普法的实施者上，因为国家普法必然通过国家工作人员实施，而国家工作人员作为知法者自然也可能自行将法律知识传递给他人。故而这种界分不能仅仅依据普法实施的主体，而必须基于普法的目的和形式。

国家为什么实施普法？改革开放以来，以法律为核心的共同体建构逐渐成为国家和社会的共识，立法和普法是其两翼，[3]因此，普法的目的是建构法制权威；同时，与将法律作为实现"赶超型现代化"[4]的工具主义维度相适应，普法也旨在实现公民的现代化，具体表现是"有理想、有道德、有文化、有纪律的社会主义一代新人"。[5]在该目的的指引下，五年一次的普法规划规定了各阶段普法的主要内容和主要对象，以及相应的保障机制和考核机制，其具体

---

〔1〕 See Marc Galanter, "Why the Haves Come Out Ahead: Speculations on the Limits of Legal Change", *Law and Society Review*, Vol. 9, No. 1, 1974, pp. 95-160.

〔2〕 尤伊克和西尔贝用"利用法律"来表明将法律视为一种游戏，通过改进策略以利用法律实现权利的对法律的态度，这些人认为能够从利用法律中得利，因而主动地提高自身的法律知识。参见〔美〕帕特里夏·尤伊克、〔美〕苏珊·S. 西尔贝：《日常生活与法律》，陆益龙译，商务印书馆2015年版，第235~236页。

〔3〕 参见许章润："普法运动"，载《读书》2008年第1期。

〔4〕 参见冯仕政："中国国家运动的形成与变异：基于政体的整体性解释"，载《开放时代》2011年第1期。

〔5〕 《中共中央、国务院转发中央宣传部、司法部关于向全体公民基本普及法律常识的五年规划的通知》，1985年11月5日发布。

的方式包括"法律六进"〔1〕"在实践中普法""谁执法、谁普法"的普法责任制等，这些最终体现为法律节目、社区宣传栏、法律宣讲、标语和口号等。因此，我们可以把国家主导的普法视为一种"宣谕式普法"。

私主体之间的普法又如何展开？显然，在不考虑利他主义情感的前提下，个人不具有国家主义的普法动机，但其实施的普法可能在客观上符合这一目的。一种最常见的私主体间法律知识传递是向律师和法律工作者进行的有偿法律咨询，但这很难被称为普法，因为普法强调的是对基本法律知识的普及，其本身具有限度，否则，普法概念本身就会产生悖论，在功能分化的社会中，人们对任何领域不可能也不必要具有深入和明确的认知和理解，而是通过以规范期望为核心的社会信任机制诉诸专业人士的协助。〔2〕在中国语境下，这还涉及法律移植导致的"知识悖论"。〔3〕因而，大部分的律师咨询难以被纳入普法的范畴。无偿的法律传递则一般发生在社会网络内的知法者和大众之间，例言之，法官和律师为其亲属回答简单的法律问题、常打官司的"小专家"〔4〕为工友们讲述法律知识。因此，大众通过调用其社会资本〔5〕获得这种普法，可以被称为"关系性普法"。

三、宣谕性普法与法律内容

孙芳可能完全没有接受过宣谕性普法，或者在接受此类普法之后未被说服，以至于未能接近法律。宣谕性普法一般在两个维度上开展，即以"法律六进"为代表的，通过宣讲教育和标语口号实现的普法和以普法责任制所指向的"在实践中普法"。如果普法未发生，其原因是相当简单的：从"法律六进"的对象就可以发现，这些普法要求对象的稳定性，也就是说，宣谕性普法只能在一个稳定的群体或地域中开展，政府普法人员将一个村子的村民组织起来、企业将其员工组织起来、居委会将其管辖的家庭组织起来展开普法，而挨家挨户地告知法律是不现实的。即使针对农民工的普法工作，也只能在工地或人才市场

---

〔1〕 即法律进机关、进乡村、进社区、进学校、进企业、进单位，"五五"普法规划中提出，随后沿用。

〔2〕 参见伍德志："文盲、法盲与司法权威的社会效力范围变迁"，载《法学家》2019年第3期。

〔3〕 参见凌斌："普法、法盲与法治"，载《法制与社会发展》2004年第2期；宋晓："普法的悖论"，载《法制与社会发展》2009年第2期。

〔4〕 See Mary E. Gallagher. "Mobilizing the Law in China：'Informed Disenchantment' and the Development of Legal Consciousness"，*Law & Society Review*，Vol. 40，No. 4，2006，pp. 783-816.

〔5〕 社会资本是"行动者在行动中获取和使用的嵌入在社会网络中的资源"。参见［美］林南：《社会资本：关于社会结构与行动的理论》，张磊译，社会科学文献出版社2020年版，第25页。

这些具体的场所进行，孙芳的工作流动性太强，甚至常常处于法律宣传与普及的灰色地带，政策性普法因此不能进入她的生活。而对于实践中普法，婚姻家庭领域虽然关涉社会秩序和道德义化建设，具有一定的公共属性，但在我国的法秩序下，仍然遵循不告不理的干预逻辑，因此在孙芳不主动将纠纷递交法律处理之前，实践性普法便无从起始。然而，这种对普法未发生的简单解析并不充分，毕竟我们也很难想象，孙芳多年来从未在电视上收看过法治节目，在互联网和智能手机时代也没看过任何法治新闻，并且，游走于法律边缘者为了躲避法律制裁，事实上较一般人对法律有更深刻和批判性的认知。[1]因此，要深入分析宣谕性普法陷于失效的原因，就必须假设孙芳曾经接受过宣谕性普法，而从所涉的婚姻家庭关系的角度分析这些普法为何未能说服孙芳接近法律。

婚姻家庭关系自生自发于社会生活，因此婚姻法是一种典型的地方性知识，任何一国婚姻法的制定基础都是其原先婚姻家庭伦理道德的法律化，婚姻家庭领域的司法也更重视情理，即"常识性正义衡平感觉"[2]。依据塞尔的界定，作为典型的制度性事实，社会规则只能通过一定构成性规则所设定，这种构成性规则的成立与否依赖于受众的认同，[3]也就是说，如果不能明确规则的内涵、受众不接受此种规则，就不能确定什么是规则，或者规则只为具文。对于其原有规范尚存的个体，一旦两种构成性规则出现抵牾，其一般倾向于诉诸不更改其认同对象，而坚持原有规范，此时法律对争议的强制性介入使得当事人不理解法律并导致普法失败，这是秋菊的困惑之来源。[4]更一般的，如果法律没有主动介入，对孙芳这类主体，其缺乏更改原先对婚姻关系的理解的动力，因此也不可能主动放弃原有规范而寻求法律救济。如果孙芳涉及了合同的概括转让这种法律建构的事实或某种法律拟制，在这些原有社会规范未能涉及的领域，孙芳诉诸法律的可能性就更高。

当然，上述分析并非绝对。当规范的效力减弱或消失时，对规范的认同自然会减少，这属于外在功利对内心是非感的影响。因此，当法律或历史发展约

---

〔1〕　See Kay Levine, Virginia Mell. "Strategizing the Street: How Law Matters in the Lives of Women in the Street-Level Drug Economy", *Law and Social Inquiry*, Vol. 26, No. 1, 2001, p. 169.

〔2〕　[日] 滋贺秀三："中国法文化的考察——以诉讼的形态为素材"，载《比较法研究》1988 年第 3 期。

〔3〕　参见 [美] 约翰·R. 塞尔：《社会实在的建构》，李步楼译，上海人民出版社 2008 年版，第29 页。

〔4〕　参见苏力："现代法治的合理性与可行性——秋菊的困惑和山杠爷的悲剧"，载《东方杂志》1996 年第 4 期。

束或禁止游街、等额报复这种原有规范的强制性举措，社区的秩序自然就不能以原生规范予以制约了，对该规范的认同就逐渐减少，当事人将争议诉诸法律的可能性则在提升，[1]而在这个过程中，如果民间法规范趋于失效，而国家法规范尚未构建完善或有效实施，那么社区的秩序就会出现断裂乃至瓦解。[2]在孙芳涉及的婚姻法争议中，洪家宝显然违反了相关原生规范，并且没有受到有效制约，但不得不承认，这并不是因为原生规范强制力的削弱，而是因为该规范的强制力本身就十分弱小。在家庭内部，这种对规范的违反使得另一方在"权力游戏"中获得了更多的道德资本，但"家庭政治的目的是进一步的亲密关系和好好过日子，如果无法达到这个目的，再多的胜利也没有意义"。[3]从而，如果洪家宝拒绝在"权力游戏"的架构内诉诸情理，而仅仅是诉诸暴力，他的行为就无法在家庭内被惩罚。而在社区秩序的层次，对于洪家宝这样的男性失范者，即使在最传统的社区中也只能通过背后的和当面的舆论谴责，通过孤立洪家宝促使其改过，但洪家宝主动将自己界定为一个游手好闲者、将自己孤立于社区秩序之外，也就是说洪主动放弃了在社区中的评价和地位，以及社区的协助，因此其受到的相关制约是很小的。这种制约不足以阻止洪家宝停止其失范行为，但既然规则已经起到了其全部作用，也就使得孙芳将过错归于洪家宝个人的品性，而不是规则本身的不合时宜。费尔斯蒂纳（William L. F. Felstiner）及其合作者的研究指出，任何纠纷在形成之前，都必须经过认知（naming）、归责（blaming）和主张（claiming）三个阶段，当事人必须先认识到存在某种对自身的伤害，并在认知上将这种伤害转化为不公（grievance），即归责于某一个可以对其提出主张的主体，而不是归因于自身或某种自然力，并最终对这一主体主张救济，同样的行为在不同的语境下既可能转化，也可能不转化为纠纷。[4]丈夫对妻子的身体暴力不可能不被认为是一种伤害，但未必对所有语境下的妻子而言都可完全地归责于丈夫。郭于华指出，在传统农村中，苦难弥漫于生命之中、散布于生活世界，因而通常无处归因，带有先赋性和宿命论色彩。[5]从

---

〔1〕 ［美］罗伯特·C. 埃里克森：《无需法律的秩序：相邻者如何解决纠纷》，苏力译，中国政法大学出版社 2016 年版，第 301 页。

〔2〕 参见王启梁：《迈向深嵌在社会与文化中的法律》，中国法制出版社 2010 年版，第 252~254 页。

〔3〕 吴飞：《浮生取义：对华北某县自杀现象的文化解读》，中国人民大学出版社 2009 年版，第 99 页。

〔4〕 William L. F. Felstiner, Richard L. Abel, Austin Sarat. "The Emergence and Transformation of Disputes: Naming, Blaming, Claiming...", *Law & Society Review*, Vol. 15, No. 3-4, 1980 (81), pp. 631-654.

〔5〕 参见郭于华：《受苦人的讲述：骥村历史与一种文明的逻辑》，香港中文大学出版社 2013 年版，第 36~37 页。

而，孙芳在受到家庭暴力之后的反应是"等娃出来就好了"，而不是将之视为一种侵犯，从而也更不可能提出她的主张。

对于婚姻家庭关系，孙芳有其认同的原生规则，且这种规则也充分（但非有效）地发挥了其作用，使得孙芳自足于该规则，未能主动寻找和应用法律等其他规则。从这个意义上讲，孙芳与秋菊没有实质性区别，在通过普法获知一定的法律知识后，后者主动将争议诉诸法律，并对两种规则的不对等表示困惑，而前者则困囿于原生规则，未能将争议提交法律，这背后体现的都是法律等制定法对原生秩序或民间法的回应及两者互动的过程。

四、关系性普法与社会资本

宣谕性普法的失效不必然阻碍当事人完成纠纷的转化过程并最终将之诉诸法律，与此相反，由于宣谕式普法目标的内在张力和执法、司法过程中的不当行为，宣谕式普法甚至有时不利于法律意识的切实提高。[1]因此，高敏强调通过社会网络的支持促进纠纷的法律解决，[2]这就引出了关系性普法。根据上文对关系性普法的定义，其实现有赖于是否具有足够的社会资本可以调用。如果某人独立于社会网络之外，就不可能获得关系性普法的机会。虽然孙芳处于社会底层、法律边缘，她仍然与许多人具有或强或弱的关系，拥有一定的社会资本，但是关系性普法未能发生，并导致了最后的悲剧。因此，有必要考察孙芳可能调用何种社会资本获得法律知识，以及这些关系性普法为何未能发生。

社会资本是"行动者在行动中获取和使用的嵌入在社会网络中的资源"。[3]社会资本既可以为个人所拥有，也可能属于某个社群。个人通过调用社会资本获取信息、社会信任和情感强化，或者利用社会资本产生某种影响，例如，通过亲友关系介绍工作；而社群通过调用社会资本完成自我维系和自我生产，比如群体要求富有者对贫困者的子女给予一定程度的帮助。[4]从孙芳这一具体个案来看，其很难被归属于某个封闭的，甚至是开放的社群。她作为进城务工人员，脱离了原有的生活空间，并且与其他异地务工者不同，孙芳又因遇人不淑

---

〔1〕 参见张明新："对当代中国普法活动的反思"，载《法学》2009 年第 5 期。

〔2〕 See Mary E. Gallagher. "Mobilizing the Law in China: 'Informed Disenchantment' and the Development of Legal Consciousness", *Law & Society Review*, Vol. 40, No. 4, 2006, pp. 783-816.

〔3〕 参见 [美] 林南：《社会资本：关于社会结构与行动的理论》，张磊译，社会科学文献出版社 2020 年版，第 25 页。

〔4〕 参见 [美] 罗伯特·帕特南：《我们的孩子》，田雷、宋昕译，中国政法大学出版社 2017 年版，第 276 页。

不能进入一个新的稳定生活空间或同乡群体。因此，对孙芳而言，可利用的社会资本仅可能来自她自身。具体而言，孙芳需要在关系型普法中获取的是关于法律的知识和建议，那么，她能够在何种关系中、调用何种社会资本以获取这种资源呢？

人可以从或强或弱的社会关系中获取社会资本，能够从家庭等同质群体内部的强关系中获得黏合性社会资本，从朋友和雇主等异质群体间的弱关系中获得连接性社会资本。[1]研究指出，家庭等强关系中获取的社会资本有利于确证和维护主体原有资源的情感性行动的实现，而在异质性的弱关系中，人们更有可能在寻求信息或协助的工具性行动中获得更好的社会资本。[2]就剧中的孙芳而言，其丈夫洪家宝是冲突的对象，当然不可能为其提供社会资本，当她辗转做工之时也脱离了家庭和同乡聚集地，失去了从中获取社会资本的可能。纵观全剧，只有她的"准丈夫"张博能够为其提供黏合性社会资本，我们也的确看到了张博在孙芳困顿时的反复劝慰和有限帮助，但法律知识对孙芳而言属于一种异质性知识，本就难以在同质程度高的强关系中获取，而游走于法律边缘的张博在行动和观点上采取的都是与法律规定相违背的态度，当然更不可能为其提供利用法律的建议。最后，孙芳唯一一个可获取社会资本的来源就是雇主李捷。格兰诺维特（Mark S. Granovetter）认为可以从时间投入、情感强度、亲密度和互惠性服务内容四个维度衡量关系的强弱程度，[3]孙芳和李捷虽然生活在同一屋檐下，相处时间较长，但二者间属主仆关系，相互之间也缺乏情感倾注，二者的生活圈和价值观念都完全不同，从孙芳失踪后李捷的表现也可以发现，李捷对孙芳的过去一无所知，主仆之间几乎没有交流和了解。并且与格兰诺维特的假设相对，时间投入与关系深度对关系强度的影响之间具有独立性。[4]从而，虽然两人有时表现得亲密无间，但两人间的关系仍然只属于一种弱关系。在这种时间投入较多，但关系强度偏低的弱关系之中，虽然孙芳更有可能接触到异质性的法律知识，但李捷并没有实施协助的意愿。事实上，当孙芳欲言又

---

　　〔1〕　参见［美］罗伯特·帕特南：《独自打保龄》，刘波等译，中国政法大学出版社 2018 年版，第 8~11 页。

　　〔2〕　参见［美］林南：《社会资本：关于社会结构与行动的理论》，张磊译，社会科学文献出版社 2020 年版，第 66~67 页。

　　〔3〕　Mark S. Granovetter. "The Strength of Weak Ties", *American Journal of Sociology*, Vol. 78, No. 6, 1973, pp. 1360–1380.

　　〔4〕　董书昊、陈心想、张磊："'时间投入'和'关系深度'——'关系强度'概念的二维视角及其意义"，载《社会学评论》2021 年第 4 期。

止地提出一个问题时，李捷甚至没有把她当做一个可以交流的主体，孙芳也因此无法调用这一社会资本。

需要指出的是，将李捷视为可以为孙芳提供法律建议者并不是为李捷课以何种义务，也不是要求李捷为孙芳提供法律服务。研究指出，弱关系虽然有利于获取异质性信息，但这种获取是有限度的，弱关系有利于在群体之间传递有用的信息，但不利于传递复杂的信息，后者需要在强关系中实现。[1]因此，当孙芳希望调动与李捷之间的弱关系，她能够期待的不过是关于法律世界的简单建议，换句话说，如果李捷能够倾听孙芳的问题，给出起诉的建议，甚或给出寻求法律援助的建议，也就满足了弱关系所应当提供的"有用的知识"，完成了关系性普法的过程。而当孙芳接受这种建议走进法律援助中心后，新的关系性普法又可能进一步开始，[2]孙芳从而有可能通过法律摆脱其悲剧。

如果孙芳和李捷仅是单纯的雇用关系——即没有孙芳女儿被医院无情赶走的前事，那么这种不交流只是一种再普遍不过的现象，法律人与大众对法律的认知因欠缺交流，尤其是欠缺平等的交流出现了分歧，并导致大众对法律人的认知也走向负面，[3]但当这种不交流与某些事实结合，就会导致孙芳式的悲剧。当法律只被视为一种法律人谋生的手段时，法治社会是不可能达成的。具体到孙芳和李捷的互动，当李捷不能以平等的方式与孙芳沟通时，因连接性社会资本发生的关系性普法就不可能有效发生，作为法律人的李捷也不可能获得与其知识相符的地位，孙芳也就实施了拐走多多的行为。因此，在法律人和大众的沟通中，法律人因其知识优势具有控制交往的权力，但法律人如果滥用这种权力，不能够平等地倾听大众的"理"，[4]那么法律人只可能收获一个概念天国和大众的负面印象。当普法进入深水区时，法律人需要以高度的责任担当回应大众的诉求和质疑，而不是简单地将其塑造为无法的主体、斥责其"不懂法"。

结 语

孙芳的悲剧——无论是现实改编还是翻拍，都足以作为"文学中的法律"

---

〔1〕 See Morten T. Hansen, "the Search-Transfer Problem: the Role of Weak Ties in Sharing Knowledge across Organization Subunits", *Administrative Science Quarterly*, Vol. 44, No. 1, 1999, pp. 82-111.

〔2〕 高敏研究了请求法律援助的人之间形成的社会网络，以及基于这种社会网络的互助行为，See See Mary E. Gallagher. "Mobilizing the Law in China: 'Informed Disenchantment' and the Development of Legal Consciousness", *Law & Society Review*, Vol. 40, No. 4, 2006, pp. 783-816.

〔3〕 参见王康敏："通过'法盲'的治理"，载《北大法律评论》2010年第1期。

〔4〕 参见赵晓力："要命的地方:《秋菊打官司》再解读"，载《北大法律评论》2005年第1期。

之素材，并促使我们思考其中的普法问题。与秋菊和李雪莲将争议提交法律并在两种秩序的不对等中迷茫不同，孙芳的悲剧源自其因缺乏法律知识，不能将纠纷诉诸法律保护自身权益，因此宣谕性普法和关系性普法的失败或缺失是孙芳悲剧的原因之一。如果说秋菊和李雪莲的故事提示我们注意两种秩序出现冲突时的取舍，孙芳的故事则提示我们应当以适当的方式（例如普法）促成这种秩序互动的开始，因为对于当事人而言，在这一互动开始之前不能确定适用何种秩序更有利于其权益。

需要指出的是，宣谕式普法的开展与其法律内容关涉颇大，婚姻法领域的宣谕式普法进程则因其原生规则的完整性和弱强制力大多难以达到实际效果。面对不同的法律部门，有必要以不同的措施予以回应。就本文涉及的婚姻法领域而言，即可赋予居委会、村委会等社区组织更多的介入婚姻违法行为的权力，由其负责将相关争议提交法律，使法律规则能够具有起作用的可能，并在实践中完成普法，实现当事人法律意识的提升。

就关系性普法而言，其与主体的社会资本有关，尤其关涉其连接性社会资本。然而，这一过程的有效开展则依赖于关系性普法的咨询对象——法律人的举动，如果法律人以开放和平等的态度进行交流，关系性普法将在日常生活中潜移默化但牢固地建立起法治信仰，但若法律人缺乏认知争议的洞察力和平等沟通的善意，我们就必须重复埃里克森的警示——我们可能得到一个法律更多但秩序更少的世界。因此，结合"八五"普法规划中提出的"充分运用社会力量开展公益普法"，[1]提升法律人的职业道德涵养和社会责任担当——这是一个文明的法治社会可以提供的连接性社会资本，也许是给孙芳们提供关系性普法可能的重要路径。

---

　　[1]　"八五"普法规划指出，应当"壮大社会普法力量……充分发挥法律实务工作者、法学教师的作用……健全社会普法教育机制……健全嘉许制度，推动普法志愿服务常态化、制度化"。

并不成功的尝试

——论德沃金对描述性法理论的批判

暴文博*

摘　要：描述性法理论认为在探寻法律的性质时，我们无需诉诸道德论证。这一主张受到了德沃金的批判，本文将论证，德沃金的批判过窄地理解了语言分析的功能；忽略了法律和自由、民主、正义等概念的区别；并且作出了过强的理论主张。因此，德沃金的反驳并不构成对描述性法理论的威胁。

关键词：描述性法理论；本质可争议性概念；法律的性质

在《法律的概念》一书的后记中，哈特称自己的理论是描述性的，也就是说，其不参与对法律是否得到了辩护（justification）这一问题的探讨，只是想在道德中立（moral-neutral）的前提下探讨法律的性质和法律与命令、道德之间的区别。[1]哈特的主张很快遭到了德沃金的反驳，后者认为描述性法理论是贫乏且无意义的，因为法律是解释性概念，在对法律的性质进行探讨时，我们必然会涉及道德论证和对法律实践的辩护。[2]在这里，哈特和德沃金争议的是法理论的性质问题。哈特认为一种道德中立的描述性法理论是可能的，德沃金则反对这一点。本文将对德沃金提出的批判进行检验，将指出德沃金的批判忽略了法律概念的独特性，导致他作出了过强的理论主张，因此是失败的。

＊　暴文博，中国政法大学 2021 级法学理论专业硕士。

〔1〕　*See* H. L. A Hart, *The Concept of Law*, Oxford University Press, 2012, pp. 238-241.

〔2〕　*See* Ronald Dworkin, "Hart's Postscript and the Character of Political Philosophy", *Oxford Journal of Legal Studies*, Vol. 24, No. 1, 2004, pp. 1-37.

本文将分为三部分，第一部分将简述描述性法理论的主要立场，即这个理论想要达到的目标和达到这一目标的方法；第二部分将重述德沃金的反驳，并对这些反驳作出批判；第三部分将对文章的内容进行简要总结。

一、描述性法理论的主要立场

具体来说，描述性法理论的立场分为两部分，第一部分是它的理论目标；第二部分则是它为了完成这个理论目标所要采取的方法。

（一）理论目标

哈特认为，描述性法理论即是描述的，是一般的，他写道：

"法理论是一般地意味着，它并不同任何特殊的法律体系或法律文化相绑定，而是要对'法律'，作为一种复杂的，包含着以规则来进行规制（且在此意义上是规范的）之面向的社会和政治制度，作出阐释和厘清。这个制度尽管在不同文化和不同时代中有许多不同的形态，而且还有许多尚待厘清的误解和使人疑惑的迷思在四周环绕，但它仍旧有着相同的一般形式和结构……这些问题包括诸如以下问题：什么是规则？规则如何不同于单纯的习惯或行为的规律性？存在根本不同类型的法律规则吗？规则之间如何可能产生关联？规则形成一个体系是什么意思？法律规则及其所要求之权威，如何一方面与威胁有关，而另一方面又与道德要求有关？"[1]

在这里，哈特主张描述性法理论所做的是一种理清工作，在厘清法律与和它相似的习惯、威胁、道德等其他现象的区别之后，我们也能够解答关于法的一般性质的问题，至少是理解我们所生活的现代国内法的属性与特征。哈特的理论目标也得到了很多学者的认可，当然，他们都各自对哈特的主张作出了一定修正。

例如在谈及描述性法理论的目标时，拉兹写道：

"我将在狭义上使用'法理论'一词，用于指称一种对法律性质进行解释的理论。这个意思位于历史上对法律进行哲学反思的中心……因此，按照这样的理解，法理论提供了对法律性质的描述。我将在此捍卫的命题是，如果一个法理论是成功的，它必须满足两个标准：第一，它包含关于法律的必要（nec-

---

[1] H. L. A Hart, *The Concept of Law*, Oxford University Press, 2012, pp. 240-241.

essary）真理命题；第二，这些命题解释了什么是法律。"[1]

可以看到，拉兹延续了哈特对描述性法理论目标的阐述，但是，拉兹也对哈特的主张作了一个澄清和一个修正。一个澄清在于，拉兹认为哈特的著作虽然叫《法律的概念》，但他在书中并没有去探究法律这个词的正确用法，而是在做解释法律性质的工作。[2]一个修正则在于，拉兹加强了哈特的理论主张，认为描述性法理论必须要能阐述关于法律的必然真理，即找到法律的必要性质。拉兹的澄清和修正基本为之后的学者所接受。[3]他们大都同意描述性法理论应当在我们对法律的粗略认识（即哈特所述的受过教育的人对法律的看法）基础上，加深我们对法律性质的了解，同时，作为一项哲学探索，其帮助我们加深认识的方法，就是寻找到法律具有的重要属性，甚至是必要属性。

所以，我们可以把描述性法理论的目标归结为：（1）加深我们对法律性质的了解；（2）找到法律的必要属性。

（二）方法

对于描述性法理论要采取何种方法实现目标的问题，存在概念分析（conceptual analysis）和化约论（reductionism）的争议，例如，哈特在《法律的概念》中，明确表示自己不是在探求"法律"这个词语的正确用法，而是希望找寻法律的性质，加深我们对法律的理解，[4]他进行的是概念分析工作。马默则认为，哈特采用的是化约论的方法，他写道：

"如果系统性地拆毁奥斯丁的建构，我们就会把洗澡水和孩子一起倒出去。这个孩子就是启发奥斯丁的方法论愿景：用其他在本质上更加基础的事物解释法律。……法哲学中讨论的化约论并不是语义学类型（的化约）。而是一种形而上学或建构性的化约。这种形而上学化约论的理念是为了表明，特定种类的现象其实是由另一种更加基础的现象组成的，也因此可以被完全化约为这种现象。"[5]

---

[1] Joseph Raz, "Can There be a Theory of Law?" in *Between Authority and Interpretation*, Oxford University Press, 2009, p. 17.

[2] *See* Joseph Raz, "Can There be a Theory of Law?", in Joseph Raz, *Between Authority and Interpretation on Theory of Law and Practical Reason*, Oxford University Press, 2009, p. 19.

[3] *See* Julie Dickson, *Evaluation and Legal Theory*, Bloomsbury Publishing, 2001, p. 45; Scott Shapiro, *Legality*, Harvard University Press, 2011, pp. 8-9.

[4] H. L. A Hart, *The Concept of Law*, Oxford University Press, 2012, p. 23.

[5] Andrei Marmor, "Farewell to Conceptual Analysis", in Wil Waluchow, and Stefan Sciaraffa eds., *The Nature of Law*, Oxford University Press, 2013, pp. 214-216.

马默认为，从奥斯丁开始的法实证主义理论一直都是在使用化约论作为理论探讨的方法，而把这种化约论误解为概念分析并不恰当。可尽管如此，本文却认为这二者之间并没有很大差异，因为这二者都非常重视我们对于被分析事物的直觉，也都想要去用其他更清晰、更好理解的事物来解释被分析的事物，以加深我们对该事物的认识，拓展我们的知识。因此，本文同意夏皮罗的看法，即分析哲学家对事物性质的分析大体上采取了同一种方法，但这种方法却有"概念分析""反思性平衡""描述性形而上学"和"理性重构"等多种称谓，[1]出于习惯，本文将把描述性法理论用于探寻法律性质的方法称作"概念分析"，概念分析的方法有以下几个特征。

（1）概念分析必须依靠我们对于法的所具有的直觉，例如哈特认为每个现代社会中受过教育的人都会认同法律具有惩罚性规则、授权性规则、制定法律的机关和裁判案件的机关；[2]夏皮罗认为对于法律性质的问题，存在着自明之理（truism），例如法律具有权威；存在基本的法律机关；人们并不总是因为法律的存在是道德可欲的而遵守法律；存在邪恶的法律等。[3]这些直觉构成了我们建构法理论的数据（data）和保证（warrant），是法理论建构的起点。

（2）概念分析虽然依靠直觉，但直觉并非不可更改，如果某一项直觉同整个理论间存在不可调和的冲突，那这项直觉就要在理论建构中被舍弃。也就是说，概念分析并没有采取知识论上基础主义的立场，将直觉看作是不可被质疑的理论基础，而是希望实现不同直觉和理论之间的融贯。因此，虽然概念分析的输入端是我们对法的直觉，输出端是由这些直觉组成的理论，但如果输入的直觉之间存在抵触，那么其中的直觉也是可以被放弃的。例如，自然法学者[4]会认为，尽管存在邪恶的法律仍然是法律的直觉，但这个直觉和法理论之间的

---

〔1〕 *See* Scott Shapiro, *Legality*, Harvard University Press, 2011, p. 13.

〔2〕 *See* H. L. A Hart, *The Concept of Law*, Oxford University Press, 2012, p. 5.

〔3〕 *See* Scott Shapiro, *Legality*, Harvard University Press, 2011, p. 16.

〔4〕 本文所称的自然法理论并不是指伦理学意义上的自然法理论，而是指法哲学意义上的自然法理论。伦理学上的自然法理论认为自然法是由上帝给予的，该法律适用于所有的理性存在者，并能为所有理性存在者所认知和辨别，同时，该理论认为善优先于正当，正当可被化约为善，由善来解释。而法哲学上的自然法理论仅处理法律和道德之间的关系问题，其中强自然法命题认为，邪恶的法律不是法律；弱自然法命题则认为，邪恶的法律是有瑕疵的法律，但其仍然是法律。因此可以说，德沃金是法哲学意义上的自然法学者，但他绝不是伦理学意义上的自然法学者。*See* Mark Murphy, *Natural Law in Jurisprudence and Politics*, Cambridge University Press, 2006; Mark Murphy, "The Explainary Role of the Weak Natural Law Thesis", in Wil Waluchow, Stefan Sciaraffa eds. , *The Nature of Law*, Oxford University Press, 2013, pp. 5–6.

冲突是不可调和的，所以我们应当放弃这个直觉，将邪恶的法律视为某种类法律的东西，但它们绝不是法律。

（3）概念分析可以通过语言分析加深我们对语言所指称现象的认识。[1]塞尔所说，就像货币一样，法律也是一种社会建构（social construction），就像货币一样。我们不能仅仅通过制造货币的材料来理解货币的性质，而是必须诉诸使用货币的社会成员的共同观点（塞尔称之为集体意向性）和因此产生的建构性规则来理解货币的性质，[2]法律也是如此。在理解法律的过程中，我们不能只寻找那些外在的法律制裁或某些一致的行为，而是要去探究社会成员，特别是官员对法律的看法和信念，这便是哈特所称的内在观点。因为这种对法律的看法和信念主要是由语词组成的，所以语言分析便可以加深我们对法律性质的认识。

总结来说，描述性法理论的立场分为目标和方法两部分，其目标是增进我们对法律性质的理解，同时找到法律的必要属性。在方法上，描述性法理论采用的是概念分析的方法，它广泛参考了我们对法具有的诸多直觉，并希望通过这些直觉建构起法理论，这种法理论将法化约为其他更好理解的事物（例如承认规则、内在观点或实践权威、共享规划等），以促进我们对法律的认识。德沃金全盘否定了上述立场，并特别对描述性法理论的方法论展开了猛烈攻击。所以下文将阐述德沃金对此的反驳。

二、德沃金的反驳

（一）对反驳的重述

德沃金对描述性法理论的否定源于他独特的法学理论，并最终可以追溯到他更为独特的价值统一性理论。德沃金认为，法律是一种诠释性概念，而如果我们想探求诠释性概念的性质，就必须参与该概念所指称的实践，并找到该实践所拥有的要旨（point），这个要旨要符合这个实践过往的历史资料，同时也要给这个实践以最佳辩护，即让这个实践是可欲的，这就是德沃金的建构性解释理论。德沃金认为，探究"法律是什么"这一问题就是探究什么决定了法律命题（the propositions of law）的正确或错误，即什么决定了"不得醉酒驾车"或者"不得非法经营"这类法律命题的对错。德沃金把决定法律命题对错的命题称为法律根据（the grounds of law），因此，探究"法律是什么"这一问题就

---

[1] See H. L. A Hart, *The Concept of Law*, Oxford University Press, 2012, p. 15.

[2] See John Searle, *Construction of Social Reality*, Free Press, 1995, pp. 43-49.

是要去探究法律的根据。[1]在《法律帝国》中，德沃金将描述性法理论称为语义法律理论[2]或显明事实理论，他反对这种语义理论，认为此种理论忽视了人们对法律根据真正存在的理论争议（theoretical disagreements），而这种理论争议必将涉及人们在政治道德上的争议。德沃金在书中列举了埃尔默案、蜗牛鱼案等疑难案件，强调在这些疑难案件里，法官虽然都声称自己在适用法律，但他们给出的决定案件结果的法律根据却截然不同。德沃金认为，如果认同描述性法理论的观点，即在这些案件中，律师和法官都认同法律存在的根据，他们的争议只是在于这些根据是否适用特定案件的经验争议（empirical disagreements）或者是伪装在法律争议之下的政治和道德争议，即"法官和律师表面上争论着法律，实际上却在乞求好运"。[3]德沃金极力反对这一主张，认为这把法律理解成了一种荒诞的玩笑。在此后对哈特后记的回应中，德沃金进一步将描述性法理论的支持者称为"阿基米德主义者"，他写道：

"哈特的方法论观点是很多当代哲学的典范。像元伦理学和法哲学这样的哲学专家领域非常繁荣，这些领域均宣称自己关于一些类型的社会实践，但却并不参与到这些实践中。哲学家们从外面和上面俯视道德、政治、法律、科学和艺术。他们把他们所研究的实践的一阶话语—非哲学家对什么是正确或错误、合法或非法、真或假、美或丑的反思和争论的话语—与他们自己的二阶'元'话语平台区分开来，在这个话语平台中，一阶概念被定义和探索，一阶主张被分类并分配给哲学范畴。我把这种哲学观点称为'阿基米德'，而这正是阿基米德主义的黄金时代。"[4]

在这里，德沃金非常不理解哈特只想去描述法律实践和法律制度的做法，并认为这种只描述实践却不真正参与实践的研究是错误的，因为法律实践是论

---

[1] See Ronald Dworkin, *Law's Empire*, Harvard University Press, 1986, pp. 3–5.

[2] 德沃金还认为，语义学理论会深陷语义学之刺的麻烦，因为这种理论主张对法律语词进行分析，而这只能辨别出法律语词适用的共享语义规则，不能探寻法律的性质。但这个反驳显然是不成立的，因为正如上文所述，法律是社会建构的特点决定了我们可以通过探究社会成员对法律语言的使用了解社会中构成法律的那些社会规则和社会共识，因此德沃金狭隘地理解了语词分析对法理论建构的作用，也忽视了哈特通过对被迫（being obliged）和有义务（having obligation）等语词差别的分析而阐述出来的内在视角和承认规则等对法律性质的解释材料。

[3] See Ronald Dworkin, *Law's Empire*, Harvard University Press, 1986, p. 42.

[4] See Ronald Dworkin, "Hart's Postscript and the Character of Political Philosophy", *Oxford Journal of Legal Studies*, Vol. 24, No. 1, 2004, pp. 3–4.

辩性的（argumentative），要探求一个法律命题的对错，就必须像处在这个实践内部的律师或法官一样，以实质性、参与性的视角加入这个论辩中来。德沃金的这个理论承诺并不限于法哲学内部，还拓展到了涉及人类实践事务的整个伦理、道德与政治哲学领域。正因如此，德沃金同样认为元伦理学这种只去探讨道德话语、道德动机、道德实体和道德认识论，而不参与实质性道德争议的学科也是无意义和错误的。[1]德沃金如此主张的理由在于，他认为法律和自由、民主、平等、正义等概念一样，都是诠释性概念（interpretative concept），而描述性法理论和元伦理学家一样，完全没有认识到法律是诠释性概念，反而把其理解为自然类概念或判准（criteria）类概念，可以不通过论证概念的要旨（point）和价值的方式解释它们的性质。[2]为了阐述如何解释这类诠释性概念，德沃金区分了三种解释类型，分别是合作（collaborative）解释、说明（explana-tory）解释与概念（conceptual）解释，[3]合作解释假定被解释的对象有一个作者，作者创造了被解释的对象，而解释者试图推进这个对象，对话解释是典型的合作解释，其寻求的是处于对话中的两人的互相理解；说明解释则假定存在一个意义重大需要被说明的历史事件，例如犹太人大屠杀或者美苏冷战，解释者需要向受众说明这些实践的历史含义；概念解释则去寻求某个概念如正义和法律的含义，这些概念是由整个共同体创造的。概念解释的不同之处在于，在概念解释中，创造者和解释者的区分消失了：在说明解释里，一个研究纳粹德国历史的历史学家可以站在置身事外的立场上，解释和描述纳粹的成败，而不必去认同纳粹的实践，但在概念解释中却不存在这种置身事外的阿基米德视角，解释者必须参与同这些概念有关的论辩中，作出自己的价值判断。[4]换言之，德沃金认为，在对法律、自由、民主这种诠释性概念进行解释时，我们必须探求这些概念所涵盖的实践目的，并找到能为这些实践提供最佳辩护的理由，让这些实践具有道德可欲性，因此这种研究过程必然涉及道德推理，也必然是辩护性的。

总的来说，德沃金反对描述性法理论的论证，是这样表述的：

前提：（1）法律和自由、民主、正义一样，是诠释性概念；

---

〔1〕 *See* Ronald Dworkin, *Justice for Hedgehogs*, Harvard University Press, 2011, p. 67.

〔2〕 *See* Ronald Dworkin, *Justice for Hedgehogs*, Harvard University Press, 2011, p. 161.

〔3〕 *See* Ronald Dworkin, *Justice for Hedgehogs*, Harvard University Press, 2011, p. 134.

〔4〕 *See* Ronald Dworkin, *Law's Empire*, Harvard University Press, 1986, pp. 136–137.

（2）为了解释法律这种诠释性概念的性质，我们必须找到诠释性概念涵盖实践的要旨，给出辩护这些实践的最佳理由；

（3）如果要找寻辩护这些实践的最佳理由的，那么就必然涉及道德推理；

（4）描述性法理论不使用道德推理探寻法律的性质；

结论：描述性法理论错误。

（二）本质可争议性概念和寻求最佳解释

描述性法理论和元伦理学支持者若想捍卫自己的主张，就必须对德沃金提出的上述论证进行反驳，很多元伦理学者都对德沃金的前提 2 提出了反驳，认为德沃金对元伦理学的研究内容和目标多有误解，也不恰当地使用了休谟定理。[1]也有一些学者认为德沃金的理论必须证明道德判断是具有客观性的，但他关于道德判断客观性的辩护是失败的。[2]虽然上述思路均有参考之处，但本文将在假定前提上述命题正确的情况下，给出一种新的思路对前提 1 进行反驳。[3]本文将证明，即使承认对自由、民主等诠释性概念性质的探求需要进行道德论证，仍不代表探求法律的性质也必须进行道德论证，这是因为，法律和自由、民主、正义等概念并不相同。

在谈及自由、民主和正义等概念时，我们通常会认为这些概念是有价值的，但我们却会对这些概念所涵盖的实践包含了什么样的价值争辩不休。例如，柏林区分了积极自由和消极自由这两种长期存在争议的自由观，自由至上主义者认为自由的价值在于防止国家和官僚体系对自发秩序专断和任性地干预，所以会认为消极自由是更好的自由观；[4]认为要实现美好生活人就必须行动，同时，只有行动才能抵抗人陷入原子化的悲惨境地。而共和主义者则会认为，自由与行动密不可分，所以积极自由是更好的自由观。[5]这样的争议同样也发生在对民主和正义的讨论中。德沃金对于诠释性概念的论述，非常好地抓住了人

---

〔1〕 *See* Russ Shafer‑Landau, "The Possibility of Meta ethics", *Boston Law Review*, Vol. 90, No. 2, 2010, pp. 475–490.

〔2〕 *See* Brian Leiter, "Objective, Morality, and Adjudication", in Brian leiter ed. , *Naturalizing Jurisprudence*, Oxford University Press, 2007, pp. 225–256.

〔3〕 也就是说，本文将不去讨论德沃金用建构性解释来探究道德概念本质的做法是否正确，而是想说明，即使这样的方法正确，其也难以适用在对法律本质的探寻上。

〔4〕 参见 [英] 弗雷德里希·奥古斯特·冯·哈耶克：《自由宪章》，杨玉生等译，中国社会科学出版社 2012 年版。

〔5〕 参见 [美] 汉娜·阿伦特：《极权主义的起源》，林骧华译，生活·读书·新知三联书店 2008 年版。

们对这些概念所具有的直觉，用更加哲学化的语言来说，自由、民主、正义这些概念，都是本质可争议性概念。根据加利亚（Gallie）的定义，一个概念满足以下四个条件，就是本质可争议性概念："1. 它必须是评价性（appraisal）的，也就是说它涉及了某种价值成就；2. 这种价值成就必须具有内在复杂特征，因为它的价值是被归属到了概念整体；3. 对其价值的解释必须参考其不同部分的独特贡献；4. 这些价值成就都必须是开放的，因为被这些概念被赋予的价值成就可以随着环境与实践的改变而发生变化，并且这些变化难以被事先预测。"〔1〕上文提到的自由，便是典型的本质可争议性概念。

那么，法律是本质可争议性概念吗？似乎难以这样认为。我们会发现，虽然法律一直存在于人类社会中，但在很多时候，其都是以压迫性面向出现的，是少数人统治多数人的工具。例如，如果我们认同一种洛克式的国家观，认为政府权力的正当性源于被统治者的同意，我们很快就会面对休谟依据历史经验作出的有力反驳，即"武力摧毁旧政府几乎是世上从古到今一切新建政府的起源。即使在少数情况下似乎有人民的同意，但通常是很不正规的"。〔2〕而即使是被认为更加文明的现代社会，在德沃金理论建构的蓝本，即美国法里，这种压迫仍然存在，并且对法律的解释，就是压迫和暴力的驱动器，〔3〕显然对于被压迫者来说，法律很难被称作是一种价值成就。

以上反驳会有陷入乞题（begging the question）的危险，因为我们似乎默认法实证主义的法律观正确，即不道德〔4〕的法律也具有法律性（legality），而这正是德沃金想要反驳的。同时，德沃金并未完全否定不道德的法律性，他只是把不道德法律称为"类法律"或"前诠释意义的法律"，〔5〕指出它们在之后的诠释过程中会被抛弃。因此，如果我们想证明法律并非本质可争议性概念，还需要更强的理由。

实际上，将不道德的法律视作法律还是某种前诠释意义上的法律涉及的是

---

〔1〕 W. B. Gallic, "Essentially Contested Concept", *Proceedings of the Aristotelian Society*, Vol. 56, No. 1, 1956, pp. 171-172.

〔2〕 参见［英］休谟："论原始契约"，载［英］休谟：《休谟政治论文选》，张若衡译，商务印书馆 2010 年版，第 126 页。

〔3〕 *See* Robert Covert, "Violence and the World", *Yale Law Journal*, Vol. 95, No. 8, 1986, pp. 1601-1604.

〔4〕 这里的"道德"是广义上的含义，泛指一切没有指引社会成员采取正确行动的法律，包括不正义的法律，违背法治要求的法律，和其他不道德的法律。

〔5〕 *See* Ronald Dworkin, *Law's Empire*, Harvard University Press, 1986, pp. 101-113.

关于最佳解释问题的争议，也就是何种理论才能更好地解释我们现实世界中法律的样子。换句话说，当德沃金把不道德的法律同其他法律区分开来，并称之为前诠释意义上的法律时，他就作出了特定的本体论承诺（ontology commitment），即除法律实体（entity）外，还存在前诠释意义上的法律这一实体，而只有增加这一实体，法理论才能更好地解释我们的现实世界，特别是现实中的法律。对此，法实证主义者（他们大多数是描述性法理论者）则坚决反对。接下来的问题则是，我们该寻找什么样的标准来确定何种理论作出了更好的解释呢？这就需要用到寻求最佳解释（inference to the best explanation）原则了，一般来说，当遇到两个对某一事物进行解释的争议理论时，我们应当遵循以下从成功的经验科学里所总结出的原则进行判断比较：[1]

（1）简洁性（simplicity），即一个理论必须要避免不必要的复杂，尽量减少设置没有认知价值的实体。例如，当解释为什么会有彩虹出现时，阳光被水汽反射的解释就比上帝创造彩虹更好，因为后者承诺了一个完全多余，且没有任何其他解释作用的实体（仅仅是为了让自己的理论自圆其说）。

（2）一致性（consilience），即一个理论要有能力表明，看似不同的现象如何具有共同的原因，因而并非真正独立，而是因果地依赖于相同的基本事实。例如，进化论的自然选择原理不仅可以解释诸多不同类型的动物的起源，也可以解释人类的起源，因此这个理论是比上帝造人更好的。当然，成功的理论也不能把相同的现象解释为不同的原因，例如认为单数日太阳东升西落由地球公转导致的，而双数日太阳东升西落则是太阳绕着地球转导致的，这同样违背了一致性原则。

（3）保守性（conservativism），即一个理论须和其他理论提供的得到充分证实的信念相一致，不能冲突。例如，相对论可以取代牛顿物理学，是因为前者不仅和牛顿力学对中观物体运动的解释相一致，还能修正牛顿物理学中假设的绝对时空观等错误信念。

在科学哲学中，最佳解释时长被用来解决科学实在论与反实在论的争议，实在论者认为对科学成功的最佳解释就是科学在不断趋向真理，反实在论者则认为不能用科学趋向真理来解释科学目前的成功。[2]而我们同样可以运用最佳

---

〔1〕 *See* Brian Leiter, "Disagreement, Anti-Realism about Reasons, and Inference to the Best Explanation", *Ethical Theory and Moral Practice*, Vol. 24, No. 4, 2021, pp. 104-107. 当然，上述三个原则只是一个不完全的清单，并未穷尽其他原则，这些只是本文关注的重点。

〔2〕 James Ladyman, *Understanding Philosophy of Science*, Routledge, 2002, pp. 158-160.

解释原则来判断法实证主义者和德沃金就法律性质问题发生的争议。

根据上述原则，我们可以发现，德沃金区分前诠释意义上的法律和法律的做法是不合理的。首先，相比于法实证主义者的理论，德沃金的理论增加了"前诠释意义上"的法律这一实体，如果其不能发挥额外的认知价值，而只是为了给自己的理论自圆其说，那显然违背了简洁性的要求，因此，德沃金在这里承担了更重的论证负担，而根据其他认知价值给出的检测结果，德沃金并没有完成论证任务。

其次，当我们去看符合道德的法律和不符合道德的法律时，会发现他们非常类似，例如，纳粹的法律和英国的法律一样，也有立法机关、司法机关、执行机关、授权性规则和惩罚性规则，种族隔离时期南非的法律也同样具有上述特征，他们共享了某些现代国内法的特征。另外重要的是，在某个国家的法律体系中，并不是所有法律都是符合道德的，比如，即使我们把英国法作为某种符合道德的法律范本，也会发现，它在某一段时间里那些处罚同性间私下性行为的法律是不道德的，这样的情况也出现在其他法律体系中。如果我们把两种外观上非常类似的法律体系划归为两种不同的概念，甚至把一个法律体系中的规范区分开来，便是把相同种类的事物用不同的理论和概念解释，显然违反了一致性的要求。

最后，我们需要注意的是，德沃金认为只有符合了最佳道德理由的规范，才能叫做法律，即使我们假定德沃金的政治哲学与道德哲学理论是正确的，那也必须承认，就算是现行的美国"法律"，也有很多达不到德沃金理论中的理想要求。例如，奥巴马医保并没有为全民提供廉价可得的医疗保障；选举开支不但没有得到限制，反而还愈加庞大；[1]女性堕胎权岌岌可危，自由选择仍然得不到保障；[2]税收并没有缓解贫富差距，一些明显的利于大众的累进税迟迟得不到推行[3]等。根据德沃金的理论，上述这些规定都不能被称为法律，只能被称为"前诠释意义的法律"，如果德沃金认为，主张法官在疑难案件发生的法律是什么的争议，实际上是在法律的掩饰下做道德与政策判断的理论是将法律看作一个荒诞的玩笑的话，那么德沃金将每日见诸网络、媒体、议会和街头巷尾的谈论法律的话语视作错误，则无疑是狂妄的。从这一点上说，德沃金

---

[1]　Citizens United *v.* FEC. , 557 U. S. 932 (2010).

[2]　Robert Barnes, Ann E. Marimow, *Future of abortion rights depends on a Supreme Court for which compromise seems elusive*, Washington Post, Dec 2, 2021, at A6,

[3]　*See* Michael J. Graetz, Ian Shapiro, *Death by a Thousand Cuts*, Princeton University Press, 2006.

设置的"前诠释意义的法律"的概念违反了最佳解释原则里的保守性要求。

综上所述，我们可以认为，根据最佳解释原则，否定不道德法律的法律性是错误的，于是，因为不道德的法律也可以被称作法律，所以法律并不是人类的一种价值成就，其也不是本质可争议性概念。既然如此，对于德沃金论证的反驳，可以下面这种形式展现出来：

前提：（1）根据寻求最佳解释（IBE）原则，将不道德的法律称为"前诠释意义的法律"增加了不必要的实体，是不合理的；

（2）不道德的法律也包含在法律概念的涵盖范围；

（3）法律不是本质可争议性概念；[1]

（4）自由、民主与正义是本质可争议性概念；

（5）法律不同于自由、民主与正义；

结论：德沃金论证的前提1错误。

需要注意的是，上述反驳并不是全盘否定德沃金的理论，只是否定了德沃金的理论中过强的断言。这是因为，德沃金不仅表明规范性、参与性法理论是应被重视的，还表示这是唯一可行的法理论，这也是他主张法哲学是司法裁判的无声前言的原因所在。[2]但这样的主张让人费解。德沃金曾提及，在找到能辩护法律实践的最佳价值之前，一定存在一个寻找人们对法律实践具有的抽象共识的阶段，而如果一个社会的参与者对法律实践没有任何共识，这个社会的社会合作是不可能的，也就不存在什么共同的法律了。[3]而如果要找到法律问题里，争论各方对争议所具有的抽象性共识，描述性法理论无疑是非常恰当的理论，这也是哈特和加德纳等学者在他们的著作中所一直强调的，即描述性法理论不是裁判理论，它只是想描述法律实践的样子，探索法的本质。[4]另外，德沃金指责支持描述性法理论的学者并不参与任何棘手的实践问题的解决，他

---

[1] 根据沃尔德论的主张，法治是一个本质可争议性概念，因为它意味着政府权力的行使要受到限制，不能专断和任性，这无疑是一项价值成就。我同意这一观点，同时，法治作为本质可争议概念，也进一步佐证了法律不是本质可争议性概念，因为不符合法治要求的法律是一直存在的，或者说，被法律统治的人能受到法治保护，这在人类历史上本就是一个例外。See Jeremey Waldron, "Is Rule of Law an Essentially Contested Concept (in Florida)?", *Law and Philosophy*, Vol. 21, No. 2, 2002, pp. 137-164.

[2] *See* Ronald Dworkin, *Law's Empire*, Harvard University Press, 1986, p. 80.

[3] *See* Ronald Dworkin, *Law's Empire*, Harvard University Press, 1986, p. 89.

[4] *See* John Gardener, "Legal Positivism: 5½ Myths", in John Gardener, *Law as a Leap of Faith*, Oxford University Press, 2012, pp. 25-54.

们只是"以极大的热情捍卫了一个行会宣言:他们的工作是概念性和描述性的,以区别于其他各种工艺和职业"。[1]但这明显混淆了学者和学者支持的理论之间的区别,描述性法理论的支持者,例如哈特、拉兹、加德纳和克拉默等,都在实质性的政治、法律和道德争议中作出了自己的主张和贡献,而这些主张和他们在描述性法理论上的观点并无冲突。[2]他们只是认为,描述性法理论只能解决"什么是法律"这一问题,且这个问题并不是实践中和法律有关的所有问题,同时,任何法理论都不可能宣称自己可以解决律师和法官在实践中遇到的所有问题。明确所要解决的问题,并承认自己的局限性,无疑是更为明智的理论承诺。

三、总结

德沃金对描述性法理论的质疑极具想象力,也引出了此后长达数十年的学术论战。但总体上看,德沃金的理论和哈特的理论应是两种并行不悖的理论,德沃金理论的目标在于找到实践中正确的行动理由,哈特理论的目的则在于全面完整地描述出法律的性质。二者无疑是可以互相补充的,而德沃金也无法在完全抛弃描述性的情况下阐述自己的实质性道德理论。因此,本文不是要完全否定德沃金理论的价值,只是反对德沃金在法理论上的帝国主义式(imperialist)主张,即认为唯一有意义的理论便是参与性、规范性和实质性理论,这不但误解了法律的特征,也不明智地扩张了自己理论可以解决的问题范围,这种对描述性法理论的批判是失败的。

---

〔1〕 Ronald Dworkin, *Law's Empire*, Harvard University Press, 1986, p. 213.
〔2〕 同时,描述性法理论也帮助他们在实质性的争议问题上辨别了具体的法律规定。

第二部分

法律史学

明万历前 "军法从事" 之权的授予与规制

王文箫*

摘　要： "军法从事" 之权指统兵官领兵时，可从宜处死违禁军士而无须遵守常规审奏程序的权力。为保证皇权的集中，明代设计了完善的授权流程和执行规范，对该权实施强力的规制。但随着国家军事压力的增大，明廷开始调整相应机制，试图在集中权力和保持战场灵活性之间找到平衡。在嘉隆时期，伴随着督抚制度的成熟，旧有制度规范被打破，"军法从事" 之权变为地方督抚的固定职权，从因事、因人而授，最终演变为因职而授，直接影响了后世督抚权力的边界。

关键词： 军法从事；明代；皇权；督抚

我国古代司法历来强调程序的重要性，形成了 "逐级审转" 的诉讼程序规制。若至死刑，则一概决于皇帝，最高司法权亦为皇权的一部分，不得侵犯。但若是在军事场域下，此种规制则常常被打破。因战争的特殊性，统兵官常被授予专断之权，其中就包括对麾下将士的战时司法权，即所谓 "便宜从事" "军法从事" 之权。但这造成了在军事场域下司法秩序的紊乱，尤其是在死刑的执行上，许多军士常在军中被统兵官执行死刑。尽管这一情形是由统治者授权的，但一旦战争状态延续，军事的场域扩大，军法就会影响统治者对司法权的集中掌握。因此，统治者亦常常通过各种手段限制军事场域中的司法权力。所谓 "三代以来，将权在上"，明代的皇权高度集中，其统治者如何利用统治技巧和政治资源来防止军务官员利用军事场域扩大的机会侵占死刑执行权，保

---

*　王文箫，中国政法大学 2020 级法律史学专业博士。

证皇权对司法秩序的绝对掌控，是值得思考的问题。

有别于军中阵斩、擒斩等斩杀行为，"军法从事"有两个隐含的前提。一是存在可以作为军法执行依据的罪名，二是存在一定的司法程序。这两个前提的存在，为检视明代皇权与将权的关系提供了窗口。"军法从事"之权与督抚制度、王命旗牌制度的成型关系紧密。梳理、研究明代"军法从事"之权的发展演变，不仅可以为明代军事法研究提供新视角，更可以为探讨明代政治、军事等领域的变化打开新的入口。

一、明初"军法从事"之权的收归、颁赐与规制

我国古代法律体系中，有"军法从事"的传统，即将罪人按军律从严定罪。在一般语境之下，"军法从事"即意味着死刑。由于战争的特殊性，军队统帅常常直接掌握麾下将士的生杀之权，并适时而用。"军法从事"与普通死刑相比有很大不同，其司法程序更为简便，震慑、警告的意味更浓厚。

明朝建立的过程中，太祖及麾下诸将即明确了严军法以治军的思想。至正十五年（1355年）太祖将攻采石、太平，"先令李善长为戒戢军士榜，比入城即张之"，入城后有小卒违令，"即斩以徇，城中肃然"。[1]至正十八年（1358年）太祖入婺源，"下令禁戢军士剽掠。有亲随知印黄某取民财，即斩以徇"。[2]吴元年（1367年）明军北伐，太祖谕诸将，强调严刑治军的重要性："凡号令征战，一以军法从事。吾昔微时在行伍中见将统御无法，心窃鄙之。及后握兵柄，所领一军，皆新附之士，一日驱之野战，有二人犯令，即斩以徇，众皆股栗，莫敢违吾节度"。[3]此时正值开创，明军中的死刑在具体适用情形、量刑标准等方面都很模糊，具有随意性。开国诸将如徐达、李文忠等，均有在战场直接处死军士的行为，被处死的军士等级不一，有至将军者，此亦为太祖所许可。再，明初治军严苛，军士以轻罪获重刑的情形比比皆是，不完全以律典规定为准。如洪武二十五年（1392年），有镇南卫官军仅因擅伐民木，即被"斩其为首者以示众"。[4]永乐七年（1409年）甚至谕军士有犯，民可执送领兵官治以军法。[5]且出征之前，统兵将帅多另颁军令，形成一套临时的战时法规，太祖亦不视为侵权，甚至对此加以鼓励。太祖常强调军中"严号令、明

---

〔1〕《明太祖实录》卷三，乙未岁六月丙辰。

〔2〕《明太祖实录》卷六，戊戌岁十二月甲申。

〔3〕《明太祖实录》卷二六，吴元年十月甲子。

〔4〕《明太祖实录》卷二一六，洪武二十五年二月乙卯。

〔5〕《明太宗实录》卷九九，永乐七年十二月丙辰。

赏罚"的重要性,所谓"用兵必严号令,使赏罚明。赏罚既明,摧坚抚顺,易为成功",主要目的是保证军事上的胜利。

虽然如此,伴随着明政权的稳固,太祖亦开始注意到军中司法权的界限问题。洪武二年(1369年)王保保攻兰州,登城势危之际,城内千户朱祐醉卧不醒,守城指挥张温杀退敌军后,"执朱祐,将斩之"。知事朱友闻谏曰:"当贼犯城时,将军斩之以徇,众所谓以军法从事,人无得而议。今贼已退乃追罪之,非惟无及于事,且有擅杀之名。窃以为不可。"温纳其言,杖责朱祐而释。事后太祖夸奖友闻"以幕僚能守朝廷法,以直言谕长官,此正人也",遂加赏赐。[1]可见,太祖已经意识到"军法从事"之权对朝廷常法的冲击。但此时正值开创,制度未备而军兴不已,因此没有加以约束。且洪永时期,明帝威势在柄,太宗更是常常亲帅大军出征,军中死刑的最终决断权亦掌握在明帝手中,皇权与将权的矛盾尚不彰显。明帝甚至鼓励严刑治军。正如永乐八年(1410年)太宗亲征蒙古时宣谕所言,"诚能建立大功,高爵厚赏,朕所不惜。若懦怯无勇或失机偾事,军法具在,朕不尔私"。[2]但永乐之后,明帝不再直接作为最高军事统帅领兵出征,为保证战争顺利,统兵将领多被授以临机专断之权。宣德元年(1426年),安远侯柳升往征交趾,为便于调度,请朝廷给发令旗牌面。[3]此即明代王命旗牌之制的滥觞。统兵官先受上谕出征,行军之前例发布临时军令,手中又握有代表皇权的王命旗牌,其权力扩张,导致明帝对军中司法权的掌控实际上被削弱。正统年间,边疆多事,为备不时之需,对统兵官的授权已不限于出征之时。正统二年(1437年)行在兵部尚书王骥理甘肃边务,所上议边五事中"赏罚以示劝惩"条即允许统兵官在突遇敌情时,自动获得对麾下军士的生杀大权。[4]

统兵官权力膨胀,引发明廷重视,开始逐步加强对统兵官权力的限制。明廷于正统元年(1436年)将王命旗牌制规范化,"令旗牌在外不许轻造,闲常不许擅用,班师之后照验还官",[5]并不许军职衙门滥用军吏,[6]后即开始限制统兵官的"军法从事"之权。正统六年(1441年)明廷征讨麓川,上谕定西伯蒋贵等曰:"凡官军人等不遵号令、沮坏军事、透漏事情及遇贼退缩,以致失

---

[1] 《皇明通纪法传全录》卷四,崇祯九年刻本。
[2] 《明太宗实录》卷一〇〇,永乐八年正月乙未。
[3] 《明宣宗实录》卷二三,宣德元年十二月丁亥。
[4] 《明英宗实录》卷三一,正统二年六月甲申。
[5] 《大明会典》卷一九三,万历内府刻本。
[6] 《大明会典》卷八,万历内府刻本。

机者，会总督镇守等官公同审实，就彼斩首示众，仍具奏闻。"[1]即军士若犯不遵号令等重罪，须多位官员共同审理，不许随意擅杀，并要求事后具奏。至正统十四年（1449年）英宗北狩，国势危急，明廷开始采取新的策略，试图在集中皇权和保持战场灵活性之间找到平衡，一方面给统兵官以更大的战场自主权，另一方面将"军法从事"的适用情形进一步明晰化。正统十四年（1449年）十月，明廷颁布京城大营军士赏罚章程，规定军士于战时犯有临阵退怯、致军失陷、抢掳民财三种罪行者即可处死。[2]此谕后被录入《大明会典》，[3]在法典层面明确了相关适用情形，构成明军战时处死军士的三类基本罪名。至成化元年（1465年）又定，军官只有在同时满足出师、临阵、军士违反号令三个条件时，才可将军士"军法从事"，"寻常出哨等项不许"。[4]同时明廷又采取多种措施对军中死刑进行规制，主要有以下三点。

首先，将"军法从事"之权从将领手中收归，并规范授权方式。明早期诸将征战，仍以将官号令为主，命将出师，明帝虽亦颁赐敕书谕旨，但主要以约束军纪为主，对于统兵官"军法从事"的临时司法权，没有规范的授权流程和制度。随着朝廷制度的日渐完备和战事的减少，该权渐收。仁宣之时，官员检校武备，朝廷即常颁敕，许其将扰民军士治以军法，但仍不为常。至正统始以颁敕的方式授统兵官以"军法从事"之权。至成化时，凡有重大战事，命将出师，明廷便主要以敕书的形式授权。无朝廷敕书明确授权者，不得专杀。敕书授权也日益规范，常见的授权句式以三部分构成，即"适用场合+适用情形+犯人等级限制"，常见授权句式为："临阵"+"畏缩退怯/不用命者"+"……以下军法从事"。如景泰四年（1453年）右都御史马昂督两广军务，敕曰"自都指挥而下，敢有退怯怀奸误事，听尔等以军法从事"；[5]天顺八年（1464年）以都御史汪浩抚四川，敕曰"有逶巡畏缩推奸避事者，自都布按三司而下悉听尔拏问，失误事机者以军法从事"。[6]同时，随着王命旗牌之制和关防制度逐渐成熟，此二者亦成为授权凭证。至正德年间，授权制度已经很完善。如正德十一年（1516年）派遣宪职提督军务，先由武宗传旨兵部，"今贼情紧急，恁

---

〔1〕《明英宗实录》卷七六，正统六年二月甲申。

〔2〕《明英宗实录》卷一八四，正统十四年十月壬子。

〔3〕《大明会典》卷一三四，万历内府刻本。

〔4〕《大明会典》卷一三四，万历内府刻本。

〔5〕《明英宗实录》卷二二八，景泰四年四月庚子。

〔6〕《明宪宗实录》卷一一，天顺八年十一月丁巳。

兵部便推举各衙门堂上官又员着量兼宪职前去提督军务，写敕与他，钦此"，兵部接旨会议，推举二员后，即由朝廷颁赐敕书、发旗牌各十面及提督军务关防出师。[1]敕书、旗牌及关防，三者缺一不可，共同构成明廷授权的凭证。

其次，限制统兵官可处置的军犯等级。早年明廷根据不同地区的军事情况，对军犯等级加以限制。正统年间，营兵制尚未成熟，驻防边地的军人大多是从各地卫所抽调的，很难确定等级，因此仅以笼统而言。如正统元年（1436年）蒋贵出甘肃讨鞑贼，敕曰"宜严肃军令，违者以军法从事"；[2]正统九年（1444年），左副都御史王翱提督辽东军务，敕曰"附近边军互相策应，敢有怠慢误事者，悉以军法从事"，[3]并不明确规范军犯等级。而对于腹里各省，时普遍设立卫所，因而较为明确地以都指挥为界。如正统六年（1441年）蒋贵征麓川，敕曰"若官军有故意躲避不前者，自都指挥以下皆斩之以徇"。[4]都指挥以上，统兵官无处刑之权，都指挥以下，统兵官可视其违禁情形处死。此后长时间内，凡战场为边地的，可处置军犯的等级都不固定。正统十四年（1449年）官员张鉴曾请将"军法从事"可处置的军犯等级提升至副将，[5]但不为所用。而当年十月瓦剌进攻北京，战场转移至内地，明廷即令"自都指挥而下不用命者斩首以徇，然后闻奏"。[6]天顺八年（1464年），都御史汪浩巡抚四川，宪宗亦敕"自都布按三司而下，悉听尔擎问。失误事机者以军法从事，然后奏闻"。[7]

在此之后，营兵制日渐普遍，内地与边地的兵制趋同，于是出师边地，亦开始以都指挥为界授权。但营兵制下，原本等级颇高的都司反而落于下品。[8]为获取更多战场自主权，便有军务官员在奏请敕书时，希望朝廷扩大其"军法从事"之权的适用范围。成化八年（1472年）五月，武靖侯赵辅任平虏将军赴延绥等处作战，赵辅于行前奏"请副将参将不用命者，悉听臣以军法从事"，但兵部尚书白圭以此条"似有未当，其不用命者宜参奏执治之"，改定为"自都指挥以下，临阵退缩、失误军机及攘取他人首级掩为己功者，宜从王越覈实，

---

[1] 《晋溪本兵敷奏》卷三，嘉靖二十三年刻本。
[2] 《明英宗实录》卷二一，正统元年八月甲戌。
[3] 《明英宗实录》卷一一八，正统九年七月丁卯。
[4] 《明英宗实录》卷七六，正统六年二月甲申。
[5] 万历《开封府志》卷一八，明万历十三年刻本。
[6] 《明英宗实录》卷一八四，正统十四年十月戊午。
[7] 《明宪宗实录》卷一一，天顺八年十一月丁巳。
[8] 曹循："从阃帅到营官——明代都司官制与职权的嬗变"，载《明清论丛》2018年第2期。

会赵辅印，于军前斩百示众，然后奏闻"，[1]仍以都指挥为界。不仅如此，三个月后，兵部议覆兵科给事中郭镗条奏陕西军务事，又改为统兵官临阵"把总等官以下退缩无勇者，听总兵参赞以军法从事"。[2]从都司降至把总，可见，此时由统兵官处决的违禁军士等级被一步步限缩，以保证皇权对军中司法权最大程度的掌控。

最后，以文官监督军务，并将审判情形奏闻。明早期就已有文臣赞理军务的事例，但其权尚不能节制高级武官。正统二年（1437 年）行在兵部尚书王骥理边务，得朝廷授以大权，凡军中事务，"同总兵官议行之"，可见，此时武官之权已经受到限制。正统六年（1441 年）征麓川的上谕军令中，要求军中凡执行死刑，需"总督镇守等官公同审实"，不许一人决断。后御史文官被派出以监督军务的情形愈发普遍，军中死刑的审判权遂归于文官。天顺八年（1464年）时，四川盗贼猖獗，明廷以都御史汪浩巡抚四川，兵科给事中孙敬等即奏"乞赐浩敕重其委任"，宪宗旋即授权汪浩自都布按三司而下悉听其拿问，失误事机者先以军法从事，然后奏闻的权力。[3]成化元年（1465 年）征两广，"敕遣监察御史汪霖、刘庆二人分道约束，有犯者听收拷重治，仍械送总兵官号令示众，干连将领具实劾奏区处"。[4]成化七年（1471 年）定在外官吏军民有犯，均归巡按御史并按察司官鞫问。[5]成化八年（1472 年）在出兵宣大的军事行动中，定出征军士要被执行死刑，需"宜从王越覈实，会赵辅印"，[6]王越是监督军务的御史文官，赵辅是统兵武官，而王越有覆实之权，赵辅仅有知会盖印的权力。同年十一月又定把总以下犯罪，由统兵官并参赞都御史审明后处决，把总以上军官犯罪，"听巡按御史纠闻究治"。[7]统兵武官不仅丧失了独立的审判权力，更被此时明军中常设的巡抚及参赞都御史等文官节制，审判执行权已另归监督军务的御史文官掌握。武官若无皇帝明确"许以军法从事"的授权，即使普通士兵也不得处决。成化元年巡抚陕西右都御史项忠曾专门就武官之权进言，曰："三边大将遇敌逗留，虽云才怯，亦由权轻。士卒畏敌不畏将，是以

---

[1]《明宪宗实录》卷一〇四，成化八年五月戊午。
[2]《明宪宗实录》卷一一〇，成化八年十一月己酉。
[3]《明宪宗实录》卷一一，天顺八年十一月丁巳。
[4]《明宪宗实录》卷一三，成化元年正月甲戌。
[5]《大明会典》卷一七七，万历内府刻本。
[6]《明宪宗实录》卷一〇四，成化八年五月戊午。
[7]《明宪宗实录》卷一一，天顺八年十一月丁巳。

战无成功。宜许以军法从事",〔1〕但有司因循不用。至弘治朝,即使临阵对敌,有士兵退缩,武将"止许以军法严令从重处置"而已,〔2〕当即斩杀的行为已为朝廷严禁。

御史文官奉命监督军务所获得的临时司法权亦有严格的限制。凡处决违禁将士,仅限临阵退怯、失误军机、不听号令等重大罪名。另外,御史只有在出征和总制边务两种情形下才会获得敕书授权,所获之权事毕即收,不为常法。常驻诸边的镇巡御史及巡抚内地参与政务者,概不得授。

至宪宗朝,明廷对"军法从事"之权的规范已成制度,此时的明廷很注意军中死刑实施的尺度,对之采取强力的规制。首先,将军人的生杀之权收回朝廷,待用兵之时再以授权的方式赐予军务官员。其次,分散了统兵武官的司法权力,并利用诰命敕书、王命旗牌、文官督军等制度加以保证。最后,严格规范了"军法从事"所适用的场景和罪名,从而加强了皇权对军中司法权的掌控。

二、"重将权"之议与明廷"军法从事"授权的调整

景泰以降,明廷对军中死刑的规制日趋成熟,对统兵官战场自主权的限制也愈发严格。但此举虽然加强了皇帝对军务的掌控,但也制约了统兵官领兵作战时的灵活性与积极性。随着明朝边疆军事战争的频繁,明廷对军事胜利的需要日益迫切,另外,随着文官逐步代替武将成为明军的实际上的最高指挥长官,明军将权的归属及其与皇权的关系发生了新变化。于是自景泰朝始,朝中屡有"重将权"之议。

先是景泰元年(1450年),兵部职方司郎中王伟奏言二事,请"勤政务、专将权",要求朝廷扩大统兵官的战场自主权。王氏认为土木堡之变的主要原因在于,统兵诸将"临敌拘以常法",要求朝廷命将"宜假以重权""分阃以制之",给予统兵官"自裨将以下不听令者斩之"的"军法从事"之权。景帝虽嘉纳其言,但并未实行。成化元年(1465年),巡抚陕西右都御史项忠又因边疆多事,请求朝廷给予统兵官以更大的自主权,其中就包括可以将违纪军士便宜处刑之权:

> 今陕西三边挂印总兵遇敌逗遛,无一人肯当前者。虽云智勇未能如古名将,

---

〔1〕 (清)张廷玉等撰:《明史》卷一七八,中华书局1974年版,第4728页。
〔2〕 《皇明通法纪传全录》卷二六,崇祯九年刻本。

盖亦委任有未专焉。况锋镝交于原野，机会变于斯须，呼吸之间，有生有死，若不委以军法从事之柄，孰肯轻生以御敌哉……是知威福之柄，臣下不敢擅专。直行师大事、安危所系，不得不暂假之也。宜敕各边总兵官，今后闻有大敌在前，军中有违主将号令者，悉以军法从事，庶几成功可必。[1]

宪宗虽令"该部即议行之"，但"所司守故事不能用"。前文可知，成化一朝并未放松对军中司法权的管控，反而限制愈严，此议遂搁置。孝宗即位后，仍沿袭宪宗成法，对"军法从事"之权限制颇严。究其原因，是因为明朝自代宗以来，政局较为稳定，社会秩序平稳，皇权并无向军务官员让渡司法权的必要。但弘治中后期蒙古达延汗崛起，屡屡与明朝在边地发生冲突。辽东、宣大、甘肃等地屡被虏患，几乎无岁不战，明廷边防压力日增。同时，御史文官监督军务的情形日益普遍。弘治元年又定凡督理戎政，以都御史提督领敕行事。[2]明廷的将权归于文官手中，对皇权的威胁有所降低，这为明廷调整军中死刑制度创造了空间。弘治十三年（1500 年）后，明廷内部再掀"重将权"之议。

先是弘治十三年（1500 年）二月，巡按直隶监察御史王启奏陈备边十事，以"今内而团营，外而三边，皆有监临主将，所为动辄掣肘……臣以为备边之事，宜专责之帅臣，不令受制于人，则人思自效而战胜攻取矣"为由，[3]请求朝廷"专责之帅臣"，给予军队的最高指挥官以更大权力。同年八月，南京户科给事中张寰陈备边八事，提出"重将官"，对于统兵官要"隆其礼遇，重其委任"。[4]至十四年正月，兵科给事中王缜言御边十二事，其中包括"严号令"之条，即是要求朝廷赐予军务官员以更大的司法权力，"谓临阵不用命者，宜即斩之以徇，其戴罪罚俸姑息之法尽行除革"。[5]七日之后，吏部尚书王鏊又上御虏八事，提出"严法令、重将权"，请求朝廷将"阃外之权，悉以付之（统兵官）"，"平时不用命及临阵退缩者，即斩首以徇"。[6]次月兵部奉旨会议御虏安边事宜，又提出"重将权"，"谓请于制敕内明著，其临阵不用命者就斩之以徇，使官军不敢犯令"。[7]同年八月，巡抚大同都御史刘宇以宣大虏患猖獗，

---

〔1〕《明宪宗实录》卷二一，成化元年九月壬戌。
〔2〕《大明会典》卷一三四，万历内府刻本。
〔3〕《明孝宗实录》卷一五九，弘治十三年二月己亥。
〔4〕《明孝宗实录》卷一六五，弘治十三年八月辛卯。
〔5〕《明孝宗实录》卷一七〇，弘治十四年正月己巳。
〔6〕《明孝宗实录》卷一七〇，弘治十四年正月丙子。
〔7〕《明孝宗实录》卷一七一，弘治十四年二月丁酉。

又奏备边四事,请"重将权,严军法"。[1]南京兵部尚书倪岳,亦上疏议西北备边事宜五条,首条即"重将权以一统制"。[2]弘治十五年（1502年），南京刑部主事胡士宁言时政六事，又提出"重将权"一则，"谓今边方事从中制，总兵巡抚等官不得自专，以故难责成功。乞假以威权赏罚，权其所惟，而不为中制，则成功可责"。[3]武宗即位之后，此议仍未平息。正德元年（1506年），兵科给事中潘铎仍以重将权之议奏上，请委边将以权临阵而不用命者听斩之的权力。[4]

自弘治十一年（1498年）起，明廷内部因边防的压力，对整顿边务、防御虏患进行了重点讨论。在有关意见中，"重将权、明赏罚"俨然已成为举朝官员的共识。"军法从事"之权作为提振统兵官权威、严明军纪等重要手段，被明廷官员屡次请求下放。这一方面表现出此时明代所面临的军事形势愈发严峻，逼迫明廷进行制度调整的政治现实；另一方面则表现出文官希望获得更大战场自主权的倾向。受迫于此，明廷从弘治十四年（1501年）开始有限度调整相关制度，主要有以下几点。

第一，适度扩大武官临阵的生杀权，并以文官大员总制边务。各边镇与蒙古诸部相邻，敌情常现，因而上文所列诸议中，大部分以备边、御虏为主要目的。然而奏议屡上，明廷未稍有放权给各边镇守的武官。弘治十三年（1500年）八月，镇守甘肃总兵官彭清上陈边务四事，请孝宗"敕兵部禁约"，"如有仍前不报声息、失误瞭望者，都指挥以下俱先听臣量情依军法惩治，然后会议参奏。庶责任专一，边备不废"，但兵部仍不许，以"恐启奸弊情罪"为由，覆以仍遵旧例，孝宗从之。[5]但弘治后期开始为应对诸边的频发战争，开始有限调整此规制。

弘治十七年（1504年），大同总兵官吴江上奏，请朝廷授总兵以临阵"军法从事"之权，孝宗以该奏交刘健等集议，曰："恐边将轻易起妄杀之渐。"刘健对曰："临阵用军法，自古如此。两军相持，退者不斩则人不劾死何以取胜？"孝宗仍有顾虑，曰"虽然亦不可轻许，若命大将出师，敕书内方有军法从事之语。"李东阳奏曰"此事若不说起尚可，今既已奏请，若明言不许，却

---

〔1〕《明孝宗实录》卷一七八，弘治十四年八月壬申。

〔2〕（明）倪岳：《论西北备边事宜疏》，载（明）陈子龙等选辑：《明经世文编》卷七七，崇祯刻本。

〔3〕《明孝宗实录》卷一八六，弘治十五年四月丙午。

〔4〕《明武宗实录》卷一三，正德元年五月丙戌。

〔5〕《明孝宗实录》卷一六九，弘治十三年十二月癸巳。

恐号令从此不行。"双方商讨再三，最终以一"是"字作为批答，[1]旋命"今后总兵官亲御大敌，官军有退缩者，听以军法从重处治"，[2]有条件地扩大了武官的生杀赏罚之权。

同时，明廷注意到了边防统一指挥、临阵应变的重要性。明廷很早就派遣御史官员镇巡诸边，起初仅为临时差遣，后逐渐固定下来。但镇巡愈派愈滥，互不统属，临事多有窒碍。弘治十四年（1501年）八月，明廷定边军遇虏未退，就于临近征调援军，有违拒者即以"军法从事"。[3]但因边镇将官各有守地，官军害怕援救承担责任，此令遂成虚文。后甘肃陕西等处镇巡官员屡奏诸边各镇有警不相应援，请朝廷早为区处，于是明廷议以重臣总制边务。[4]正德四年（1509年），兵部议以诸边各镇"势均体敌"，无法互相调拨援救，请"添设文职大臣仍兼宪职总制"，于是以工部尚书才宽兼都察院左都御史，总制延绥宁夏甘肃等处军务，以兵部左侍郎文贵兼左副都御史，总制大同宣府军务。文贵初次督军，而才宽熟谙边事，遂从属于宽，授宽"凡镇巡以下官悉听节制，临阵不用命者都指挥而下许以军法从事"之权。[5]至此，凡被朝廷派出总制边务的文官获得了较大的司法独立权，可以处决都司以下的士兵武官。

第二，规范王命旗牌的制度，严格授权。王命旗牌开始时授以出征武官，以便统兵官临阵时相机调度展布、便宜从事。若有朝廷所颁之旗牌，则于军中可拥有较大的自主权，包括司法权。至成化时，已是"临阵督军，必赖旗牌"，[6]因此王命旗牌的颁赐愈显重要。于是明廷一方面规范王命旗牌制度，一方面严格控制王命旗牌的数量，目的是达到战场需要和权力集中之间的平衡。正统时收缩武将之权，曾对旗牌进行限制，仅许朝廷颁赐。后文官掌军，王命旗牌开始颁发与监督军务的文官，成为明廷授权统兵官的手段之一。弘治十一年（1498年），朝廷对王命旗牌的制造、数量、颁赐、收缴等各方面进行严格规范：

成造令旗令牌三百面副。每旗用阔绢一副，长四尺，阔一尺九寸，枪连杆长六尺五寸，围二存三分。每牌连卧虎盖长八寸，厚七分，俱编令字，一号起

---

〔1〕《皇明通法纪传全录》卷二六，崇祯九年刻本。
〔2〕《明孝宗实录》卷二一六，弘治十七年九月己酉。
〔3〕《明孝宗实录》卷一七八，弘治十四年八月丙寅。
〔4〕《大明会典》卷二〇九，万历内府刻本。
〔5〕《明武宗实录》卷四九，正德四年四月乙丑。
〔6〕《明宪宗实录》卷一〇三，成化八年四月庚寅。

至三百号止，火烙印记。仍置印信文簿一扇，开立前件，遇有征进并内外镇巡等官领用，即将原领字号逐一附写。后有事故缴回奏换，就于前件项下明白注销。如有损坏或比对原号不同者，听本部参究。[1]

至此，王命旗牌制度以完善的形态确立下来。"重将权"之议兴起后，明廷凡出征，除敕书外，多颁授旗牌以授权统兵官，于是正德三年（1508年）又在原有的基础上加制三百面，定号自三百一至六百号止。[2]在完善制度、增发数量的同时，明廷在实践上也严格限制王命旗牌的使用，仅限于军务，凡涉及内地腹里事务的一概不准颁赐。如正德二年（1507年）正月太监黄准以奉命守中都乞赐旗牌，工部尚书曾鉴等"以为旗牌乃出征将帅并沿边总镇等官督兵重器，给腹里守备尤例"，[3]此事遂寝。

第三，提高了可处置军犯的等级。成化六年（1470年），兵部尚书白圭以用兵荆襄宜明赏罚，请授统兵官项忠"都指挥以下许以军法从事"之权，宪宗即谕"都指挥有犯仍奏闻处治，事有当议仍与总兵官议行"，[4]不愿授其过多的生杀大权。成化八年（1472年）十一月，更是将统兵官能够处决的军犯等级限制到把总以下，且需与参赞御史共掌。但弘治后期开始，该限制逐渐放松。弘治十四年（1501年）四月发京军出宣大御虏，以监督太监苗逵、保国公朱晖分道而进，孝宗即敕逵、晖，授以"参将而下及所在各该镇巡等官悉听节制，官军头目人等敢有违犯号令者重以军法处治。其有临阵退缩不用命者，都指挥以下就便斩首示众，然后奏闻"的权力，[5]提高了可被处决的军犯等级，突破了原有对"军法从事"之权的规制。弘治十八年（1505年）五月发京军出宣府等处，武宗所颁之敕几乎与此敕相同，[6]此后明廷凡出师，均以都指挥为界授权。

从成化至正德初年，面对来自边疆的军事压力，明廷调整了原有对"军法从事"之权的规制。文官总制诸边军务的办法被进一步确立；王命旗牌等制度也已成熟；援边的京军，则有限度地扩大其统帅的生杀大权。明廷一方面通过

---

[1]《大明会典》卷一九三，万历内府刻本。
[2]《大明会典》卷一九三，万历内府刻本。
[3]《明武宗实录》卷二一，正德二年正月丁酉。
[4]《明宪宗实录》卷一一，天顺八年十一月丁巳。
[5]《明孝宗实录》卷一七三，弘治十四年四月戊子。
[6] 其敕曰："……参将而下及各镇巡等官悉听节制，官军头目人等敢有违犯号令者，重以军法处治。其临阵退缩不用命者，指挥以下就于军前斩首示众，然后奏闻。"参见《明武宗实录》卷一，弘治十八年五月庚戌。

革新授权的方法，扩大了统兵官的临时司法权，但另一方面仍对其实行严格的规制。凡授"军法从事"之权，在事务上，仅限于军务；在官员身份上，仅限朝廷委任总制军务之大员；在适用情形上，仅限临阵之时；在地理上，仅限于宣大甘陕宁诸边。对腹里各地的镇巡及巡抚等官员，仍不许在军中擅行此权。

三、从因事因人而授到因职而授

明廷因边疆的压力，重新划分了"军法从事"之权的权力分配格局和授权模式，有限度地给予武将"军法从事"之权，而"都指挥以下就便斩首"的"军法从事"之权，以搬授敕书、王命旗牌的方式，授予总制军务的文官御史。但以上改变均以宣大甘宁陕等边地为中心，在内地诸省，明廷对"军法从事"之权的限制仍很严格。此时明廷政治尚为清明，社会秩序相对安稳，所以内地得以因循。但至正德、嘉靖年间，内地盗贼蜂起，边地战争不断，于是"军法从事"之权出现了新的变化。

首先，沿边军务官员的权力再获扩张。嘉靖朝诸边虏患更炽，于是再起"重将权"之议，明廷多议放宽权限以御虏。嘉靖十九年（1540年）四月，兵部会议边情事宜，再次提出"将权重则人用命"的主张，请"有临阵退缩者，主帅得以军法从事"。[1]同年七月，宣府总兵白爵又奏请振刷边务，兵部议以重申弘治旧章，"其副参游守原敕总兵节制及官军不用命者，法得按诛，振而行之"，世宗即以该议示诸臣，许"各边将领每遇警报即禀总兵节制，毋或违慢。官军与贼对辄逃及不用命者许以军法从事"之权。[2]

同时，边地的巡抚官员，亦因参与战争，得于此时获赐王命旗牌，获得了"军法从事"之权。隆庆以前，诸边文武官员中，武职总兵得于阵前将不用命及畏惧退缩者"军法从事"；朝廷派出的宪职总制，得朝廷授权，亦可将都指挥以下临阵不用命者"军法从事"。两者均有王命旗牌颁赐。但各边赞理军务的巡抚却向无旗牌。陕西三边总督曾铣曾这样区分总制军务的总督大臣与边镇巡抚官员的职责："如总督，则云经略边务、随宜调度各镇将官，相机战守，临阵不用命者悉以军法从事……如巡抚则云整饬边备、训练军马、督理粮草、抚恤士卒，此巡抚之职守也。"[3]但自嘉靖二十五年（1546年）后，边镇督抚均设

---

〔1〕《明世宗实录》卷二三六，嘉靖十九年四月壬戌。
〔2〕《明世宗实录》卷二三九，嘉靖十九年七月丙申。
〔3〕（明）曾铣：《复套条议》，载（明）陈子龙等选辑：《明经世文编》卷二三九，崇祯刻本。

立标兵。[1]标兵为督抚直辖,参与战争,于是巡抚亦需朝廷授以权柄。后隆庆二年(1568年),陕西三边王崇古就此事上奏,言陕西四镇"副参游协等官各有钦降旗牌,得以军法行于部伍,而巡抚重臣因未请颁旗牌,反无威令施于官军",[2]如今巡抚官已"指麾诸将,统领标兵",宜从山西宣大及江南用兵之例颁赐旗牌,"令得军法从事"。之后除陕西三边四镇的巡抚外,边地的许多巡抚亦因参与军事、指挥标兵而得授旗牌,从而获得了"军法从事"之权。

另外,派往沿边提督军务的总制官员,原本是临时设置的,但此时转变为固定的官职,进而使其"军法从事"之权变成了固定的职权。正德、嘉靖年间,各边的虏患也日益加重,明廷常以朝中御史重臣至边总制军务,地位在巡抚之上,而其所掌之生杀亦更为宽松。嘉靖以前,凡朝廷授权总制军务,例颁敕书、关防及王命旗牌,授之以节制诸军、便宜处置、"军法从事"等权力。至嘉靖十五年以边务总制大臣改称总督,渐成常驻。陕西三边总督原废设不常,至嘉靖初年定设;宣大总督嘉靖二十年(1541年)后定设;蓟辽总督嘉靖二十九年(1550年)定设。沿边总督以御虏为主要任务,朝廷授以阃外重权,其中陕西三边总督得授"一应军务从宜处置,镇巡以下悉听节制,军前不用命者,都指挥以下听以军法从事"之权。[3]

其次,除内地总制大臣外,内地的巡抚官员出于军事上的需要,也被授予将权,进而获得了"军法从事"之权。

正德以前,内地多处已经设置巡抚一职,且已经由原本的临时派遣转变为固定职务,即"地方化"[4]。但与宣大等处边地的巡抚不同,此时在内地诸省,除两广等地区外,其他各地巡抚主要管理民政粮税等事务,不预军政。凡戎政出师,"以都御史提督领敕行事",[5]朝廷另遣大臣总制军务。然自正德四年起,各地盗患日渐猖獗,明廷最初仍从中央外遣总制大臣,并照例授以"军法从事"之权。如右都御史王哲、兵部尚书洪钟、左都御史陈金等,前后数人均被派往地方弹压。但往往此处镇压,彼处又起,迁延日久,致盗贼久不平息。正德六年(1511年),兵部认为原因在于赏罚太轻,无以激励,于是会诸法司,

---

〔1〕 肖立军:"明代的标兵",载《军事历史研究》1994年第2期。

〔2〕 (明)王崇古:《陕西四镇军务事宜疏》,载(明)陈子龙等选辑:《明经世文编》卷三一八,崇祯刻本。

〔3〕 《大明会典》卷二〇九,万历内府刻本。

〔4〕 宋纯路:"明代巡抚及明政府对它的控制",载《长春师范学院学报》2001年第3期。

〔5〕 《大明会典》卷一三四,万历内府刻本。

更定平贼赏罚条格，定有贼地方"士卒临阵不用命者斩，镇巡参将等官许以军法从事。所辖地方盗发匿不以报者罢职，因而失事重者斩"，[1]奏上制可，此令遂成为常法：

> 今后调动军民兵快人等剿杀盗贼去处，但有不肯用命、临阵先退者，依律处斩，具镇巡参将等官，许以军法从事。[2]

此令的出台，给内地"有贼地方"的镇巡参将等官获得"军法从事"之权开了口子。至正德十一年（1516年），巡抚江西都御史孙燧、巡抚南赣都御史王守仁调兵剿贼。次年七月，王守仁以江西盗贼日滋，乞假以令旗令牌得便宜行事，[3]并请朝廷下放"军法从事"之权，"今后领兵官不拘军卫有司，所领兵众有退缩不用命者，许领兵官军前以军法从事。领兵官不用命者，许总统官军前以军法从事"。这一奏请的关键在于，要求朝廷将"军法从事"之权彻底下放，构建起"兵众—低级军官—高级军官"的军事司法圈层。奏上下兵部议，时兵部尚书王琼议曰：

> 此议奏特赦都御史一员兼治四省地方，虽以巡抚为名，实则提督军务。是以原奉敕旨民情事务不必干预。然以巡抚为名而不与民事，以御盗为职而不得兵权，故官虽设而职难尽，民受害而盗未息。不如不设此官，专责各省巡抚官之为愈也……若不责成此官，假以兵权，申明赏罚，诚非久安长治之术也。合无请敕南赣等处都御史，假以提督军务名目，照提督军务文臣事例给与旗牌应用，以振军威。一应军马钱粮事宜，照依原拟径自便宜区划。文职五品以下，武职三品以下，径拿问发落……所部官军若在军前违期逗留退缩者，俱听以军法从事，生擒盗贼鞫问明白，亦听斩首示众。[4]

议上，武宗从之，加王守仁以"提督军务"衔，授"管领兵快等官员不问文职武职，若在军前违期并逗留退缩者，俱听军法从事"之权，并给授王命旗牌，许"便宜从事"。对于王守仁奏请中下放"军法从事"之权的要求，虽未全部同意，但仍给予了极大的宽松。王守仁得此授权，遂得以于南赣地方布兵

---

[1] 《明武宗实录》卷七三，正德六年三月己巳。

[2] （明）舒化：《大明律附例》卷一四，嘉靖刻本。

[3] 《明武宗实录》卷一五一，正德十二年七月庚寅。

[4] 《晋溪本兵敷奏》卷一〇，嘉靖二十三年刻本。

施展，累建奇功。自此之后，巡抚南赣都御史一职遂得"提督军务"，由临时派遣改为常驻，其"军法从事"之权亦不再于讨平贼患之后收回。此事虽为特事特办，但已经表明内地巡抚官员在地方武装化情形下军事权力的扩张。诚如王琼所言，面对内地盗贼多发的局面，若不责成各地在地官员，假之以兵权，"大兵一退，（贼）必又啸聚"，"诚非长治久安之术"。自嘉靖朝始，原本以粮税民政为主要事务的内地巡抚，始多加"提督军务"之衔，遇有盗贼生发，调兵会剿，在地巡抚均可获得"军法从事"的授权。如正德十六年，河南巡抚副都御史李璘总理山东河南河道，次年山东盗起，以河官河丁据守御贼，遂被世宗授以"军法从事"之权。[1]后期倭寇作乱，出于备倭防海的需要，其他各处巡抚亦多被授予"提督军务"。而凡得授"提督军务"者，朝廷例颁敕书，许"便宜从事"，其中就包括"军法从事"之权。如嘉靖二十六年（1547年）以朱纨巡抚浙江，次年以海寇方剧，即颁赐旗牌，令其提督海防军务，世宗颁给朱纨敕内即授其"文职五品以下，武职四品以下……事关军机重大者，许以军法从事"。[2]至隆庆年间，巡抚已经是"请有旗牌，设有标兵，俨然以将官自处"了。[3]

随着内地官员"提督军务"的普遍化，代表朝廷授权的王命旗牌亦在嘉靖朝增发。嘉靖十二年（1533年）增制旗牌一百面副，二十四年（1545年）增三百面副，二十九年（1550年）又增三百面副，隆庆二年（1568年）又增造三百面。[4]旗牌数量的不断追加，表现此时朝廷将权规制的不断松动。

最后，明军开始普遍以"军法从事"作为因对紧急状况、整顿军纪、强化战斗力的需要。如嘉靖二十九年（1550年）俺答汗入寇，八月明廷加强京师布防，增设总督京城九门官二员，"用定西侯蒋传、吏部右侍郎王邦瑞，给旗牌令以军法从事"，[5]并以仇鸾为平虏大将军，凡文官三品以下，武官副总兵以下不用命者，俱仇鸾军法从事。[6]此例虽为临时之法，但也看出明廷在面临紧急状况时，对"军法从事"的限制往往会宽懈，目的在于提高统兵官的战场灵活性，以便最大限度地调动各方资源以取得军事上的胜利。

〔1〕《明世宗实录》卷二〇，嘉靖元年十一月甲子。

〔2〕（明）朱纨：《请明职掌以便遵行事》，载（明）陈子龙等选辑：《明经世文编》卷二〇五，崇祯刻本。

〔3〕《明穆宗实录》卷六一，隆庆五年九月丙寅。

〔4〕《大明会典》卷一九三，万历内府刻本。

〔5〕《明世宗实录》卷三六四，嘉靖二十九年八月戊寅。

〔6〕《明世宗实录》卷三六四，嘉靖二十九年八月壬午。

另外，由于明军军纪的日趋败坏，明廷上下开始普遍以"军法从事"之权作为整顿军纪、提振战力的工具。这也造成了"军法从事"之权规制的宽懈。如嘉靖二十五年（1546年）定各边军士妄杀归降人冒功者，巡按御史审明得实后不必解京，直接于秋后斩首示众。[1]又如嘉靖四十年（1561年），协守浙直副总兵刘显统川兵二千随营操练，以整顿军纪故，请朝廷"卒有怙恶，许臣以军法从事"，奏上报可。[2]戚继光练兵，军纪甚严，凡抛弃盗用军器马匹[3]、骚扰迫害平民[4]、失误军机[5]等，均以"军法从事"。《练兵实纪》中，士兵大到临阵退缩、泄露军情、失误军机，小至不服管束、自相偷窃，均可被处以极刑。[6]

可见，正德以降，明廷对"军法从事"之权的规制不断放宽。在边地，总督、巡抚、总兵等官员均在这一时期获得了"军法从事"之权。同时，执行"军法从事"的标准日渐降低，已经不限于临阵对敌之时。诸边总制大臣在嘉靖十五年（1536年）改为总督，"军法从事"之权是其固定职权。在内地诸省，"军法从事"之权亦由朝廷钦派的总督军务官员逐渐扩散至各地常驻的政务官及武官，并常态化。一旦地方有贼生发，当地镇抚参将等官员即可获得此权。而嘉靖后期，明廷更是直接用"军法从事"之权的方法整饬军纪。在隆庆年间，以督抚制度为中心的新授权模式已经成熟，王命旗牌与关防均于命职之时颁赐，"军法从事"之权已经演变为地方督抚大员的固定职权。

尽管正德、嘉靖年间更多的官员被授予了"军法从事"之权，但一旦局势稳定，明廷之中立时会起规制此权的议论。如正德十六年（1521年），世宗甫即位，巡抚延绥都御史姚镆即条陈边务事宜，提出"止滥刑以重边务"之议，"各将领以所辖官军，除临阵退缩许用军法外，其余有犯止用常刑"，[7]试图约束。嘉靖二十四年（1545年），总督北直隶河南山东军务张汉以虏情严峻而条陈选将练兵四事，提出要进一步提高阵前可被处决的军犯等级，所谓"大将平时得专杀，不奉令者，临敌即副参而下不用命者悉得斩之，而总督许间得以斩大将"。此奏上，兵部议以所陈悉可行，但世宗不允，下旨再议。于是兵部会诸

---

〔1〕《明世宗实录》卷三一七，嘉靖二十五年十一月己未。

〔2〕《明世宗实录》卷四九七，嘉靖四十年闰五月癸卯。

〔3〕（明）戚继光：《纪效新书》卷三，清刻本。

〔4〕（明）戚继光：《纪效新书》卷四，清刻本。

〔5〕（明）戚继光：《纪效新书》卷七，清刻本。

〔6〕（明）戚继光：《纪效新书》卷二，清刻本。

〔7〕《明世宗实录》卷九，正德十六年十二月甲午。

法司，四事之中专驳此条，"谓其议皆当第犯罪将官立功收赎事例，当令法司详拟。至于专杀大将，又与会典所载未合耳"，议上得旨，"犯罪将官刑部即会同三法司查议以闻"。[1]可见在明帝心中，从未放松对此权的警惕。

结　语

明代 "军法从事" 之权，始终与明代的军事状况有着密切的联系。早期明廷尚未完善 "军法从事" 之权的授予制度，高级武官的权势极重。凡出征，均以其自颁号令为中心，生杀由己。明代建国之后的一段时间内，武将亦未被剥夺战时临阵时的生杀之权。随着国家制度的完善，出于皇权集中司法权的需要，"军法从事" 之权被收归朝廷，在用兵出师之际，再由朝廷以敕书、旗牌、印信的形式授予。武官从制度层面上被剥夺了生杀之权，而文臣一方面取代武将获得了 "军法从事" 之权，一方面又受到严格的规制，必须满足一系列条件才可使用。但这一规制迫于内外军事的压力逐渐松动，最终在嘉靖、隆庆年间被打破。明廷以一套新的制度，重塑了 "军法从事" 之权的授权模式。督抚的职位天然具有 "军法从事" 的授权，这一变革直接影响了后世督抚权力的边界。

---

〔1〕 《明世宗实录》卷二九六，嘉靖二十四年二月戊戌。

公权力下的时空差异、人文关怀与司法决策

——以《大清律例·名例律·徒流迁徙地方》第 25—37 条的立法与实践为例

杨　潇[*]

摘　要：《大清律例·名例律·徒流迁徙地方》是关于罪犯如何发遣的条文。其以罪犯的身份地位为依据，将发遣地方按照优劣程度大致分为东北、西北、西南三类区域。其中，第 25—37 条规定等级分明，目标清晰。它们规定了罪犯的发遣资格、类型、迁徙任务、脱逃责任等，是最具有代表性的一部分例文。此外，其也包含了本条律文的大致框架、技巧与形式，囊括了立法原意与价值取向，凸显了中央王权对于地方社会的治理观念与政策，明晰立法者的特殊考量与存在的疏漏不足，展现了公权力控制下的时空因素、人文关怀以及司法决策的差异与影响，为当下立法提供经验与教训。

关键词：大清律例；徒流迁徙地方；司法实践；立法；人文关怀

一、立法形式：框架结构与基本内容彼此参差

律例是有清一代重要的法文化载体，具有广泛的影响力与稳定性。其中，通过溯源、梳理、总结清律"徒流迁徙地方"第 25—37 条例文发现，其立法形式、框架结构与基本内容之间存在一些疏漏，如修订繁复、立意不明、分类不清等。总之，各例不相允协、彼此参差。这也侧面反映出整个《大清律例》编

---

* 杨潇，中国政法大学 2020 级法律史学专业博士。

撰体例与律例关系之间存在的一些问题，体现了统治者即立法者的矛盾心理。

首先，例文修改繁复，一时一名目。不同时期的同一例文之间混淆不清，例文第 29 条即为佐证。此例大致释义如下：凡是由新疆律例条款规定的改发云贵、两广四省烟瘴地方的犯人，无论其籍隶所在地距离烟瘴地区四千里内或之外，均应该安置到有烟瘴的省份。如果犯人的籍贯隶属云南、广东、广西、贵州四省，那么应该找距离较远的烟瘴省份互相调换发配。广东与云南的犯人互相调发、广西和贵州互相调配。邻近烟瘴地方，但属于二者距离不足四千里的湖南、福建和四川三省应发往烟瘴地区的犯人，四川发往广东，福建发往贵州，湖南发往云南。其他各个省份，如果有距离烟瘴区域较远，如奉天府应发遣的人犯，发往广西、贵州两个省份。甘肃的凉州、甘州、安西、宁夏、西宁等府及肃州等地存在应当发往烟瘴地区的犯人，应将其发往云南和贵州两个省份，并都押解交由各省负责的巡抚衙门做具体的划拨安置。[1]

"由新疆改发烟瘴人犯"在乾隆二十四年（1759 年）的例内载明的共有 16 条，但是乾隆三十二年（1767 年）的例文内仅存留 6 条包含窃赃多次、积匪抢夺、持械行窃等特殊犯罪情形的"由新疆改发烟瘴人犯"的规定，其余部分删改繁复，较之前截然不同。直至道光年间，本例至少经过 11 次修改，而道光十七年（1837 年）又专设实发四省烟瘴 18 条，最终，前文提到的 6 项都不被包括在 18 条内。例文繁多，修订反复，势必会发生纠扰之例。当然，律文不断删改的例子不止"徒流迁徙地方"第 29 条，同样的情况也发生在例文第 34 条中。除此之外，清朝对于"徒流迁徙地方"条例中不合时宜的例文也未及时修改删减，因此很多例文形同虚设，成为具文。比如，例文第 25 条规定：但凡发往热河的免职官员，自押解到达之日起，由负责相关事项的都统具明上奏，将其派遣到哪些地方担任差役。三年的差役期满之后，都统也要分别备文上奏，请示旨意。如果有事情（意外、灾祸、犯罪等）发生，需随时奏禀。[2]

事实上，情节严重的废员早已被发往吉林等地劳役当差，情节较轻的废员也被发往军台等地效力，尤其是嘉庆道光年以后，清朝便再无发往热河的官犯，此例亦被空置。官方也并未及时修订，致使具文一直留在"徒流迁徙地方"门类。此外，同类问题可见例文第 36 条。各地永远枷号的犯人，在带枷示众超过 10 年之后，主管官员应向刑部奏请提议，依据不同的类型分别流放发遣。如果

---

〔1〕 胡星桥、邓又天主编：《读例存疑点注》，中国人民公安大学出版社 1994 年版，第 107 页。

〔2〕 胡星桥、邓又天主编：《读例存疑点注》，中国人民公安大学出版社 1994 年版，第 106 页。

该犯人原本应发遣到黑龙江等地的犯人，则实际发往乌鲁木齐。原本应判军流以下罪行的犯人，旗人发往黑龙江等地担任差役，实则发往云贵两广非常遥远的烟瘴地区服苦役。如果犯人是来自新疆地方的，比照新疆等地互相调换发遣等法例办理。责令配所各个官员严格约束管理犯人。[1]

司法实践中，"永远枷号"的人犯是不存在的，"永远枷号"的规定也在乾隆五十一年（1786年）至嘉庆六年（1801年）间不断被修订，一时一条目，但是无论例文如何变化，"永远"一词很难于现实中实现，绝大部分枷号人犯还会在隔段时间后被重新评估是否悔过，从而酌量减轻刑罚，即便是带枷已逾期10年的人犯，也会因为悔过悛改，勤勉出力等缘由而不再枷号。因此，"永远枷号"一词是否应符合社会实际变化而作出相应调整，仍需继续探讨。例文或频繁变化，或不合时宜，整体呈现出两个极端的状态。这两种状态很普遍地存在于整个清朝法律体系中，这也阐明法律及条例的制定仍不够完善，甚至出现更多我们并未发现的问题。立法如此，司法实践中更是如此。在大量律例的压力之下，司法官员未及熟悉旧的例文，又添加新的修改条文，如此情形纠结反复，中央及地方的司法适用（州县尤甚）也会相应出现多重漏洞。

其次，例文立意不明，内容缺失。正如例文第33条所示：依照法律规定，民人被发往乌鲁木齐、伊犁等地作为奴人犯，如果其在发配期间兢兢业业并服役已经超过10年，可停止责令其永远种地，但不能进入民籍。如果发往该地差使的囚犯，能有所悔悟并改正行为，5年以后即可被编入该地的民人户籍册内，分发给他土地进行耕种，并缴纳粮食，不准许其返回原籍。如果到达分配地点之后，其呈请自愿加入铅铁等工厂效力并捐纳财产的，除奉特定旨意发遣为奴隶及相关大逆等罪连坐发遣成为奴隶、与邪教会匪有染、聚众抢夺杀人、放火的这类犯人不准帮工、捐纳之外，其余的犯人无论担任差役或沦为奴隶，罪行或轻或重，都将记入档案，准许其进入工厂。如果时间长了犯人懒惰挑事，随时对其进行惩罚并逐出工厂。如果能一直诚心悔过，入厂5年期满之后，可准许其成为民人，加入民人户籍册。若前者为当差的人犯，可再于工厂效力10年，批准其返回原籍。如果是奴人犯，要详细审核其原本犯罪的情由，罪行重的不准他继续留在工厂里，并报刑部复核。若罪轻的，再于工厂效力12年，如果始终勤奋，表现良好，准许其返回原籍。[2]

〔1〕 胡星桥、邓又天主编：《读例存疑点注》，中国人民公安大学出版社1994年版，第112页。
〔2〕 胡星桥、邓又天主编：《读例存疑点注》，中国人民公安大学出版社1994年版，第109页。

本条例文可分为两层立意，第一层专言为民种地之犯，第二层专言入厂效力之犯，亦觉混淆不清。条文的两部分内容并无逻辑及结构之间的关联，甚至其背后的立意也不甚相同。前文原设于"流囚家属"一条，更强调人犯及家属被动状态下的惩处安置问题，属于官方强制惩戒并决定人身自由（人犯去留）的类别；而后文则为人犯主动请愿加入铅铁厂效力赎罪问题。此外，例文规定，如果到达分配地点之后，其呈请自愿加入铅铁等工厂效力并捐纳财产……入厂、效力及捐资皆为法律规定的内容，三者并列于文内，但是全文只提及入厂及效力的标准，对于如何捐资及捐资的效力问题却只字未提，此为例文内容的缺失，我们不得不与其它例文比照参看，进行互证弥补。

最后，例文结构参差，分类不清，例文第 31 条即为一例。派往乌鲁木齐、伊犁等地轮流替换种地的满汉屯兵，如果存在兵丁脱逃的情况，除按照现行条例，依据第一次逃脱和第二次逃脱拿获的情形分别处理外，逃兵需重新留驻兵屯 5 年，被折磨差使。如果没有其他的过错犯罪，由该处的办事大臣查明，准许其返回原籍。[1]本条例文实为屯兵脱逃如何处置的规定，立意十分明确，似与兵律内征守御官军逃律例更为一致。兵律专门设置官军脱逃一条，在于强调兵丁身份的特殊性，其与一般民人不能相提并论。兵律规定，当兵丁第一次脱逃时，如果被捉拿，就以重枷枷号数月（大致 5 个月），责斥并折磨。[2]当兵丁第二次逃脱时，"如被拿获者，即行正法"。[3]

而清律却将"兵丁脱逃"条文归入"徒流迁徙地方"门内，此门夹杂着民人、旗人、少数民族（回人）甚至官兵等不同身份等级的犯罪。多数犯罪惩罚未作身份的区分，而且兵丁二次脱逃被获时，重新驻扎留屯 5 年，折磨奴役。如果没有犯其他过错，由办事大臣严查明白，批准其返回原籍。[4]《大清律例》处罚过轻，犯罪兵丁与一般民人犯无异，故"徒流迁徙地方"例文并未突出"兵丁逃脱"的特殊情节及可能加重的处罚。此例门类放置及结构方面的疏漏是很明显的。

二、条文立意：区分身份、淡化老弱的社会背景

立法形式、框架结构与基本内容参差，内容反复修改的背后，与立法者的

---

〔1〕 胡星桥、邓又天主编：《读例存疑点注》，中国人民公安大学出版社 1994 年版，第 108 页。

〔2〕 胡星桥、邓又天主编：《读例存疑点注》，中国人民公安大学出版社 1994 年版，第 347 页。

〔3〕 胡星桥、邓又天主编：《读例存疑点注》，中国人民公安大学出版社 1994 年版，第 347 页。

〔4〕 胡星桥、邓又天主编：《读例存疑点注》，中国人民公安大学出版社 1994 年版，第 108 页。

政治目的与价值取向密切相关。有清一代，立法者注重社会背景、身份等级与危害程度的差异，相应的犯罪处罚及待遇不同。此外，王朝的兴衰与劳动力的充足与否息息相关。统治者一方面要考虑矜恤老弱病残的慎德理念，一方面又要顾及国家建设的必须力量，因此，"徒流迁徙地方"第25—37条例文在不断删改的同时也出现了诸多疏漏。

清朝针对旗人与民人处刑各不相同，轻重不一。例文第36条涉及此类内容。[1]清朝为满洲人所建，清朝的统治人口主要是旗人，而被统治者主要是汉人、蒙古人。"首崇满洲"为既定国策。这一政策表现为，旗人享有远远高于民人的特权。这一观点，已为学界广为接受。犯同等罪的旗人和汉民，处罚轻重不一，一为相对轻缓的当差处罚，一为极边烟瘴充军。当差与充军的人身自由程度以及劳苦轻重不尽相同，这些差异在一定程度上也印证了清王朝差别对待的态度。

例文弱化年老力衰者的福利保障，加大处罚力度。例文第32条即为关于年老力衰者如何处置的规定：犯罪发往伊犁等地的犯人，如果有年老力衰，不能耕种、缴纳粮食的人，法律责令该地的将军酌情考量该犯人的年岁能力，若仍应当被差遣指使，法律责令承充官员给他一半的口粮。本条例文虽然是作为养赡年老的方法，应当令该地的官员管束限制，谨慎使用。[2]第36条例文的实施有三个条件：一是地区限制，即将人犯发往伊犁地区；二是罪犯类型限制，罪犯需为种地人犯；三是年龄限制，人犯必须年老力衰，但仍可劳作被充当劳动力。这时，人犯会享受一定的"补贴"。

清朝弱化年老力衰者的福利保障，并加强处罚力度。其仅在伊犁一处地区设立所谓"补贴"制度，还设立诸多限制，如规定年老力衰者仅享有"半份"稀少的口粮。而其他地方，如杂支门、户部则例中关于新疆遣犯的待遇规定[3]则并未提高年老力衰者的福利待遇。户部则例详细规定犯人收粮数额，若不及额应责处，杂支门甚至强调"不能自行谋食者，官不为经理"。各地年老遣犯的待遇不尽相同，但多数省份并未规定老年人犯的福利，对"年老力衰"的新疆人犯限制严格，并未过多关照。

三、例文实践：时空、人文及司法的总结与评价

条文立意、立法差异折射出统治者对于罪犯发遣的反思与考量，例文的表述、

---

[1] 胡星桥、邓又天主编：《读例存疑点注》，中国人民公安大学出版社1994年版，第112页。

[2] 胡星桥、邓又天主编：《读例存疑点注》，中国人民公安大学出版社1994年版，第108~109页。

[3] 胡星桥、邓又天主编：《读例存疑点注》，中国人民公安大学出版社1994年版，第109页。

技巧与修辞体现了国家、社会、地方的诸多现实影响因素以及人文关怀。但是，任何纸面的话语最终都要为司法实践所检验与证明。罪犯经过刑事判决之后，需遵照法律规定，开始一段被发遣、流放的艰难生活。[1]"徒流迁徙地方"条例与不同时空之间如何关联，它的司法运作以及结果如何也有待进一步考察与商榷。

首先，在历史的浩瀚长河中，不同时空造就不同的法律文化。"徒流迁徙地方"条例本身在国家法本位主义以及文化多元的影响下应该逐步改变。但是部分例文在其被制定的百年时间中出现的实践变化以及其背后支撑的法律立意的变化，往往被统治者忽略。以例文第25—37条为例，帝王并不特别标注其所适用的时间与空间要素。在不作任何立法理论探讨、说明的前提下，这些制定者潜在地认同或认定，于是例文逐步趋同，在任一时间段与任一区域都可直接适用。最终，统治者也未顺应时代的变化，对一些例文作出相应改变，或者未认识到时空的差异性，频繁修订律例，致其无法适应空间与时间的错位而落入倒退的洪流中，停滞不前。

其次，法律并非万能，不可能涉及每个生活领域，也不应该过分干涉社会轨迹。尝试将各类社会关系囊括入国家法律制度中的做法，可能会更大程度地破坏法律本身的价值与意义。[2]皇权将道德与信仰强加于功能有限的法律之上，区别对待不同子民，赏罚不一，惩戒不严，最终罪罚失衡，直接导致暴动叛乱频繁发生的局面。钱穆先生曾指出：清代可以说是没有制度。即便存在制度，也隐藏着"部族统治"的私益与私心。[3]

再次，法律存在天然的局限性。这种局限性不仅反映了时空差异，还涉及法律适用性的问题。法律与社会、经济、文化密切相关，法律的实效性与适应性离不开其所衍生的社会环境。但是"徒流迁徙地方"例文的立法多未考虑社会现实状况，如例文第29条规定将徒流人犯发配到极边烟瘴之地，但当罪犯籍贯隶属于烟瘴省份时，如何调整地理距离与地方属性之间的平衡是很难的。再者，苗人多居住在烟瘴省份，而烟瘴军犯的出现对苗疆的社会秩序造成了深刻的影响，参差不齐的人犯素养与积匪积犯的复杂困境相互交杂，致使矛盾进一步深化，并由此衍生出"徒流迁徙地方"的发配困境与实践问题。[4]

---

〔1〕 王云红："在流放地：论清代流放人犯的管理"，载常建华主编：《中国社会历史评论》（第十一卷），天津古籍出版社 2010 年版，第 294~313 页。

〔2〕 蒋苏淮："法治在中国：问题，反思，启示"，载《江苏警官学院学报》2009 年第 5 期。

〔3〕 钱穆：《中国历代政治得失》，生活·读书·新知三联书店 2001 年版，第 141 页。

〔4〕 类似观点可见尹子玉："清代烟瘴充军的发配困境与实践问题"，载《河北法学》2020 年第 12 期。

法律的局限性还存在于立法技术与修辞技巧中，语言的丰富与精深影响着法律的结构，并出现表述的空缺。[1]正是因为法律天然的结构缺陷，薛允升认为，"徒流迁徙地方"例文第25—37条中的规定有所疏漏，很多重要的刑罚内容未被囊括其中。如例文第33条所示，入厂、效力及捐资皆为法律规定的内容，三者并列于文内，但是全文只提及入厂及效力的标准，对于如何捐资及捐资的效力问题却只字未提。因此，很多问题是法律的语句字词不能完全涵盖的。[2]

最后，立法产生于实践，也要进一步与实践结合。清朝法典中的律例条款可能蕴含着主观情怀与人文理解，而司法实践回应的则是前述理念、观点、关怀难以企及的现实情境。关于价值、理念与原则的讨论必须指向实践，尤其是实践难题，而不是单纯的理论对理论的回应。因此，理论需更加客观真实，且言之成理，才可促进实践的发展与成熟。[3]不仅仅要对《大清律例》融会贯通，知晓律意与立法背景，更要窥探其与社会生活的矛盾与冲突、妥协与互动。以下案例反映出条例与实践出现差异，其中夹杂着很多复杂变化的因素：

伊犁将军咨：史竹轩前因户部银库案内从重发往新疆，酌发种地当差，到配派在铜厂当差，充当遣目，前后盘获邻境盗犯二名，将军以该犯获犯时虽未为民，惟数月之内获犯二名……查遣犯在配拿获逃遣准其回籍之例，系指已经为民者而言，若未经为民之犯即不得滥行援引，今史竹轩虽数月内连获逃遣二名，惟俱在该犯未经为民之先，只应准其即为该处之民，不准回籍，该将军将该犯请照年满为民遣犯拿获逃遣之例准予回籍，与定例不符，应毋庸议，再该犯系银库书吏舞弊得赃情节较重，即使为民后再有获犯，亦不准其查办回籍，相应咨复该将军可也。道光十九年。[4]

该案件与"徒流迁徙地方"例文第28条相对应，但是司法官员对于本案裁

---

〔1〕 英国语义分析法学的创始人哈特指出："任何选择用来传递行为标准的工具——判例或立法，无论它怎样顺利地适用于大多数普通案件，都会在某一点上发生适用上的问题，将表现出不确定性；它们将具有人们称之为空缺结构（open texture）的特征。至此，就立法而言，我们把空缺结构作为人类语言的一般特征提出来了。"参见 ［英］H. L. A. 哈特：《法律的概念》，许家馨、李冠宜译，法律出版社2006年版，第136页。

〔2〕 王志强："论清代条例中的地区性特别法"，载《复旦学报（社会科学版）》2000年第2期。

〔3〕 王启梁："法学研究的'田野'——兼对法律理论有效性与实践性的反思"，载《法制与社会发展》2017年第2期。

〔4〕 （清）祝庆琪：《〈刑案汇览〉全编》卷6，法律出版社2007年版，第209页。

判如下:

　　本案遣犯系银库书吏，发遣到新疆伊犁，符合例文所规定的犯罪主体，即发往伊犁、乌鲁木齐的遣犯，发往新疆之后数月内拿获逃遣人犯二名，符合准为民人/准予回籍的客观条件，但本案中，伊犁将军"请照在厂在配年满为民遣犯拿获逃遣之例准其回籍"并未被批准，原因在于，伊犁将军所援引的例文规定：拿获遣犯，准为彼处之民，次回拿获犯人才可准其回籍，即使该犯已拿获两名罪犯，但之前未经为民，故不可回籍。该官舞弊得赃情节较重，即使为民后再有获犯，亦不准其查办回籍。[1]

　　虽然司法官对"徒流迁徙地方"例文第28条有所考量，但是该犯官员罪刑情节较重，身份特殊，其代表国家帝王形象，且原罪背后的社会因素复杂，故经过综合考量，司法官最终不遵循将其释放回籍的例文规定，反而对该贪犯加重处罚，并规定今后即使该罪犯成为民人仍然不准其返回原籍。由此可见，立法与司法、理想与实践之间存在差距，并非完全契合。

　　综上所述，在"徒流迁徙地方"例文第25—37条中，无论例文的外在形式及框架结构，还是条文立意及具体内容，均有很多值得继续研究的地方。在探讨例文本身的同时，我们仍可以将其与司法实践中具体案例相结合，加深对它的认知与理解。法律不是万能的，并非法律一经制定就可规制人情百态，稳固社会秩序。"法律史的任务并不在于个别信息、事实的既存材料，或者它对现代的利用价值；毋宁在于我们存在本身的历史性。"[2]从"应然"的视角出发，清律的实践历史以及内蕴的思维架构是法律的价值所在，可以使人们更现实和理智地选择、寻求某种衡平理念的方式。

---

〔1〕（清）祝庆琪：《〈刑案汇览〉全编》卷6，法律出版社2007年版，第209~210页。
〔2〕［德］弗朗茨·维亚克尔：《近代私法史：以德意志的发展为观察重点》（上），陈爱娥、黄建辉译，上海三联书店2006年版，第5页。

论西周王朝诸"夷"治理策略的经常与权变

——以金文文献为中心的考察

王世扬*

摘　要：本文以金文文献为中心探讨西周王朝对诸夷的治理策略。本文发现，前人将西周王朝治理诸夷的惯用策略总结为"征服—管控—归服"，但其论证在采用文献的可信度和论证的周延度上尚存在一些问题。本文梳理金文文献中西周王朝对诸夷称谓的时代变化，补强前人提出的"征服—管控—归服"范式。此外，本文还从《班簋》和《兮甲盘》铭文中发现了经常策略下的权变，即在处理复叛的诸夷时，周王或赋予军事将领临时的行政治权，以维持征服区的正常秩序；在诸夷归服的情况下，除防范性策略外，中央王朝也会采取关市互易的方式绥靖诸夷。

关键词：金文文献；西周王朝；边疆治理；诸夷

引　言

五服制是西周国家建构的基本形式。《国语·周语上》载："邦内甸服，邦外侯服，侯、卫宾服，蛮、夷要服，戎、狄荒服。甸服者祭，侯服者祀，宾服者享，要服者贡，荒服者王。日祭、月祀、时享、岁贡、终王，先王之训也。"[1]孔安国传《尚书·益稷》"弼成五服，至于五千"句时释"服"曰："服，五

---

　*　王世扬，中国政法大学 2021 级法学实验班硕士。

〔1〕（三国吴）韦昭注，徐元诰集解：《国语集解》，王树民、沈长云点校，中华书局 2019 年版，第 6~7 页。

百里。四方相距为方五千里。"〔1〕将"蛮夷""戎狄"纳入荒服、要服，要求其对王室承担"岁贡""终王"之义务；金文文献中也记载了东夷、南夷朝觐周王、南淮夷与王会同的史事，证明了诸夷在西周时期的国家治理中有一席之地。

金文所载，西周"四国"〔2〕之外，包含了"要服""荒服"〔3〕的"东夷""南夷""淮夷""南淮夷""玁狁""戎"等诸多蛮夷部族方国。本文仅选取诸"夷"为讨论对象，其原因在于：金文文献的记载中，对于"玁狁"和"戎"，仅有战争记载，而对诸"夷"，除战争记载外，还有来庭朝觐周王、与周王会同等记载，且不同时段中展现出不同的特点，更具有探讨价值。

本文有关"诸'夷'"的说明如下：

金义所见的诸夷，有"东夷""南夷""淮夷""南淮夷""戎"等诸多族属。金文文献中所见最早的是"东夷"，地望在今山东，多见于成、康、昭世。

成王晚期始见"淮夷"，此时的"淮夷"实指居于潍水之夷，地望仍在山东，是"东夷"的一个分支，所以称"淮"是缘于"淮"古与"潍"相通；〔4〕此时"徐夷"亦与"淮夷"一样，属于"东夷"分支，地望在山东境内。〔5〕

穆王之后所见的"淮夷"实际上也源自"东夷"。经周王朝早期的征伐，"东夷"分化迁徙，部分留于原地归附周王朝（如"殷民六族"），部分西迁或南迁。穆王之后所见的"淮夷"即是"东夷"南迁的分支，居于淮水流域。〔6〕徐夷亦南迁，与"淮夷"融合，从《班簋》铭文来看，"淮夷"的控制范围实际上邻接于周王朝的"东国"。

懿王之后始见"南淮夷"之名，有时称"淮南夷"，可知历西周中期对淮夷的征伐，淮夷全面迁居淮水以南，故称"南淮夷"。宣王时《兮甲盘》与《驹父盨盖》将"淮夷"与"南淮夷"混用，可知二者实一。

此外，所谓"东夷""南夷"均是据其与周王朝的相对位置而言，故而，"南夷"实际上指居于南国之外之"夷"，与（南）淮夷的范围重合。同时，周

---

〔1〕《尚书正义》卷五《益稷》，（清）阮元：《十三经注疏》，上海古籍出版社1997年版，第143页。

〔2〕"四国"所指的地域包括了周王所册封的诸侯国，不含诸戎、诸夷所谓"方伯"。参见冯时："殷周畿服及相关制度考"，载刘庆柱主编：《考古学集刊》（第20集），社科文献出版社2017年版，第113~136页。

〔3〕距王畿一千五百里至二千里为要服，二千五百里为荒服。

〔4〕参见徐少华："曾侯与钟铭'君庀淮夷，临有江夏'解析"，载《中国史研究》2020年第2期。

〔5〕参见何光岳：《东夷源流史》，江西教育出版社1990年版，第64页。

〔6〕参见何光岳：《东夷源流史》，江西教育出版社1990年版，第77~78页。

人对"戎""夷"的称呼可能并没有截然区分，如恭王时的《晋侯铜人》、两《格（霸）仲簋》与《霸伯盘》四器。学者通说认为霸伯和晋侯所搏之"戎"即为淮夷。[1]

所以，从某种意义上说，有周一代，服而复叛、给中央王朝造成了极大困扰的诸"夷"，实际上均源自居于王朝以东的"东夷"。有鉴于东夷部分南迁后形成的"你中有我，我中有你"的错综复杂的交融情况，下文分类时仅以"东夷""淮夷"称之。

一、既有研究的简要回顾

（一）代表性研究成果简述

有关西周中央王朝对诸夷的治理政策，前贤书中多有涉及，如吕思勉《先秦史》"民族疆域"一章，以传世文献推定先秦中央王朝控制范围与周边部族的分布，并考"五服""九服"之制；[2]陈梦家《西周铜器断代》中论及周王朝的东部边陲（东与东国）与成王东征，对相关铜器铭文作了整理，并认为东国乃徐、夷、吴、越之总称；[3]杨宽《西周史》第三编第七章"西周王朝统治所属少数部族的'荒服'制度"、第四编第四章"西周王朝历代对四方的征伐和防御"和第四编第五章"西周春秋时代对东方和北方的开发"三章则以传世文献与出土文献相结合的形式力图证明"五服制"的实施、还原西周时期的边陲之战和齐、鲁、晋的封建始末；[4]商艳涛《西周军事铭文研究》第五章"铭文中的主要征伐对象"专章以穷举的方式整理了金文所见的诸夷、戎、獫狁、鬼方、楚等，更加完善了西周王朝通过"征伐"方式纳入治理的地域。[5]

有关这一问题，在学者文章中的讨论亦不可谓少，综其所述，观点大致可以分为两派：

第一派认为，西周王朝一直对诸夷采取压迫性政策，导致了诸夷的反抗。例如，刘本军的《论西周的民族政策》一文结合传世文献记载认为，对于诸夷，周王朝采取了"使各以其方贿来贡"的政策，因而导致了周王朝与诸夷旷

---

[1]　参见王坤鹏等："西周中晚期淮夷入侵与周王朝的御戎机制——以新出霸氏诸器为中心"，载《古代文明》2020年第4期。

[2]　参见吕思勉：《先秦史》，上海古籍出版社1982年版，第257~264页。

[3]　参见陈梦家：《西周铜器断代》，中华书局2004年版，第360~365页。

[4]　参见杨宽：《西周史》，上海人民出版社2016年版，第483~490页、第583~637页。

[5]　参见商艳涛：《西周军事铭文研究》，华南理工大学出版社2013年版，第215~248页。

日持久的战争;[1]朱凤瀚也认为周人在试图武力征服淮夷不成的情况下进行经济上的压榨而招致淮夷屡次反抗。[2]

另一派则认为,西周王朝以"征伐"的方式使诸夷臣服,以"封建"的方式实现对诸夷的管控,继而以五服制下的周礼之制(如朝觐、会同等)建构诸夷对中原王朝的文化认同。张利军的《五服制视角下西周王朝治边策略与国家认同》一文集中展现了这一递进式的西周王朝诸夷治理策略建构。[3]该文综合运用出土和传世文献,在诸多文献当中论述最为详实。对此,笔者总结为"征服—管控—归服"的递进式政策选择。

(二)研究趋势评述

总体而言,自20世纪40年代以来,与本文论题密切相关的"先秦中央王朝的边疆治理策略"一直稳定地受到关注,然而受到彼时出土文献数量较少和论者专研方向的影响,以吕思勉先生《先秦史》为代表的一系列成果主要运用传世文献进行相关研究,许多由于传世文献真伪而产生的问题难以得到解决。

而随着20世纪下半叶出土青铜器渐多,以陈梦家、杨宽、许倬云为代表的许多学者开始利用青铜器与金文探讨两周时期的边疆治理政策或制度,着眼于西周王朝的边域战争和远畿地区的封建情况。

进入21世纪,综合利用金文文献进行专题研究的成果渐多,其中与本文议题最为相关的是先秦战争史研究和宾礼研究(但宾礼相关成果中涉及边疆地区的较少),探讨较为全面且具有代表性的研究成果主要是商艳涛的《西周军事铭文研究》和黄益飞的《西周金文礼制研究》。

而从学术观点上看,上文所举出的两派观点实际上有着一定的共通性。双方都认可西周王朝对诸夷进行了征服和管制,区别则在于西周王朝究竟是否以礼乐合同怀柔诸夷。金文记载,诸夷基本均有朝觐周王的记录;双方互遣使节以相见,并互有赐物,即便是以上国自居的周王朝也在青铜器铭文中留下了"谨夷俗"等记载。因而,笔者更偏向于周王朝确实以礼乐对诸夷进行了同化(至少是同化的努力),而并不是一味地打压和压榨。

当下的研究仍有可推进之处:

其一,目前所见的研究中,均以"封建"类铭文作为周王朝对诸夷实行管

---

〔1〕 参见刘本军:"论西周的民族政策",载《思想战线》1996年第5期。

〔2〕 参见朱凤瀚:"论西周时期的'南国'",载《历史研究》2013年第4期。

〔3〕 参见张利军:"五服制视角下西周王朝治边策略与国家认同",载《东北师大学报(哲学社会科学版)》2017年第6期。

控的证据，但周王之"封建"究竟是否实际达成了治理诸夷的效果？诸夷是否在五服制下实现了对王朝的归服？这些问题尚可通过涉"夷"青铜器的综合考察提出新证，以证成周王朝治理诸夷的"征服—管控—归服"系列政策的一般性逻辑链条。

其二，从青铜器铭文来看，诸夷在周王朝的不同时期均曾作为王朝军队的征伐对象出现。可见，中央王朝的"征服—管控—归服"的一般政策逻辑并不一定时时奏效，而关于"非常时期"的"非常策略"，金文文献也给予了我们一定的启示。

二、"经常"与其新证

如前文所述，前辈学者在论述中已经构建了西周王朝诸夷治理政策的一般逻辑——征服、封建与构建文化认同。三者的关系实际上是递进的——通过武力征服，再以封建将要服、荒服的方国纳入王朝控制体系，以巡省制度进行监督，之后再齐之以礼，使之归化。

既有的研究成果中已经通过援引青铜器铭文证实了周初对诸夷的征伐、边域诸国的封建情况和王朝的巡省记录，但是并未援引证据证明这些策略对诸夷的治理产生了效果；以传世文献论证五服制下的诸夷归服也缺乏相应的证据效力。

笔者考察涉"夷""戎"青铜器铭文后发现，西周早期、中期和晚期分别有较为集中的对诸"夷"和诸"戎"的战争记载，而不同时代的铭文记述中对征伐对象的描述又不相同，或能为西周王朝治理诸"夷"的政策提供新证。

（1）武王时期——恭王《史墙盘》（铭图 14541）有载："（珷王）伐夷童。"

（2）成王时期——《小臣謎簋》（铭图 05269、05270）："王命遣捷东反夷。"《塱鼎》（铭图 02364）："周公伐东夷。"

《𩂉鼎》（铭图 02365）："王伐东夷。"

晚期《柞伯鼎》（铭图 02488）述周公伐南国之事："才（在）乃圣且（祖）周公繇又（有）共（功）于周邦。用昏无殳，广伐南或（国）。"

晚期《曾侯与编钟》（续编 1029-1037）载成王命南公之事："营宅汭土，君庇（比）淮夷，临有江夏"

（3）康王时期——《保员簋》（铭图 05202）："王伐东夷。"

《旅鼎》（铭图 02353）："公太保伐反夷年。"

《大盂鼎》（铭图 02514）："赐夷司王臣十又三白（伯），人鬲千又五十夫。"

《作册睘卣》（铭图 13320）："王姜令作册睘安夷伯，夷伯宾睘贝、布，对王姜休。"

（4）昭王时期——厉王《猷钟》（铭图15633）载昭王时："南国及子陷处我土，王敦伐其至，扑伐厥都，及子迺遣闲来逆昭王，南夷、东夷具见。"

（5）穆王时期——《霎鼎》（铭图02354）："伐东反夷。"

《录戒尊》（铭图11803）等录戒器均载："淮夷敢伐内国。"

《班簋》（铭图05401）："王令毛公厶（以）邦冢君、土（徒）驭、戏人伐东或（国）痏（偃）戎[1]。"

晚期《戒生钟》（铭图15239-15246）记穆王事："休辥皇且（祖）宪公，趄趄邊邊，启屰（厥）明心，广经其猷，越再穆天子歖需（灵），用建于兹外土，遹司蛮戎，用斬（榦）不廷方。"

（6）恭王时期——[2]《晋侯铜人》（铭图19343）："淮夷伐格（霸），晋侯搏戎。"

《格仲鼎》（三编0277）《格仲簋》（三编0492、0493）："戎捷于桑原，格（霸）仲率追。"

《霸伯盘》："戎大捷于霸，伯搏戎。"

（7）懿、孝、夷时期[3]（西周中期后段）——懿孝《史密簋》（铭图05327）载："东征，合南夷卢、虎，会杞夷、舟夷，堇不悊，广伐东国。"[4]

懿孝《小臣守簋》及其盖（铭图05209-05211）称："王吏（使）小臣守吏（使）于夷，宾马两、金十钧。"

懿王《师酉簋》（铭图05346-05349）、《师酉盘》（续编0951）载懿王命师酉："司乃祖嫡官邑人、虎臣：西门夷、□夷、秦夷、京夷、并狐夷。"

懿王《师訇簋》（铭图05378）载懿王命："今余命汝适官司邑人，先虎臣后庸：西门夷、秦夷、京夷、□夷、师笒、侧薪、华夷、并狐夷、□人、成周走亚、戍、秦人、降人、服夷。"

孝夷《应侯见工簋》（铭图05311、05312，三编0512、0513）载："蠢淮

---

〔1〕 毛公所伐之"戎"，在东国，应为东夷集团迁出的分支，亦可称"夷"，综学者所考，多以为徐夷，又称"徐戎"。

〔2〕 恭王四器所记为一事，即淮夷侵入内国及至晋南。参见黄锦前："金文所见霸国对外关系考索"，载陕西省考古研究院、上海博物馆编：《两周封国论衡：陕西韩城出土芮国文物暨周代封国考古学研究国际学术研讨会论文集》，上海古籍出版社2014年版，第436页；王坤鹏等："西周中晚期淮夷入侵与周王朝的御戎机制——以新出霸氏诸器为中心"，载《古代文明》2020年第4期。

〔3〕 部分青铜器无法完全确定断代，故合而述之。

〔4〕 此处所伐应当与《班簋》同是淮夷。

南夷屰，敢薄厥众□，敢加兴作戎，广伐南国。王命应侯征伐淮南夷屰。"

孝夷《仲偁父鼎》（铭图02370）载仲偁父："伐南淮夷。"

（8）历宣时期——厉王《无㠱簋》及其盖（铭图05244-05247）："王征南夷。"

厉王《禹鼎》（铭图02498、02499）载："（鄂侯驭方）率南淮夷、东夷，广伐南国、东国，至于历内。"

厉王《敔簋》（铭图05380）载："南淮夷遷，内伐涀、昂、参泉、裕敏、阴阳洛，王命敔追拦于上洛、怷谷，至于伊、班，长榜载首百，执讯卌，夺俘人四百，畐于荣伯之所。"

历宣《翏生盨》（铭图05667-05669）载："王征南淮夷，伐角、津，伐桐、遹。"

历宣《虢仲盨盖》（铭图05623）载："虢仲以王南征，伐南淮夷。"

宣王《驹父盨盖》（铭图05675）："南仲邦父命驹父即南诸侯，帅高父见南淮夷，厥取厥服，谨夷俗，遂不敢不敬畏王命，逆（迎）见我，厥献厥服。我乃至于淮，小大邦亡敢不□具逆（迎）王命。"

宣王《麤簋》（铭图5242）载：（王赐麤）"夷臣十家"。

宣王《兮甲盘》："王命甲政司成周四方积，至于南淮夷，淮夷旧我帛晦人，毋敢不出其帛、其积、其进人，其贾，毋敢不即次、即市，敢不用令，则即井扑伐，其唯我诸侯、百姓，厥贾，毋不即市，毋敢或入蛮宄贾，则亦井。"

宣王《师寰簋》（铭图05366、05367）："淮夷旧我帛晦臣，今敢搏厥众暇，反厥工吏，弗蹟我东国，今余肇令汝帅齐师、曩、莱、僰、屍、左右虎臣，征淮夷。"

综上文所引诸铜器铭文观之，我们可以发现，在东夷、淮夷并存的时段（昭、穆二世）内，二者的服叛情况基本相同，称谓也难以区分；在昭王以前，东夷尚未南迁，故而不存在后世作乱的"淮夷"；穆王以后，经历了历次征讨依然未迁的东夷则已经彻底受到周王朝的节制而不再作乱。

我们同样可以就金文文献作出历代对诸夷称呼的总结：

自周初（武王、成王世）对东方和南方发动征伐后，对东夷的称谓从"夷""反夷"转为了康王、昭王世的"王臣""夷伯"，表现出臣服与统属的关系。从《作册睘卣》铭文"安"字来看，康王时周王室或与东夷通婚；[1]而

---

〔1〕 参见黄益飞：《西周金文礼制研究》，中国社会科学出版社2019年版，第128~129页。"安"或"归宁"义。

从《㝬钟》铭文来看，昭王时东夷、淮夷皆来庭朝觐，行臣子礼。西周中期穆王、共王世，周王朝与诸夷的关系出现反复，又将之称为“夷”“反夷”。[1]经过穆王对诸夷的战争，从懿、孝、夷时期所存青铜器铭文来看，东夷不见，淮夷再度臣服，并按地区被冠以名号（如南夷莒、虎杞夷、舟夷即是），与王使相见并与周王会同，参与周王朝对不臣之夷的征伐，亦臣子礼；同时，应有大量从前的东夷之人被迁往王畿附近，统属于“虎臣”，成为守卫京师的重要力量（西门夷、□夷、秦夷、京夷、并狐夷等即是）。[2]而西周中期至西周晚期的夷、厉王世，淮夷复叛，厉王给予了“无遗寿幼”（禹鼎，铭图 02498、02499）式的强力镇压；宣王时延续了厉王世对诸夷（尤其是南淮夷）的征伐打击，然而从铭文表述来看，时人以淮夷为“服子”“不庭方”“夷臣”“帛亩臣”。具体情况可详见表 1。

表 1　西周不同时段金文所见对诸夷称谓表

<table>
<tr><th rowspan="2">时段</th><th rowspan="2">周王</th><th colspan="2">对诸夷的称谓</th><th colspan="2">诸夷服叛情况</th><th rowspan="2">备注</th></tr>
<tr><th>东夷</th><th>淮夷</th><th>东夷</th><th>淮夷</th></tr>
<tr><td rowspan="2">西周早期前段</td><td>武王</td><td rowspan="2">夷</td><td rowspan="2">/</td><td rowspan="2">未服</td><td rowspan="2">/</td><td></td></tr>
<tr><td>成王</td><td>于东国、南国广行封建</td></tr>
<tr><td rowspan="2">西周早期后段</td><td>康王</td><td>夷/王臣、夷伯</td><td>/</td><td>未服-服</td><td>/</td><td></td></tr>
<tr><td>昭王</td><td colspan="2">/</td><td colspan="2">服</td><td>厉王时《㝬钟》铭文追记，有见东夷、南夷俱见昭王</td></tr>
<tr><td rowspan="2">西周中期前段</td><td>穆王</td><td colspan="2">夷、反夷</td><td colspan="2">服—叛—服</td><td>《班簋》“静东国”</td></tr>
<tr><td>共王</td><td>/</td><td>戎</td><td>/</td><td>叛</td><td>《墙盘》中称“夷”</td></tr>
<tr><td rowspan="3">西周中期后段</td><td>懿王</td><td>/</td><td>冠以地名的“夷”</td><td>/</td><td>叛服两分</td><td rowspan="2">从地域分布来看，有原地称臣，参与朝觐、会同；有迁至王畿，充实王军</td></tr>
<tr><td>孝王</td><td rowspan="2">/</td><td rowspan="2">夷</td><td>/</td><td>服</td></tr>
<tr><td>夷王</td><td>/</td><td>服—叛</td><td></td></tr>
</table>

〔1〕《戎生钟》所载“不庭方”应是西周晚期人之追述用语。

〔2〕参见童书业：《童书业历史地理论集》，中华书局 2004 年版，第 170 页；商艳涛：《西周军事铭文研究》，华南理工大学出版社 2013 年版，第 218 页。

时段	周王	对诸夷的称谓		诸夷服叛情况		备注
		东夷	淮夷	东夷	淮夷	
西周晚期	厉王	/	夷/服子、不庭方	/	叛	
	宣王	/	夷/夷臣、帛亩臣	/	叛—服	

说明：连贯起见，本表以"—"表示趋势。

从上文和表 1 中我们可以大致总结出西周时期中央王朝对诸夷采取的手段与对诸夷称呼变化的趋势：

在治理策略上，西周王朝早期主要采取的是征伐和封建（不一定是封于夷地，更可能是封建军事重臣以监临、威慑[1]）；中期以后又见朝觐、会同、相见等礼，且记载愈加频繁，符合前贤总结的"征服—管控—归服"的逻辑范式。

在对诸夷的称谓上，在西周早期诸夷未归服和中期后服而后叛之时，王朝对其称谓是"夷"或"反夷"；归服时则多称"臣""伯"，且从西周早期的"夷伯"到西周晚期的"旧我帛亩臣"[2]。称谓的变化反映了其从属性的不断增强。

综上所述，西周王朝处理对诸夷关系的手段大致应采取"征服—管控—归服"的同化性政策逻辑，且确实以这种处理方式实现了诸夷对周王朝从属性的波动提升。[3]

三、《班簋》与《兮甲盘》所见的"权变"

（一）《班簋》铭所见的军事将领临时行政治权

《班簋》（铭图 05401）记载了穆王命毛公"伐东国瘄戎"的事迹，虽然称"戎"，但其"瘄"之族属来看应当是徐夷（东夷的分支，活动范围与"南淮夷"

---

[1] 如周公封于东国之鲁；吕望封于海岱之齐；叔虞封于近戎之晋（唐）；召公封于北境之燕；南公封于南极江淮，边域诸侯均为统兵征服之重臣。

[2] 此句意为：一直以来便是向我（周王朝）缴纳贡赋的臣子。

[3] 之所以称"波动提升"，在于诸夷存在服而复叛的情况，但每次经过征伐后从属性便会进一步上升。

多有重合）。〔1〕《班簋》铭文较为特殊，记载了从"伐东国猓戎"到"静东国"的过程，为诸夷复叛之时中央王朝的权变处理提供了一个分析的样本。

由于《班簋》铭关键信息分布较为分散，现将《班簋》铭文全文参照《铭图》释文和王沛释文〔2〕按行加句读重新整理如下：

01 隹（唯）八月初吉。才（在）宗周。甲戌，
02 王令毛白[1]（伯）更虢䙏（城）公服，粤（屏）
03 王立（位），乍（作）四方亟（极）[2]，秉緐、蜀、巢
04 令[3]，易（锡）铃、鏊（勒）。咸，王令毛公厶（以）
05 邦冢君、土（徒）驭、戗人伐东或（国）
06 痏（猓）戎。咸，王令吴白（伯）曰："厶（以）乃
07 𠂤（师）左比毛父。"王令吕白（伯）曰："
08 厶乃𠂤右比毛父。"趞（遣）令曰："
09 厶（以）乃族从父征。狤（诞）虢䙏（城）卫父
10 身，三年静东或（国），亡不成哤（尤）
11 天畏（威）。否奥（畀）屯陟。公告氒（厥）事
12 于上。隹（唯）民亡狤才（在）彝[4]，悉（昧）天
13 令（命），故亡，允才（哉）显，隹（唯）苟（敬）德。亡
14 卣（攸）违。班拜稽首曰："乌（呜）虖（呼），不（丕）
15 䊪孔皇公受京宗歜（懿）釐（厘），毓（后）
16 文王、王奴（姒）圣孙，隥于大服，广
17 成氒（厥）工（功），文王孙亡弗襄（怀）井，
18 亡克競（竞）氒（厥）剌（烈），班非敢觅，隹（唯）
19 乍（作）昭考爽，益（谥）曰大政，子子孙孙，
20 多世其永宝。"

现将关键语词集释如下：

---

〔1〕 偃姓族源为东夷，为皋陶后人。参见何光岳：《东夷源流史》，江西教育出版社 1990 年版，第82 页。
〔2〕 参见王沛："金文法律资料考证四十七则"，载王沛：《刑书与道术：大变局下的早期中国法》，法律出版社 2018 年版，第 304 页。

[1] 毛白（伯）：刘心源〔1〕、杨树达〔2〕、于省吾〔3〕、王沛〔4〕认为毛伯、毛父、毛公、毛班为一人。高木森以为《穆天子传》中说穆王十七年徐偃王寇京，毛班驰京克之，继而又受命东征，与铭文相契合。王沛采之。〔5〕然通观汲冢竹书，笔者并未发现名"毛班"或"班"之人有类似记载，或是以讹传讹。唐兰〔6〕认为毛父、毛公为一人，毛伯、毛班为一人，乃毛公子；郭沫若〔7〕、孙稚雏〔8〕等认为毛伯、毛父、毛公为一人，毛班为其子，铭文中毛伯称谓显现出了受封前后的变化，为"官爵同升"之例。笔者认为，郭、孙二先生说法可从。按金文例，作器者自称时用名而不用封号（唯述王言时用），作器者为"班"，则"毛伯""毛公"必非"班"；"毛父"，从铭文记载来看紧承王命毛公统兵出征，且吕伯、吴伯等穆王重臣为其侧翼，则"毛父"亦毛公无疑。同时，该铭显为后人追记，作器者班与本铭所记史事没有直接关系也属正常现象。

[2] "乍（作）四方亟（极）"：王沛认为铭文中"作四方极"是"为四方之准则"的意思，"四方"泛指天下，〔9〕此句言毛伯堪为天下表率。郭沫若先生初释此字为"望"，后又疑此字为"极"，然其以为若释为"准则"之意则对毛伯班评价过高，而天子无处安放，故定为"望"。〔10〕笔者认为，铭文中"亟"释为"极"是可取的：《诗·小雅·六月》载"文武吉甫，万邦为宪。吉甫燕喜，既多受祉"，即尹吉甫文武双全，为天下榜样，受到周宣王重赏。兮甲盘铭文载周宣王赐尹吉甫"马四匹、驹车"，并令尹吉甫"政司成周四方积，至于南淮夷"。即尹吉甫受到赏赐并被许可在成周至四方发布政令，及至南淮夷，是"极"与"宪"近义，均为"准则""榜样"含义，用于对有功之臣的封奖，同时是一种发布政令的许可〔11〕；《毛公鼎》（铭图 02518）也记载了《班簋》"毛公"之后人毛父歆被周王命"极一方"的事迹。

---

〔1〕 参见刘心源：《古文审》卷第五《毛伯彝》，载刘庆柱、段志洪、冯时主编：《金文文献集成》（第十一册），线装书局 2005 年版，第 468~470 页。

〔2〕 参见杨树达：《积微居金文说》卷四《毛伯班簋跋》，湖南教育出版社 2007 年版，第 123 页。

〔3〕 参见于省吾：《双剑誃吉金文选》卷上之二《班彝铭》，载刘庆柱、段志洪、冯时主编：《金文文献集成》（第二十五册），线装书局 2005 年版，第 41 页。

〔4〕 参见王沛："金文法律资料考证四十七则"，载王沛：《刑书与道术：大变局下的早期中国法》，法律出版社 2018 年版，第 304 页。

〔5〕 参见王沛："金文法律资料考证四十七则"，载王沛：《刑书与道术：大变局下的早期中国法》，法律出版社 2018 年版，第 304 页，另见《穆天子传》第四卷、第五卷。

〔6〕 参见唐兰：《西周青铜器铭文分代史徵》卷五上《班簋》，中华书局 1986 年版，第 349 页。

〔7〕 参见郭沫若："《班簋》的再发现"，载《文物》1972 年第 9 期。

〔8〕 参见孙稚雏："班簋铭文释读的一些问题"，载吉林大学古文字研究室编：《古文字研究》第 20 辑，中华书局 2000 年版。

〔9〕 参见王沛："金文法律资料考证四十七则"，载王沛：《刑书与道术：大变局下的早期中国法》，法律出版社 2018 年版，第 305 页。

〔10〕 参见郭沫若："《班簋》的再发现"，载《文物》1972 年第 9 期。

〔11〕 见《班簋》下文与《毛公鼎》。

[3]"秉繇、蜀、巢令":意为周王命毛公执掌在繇、蜀、巢三地发布命令之权"。繇、蜀、巢均淮夷地名。[1]金文中类似例有兮甲盘铭文"王令甲政司成周四方积,至于南淮夷"。

[4]"彝":与"法"同义。

在解决了上述关键字词含义的基础上,我们可以大致对《班簋》铭文的含义作出梳理:

穆王某年八月吉日,毛伯被穆王任命接替虢城公的职务,并被赋予了在淮夷属地发布政令之权,爵位同升至毛公,继而领兵出征。三年后东国安定,东夷(淮夷)均已敬畏天威。毛公向穆王复命,对此战作出了总结,认为淮夷不遵伦常礼法,实自取灭亡。现下毛公已经去世,其子毛班追记其事,以称扬先祖之美,世世效法文王厚德。

由此我们可以发现,与其他征伐类铭文不同,毛公在尚未出征时即被赋予了在繇、蜀、巢等尚未被征服的淮夷地方发布政令之权;从一般征伐类铭文来看,统兵之臣仅被赋予军权及与军权相关的"执讯"等权,而不涉地方治权。

同时,毛公在"三年静东国"后"告于上",自己使"亡在彝"的淮夷"亡不成尤天威",即,毛公在出征后的三年内平定了入侵东国的淮夷叛乱,并使不敬圣王常法的淮夷人重新敬畏周王。

毛公在征服后运用了穆王赋予的行政治权重新匡正了"淮夷咸服"的社会秩序。而当这一临时的使命完成后,毛公即班师复命,是本部分标题所谓"军事将领临时行政治权"。

(二)《兮甲盘》所见的关市互易

宣王时期的《兮甲盘》(铭图14539)所记与《班簋》不同,所体现的是淮夷归服时期,不同于金铭一般记载的"君厄(比)淮夷,临有江夏"之类居高临下式的防范的,更加缓和、互利的对淮夷关系处理策略——互市。且《兮甲盘》铭也是金文仅见的中央王朝控制区与淮夷地区通商的实证。

由于《兮甲盘》铭的关键信息体现较为集中,仅将铭文关键部分参照《铭图》释文和王沛释文[2]按宽式整理、句读如下:

---

〔1〕参见唐兰:《西周青铜器分代史徵》卷五上《班簋》,中华书局1986年版,第350页。

〔2〕参见王沛:"金文法律资料考证四十七则",载王沛:《刑书与道术:大变局下的早期中国法》,法律出版社2018年版,第349页。

王命甲政司成周四方积，至于南淮夷。淮夷旧我帛晦人，毋敢不出其帛、其积、其进人；其贾毋敢不即次、即市。敢不用命，则即井扑伐。其唯我诸侯、百姓，厥贾毋不即市，毋敢或入蛮宄贾，则亦井。

《兮甲盘》铭文可以分为两大部分，其一是对淮夷发布的政令规范，其二是对王朝百官和百姓发布的政令规范。对淮夷发布的政令中又涉及纳贡和交易两个部分。盘铭关键部分大致可意译如下：

宣王命令兮甲主管由成周四方至南淮夷的贡赋征收。（兮甲发布政令说:）淮夷历来都属当进贡绢帛粮草之人，所以必须要缴纳绢帛粮草，提供劳役。/交易活动一定要在划定的市场内进行，如若不然，则"即井扑伐"。//周人一方的诸侯、百姓，也必须在市场上交易，不得擅入淮夷境内进行交易，否则"亦井"。

兮甲（尹吉甫）因征伐玁狁之功被宣王委以兼管淮夷贡赋征收之责，可见当时淮夷归服，与王朝之间并无战争。在这种稳定条件下，双方有条件地开展了互市。从前辈学者的论述和西周时代的绝大部分彝铭来看，在诸夷归服的情况下，王朝更多采取的方法是封建以威慑[1]、巡省以监临[2]、迁夷民入内地[3]的防范性策略。唯兮甲盘体现了王朝与淮夷的互市贸易。相比于前代的防范之"堵"，关市互易使得中原王朝和淮夷产生了经济连接，使得双方互利、得以各取所需，实际上相当于进行了"疏导"，进而维持边疆的稳定。

本铭关键词"井"，在《班簋》铭文中亦有出现，均取"效法"之意。本铭中效法的是"扑伐"的惩罚方式，而《班簋》铭中毛班所效法的则是"文王之德"。这实际上体现了西周王朝对夷关系处理的"率由旧章"之思想。

结　论

本文在总结前人研究成果的基础上发现：当前，西周王朝诸夷治理政策的基本范式"征服—管控—归服"已经广泛为人服膺，但前人多采先秦传世文献和"封建"类铭文对此范式进行证成，在文献可信性和论证周延性上较为不

---

〔1〕　如《曾侯与编钟》所见成王命南公。

〔2〕　如《晋侯稣钟》（铭图 15306-15313）"王亲遹省南国东国"。《臣卿鼎》（铭图 02139）"公违省自东，在新邑……"《中甗》（铭图 03364）、《南宫中方鼎》（铭图 02383/02384）、《静方鼎》（铭图 02461）、《小臣夌鼎》（铭图 02411）："省南国"。

〔3〕　如《师酉簋》《师询簋》所见的西门夷、秦夷、京夷、□夷、师笭、侧薪、华夷、并狐夷等。

足。故而，本文在综合考察了西周一代涉 "夷" 青铜器铭文的基础上，力图对这一西周王朝诸夷治理的 "经常" 范式进行可靠性更高、周延性更强的证成。笔者发现，西周时期的诸夷虽在周王朝进行了征服和封建后仍对中央王朝时服时叛，从而使二者的关系存在波动，但总体趋势仍是逐渐归服。

同时，笔者发现，在这一 "经常" 的范式下亦存在着 "权变" 的个例，具体体现在穆王时期的《班簋》和宣王时期的《兮甲盘》铭文中。《班簋》铭提示我们，在周王朝对反叛的夷人再度进行征服时，有时会赋予军事将领暂时的行政治权，以维持征服后的社会秩序；《兮甲盘》铭则提示我们，西周中央王朝在诸夷归服时，除了对诸夷采取 "提防" 和 "监临" 的态度，还有以关市互易构建周夷 "利益共同体" 的努力。

人民民主政权的"依法"裁判：以 1943—1949 年招远地区的婚姻继承案件为例

王婧蓉[*]

王婧蓉*

摘　要：人民民主政权在进行婚姻继承案件的审理时，主要引用法律作为审判依据，这些法律包括民主政权之法令与国民政府之六法。判决书中的法律适用在当时倡导"反法条主义"的影响下，经历了由直接标明法律条文到笼统引用法律内容的变化。在法律适用的过程中，法官往往会将法律与其他审判依据结合引用，但在有成文法规定的情况下，法官一般会优先依据法律进行审判，在具体细节上，则根据事实情况进行灵活变通。但为了适应战时形势，当政策与法律发生冲突时，法官往往会优先保证政策的施行。

关键词：人民民主政权；革命根据地；依法审判；婚姻继承；法律依据

一、问题与综述

革命根据地时期的法制建设是创建中国特色社会主义法制的重要基础，尤其在抗日战争与解放战争的革命形势下，中共针对根据地的社会实情与战争需要制定了多种条例法规，形成了人民司法等独特的审判模式。在当前关于根据地审判的研究中，马锡五审判方式与人民调解是学界普遍关注的重点问题，而这些制度往往更强调要根据群众意见与人情法理进行审判的灵活变通，对于如何依法审判则体现得不够清晰。在依法审判的研究成果中，张希坡对马锡五审判方式进行分析后认为，该方式的基本特点之一是坚持原则，严格依法办事，

---

* 王婧蓉，中国政法大学 2020 级法律史学专业硕士。

他以陕甘宁边区封捧儿婚姻案为例, 认为该案的审理做到了以事实为根据, 又有法律作准绳。[1] 侯欣一从 "大众司法" 的角度对边区的司法审判制度进行了分析。[2] 汪世荣等人从判词的法律理由出发, 认为边区的判词在进行法律评价的同时, 兼顾对案件所涉及的当事人的道德评价, 做到了法律效果与社会效果的统一。[3] 韩伟、马成也认为边区的民事案件审判呈现出一种法律、情理、习俗, 乃至革命话语杂糅的局面, 多种法源同时存在, 并影响到最终的判决。[4] 胡永恒对边区的民事法源进行了探索, 认为六法全书与中共的政策法令均为边区民事审判的依据, 并具体分析了它们的适用情况和实践影响。[5] 李文军等人以 20 世纪 40 年代太行地区的 63 份案件为研究, 对不同纠纷解决的裁断依据进行了概括性分析, 其认为婚姻纠纷的解决依据主要包括法律与双方当事人意愿。[6] 以上研究虽然体现了根据地审判的 "依法" 特征, 但对于民主政权在司法实践中如何运用法律以及法律与其他审判依据之间有何种关系等问题仍论述不足。抗日战争时期, 各根据地之间具有一定的独立性, 它们采用的司法政策与颁布的法律文件也有所差别。目前对于根据地的研究主要集中在陕甘宁边区, 部分研究也涉及东北解放区与太行地区。山东革命根据地作为中共在敌后建立的规模较大的根据地, 具有重要的战略地位。但囿于山东省新民主主义革命时期的司法档案发掘较少, 学界对其司法实践的解读则较为缺失。招远司法档案[7] 收录的文件连贯了抗日民主政权与解放区政权两个时期, 展现了民主政权对于六法态度的变化, 以及 "立法" "用法" 的逐步成熟, 对于分析人民民主政权如何 "依法" 具有独特的价值。因此, 文章以山东省招远市留存的司法档案为研究对象, 探寻民主政权的 "依法" 审判问题。具体而言, 在抗日战争与解放战争时期, 司法审判被赋予了团结统战的功效, 在这种情况下, 民主

〔1〕 张希坡:《马锡五与马锡五审判方式》, 法律出版社 2013 年版, 第 196 页。
〔2〕 侯欣一:《从司法为民到大众司法: 陕甘宁边区大众化司法制度研究 (1937—1949)》, 生活·读书·新知三联书店 2020 年版。
〔3〕 汪世荣等:《新中国司法制度的基石——陕甘宁边区高等法院 (1937—1949)》, 商务印书馆 2018 年版, 第 163 页。
〔4〕 韩伟、马成主编:《陕甘宁边区法制史稿 (民法篇)》, 法律出版社 2018 年版, 第 170 页。
〔5〕 胡永恒:《陕甘宁边区的民事法源》, 社会科学文献出版社 2012 年版, 第 25—86 页。
〔6〕 李文军等:《早期人民司法中的乡村社会纠纷裁断: 以太行地区为中心》, 社会科学文献出版社 2018 年版, 第 86 页。
〔7〕 山东省招远县志编纂委员会编:《招远县志》, 华龄出版社 1991 年版, 第 28 页。招远市为山东省辖县级市, 由烟台市代管, 位于山东省东北部、烟台市境西部。1940 年招远成立抗日民主政府, 1947 年国民党军弃城北逃, 招远县获得最终解放。

政权强调审判依据要具有多样性与灵活性，并且对严格依据法律的"条文主义"进行了批判，这便似乎淡化了法律在司法审判尤其是民事审判中的功用。然而从 1943 年至 1949 年招远司法档案所展现的司法实践情况来看，中共的法令政策与国民政府的六法是婚姻继承案件审判的主要依据，并且这些"法"往往并不是单独出现，而是与其他审判依据结合适用。因此，本文将从"依法"审判的角度，对人民民主政权的司法活动进行探究，分析人民民主政权的"法"具有哪些内涵，以及这些"法"如何在判决文书中进行适用，并进一步探究"法"与其他审判依据之间的适用关系。

二、人民民主政权的"法律"内涵

（一）国民政府之《六法全书》

探究依法审判问题首先要对人民民主政权之"法律"内涵进行界定。抗日战争时期，面对日军的入侵，国共两党展开第二次合作，1940 年《山东省战时施政纲领》中宣称，"坚决拥护国民政府，拥护林主席，拥护蒋委员长，拥护国共长期合作，拥护抗日族统一战线，拥护抗战建国纲领，拥护抗战到底、团结到底的国策"，[1]在这种形势下，山东抗日根据地的司法部门承认国民政府六法的效力。1941 年《山东省各级司法办理诉讼补充条例》第 1 条规定，"各级司法机关对诉讼案件应遵照国民政府所颁民刑各法及民刑诉讼各法办理，但为适应敌后抗战环境特制定本补充条例"，[2]此条便直接体现了民主政权对于国民政府法律的认可。1944 年《山东省修正改进司法工作纲要》中则进一步说明了对于国民政府六法的援引原则，即"批判引用旧法"。[3]除以上允许对国民政府之六法进行援用的直接规定外，根据地还在制定法令的过程中对六法的内容予以吸收，将其融合到根据地法令之中，进行"国府法令的实质采纳"，例如 1945 年 3 月施行的《山东省婚姻暂行条例》（以下简称为 1945 年《婚姻暂行条例》）指出，"结婚须有公开仪式""因通奸经判决离婚者不得与相奸者结婚"等，实际上是民法典的规定。[4]并且，从山东省多次发布的司法行政文

---

〔1〕 张希坡编著：《革命根据地法律文献选辑（第三辑）：抗日战争——解放战争时期老解放区的法律文献（1937—1949）第六卷山东省（上）》，中国人民大学出版社 2018 年版，第 1 页。

〔2〕 张希坡编著：《革命根据地法律文献选辑（第三辑）：抗日战争——解放战争时期老解放区的法律文献（1937—1949）第六卷山东省（下）》，中国人民大学出版社 2018 年版，第 581 页。

〔3〕 张希坡编著：《革命根据地法律文献选辑（第三辑）：抗日战争——解放战争时期老解放区的法律文献（1937—1949）第六卷山东省（下）》，中国人民大学出版社 2018 年版，第 594 页。

〔4〕 欧阳湘："抗日民主政权援用国民政府法令问题简论"，载《安徽大学法律评论》2007 年第 1 期。

件表述中也可以看出山东抗日根据地援用六法的情况。如 1944 年山东省司法组的总结报告指出，"直到现在司法工作者思想领域里还普遍的（各地都如此）存在着正统观念……不相信群众，一般的重视旧法，形成六法全书主义"[1]，以及 1945 年黎玉的总结报告中也提到，"行政机关、司法机关、司法干部还缺乏一个明确的改革司法的观点，群众观念、群众路线、群众作风还极其模糊，没有充分地表现在司法工作方面。所以，几年跳来跳去，基本上还没有跳出旧法制的囚笼"[2]这些司法文件侧面反映出六法在山东抗日根据地具有一定的普适性，以至于中共要屡次强调进行司法工作改革，推行"新法"的适用。当然，由于抗日战争时期并未建立统一的中央民主政权，各根据地的司法政策亦有所不同，对于国民政府法律的援引力度自然也存在差异，例如陕甘宁边区曾在 1942—1943 年较为经常地援用六法，但由于受到审干、整风运动等因素的影响，至 1943 年下半年便停止了对六法的援用。[3]而真正意义上在全国范围内废除六法的标志应为 1949 年 2 月 22 日中央发布的《中央关于废除国民党〈六法全书〉和确定解放区司法原则的指示》。该指示认为国民党的《六法全书》属于反动法律，其内容基本上不合乎广大人民的利益，并明确表示其应被废除，人民的司法工作不能再以国民党的《六法全书》作为依据，而应该以人民的新的法律作为依据。[4]指示下达后，山东省人民政府较快进行了回应，其在 1949 年 5 月的通令中明确规定，"办案原则应该是：有人民解放军、民主政府之纲领、法律、命令、条例、决议者，即根据这些纲领、法律、命令、决议、条例之规定，如无这些规定者，应根据新民主主义政策"，[5]自此，国民政府的六法正式退出了山东解放区的司法舞台。因此，虽然国共两党之间的关系在抗日战争与解放战争时期多有变动，但从山东革命根据地的司法文件中看，国民政府之六法确以各种形式对根据地的审判产生着重要影响，是审判的法律依据之一。

---

〔1〕 张希坡编著：《革命根据地法律文献选辑（第三辑）：抗日战争——解放战争时期老解放区的法律文献（1937—1949）第六卷山东省（下）》，中国人民大学出版社 2018 年版，第 597 页。

〔2〕 张希坡编著：《革命根据地法律文献选辑（第三辑）：抗日战争——解放战争时期老解放区的法律文献（1937—1949）第六卷山东省（下）》，中国人民大学出版社 2018 年版，第 605 页。

〔3〕 胡永恒：《陕甘宁边区的民事法源》，社会科学文献出版社 2012 年版，第 49 页。

〔4〕 中央档案馆、中共中央文献研究室编：《中共中央文件选集》（第十八册），中共中央党校出版社 1992 年版，第 152 页。

〔5〕 张希坡编著：《革命根据地法律文献选辑（第三辑）：抗日战争——解放战争时期老解放区的法律文献（1937—1949）第六卷山东省（下）》，中国人民大学出版社 2018 年版，第 623 页。

（二）民主政权之立法

除了国民政府之六法，中共在进行根据地建设的过程中也积极制定着"新法"。革命根据地时期的"法律"往往由各个根据地政权自行制定，具有"条例""办法"等多种名称，虽然从严格意义上来看，它们并不符合现代法理学对于"法"[1]的定义，但鉴于当时特殊的社会形势，我们不应用狭义的法概念对其进行定位，正如有学者认为，边区审判中所适用的制定法情形与民国初年的法律格局类似，在这类特殊的过渡时期，将这些"条例""办法"等定位为广义性质的"法律"也未尝不可。[2]从表述上来看，无论当时的文件还是目前的学界研究也习惯用"新法律"[3]或者"根据地立法"[4]等词汇对其性质进行描述，所以就称谓而言，我们也可以继续沿用"法律"这一表述。这些成文的"法"为根据地人民民主政权统治下人民意志之体现，有相应的司法部门保证实施，因此，可以将民主政权制定的各种成文条例、办法纳入"法律"的范围之中。具体而言，这些法律主要包括 1942 年《山东省胶东区修正婚姻暂行条例》（以下简称为 1942 年《修正婚姻暂行条例》）、1943 年《山东省保护抗日军人婚姻暂行条例》、1945 年《婚姻暂行条例》、1945 年《山东省女子继承暂行条例》以及 1949 年《山东省修正婚姻暂行条例》（以下简称为 1949 年《修正婚姻暂行条例》）。下文将在上述根据地法律内涵的基础上进一步探讨民主政权在司法审判中的法律运用等问题。

三、婚姻继承司法实践中的法律适用

（一）司法档案中所见法律引用情况

1943—1949 年的招远司法档案中主要收录的是婚姻与继承类案件的法律文书，从这些判决书中可以看出，大多数以判决方式结案的案件均一定程度上适用了法律。现有的 115 个婚姻案件中，96 个案件涉及法律内容，占比高达 83%，而现存的 11 个继承案件中，则有 10 个都涉及了法律内容。从涉及的法

---

〔1〕 张文显主编：《法理学》，高等教育出版社 2011 年版，第 47 页。根据我国现代法理学的概念，法是由国家制定或认可并依靠国家强制力保证实施的，反映由特定社会物质生活条件所决定的统治阶级意志，以权利和义务为内容，以确认、保护和发展对统治阶级有利的社会关系和社会秩序为目的的行为规范体系。

〔2〕 胡永恒：《陕甘宁边区的民事法源》，社会科学文献出版社 2012 年版，第 79 页。

〔3〕 董必武：《董必武政治法律文集》，法律出版社 1986 年版，第 45 页。

〔4〕 张希坡主编：《革命根据地法制史》，法律出版社 1994 年版，第 429 页。

律类型来看，由于山东省制定了一系列婚姻条例，所以在婚姻案件的审判中，关于婚姻关系存续与抚养费的支付等实质性问题，法官大部分引用的是民主政权制定的婚姻条例的相关条款，而在诉讼的程序方面，他们则主要引用了六法中的《民事诉讼法》。但从继承案件的审理中看，由于民主政权制定保护遗产继承法规主要是为了配合各边区轰轰烈烈开展的妇女解放运动，因而这一时期的遗产继承法规主要是一些保护妇女继承权的单行条例和法令，且它们在形式上都比较简略，[1]所以在继承案件的判决书中，六法的实体法则体现较多，例如司法档案中提到的遗产继承时间以及法定继承人等问题均与六法中的继承法相关。

但如上文所言，民主政权并非一直援引六法，司法档案中反映出六法引用痕迹的最后时间为 1948 年，涉及的案件为 1948 年孙桂英与李洪捷的离婚案以及邵刘氏与刘玉英的继承纠纷案。在离婚案中，被告李洪捷患有瘫症，双方结婚以来感情不和，精神上也十分痛苦，在判决理由中，法官引用了婚姻条例第 12 条第七节的规定，认为该案属于离婚要件之一的"患不治之恶疾"一项，在程序上，因被告李洪捷经传唤不到，所以"依一造辩论而为判决"。[2]虽然法官并未表明程序上所依照的法律文件名称，但由于山东省政府在解放战争期间并未颁布新的民事诉讼法，且该表述内容与《民事诉讼法》第 385 条中规定的"言词辩论期日当事人之一造不到场者，依到场当事人之声请，由其一造辩论而为判决"[3]内容相符，由此可以推断，该案中所引诉讼法之表述应出自《六法全书》。在继承纠纷中，法官对于六法的援用表述仍然较为含蓄，其只援用了具体内容，如在判决理由中表明"查遗产继承权，在被继承人死亡时开始，全部归继承人所有"，[4]仍未书明具体的条文来源，但类比前案推测，该条应源自《民法》第 1147 条。[5]所以，就山东省政府对于六法的态度来看，至少到 1948 年其仍然对国民政府的法律有所援用，但从 1949 年开始，档案所收录的案件中便不再出现援用六法的情况，民主政权的法律与政策则成为案件审理的主要依据。

虽然在审判中，法官间或援用了六法，但婚姻继承案件适用最多的仍为民主政权的法令。离婚诉讼的判决主要分为两个部分，第一部分为婚姻关系存续与否的判断，第二部分为财产划分以及子女抚养问题的决断。这些离婚案件中

---

〔1〕 张希坡主编：《革命根据地法制史》，法律出版社 1994 年版，第 429 页。

〔2〕 招远司法档案，永久卷号三，原案号 7，顺序号 37，页次 40。

〔3〕 吴经熊校勘：《袖珍六法全书》，会文堂新记书局 1941 年版，第 399 页。

〔4〕 招远司法档案，长期卷卷号 1，类别号 2，档号 1-27，册号 27。

〔5〕 吴经熊校勘：《袖珍六法全书》，会文堂新记书局 1941 年版，第 124 页。

涉及的情形主要包括虐待、遗弃、通奸、重婚、恶疾、精神病等，在判决书中出现最多的离婚理由则为"感情意志根本不合，无法继续同居"。因此，在这一部分中适用最多的条文为1942年《修正婚姻暂行条例》第12条中关于离婚条件的规定。在第二部分财产的划分方面，民主政权考虑到女性的生产能力较弱，离婚后生活可能难以维系，因此在几次修订《婚姻暂行条例》的过程中均保留了相应的补偿条款，例如1942年《修正婚姻暂行条例》第17条中规定的"离婚后，女方未再结婚，因无职业财产或缺乏劳动力，不能维持生活者，男方应给以帮助，但最多以三年为限"，[1]1945年《婚姻暂行条例》的第16条、第17条规定了"因离婚受损可向有过失一方请求赔偿"以及"男女双方因判决离婚而陷于生活困难，他方虽无过失，亦应给与相当之赡养费，但确无力支出者除外"，[2]1949年《修正婚姻暂行条例》第22条中同样规定了男方对因离婚无法维系生活之女方给予补偿的内容。此外，部分案件中涉及的离婚原则、子女抚养、抗属离婚以及婚约的解除等问题在婚姻条例中也均有据可循。而继承案件中所涉及的案由则多为女子继产问题，因而主要适用的是1945年的《山东省女子继承暂行条例》，也正如上文所言，由于该条例较为简略，在一些法律概念上，法官多引用六法表述，或者直接笼统地表述为"女子有继承权"及"男女平等"等。例如，在1946年柳占庆诉刘国典继承案的判决理由中，法官认为被告应将侵占的遗产还给原告，"以符现行女子与男子有同等继承权"，[3]这种判决虽符合女子继承条例的精神，但在表述上的确较为笼统。

（二）司法实践中的法律适用形式

从司法档案收录的案件来看，法律为民主政权进行案件审理的主要依据，但在引用法律时，由于受到当时特殊司法环境的影响，法律在判决书中有着不同的表达形式，它们可能以具体的条文引用的形式出现，但更多的是直接融合在判决理由中或以法律原则的形式加以体现。

第一，直接标明法条来源。从司法档案来看，在抗日战争末期，尤其在1943年至1944年的司法文件中，无论引用六法还是根据地法律，法官大多会在判决书中标明法条来源，但自1945年起至1948年，法官直接援引法条的情形

---

〔1〕 张希坡编著：《革命根据地法律文献选辑（第三辑）：抗日战争——解放战争时期老解放区的法律文献（1937—1949）第六卷山东省（下）》，中国人民大学出版社2018年版，第477页。

〔2〕 张希坡编著：《革命根据地法律文献选辑（第三辑）：抗日战争——解放战争时期老解放区的法律文献（1937—1949）第六卷山东省（下）》，中国人民大学出版社2018年版，第480页。

〔3〕 招远司法档案，长期卷卷号1，类别号2，档号1-27，册号27。

则减少，直至1949年，虽然婚姻类案件更多以调解的方式结案，但以判决结案案件的司法文书中却往往明确引用了具体的法律条文。例如，在1944年于文英诉栾学海离婚案中，栾学海之孙去往哈尔滨，不履行婚约，导致原告的生活无以为继，因此，原告希望政府判处解除双方婚约，以便另行择配。[1]在该案的判决理由中，法官首先申明了婚姻自由的原则，接下来简要说明理由，即被告与其孙均不履行婚约，原告已达法定婚龄且愿意退还彩礼另行择配，依照1942年《修正婚姻暂行条例》第2条与第3条关于婚姻自由以及废除婚约的规定，应允许双方解除婚约，并由原告返还彩礼。在诉讼程序上，因被告未到庭，法官便依据《民事诉讼法》的第381条与第385条"缺席判决"之规定进行审理。[2]1947年曲江华诉温悦贵离婚案中，因温悦贵为精神病人，犯病时常常打骂原告，双方感情日趋恶劣，因此法官引用了婚姻条例第12条第七节"男女之一方患不治之恶疾者"之规定，判决双方离婚。[3]1949年杜仲英诉姜宝赢离婚案中，因两人是媒人介绍而非双方同意自由下结婚，婚姻感情淡薄，意志存在分歧，经两次调解，终无效果，所以根据1949年《修正婚姻暂行条例》第10条的规定，判决双方离婚。[4]这些判决书中所引依据均相当明确，直接标明了具体的条文来源，并且可以看出，从实体法审判到程序审判均有法律规范的适用。

第二，只标明法律文件名称。在部分案件的审判中，虽然法官没有标明所引条文，但会书明依据来源。例如1944年王俊秀与王张氏离婚案中，法官在判决理由的最后只标明"今依婚姻修正暂行条例判决如主文"，但从判决的表述中，如"原被告感情恶化，实无同居可解，应准予判离异"，以及"婚生女未满周岁，非母不活"等，[5]可以推断出其使用的具体法律应为1942年《修正婚姻暂行条例》第12条与第15条。

第三，只涉及法律内容。1945年至1948年期间，法官在审案时，更倾向于将法律内容直接糅合在判决理由之中，而不标明依据的出处与来源，虽然看似未引用法律，但从其判决的表述中我们仍能够溯源到相应的条文。例如，在1945年柳陈氏诉柳国敬意图承桃霸产案中，法官在判决理由中写到，"查择立继子为私法上之契约行为，除受现行法令之限制外，当然须经双方之合意，始

〔1〕招远司法档案，永久卷号一，原案号9，顺序号20，页次20。
〔2〕沈国明、何勤华主编：《六法解释判例汇编：第五卷·民事诉讼法》，上海人民出版社2020年版，第216页。
〔3〕招远司法档案，永久卷号二，原案号6，顺序号24，页次27。
〔4〕招远司法档案，永久卷号四，顺序号9，档号180，页次9。
〔5〕招远司法档案，永久卷号一，档号9，顺序号7，页次7。

能成立。断无任由一方以单独的意思强令他方认其为继子之权"。[1]山东省政府发布的相关政策法令中并无契约行为的专门规定，而六法的民法部分中则有相关规定，即"当事人互相表示意思一致者，无论其为明示或默示，契约即为成立"。[2]再如1945年高桂花与李尊贵离婚案中，虽然判决书中并未引用法律条文，但其中写明"原告因被告年龄太大，兼有肺病，确系实事，亦够离婚条件"。[3]1945年《婚姻暂行条例》规定的离婚条件中有"患不治之恶疾"[4]一条，所以，即便判决中未书明判决依据，但法官的判决还是根据相关法律条文。此外，在这一类型的判决书书写中，还存在一种较为特殊的法律适用，即法律原则。严格来说，原则亦属于法律规范的一种，但由于原则规定的内容较为抽象，如"婚姻自由""感情相合""男女平等"等，因此其常常表现出政策和情理的偏向性。在判决书的写作中，法官多将原则与法条内容连用，以表示引用的依据。例如，1947年曲芸芝诉王明殿离婚案的判决中，法官便引用了"意志相合"原则，即"夫妇结合应以意志投合，互相策励，勤俭管家为原则"。[5]1923年《修正婚姻条例》第2条规定"男女婚姻以本人之自由意志为原则"，1945年《婚姻暂行条例》总则中也体现了婚姻自由的原则，所以该原则确系出自法律规定。其后判决书中写到的"夫妇之间感情破裂已达极点，实不能继续同居，准许离婚给自另谋"，也符合条例规定的离婚要件，由此体现出适用的法律依据。然而在某些案件中也存在直接将原则作为审判依据的情况，例如1949年王桂花与吕福江离婚案中，法官在理由部分的表述大致为，被告终年患病，不能生产，家中生活无法维持，故其双方感情破裂不能永久坚持夫妇关系，判决部分写明的依据则为"按婚姻自由之原则准予离异"。[6]在该案件中，无论是"常年患病"还是"感情破裂"均有相关的法律条文予以支持，但法官最终在判决中表示要按照原则进行审判，这反映出原则在某些情况下也被法官作为一种独立的审判依据而适用。

产生不同法律适用模式的原因与民主政权的战时政策与司法政策密切相关。

---

〔1〕 招远司法档案，长期卷卷号1，类别号2，档号1-27，册号27。

〔2〕 沈国明、何勤华主编：《六法解释判例汇编：第五卷·民事诉讼法》，上海人民出版社2020年版，第79页。

〔3〕 招远司法档案，永久卷卷一，原案号28，顺序号32，页次32。

〔4〕 张希坡编著：《革命根据地法律文献选辑（第三辑）：抗日战争——解放战争时期老解放区的法律文献（1937—1949）第六卷山东省（下）》，中国人民大学出版社2018年版，第479页。

〔5〕 招远司法档案，永久卷卷号二，原案号16，顺序号23，页次25。

〔6〕 招远司法档案，永久卷卷号五，顺序号108，档号289，页次109。

从山东省政府屡次发布的司法文件中可以看出，山东省的司法工作者对于六法的依赖性较强，以至于在数次总结中均批判了审判中存在的"法的正统思想"与"旧法条作风"，即"在司法工作上以国民党的旧统治阶级司法正统观念为主流"以及"不问案情如何，只问在法条上有无根据"。[1]但要明确的是，民主政权针对的"法条主义"是一种"教条主义"，即"不调查不研究"的形式。在抗日民族统一战线的政策下，中共领导的各抗日民主政权实施的三三制原则吸引了一些民主人士和开明士绅，或具有西方法学教育背景的知识分子进入司法系统，这些人希望借鉴国民党法律中规范化与理性化的特征，这无疑也促进了六法的适用。[2]但也如谢觉哉所言："司法人员要在工作中训练，外来法律学生在没和边区实际结合之前是教条；在未总结边区司法经验之前办司法训练班，也是教条。"[3]实际上，这种反教条的作风势必会影响司法文书的写作风格。并且，司法组也明确提出"判决书要简单明了，一律采用语体文，并尽量避免法律术语"，[4]加之婚姻案件的法律规定与事实情理有一定的重合性，所以 1945 年之后的判决书写作标明具体条文的情况较少，而直接引用内容的情况则增多。到 1949 年解放战争胜利前夕，民主政权在司法建设方面也提出要对司法干部进行培养，并停用了六法，将民主政权的政策法令规定为办案原则，在条文的适用方面也更加规范。

四、法律与其他审判依据之适用关系

鉴于当时的革命形势，民主政权的审判除具有司法意义外，还有政治统战等多方面的价值，这也注定了民事审判依据并不能仅局限于法律，而必须根据社会形势进行适当变通。山东省政府的工作纲要中明确提出，根据地各种政策、本省施政纲领、民主政府颁布的法令条例、法理习惯以及六法的部分内容均为审判的依据，各级司法部门不得拘泥成法，限抗战于不利。[5]此外，情理与事实也对审判具有重要影响。在司法实践中，法官往往会将这些审判依据综合适

---

[1] 张希坡编著：《革命根据地法律文献选辑（第三辑）：抗日战争——解放战争时期老解放区的法律文献（1937—1949）第六卷山东省（下）》，中国人民大学出版社 2018 年版，第 597-598 页。

[2] 杨光："《六法全书》的废除"，载中共中央文献研究室科研管理部编：《中共中央文献研究室个人课题成果集 2012 年（下）》，中央文献出版社 2013 年版，第 830 页。

[3] 谢觉哉：《谢觉哉日记》，人民出版社 1984 年版，第 549 页。

[4] 张希坡编著：《革命根据地法律文献选辑（第三辑）：抗日战争——解放战争时期老解放区的法律文献（1937—1949）第六卷山东省（下）》，中国人民大学出版社 2018 年版，第 604 页。

[5] 张希坡编著：《革命根据地法律文献选辑（第三辑）：抗日战争——解放战争时期老解放区的法律文献（1937—1949）第六卷山东省（下）》，中国人民大学出版社 2018 年版，第 594 页。

用，即在运用法律的同时，也会根据事实、政策以及当地的习惯在判决中进行论证，甚至偶尔作出不同于法律规定的变通判决。在婚姻案件中，法律与事实的界限较为模糊，这主要由于婚姻涉及感情因素，且相关法律的原则与条文内容均内涵较广，例如"感情意志不合""婚姻自由"等，几乎可以囊括全部的婚姻纠纷缘由，"虐待""遗弃""通奸"等离婚条件也几乎可以包含所有的纠纷情形。正如有学者认为，"法官们在处理案件时总是首先试图弄清楚夫妻关系的基础和历史，并对他们的感情评定一个等级，进而认定双方感情破裂与否"，[1] 加之将法律内容与事实分析相糅合的写作方式，使得法律与事实的引用具有极高的重合度。此外，法律与习惯有时也会同时适用。例如，在 1948 年邵刘氏诉邵玉英继承纠纷一案中，法官进行事实认定后，在判决理由中先引用了关于继承生效时间的法律，随后在论证的过程中又提到了"顶盆"这项民间习惯，即"原告人请求顶盆报酬尚无不可，但须应待邵国仁回家，再及索酬，尚属合理"，[2] 支持了原告的索赔请求。该案同时适用了法律与习惯，即在依法审判的基础上，承认民间习惯的效力，并据此决定具体的财产分割。

但有时也会出现法律与其他依据发生冲突的情况。例如，在 1947 年于和昌诉杨友春离婚案中，被告品行不端，双方已达到无法合居的程度，因此准予离婚。在进行财产划分时，法官认为，被告为女性，离婚后在生活上难免有些困难，原告仍应照顾一些，不能因被告有过失就令其在生活上遭受困难。[3] 1945年《婚姻暂行条例》第 16 条规定，夫妻一方因离婚而受损者，得向有过失一方请求赔偿；第 17 条规定，男女双方因判决而陷于生活困难者，他方虽无过失，亦应给与相当之赡养费。[4] 该两条法律均规定了离婚的赔偿事宜，但该案中较为特殊的是过失方又同时为弱势一方，此时法官则根据情理作出裁判，即认为"不能因被告有过失就令其生活遭受困难"，这体现了法官在法律适用上的灵活变通，也与当时推崇的马锡五审判模式，即"透过现象看本质，正确掌握政策法律的精神实质，做到既有事实为根据，又有法律作准绳"[5] 的精神相符。

此外，在某些情况下，政策也会影响法官的审判。例如，为了适应战时形

---

〔1〕 ［美］黄宗智："离婚法实践——当代中国民事法律制度的起源、虚构和现实"，载《中国乡村研究》2006 年第 0 期。

〔2〕 招远司法档案，长期卷号 1，类别号 2，档号 1-27，册号 27。

〔3〕 招远司法档案，永久卷号二，顺序号 11，档号 82，页次 11。

〔4〕 张希坡编著：《革命根据地法律文献选辑（第三辑）：抗日战争——解放战争时期老解放区的法律文献（1937—1949）第六卷山东省（下）》，中国人民大学出版社 2018 年版，第 480 页。

〔5〕 张希坡：《马锡五与马锡五审判方式》，法律出版社 2013 年版，第 196 页。

势，稳定军心，民主政权对于军人的婚姻设定了特殊的保护政策。1943 年山东省专门颁布了保护抗日军人婚姻的暂行条例，并且 1942 年至 1949 年制定的婚姻条例中，也均包含革命军人婚姻的保护条款。从司法实践反映的情况来看，违犯抗属法律规定私自与革命军人解除婚约或起诉离婚的女性一般都会被宣判败诉，但革命军人一方提出的离婚申请却往往可以得到支持。例如，1948 年赵承先与张桂珍的离婚判决中，法官的表述为，"查本件原告人献身革命，长期脱离家庭，被告人是一个思想不进步的旧式妇女，不能作革命伴侣共同生活，是原告与被告夫妇名义空存，精神上各有苦痛，应顾及双方前途，应准予脱离夫妇关系"。[1]其他由革命军人提起的离婚案中亦有类似表述，这些案件的理由多为"献身革命，不能照顾家庭""意志立场不合"等，而法官往往也会满足军人一方的要求，准予离婚，这也一定程度上诠释着"婚姻的道德服从于革命的道德"的精神。[2]但由于这类案件中的被告一般是女性，她们的经济能力较弱，离婚后可能失去生活来源，如上引赵承先离婚案中，被告赵桂珍便抱怨，"在旧年俺家分开了家，他不给俺打算打算，还要离婚"。不过，该类案件中提出离婚的一方当事人与法官往往也会考虑到对方的生活问题，在划分财产时，会给对方较为丰厚的财产作为补偿，如赵承先案中，原告便甘愿将全部家产全部留给被告及其子女。但无论如何，该类案件的判决中体现了民主政权的政策方针，并且这些政策在某种程度上优先于法律，成为审判的主要依据。

因此，从上述法律与其他审判依据的关系中可以看出，法律与其他审判依据往往同时出现，法律为审判的基础，其他判决依据，如事实情理、民间习惯等，在不影响法律精神的前提下能够被吸收采纳；但涉及民主政权根本政策的情况下，为适应社会形势，法律则需要作出一定的让步。

五、小结

民主政权在进行司法审判的过程中，采用的法律依据主要有中共的政策法令以及国民政府的六法，1948 年后，国民政府的六法退出了山东革命根据地的司法体系，相关的政策法令则成为审判的首要依据。从司法实践来看，由于革命的需要，民主政权对于法律条文主义即教条主义进行了批判，反映到判决书的法律书写方面，便呈现出 1943—1944 年明确引用条文的情况较多，1945—

---

〔1〕 招远司法档案，永久卷号三，原案号 2，顺序号 14，页次 16。

〔2〕 杨柳："婚姻、革命与法律——陕甘宁边区的离婚法实践"，载《中国乡村研究》2013 年第 0 期。

1948 年多笼统引用法律文件或直接将法律内容与案件分析相糅合，直至 1949 年才再次倾向于明确引用法律条文的情况。在法律的适用方面，民主政权的审判依据具有多样性与灵活性，法律往往与情理事实、法理习惯等审判依据结合使用，并且由于婚姻案件涉及感情因素，该类案件中的法律与事实边界便体现得较为模糊。虽然审判依据较为丰富，但在有相应成文法的情况下，民主政权仍会首先依据法律进行审判，同时也会根据实际情况进行灵活变通，如果法律与政策发生冲突，为了适应战时形势，法律则往往会让位于政策。

第 三 部 分

宪 法 学

行政应急权力行使的法治化证立

陈永乐[*]

摘　要：面对突发事件，行政应急权力的恰当行使不仅是衡量治理能力的重要指标，同时也是依法治国理念的必然要求。在论证前提层面，通过梳理我国应急立法概况与紧急状态的理论渊源可知，行政应急权力并非紧急权力。在主体论证层面，《传染病防治法》第 42 条与《突发事件应对法》第 49 条在一定程度上能够提供法律保留层面的依据；而在比例原则论证中，防疫措施意在实现保障公民生命健康等重要价值，为国家履行保护义务的体现，具有有效性并难以被相当的他类措施替代，符合期待可能性的要求，总体上具有正当性。我国的行政应急权力行使是全面依法治国理念的深刻体现，相关的行政应急措施是保障人民生命健康与维护法治秩序的生动实践。

关键词：行政应急权；基本权利；比例原则；依法治国

一、引言

此次新冠肺炎疫情是新中国成立以来在我国发生的传播速度最快、感染范围最广、防控难度最大的一次重大突发公共卫生事件。对于我国而言，这既是一次危机，也是一次大考。

新冠肺炎疫情客观上表现为一次重大突发公共卫生事件，同时又是对法治中国建设成果的一次深度检验。相较于应急权力的行使效率，政府应急权力的法治化运行同样关键，在 2020 年 2 月 5 日中央全面依法治国委员会第三次会议

＊ 陈永乐，中国政法大学 2021 级宪法学与行政法学专业硕士。

上，习近平总书记强调："疫情防控越是到最吃劲的时候，越要坚持依法防控，在法治轨道上统筹推进各项防控工作，保障疫情防控工作顺利开展。"从防疫效果和法治化水平上来看，可以认为在疫情防控中我国政府强力的行政应急措施成效显著，是行政应急权力在法治轨道上运行的典范样态。

尽管新冠肺炎疫情暴发后相关法学研究成果已经相当丰富，但着眼于其中行政应急权力行使的法治化论证却存在不足。总体上，一方面应当在防疫效率考量下承认行政应急权力具有行使的空间，容忍一定程度的基本权利限制，但另一方面又应当确认基本权利对应急权力行使的"再限制"作用，即对"限制的限制"[1]，需要在公民权利保障与应急权力有效行使的张力中寻求一个可能变动不居但又颠扑不破的边界。在对行政应急权力进行正当性论证的同时，又应对其行使界限加以明晰，这正是基本权利审查的"执中行权"[2]特性。具体而言，本文将首先探讨论证前提——行政应急权力的行使是否归属于所谓的紧急状态，是否紧急权力；其次，判断行政应急权力的行使是否符合法律保留的要求；最后，通过比例原则审查，由目的正当性、手段合目的性、必要性及均衡性四阶路径对行政应急权力进行法治化证立。

二、行政应急权力的法治属性分析

洛克曾经指出，紧急状态下的紧急权力不同于常态法治中的公权力，其本质上是法治体系之外的一种权力。[3]具体到疫情防控而言，政府部门的防疫应急权力属于应急权力的运行形态之一。此处的前置性问题是该防疫应急权力的行使是否属于自然法理论或者实证法意义上的紧急权力行使？其是否仍应受法治原则和宪法基本权利的效力约束？本文认为，我国的行政应急权力具有鲜明的法治属性，是依法治国理念之下的权力行使，紧急权力理论在此处并不适用。

在2003年SARS以及此次新冠肺炎疫情暴发后，为了应对此类"危机"而需要突破法律甚至宪法的观点得到不少支持。[4]其实这种观点并不鲜见。德国

---

[1] 参见赵宏："限制的限制：德国基本权利限制模式的内在机理"，载《法学家》2011年第2期。

[2] 参见杨登杰："执中行权的宪法比例原则　兼与美国多元审查基准比较"，载《中外法学》2015年第2期。

[3] [英]洛克：《政府论（下篇）》，叶启芳、瞿菊农译，商务印书馆1964年版，第99页。

[4] 如有学者所称的"国家紧急权力具有一定程度的超宪性"，参见郭春明："论国家紧急权力"，载《法律科学（西北政法大学学报）》2003年第5期；参见莫于川："公共危机管理的行政法治现实课题"，载《法学家》2003年第4期。

法谚有云"生存不识法律"（Not kennt kein Gebot），罗马法亦云"紧急情况下无法律"（nessessitas non habet legem）。从内涵上来说，这种观点是指因各种事由导致国家处于危机中时，若仍严格遵守日常宪法秩序将难以应对，为了保障国民利益，必须采取非常措施，暂停平时之宪法秩序。但实际上，即便是施密特也必须承认，例外状态的决断者仍然在宪法的框架之下，对宪法的偏离只能是为了挽救宪法。[1]紧急状态具有狭义和广义的区分，狭义的紧急状态是与相关的实定法联系在一起的，如我国目前正在酝酿的《紧急状态法》；广义的紧急状态更多是在自然法理论脉络中的。首先需要将《突发事件应对法》与狭义紧急状态进行对比，然后再探讨紧急状态的理论源流与取舍。

（一）应急法制与紧急法制的辨正

就狭义的紧急状态来说，《紧急状态法》这种立法已经象征着实证法化的紧急权力，自然不可能脱离宪法及法律体系，也就是波斯纳所谓的"并非自杀契约"。既然所谓的例外状态或者紧急状态已经被日常化，那就意味着其不再具备自我超脱的可能性，在规范意义上法律条文本身不可能自己违反自己。当然，由于宪法及法律的事实承载量永远是有限的，不可能穷尽所有情形，这也使得狭义上的紧急状态始终与广义上的紧急状态存在着量与质上的差异。但即便是就狭义上的紧急状态来说，我国《突发事件应对法》以及相应的行政应急处分措施也不具备相应的品格。

从我国的应急法制建设来看，制定并出台《突发事件应对法》而不是《紧急状态法》系立法者有意为之的选择。2006年6月24日，第十届全国人民代表大会常务委员会第二十二次会议发布了关于《突发事件应对法（草案）》的说明。该说明中提及，《突发事件应对法》的调整范围并不包括所谓的紧急状态，宪法规定的紧急状态是应对最高程度的社会危险和威胁时采取的特别手段，实践中很少适用。即使出现需要实行紧急状态的情况，也完全可以根据宪法、戒严法等法律作出决定。结合相关立法材料，本来要制定的《紧急状态法》因为节约立法成本等种种原因而被搁置。[2]显然，立法者不制定《紧急状态法》是有意留白了实证法体系中的所谓紧急状态及紧急权力规定。

这使导致现阶段宪法与法律在相关概念上的脱节。2004年修正后的《宪

---

[1] 参见［美］约瑟夫·W. 本德斯基：《卡尔·施密特 德意志国家的理论家》，陈伟、赵晨译，上海人民出版社2015年版，第38~39页。

[2] 参见林鸿潮：《应急法概论》，应急管理出版社2020年版，第46~47页。

法》中戒严概念被紧急状态取代，全国人大常委会、国家主席及国务院分别有权决定或宣布部分地区或者全国进入紧急状态。在原本立法规划中，2004 年的修宪与《紧急状态法》的制定是相辅相成的，但由于紧急状态立法的延宕，宪法文本中的紧急状态缺少了使之具体化的法律，作为替代品的《突发事件应对法》并无承接《紧急状态法》原本使命的目的和功能。此外，从文本来看，在条文逻辑上现行应急法制也将紧急状态问题抛回给了《宪法》及其他有关法律。现行《突发事件应对法》第 69 条[1]规定，当发生现行法律秩序不能解决的特别重大的突发事件时，应当由全国人大常委会与国务院进行紧急状态的相关部署，与上述立法说明相关联，反面印证了该法并不包含紧急状态的调整空间，真正意义上的狭义紧急状态应当留待《紧急状态法》出台后再作讨论。

由此在我国实证法体系中，目前的《突发事件应对法》无法与《宪法》的紧急状态相关条款有效对接，我国尚无实证法意义上的紧急法制，因此，依据《突发事件应对法》实施的强力行政应急措施就并非狭义上的紧急权力行使。

（二）紧急权力的宪法拘束

在广义紧急状态方面，从例外状态或者说紧急状态制度的理论渊源来说，紧急权力主要源于国家理性等古典自然法理念。这种理念认为国家在危难时刻应当拥有特殊的权限，可以打破日常法制的秩序，获得有效而迅速的应变职权。[2]根据自然法理论的一般表达，个人拥有保卫自己生命的自然权利。从国家的角度来说，公民的该自然权利由于社会契约的签订而被委托给了国家这个共同体，国家自身也就被赋予了一个作为整体的自我保存权力。这种观点被卢梭表达为：为了国家不至于灭亡，面对极端危险时国家首领可以超越所有法律秩序。[3]也有观点认为，从另一个角度来说，国家作为一个共同体本身也拥有一个紧急权力，因为国家如同自然状态中的个体一般，享有与之类似的自然权利，并不存在所谓的社会契约。[4]而从制度源流来说，罗马的狄克推多制度就是这种观念的经典实践。罗马共和国早期由于其体制的复杂性，各种权力机构之间都有着

---

[1] 《突发事件应对法》第 69 条："发生特别重大突发事件，对人民生命财产安全、国家安全、公共安全、环境安全或者社会秩序构成重大威胁，采取本法和其他有关法律、法规、规章规定的应急处置措施不能消除或者有效控制、减轻其严重社会危害，需要进入紧急状态的，由全国人民代表大会常务委员会或者国务院依照宪法和其他有关法律规定的权限和程序决定。紧急状态期间采取的非常措施，依照有关法律规定执行或者由全国人民代表大会常务委员会另行规定。"

[2] 参见陈新民：《法治国家论》，学林文化事业有限公司 2001 年版，第 334 页。

[3] 参见 [法] 卢梭：《社会契约论》，李平沤译，商务印书馆 2011 年版，第 138~141 页。

[4] 参见戚建刚："行政紧急权力的法律属性剖析"，载《政治与法律》2006 年第 2 期。

各自的权力边界与作用领域,那时高度统一的集权体制并不是罗马共和国的特征。不论是对抗外敌的"消除诱因的专政"(dictatura rei gerundae causa)还是"平息叛乱的专政"(dictatura seditionis seandae et rei gerundae causa),罗马人总是在情势危急时采用狄克推多制度,选出相应的专政官并赋予其绝对权力。[1]不难联想,新冠肺炎疫情防控中政府为防控疫情所实施的行政应急处分措施在某种意义上与前述现象存在理念交汇之处。

但因此认为应急权力的行使可以脱离宪法秩序并不恰当,在现代法治国家视域下不应当存在不受宪法理念领辖的区域。这同样也是《魏玛宪法》留下的教训。《魏玛宪法》第48条实际上赋予了当时的德国总统搁置宪法中所有条款的权力。尽管要求总统必须宣誓保卫宪法,但由于缺乏实质上的宪法拘束,该条的滥用伴随着魏玛共和国走向其最终的覆灭。[2]其实从上述理论和历史实践的根源看,不论是罗马共和国的狄克推多制度还是《魏玛宪法》的制宪初衷,紧急权力的行使都旨在恢复被威胁的宪法秩序,不得为了短暂的危机背弃其宪法基础,也就是不得舍本逐末,一如免疫系统遭遇病毒时,其目标应在于恢复机体健康。本末倒置的结果只能是国家的覆灭,这是与自然法理论中的自我保存相违背的。公民缔结社会契约并非仅意在防止更为可怕的暴政,"内亡外存"的僵死国家也不可能是公民的真正诉求。

进一步讲,宪法专政理论(constitutional dictatorship)实际上已经证明,民主法治国家在面临严重的国家危机时,可以使自身强大到足以生存下去,又不至于颠覆其旨在保卫的公民基本权利。[3]这个理论强调,在国家权力配置的功能意义上,要先承认民主法治国家的日常法治设计并非为了应对极端的危机。因此,民主法治国家为了捍卫日常国家生活,有必要进行相当程度的暂时改变,但这一切的改变都必须是为了正常宪法秩序的存续,即宪法专政的目的在于结束危机。总而言之,现代法治国家体系中的紧急权力不应超越现行宪法秩序的效力范围,危机中的任何举措皆应接受宪法尤其是宪法中基本权利条款的拘束。

简言之,不仅我国现行应急法制中尚无实证法意义上的紧急状态,并且即

---

[1] 参见[美]克林顿·罗西特:《近代西方国家的危机政府》,孙腾译,中国华侨出版社2019年版,第23页。

[2] 参见郑寅达:《德国史》,人民出版社2014年版,第400~401页。

[3] 参见[美]克林顿·罗西特:《近代西方国家的危机政府》,孙腾译,中国华侨出版社2019年版,第1页。

便援引自然法理论亦须受到宪法约束。因此，疫情防控中的行政应急权力行使作为对基本权利的限制措施，也应当受到宪法基本权利效力的制约，也应是法治统一性原则下的权力行使。

三、行政应急权力的法律保留分析

如前文所述，行政应急处分措施由一系列政府疫情防控指挥部公告发布，但此类通知本身显然难以作为应急权力行使的依据。基于民主法治原则，为保障公民基本权利，国家公权力的干预还需要受到法律保留原则的约束。应当探明我国行政应急处分措施在《突发事件应对法》、《传染病防治法》等法律规范上有无依据，又是否与法律保留原则相适配。

如王锴教授所述，我国《宪法》第 37 条主体部分本质上系单纯法律保留，宪法只是授权立法者去干预，但是没有对限制基本权利的立法进一步提出特殊的要求，仅仅指出前提是"依照法律""合法"或者"禁止非法"。[1]《宪法》第 37 条第 1 款一定程度上显示出无法律保留模式的特征，但实际上我国立法者在《宪法》第 51 条设置了概括限制用以处理此种情况。[2]作为宪法性法律的《立法法》体现了此种精神，该法在第 8 条规定可以通过法律限制身体活动自由。并且德国区分式法律保留本身也并不认可僵化适用无法律保留，这种条款仍然会受到"宪法内在限制"的制约，因为作为内在统一的整体，宪法中的其他价值会对无法律保留的基本权利构成限制。[3]因而，不可能完全排除立法者的形成自由。而《宪法》第 37 条第 2 款例外地规定了加重法律保留模式，要求执行"逮捕"时受到严格程序限制，但由于该款相当程度地指向刑事法中的逮捕措施，与此处行政应急权力限制并非同一事项。交通管制等措施与刑事逮捕无法等而视之，也就并非此款拘束对象。最终，相当多的行政应急处分具体指向的乃是《宪法》第 37 条第 3 款的"其他方法"，意在防止非出自法律的身体活动自由限制及剥夺。反过来说，只要具有相应的法律依据，则符合法律保留要求，由此应当探明强力的行政应急措施是否具有由国家立法机关出台的狭义法律的支撑。

在新冠肺炎疫情防控中，各地政府援用的规范文件主要是《突发事件应对

---

〔1〕 参见王锴："论法律保留与基本权利限制的关系——以《刑法》第 54 条的剥夺政治权利为例"，载张志铭主编：《师大法学（2017 年第 2 辑·总第 2 辑）》，法律出版社 2018 年版，第 83 页。

〔2〕 参见陈楚风："中国宪法上基本权利限制的形式要件"，载《法学研究》2021 年第 5 期。

〔3〕 参见赵宏："限制的限制：德国基本权利限制模式的内在机理"，载《法学家》2011 年第 2 期。

法》与《传染病防治法》。就这两部法律来说，行政应急权力的行使主要有两条规范可资援引。首先，根据《传染病防治法》第42条的规定，在传染病暴发时，县级以上政府经上级决定后可以采取多种措施：限制各类人群聚集的活动；停工、停业、停课；封闭可能造成传染病扩散的场所等。其次，根据《突发事件应对法》第49条的规定，在公共卫生事件发生后，政府可以"封锁危险场所，划定警戒区，实行交通管制以及其他控制措施"，"关闭或者限制使用有关场所"。但实际上，最适合的规范应当是《传染病防治法》第43条规定的"对本行政区域内的甲类传染病疫区实施封锁"，问题在于疫区封锁的前提是地方人民政府报经上一级人民政府决定后宣布本行政区域部分或者全部为疫区。此时解释面临两种选择，选择将此处"场所"的内涵范围扩大，亦或是维持其在生活语言中描述较小区域的内涵。这一解释方向的选择不仅牵涉法律本身是否合乎宪法，同时还是考量政府是否正确适用法律的重要因素。基于法律的合宪性解释原则的要求，当某个法律规范存在多种解释可能性，法律的解释者应当选择与宪法相一致的解释，从而体现合宪性解释方法之规范保全规则。[1]因此，只有将《传染病防治法》第42条和《突发事件应对法》第49条规定的封闭相关"场所"作为此处的行政应急权力限制场所，才有可能寻找到规范依据。但若更进一步，法律的合宪性解释原则还存在合乎基本权利解释的要求，在法律解释中，应引入宪法的价值决定尤其是基本权利，以推进法秩序的宪法化。[2]上述解释则扩张了法律限制的目标，对公民身体活动自由产生了更重负担。因此尽管扩张解释可行，但依前述《传染病防治法》第43条的规定运作将更符合法律保留要求。

四、行政应急权力行使的比例原则分析

在审查行政法律行为对基本权利损害的宪法正当性时，应当先进行法律保留原则审查，在满足法律保留原则的前提下需要进一步审查法律本身的正当性，特别要审查这一授权性法律是否符合比例原则。[3]在基本权利案件的三阶层审

---

〔1〕 参见［德］斯特凡·科里奥特："对法律的合宪性解释：正当的解释规则抑或对立法者的不当监护?"，田伟译，载《华东政法大学学报》2016年第3期；王锴："合宪性解释之反思"，载《法学家》2015年第1期。

〔2〕 参见张翔："宪法与部门法的三重关系"，载《中国法律评论》2019年第1期。

〔3〕 参见陈征："论行政法律行为对基本权利的事实损害——基于德国法的考察"，载《环球法律评论》2014年第3期。

查框架中，此为过度之禁止理念的体现。[1]此处即当行政应急权力行使符合法律保留原则后，应审查与之相关的应急立法是否符合比例原则。

（一）目的正当性分析

这一环节前置的问题是立法目的的探寻，即找寻强力行政应急处分所依凭的《突发事件应对法》及《传染病防治法》相关条款之立法目的。2003年的SARS疫情防控的经验和教训深刻影响了这两部法律的制定和修改意旨。

就现行《传染病防治法》第42条来说，其主体内容传承2004年《传染病防治法》第42条，1989年《传染病防治法》并无封闭传染病扩散相关场所的表述。结合2004年《传染病防治法》的背景可知，正是由于2003年SARS疫情的深刻教训，全国人大常委会在2004年8月表决通过了修订草案。结合SARS防控经验，为了预防类似的高传染性病毒疫情，[2]《传染病防治法》在原第25条（现第42条）增设了第5项："封闭可能造成传染病扩散的场所"。而就《突发事件应对法》来说，该法很早便被列入了全国人大立法规划，自2003年国务院法制办成立了起草领导小组，就着手该法的起草工作。立法说明与该法第1条显示，基于各类突发事件频发的事实，制定该法是为了提高依法应对突发事件的能力，及时控制和消除严重社会危害，保护公民生命财产安全，维护国家安全、公共安全和社会秩序等。

在目的正当性审查中，实际上立法者在宪法文本并未禁止和严格限定限制目的时享有所谓的目的设定余地（Zwecksetzungsspielraum）。宪法授权立法者得限制某个基本权利，但在宪法并未对限制基本权利所欲达成的立法目的加以规定的情况下，或者虽然作出规定，但并未强制要求立法者"必须"采取限制基本权利的措施的情况下，立法者即享有目的设定余地。[3]在立法者享有此类目的设定余地时，基本权利审查者不应逾越此一边界恣意进行正当性判断，此为功能主义视角下宪法审查权对立法权的谦抑态度。[4]具体到前述两部法律来说，我国《宪法》文本并未禁止为防疫目的而立法授权应急处分，若审查者踏足此处的立法者余地，将违反国家权力安排的宪法配置。

---

[1] 参见张翔、田伟："基本权利案件的审查框架（一）：概论"，载《燕大法学教室》2021年第3期。

[2] 参见王海冰："传染病防治法制定和修改的疫情背景"，载《人大工作研究》2020年第10期。

[3] 参见陈征："论比例原则对立法权的约束及其界限"，载《中国法学》2020年第3期。

[4] 参见张翔："国家权力配置的功能适当原则——以德国法为中心"，载《比较法研究》2018年第3期。

进一步讲，此类疫情后的应急立法不仅不应禁止，在某种程度上甚至可认为是公民生命健康之国家保护义务的体现。基本权利不仅在防御功能层面禁止公权力侵犯公民的生命健康，在保护功能层面还禁止来自第三人的侵害，国家由此负有保护公民生命健康的义务，在这里其实就是表现为通过限制相应人群的流动排除可能的病毒传播。由疫情触发的应急立法实际上就是国家保护义务的及时反映，面对具有极大防控难度的病毒疫情，由于保护义务首先约束立法机关，立法机关通过权衡危害的性质、范围和急迫性等因素自然得出相应立法空间。[1]尽管我国宪法文本中并未明确规定生命权，但《宪法》第 33 条第 3 款实际上体现了国家保护公民生命健康权的义务。

（二）手段合目的性与必要性分析

一方面，手段合目的性的审查较为简便，一般认为只要手段不是完全或者全然无效即可。即便手段只能部分地达成目的，也并不违反此项原则。[2]政府依据《传染病防治法》和《突发事件应对法》，进行行政应急处分，事后证明采取交通管制等措施确实相当程度地控制了疫情传染，应当予以初步认可。此外，与目的正当性审查类似，立法者此时享有所谓的手段选择余地（Mittelwahlspielraum）。因为防疫立法是实现国家保护义务的积极形式，而作为义务一般而言具有多种实现途径，宪法并不要求立法必须实现所有可能性，因此允许立法者享有手段选择的余地。[3]并且，由于立法者面对的是各种具有高度不确定性的病毒疫情，需参酌疫情防控中纷繁复杂的各种社会因素，立法者通过立法进行预期判断具有极高难度，不应在宪法层面施以过高的论证负担。

另一方面，就必要性审查的特征来说，若无相同有效的手段则不必再探寻有无更小损害的手段。相对于我国的行政应急措施，此前英国实施的群体免疫（herd immunity）政策也曾引起注意。2020 年 3 月 13 日，英国政府首席科学顾问帕特里克·瓦兰斯称，需要大约 60%的英国人口感染新冠病毒以获得"群体免疫力"。但这种政策对免疫力较弱的群体而言无异于更大的灾难，不仅不直接防止疫情扩散，反而导致公民直接面对具有致死风险的病毒，有违保障公民生命健康的意旨。此外，在医学手段层面，面对新冠肺炎疫情，人类至今仍无完

---

〔1〕 参见陈征："基本权利的国家保护义务功能"，载《法学研究》2008 年第 1 期。

〔2〕 参见何永红：《基本权利限制的宪法审查 以审查基准及其类型化为焦点》，法律出版社 2009 年版，第 16 页。

〔3〕 Robert Alexy, Verfassungsrecht und einfaches Recht – Verfassungsgerichtsbarkeit und Fachgerichtsbarkeit, VVDStRL 61（2001），S. 17.

全有效的特效药。各国研发的疫苗尚无法有效应对新冠 Delta 及 Omicron 等变种病毒。众多欧洲国家也仍然继续采取非常强力的行政应急措施。在病毒暴发和快速传播的时期，采取禁止人与人在公开场合接触的风险防控措施必然成为在未知和茫然情况下的最佳选项。除此之外，相较于具有强大力度的行政应急处分措施，难以设想还有何种行政手段可资采用。总之，在风险预防性比例原则的理念下，适时的行政应急处分措施仍具有相当的必要性。[1]

（三）均衡性分析

由于本阶层审查具有极强的价值判断属性，易落入审查者的恣意判断，需要借助较为精细的审查框架。对此，德国学者阿列克西曾提出一个权衡法则：对一个权利的未满足程度或损害程度越大，满足另一个权利的重要性就必须越大。[2]该原则也经常被形象地表达为"越……则越……"。这是阿列克西理论中基本权利作为原则具有"最优化命令"（optimization requirement）特质的体现。也就是说，如果两个基本权利发生冲突，那么在具体情境下具有较高权重的基本权利将居于优先地位。[3]这种权衡在简单案例中可以适用，如阿列克西自己举的例子，在香烟上附带"吸烟有害健康"的标语，尽管此举限制了营业自由，但显然限制较小，而且维护生命健康的价值在这里更具优位，[4]因此权衡结果并不难得出。但在行政应急权行使中并非如此简单，行政防疫措施一方面是为了保卫人们珍视的生命健康，另一方面又强力地限制了具有基础地位的身体活动自由，此处的权衡显然相当困难。

实际上基本权利位阶并不存在整体上的确定性，化学元素表一般的排列将会僵化基本权利保障。[5]每个个体对于基本权利重要性的理解不尽相同。尽管在新冠肺炎疫情防控中大多数中国人表现出对生命健康的高度重视，但身体活动自由也不能在宪法秩序中被降格对待。从另一角度出发，对于政府防疫应急

---

〔1〕 参见范继增、王瑜鸿："趋向风险预防性的比例原则——基于欧洲疫情克减措施的裁判逻辑"，载《人权》2021 年第 4 期。

〔2〕 Robert Alexy, Verfassungsrecht und einfaches Recht - Verfassungsgerichtsbarkeit und Fachgerichts-barkeit, VVDStRL 61（2001）, S. 19.

〔3〕 See Robert Alexy , A Theory Of Constitutional Rights, translated by Julian Rivers, Oxford University Press, 2002, p. 50.

〔4〕 Robert Alexy, Verfassungsrecht und einfaches Recht - Verfassungsgerichtsbarkeit und Fachgerichts-barkeit, VVDStRL 61（2001）, S. 20.

〔5〕 参见林来梵、张卓明："论权利冲突中的权利位阶——规范法学视角下的透析"，载《浙江大学学报（人文社会科学版）》2003 年第 6 期。

权力行使中的基本权利冲突进行权衡并非基本权利审查作用的场域。由于社会中价值观的多元取向，不同群体对法益的重要性以及对同一事物公正性的判断可能存在很大差异，而这些主观上的差异所导致的观点与利益冲突应优先由立法者通过正当的民主政治程序来平衡和解决，合宪性审查者在此应格外注意避免越出宪法地界而步入民主政治领域。[1]所以，在价值评判方面，应尽可能认可立法者享有价值评判的余地，审查者原则上仅纠正立法者作出的明显不合理的决定。[2]由此，审查者应当尊让应急立法在此处的价值选择。进一步讲，这里的明显不合理的决定可以与宪法中的期待可能性理论（unzumutbar）相衔接，即行政应急处分措施所施加的负担在考量个体人性尊严及经济情况等因素后，不能是显然过度负担的。[3]当然，就彼时疫情防控的严峻形势来说，由于应对未知新型病毒的应急需要，即便是普通市民也应预见到可能的强力措施，因而可认为较为强力的行政应急举措并非不只有期待可能性。

五、结论

历史经验与理论已经证明，在既有宪法秩序下和法治轨道中，我们可以为维护共同体生活启用行政应急权力，从而克服危机。新冠肺炎疫情暴发后，我国各级政府强力而有效的防疫应急处分措施正是践行此理念的最佳范例。国家为了履行维护公民生命健康的保护义务，采取与疫情防控形势相适应的应急处分措施，不仅符合法律保留与比例原则的要求，更是中国法治国家建设与治理能力水平的深刻反映，是全面依法治国战略的生动展现。

---

〔1〕 参见陈征："论比例原则对立法权的约束及其界限"，载《中国法学》2020 年第 3 期。
〔2〕 参见陈征："论比例原则对立法权的约束及其界限"，载《中国法学》2020 年第 3 期。
〔3〕 参见陈征："论比例原则对立法权的约束及其界限"，载《中国法学》2020 年第 3 期；刘权："均衡性原则的具体化"，载《法学家》2017 年第 2 期；姜昕："比例原则释义学结构构建及反思"，载《法律科学（西北政法大学学报）》2008 年第 5 期。

产业结构调整背景下淘汰落后产能的合法性分析

褚唯序[*]

摘　要：碳达峰、能耗双控政策作为产业结构调整政策的相关环节，与供给侧结构性改革均提出了淘汰落后产能的要求。淘汰落后产能的法律性质主要为对财产权的管制性征收。而管制性征收的正当性分析应当从法律保留原则和比例原则来进行。关于法律保留原则，管制性征收不具备法律和授权立法的依据；关于比例原则，管制性征收虽符合目的正当性和妥当性原则的要求，但难以通过必要性原则的审查。

关键词：淘汰落后产能；管制性征收；财产权的社会义务；比例原则

一、引言

产业结构调整的政策包括早已开始但时至今日仍在进行的供给侧结构性改革以及 2021 年实施的碳达峰、能耗双控政策，淘汰落后产能是产业结构调整的重要措施。淘汰落后产能涉及国家禁止财产的使用、收益和法律处分，因此涉及管制性征收与财产权的社会义务的宪法问题。关于该问题，学界已经承认了管制性的概念。关于管制性征收与财产权的社会义务的界限，学界有"特别牺牲标准""可期待性标准"等界分标准。因此上述理论可以用来分析淘汰落后产能的法律性质及合法性问题。

但宪法学界现有的讨论没有关注经济发展、科技进步、环境保护与管制性征收的关系。关于淘汰落后产能的研究也主要集中在经济学领域。目前针对淘

---

[*]　褚唯序，中国政法大学 2021 级宪法学与行政法学专业硕士。

汰落后产能的法学讨论较少，更缺乏从合法性角度出发对相关政策的审视。本文旨在从规范性研究的角度分析淘汰落后产能的相关措施的法律性质，并对淘汰落后产能的规范性文件进行形式合法性、实质正当性的分析。

二、产业结构调整与淘汰落后产能的关系

（一）落后产能的含义及淘汰标准

落后产能是指，生产设备及工艺的技术水平低于该行业的平均标准的生产能力或生产设备、工艺的污染物排放、能耗、温室气体排放、物耗、水耗等技术指标高于行业平均水平的生产能力。[1]淘汰落后产能的主要措施之一就是淘汰相对落后的生产设备。如《国务院关于进一步加强淘汰落后产能工作的通知》中规定"淘汰小火电机组 5000 万千瓦以上"。

淘汰落后产能的标准可分为三类，一类是淘汰较小的生产能力，即"上大压小"。如《产业结构调整指导目录（2019 年本）》中"淘汰类"规定的山西等 4 省 30 万吨/年以下（不含 30 万吨/年），河北等 11 省 15 万吨/年以下（不含 15 万吨/年），其他地区 9 万吨/年及以下（含 9 万吨/年）的煤矿。一类是因生产方式落后于较为先进的生产能力的产能，即"增优汰劣"。如该目录"淘汰类"规定的"采用铁锅和土灶、蒸馏罐、坩埚炉及简易冷凝收尘设施等落后方式炼汞。"一类是因污染物排放超标的生产能力。如该目录中"淘汰类"规定的"不能实现粉尘达标排放的干法选煤设备"。

（二）产业结构调整及其相关政策

产业结构调整的目标为形成高新技术产业为先导、基础产业和制造业为支撑、全面发展的产业格局。[2]其原则包括走科技含量高、经济效益好、资源消耗低、环境污染少的发展道路，努力推进经济增长方式的根本转变。[3]淘汰落后产能是促进产业结构调整工作中的重要一环。且与产业结构调整密切相关的政策均规定了淘汰落后产能的相关内容。如为"持续深化供给侧结构性改革"[4]的有关政策即规定，"按照 2020 年煤电行业淘汰落后产能目标任务，制订分解计划，将计划落实到机组……确保按期完成淘汰落后产能目标任务"。[5]"碳达

---

〔1〕 参见李晓华："产业转型升级中落后产能淘汰问题研究"，载《江西社会科学》2012 年第 5 期。
〔2〕 参见《国务院关于发布实施〈促进产业结构调整暂行规定〉的决定》。
〔3〕 参见《国务院关于发布实施〈促进产业结构调整暂行规定〉的决定》。
〔4〕 《国家能源局关于下达 2020 年煤电行业淘汰落后产能目标任务的通知》。
〔5〕 《国家能源局关于下达 2020 年煤电行业淘汰落后产能目标任务的通知》。

峰"行动方案亦规定"推动工业领域绿色低碳发展。优化产业结构，加快退出落后产能，大力发展战略性新兴产业，加快传统产业绿色低碳改造"。[1]为"倒逼产业结构、能源结构调整"[2]的能耗双控政策亦规定，"严禁打着居民用电的旗号从事'两高'项目和过剩产能生产经营活动"。[3]

（三）产业结构调整与淘汰落后产能的关系

综上所述，无论是制定时间较早但至今仍在执行的供给侧结构性改革政策，还是2021年制定的碳达峰、能耗双控政策，均与产业结构调整有密切关系，都规定了淘汰落后产能的相关措施。且《产业结构调整指导目录（2019年本）》中的"淘汰类"明确列举了应当被淘汰的落后生产能力。由此可见，淘汰落后产能是实现产业结构调整中的重要措施。

三、淘汰落后产能的法律性质分析

（一）管制性征收与财产权的社会义务的区分

淘汰落后产能涉及对私主体财产权的限制。而对财产权的限制可分为三类：对财产权限制最为严重的征收、限制最为轻微的财产权的社会义务和处于二者中间地带的管制征收[4]或准征收。财产权负担的社会义务不予以补偿，而财产权负担的管制征收则一般应予以补偿。二者的区分标准如下：

德国主要采取准征收的用法，其对财产权准征收的定义为：财产权的干预超出必要的程度，使财产权人付出了特别的代价，需要对权利人给予补偿。[5]在德国法上较有影响力的两个判断标准为"特别牺牲标准"和"可期待性标准"。"特别牺牲标准"认为，征收以与他人不同的方式影响相关的个人或者群体，迫使他们为公共利益承担特别的且通常是不可预期的牺牲。[6]征收是对平等原则的违反，由于被征收人为公共利益负担了过度的损失，基于利益均沾均担的原则，应由政府代表社会公众对被征收人的损失进行补偿。[7]"可期待性

---

〔1〕《国务院关于印发2030年前碳达峰行动方案的通知》。

〔2〕《国家发展改革委关于印发〈完善能源消费强度和总量双控制度方案〉的通知》。

〔3〕《国家发展改革委关于印发〈完善能源消费强度和总量双控制度方案〉的通知》。

〔4〕 准征收的概念来源于德国，管制性征收的概念来源于美国，二者内涵相似，在我国的研究中都有所使用。因部分学者认为，准征收可分为管制征收和占有征收，而淘汰落后产能主要涉及管制性征收的问题，故本文主要采纳管制性征收的说法，但在梳理德国学说时使用准征收的说法。

〔5〕 参见［德］哈特穆特·毛雷尔：《行政法学总论》，高家伟译，法律出版社2000年版，第106页。

〔6〕 参见张翔："财产权的社会义务"，载《中国社会科学》2012年第9期。

〔7〕 参见张翔："财产权的社会义务"，载《中国社会科学》2012年第9期。

标准"认为，政府行为若对于财产仅进行了轻微的限制，则应属于财产权的社会义务，国家并不需要补偿，只有财产权人需承受超过一般的权利负担时，才构成征收。[1]应通过政府行为是否对财产权造成较大的侵害或侵害到财产权的本质，来判断该行为是否市财产权人承受超过一般的权利负担。[2]若政府行为导致财产无法被进行任何有经济价值的使用，则其经济价值几近于零，当然构成准征收。[3]我国学者多主张以"特别牺牲"理论为主导，结合"可期待性标准"进行判断。[4]除此之外，财产权人负有不得以一种危害他人的、具有非法妨害性质的方式行使财产权的义务。因此若政府禁止以此种方式使用财产，即使该政府行为给权利人带来了巨大的经济损失，权利人也无权要求国家对其损失进行补偿，因为这是财产权本应负担的社会义务。

美国主要采取管制性征收的用法。其对管制性征收的界定标准较为复杂多样，但具有以下几方面的共同点：（1）不构成管制性征收的情形包括妨害公共安宁与经济利益互惠等。妨害公共安宁的情形与上文所述财产权人负有不得以非法妨害方式行使财产权的义务类似。经济利益互惠的政府行为指为了使特定对象受益才使其财产权受到损害，受损与受益对象的范围基本一致。[5]而管制性征收则是为了公共利益而使特定的财产权主体作出特别牺牲，受益对象往往远远大于受损对象。（2）价值减损程度是应当考虑的要素之一。当管制对财产权的限制过于严苛，使其价值的损害达到一定程度时，即可能构成征收。[6]在考虑价值减损的程度时，还应当考虑管制行为是否存在促进公共利益的目的、管制行为与公共利益是否存在实质性的关联以及公共利益的价值与对财产权的侵害是否具有均衡性。若财产价值损失超越了达成公共利益所要付出的正当的、

〔1〕 参见林华、俞祺："论管制征收的认定标准——以德国、美国学说及判例为中心"，载《行政法学研究》2013 年第 4 期。

〔2〕 参见金俭、张先贵："财产权准征收的判定基准"，载《比较法研究》2014 年第 2 期。

〔3〕 参见李伟："论准征收的构成要件"，载《哈尔滨工业大学学报（社会科学版）》2007 年第 6 期。

〔4〕 参见王思锋：《不动产准征收研究》，中国社会科学出版社 2015 年版，第 129 页。另见金俭、张先贵："财产权准征收的判定基准"，载《比较法研究》2014 年第 2 期。另见张鹏："财产权合理限制的界限与我国公用征收制度的完善"，载《法商研究》2003 年第 4 期。

〔5〕 参见王玎："论管制征收构成标准——以美国联邦最高法院判例为中心"，载《法学评论》2020 年第 1 期。

〔6〕 参见王丽晖："管制性征收主导判断规则的形成——对美国联邦最高法院典型判例的评介"，载《行政法学研究》2013 年第 2 期。

合理的程度，就构成管制性征收而应当补偿。[1]如果管制行为使财产的价值几近贬损为零，则一定构成管制性征收。[2]

（二）淘汰落后产能的法律性质分析

1. 淘汰落后产能不属于对禁止以非法妨害方式使用财产的重申

淘汰落后产能的目的可以从相关政策的规范性文件中进行寻找。《国务院关于进一步加强淘汰落后产能工作的通知》指出，淘汰落后产能是转变经济发展方式与调整产业结构、提高经济增长质量和效益的重大举措……是走中国特色新型工业化道路的必然要求。《国务院关于印发 2030 年前碳达峰行动方案的通知》指出，碳达峰行动的主要目标是调整产业结构和能源结构，控制煤炭消费增长，提高能源利用效率等。有学者认为，淘汰落后产能的目的包括降低能源消耗、治理产能过剩、促进产业转型升级、保护环境等。[3]

综合相关规范性文件和学者的看法，可以将淘汰落后产能的目的归纳为促进经济健康发展、提高能源利用效率、保护环境等。可见淘汰落后产能的目的不仅仅是对危害后果的消极防止，更多的是对更美好的公共利益的积极追求。因此，除淘汰污染物排放超标的产能属于对禁止以非法妨害方式使用财产的社会义务的重申之外，淘汰落后产能的一、二类标准都很难构成对禁止以非法妨害方式使用财产的社会义务的重申。

2. 淘汰落后产能的一、二类标准构成对财产权的管制性征收

促进经济健康发展、提高能源利用效率等目标的受益主体是全体人民，但财产权益受到牺牲的却只有落后生产能力的拥有者和使用者，从形式标准上已构成特别牺牲。

淘汰制度对财产权的限制包括禁止使用被淘汰的财产。如《安全生产法》第 38 条第 3 款"生产经营单位不得使用应当淘汰的危及生产安全的工艺、设备"。除此之外，《节约能源法》第 17 条、《循环经济促进法》第 18 条第 2 款、《环境保护法》第 46 条等规范还规定不得生产、销售、进口被淘汰的设备和产品。禁止对财产的使用已直接剥夺了所有权中的使用权能，使财产权人无法使该财产发挥其使用价值。且对于一般的生产能力而言，财产可以被使用是其收益权能的基础，因为此类财产不能被使用，财产权人无法获得自然孳息，也很

---

〔1〕 参见胡建淼、吴亮："美国管理性征收中公共利益标准的最新发展——以林戈尔案的判决为中心的考察"，载《环球法律评论》2008 年第 6 期。

〔2〕 参见彭涛："论美国管制征收的认定标准"，载《行政法学研究》2011 年第 3 期。

〔3〕 参见李晓华："产业转型升级中落后产能淘汰问题研究"，载《江西社会科学》2012 年第 5 期。

难通过租赁等方式获得法定孳息。因财产不具使用价值，财产权人几乎无法以抵押方式处分财产。禁止销售此类财产则几乎完全剥夺了法律处分该财产的可能性。禁止某项工艺也会导致专属于该工艺的财产事实上无法使用。综上所述，财产权人虽仍占有被淘汰的财产，但所有权的使用、收益、法律处分权能已被严重限制。其财产权的本质受到严重侵害，财产的经济价值受到严重影响，几近贬损至零。无论以德国学说还是美国学说的判断标准均构成管制性征收。

四、淘汰落后产能的正当性分析

（一）淘汰落后产能的法律依据分析

1. 淘汰落后产能的法律依据

我国在环保、产品质量、生产安全等领域均有落后生产能力淘汰制度的相关规定，这些规定大体可被分为三类。第一类为消极淘汰，是为防止设备与产品对社会产生严重危害而设立的，大多数设立淘汰制度的法律规范均属此类。[1] 如《环境保护法》第 46 条第 1 款 "国家对严重污染环境的工艺、设备和产品实行淘汰制度"。第二类为倡导性规范，不能将其解释为对行政机关淘汰生产能力的授权。如《科学技术进步法》第 47 条第 2 款规定国务院有关部门和省级人民政府应当通过制定产业等政策，引导企业开发新技术、新产品、新工艺……淘汰技术落后的设备、工艺。第三类的淘汰标准并不明确，需要进一步的解释。如《节约能源法》第 7 条第 2 款规定国务院和省、自治区、直辖市人民政府应当推动企业降低单位产值能耗和单位产品能耗，淘汰落后的生产能力。《促进科技成果转化法》第 13 条规定国家通过制定政策措施……不断改进、限制使用或者淘汰落后技术、工艺和装备。《循环经济促进法》第 18 条第 1 款 "国务院循环经济发展综合管理部门会同国务院生态环境等有关主管部门，定期发布鼓励、限制和淘汰的技术、工艺、设备、材料和产品名录"。《水法》第 51 条第 2 款 "国家逐步淘汰落后的、耗水量高的工艺、设备和产品，具体名录由国务院经济综合主管部门会同国务院水行政主管部门和有关部门制定并公布……"

2. 现有法律规定不构成对行政机关管制性征收的授权

《宪法》第 13 条第 3 款规定 "国家为了公共利益的需要，可以依照法律规

---

〔1〕 此类法律规范包括《环境保护法》第 46 条第 1 款、《噪声污染防治法》第 27 条第 1 款、《安全生产法》第 38 条、《固体废物污染环境防治法》第 33 条、《节约能源法》第 16 条第 1 款、《大气污染防治法》第 27 条、《海洋环境保护法》第 13 条第 1 款、《水污染防治法》第 46 条、《清洁生产促进法》第 12 条等。

定对公民的私有财产实行征收或者征用并给予补偿"。《立法法》第 8 条第 7 项亦规定对非国有财产的征收、征用只能制定法律。虽然该法第 9 条规定全国人大及其常委会有权作出决定，授权国务院就征收事项先行制定行政法规。但该法第 10 条第 1 款同时规定"授权决定应当明确授权的目的、事项、范围、期限以及被授权机关实施授权决定应当遵循的原则等。"下文将阐述第三类淘汰制度的法律规范不能作为对国务院进行管制性征收的授权原因。

（1）第三类淘汰制度的法律规范不能被视为立法机关对征收事项的直接规定。

此类法律规范规定的征收对象的"落后的生产能力"判断标准具有较大的模糊性，其征收对象相当不确定。征收的实施程序、救济措施与补偿条款等征收过程中必需的条款在此类法律规范中并无规定。根据行政法意义上的法律保留原则，行政机关作出积极的行政行为的前提是法律有明确规定。[1]内容空洞的法律不能作为行政行为的依据。此外，《循环经济促进法》第 18 条第 1 款与《水法》第 51 条第 2 款规定国务院部门制定淘汰的工艺、设备和产品名录。《节约能源法》第 7 条第 2 款规定国务院和省、自治区、直辖市人民政府淘汰落后的生产能力。上述法律并非仅授权行政机关作出具体的征收决定，而是授权行政机关在法律规定的范围内制定关于管制征收的行政法规等抽象的、普遍适用的规范性文件。但上述法律规范在并未对征收的对象、实施程序、救济措施与补偿条款等实质内容作出明确规定的情况下，即授权行政机关以行政立法的方式进行制定，已构成对法律保留的权力的转授。

（2）第三类淘汰制度的法律规范不能被视为授权立法的授权依据。

从授权方式上来看，《立法法》第 9 条规定的授权方式为全国人大及其常委会以决定的方式作出授权，且授权立法的惯例均是全国人大及其常委会以单行决定的方式授权国务院对相对保留事项进行立法。若将第三类淘汰制度的法律规范解释为对国务院的授权依据，与《立法法》的规定及授权立法的惯例不符。

从被授权主体来看，《循环经济促进法》第 18 条第 1 款与《水法》第 51 条第 2 款授权国务院部门制定淘汰的工艺、设备和产品名录。由于其制定主体为国务院部门而非国务院，所以上述两条仅能被解释为对以非法妨害的方式使用财产的禁止，而不能解释为对管制性征收的授权规范。《促进科技成果转化

---

〔1〕 参见黄学贤："行政法中的法律保留原则研究"，载《中国法学》2004 年第 5 期。

法》第 13 条规定国家通过制定政策措施淘汰落后技术、工艺和装备,并未明确规定被授权的主体,有违授权明确性原则。且以制定政策的方式实施管制性征收也与以制定行政法规的方式进行授权立法不符。《节约能源法》第 7 条第 2 款规定国务院和省、自治区、直辖市人民政府淘汰落后的生产能力,虽明确了授权主体包括国务院,但将国务院与省级人民政府并列一同作为淘汰落后产能的主体,亦与《立法法》第 9 条的规定不符。

从授权内容来看,《促进科技成果转化法》第 13 条、《节约能源法》第 7 条第 2 款并未规定授权的范围、期限及应当遵循的原则。上述两条虽然规定了征收的目的和征收的客体,但其规定的征收目的和客体的范围过于宽泛。因此其授权内容不符合《立法法》第 10 条的规定。

综上所述,第三类淘汰制度的法律规范不能被视为授权立法的授权依据,只能解释为对禁止以非法妨害方式行使财产权的规定。由于全国人大及其常委会并未对管制性征收直接进行立法,也未授权国务院以行政法规的方式进行授权立法。构成管制性征收的淘汰落后产能的一、二类标准及相关的规范性文件因欠缺法律依据而欠缺形式合法性。

(二)淘汰落后产能的正当性分析——以比例原则为基准

虽然构成管制性征收的淘汰落后产能的一、二类标准并不具备形式合法性。但其是否具备实质正当性,在将来是否有通过合法的程序转化为法律或授权立法的可能仍然值得研究。比例原则作为衡量国家对基本权利的限制是否具有实质正当性的判断标准,可用于判断上述标准是否具有实质正当性。比例原则共包括四个方面:(1)对权利的限制必须是为了实现宪法所认同的正当目标。(2)妥当性原则。(3)必要性原则。(4)狭义比例原则。

关于第一方面,前文已述,淘汰落后产能的目的可被归纳为促进经济健康发展、提高能源利用效率、保护环境。判断上述目的是否属于宪法所认可的正当目标则应当关注《宪法》文本。因为宪法认可的公共利益必然与《宪法》文本所求的目标和规定的国家任务相 致。[1]《宪法》第 14 条第 1 款规定“国家通过提高劳动者的积极性和技术水准,推广先进的科学技术……发展社会生产力”。该条说明,通过推广先进科技来推动生产力进步,促进经济健康发展是宪法认可的正当目标。《宪法》第 14 条第 2 款规定“国家厉行节约,反对浪费”。煤炭等能源作为经济发展的重要资源,进行节约并提高其利用效率在如今能源

---

[1] 参见李松锋:“‘机动车限行令’的合宪性分析”,载《厦门大学法律评论》2011 年第 0 期。

形势严峻的情况下非常有必要。因此提高能源利用效率是宪法所认可的正当目标。《宪法》第 26 条第 1 款的规定 "国家保护和改善生活环境和生态环境" 说明了保护环境也是宪法认可的正当目标之一。因此，管制性征收是为了实现宪法规定的正当目标。

关于第二方面，《全国人民代表大会常务委员会关于批准 2018 年中央决算的决议》指出 "供给侧结构性改革取得实效。推进国有资本布局优化和结构调整，推进中央企业战略性重组和煤炭、煤电、海工装备等领域专业化整合……基本完成 2041 户僵尸企业的处僵治困工作。完成钢煤去产能任务，中央企业累计化解煤炭过剩产能 1.14 亿吨、钢铁 1644 万吨。推进降杠杆减负债，控制债务风险"。《第十三届全国人民代表大会第二次会议关于 2018 年国民经济和社会发展计划执行情况与 2019 年国民经济和社会发展计划的决议》指出 "去产能工作扎实开展。结构性去产能、系统性优产能持续推进，压减粗钢产能 3500 万吨以上、退出煤炭落后产能 2.7 亿吨，均提前两年完成'十三五'目标任务，一大批'散乱污'企业出清，工业产能利用率处在较高水平"。可见淘汰落后产能的措施有助于达成促进提高工业产能利用率、降杠杆等经济健康发展的目标，符合妥当性原则。

关于第三方面，淘汰落后产能的最重要目标是促进经济健康发展，其中包括解决产能过剩、调整产业结构等目标。关于产能过剩的成因，经济学界众说纷纭，但其中较有代表性的两种观点为 "政府失灵" 和 "市场失灵"。[1] 持 "政府失灵说" 的学者认为，在地方政府以低价供地所导致的补贴效应以及协调配套贷款等行为的影响下，企业有投资过低所导致的严重的风险外部化效应，导致企业过度的产能投资、行业产能过剩。[2] 持 "市场失灵说" 的学者认为，产能过剩是企业为将来需求的突然猛增作出准备的结果。[3] 以美、德、日三国化解产能过剩的经验来看，仅有日本采取了政府购买过剩产能并将其报废的措施。[4] 必要性原则要求 "只有在公民个人或社会自身无法自行实现或至少以同样效果实现所追求的宪法目标时，国家才可以亲自作为"。[5] 在学界对产能过剩的形成原因尚无定论时，国家应优先发挥市场优胜劣汰的调节作用。经济学

---

〔1〕 参见李正旺、周靖："产能过剩的形成与化解：自财税政策观察"，载《改革》2014 年第 5 期。

〔2〕 参见江飞涛等："地区竞争、体制扭曲与产能过剩的形成机理"，载《中国工业经济》2012 年第 6 期。

〔3〕 参见孙巍等："垄断厂商的过剩生产能力可置信威胁行为分析"，载《科学决策》2009 年第 3 期。

〔4〕 参见史贞："产能过剩治理的国际经验及对我国的启示"，载《经济体制改革》2014 年第 4 期。

〔5〕 陈征：《国家权力与公民权利的宪法界限》，清华大学出版社 2015 年版，第 16 页。

者认为，即使通过政策淘汰落后产能，亦不宜以企业的规模大小作为淘汰的决定性要素，更不应贸然以政策代替市场直接进行资源配置或关闭某些企业。[1]即使应当采取管制性征收的方式淘汰落后产能，也应在市场充分发挥其作用的基础上，使管制性征收发挥辅助性作用。反观我国的现行状况，以《国务院关于进一步加强淘汰落后产能工作的通知》为例，以管制性征收的方式淘汰落后产能已经成为了最主要的措施，难以通过必要性原则的审查。应当缩减管制性征收的范围，使市场发挥其决定性的调节作用，使管制性征收发挥其应有的辅助作用。

结　语

只要财产权的使用遵守了相关规定，国家即应尊重其消极权利的层面。国家若出于公共利益需要对财产进行征收，也应当遵守法律保留原则和比例原则，符合法定程序，将宪法"公民的合法的私有财产不受侵犯"的规定落到实处。

---

[1] 参见林毅夫、巫和懋、邢亦青："'潮涌现象'与产能过剩的形成机制"，载《经济研究》2010 年第 10 期。

回顾与反思：宪法中的妇女形象

邹祺芊*

摘　要：宪法如何建构妇女，就如何对妇女起作用。揆诸中国近现代史，妇女形象的主体性并未构建起来，在晚清，妇女作为承载国家富强的想象之镜被鼓励"尽与男子一样的义务"；新民主主义革命时期，妇女为实现民族解放和社会解放成为劳动者与革命合作者；新中国成立后，妇女被鼓励做与男性一样的事，妇女的主体形象并不在场。八二宪法中，权利话语构成了对平等的理解，也构成了男女平等的主张。此种追求的核心为"等者等之，不等者不等之"，以男性法律地位作为衡量男女平等的基准。在此标准下，妇女仍被视为"他者"，缺乏主体性，宪法的妇女形象仍不是基于妇女自身经验的，而是由男性支配加于其上被动接受的，这也同样反映在部门法规范和现实世界中。宪法中确立妇女的主体形象意味着，在成为母亲等问题上应首先考虑妇女的主体地位，并应戒除性别间的刻板印象。随着社会的发展和变迁，宪法应保障每个人按照自己的决定塑造和成为他（她）自己的权利。宪法允诺一个具有多样性和活泼的世界，这个世界属于每一种性别。

关键词：妇女形象；平等；性别歧视；女性主义

引　言

"对于一个法律时代的风格而言，重要的莫过于对人的看法，它决定着法律

---

* 邹祺芊，中国政法大学 2021 级宪法学与行政法学专业硕士。

的方向。"〔1〕法律如何想象人，就如何对人起作用。这一原理在妇女形象的构建上同样可以得到适用。我国的宪法如何想象妇女，将影响妇女的形象发展。而反之，当妇女的形象发生改变时，也应当在宪法中体现。

我国《宪法》中的妇女条款主要集中在第48条规定男女享有平等的权利和在第49条婚姻家庭的生活中规定妇女角色，并尤其关注母亲的保护。〔2〕长期以来，学界对妇女的定位主要是将其作为宪法上的特殊群体一列。其关注的角度主要分为两种，第一种将其放入宪法平等原则下进行关于男女平等的讨论；〔3〕第二种把妇女权利作为"特定人的权利"，其主要因生理、历史和长期的制度因素等居于社会弱势地位或处于系统性、结构性不公之中，因而需要对其进行支持和物质保障、予以特殊保护。〔4〕但是，既有的研究并未或主要并未关注到妇女作为主体身份而具有的独特生命经验。具体来看，《宪法》第48条规定了妇女在各方面享有同男子平等的权利，妇女是通过行使与男子相同的权利来实现男女平等吗？进一步追问，这是否意味着妇女与男性的形象在宪法中应趋于一致？此处男女平等的标准是否应以男性为基准构建？有学者指出，"解构"（deconstruction）和"去中心化"（de-centering）作为当代法学的特色之一，〔5〕"解构"指法学思维逐渐脱离传统体系和意义，不再依附理论的框架和界限；"去中心化"指法学研究的多元发展趋势，性别和族群批判让法律的意识形态无所遁形。在此背景下，女性主义法学出场，既有法律制度受到这只是"男人的法律"的诘问。波伏娃所称女性作为男性的"他者"和"第二性"，在法律中也同样如此。女性主义法学家认为，"在法律制度的设计中，没有一位女性拥有发言权，而这样的法律制度却统治着女性和男性共同生活的社会秩

---

〔1〕 ［德］古斯塔夫·拉德布鲁赫：《法律智慧警句集》，舒国滢译，中国法制出版社2001年版，第141页。

〔2〕 一般认为，妇女是指14周岁以上的女性。本文若无特别说明，所谈"妇女"主要指向社会性别意义（gender）上与男性对立的女性身份，而并不针对特定的年龄阶段。

〔3〕 例如，韩大元教授将男女平等作为"禁止差别对待与合理差别"的标题下讨论。参见韩大元：《宪法学基础理论》，中国政法大学出版社2008年版，第253页。

〔4〕 参见焦洪昌主编：《宪法学》，北京大学出版社2020年版，第367~369页；周叶中主编：《宪法》，高等教育出版社2016年版，第245页；邓静秋："厘清与重构：宪法家庭条款的规范内涵"，载《苏州大学学报（法学版）》2021年第2期。学界的相关研究主要有：伍华军："我国妇女人权保障的宪法之维"，载《南京工业大学学报（社会科学版）》2006年第1期。

〔5〕 参见陈妙芬："当代法学的女性主义运动：一个法哲学史的分析"，载《台大法学论丛》2004年第1期。作者在文中指出，当代法学的特色是"解构"和"去中心化"。

序"。[1]从此层面来看，在宪法视角下讨论妇女的形象，本身即是一种"解构"和"去中心化"的尝试。

传统的宪法学认为，宪法具有"限制公权、保障私权"的任务，宪法中的基本权利首先要求的就是防止公权力对私人的干涉和对弱势群体的不正当对待。在此意义上，妇女保护首先是一个特定国家的宪法问题。[2]从立法层面看，《妇女权益保障法》于2021年启动首次修订。2021年12月，《妇女权益保障法》（修订草案）于中国人大网征求意见，截至征集意见期，共汇集423 719条意见，参与人数达85 221人次。[3]无论是基于"根据宪法，制定本法"，还是部门法对宪法的具体化，[4]抑或是考虑到我国的宪法实施方式，从宪法上讨论和建构妇女形象，对《妇女权益保障法》的修订都具有必要性。

本文的基本思路是，将从历史、文本与现实三个维度进行讨论，在回顾与反思晚清近代时期、新民主主义革命时期、新中国成立后的妇女形象基础上，认为近代以降，我国的妇女形象并不在场，妇女的主体身份并未构建起来。接着，本文欲结合其他部门法规范和现实经验，讨论八二宪法文本中具体的妇女形象，伴随社会的发展与宪法文本的变迁，本文在最后试图勾勒宪法中理想的妇女样貌。

一、新中国成立前后的妇女形象

在分析宪法中的妇女形象前，本文首先将妇女形象放置在历史和文化的脉络下予以观察和反思。

（一）作为国家的想象之镜：近代晚清的妇女形象

近代晚清的妇女形象常常与国家主义下民族救亡图存的背景相联系，对妇女形象的想象常常与富强中国的信念交织在一起，成为未来国家想象的"镜

---

[1] Catharine A. MacKinnon, "Reflections on Sex Equality under Law", *Yale Law Journal*, Vol. 100, No. 5, 1991, p. 1281.

[2] 参见李忠夏："弱势群体的宪法保护"，载《山东大学学报（哲学社会科学版）》2013年第6期。

[3] 参见中国人大网（http://www.npc.gov.cn/flcaw/）。此次修法，在妇女权益的保护方面有许多可喜的进步，例如，加强女职工特殊时期的劳动保护（草案第34条）、对用人单位的招录歧视规制更进一步细化（草案第28条）、考虑到亲密关系中隐藏的权力关系（草案第48条第2款）、对性骚扰行为的禁止和细化（草案第50条）、对妇女在家庭中承担家务劳动的补偿请求（草案第70条第2款）等。

[4] 参见张翔："宪法与部门法的三重关系"，载《中国法律评论》2019年第1期。在本文的语境中，宪法与部门法的关系主要涉及作者所指的"法律对宪法的具体化""法律的合宪性解释"两个层次。

像"（reflection）。[1]康有为、梁启超将家庭关系中的男女不平等类推至国际关系，以此类比近代中国弱于西方强国，又因受到西方人文主义男女平等思潮的影响，他们将对民族富强的追求寄寓于对男女平等的追求中，因此，女性的权利与形象也事关国家的未来。此种女性形象可以在重述古代女性故事中体现出来。在新的叙事中，女性与国家之间建立了一种全新的关联，无论是梁红玉还是花木兰，她们的热情所直接指向的目标都不再是她们的家族或者丈夫的利益，而变成了我们的"国家"。类似的形象表现在中国近代著名革命家秋瑾女士身上。秋瑾认为，女性自立是救中国的手段之一。虽然她主张女性应当独立、不依赖男性，做到"上可以扶助父母，下可以肋夫教子"，但其最终的反问仍落脚到"其国焉能不强也"？[2]在她看来，理想的女性形象是"尽与男子一样的义务"的女性，应当与男子一样贡献给革命和国家，国家富强后女性的权利自然会平等。因此她主张女性"男性化"，穿男装，通过"尽与男子一样的义务"获得权利。[3]

（二）劳动者与革命合作者：新民主主义革命时的妇女形象

随着"五四运动"的发展和马克思主义的广泛传播，妇女解放常和马克思主义阶级斗争理论、中国历史和民族人类命运高度相关，与无产阶级革命紧密相连。[4]1922年，中共二大正式通过《关于妇女运动的决议》，这是中国共产党第一个妇女运动纲领。此次会议认为，"只有无产阶级获得了政权，妇女们才能得到真正解放"。革命时期，中国共产党领导制定的宪法性纲领《中华苏维埃共和国宪法大纲》第11条规定，应实行各种保护女性的办法，以彻底保证妇女解放为目的，使妇女从事实上得到脱离家务束缚的物质基础。尽管如此，当时的革命者认为，妇女的真正解放依赖于革命的胜利。"只有求得社会解放与民族解放，妇女才能得到解放。"[5]"革命的每一个胜利，也都可以说是妇女解放

〔1〕 参见翟晗："国家想象之镜：中国近代'女权'概念的另一面"，载《政法论坛》2020年第4期。

〔2〕 参见［日］须藤瑞代：《中国"女权"概念的变迁：清末民初的人权和社会性别》，姚毅译，社会科学文献出版社2010年版，第86页。

〔3〕 参见［日］须藤瑞代：《中国"女权"概念的变迁：清末民初的人权和社会性别》，［日］须藤瑞代、姚毅译，社会科学文献出版社2010年版，第90页。

〔4〕 参见李静之："新民主主义革命时期中国共产党妇女运动指导思想的确立和发展"，载《妇女研究论丛》2001年第4期。

〔5〕 邓颖超："抗日民族统一战线中的妇女运动"，载人民网，http://cpc.people.com.cn/GB/69112/86369/87105/87208/5952355.html，最后访问时间：2022年1月25日。

事业的胜利。"〔1〕

此背景下，妇女具有劳动者和革命合作者的双重形象。她们是劳动者，是马克思主义意义上的生产者。例如1932年《中共苏区中央局关于劳动妇女代表会议组织及工作大纲》强调，妇女必须参加劳动，这些劳动包括帮助、慰劳红军；〔2〕1943年《中国共产党中央委员会关于各抗日根据地目前妇女工作方针的决定》进一步指出，广大的农村妇女努力参加生产和壮丁上前线是同样光荣的任务，农村妇女……应该按照各地具体情形并结合家庭生产作计划。〔3〕

妇女还是革命的合作者。"世界上什么事情，没有妇女参加就不成功。"〔4〕邓颖超同志曾在《抗日民族统一战线中的妇女运动》中说到："中国妇女不但参加了后方的工作，而且受到军事、政治训练，同时还能在前方与敌人作斗争。如，杭州的妇女营能直赴前线打仗，尤其在二期抗战中，广东等地的妇女都要求直接参战……"〔5〕在此段叙述中，妇女与男性一样参与战斗中，她们与男子"一样"英勇。除了作为革命的直接参与者，更多妇女充当的是"革命背后的女人"的角色，例如，在苏区广泛传唱的《十送红军》，在人们心中奠定了具有民族大义，不拘泥于情感的妇女形象。〔6〕

（三）"男女都一样"：新中国成立后的妇女形象

新中国成立后，延续既有的社会主义传统，妇女的力量仍然受到重视。国家通过意识形态、行政干预和政治运动，"妇女能顶半边天""妇女是一种伟大的人力资源"深入人心。〔7〕此时的妇女形象也与特定的政治运动和意识形态紧

〔1〕 许崇德：《中华人民共和国宪法史》，福建人民出版社2003年版，第391页。

〔2〕 帮助红军是指组织洗衣队，看护伤病兵，慰劳红军是指做草鞋套鞋募集红军必须组织慰劳队。参见储卉娟："谁是'妇女'？——以及'妇女'作为话语的实践"，载豆瓣网，https://www.douban.com/note/753850897/？_i=3117039q6hNuq6，最后访问时间：2022年1月25日。笔者并未找到该文的正式刊发版本。

〔3〕 参见储卉娟："谁是'妇女'？——以及'妇女'作为话语的实践"，载豆瓣网，https://www.douban.com/note/753850897/？_i=3117039q6hNuq6，最后访问时间：2022年1月25日。

〔4〕 中华全国妇女联合会编：《毛泽东 周恩来 刘少奇 朱德论妇女解放》，人民出版社1988年版，第49页。该段摘自毛泽东1940年3月16日在延安"三八"纪念大会上的讲话。

〔5〕 邓颖超："抗日民族统一战线中的妇女运动"，载人民网，http://cpc.people.com.cn/GB/69112/86369/87105/87208/5952355.html，最后访问时间：2022年1月25日。

〔6〕 参见储卉娟："谁是'妇女'？——以及'妇女'作为话语的实践"，载豆瓣网，https://www.douban.com/note/753850897/？_i=3117039q6hNuq6，最后访问时间：2022年1月25日。

〔7〕 作为一种意识形态的宣传，妇女运动是否以及在多大程度上产生"男女平等"的实际效果，这是另一个问题。

密相连，男女权利上的平等进一步被认为是"要想男女平等，就得男女干一样的活儿"，女性参与社会生产被作为男女平等的重要表现形式。[1]

对女性参与社会生产的政治动员，要求妇女从"家庭中的人"变为"社会中的人"。彼时的官方开始塑造妇女劳动模范，大批"钢铁姑娘""丰产姑娘"及女英雄层出不穷。在中国共产党指导妇女运动的权威刊物《新中国妇女》杂志中，报道了大量的走出家门的女性。例如，机械厂镟盘女工郑淑香，电焊工傅仙云，轮船女驾驶员孔庆芬。[2]值得关注的是，镟盘工、电焊工、轮船驾驶员，这是过去只有男性才会从事的工作，同时，他们也是新中国现代化建设中急切需要人才和劳动力的领域。1958年，全国妇联在妇女工作会议中认为过去"勤俭建国、勤俭持家"的方针"不能充分体现总路线的精神"，并决定将发动和组织妇女贯彻执行社会主义建设总路线作为妇女工作总任务。此种形势下认为"妇女什么都能干，什么都干得好"，女职工同男职工一样参与机械化和自动化的技术革新中去。[3]农村妇女则广泛参与"夺高产"运动，承担修坝、开渠、劈山引水等繁重的劳动任务，[4]而此处"繁重"的标准是干过去只有男子才干的活。

二、反思与重构：宪法中的妇女形象

上文谈及的新中国成立前后的妇女形象是存在一定问题的。如相当的女性议题研究者观察到的，当妇女进入历史进程的同时，其作为一个性别的群体却再度悄然地消失在历史进程。下文将进一步分析何以妇女失落于历史进程中，并结合女性主义法学观点讨论在现行宪法中应建立何种妇女形象。

（一）不在场的妇女形象

自近代晚清以来，到新民主主义革命时期，再至新中国成立后，在妇女解放背后，妇女的形象却是丧失自己，并作为一种被剥夺主观性别感受和性别需求的身份存在的。妇女的解放被附着沉重不堪的民族使命、政治指引和意识形态色彩。例如，在讨论晚清近代的妇女形象时，其因附着了民族的愿景而需要像男子一样尽同样的义务；在新民主主义革命时期，妇女的形象与革命事业联

---

〔1〕 参见刘洁："'男女平等'的异化与误读——以集体化时期太行山区妇女参加社会生产为例"，载《党史研究与教学》2014年第1期。

〔2〕 参见朱晓慧："新中国建国初期的妇女解放：人权视角的透视"，载《人权》2015年第3期。

〔3〕 参见刘维芳："中国妇女运动'大跃进'始末"，载《中华女子学院学报》2008年第5期。

〔4〕 参见《当代中国》丛书编辑部编辑：《当代中国妇女》，当代中国出版社1994年版，第226页。

系在一起，无产阶级革命成功所需即是彼时妇女的理想形象，她们被鼓励像男性一样英勇；在新中国时期，妇女跟随政治的指引，以成为男性作为自己独立的标志，"解放"就是"变成"男人，男子特征前所未有席卷社会。"这种政治推动的妇女解放，也使中国失去了自己的女性。"[1]妇女在"男女平等"的话语下并未获得主体地位，妇女的主体意识并未觉醒。[2]而这样的忽视一直延续到八二宪法制定。

（二）八二宪法中的妇女形象

1. 女性主义视野下宪法中妇女主体形象的缺失

作为"历史经验的总结"和新中国成立来的有关立法原则的重申，[3]五四宪法第96条第1款规定："中华人民共和国妇女在政治的、经济的、文化的、社会的和家庭的生活各方面享有同男子平等的权利。"该条规定可上溯至《中国人民政治协商会议共同纲领》，其核心内容自五四宪法一直延续至八二宪法，从未间断。回到八二宪法制定之初，彼时起草者对妇女形象的想象与新中国成立后所倡导的妇女形象一致，当时的制宪者考虑到，"保障妇女权益，发挥妇女'半边天'的巨大作用，对于我国社会主义现代化建设具有深远意义"。[4]宪法文本对女性的关注主要体现在对形式平等的关照上。其中，八二宪法第48条规定妇女在各方面享有同男子平等的权利，对财产权关注并规定"男女同工同酬"。还格外关注妇女在政治生活上的参与，八二宪法第34条规定公民不分性别拥有选举权和被选举权；第48条第2款特别规定国家培养和选拔妇女干部。但是，此种平等体现的是"国家为妇女参政上提供了与男子相同的条件和机会，而参政结果能否完全平等，则取决于广大妇女的参政意识和参政能力"。[5]第49条中，宪法均衡采用夫妻、子女、父母的表述，暗含了妇女在家庭生活中与男子平等的地位。可以说，在我国宪法中，权利话语构成了对平等的理解，也构成了对男女平等的主张。这种追求的核心是"等者等之，不等者不等之"，以男性的法律地位作为女性平等的标准和目标，[6]这也是至今仍有影响力的自

---

[1] 参见郑也夫："男女平等的社会学思考"，载《社会学研究》1994年第2期。

[2] 参见李小江："50年，我们走到了哪里？——中国妇女解放与发展历程回顾"，载《浙江学刊》2000年第1期。

[3] 参见许崇德：《中华人民共和国宪法史》，福建人民出版社2003年版，第391页。

[4] 参见许崇德：《中华人民共和国宪法史》，福建人民出版社2003年版，第806页。

[5] 参见蔡定剑：《宪法精解》，法律出版社2006年版，第280页。

[6] 参见张琪："受暴女性的司法困境探析——女性主义视角下的涉家暴离婚案件研究"，吉林大学2020年博士学位论文。

由女性主义的诉求。[1]

但需要进一步指出的是，当以男性的法律地位为标准时，妇女将难以发展出属于其主体的形象。女性主义法学家麦金农认为，"性别歧视的法律把男性视作是衡量平等权利的尺度（男人被暗指人类）。在主流的解释中，性别歧视的法律是中立的"。[2]关于女性状况的法律是从男性的视角来看的，女性被按照她们与男性相一致的程度来衡量，对她们平等的裁判，通过与男性的衡量尺度的接近来作出，女性气质的裁判通过她们距离男性的衡量尺度的距离来作出。在这种情形下，"社会性别中立就是男性的标准。特殊保护规则则是女性的标准"。[3]在抽象平等衡量下，妇女很容易认为她们所受的歧视是基于性别以外的因素。而事实是，"当通过性别或与性别一起使用来歧视她们时，那就是因为她们是女性而受到歧视"，"女性的不同品质和不平等基本上构成了女性"。[4]究竟妇女的形象是什么，我们只能从与男子的对照中得出。妇女将一直被视为"他者"，不具备自主的能动性（agency），其最终导致的是宪法的妇女形象仍然不是基于女性经验的，而是被动接受并由男性支配（male dominance）加于其上的。[5]由此产生的妇女形象也反映在部门法规范和现实经验中。

2. 妇女主体形象的缺失在部门法和经验中的反映

宪法中妇女主体形象的缺失也反映在部门法和现实生活中。规范层次上，部门法的理论与司法实务中也会因"熟悉的陌生"而忽视妇女的主体地位。例如与妇女权利最密切的《妇女权益保障法》，全法案的立法结构主要依据宪法第48条展开，强调妇女在各个方面与男子亨有平等的权利，然而该篇的立法仍然重点关注形式平等，[6]缺乏对妇女生命体验的关照和理解。有学者分析《刑法》第49条第1款"……审判的时候怀孕的妇女，不适用死刑"，认为该条并不侧重于保护妇女的权益，而主要是立法机关履行保护胚胎和胎儿生命的宪法

[1] 有关20世纪的三大女性主义与新三大女性主义的理论讨论，参见 [美] Martha Chamallas："以过往为序——新旧女性主义及其法律影响"，王新宇译，载《妇女研究论丛》2014年第1期。

[2] [美] 凯瑟琳·A.麦金农：《迈向女性主义的国家理论》，曲广娣译，中国政法大学出版社2007年版，第242页。

[3] [美] 凯瑟琳·A.麦金农：《迈向女性主义的国家理论》，曲广娣译，中国政法大学出版社2007年版，第327页。

[4] Catharine A. MacKinnon, Kimberle W. Crenshaw, "Reconstituting the Future: An Equality Amendment", *Yale Law Journey Forum*, Vol. 129, 2019, pp. 358-359.

[5] 参见陈妙芬："当代法学的女性主义运动：一个法哲学史的分析"，载《台大法学论丛》2004年第1期。

[6] 参见《妇女权益保障法》第9条、第15条、第22条、第30条、第36条、第43条等。

义务的重要体现。但是何以立法机关并不侧重保护妇女的权益，学者并未做交代。[1]又如，有学者研究发现，在涉家暴的离婚案件中，女性作为经验叙述者的主体地位在司法实践中常常被忽视。[2]

经验层面上，近年来随着社会发展和女性群体受教育程度和权利意识的提高，关于"男女平等"的议题与公共事件讨论不断。宪法中妇女主体形象的缺失，使得在讨论男女平等时易忽略男女间的本质差异。所谓"同种情况同种对待，不同情况不同对待"，但是面对性别差异处理"不同情况不同对待"时，如何面对只有女性才有的特质仍然是法律需要回应的问题。例如，只有女性才会怀孕生育（虽然不必然意味着所有女性都会怀孕生育），这构成女性与男性明显的生理差异，在用工场合，是否将女性与男性的其他生理差异进行类比？由此伴随的分支问题是：妇女在孕期的"特殊待遇"与平等原则，针对妇女的保护性立法（protective legislation）与用人单位契约自由间的关系，[3]夫妻双方财产分割时对家务劳动主要承担者的特殊补偿等。有关妇女形象在我国宪法研究中缺乏妥当的情境分析（contextual analysis）与规范分析，将阻碍宪法判断进入关键社会议题，对妇女权利的司法保护也将难以与宪法价值体系相衔接。

（三）走向新的妇女形象

八二宪法历经改革开放后飞速发展的社会现实，其文本中人的形象也在不断变迁。在四十年宪法实施中，伴随市场经济发展与市民社会的逐渐崛起，国家与社会逐步分离，个人逐渐不再依附于单位和公有制经济，具有独立的人格。[4]伴随社会变迁的同时，宪法文本也处于持续的变动之中，"社会主义初级阶段"的确立，改革开放、社会主义市场经济、私有财产保障以及人权条款写入宪法等都预示着，宪法从强调计划、国家理性、公共性到强调市场、经济

---

[1] 参见孟凡壮："'审判的时候怀孕的妇女不适用死刑'的宪法学思考"，载《国家检察官学院学报》2014 年第 5 期。

[2] 参见张琪："涉家暴离婚案件司法裁判中的女性经验书写"，载《中国法律评论》2020 年第 4 期。

[3] 有关讨论参见陈昭如："从义务到权利：新旧母性主义下母性保护制度的转向与重构"，载《台大法学论丛》2016 年第 11 期。在作者的梳理中，德国联邦宪法法院在 1992 年认定禁止女性夜间工作违反基本法中性别平等的规定（BVerfGE 85, 191）；美国联邦最高法院就曾在 Muller v. Oregon, 208 U. S. 412（1908）中认定对于女性工时的限制并未侵害契约自由。

[4] 参见谢立斌："宪法上人的形象变迁及其在部门法中的实现"，载《华东政法大学学报》2012 年第 6 期。

理性、个体权利，[1]此时宪法中的个人形象已经发生根本性改变。与此同时，宪法也逐步具备了包容更多种生活方式和生命形象的能力，宪法保障每个人按照自己的决定塑造自己和成为自己的权利。

在宪法中建立妇女的主体形象要求社会的各项政策应当将妇女视为主体，提升妇女的自主性，这尤其体现在成为"母亲"的问题上。我国《宪法》第49条特别规定母亲受国家保护，在我国古代，妇女获得家庭支配力的唯一合法途径就是生育后成为母亲，生育由此也成为女性拥有母权的重要分水岭，具有无上的地位。[2]由此可能伴随两个问题，一方面，生育后的妇女往往在其他方面难以得到保障，这尤其体现在职场上。例如美国于1978年制定的《禁止歧视怀孕法》中将女性的怀孕所导致的工作限制视为一种"失能"。[3]生育也使得妇女在职场中相较于男性存在诸多劣势，"职场妈妈"的难题也日渐成为一个社会问题。而在另一方面，生育因蕴含着丰富的劳动力、寄托国家未来，而容易导致社会政策的制定忽略生育属于妇女的自我选择这一重要前提。在强化生育的义务性及婚姻的必要性，进一步巩固婚姻中的生育才是理想生育这一观念之下，女性生育成为一种被鼓励的选择。有学者质疑这是否是在平等条件的基础上的自主选择？其中提升的是女性的自主性不是其他？[4]笔者认为，虽然我国宪法规定母亲受国家保护，但是成为母亲的权利首先应当属于妇女，这构成妇女抵抗国家干预和侵害的（消极）权利。妇女并不一定要成为母亲，对母亲地位的保护始终应在男女平等与妇女主体地位的关照下进行。值得赞许的是，我国《妇女权益保障法》（修订草案）第28条规定禁止"进一步询问或者调查女性求职者的婚育情况以及意愿"，禁止"将妊娠测试作为入职体检项目"，针对违反规定的用人单位，要求人力资源社会保障部门、工会、妇女联合会等单独或者联合约谈用人单位，并督促其限期纠正。此外，草案第48条规定禁止用迷信、精神控制等手段残害妇女，第50条规定禁止违背妇女意愿实施性骚扰，第70条第2款规定夫妻婚姻关系结束后妇女针对在家庭中承担家务劳动有权提出补偿请求，这些都是该草案可喜的进步。

此外，在宪法中建立妇女的主体形象还要求戒除法律中蕴含的性别刻板印

---

〔1〕 参见李忠夏："农村土地流转的合宪性分析"，载《中国法学》2015年第4期。

〔2〕 参见左晶："中国宪法上的'母亲受国家保护'研究"，中国人民大学2020年博士学位论文。

〔3〕 参见张琪："受暴女性的司法困境探析"，吉林大学2020年博士学位论文。

〔4〕 参见陈昭如："从义务到权利：新旧母性主义下母性保护制度的转向与重构"，载《台大法学论丛》2016年第11期。

象（stereotype）。性别刻板印象是头脑中的模式化反映，它依托概念工具在象征性的社会空间里出现。[1]性格的刻板印象即是一种模式化的概念工具。当宪法预设男性为标准时，男性和女性都将受到性别刻板印象的束缚，例如，女人和女孩可能身体不强壮，或与男人或男孩相比显得不能作出身体上的胁迫行为，这可能是社会把软弱作为女性气质的固有形象，把强壮作为男性气质的固有形象的原因，同时也是结果。又如，女性可能会被训练为能识别情绪状态的细微变化，而男性通常不会；女性不擅长数理思维、男性对人文科学缺乏敏感，这样的心理暗示与预期也在实际上限制了不同性别群体的学习能力。此种典型的以特定性别特质与角色分工为代表的性别刻板印象传递了社会文化对性别群体的固有期待与观念，并容易让人认为，这并非刻板印象，而是两性间的固有差异。在麦金农看来，差异本身即是社会建构的产物。"如果一个模式具有一个世纪的基础，如果它不仅仅是个谎言或是个歪曲，而是已成为经验的事实，它就不再被看做是性别歧视。它就是差异。"[2]2013年，联合国人权高专办决定起草关于性别刻板印象的研究报告与政策白皮书，因为他们认为，"性别刻板印象对女性人权的觉醒、实践造成了重大却鲜为人知的影响"。[3]在职业发展中，女性常因性别刻板印象而面临诸多限制，包括雇用、晋升、发展和对员工的评价等领域。已有研究均证明了职业性别刻板印象是存在的，并且招聘者的职业性别刻板印象与其在招聘过程中的甄选行为是相对一致的。男性在公司占据高级职位，并且比女性薪酬更高。[4]此种性别刻板印象导致直接或间接地对女性的歧视，还可能导致对女性的暴力等严重侵害女性人权等问题。

宪法保障多数人的权益，也承担纠偏少数人权利受侵害的职责。当女性希望在法律权威和宪法规范中寻找自己的主体地位时，"她其实是想要将人们受限

---

〔1〕 参见［美］凯瑟琳·A. 麦金农：《迈向女性主义的国家理论》，曲广娣译，中国政法大学出版社2007年版，第340页。

〔2〕 ［美］凯瑟琳·A. 麦金农：《迈向女性主义的国家理论》，曲广娣译，中国政法大学出版社2007年版，第340页。

〔3〕 Simone Cusack, Timmer Alexandra S. H, "Gender Stereotyping in Rape Cases: The CEDAW Committee's Decision in Vertido v. The Philippines", *Human Rights Law Review*, Vol. 11, No. 2, 2011, pp. 468-478.

〔4〕 *See* Soledad de Lemus, Miguel Moya, Juan Lupianez, Marcin Bukowski, "Men in the Office, Women in the Kitchen? Contextual Dependency of Gender Stereotype Activation in Spanish Wornen", *Sex Roles*, Vol. 70, Special SI, 2014, pp. 468-478.

于某些阶级和意识形态的视界，转移到更活泼和更多样的生活世界"。[1]让妇女主体形象进入宪法不仅是对妇女主体地位的认可，也常常涉及更多的社会议题，例如婚姻制度、生育制度、堕胎与性侵害等问题。它们往往伴随着隐密的歧视、无声的暴力与难言的痛苦，宪法和法律的改革必须回应这些议题并一步步推动。

结　语

从历史上看，妇女从"尽与男子一样的义务"，到作为劳动者与革命合作者，再到"同男子一样"，做与男子一样的事。揆诸中国近现代史，妇女的主体形象并不在场。八二宪法中，妇女的主体形象同样不在场，宪法中男女平等的核心是"等者等之，不等者不等之"，将男性的法律地位作为衡量男女平等的标准和目标。在此种标准下，妇女一直被视为"他者"，不具备主体性，宪法的妇女形象仍非基于妇女自身的经验，而是被动接受并由父权制加诸其上的，这也同样反映在部门法规范和现实经验中。宪法中确立妇女的主体形象，这意味着在考虑成为母亲等问题上应考虑妇女的主体地位，戒除性别刻板印象。随着社会发展和变迁，宪法应逐步具备包容更多种生活方式和生命形象的能力，宪法保障每个人按照自己的决定塑造自己和成为自己的权利。因此，宪法中的理想妇女形象，说到底是：让妇女成为她自己。这同样也是对男性的解放。宪法允诺一个具有多样性和活泼的生活世界，这个世界属于每一个人。

---

〔1〕 参见陈妙芬："当代法学的女性主义运动：一个法哲学史的分析"，载《台大法学论丛》2004年第1期。

第 四 部 分

行政法学

公共卫生事件中个人信息收集利用的法律规制

李潇潇 *

　　摘　要：新冠肺炎疫情暴发以来，各地政府采取种种措施应对疫情传播，并取得良好成效。成功控制疫情蔓延经验的背后，离不开政府对个人信息的海量收集和大规模利用。尽管个人信息在公共卫生事件治理方面发挥了至关重要的作用，但对于如何进行个人信息的有序收集和利用依旧悬而未决。本文探究了能够适应中国国情的面临公共卫生事件时相关收集利用个人信息的法律规制框架，从理念原则、法律体系以及具体制度的架构三方面给出建议，遵循社会本位理念、多元共治理念、平衡公共利益与个人利益理念，遵守应急法治原则、风险预防原则以及比例原则，在法律、政策、协议三个层面建立起刚柔并济的立体体系，明确公共卫生事件中收集和利用个人信息的主体多元化现状及其应当遵守的规则，并对个人信息的收集和利用进行严格规范，以实现公共卫生事件中理想化的个人信息保护目标。

　　关键词：公共卫生事件；个人信息；公共利益；应急法治

　　新冠肺炎疫情暴发以来，各地采取种种措施应对疫情传播，一张有关疫情防控的"网"逐渐成型。政府利用大数据支撑联防联控工作，包括对人口动态信息内容实行实时监控，利用互联网大数据技术对人员流动进行监测，提供"同程排查"服务以查看是否与被确诊新冠肺炎的患者乘坐同一班次的火车或飞机等。不可否认，疫情防控背景下，及时收集个人信息，为疫情防控提供数据支撑，是必不可少的基础工作。但与此同时，也存在着一些对个人信息保护

---

　　* 李潇潇，中国政法大学 2021 级宪法学与行政法学专业博士。

不力，侵害个人信息权益的问题。尽管大数据时代对于个人信息的保护已经成为普遍共识和基本准则，但面对公共卫生突发事件，个人信息趋于公开化和政府公权力的全面扩张，如何界定行政权力的扩张范围和个人信息的收集利用界限引发学者们思考。

一、公共卫生事件中个人信息收集利用法律规制的理念

（一）社会本位理念

个人信息本身即兼具个体性与社会性，传统的个人信息利用大多表现为对信息主体的识别，主要体现个人信息的个体性，弱化个人信息的社会性属性，因此坚持个人本位理念。而在公共卫生事件中，个人信息的社会性得到增强，公民作为信息主体，不能也不可能对自己的个人信息进行绝对控制和保护。[1]由此，坚持社会本位理念是个人信息社会性增强的必然要求。社会本位的基本思想是以维护社会公共利益作为立足点和定位点，它要求重新考虑个体与社会发展之间的权利和义务。[2]与此同时认识到个体相对于社会的独立地位，将法律法规的重点适当地偏向于社会公共利益，从而使个人与社会二者之间的关系趋向和谐。[3]因此，在公共卫生事件中，对个人信息收集利用的法律规制要从个人本位理念转变为社会本位理念，将社会本位作为其基本理念。

（二）多元共治理念

多元共治是指改变传统的政府作为唯一的主体进行个人信息收集利用的一元模式，引入机构、个人等作为协同主体，形成"小政府、大社会"的共同治理模式。[4]囿于公共卫生事件的复杂性与特殊性，仅由行政机关这一主体的收集利用行为存在局限，多元共治理念有益于提高效率，防止单一主体对个人信息收集利用的力有不逮，架构新型的社会治理关系。因此，在公共卫生事件发生后，各主体应该在服从应急指挥部门的前提下，通过对话、竞争、合作等方式表达自身需求，积极参与社会治理，形成政府治理与社会治理互动交流与协

---

〔1〕 刘金瑞：《个人信息与权利配置—个人信息自决权的反思和出路》，法律出版社2017年版，第85~86页。

〔2〕 王怀勇、常宇豪："个人信息保护的理念嬗变与制度变革"，载《法制与社会发展》2020年第6期。

〔3〕 薛克鹏："论经济法的社会本位理念及其实现"，载《现代法学》2006年第6期。

〔4〕 王名、蔡志鸿、王春婷："社会共治：多元主体共同治理的实践探索与制度创新"，载《中国行政管理》2014年第12期。

作，走向共同治理的局面。

（三）平衡公共利益与个人利益的理念

个人信息集多元价值于一体，包括信息主体的人格尊严和自由价值、商业经济价值和公共管理价值。[1]在公共卫生事件中，个人信息更多地进入公共领域，如果对个人信息进行严苛的保护，便会加剧风险的发生，威胁更多人的生命健康权；过多的个人信息收集利用又会损害信息主体的个人信息利益。因此需要缓解个人信息保护与个人信息利用之间的张力，确保在不损害信息主体关键权益和不会造成预期之外风险的前提下，提高信息处理者利用个人信息的自由度，从而平衡个人利益与公共利益之间的关系，实现个人信息保护与利用的互利双赢局面。

二、公共卫生事件中个人信息收集利用法律规制的原则

（一）应急法治原则

应急法治原则，是指行政机关为了确保重大社会公共利益和行政相对人的共同利益，在面临公共事件，特别是进入紧急状态时，可实施行政应急措施和非常措施的原则。在紧急情况下，政府可以采取行政应急措施，它不仅包括有明确法律规定的紧急措施，也包括行政机关为克服危机所采取的"形式上违法"的措施。[2]行政应急性原则的本质为合理扩张公权力，适当限制私权利。在应对突发公共卫生事件时，有关机关为防止疫情的扩散，隔断疫情的进一步传播，积极主动地采取一切必要的措施用于收集利用个人信息，并且公民要予以配合和服从，要有较高的容忍义务。

（二）风险预防原则

21世纪以来，随着社会变革的加速，由资源、人口、自然环境等因素引起的各种社会发展矛盾和分歧较为集中，与风险社会的到来相一致，公共行政的范围和目的也发生了重大变化。这种变化的最显著反映是，它不仅非常重视解决和处理"已知"问题，而且将"未知"领域纳入视野。[3]公共卫生事件就是一种典型的"决策于未知之中"的领域，具有极高的不确定性。我国经历了

---

〔1〕 张新宝："从隐私到个人信息：利益再衡量的理论与制度安排"，载《中国法学》2015年第3期。

〔2〕 莫于川："公共危机管理·行政指导措施·行政应急性原则——公共危机管理中的行政指导措施引出的行政法学思考片断"，载《公法研究》2005年第1辑。

〔3〕 戚建刚："风险规制的兴起与行政法的新发展"，载《当代法学》2014年第6期。

"非典"疫情、甲型 H1N1 流感、H7N9 流感、新冠肺炎疫情等公共卫生事件，这些事件均表明信息是应对风险、作出决策的关键性因素。因此，公共卫生事件中对个人信息收集利用的法律应遵循风险预防原则，以回应风险社会中风险规制与常态管理相结合的实际必要性，进而避免风险规制的混乱和"去法化"。

（三）比例原则

根据比例原则，行政部门采取的措施必须能够实现行政目的，或者至少有利于目标的达成。在公共卫生事件中，人们对于公共利益与个人利益的平衡以及知情权、生命权和健康权的需求有消有长，此种状态下对于常规的行政比例原则要求有所放宽，公共卫生危机的危害性、风险的不确定性以及政府的应急资源等因素都需要考虑。但是，比例原则的自由化不应没有限度，必须通过合理的机制在具体情景下一一予以明确。比例原则在个人信息的收集利用中主要表现为合目的性原则（目的明确）、最小必要原则以及适当性原则这三个方面。

第一，合目的性原则。公共卫生事件中个人信息的收集利用必须有既定的、合理的目的，个人信息的使用范围不能随意扩大，并且在没有个人信息主体知情的情况下，不能改变收集和使用个人信息的目的。

第二，最小必要原则。"最小"包括个人信息收集利用范畴最小、期限最短，"最小"的判定以是否为实现授权目的所必需为标准。首先，在个人信息收集利用的类型和处理方式上，应当采用最缓和的方式手段，以影响公民个人信息权益最小的方式收集利用个人信息；其次，在个人信息收集利用的数量上，避免不必要的过度收集；再次，在个人信息是否披露以及披露程度上，应当尽量谨慎克制，避免侵犯个人信息主体的隐私权；最后，在个人信息收集利用的保存时间上，利用完个人信息之后应当及时删除，避免永久性地保存个人信息。

第三，适当性原则。突发公共卫生事件中，需要以适当的手段对个人信息进行收集与处理。判断个人信息收集处理的适当性应把握以下原则，首先，个人信息收集利用的内容应当以实现防疫为目的。参照其发源地、传播性，对于"无接触、无症状"的普通健康居民来说，被收集利用的个人信息应当被限定在"疫情相关的""有关传染病的"范围内。例如，姓名、联系方式、体温、疫情期间旅行史等。而个人生物识别技术信息、互联网真实身份标志信息、财产信息、工作信息、民族、宗教等与疫情防控无关的信息应当避免被收集利用。其次，个人信息收集利用的手段方式应当以实现防疫为目的。个人信息的备份、记录、储存、改动、查看、应用、传播、公布、遗忘或销毁等实际操作都应当在防疫目的的要求内予以行使。值得注意的是，在公共卫生危机中，不应要求政府收集利用个人信息的措施在适当性上得到严格证明或者获得绝大多数人的认可，而应充分考虑其出发点和实际能力。最后，权衡个人信息收集利用所保护的公共利益与个人权益，[1] 达到公共利益、个人权利和自由之间利益关系的平衡，并确保干预个人信息权利的强度与在特定情形下必须实现的公共利益目标之间的必要平衡关系。

三、公共卫生事件中个人信息收集利用立体化的法律规制体系

（一）法律层面

1. 行为规制为主导的立法模式

一般状态下，我国对个人信息保护的立法模式通常采用积极确权模式，即通过正面界定权利来划定个人信息主体的权益范围，以此反推，在权益保护范围之外的范围均属他人的行动自由。[2] 而在公共卫生事件中，最核心的价值是保护社会公共利益，此种状态下采用行为规制为主导的立法模式更有意义。所谓行为规制模式，便是要求直接对信息开发处理的行为准则进行规范，并据此推算以间接实现对个人信息主体的利益保障。[3] 对于信息控制者、信息处理者来说是"法不禁止即可为"。行为规制模式等同于在总体利益空间当中，以行为控制对利益享有者的权力空间进行划分，并以法律法规对该权力进行保护。其有限的保护空间是对冲突利益衡量的结果，行为控制的预期效果是将一部分利益归于利益享有者，另外适当保护行为人的自由，为行为人留有的自由空间比权利化模式更加开阔一些。[4] 这样，可以更加有效率地应对公共卫生事件的不确定风险，给个人信息多元价值的实现和多主体利益的兼顾留下了更大的空间。

2. 进一步明确个人信息的权利内容

法律规范的核心是权利，没有权利的法律保障是不实际的，尤其是在行为规制为主导的立法模式下。首先，应明确个人信息权是一项宪法基本权利。我国《宪法》目前并没有将个人信息权利作为基本权利进行明确列举，仅仅从《宪法》第 33 条第 3 款，第 37 条、第 38 条、第 39 条以及第 40 条的规定，为

---

〔1〕 杨登峰："从合理原则走向统一的比例原则"，载《中国法学》2016 年第 3 期。

〔2〕 宋亚辉："个人信息的私法保护模式研究——《民法总则》第 111 条的解释论"，载《比较法研究》2019 年第 2 期。

〔3〕 曹博："论个人信息保护中责任规则与财产规则的竞争及协调"，载《环球法律评论》2018 年第 5 期。

〔4〕 叶金强："《民法总则》'民事权利章'的得与失"，载《中外法学》2017 年第 3 期。

个人信息权这一新型权利的合理性提供了宪法依据。对此，可以通过宪法修改或者解释进一步明确个人信息权是一项宪法基本权利。其次，确立个人信息权的六大权利内容，包括查阅权、更正权、删除权、决定权、申诉权以及封锁权，明确在公共卫生事件中可以被限缩的权利边界，例如，个人信息决定权中"知情—同意"规则的适用就可以有例外。

3. 个人信息分类梯度保护

《个人信息保护法》以处理个人信息的行为为视角，将个人信息划分为敏感信息[1]和非敏感信息，其中第二章第二节对"敏感个人信息的处理规则"进行规范。敏感信息对于信息主体的人身安全、资金安全与人身自由权而言非常重要，如果敏感信息遭到泄露或被不法应用，必定会使信息主体的人身安全及财产利益遭到严重的危害，因此，法律法规对保护敏感信息有着十分严苛的规定。针对非敏感信息的利用，则没有这般严苛的规定。在公共卫生事件中，即使信息主体的权益受到克减，仍然要对涉及个人敏感信息的收集利用采取更为审慎的态度。例如，就本次新冠肺炎疫情防控来看，个人行踪虽为敏感个人信息，而由于疫情的强传染性，确实需要公布个人的行程信息，乘坐交通工具信息、出发地和目的地信息、同行人员信息等的公布也有利于公民自检，阻断疫情的传播。

（二）政策层面

行政行为与政治行为在风险社会中相辅相成，这时任何风险性规制活动基本上都包含有关的现行政策选择。风险社会中的行政法反映出显著的法政策学的特性。既不会再单一地注重法律保留标准，也不会再过度强调案件裁量基准的必要性，而是着重于行为的合目的性和正当性。这是因为，在传统的法治观念的浸染下，个人信息保护法是以规范之治为其架构基石，[2]根据对法律中现有的文义标准来了解和划分信息主体与信息控制者、信息处理者的权与责，确定性和可预测性始终贯穿其中。但公共卫生事件中很多情况突破了传统的法治秩序的要求，按照传统的正常状态下的法律秩序要求来规范和约束政府的行为是不合适的。由于风险规制的行政法所调整的法律关系是独特的，具有临时性、

---

〔1〕《个人信息保护法》第28条第1款规定："敏感个人信息是一旦泄露或者非法使用，容易导致自然人的人格尊严受到侵害或者人身、财产安全受到危害的个人信息，包括生物识别、宗教信仰、特定身份、医疗健康、金融账户、行踪轨迹等信息，以及不满十四周岁未成年人的个人信息。"

〔2〕 Brian Z. Tamanaha, *On the Rule of Law: History, Politics, Theory*, Cambridge University Press, 2004, pp. 1-3.

多变性、不确定性等特征，法律条文无法规定得非常详细具体，只能通过政策，调动政府的行政裁量权来实现合法性和合目的性。需要注意的是，在公共卫生事件中，公权力主体收集利用个人信息的行为应当在法政策学的指导下对其规制，但是也不能完全将其偏向以问题之解决为导向的法政策学，避免行政活动外在规范性的毁损，让人们失去对收集利用个人信息行为的可预见性，使行政活动陷入政治和意识形态交织的泥潭，丧失了独立性。

（三）协议层面

对于公共卫生事件中个人信息收集利用的法律规制可以引入公法协议的柔性方式作为补充。在没有法律强制性要求下，信息主体在理论上应当具有充分的自决权，以对其个人信息处理进行自主选择与同意。尽管公共危机时期的紧迫性、不确定性、突发性等特性、在疫情期间收集利用个人信息可以适当突破"知情—同意"原则，但是也只限于法律明确规定的主体，且收集的信息应坚持比例原则。正如上文所述，公共卫生事件中行政机关收集利用个人信息应当适用适度放宽的比例原则，允许政府收集利用的个人信息保留一定的冗余度，从个人信息的使用价值角度来看，政府机关需要尽量收集足够的个人信息并尽量延长其存储期限。[1] 由此可见，公共卫生事件中个人信息收集利用有弹性的例外，且基于事件风险的不可预见性，政府会不可避免地多收集利用个人信息，否则可能会付出更大的成本进行补救，而信息主体的个人信息的确也必须予以保障。针对于此，需要采用更为灵便的方法，设置行政协议激励机制，促使信息控制者、信息处理者与信息主体一同共享信息所产生的经济效益，以适度提升收集利用个人信息所应遵照的"必要性原则"，使其得到超过社会化服务目的的信息处理权限。但同时必须对行政协议激励机制进行方式和内容上的限定。首先，行政协议激励理应采用一事一授权的标准，即避免政府机关用一个一次性的"告知—同意"获取数个没有紧密联系的信息类型。这一限定主要是充分考虑了目前同意方式中已发生的信息不对称和知情成本过高的难题。提升政府部门的告知成本，以推动政府部门更为谨慎地适用行政激励机制。其次，公民能够在无行政机关强制下，依据信息对于其本身的主观重要性和敏感性，可选择性地予以同意，以充分维护信息主体的信息自决权，防止行政部门利用行政激励机制为信息处理大开方便之门。

---

〔1〕 ［英］维克托·迈尔-舍恩伯格、肯尼思·库克耶：《大数据时代：生活、工作与思维的大变革》，盛杨燕、周涛译，浙江人民出版社 2013 年版，第 143~144 页。

四、公共卫生事件中个人信息收集利用法律规制的具体制度建构

（一）多元一体的个人信息收集利用主体

1. 公私合作治理

不可否认，政府及其相关主管部门在应对突发公共卫生事件中有着不容推卸的职责，但并不代表行政机关需要完全凭借自身"单打独斗"。在公共卫生事件中收集利用个人信息是一个较大的系统工程，如果只是由政府一方主体进行，效率会大大降低，局限性比较明显。故需要多主体进行合作，引入公私合作治理。政府转变治理方式与治理理念，积极引导私主体参与协助行政任务，这不仅有利于高效地完成防控任务，也对建设法治化政府具有重要的意义。

2. 主体授权规则

我国《传染病防治法》《突发事件应对法》《突发公共卫生事件应急条例》等对突发公共卫生事件中收集利用个人信息的权力行使主体进行授权，其中包含县级以上人民政府以及相关部门，各级疾病预防控制机构，城镇、街道社区等，这些主体执行控制和处理个人信息的职责，以供疫情防控分析，传染性疾病检测、预测分析与及时通报。显然，相关法律法规授予行政机关根据公共卫生突发事件行使必要的收集和处理个人信息的权力，可能会使得信息主体的个人信息利益遭受一定克减，因此，也要对公权力主体的权力进行一定的限制。首先，针对公权力主体的授权对象存在不一致的情况，例如对有关部门、专业机构的授权在《传染病防治法》中没有规定，而是由《突发事件应对法》进行授权。为避免法律的分散化，应当对《传染病防治法》与《突发事件应对法》中的具体规定进行整合或调整，使个人信息收集利用的公权力主体的授权保持一致。其次，公权力主体的具体授权内容并不清晰。相关规范只规定公权力主体有权力进行个人信息的收集利用，但具体的权力内容却没有进行规定，对有关部门的规定也很模糊。因此，应在法律法规中对发生过的公共卫生事件进行总结，提炼出较为清晰的一般性规定，比如卫生行政主管部门、交通部门仅仅只有收集、保管权力，没有删除、更改权力。

非公权力主体在公共卫生事件中收集利用个人信息的权力主要来源于政府的授权和委托。例如，疫情防控期间，大城市的各种大型商场和超市为了遵循国家权力机关的相关规定，都引入了对进场工作人员信息进行备案的系统，规定每位到商场的公民都需要使用应用程序扫一扫大门口公示的二维码，通过第三方 App 的健康认证才允许进入，否则不能进入，这样可以更好地防控疫情。

非公权力主体作为疫情防范的关键步骤，其收集利用方式需要从三方面进行完善：第一，区分信息授权等级。公权力主体在对非公权力主体进行授权委托时，可以把个人信息分为敏感性、一般性、公开性三个层级，对于不同的非公共权力主体授予其不同层级的个人信息收集利用权力。第二，设立敏感信息的备案许可。针对超越自身收集权限部分的个人敏感信息，可以根据个人信息的层级不同向授权主体进行备案和许可，经授权主体同意批准后再进行收集。第三，禁止个人信息回溯。在公共卫生事件中，非公权力主体作为被授权机关，在其收集的个人信息不再为公共利益所需要后，应当完全销毁这些个人信息，不能随意分享给其他利益者，也不能恢复自己对所收集信息的利用，防止个人信息的二次利用导致泄露。

（二）规范的个人信息收集利用程序

1. 收集程序

及时有效掌握疫情信息是有效应对疫情的先决要件，因为只有取得足够准确有效的信息，才能在应对当下疫情时具有先见性地作出正确的决策和可行的措施。在个人信息的收集上，应当要保证公开透明，坚持程序规范，同时避免出现个人信息不正当泄露的情况。根据法律的授权，在公共卫生事件中，政府具有单方面、强制性收集个人信息的权力，但是这并不意味着个人信息的收集可以完全不受"知情—同意"原则的约束。在"知情—同意"规则中，同时包含"知情"和"同意"双重维度，任何对个人信息的收集都必须使得信息主体知情。在公共卫生事件中，只是对收集个人信息省略了个人信息主体"授权同意"的前提条件，信息主体对个人信息的收集也应当是知情的，这就要求强制收集者在实施信息收集行为时，首先应当表明自己的身份，证明其在公共卫生事件中收集个人信息的行为具有相应权限，表明其是否为职权性县级以上人民政府或各级卫生行政主管部门，或者法律法规授权的组织，抑或是受委托的机关组织；其次应向被收集者明确告知收集信息的目的、范围，且收集的内容应按照实现该目的的最小化需求确定。

2. 利用程序

个人信息的利用包括储存、保管、运输、删除等，这些都要遵循正当程序。公共卫生危机所导致的风险的可变性和严重危害性，使得个人信息的利用深陷混乱，致使大量出现重复使用、过度处理个人信息的情形。利用个人信息的主体需要负责其处理个人信息的安全性，理应遵守规范的安全标准，保证其与所存在的安全隐患相符合的安全能力，采用严苛的管理方法和技术性防护措施，避免个人信息被盗取、被泄漏。如采取有效的个人信息访问限制措施、展示限制措施等保障其收集的个人信息不被泄露，实现对个人信息的私密性、系统性、可应用性的保障。如果发生个人隐私的资料泄露，相关信息控制者根据规定对可能发生个人隐私的资料泄露的情况应承担民事责任、行政责任，甚至刑事责任。与此同时，为保证他人知情权，需要对收集的信息进行适当的公布，但也应遵循最小比例原则，对其中涉及敏感信息[1]的内容不应随意公开。个人信息的公布，应当进行脱敏化处理。此外，应当明确"谁公布，谁负责"的规则以保证个人信息的安全，实现对个人信息利用更好的程序保障。疫情结束后，若相关被收集信息主体并未感染，同时相关信息根据法律法规的规定以及行政机关的内部归档要求确无必要继续保存，且无其他与本次疫情有关的科学研究价值的，相关部门、机构、人员应当以对公民个人信息安全负责的态度，将相关信息予以销毁或作匿名化处理。需要注意的是，从相关存储设备中删除个人信息数据后，需要采取措施避免可以用技术手段进行恢复，并需保证其毫不遗漏地删除所有个人信息数据。

结束语

新冠肺炎疫情进展至今，常态化疫情防控可谓任重而道远。个人信息集多元价值于一体，不仅仅包括信息主体的人格尊严、自由价值和商业经济价值，最重要的还包括公共管理价值。故在特殊事态下，信息主体的个人信息权益会因公共利益需要而受到克减，但是对这种权利的限缩必须要进行反限缩，否则将导致基本权利有名无实。因此，需要在全方位分析非常态的公共卫生事件下个人信息收集利用所面临问题的基础上，构建我国公共卫生事件中个人信息收集利用法律规制的具体框架。

---

〔1〕 我国首个个人信息保护国家标准——《信息安全技术　公共及商用服务信息系统个人信息保护指南》中将个人信息分为敏感信息和一般信息，并规定个人敏感信息在收集和利用之前，必须首先获得个人信息主体明确授权。

强化发展规划的法治保障

陈国庆*

摘　要：自 1953 年至今，我国已编制并实施十四个五年发展规划（计划）〔1〕。实践证明，发展规划是党领导人民治国理政的重要方式，在创造举世无双的社会稳定和经济快速发展"两项奇迹"中起到了巨大作用。有关发展规划的范畴、性质和效力尚存争议，发展规划在编制和实施中仍有不少薄弱环节，回应争议和完善路径是强化发展规划的法治保障，具体包括立法保障、执法保障、司法保障、普法保障和监督保障。

关键词：规划；发展规划；编制；实施；法治保障

习近平总书记指出："用中长期规划指导经济社会发展是我们党治国理政的一种重要方式。"〔2〕《中华人民共和国国民经济和社会发展第十四个五年规划和2035 年远景目标纲要》（以下简称"十四五"规划）提出"加快出台发展规划法，强化规划编制实施的法治保障"。这为更好编制和实施发展规划，发挥发展规划重要作用指明了方向，亦为进一步厘清发展规划的范畴、性质和效力，探寻发展规划制定与实施中存在的薄弱环节，强化发展规划的法治保障提供了契机。

＊ 陈国庆，中国政法大学 2020 级宪法学与行政法学专业博士。

〔1〕 "一五"到"十五"称为计划，自"十一五"起改称"规划"。目前，计划与规划含义基本相同，主要从时间上称为年度计划和五年规划。为表述方便，如无特别说明，本文统一用发展规划这一表述。

〔2〕 习近平："正确认识和把握中长期经济社会发展重大问题"，载《求是》2021 年第 2 期。

一、发展规划的范畴、性质和效力

目前，关于发展规划的范畴、性质和效力都尚不明确、具体，有的甚至存在一定的争议，有待于进一步厘清。

（一）发展规划的范畴

2005 年 10 月，《国务院关于加强国民经济和社会发展规划编制工作的若干意见》将发展规划分为三级三类。从行政层级上可以分为：市县级规划、省级规划和国家级规划；从对象与功能类别上可以分为：区域规划、专项规划和总体规划。2018 年 3 月，国家发展和改革委员会主体功能区规划和住建部城乡规划职责划归自然资源部。2018 年 11 月，《中共中央、国务院关于统一规划体系更好发挥国家发展规划战略导向作用的意见》（以下简称《意见》）提出建立以国家发展规划为统领，以区域规划和专项规划为支撑，以空间规划为基础，由市县、省和国家各级各类规划共同组成的统一规划体系。2019 年 5 月，《中共中央、国务院关于建立国土空间规划体系并监督实施的若干意见》将城乡规划和土地利用规划，以及主体功能区规划等空间规划融合为国土空间规划，强调发挥其在国家规划体系中的基础性作用，同时为国家发展规划的落地实施提供空间保障。

通过以上梳理可以发现，我国目前规划主要分为两大类，即发展规划和空间规划，发展规划在规划体系中起战略导向和统领作用，空间规划起基础作用。空间规划包括城乡规划等，主要由自然资源部门负责。发展规划包括国家发展规划、专项规划和区域规划，主要由发展改革部门负责。

（二）发展规划的性质

北大法宝网站将"十四五"规划标注为"工作文件"，将上海市"十四五"规划标注为"地方规范性文件"。关于发展规划的性质尚存争议，代表性的观点包括：一是公共政策说。"发展规划作为一种战略性、前瞻性、导向性的公共政策，是国家加强和改善宏观调整的重要手段，也是我国政府履行经济社会管理职责的重要依据。"[1]二是法律说。"无论从法律与规划纲要的形成性因素，还是从法律与规划纲要的本质性因素来分析，均可得出规划纲要属于区别于一般性法律的特殊性法律性质的结论。"[2]三是政策和法律耦合说。"《国民经济

---

[1] 杨永恒："发展规划定位的理论思考"，载《中国行政管理》2019 年第 8 期。

[2] 郭昌盛："规划纲要的法律性质探析"，载《上海政法学院学报（法治论丛）》2018 年第 3 期。

和社会发展第十二个五年规划纲要》乃至规划是政策和法律相耦合的社会规范表现形式，两者的耦合并用是国家管理经济与社会事业的成功经验。"[1]

上述观点都具有一定的合理性。单纯从法学的角度审视，发展规划的性质是什么？广义上的法律包括党内法规、法律法规、规章、规范性文件。由于五年规划在发展规划中占据主要地位，因此，笔者重点以国务院和地方政府编制的五年规划为例进行分析。

第一，五年规划不是党内法规。尽管五年规划是依据党的建议编制，是党的意志体现，但五年规划的编制主体不是党的中央组织等部门，因此不是党内法规。

第二，五年规划不是法律、地方性法规。尽管五年规划经国务院或地方政府编制后，需要通过全国人大或地方人大审议通过，但法律是由全国人大或者其常委会制定的，地方性法规是由具有立法权的地方人大或者其常委会制定的。

第三，五年规划不是行政法规。尽管国家五年规划由国务院编制，且一些程序类似于行政法规，如向社会公众征求意见等，但行政法规需由总理签署国务院令公布，而国家五年规划需要通过全国人大审批后公布。

第四，五年规划不是规章。国家五年规划的编制主体是国务院，显然不是部门规章。地方政府规章的制定，应当经当地政府全体会议或者常务会议决定，并由当地的地方政府行政负责人签署相关命令予以公布。地方政府编制的五年规划需要经地方人大审查批准，因此，地方政府编制的五年规划不是地方政府规章。

第五，五年规划不是规范性文件。目前，我国关于规范性文件尚无统一的定义。2018年5月，国务院办公厅印发《国务院办公厅关于加强行政规范性文件制定和监督管理工作的通知》。2018年12月，国务院办公厅印发《国务院办公厅关于全面推行行政规范性文件合法性审核机制的指导意见》。依据上述规定，行政规范性文件需要行政机关或者其授权的组织制定，且履行严格的合法性审核、备案审查程序。可见，五年规划不是行政规范性文件。尽管五年规划由全国或者地方人大审查批准，但不是人大制定的，因此亦不属于立法机关的规范性文件。

那么，五年规划究竟是什么呢？笔者认为，五年规划可以被称为法律性文件。一方面，五年规划的编制经过严密的程序，具有高度的权威性、严肃性和

---

[1] 徐孟洲："论经济社会发展规划与规划法制建设"，载《法学家》2012年第2期。

规范性。另一方面，五年规划体现了党的意志、国家意志、人民意志，具备法的本质内涵。由于专项规划和区域规划是五年规划在特定领域和特定区域的具体细化，其性质类似于五年规划，因此，总体上看，发展规划属于法律性文件。

（三）发展规划的效力

作为法律性文件的发展规划的效力如何呢？笔者同样以五年规划为例探讨其效力。"十二五"规划明确指出该规划具有法律效力。虽然"十三五"规划、"十四五"规划未再明确指出五年规划具有法律效力，但笔者认为五年规划仍然具有法律性效力。一是对政府具有直接约束力。这一点在五年规划的约束性指标上体现得尤为明显。以"十四五"规划为例，该规划强调生态环保等指标必须按期完成。二是对于市场主体具有较强约束力。"十一五"规划和"十二五"规划提出引导市场主体行为，"十三五"规划是市场主体的行为导向，而"十四五"规划提出引导规范市场主体行为。可见，五年规划对市场主体的行为已经从单纯的引导调整到了引导与规范兼备，通过规范市场主体的行为实现对市场主体的约束力。三是对普通公民具有一定约束力。作为全国人民的共同愿景和行动纲领，五年规划对人民生活和生产都产生了较大的影响和约束。专项规划和区域规划在特定领域和特定区域具有约束力。因此，发展规划具有法律性效力，其效力不仅及于政府，也对市场主体和普通公民具有一定约束性。

综上，笔者认为，发展规划是政府为实现国家或者特定地区、特定领域发展目标而制定的较长一段时间内有关经济社会发展的战略谋划和总体安排，是具有一定约束力的法律性文件，包括五年规划、专项规划、区域规划和年度计划。[1]

二、发展规划编制和实施中存在的薄弱环节

经过十四个五年规划的探索，我国发展规划在编制和实施中积累了不少经验。但是，我们也应当看到，我国发展规划在编制和实施中仍然存在不少薄弱环节。

（一）发展规划缺少顶层设计

当前，我国编制发展规划的主要依据是《意见》等，但这些文件不是严格意义上的法律。2011年3月，"十二五"规划提出推进规划体制改革，加快规划法制建设。2014年10月，《中共中央关于全面推进依法治国若干重大问题的

---

[1] 为落实五年规划，通常国务院和地方政府每年会制定国民经济和社会发展年度计划。

决定》提出制定和完善发展规划等方面的法律法规。2016 年 3 月，"十三五"规划首次明确提出加快出台发展规划法。其后，国务院将发展规划法纳入 2016 年立法工作计划。2018 年 11 月，《意见》再次提出加快出台发展规划法。2021 年 3 月，"十四五"规划第一次设置加快发展规划立法专节，又一次提出加快出台发展规划法。尽管连续几个五年规划均提到发展规划立法，部分地区也出台了发展规划条例。比如，江苏省制定了《江苏省发展规划条例》，在省级层面对发展规划立法进行了尝试。云南省昆明市制定了《昆明市发展规划条例》，在市级层面对发展规划进行了立法探索。但截至目前，国家层面的发展规划法尚未出台，这不利于发展规划编制和实施的规范化、程序化和科学化，亦很难适应全面依法治国和建设法治中国的需要。

（二）发展规划公众参与不足

近年来，随着我国发展规划制度的不断完善，公众参与发展规划编制日益受到重视。比如，"十三五"规划编制首次开通了微信征集平台，方便公众直接参与建言献策活动。"十四五"规划第一次通过网络向社会征求建议。但发展规划编制中的公众参与依然处于探索阶段。一是公众参与意愿不高，很少主动参与。二是公众参与方式不足。公众往往只能通过网络等方式表达自己的意见，缺少同规划编制部门面对面的交流。公众几乎没有全程参与发展规划编制的机会。三是公众参与缺乏制度保障。《意见》提出要健全公众参与机制，但未给出具体健全和完善的路径。

（三）发展规划衔接尚不到位

当前，我国发展规划之间仍存在衔接不够等问题。一是发展规划之间的衔接不到位。一方面，在同级发展规划之间，专项规划、区域规划与五年规划的衔接不够。比如，一些专项规划的规划期长于五年发展规划期。部分专项规划之间衔接也不够好，有些领域编制了多个专项规划，内容上重复，甚至相互冲突，严重影响了发展规划的权威性。另一方面，下级发展规划与上级发展规划衔接不到位。依照惯例，地方两会先于全国两会召开，地方五年规划先于国家五年规划出台，这就导致国家五年规划中提出的一些新理念无法在地方及时得到落实。地方发展规划与国家发展规划之间的不协调，影响了国家总体战略的推进。二是发展规划编制与实施之间的衔接不到位。通常情况下，编制发展规划时会组建一个专门的领导小组，而这个小组是临时性的，待发展规划编制完成后小组随之解散。由此导致发展规划在实施过程中没有统筹沟通协调的专门部门，发展改革部门因为工作量大、人手不足等原因也无法承担起实施中的沟通协调职能。三是发展规划编制期间与党委政府任期衔接不到位。这主要体现在五年规划上，在我国当前情况下，由于党委政府换届同五年规划编制往往不同步，一定程度上影响了五年规划的实施效果。

（四）发展规划评估仍需改进

发展规划评估当前存在的主要问题包括：一是发展规划评估的公正性不足。《各级人民代表大会常务委员会监督法》第21条规定了发展规划评估相关事项。从"十一五"规划起，国家发展和改革委员会开始委托相关机构开展中期评估，此后，"十二五"规划至"十四五"规划逐步加入了年度监测评估和总结评估。但对发展规划的评估一直由编制部门实施，或者由编制部门委托第三方开展，而非由人大或者人大委托的第三方进行评估，这导致评估的独立性、公正性不足。二是发展规划评估的科学性不足。当前，我国发展规划无论是年度监测评估、中期评估，还是总结评估，均是对发展规划实施的评估，尚未开展发展规划前期的方案评估。现有评估大多是对发展规划的目标实现情况进行量化评价，而对实现发展规划目标所付出的代价是否合理则缺乏必要的评估。三是发展规划评估的民主性不足。目前，公众参与基本停留在发展规划编制征求意见阶段，较少参与发展规划评估阶段，而发展规划评估主要是以编制部门的自我评估为主，这导致民主性不足，评估结果与人民群众的感知有一定的差异。

（五）发展规划监督亟待加强

"实施发展计划要比制订它困难得多。制订一个计划是一次想象力的练习，而实施计划则是与现实的斗争。"[1]尽管"十一五"规划首次提出了建立健全规划实施机制，但是，重编制轻实施的现象依然在不同程度上存在。当前，我国对发展规划实施的监督还很不完善。一是人大监督有待强化。人大的监督主要是审议报告。即每年人民代表大会上代表审议发展规划上一年计划执行情况及下一年计划草案相关报告。由于人民代表大会会期短，议程多，人大代表很难在短时间内对发展规划实施情况进行准确判断，更难以进行监督。二是专门监督机关尚未真正发挥作用。"十三五"规划提出发挥审计机关对推进规划实施的审计监督作用。"十四五"规划进一步提出发挥国家监察机关和审计机关对推进规划实施的监督作用。但如何真正发挥监察机关和审计机关在发展规划实施中的监督作用目前尚不明确，亦未见监察机关和审计机关发布有关发展规划实施的监督报告。三是社会监督有待加强。公众缺乏发展规划的基础知识和

---

〔1〕 ［美］威廉·刘易斯：《发展计划》，何宝玉译，北京经济学院出版社1989年版，第270页。

基本技能，很多公众不了解发展规划，更谈不上去监督发展规划的实施。此外，政协、社会组织、媒体等监督作用也需要进一步增强。

三、强化发展规划编制和实施的法治保障

"十四五"规划首次提出"强化规划编制实施的法治保障"，这是解决发展规划编制和实施中诸多薄弱环节的重要路径。笔者认为，在始终坚持党的领导前提下，应着重从以下几个方面进一步强化发展规划的法治保障。

（一）科学立法，强化发展规划的立法保障

如前所述，我国发展规划缺乏法律上的顶层设计，要将发展规划法尽快列入人大立法计划，真正赋予发展规划应有的法律地位。在制定发展规划法过程中，需要重点关注三个方面。一是从立法内容上看，既应包括实体规范，如发展规划范畴、发展规划性质、发展规划效力、发展规划管理体制、发展规划主体与职权、实施保障、监测评估、监督考核、法律责任等，又要包括程序性规范，如编制、审批、调整、评估、公众参与等。要高度重视发展规划编制的民主化、科学化，既要维护发展规划的严肃性与稳定性，又要具有一定的灵活性，为发展规划的变动设定法定理由与法定程序。二是要做立、改、废、释工作。要及时梳理与发展规划工作有关的法律法规、规章规范性文件，并推动开展立、改、废、释等工作。三是做好与相关立法的衔接。"十四五"规划提出要构建发展规划与财政金融的协调机制。因此，在做好与《城乡规划法》《土地管理法》等规划类立法衔接的同时，还应重点做好与财政、金融等政策类立法的衔接。此外，应探索通过立法实现党委政府任期与发展规划编制同步，并解决地方五年规划先于国家五年规划出台问题，实现上下级发展规划的协调。

（二）严格执法，强化发展规划的执法保障

当前，建立健全比较完备的发展规划执法机制，实现发展规划领域法治尤为重要。一是要严格依法编制和实施发展规划。以五年规划为例，其编制应主要包括前期调研、广泛征求内外部意见、中期评估、人大审议与发布等环节，这些环节不可或缺。同时，要强化发展规划的严肃性，未经法定程序不得随意变更。二是对于违反发展规划相关法律法规行为要通过党纪国法予以制裁。对于发展规划编制和实施过程中出现的违法违规行为，要依据《公务员法》《监察法》《公职人员政务处分法》等给予处分，对党员还可以依据党内法规予以处理，构成违法犯罪的，要及时移送司法部门追究责任。三是加强发展规划专业机构和人才建设。要建立常设性的发展规划编制和实施领导小组，使发展规

划编制完成后的实施环节仍然有较高层次的统筹协调机构。要进一步加强发展规划人才队伍建设，探索在各级发展改革部门实施总规划师制度。

（三）公正司法，强化发展规划的司法保障

人民法院、人民检察院应重点在以下案件中做到公正司法。一是由发展规划实施引发的司法案件。比如，依据某项专项规划，行政机关开展征地拆迁而引起的诉讼。二是由发展规划案件引发的国家赔偿案件。行政机关或者相关工作人员在实施发展规划过程中侵害相对人权益的，相对人依法提起的国家赔偿诉讼。三是由当事人对发展规划提起信息公开申请引发的司法案件。依据《政府信息公开条例》，发展规划属于主动公开范畴。但实践中存在未主动公开、不完全公开等现象。申请人依法提起有关发展规划政府信息公开申请，并对答复不服向人民法院提起的诉讼。对于上述三类案件，人民法院应及时受理并依法作出判决，人民检察院依法做好监督。此外，"目前，虽然发展规划法领域所涉诉案件甚少，但要保障发展规划法的实现和公正高效处理所涉诉讼，为经济建设和发展保驾护航，需要建立相关的发展规划司法救济机制，建议在最高人民法院和高级人民法院内设立专门集中审理发展规划纠纷案件的机构"。[1]

（四）加大普法，强化发展规划的守法保障

要进一步加大对发展规划的普法力度。一是做好发展规划制度的宣传。通过电视、网络等方式广泛宣传发展规划法律法规，让公众了解发展规划的重要作用，并知悉在从事生产生活过程中，应当遵守发展规划的相关规定。二是要做好发展规划公开工作。发展规划职能部门要及时公布发展规划的实施情况，保障公众知情权。国务院办公厅《2021年政务公开工作要点》要求主动公开发展规划。此外，对于申请人提出的有关发展规划的各类政府信息公开申请，有关部门要及时予以办理，切实回应公众关切。三是要做好发展规划的培训工作。要通过设立发展规划馆、规划师以案说法等方式加大对公众有关发展规划基础知识和相关技能的培训，提高公众参与发展规划编制和实施的意愿和能力。

（五）完善监督，强化发展规划的监督保障

要进一步建立健全发展规划监督机制，实现对发展规划的全流程监督。一是提升人大监督的力度。人大要委托独立的第三方适时进行实施评估，确保评估的公正性，并开展发展规划方案等前期评估，逐步实现发展规划的全周期评

---

[1]　江必新主编：《中国法治实施报告（2019）》，人民法院出版社2020年版，第168页。

估。二是增强专业监督的精度。纪检监察和审计机关作为专司监督的专业部门，应充分发挥专业优势。纪检监察部门应重点强化对发展规划编制和实施过程中相关行政机关的履职行为监督。审计机关应重点强化对发展规划实施过程中规划目标完成情况、重点项目落实情况、规划经费使用情况等方面的监督。必要时，纪检监察部门和审计部门可以从专业角度发布发展规划实施报告。三是拓展社会监督的广度。要健全公众全程参与制度。除涉及国家秘密外，相关职能部门要通过召开座谈会、组织听证会、公布发展规划草案等方式深入听取公众意见。要探索在发展规划领域建立发展规划监督员制度。要完善发展规划编制的专家论证制度。要发挥好政协、民主党派、工商联等组织的民主监督以及互联网等媒体的舆论监督作用，形成完整的社会监督体系。

发展规划是优化营商环境的宣言书，是服务人民群众的路线图，是促进经济社会发展的冲锋号。党的十八大以来，习近平总书记高度重视发展规划的编制及实施工作，提出了一系列发展规划新思想，为新时代我国各项发展规划工作指明了新的方向。法治是治国理政的基本方式，在发展规划的科学编制和有效实施中发挥重要作用。当前，全面深化改革已经进入攻坚期和深水区，越是在这样的时候，越要发挥法治固根本、稳预期、利长远的保障作用，进一步强化发展规划的立法保障、执法保障、司法保障、普法保障和监督保障，使发展规划制度更加成熟、更加定型，更好发挥发展规划在实现第二个百年奋斗目标中的巨大作用。

社区空间利益再分配的程序法治

——以老旧小区改造为例

金　麟[*]

摘　要：老旧小区改造长期处于政策推动状态，尚未进入法治化轨道，导致实践中频繁出现"政府—居民""居民—居民"间的改造争议。老旧小区改造触及社区复杂空间利益的再分配，争议产生的根本原因在于多元主体间的权利冲突。民法上的争议解决方式存在权利救济滞后的现实困境，难以解决现代城市建设中的空间利益纠纷。通过引入分配行政理论和正当程序原则可以为社区空间利益再分配提供公法分析视角。政府应当构造实质化的正当程序，建立利益申报机制，打造多元利益整合平台，以社区居民利益平衡为目标，在行政程序中事前事中化解争议，实现社区空间利益再分配的程序法治。

关键词：老旧小区改造；空间利益；权利冲突；分配行政；正当程序

引　言

社区公共空间更新是人民群众追求美好幸福生活的必然要求，也是党执政兴国的重大民生工程。"老旧小区改造"首次出现在 2015 年中央城市工作会议，政策目的是解决我国老旧小区建筑性能危化、公共配套机制缺失、道路交通混杂、公共空间匮乏、安全管理堪忧和社区文化丧失等现实危局。[1]2019 年国务

---

[*] 金麟，中国政法大学 2020 级宪法学与行政法学专业硕士。

[1] 参见蔡云楠、杨宵节、李冬凌："城市老旧小区'微改造'的内容与对策研究"，载《城市发展研究》2017 年第 4 期。

院政府工作报告再次提出"城镇老旧小区量大面广，要大力进行改造提升，更新水电路气等配套设施，支持加装电梯和无障碍环境建设，健全便民市场、便利店、步行街、停车场等配套设施"。〔1〕2020年国务院办公厅颁布《关于全面推进城镇老旧小区改造工作的指导意见》对老旧小区改造进行了全面部署。可见，老旧小区改造是一项覆盖全国、涉及全民、惠及民生的重大公共决策事项，与人民群众的幸福美好生活息息相关。

遗憾的是，相较于政策层面的大力推进和美好愿景，老旧小区改造的实施却呈现出"步履维艰"的现实困境。实践中，因老旧小区改造引发的社会矛盾可谓"数不胜数"。老旧小区改造在启动机制、规划制定、意见听取、改造维护等方面都存在诸多困境。〔2〕各地方的推进措施亦可称为"百花齐放""各有不同"。这反映出老旧小区改造的政策推动性质，尚未进入稳定有序的法治化轨道。〔3〕当前，学界对于老旧小区改造问题〔4〕的研究主要集中于行政学、管理学、建筑学领域，〔5〕法学研究的文献大多聚焦于基础理论研究和规制工具的介绍，〔6〕对

〔1〕 李克强："政府工作报告——2019年3月5日在第十三届全国人民代表大会第二次会议上"，载 http://www.gov.cn/premier/2019-03/16/content_ 5374314.htm，最后访问时间：2022年1月23日。

〔2〕 参见邹东哲："老旧小区改造尚在起步 诸多问题亟待解决"，载 http://www.yiyang.gov.cn/yiyang/325/475/content_ 505793.html，最后访问时间：2022年1月22日。

〔3〕 行政政策的意义在于开辟公共行政中政治活动和政治塑造的空间，首要问题是公共行政的效率和合目的性。而行政法确认规范要件，确立行政政策的界限。因此，对于公共行政而言，行政法分析至关重要。参见［德］汉斯·J. 沃尔夫、奥托·巴霍夫、罗尔夫·施托贝尔：《行政法（第一卷）》，高家伟译，商务印书馆2002年版，第98页。

〔4〕 在"老旧小区改造"政策提出前，我国曾实施过"旧城区改建"，即"有计划地对危房集中、基础设施落后等地段进行改建"，两者之间存在由"城区整体改造—社区内部改造"的深化承继关系。因此，在研究"老旧小区改造"问题时必然会涉及"旧城区改建"的文献梳理和理论探讨，但本文将更关注"老旧小区改造"中存在的特性问题。

〔5〕 参见仇保兴："城市老旧小区绿色化改造——增加我国有效投资的新途径"，载《城市发展研究》2016年第6期；参见郭圣莉、尹露："老旧小区加装电梯政策演变及逻辑意涵——基于67份政策文本的量化分析"，载《行政论坛》2021年第1期；赵立志、丁飞、李晟凯："老龄化背景下北京市老旧小区适老化改造对策"，载《城市发展研究》2017年第7期；侯晓蕾："基于社区营造的城市公共空间微更新探讨"，载《风景园林》2019年第6期等文章。

〔6〕 参见李成玲："现代行政法意义上的城市空间利益"，载《北京行政学院学报》2019年第3期；张颖："城市化规划中的权利话语"，载《行政法学研究》2016年第2期；顾萍、尹歆祥："城市空间利益冲突治理的公正之维"，载《湖北社会科学》2018年第1期；赵红梅："拆迁变法的个体利益、集体利益与公共利益解读——限于旧城区改建的分析"，载《法学》2011年第8期。

于具体解决方案的探讨相对较少。[1]因此，从行政法学的视角分析老旧小区改造的现实问题和理论基础，构造有效化解利益分配争议的程序机制，对于推动老旧小区改造进入法治化轨道，保障社区居民邻里关系和谐，推动国家治理体系和治理能力现代化具有重要意义。

一、老旧小区改造中社区空间利益再分配的现实困境

改革开放后，伴随着国有土地使用权出让制度的形成与发展，我国已经形成城市土地上的多元利益格局。新的土地开发行为可能涉及日照、通风、噪音、震动等相邻关系问题，即城市空间利益正当分配问题。[2]传统"城市法"[3]上的城市空间利益是指"集合性利益"[4]的外部视角。而老旧小区改造是通过内部视角观察原利益格局的"破"和新利益格局的"立"。因此，老旧小区改造的现实困境实际上是社区内部空间利益的再分配问题。

（一）老旧小区改造中社区内部的多元利益格局

在规范文本层面，老旧小区主要是指建成年代较早、失修失养失管、市政配套设施不完善、社区服务设施不健全、居民改造意愿强烈的住宅小区。在这种环境下生活，居民的生活安全感和幸福感受到严重影响，[5]是我国不平衡不充分发展与人民美好生活需要之间矛盾的具体表现。因此，推进老旧小区改造是一项惠及全民的重大民生工程，有利于改善居民生活条件，具有目的上的正当性。但是，为何一个目的如此正当的"善政"在实践中会遭遇重重阻碍？为何在改造过程中"受惠"的居民会频频反对能够显著改善居住条件的改造规划？实践中的争议亟需理论上的深度思考和矫正反思。笔者认为，老旧小区改造的矛盾根源是社区内部的特殊空间利益格局。

首先，老旧小区改造中的多元利益格局具有复杂性。城市社区是一个类似

---

〔1〕 参见肖泽晟："论规划许可变更前和谐相邻关系的行政法保护：以采光权的保护为例"，载《中国法学》2021 年第 5 期；鄢德奎："市域邻避治理中空间利益再分配的规范进路"，载《行政法学研究》2021 年第 5 期；李卫华："公共决策的民意表达与法律效果——对上海市旧城区改建'二次征询'程序的实证研究"，载《法学论坛》2014 年第 6 期。

〔2〕 参见陈越峰："城市空间利益的正当分配——从规划行政许可侵犯相邻权益案切入"，载《法学研究》2015 年第 1 期。

〔3〕 伴随着城市化进程的迅速发展，作为主体的城市理应实现自身的法律化。参见张力："论城市作为一个行政法概念———种组织法的新视角"，载《行政法学研究》2014 年第 4 期。

〔4〕 有学者引入了日本的集合性利益理论分析了城市空间利益的性质。参见李成玲："现代行政法意义上的城市空间利益"，载《北京行政学院学报》2019 年第 3 期。

〔5〕 参见王健："缘何要加快推进城镇老旧小区改造"，载《人民论坛》2019 年第 35 期。

于生态系统的复杂系统，在基础设施、场地污染、公司合作、规划程序和融资方式等方面均存在众多的利益相关者。[1]在这个复杂的利益纠缠系统中，存在的不仅仅是"命令—服从"关系，传统行政法理论中的"公民权利—政府权力"[2]结构难以提供有效指导，需要转化为"公民—政府—公民"样态的复合结构。在这个系统中存在三对关系：其一，政府"利益"与公民权利。在中央政府全面推行老旧小区改造的背景下，即便是改善民生的善政，政府为追求政绩考核亦会在"改不改、如何改"的问题上同公民权利产生碰撞。[3]但这种冲突较为隐晦，实践中也并非矛盾生成的主要途径。通常情况下，政府往往担任多元化利益的居中"仲裁人"角色。其二，公共利益与私人利益。这种冲突体现为"邻避效应"[4]，导致少数人为了公众利益承受不利。例如，实践中存在的"无障碍坡道"修建争议就显现出无障碍通行环境与部分业主的"采光权""隐私权"之间的尖锐矛盾，最终导致公共利益的"挫败"，[5]残疾人、老年人的合法权益无法得到应有的保障。其三，私人利益与私人利益。这是老旧小区改造中最为常见也最为尖锐的利益冲突，实践中普遍出现的"装电梯难题"便是典型，[6]底层业主大多会因为噪音污染、采光减弱、空间面积减小和不动产价值下降等原因极力反对加装电梯，而高层业主则因为便利同行、不动产价值上升、原有利益未受干扰成为加装电梯的坚定支持者。两者之间的"损益"和"获益"形成了难以调和的对极冲突。此外，因为长期管理缺失和小区居住环境混乱，老旧小区的利益复杂性还表现出利益冲突长期积累和渊源复杂的样态，难以在短时间内理清协调。

其次，老旧小区改造中多元利益格局具有稳定性。第一，长期稳定的社区空间利益格局划定了居民的行动空间。依据国务院公布的界定标准，老旧小区的建造使用时间通常超过20年，[7]利益格局长期固化，形成了相对稳定的空间

---

〔1〕 Edgar M. A. KIVIET, "Why People are the Most Important Factor in Urban Regeneration", Journal of Urban and Landscape Planning, Vol. 145, No. 1, 2016, p. 65.

〔2〕 参见［德］奥托·迈耶. 《德国行政法》，刘飞译，商务印书馆2002年版，第15页。

〔3〕 例如，多部委发布通知表示"严禁将不符合当地城镇老旧小区改造对象范围条件的小区纳入改造计划。严禁以城镇老旧小区改造为名，随意拆除老建筑、搬迁居民、砍伐老树"。

〔4〕 参见杜健勋："邻避运动中的法权配置与风险治理研究"，载《法制与社会发展》2014年第4期。

〔5〕 参见孙延安："建成刚'满月'就被拆，北京一小区改造无障碍坡道受质疑"，载 https://news. bjd. com. cn/2021/12/03/10012430. shtml，最后访问时间：2022年1月23日。

〔6〕 参见郑钧天、杜康、邵鲁文："加装电梯，其实是个沟通活儿"，载《瞭望》2020年第39期。

〔7〕 国务院办公厅《关于全面推进城镇老旧小区改造工作的指导意见》规定："各地要结合实际，合理界定本地区改造对象，重点改造2000年底前建成的老旧小区。"

利益分配方式，社区居民对于长期存在的空间利益格局已经形成了调整生活方式的"习惯法"，划定了社区内的行动界限，避免产生争议。第二，老旧小区的居住环境寄托了一定的情感价值。社区居民对于居住环境已然习以为常，在很多陈旧的建筑中寄托了一定的感情，具有朴素的情感价值，贸然打破容易激生矛盾。第三，老旧小区具备独特的文化价值。实践表明，相当一部分的老旧小区属于历史建筑，蕴藏着城市的文化底蕴，具有特殊的文化意义。[1] 在改造过程中，居民可能无法理解为何某些建筑需要改造，而另一些"老破小"不能改造。因此，老旧小区改造规划需要将相应的情感价值、文化价值和物质保障综合纳入决策者的考虑范围。

最后，老旧小区改造中的矛盾具有易发性。老旧小区改造存在主体的特殊性和程序的末端性：第一，老旧小区居民具有特殊性。实践表明，老旧小区的居民通常为独居老人、外来务工人员，[2] 抗风险能力较差，长达几个月的社区改造将严重影响上述人员的正常生活。而且老年人难以适应骤改的居住环境，过渡期的生活存在很大不便。[3] 第二，老旧小区改造措施位于行政过程的末端。老旧小区改造需要"拆建并举"。以哈尔滨市为例，仅2021年老旧小区改造就涉及1628万平方米，拆除违建517万平方米。[4] 在当下中国的社会语境中，从未有哪个词语像"拆迁"一样挑动着社会的神经，[5] 规划制定、意见听取和资金筹措过程中产生的矛盾在行政程序中不断积累，最终在末端的执行措施中爆发，导致行政机关与义务人之间的正面直接对抗，[6] 相当一部分的老旧小区改造矛盾便来源于此。

（二）民事争议解决的局限与不足

传统法学理论中的空间利益关系体现为民法上的相邻关系，权利主体秉持

---

〔1〕 参见王振坡、刘璐、严佳："我国城镇老旧小区提升改造的路径与对策研究"，载《城市发展研究》2020年第7期。

〔2〕 参见李德智、谷甜甜、朱诗尧："老旧小区改造中居民参与治理的意愿及其影响因素研究——以南京市为例"，载《现代城市研究》2020年第2期。

〔3〕 参见宋凤轩、康世宇："人口老龄化背景下老旧小区改造的困境与路径"，载《河北学刊》2020年第5期。

〔4〕 参见孙喆：《2021年政府工作报告——2021年3月14日在哈尔滨市第十五届人民代表大会第六次会议上》，载 http://www.harbin.gov.cn/art/2021/3/22/art_397_1071174.html，最后访问时间：2022年1月22日。

〔5〕 参见刘东亮："拆迁乱象的根源分析与制度重整"，载《中国法学》2012年第4期。

〔6〕 参见余凌云：《行政法讲义》，清华大学出版社2019年版，第397页。

意思自治和市场竞争的理念，本着"有利生产、方便生活、团结互助、公平合理"的原则行使权利，同时容忍他人的权利行使，[1]共同构建自然状态下的和谐邻里关系。若发生争议则通过民事诉讼解决，根据法院裁判明确双方的权利义务关系。在规范层面，我国《民法典》第 7 章以 9 个条文对民法上的相邻关系进行了较为完备的规定，可以为社区内相邻关系的调整和争议解决提供规范依据。在政策实施中，住建部也通过发布"可复制政策机制清单"的方式，推广通过民事诉讼途径解决老旧小区改造中产生的争议。[2]但是，在现代工业化社会，通过民法调整相邻关系争议存在难以克服的困境，难以形成完备的权利保障体系。第一，民法上相邻关系的调整具有滞后性。民法上的相邻关系主要体现为一种消极的防御机制，是不动产所有人将受到侵害的相邻关系调整回原初状态。在利益调整时间上难以介入相邻关系变动之前；在权利救济上要等到事后的司法救济。因此，民法上的相邻关系难以积极主动地介入空间利益调整的事前、事中阶段，可能导致社区空间利益关系的无序与混乱。第二，城市化的发展导致相邻关系受到行政规划的约束。在现代化社区中，私主体很难出于自身的意愿建造、修缮建筑物，根据我国《城乡规划法》的规定，建设工程需要申请建设工程规划许可证，[3]故对于现有相邻关系的改变需要行政机关调整规划许可，否则这种变化本身就具备违法性。在这种情况下，很难说某一权利主体的"意思自治"侵犯了他人相邻权。民事主体之间的相邻关系不再是完全基于意思自治的权利关系，而是转变为公民与行政机关之间的"主观公权利"与"国家"之间的公法关系。实践中产生的争议也大多聚焦于行政机关调整了规划许可后，部分社区居民根据规划许可合法的建造、修建行为是否侵犯他人的相邻权。[4]因此，现代社会中民法上的相邻关系已经转化为公法分配行政理念之下的空间利益关系，亟需完备的公法规则调整。

二、社区空间利益再分配的学理审视

老旧小区改造矛盾中存在多种利益冲突，最为理想的情况就是对其中存在

---

[1]《民法典》第 288 条。

[2] 参见《住房和城乡建设部办公厅关于印发城镇老旧小区改造可复制政策机制清单（第二批）的通知》。

[3]《城乡规划法》第 40 条第 1 款规定："在城市、镇规划区内进行建筑物、构筑物、道路、管线和其他工程建设的，建设单位或者个人应当向城市、县人民政府城乡规划主管部门或者省、自治区、直辖市人民政府确定的镇人民政府申请办理建设工程规划许可证。"

[4] 参见肖泽晟："论规划许可变更前和谐相邻关系的行政法保护：以采光权的保护为例"，载《中国法学》2021 年第 5 期。

的所有利益冲突都进行梳理调和，最终实现无矛盾纠纷的和谐邻里状态。但是，无论是基于人类理性的有限性还是行政机关资源的有限性，建立"乌托邦"式的无矛盾社会都是不可能也不必要的。因此，不是所有利益冲突都要纳入法学的视野进行调整，需要对其予以类型化的区分，以实现社区空间利益再分配中的效率与公正。在类型化构造的基础上，引入分配行政理论和正当程序原则，实现公共利益与私人利益、私人利益与私人利益之间的相对平衡。

（一）权利冲突与分配行政

社区空间利益再分配中的复杂利益矛盾可以被抽象为权利冲突，纳入法学的研究视野。正如上文所述，老旧小区改造中存在着极为复杂的利益结构，而利益可以分为三种类型：其一，未受法律保护的一般利益；其二，受法律保护的利益，又可以被称为"新兴权利"；其三，法定化的权利，包括宪法规定的基本权利和法律规定的法定权利。基于权利利益论，权利的本质就是利益。[1]这三种利益类型的冲突在社区空间利益再分配中都有体现，但其中未受法律保护的一般利益冲突并不在法学的研究视野内。除未受法律保护的一般利益外，老旧小区改造中的利益冲突都可以划分到财产权、社会保障权、隐私权、生活安宁权和环境权等权利的分析框架中。有学者认为，建筑法上的相邻权冲突就是基本权利冲突在行政法上的注脚。[2]因此，社区空间利益再分配矛盾的底层逻辑实际上是权利冲突。理论上，权利冲突是指两个或者两个以上具有法律之上依据的权利间的不和谐、矛盾状态。[3]而法律的重要使命之一就是调整利益，实现不同利益之间的平衡。通过何种方式化解权利冲突是破解老旧小区改造矛盾困境的关键所在。

以分配行政理念调和社区空间利益格局再分配矛盾具有正当性和必要性。第一，引入分配行政调整社区空间利益具有正当性。传统学理上，立法机关享有第一次形成权，应当以自由的立法解决基本权利冲突，[4]行政机关只需要依据现有的法律规范执行就能实现权利冲突和利益分配的法定化。但是，现代社会纷繁复杂，立法者的有限理性和法律固有的"滞后性"决定了立法者难以制

---

〔1〕 参见于柏华："权利认定的利益判准"，载《法学家》2017年第6期。

〔2〕 参见"基本权利冲突之辩"，载 https://mp. weixin. qq. com/s/coUCDlgPJqsvgZ5O9-FemQ，最后访问时间：2022年1月22日。

〔3〕 参见王克金："权利冲突论——一个法律实证主义的分析"，载《法制与社会发展》2004年第2期。

〔4〕 参见柳建龙："论基本权利冲突"，载《中外法学》2021年第6期。

定出完备的法律规范明确权利冲突的具体解决方法，反而相当多的权利冲突是由于法律规范的模糊性和滞后性引发的。因此，伴随着现代行政任务的变迁，立法与行政之间的互动产生了结构式的迭代性变化，最终形成了分配行政的利益调整理念。现代行政法转换为以公共性为基本定位，以裁量为手段的私人利益间的"分配法"。行政机关成为"利益调整平台"，调整私人间纷繁复杂的利害关系，实现从纵向的"国家—公民"关系调整法，转变为横向的"公民—公民"利益分配法。[1]行政主体调整、分配私人间的冲突利益。[2]在这个理论基础上，法律规范只为行政机关如何分配私人利益提供了宏观的外部框架，在法律框架下如何具体分配利益则由行政机关通过制定规划的方式决定。第二，引入分配行政调整社区空间利益具有必要性。当前，在法规范层面，老旧小区改造缺乏顶层设计和专项立法，大多数条文只是原则性描述，可操作性不强。[3]从实践来看，社区改造方案均是由行政机关制定老旧小区改造规划、调整原有规划许可等方式具体实施，行政机关实际上已经承担了多元化利益分配者的角色。在这个背景下，我们要做的应当是明确行政机关利益分配"中间人"的角色定位，通过合理方式限制行政机关的裁量权，避免行政机关在调整私人利益的过程中脱离法治的轨道。

如上所述，空间利益不是一种新兴的权利，而是不同权利、利益的整合。因此，笔者认为唯有从分配行政的角度分析才能破解现代社会中老旧小区改造导致的空间利益格局变化矛盾，实现社区居民间权利冲突纠纷的"空间正义"。

（二）正当程序原则与类型化构造

在"分配行政"的语境下，行政机关需要运用自身的行政裁量权对公民间的权利冲突予以"决断"。一方面，通过行政权调整社区空间利益的再分配可以弥补现有立法的不足，提高老旧小区改造的效率；另一方面，分配行政截断了代议制民主的"合法性链条"，存在民主正当性不足的问题，而且不受控制的裁量有可能导致行政权力的恣意，甚至导致"权力寻租"事件的发生。在现

---

〔1〕 参见王天华："分配行政与民事权益——关于公法私法二元论之射程的一个序论性考察"，载《中国法律评论》2020 年第 6 期。

〔2〕 参见鲁鹏宇、宋国："论行政法权利的确认与功能——以德国公权理论为核心的考察"，载《行政法学研究》2010 年第 3 期。

〔3〕 参见王斌武："上海市老旧小区有机更新的探索与实践"，载《经济研究参考》2016 年第 38 期。

代行政法治国家，行政裁量的存在和对裁量的限制是一致的。[1]因此，必须寻求一种方式对空间利益再分配中行政权的行使予以民主正当化证成和权力行使限制。而正当程序原则的引入可以解决分配行政的正当性与合法性困境。第一，正当程序可以赋予行政决策民主正当性。在涉及公民个体生活的决策过程中，公众参与不仅是可行的而且是必要的。[2]在代议制民主层面，存在"人民—代议机关—行政机关"的合法性链条，行政机关有权依法制定改造规划、调整规划许可；在参与制民主层面，行政机关应当通过信息公开、听取意见等方式完善公众参与程序，补充间接民主下公共决策的民主正当性。因此，社区改造中的公共决策形成了代议制民主和参与制民主的衔接，足以证成自身的民主正当性。第二，正当程序具有独立于实体而存在的内在价值，对于规范权力的行使具有重要意义。[3]罗尔斯将程序正义作为独立的类型进行分析，认为分配的正确性取决于产生分配的合作体系的正义性和对介入其中的个人要求的回答。[4]因此，在社区空间利益分配的问题上，不能仅仅关注最终分配结果的正当性，还要注重作为结果形成的程序的正当性，才能实现利益分配的实质正义。第三，正当程序下的公众参与有助于化解争议。[5]公众参与有助于社区居民对于老旧小区改造过程中各种利益间的张力充分了解，削弱乃至消除改造中存在的障碍。值得注意的是，伴随着法治政府建设和国家治理体系和治理能力现代化进程，行政机关已经具备相当的程序正义意识。实践中老旧小区改造并非不重视程序的价值，问题在于如何构造程序。[6]据此，摆在我们面前的现实问题就是如何构造有效、合理、公正的正当程序。

老旧小区改造涉及问题众多，如果对每一个方面都予以严密的程序保障和审慎的利益权衡，必然会极大地降低行政效率，使原本的"步履维艰"变为

---

〔1〕 参见 ［美］肯尼斯·卡尔普·戴维斯：《裁量正义———一项初步的研究》，毕洪海译，商务印书馆 2009 年版，第 27 页。

〔2〕 参见王锡锌："公众参与：参与式民主的理论想象及制度实践"，载《政治与法律》2008 年第 6 期。

〔3〕 参见周佑勇：《行政法基本原则研究》，法律出版社 2019 年版，第 214~215 页。

〔4〕 参见 ［美］约翰·罗尔斯：《正义论》，何怀宏、何包钢、廖申白译，中国社会科学出版社 1988 年版，第 79~85 页。

〔5〕 参见姜明安："公众参与与行政法治"，载《中国法学》2004 年第 2 期。

〔6〕 参考住建部印发的四份城镇老旧小区改造"可参考政策机制清单"，其中列举了全国各个省份的程序机制，但是缺乏核心价值引领和明确的程序构造，总体上呈现出"五花八门""四面出击"的样态。

"驻足不前"。公正与效率是行政程序法追求的价值。[1]因此，需要以类型化的思维对其进行内部区分。一般而言，类型化是指根据研究对象的特征予以划分，将具有类似特征的社会现象和经验事实划为一类，再将各个不同类型之间组成一个统一的类型体系。[2]当前，中央层面对于老旧小区改造明确了"基础类""完善类""提升类"三种类型，但这是为了"合理确定改造内容"的类型化，而非空间利益再分配的类型化构造。对于空间利益再分配的类型化应当以对利益格局的"改变"程度大小为中心，构建不同层次的老旧小区改造项目：其一，微改造，指仅对老旧小区的"外在"进行的局部改造，实质上没有改变原有的空间利益格局。例如，在墙面、空地喷刷油漆标识[3]、增设智能快件箱、智能信包箱、墙面维修等微型改造。其二，部分改造，指对于老旧小区的"内在"进行的局部改造，改变了原有的空间利益格局。例如，楼栋加装电梯、光纤入户、架空线规整、供水与供热等基础设施改造。其三，整体改造，指对于老旧小区的"整体"进行改造，实质上"颠覆了"原有的利益格局。例如，拆除违法建筑、修建停车场、建筑翻新等大规模改造。针对不同程度的"改造"配备不同的程序机制，实现老旧小区改造中效率与公正的价值平衡。值得一提的是，"类型不能定义，只能描述"，[4]类型化是相对的而不是绝对的，只存在核心而不存在明确的范围。因此，老旧小区改造的三种类型存在内部的"流动过渡"，在实践中应当结合实际情况和公众意见予以细化和调整。

三、社区空间利益再分配的实质化正当程序构造

有学者通过整理数据表明，邻避案件中当事人选择公力救济的比例只占11.6%，行政诉讼占比更是只有0.3%，民众更倾向于私力救济方式。[5]可见，作为争议最终解决方式的司法裁判可以"定分止争"，但是难以介入利益调整的过程，而这正是解决老旧小区改造纠纷的关键所在。因此，有必要构造有效的程序机制，由行政机关在事前事中介入利益调整阶段，实现各方利益平衡。

---

〔1〕 参见应松年主编：《比较行政程序法》，中国法制出版社 1999 年版，第 60 页。

〔2〕 参见张斌峰、陈西茜："试论类型化思维及其法律适用价值"，载《政法论丛》2017 年第 3 期。

〔3〕 例如，在广场的地面和井盖上涂绘卡通图案。参见任珊："'微手术'让老旧小区焕新颜"，载《北京日报》2021 年 11 月 11 日，第 7 版。

〔4〕 ［德］卡尔·拉伦茨：《法学方法论》，陈爱娥译，商务印书馆 2003 年版，第 189 页。

〔5〕 参见鄢德奎："市域邻避治理中空间利益再分配的规范进路"，载《行政法学研究》2021 年第 5 期。

（一）规划阶段：正当程序下的利益申报机制

实践中，在老旧小区改造过程中政府并非不在意社区居民意见。相反，政府推行了多种程序参与机制，但大多未取得预期的效果。一方面，公民作为治理主体，行使权利的同时还需要付出较高的制度化成本，多数居民不愿意参与治理。[1]另一方面，现有的公众参与仍然是形式化地听取公众意见，各方观点极为庞杂，未能聚焦到社区空间利益再分配这一核心矛盾，导致程序浮于表面、流于形式。因此，有必要进行程序再造，构造实质化的正当程序机制。

首先，以利益申报程序作为决策程序的主要组成。行政机关搭建多方利益整合的"平台"是有效分配多元主体间利益纠纷的前提，正当程序应当具备实现"利益汇总"的功能。支持公共政策的首要步骤就是确定利益相关者及其目标，汇聚政治行为者、官僚行为者、利益集团、专家和社区居民的利益诉求和决策期望，以作为决策辅助分析的基础。[2]因此，真实有效的程序机制中应当以利益申报为核心，规划制定者需要构建以改造计划告知、利益相关者意见吸收、多方利益变化整合和利益变动情况公开为框架的实质化程序机制，避免流于形式的"盲目"听取意见。

其次，建立区分化的程序机制。实践中的程序困境不是没有程序，而是缺乏合理的程序，导致公众参与成本高昂。政府有义务畅通社区居民的参与渠道，引导各个利益主体的互动更加畅通，利用居民的积极参与减少冲突。[3]在老旧小区改造规划制定时，行政机关应当根据社区空间利益变动的程度，对不同类型的改造匹配差异化的程序机制。"微改造"大多为外在上的翻新，利益变动极其微小，宜采取整体规划，以一体告知的方式听取公众意见，避免因为频繁改造影响居民正常生活。"部分改造"涉及对于小区内部分住户较大利益的再分配，需要单独告知改造事项，并且符合相关法律规范要求。值得注意的是，符合法律规范并不意味着程序就此终结，相应的规范是对于改造可行性和合法性的要求，社区空间利益再变动产生的争议并未因此而消解。

---

〔1〕 参见付诚、王一："公民参与社区治理的现实困境及对策"，载《社会科学战线》2014年第11期。

〔2〕 Valentina Ferretti, "From stakeholders analysis to cognitive mapping and multi-attribute value theory: an integrated approach for policy support", European Journal of Operational Research, Vol. 253, No. 2, 2016, p. 2.

〔3〕 参见颜昌武、杨郑媛："从破坏性冲突到建设性冲突——老旧小区加装电梯的突围之道"，载《天津行政学院学报》2020年第2期。

因此，仍然需要整合各方利益的变动情况，对于其中的法定权利冲突和新兴权利冲突予以考虑并予以调和，不能简单地以"少数服从多数"抹杀少数人的权利。"整体改造"是利益格局变动最大的改造方案，可能导致社区空间价值大幅上升或下降，必须通过最为严密的程序形成最为合理的改造规划。实践中，部分省市推行改造的三次参与机制。笔者认为，今后应当以现实经验为基础，引入利益申报机制，最大程度地汇总居民意见，实现公众利益、私人利益的多方平衡。

最后，结合老旧小区现实特点修正具体的行政程序。现实中的具体情形各不相同，试图以一个统一的程序处理所有的复杂情形必然导致极端的"个别不正义"。因此，当地政府需要结合改造社区中老年人的数量、抗风险能力、历史文化价值等具体情形，适当调整程序的具体设计。例如，对于老龄化较高的社区应当避免仅使用信息化的方式告知权利和听取意见，还需要以登门拜访、详细解读等方式确保程序的有效性；对于抗风险能力较差的社区应当慎重进行"整体改造"，避免造成居民"无家可归"的人道主义困境。[1]

（二）实施阶段：事前事中的利益平衡机制

正如前文所述，城市更新需要处理和平衡多个利益相关者的观点，解决相互冲突的目标。[2]而民事纠纷解决方式的困境在于权利救济的"滞后性"和现代城市建设规划导致的民事权利转化为"主观公权利"。因此，公法保障模式的优势就在于可以在老旧小区改造的事前、事中程序中对多元主体的利益变动予以平衡，将纠纷化解在行政程序之中，实现有效的"诉源治理"。例如通过对决策问题定义、备选选项、偏好诱导利益聚合等方式辅助决策。对此，行政机关需要在以下两个方面推动社区空间利益再分配的利益平衡机制。

第一，运用权利位阶理论判断各方权利的优先性。权利位阶理论是指在理论上划分出不同权利具有不同的重要地位，权利冲突时优先考虑更为重要的权利。例如，焦洪昌教授认为老旧小区改造期间安装电梯中涉及低层住户的财产

〔1〕 参见冯大鹏："旧城改造'五证'皆无成烂尾，部门'踢皮球'拆迁户7年无家可归"，载 http://finance.people.com.cn/n1/2018/0822/c1004-30243322.html，最后访问时间：2022年1月22日。

〔2〕 V. Ferretti, R. Grosso, "Designing successful urban regeneration strategies through a behavioral decision aiding approach", Cities, Vol. 95, No. 12, 2019, p. 2. 文章作者通过分析都灵市（意大利）废弃军营和城市重建过程，讨论了多个利益相关者决策过程的现实应用，对于我国老旧小区改造中的多元化利益纠纷解决具有一定的参考价值。但该篇文章是从一个更加宏观的角度讨论城市更新问题，社区居民的利益分析只是其中的一个环节。

权和高层住户的社会保障权之间的紧张关系，依据不同的价值立场会得出不同的保障结论。对于实践中"电梯难题"的低层住户财产权和高层住户的社会保障权、低层住户的"日照权"和残疾人无障碍通行的社会保障权等权利冲突应当以社会权利的保障为先。

第二，在行政程序中平衡各方利益变动。权利位阶的划分也不是社区利益再分配的程序终点，补偿受损权利是法治的题中之义。以规制的视角研究法学问题具有独特的价值，但仍要保留对法教义学的适度回归，这是法学研究独立性之所在。我国《城乡规划法》第50条的规划变动条款为社区空间利益再分配的合理补偿提供了法律规范解释空间。[1] 老旧小区改造实际上就是对原有规划的修改，法理上属于规划许可的变更，对于合法权利造成损失的应当给予补偿。从法释义学的角度，本条并未明确补偿的主体。因此，可以对本条的补偿主体予以扩大解释，以实现最终的利益平衡。

结　论

老旧小区内存在的多元利益格局具有复杂性、稳定性和矛盾易发性，构成了一个存在众多利害关系人的"生态系统"，任何对于现存"生态系统"的打破和重建都将导致利益格局的变化和空间利益的重新分配。因此，老旧小区改造中产生争议的根本原因在于社区内空间利益再分配的不和谐。对此，基于分配行政的理念，行政机关需要坚守调和多元利益的"中间人"角色，避免直接成为利益分配的"当事人"。在这个前提下，行政机关应当构造以"利益整合"为导向的实质化正当程序，打造利益申报平台，有效收集社区居民的利益诉求和利益损失，避免盲目听取意见导致行政效率降低和居民利益保护不全面的负面后果。而作为"中间人"的行政机关有权根据现有的利益申报情况，能动地运用权利位阶理论裁量"公共利益—私人利益""私人利益—私人利益"间的价值权衡，进而作出老旧小区改造决策，最后依据"受益者出资"原理平衡各方利益，恢复社区空间利益的稳定状态，保障社区居民关系的邻里和谐。

---

　　[1]《城乡规划法》第50条规定："在选址意见书、建设用地规划许可证、建设工程规划许可证或者乡村建设规划许可证发放后，因依法修改城乡规划给被许可人合法权益造成损失的，应当依法给予补偿。经依法审定的修建性详细规划、建设工程设计方案的总平面图不得随意修改；确需修改的，城乡规划主管部门应当采取听证会等形式，听取利害关系人的意见；因修改给利害关系人合法权益造成损失的，应当依法给予补偿。"

行政诉讼法律适用中的宪法规范适用

——以审判实践为中心

张　宁*

摘　要：宪法规范适用理论是宪法间接司法适用的途径。我国行政诉讼中存在宪法规范适用的情形，且对其作典型与非典型的类型划分。具体而言，其司法适用现状暴露出理论缺位、忽视法秩序的意义脉络与价值关系以及对宪法规范的解释过程不明晰等问题。为促使宪法规范适用的本土化与规范化运行，在适用路径方面，人民法院应当将之作为最后的行政法解释方法，并尽量在法律规范的文义范围内适用宪法规范，同时谨慎进行法律内的法律续造，并注意在裁判论证中明晰法益衡量过程；全国人大及其常委会应当牵头建立宪法规范适用案件的衔接机制。

关键词：宪法规范适用；间接适用；行政诉讼；中国模式

所谓宪法规范适用，最早源于美国"回避宪法判断原则"[1]的实践，后传入意大利、瑞士等欧洲国家，并于德国发扬光大。不论宪法间接适用理论传入中国后的理论变体为何，其本质均是兼容体系解释因素与目的解释因素的独立

---

* 张宁，中国政法大学 2019 级宪法学与行政法学专业硕士。

〔1〕"回避宪法判断原则"是指当一个立法存在两种解释可能，其中一种解释将产生严重且带有疑虑的宪法问题，而另一种解释可以回避之，则法院的职责是采纳后者。参见［日］芦部信喜著、高桥和之补订：《宪法》，林来梵、凌维慈、龙绚丽译，清华大学出版社 2018 年版，第 300~301 页。

法解释方法，[1]也是广义宪法适用的形式之一。[2]我国多数宪法学者所认可的宪法间接适用概念意指，法院在裁判个案的过程中，应当将宪法规范纳入考量范畴。但即使多数宪法学者对宪法间接适用的概念已达成上述共识，仍有相当一部分学者对此存在分歧，导致"宪法间接适用"用语的多义性，[3]并以此为基础出现了各种宪法间接适用之"变体"。[4]笔者以为，在当前行政宪法间接适用的初探阶段从学理角度难以对宪法间接适用进行精准定义，[5]采取描述特

------

〔1〕 伯恩·魏德士、黄茂荣等学者主张宪法规范适用属于体系解释的范畴，参见［德］伯恩·魏德士：《法理学》，丁晓春、吴越译，法律出版社 2003 年版，第 335 页；［韩］金日秀、徐辅鹤编：《韩国刑法总论》，郑军男译，武汉大学出版社 2008 年版，第 34 页；黄茂荣：《法学方法与现代民法》，中国政法大学出版社 2001 年版，第 263 页；陈新民：《法治国公法学原理与实践（上）》，中国政法大学出版社 2007 年版，第 435 页。另有学者认为宪法规范适用实属目的解释，参见王旭："行政法律裁判中的合宪性解释与价值衡量方法——对一个行政案件法律推理过程的具体考察"，载《行政法学研究》2007 年第 1 期。笔者认同韩大元、蔡琳的观点，即宪法规范适用属于一种独立的法解释方法，参见韩大元："论合宪性推定原则"，载《山西大学学报（哲学社会科学版）》2004 年第 3 期；蔡琳："合宪性解释及其解释规则——兼与张翔博士商榷"，载《浙江社会科学》2009 年第 10 期。

〔2〕 有关宪法规范适用的宪法适用性质，学界争论较为激烈，持肯定说的学者主要有李海平、姜福东、上官丕亮等，参见李海平："民法合宪性解释的事实条件"，载《法学研究》2019 年第 3 期；姜福东："司法过程中的合宪性解释"，载《国家检察官学院学报》2008 年第 4 期；上官丕亮："当下中国宪法司法化的路径与方法"，载《现代法学》2008 年第 2 期。持否定说的主要有谢维雁、夏引业等，参见谢维雁："论合宪性解释不是宪法的司法适用方式"，载《中国法学》2009 年第 6 期；夏引业："合宪性解释是宪法司法适用的一条蹊径吗——合宪性解释及其相关概念的梳理与辨析"，载《政治与法律》2015 年第 8 期。笔者持肯定说。

〔3〕 例如梁慧星教授认为，宪法规范适用不仅适用于宪法与法律关系的判断，也适用于其他以位阶较高的法律规范解释位阶较低的法律规范，参见梁慧星："论法律解释方法"，载《比较法研究》1993 年第 1 期；王锴教授采用德国宪法法院的观点作为宪法规范适用的概念，即"当一个法律规范存在多种解释之可能，其中至少有一个解释合宪、至少有一个解释违宪时，应当选择不违宪即符合宪法的解释"，Vgl. BVerfGE 41，65（86）；64，229（242）；69，1（55）；74，297（299，345，347）；88，203（331），转引自王锴："合宪性解释之反思"，载《法学家》2015 年第 1 期；谢立斌教授认为，宪法规范适用即是按照宪法规则、原则和精神来解释法律，此种理解又被称为"基于宪法的解释"，参见谢立斌："德国法律的宪法化及其对我国的启示"，载《浙江社会科学》2010 年第 1 期。

〔4〕 例如朱福惠教授从宪法教义学的视角，提出基本法律和一般法律不可能存在违宪的情形，因而在宪法规范适用的过程中只能作出认定其合宪的决定；普通法院在没有违宪疑虑的情况下可以宪法的原则和精神解释法律，但不得阐明宪法规范的含义；将宪法规范适用的司法主体先定位最高人民法院；参见朱福惠："法律合宪性解释的中国语境与制度逻辑——兼论我国法院适用宪法的形式"，载《现代法学》2017 年第 1 期。但也有学者提出不同甚至相反的意见，例如黄卉教授、上官丕亮教授主张各级人民法院均可进行宪法规范适用且法院可以行使司法性的宪法解释权力。参见黄卉："合宪性解释及其理论检讨"，载《中国法学》2014 年第 1 期；上官丕亮："当下中国宪法司法化的路径与方法"，载《现代法学》2008 年第 2 期。

〔5〕 ［德］卡尔·拉伦茨：《法学方法论》，陈爱娥译，商务印书馆 2003 年版，第 97 页。

征式的类型化分析思路或许更有助于探求其"真实面貌"。[1]笔者在此采用广义开放式的宪法间接适用概念,即具有独立法解释方法与宪法适用"双重性质"的、[2]至少包括"三个面向"且不排除司法实践中自发形成的其他形态的宪法间接适用。[3]

一、宪法间接适用理论之研究现状

学者们试图采取相对和缓的"间接宪法适用"方式。例如张翔教授在整合宪法司法适用实践所形成的理论成果的基础上,划分为两种意义的宪法案件,即违反宪法规范适用审查意义上的宪法案件和法律的宪法间接适用意义上的宪法案件。[4]上官丕亮教授甚至没有避讳"宪法司法化"之概念,主张"符合宪法规范适用的解释"可作为"第三种宪法司法化",并认为符合宪法规范适用的解释作为当前我国宪法司法化的最佳路径,"可以开创当下中国宪法司法化的新局面"。[5]可见,使宪法在司法中发挥一定的影响是宪法间接适用理论与宪法司法实践的最大公约数。[6]

从纯粹的宪法学视角来看,学界通说认为宪法间接适用理论主要有两项目的,其一,通过司法途径"把宪法的效力在实践中运用起来",化解我国宪法同时具有"最高法律效力"与"最虚置法律效力"的尴尬处境,这也是宪法学

---

〔1〕 关于"概念"与"类型"的差异,简言之,前者由充分且必要的概念要素构成,借助涵摄的手段判断能否将某种情形归入其中,而后者相较于前者具有较大的开放性,借助特征描述以及价值导向的思考方式进行判断。从宪法学者引入合宪性解释理论至今,大部分学者所持的"概念要素"均有细微差异,围绕宪法规范适用理论之本相的争论也不在少数,但似乎并未形成通说。因此,由于本文主要是关于宪法规范适用理论在行政司法实践运作情形之实证研究,故笔者不再过多纠结于宪法规范适用之准确含义,而是通过其典型特征限定其内涵范围。有关"概念"与"类型"的区分,详见〔德〕卡尔·拉伦茨:《法学方法论》,陈爱娥译,商务印书馆 2003 年版,第 95~103 页。

〔2〕 笔者认为宪法规范适用具有解释方法性质与宪法适用性质。前者是指宪法规范适用是兼容体系解释因素与目的解释因素的独立法解释方法,后者是指宪法规范适用是广义宪法适用的形式之一,且宪法适用性质才是宪法规范适用的实质与核心。参见李海平:"民法合宪性解释的事实条件",载《法学研究》2019 年第 3 期。

〔3〕 瑞士学者坎皮休和穆勒将宪法规范适用规则分为三种,即"三个面向":"单纯解释规则",即宪法相关规定应当在解释法律时直接发生一定影响;"冲突规则",即在数种可能的法律解释中应优先选择与宪法内容相符者;"保全规则",即法律有违宪疑义而有数种解释可能时,应当选择不违宪的解释。参见苏永钦:《合宪性控制的理论与实践》,月旦出版社 1994 年版,第 84、108 页。

〔4〕 参见张翔:"两种宪法案件:从合宪性解释看宪法对司法的可能影响",载《中国法学》2008 年第 3 期。

〔5〕 上官丕亮:"当下中国宪法司法化的路径与方法",载《现代法学》2008 年第 2 期。

〔6〕 黄卉:"合宪性解释及其理论检讨",载《中国法学》2014 年第 1 期。

界推动宪法间接适用的主要动因；其二，维护以宪法为核心的统一稳定的法秩序。[1]从宪法学与其他法律部门的交叉研究视角来看，民事、刑事和行政领域的研究水平参差不齐。在民事领域进行宪法间接适用的规范条件之探讨已旷日持久，有关研究也形成了丰硕的研究成果，[2]事实层面适用条件的研究也在近期"晨光初现"。[3]刑事领域的宪法间接适用研究也处于"蓬勃发展"的状态。刑法学者已多将宪法间接适用作为解释刑法规范的重要手段，[4]更有研究已深入宪法间接适用对入罪出罪之影响的层面。[5]

但是与宪法关系最为密切的行政法领域竟几乎"无人问津"，不仅该领域的宪法间接适用研究资料较为匮乏，其研究成果更是寥寥可数。例如，王旭最早在题目中提及"宪法间接适用"一词，关注行政法律推理过程中的宪法间接适用之运用，但在行政法律之宪法间接适用本体论问题上，也并未深入研究。[6]另有学者对行政法律适用与宪法间接适用的关联进行了实证法意义上的探究，但也仅限于行政法上"公共利益"概念符合需宪法规范的控制等问题。[7]在实证研究层面，民事、刑事和行政领域的宪法间接适用之个案研究均极为少见。综上，学界以往的研究主要集中于宪法间接适用的理论引介与逻辑演绎，采用实证主义方法开展论证的成果寥寥可数，使得"行政诉讼法律适用中的宪法间接适用"在一定程度上已然成为宪法间接适用论题的一大空缺之地，笔者基于此展开下文。

二、行政宪法间接适用之类型化分析

笔者先以行政裁判文书的"本院认为"部分包含"宪法"二字为检索条件，共检索到 5199 篇行政裁判文书，后经笔者仔细筛查，将没有实质援引宪法

---

〔1〕 参见夏正林："'合宪性解释'理论辨析及其可能前景"，载《中国法学》2017 年第 1 期。

〔2〕 例如，张翔教授以法律条文的抽象化程度以及是否存在例外情形为标准，提出了宪法规范适用的四项基本规则，参见张翔："两种宪法案件：从合宪性解释看宪法对司法的可能影响"，载《中国法学》2008 年第 3 期；王利明教授主张只有在其他方法不能适用的情况下才能采用宪法规范适用，参见王利明：《法律解释学导论——以民法为视角》，法律出版社 2017 年版，第 470 页。

〔3〕 参见李海平："民法合宪性解释的事实条件"，载《法学研究》2019 年第 3 期。

〔4〕 参见梁根林："罪刑法定视域中的刑法适用解释"，载《中国法学》2004 年第 3 期；陈璇："正当防卫与比例原则——刑法条文合宪性解释的尝试"，载《环球法律评论》2016 年第 6 期。

〔5〕 参见张武举："刑法伦理解释论"，载《现代法学》2006 年第 1 期。

〔6〕 参见王旭："行政法律裁判中的合宪性解释与价值衡量方法——对一个行政案件法律推理过程的具体考察"，载《行政法学研究》2007 年第 1 期。

〔7〕 参见门中敬："含义与意义：公共利益的宪法解释"，载《政法论坛》2012 年第 4 期。

规范的案例排除在样本案例之外，最后共得样本案例 74 件。[1]此外，笔者于各类文献资料中获得符合本文检索标准，但未在网络上检索到的样本案例共 7 件。[2]经笔者归纳，我国审判实践中客观存在的行政宪法间接适用可以"解释客体"为标准作典型与非典型之分，后者占有绝对比重，但似乎并未得到宪法学界的足够重视。下文将本着价值无涉的立场，采用社会科学之"模式论"[3]研究方法，对应采用了宪法间接适用方法的样本案例展开类型化整理。

（一）典型意义上的宪法间接适用

所谓典型意义上的宪法间接适用是指，以宪法之下的法规范为解释客体的宪法间接适用类型，此种类型更接近上述共识所界定的宪法间接适用定义，学界现有宪法间接适用成果所涉研究对象，也多为此宪法间接适用类型。典型意义的宪法间接适用案例共计 25 件，约占样本案例总数的 30.9%。其中，"严格宪法间接适用"共计 7 件，占比 28%；"正当化个案衡平"共计 6 件，占比 24%；"单纯符合宪法规范适用的认定"共计 12 件，占比 48%。

1. 严格宪法间接适用

相比于其他类型，笔者所谓"严格宪法间接适用"最为符合宪法间接适用的理论原貌，其表现为"三个面向"的应用逻辑。在裁判文书中，已经可以发现"单纯解释规则"与"冲突规则"（甚至是"保全规则"）的论证模式。

如"孙海梅与江苏省如皋市烟草专卖局""如皋市人民政府烟草专卖行政许可与行政赔偿案"，可在一定程度上体现单纯解释规则。[4]法院确定孙海梅具备提起撤销之诉的原告主体资格的依据为"被诉行政行为涉及公平竞争权的，公民、法人或其他组织有权提起行政诉讼"，[5]后又指出"公平竞争权是宪法

---

〔1〕 上述案例来源于聚法案例数据库，载 https://www.jufaanli.com/，最后访问时间：2020 年 6 月 13 日。笔者所谓"没有实质援引宪法规范"，是指当事人姓名中含有"宪法"字样以及裁判文书的"本院认为"部分出现类似"根据宪法及法律……"的表述等与具体宪法规范内容无关的情形。

〔2〕 有关上述 7 件未在网络上检索到的样本案例，参见林孝文："我国司法判决书引用宪法规范的实证研究"，载《法律科学（西北政法大学学报）》2015 年第 4 期；吴纪宏："宪法在司法审判中的适用性研究"，载《北方法学》2007 年第 3 期；杜强强："论合宪性解释的法律对话功能——以工伤认定为中心"，载《法商研究》2018 年第 1 期。

〔3〕 所谓"模式论"研究方法，意在揭示我国行政诉讼中宪法规范适用实践的属性或特征，与"类型化研究"关系密切。参见陈瑞华：《刑事诉讼的中国模式》，法律出版社 2018 年版，第 24 页。

〔4〕 江苏省南通市中级人民法院行政判决书（2017）苏 06 行终 312 号。

〔5〕 本条原文为 2000 年《最高人民法院关于执行〈中华人民共和国行政诉讼法〉若干问题的解释》第 13 条第 1 款第 1 项："有下列情形之一的，公民、法人或者其他组织可以依法提起行政诉讼：（一）被诉的具体行政行为涉及其相邻权或者公平竞争权的；……"

规定的平等权内容的重要部分"，意在指出在对 2017 年《行政诉讼法》有关原告主体资格的规定进行理解时，应当将宪法保护公民在经济经营领域的平等权之意志纳入考量范围，这也是基于宪法平等权规范对《行政诉讼法》进行解释，使宪法规范在行政诉讼法律部门产生影响的表现。

2. 正当化个案衡平

个案衡平是司法机关因具体案件的特殊性而对既定法律规范作出补充或修订，以使案件裁判符合实质正义要求的手段，其本质是法官为了协调法治价值与正义价值、弥补法律漏洞而进行"造法"的过程。此类宪法间接适用方式在工伤确认案件中居多，其个案衡平因素体现于扩大工伤认定事由与申请主体范围。[1]

在"陈卫群与江苏省启东市劳动和社会保障局工伤认定决定案"中，[2]法院并未囿于 2003 年《工伤保险条例》第 14 条第 1 款第 6 项的字面含义，[3]将上下班途中发生工伤的事由局限于《道路交通安全法》规定的"机动车"所导致的事故伤害，而是基于涉案电动自行车最高时速与机动车一般时速的一致，认定该电动自行车达到一定速度后即具有类似机动车运行的风险。法院认为，2003年《工伤保险条例》对于本案来讲存在开放的法律漏洞，法院根据 1999 年《宪法》第 42 条第 2 款为公权力设定的保护劳动者的义务，通过目的性扩张的解释方法，将"电动自行车"纳入"机动车"的含义范围内。

在婚姻民政行政管理领域，笔者同样发现了正当化个案衡平的宪法间接适用类型。譬如"张富凤诉临海市民政局撤销民政登记案"[4]，法院以"婚姻自由属于《宪法》规定的公民基本权利之一，如不允许原告起诉、纠错，将可能永远剥夺当事人要求离婚的权利"为由，认定"原告的起诉未超过法定期限"。

这一"造法"过程甚至体现了宪法间接适用之保全规则：若按通常理解，法院定会以超过起诉期限为由驳回原告诉讼请求，但如此将直接抵触《宪法》第 49 条第 4 款，从而使《行政诉讼法》存在违反宪法规范适用的疑虑，而本案法官对起诉期限条款的"特殊"的解释，不仅妥善保障了原告离婚的合法权

---

〔1〕 参见杜强强："论合宪性解释的法律对话功能——以工伤认定为中心"，载《法商研究》2018年第 1 期。

〔2〕 参见最高人民法院行政审判庭编：《中国行政审判案例（第 2 卷）》，中国法制出版社 2011 年版，第 137 页。

〔3〕 本条原文为 2003 年《工伤保险条例》第 14 条第 1 款第 6 项："职工有下列情形之一的，应认定为工伤：……（六）在上下班途中，受到机动车事故伤害的；……"

〔4〕 浙江省临海市人民法院行政判决书（2019）浙 1082 行初 41 号。

利，而且维持了《行政诉讼法》与《宪法》之间的一致性。

3. 单纯符合宪法规范适用的认定

在本就为数不多的典型宪法间接适用案例中，有48%的裁判文书并未明确展现宪法间接适用之解释法规范的过程，有学者称其为"单纯符合宪法规范适用的认定"的援宪说理方式，[1]但笔者认为，毋宁直接视其为单纯符合宪法规范适用的认定式宪法间接适用类型。

"芮跃萍与海宁市规划建设局规划行政许可案"是单纯符合宪法规范适用的认定类型的代表性案例。[2]法院同时援引《宪法》第10条第2款和2004年《土地管理法》第8条第2款，我们可从该判决书的细节之外可窥见宪法间接适用的端倪——"《宪法》第10条第2款和《土地管理法》第8条第2款均规定……"之"均"字，意为二者的规范内涵完全一致。故而对《土地管理法》的理解与适用，都应当符合相关宪法条款的制度规定。从宪法与法律关系的判断层面考量，宪法间接适用因素更为明确的则是"吴刚不服北京市公安局行政许可不作为案"。[3]

（二）非典型意义的宪法间接适用

所谓非典型意义的宪法间接适用是指，以公民及行政机关的行为或其他事实性因素作为解释客体的宪法间接适用类型。经笔者统计，该类行政宪法间接适用共计56件，约占样本案例总数的69.1%。其中，"解释公民行为"共计5件，占比约为8.9%；"解释政府行为"共计3件，占比约为5.4%；"其他事实认定"共计14件，占比25%；"限制基本权利"共计34件，占比约为60.7%。

1. 解释公民行为

样本案例呈现的裁判模式均为法院直接依据宪法认定公民的某行为"非法"，故本文所涉"解释公民行为"的宪法间接适用类型也限于认定公民行为违反宪法规范适用的范围内。

在"王某某与安丘市公安局治安行政处罚案"中，[4]第三人李某因债务纠

---

〔1〕 参见谭清值："行政处罚规范的合宪性解释——基于66个行政处罚案例的实证考察"，载《交大法学》2019年第1期。

〔2〕 浙江省嘉兴市中级人民法院行政判决书（2011）浙嘉行终字第15号。

〔3〕 北京市第二中级人民法院行政裁定书（2015）二中行终字第01196号，法院不仅在《宪法》第35条集会游行示威自由权条款后直接引用《集会游行示威法》第13条不予许可的救济条款，而且进一步指出后者"系为保障上述政治权利依法行使而制定的特别法"，认定法律符合宪法规范的意味呼之欲出。

〔4〕 安丘市人民法院行政判决书（2014）安行初字第162号。

纷从中国银行安丘市支行门口用车将原告王某某拉到某山上的小屋内，限制其接听电话并不准其离开。法院在判决书的"本院认为"部分首先肯定第三人李某存在限制原告王某某人身自由的行为，其后引用《宪法》第37条人身自由权条款，得出"第三人李某无出于何种原因都无权限制他人的人身自由，故其限制原告王某某人身自由的行为是非法行为"的结论。

2. 解释政府行为

解释政府行为的宪法间接适用包括认定政府行为符合宪法规范适用与认定政府行为不符合宪法规范适用。即便在我国的宪法架构之下，由司法机关在裁判文书中直接认定行政机关违反宪法规范适用或许显得有些扎眼，但实践中已经出现此种判例。

以宪法规范对政府行为与宪法的相符性进行解释的案例，如"舟山市太平洋科技发展有限公司与舟山市普陀区财政局财政管理行政处罚案"[1]。法院引用《宪法》第40条肯定了上诉人享有通信自由和通信秘密权，并认为"非经法定机关法定程序不得侵犯"，后以上诉人系自愿配合行政执法机关调查取证为由，认定被上诉人的证据调取过程"不存在违法取证情形"，即认定被上诉人普陀区财政局的取证行为未侵犯上诉人通信自由和通信秘密的宪法权利，符合《宪法》对行政机关的行为要求。

3. 其他事实认定

其他事实是指，除当事人行为之外的前提性、事实性因素。根据样本案例，主要包括土地及其他自然资源的所有权、行政机关的职权等。其他事实认定类宪法间接适用的基本裁判逻辑为：首先依据宪法规范对某事实性要素作出定性，再以此为前提对原告一方诉讼请求和案件争议焦点进行裁判。

在"刘广兰与旅顺国土局土地使用权登记案"中，[2]法官以《宪法》第10条关于土地使用权的规定认为，"原告主张该涉案土地应归其所有、使用，于法无据"。此处便是对涉案土地的所有权这一事实性因素进行判断，并以此为基础否定了原告方支持其诉讼请求的事实理由。另外，本案法官将《土地管理法》第8条附加于《宪法》第10条之后，也有上文所述单纯符合宪法规范适用的认定的色彩。

---

〔1〕 舟山市中级人民法院行政判决书（2012）浙舟行终字第14号。
〔2〕 大连市旅顺口区人民法院行政判决书（2016）辽0212行初4号。

4. 限制基本权利

在限制基本权利的宪法间接适用类型中，几乎全部为涉访案件。司法机关主要援引《宪法》第 35 条、第 36 条、第 38 条、第 41 条认可原告方的基本权利，再通过以下两个途径对上述基本权利加以限制：其一，基本权利内在界限的限制；[1]其二，《宪法》第 33 条第 4 款之履行法律义务的限制。

限制途径之一，《宪法》第 51 条基本权利内在界限的限制。在"汪某余与淳安县公安局治安行政处罚案"[2]中，原告汪某余在微信朋友圈和微博多次转发不实消息并附加诱导性评论，在被告淳安县公安局作出行政拘留的处罚决定后，其以《宪法》第 35 条言论自由权为依据提起行政诉讼。审理法官认为原告的行为扰乱公共秩序进而超出了正当权利界限，这一结论是受《宪法》第 51 条的影响。

涉访行政案件的裁判逻辑趋于同一，均是肯定公民具有合法反映意见、申诉控告的宪法权利，后以 2005 年《信访条例》对原告方在非信访接待场所违法上访或其他扰乱公共秩序的信访行为作出否定性评价，进而维持公安机关的行政处罚行为。由此体现限制基本权利的第二种途径：法律义务的限制。以"唐某坤与正宁县公安局治安行政处罚案"[3]为例，法院引用《宪法》第 33 条第 3 款并指出"申诉和上访是其依法享有的权利"，但此种权利也应"依法行使"，随后法院便以上诉人未按照《信访条例》第 35 条的程序申请复核，而选择上访，认定公安机关的处罚行为合法。

三、我国行政诉讼宪法间接适用存在的问题

样本案例的类型分布似乎暴露了我国行政诉讼中宪法间接适用的"硬伤"。从非典型意义的宪法间接适用占比 69.1% 的事实中，我们似乎可以得出"作出样本案例裁判的法官并不清楚自己已经适用了宪法间接适用理论"这一结论，而大部分裁判文书的论理过程，也并未展现宪法间接适用理论的价值精髓与核心功能。此外，法官应用宪法间接适用方法进行裁判时，似乎有意忽略了本应

---

[1] 认为基本权利内在界限的理论认为，权利自始都是有其"固定范围"的，权利的保障并非漫无边界，相反地，按照权利的本质，任何权利都是有着自然而然的、固定的范围的。这种基本权利的内在界限决定了基本权利的行使，不能侵害其他主体的自由权利，不能侵害公共利益。从实定法的视角看，我国基本权利的内在界限体现于《宪法》第 51 条。参见张翔："基本权利限制问题的思考框架"，载《法学家》2008 年第 1 期；林来梵：《宪法学讲义》，清华大学出版社 2018 年版，第 346 页。

[2] 淳安县人民法院行政判决书（2014）杭淳行初字第 25 号。

[3] 庆阳市中级人民法院行政判决书（2017）甘 10 行终 7 号。

处于重要地位的宪法解释步骤。对上述"硬伤"分述如下。

（一）宪法间接适用理论缺位

行政诉讼中宪法间接适用理论的缺位、行政法官对宪法间接适用理论缺乏足够的了解，是我国行政司法实践存在大量非典型意义的宪法间接适用的重要原因。而这可能与宪法间接适用首先发端于民事领域，在行政审判领域缺乏理论指导和实践经验的支持有关。司法实务界或许已对"援宪说理"方式有所认同，但并未将宪法间接适用作为独立的常态化法解释之一，这便导致援宪的行政裁判占比偏低，且其中的大部分裁判文书仅停留于说理论证的层面，难以呈现宪法间接适用的独特适用逻辑。有学者将此种逻辑归纳为：确定案件事实—解释宪法—解释法律—涵摄—决定法律效果，[1]这与我国行政诉讼中宪法间接适用所大量呈现的三段论模式存在显著差异。[2]

理论缺位的另一种表现即客观上已经出现带有宪法间接适用因素的行政裁判，但审案法官无意识、非自觉，"既不知道自己是在进行宪法间接适用，也不知如何进行宪法间接适用"。[3]即使是在笔者归纳的所谓典型意义上的宪法间接适用中，情况亦如此，法院引用宪法规范的意图似乎更多是向当事人展现自己的裁判结果具有符合国家根本法的正当性，促使当事人息讼服判。

（二）忽视法秩序的意义脉络与价值关系

在我国行政诉讼中宪法间接适用中，不仅宪法规范与其他法规范的意义脉络少有体现，而且其价值关系也在一定程度上存在混乱。这主要体现在两方面：其一，限制公民基本权利。在占比最大的"限制基本权利的宪法间接适用"类型中，法院均是以宪法相关条款直接限制公民的自由权利，使宪法呈现为"基本权利的限制法"而非"基本权利的保障法"。笔者并不认为不得限制基本权利，而是主张在确有限制之必要的情况下，若存在相关行政法规范，则不宜直接援引宪法规范达到此规制目的。若确需求助于宪法，则应通过完备的宪法间接适用过程，将宪法精神注入具体行政法规范，并以后者为限制之直接依据。其二，认定公民违反宪法。不假思索地认定某一公民对另一公民的行为违反宪法，不仅破坏了公法与私法的界分，有违基本权利之防御权属性，动摇"公民

---

〔1〕 参见柳建龙："合宪性解释原则的本相与争论"，载《清华法学》2011 年第 1 期。

〔2〕 笔者将占样本案例总数 70%的非典型宪法规范适用的适用逻辑总结为"宪法规范—案件事实因素—阶段性法效果"的三段论模式，此后再根据相关行政法规范，结合该阶段性法效果作出最终裁判。

〔3〕 上官丕亮："当下中国宪法司法化的路径与方法"，载《现代法学》2008 年第 2 期。

是宪法基本权利规范的受益人"的定位,[1]而且"容易造成违反宪法规范适用概念与违法概念的混淆,降低违反宪法规范适用的严肃性",[2]毕竟违反行政法律规范的行为无论从严重性抑或可能性方面,均与违反宪法规范适用行为差别迥异。

(三) 对宪法规范的解释过程不明晰

从裁判文书的行文来看,法官根据作为裁判依据的下位法规范寻找相关宪法规范,以增强判决的权威性,从而使得该过程呈现"以法律解释宪法"的特征,"这种自下而上的解释逻辑是存在问题的,宪法自身应当可以作为相对独立的自洽系统,否则便无法判断法律等具体化宪法实践是否符合宪法的问题了"。[3]笔者认为,宪法附随于法律而未能展现宪法规范解释过程的原因在于我国法院宪法解释主体地位的不明确。

首先需要明确的是,进行宪法间接适用必将涉及对宪法规范进行解释,以探求其内涵和意旨。"宪法解释是宪法间接适用的第一步骤。"[4]在行政审判领域,行政法与宪法在价值理念上具有内在的一致性,在进行宪法间接适用时,当然需要首先理解宪法规范的含义,并以此为基础展开其他解释活动,因此也需要解释宪法。[5]

其次,在承认宪法间接适用的宪法实施性质之下,应当肯定各级人民法院的司法性宪法解释权。早在 2005 年,韩大元教授和王贵松教授已对宪法文本中的"法律"一词的含义进行了规范分析,认为"法院依照法律独立行使审判权"中的"法律"应为实质法律,包括宪法、形式法律、行政法规等规范性法律文件在内,且首先指宪法,[6]故现行《宪法》第 131 条为法院行使司法性宪法解释权提供了规范依据。因此,虽然《宪法》第 67 条第 3 项规定全国人大常委会享有解释宪法的权力,但是这"只意味着它具有对宪法的最终解释权,而不是排他的解释权"。[7]

在司法机关尊重法规范制定者的自主意思决定的同时,作为理性的立法者

---

〔1〕 参见谭清值:"行政处罚规范的合宪性解释——基于66个行政处罚案例的实证考察",载《交大法学》2019年第1期。

〔2〕 马岭:"关于违宪的几个理论问题的探讨",载《当代法学》1988年第3期。

〔3〕 王贵松:"宪法概念的认知方法及其反思",载《浙江学刊》2006年第3期。

〔4〕 上官丕亮:"当下中国宪法司法化的路径与方法",载《现代法学》2008年第2期。

〔5〕 参见上官丕亮:"行政诉讼:宪法实施的重要推动力",载《学习与探索》2013年第1期。

〔6〕 参见韩大元、王贵松:"中国宪法文本中'法律'的涵义",载《法学》2005年第2期。

〔7〕 蔡定剑:《论道宪法》,译林出版社2011年版,第99页。

也应充分考虑司法裁判工作的本质特征。为了防止矫枉过正，使二者达致平衡，立法机关可基于"明确宣告规则"尽可能精确地划定"基础决定"与法院宪法间接适用之可能领域的界限，[1]尽管此界限仍需在实践中不断调整。

四、行政诉讼中宪法间接适用的适用路径

上文提及的三项特征或问题，暴露出我国行政诉讼中宪法间接适用之任意性，宪法规范的政治性因素也为宪法间接适用带来了诸多不确定。[2]而行政诉讼中宪法间接适用模式的任意主义扩大了法律适用的随意性，违反了建立方法论的基本要求。因此，探究"规范主义"的宪法间接适用之方法、完善增强行政宪法间接适用实效性增强的制度性措施，是构建中国行政诉讼中宪法间接适用的必由之路。

（一）宪法间接适用的适用前提

宪法间接适用应当作为行政诉讼法律解释方法的最后一环，置于文义解释、体系解释、历史解释及目的解释等传统解释方法之后。[3]只有在各传统法解释方法均无法得出符合实定法与实质正义所要求的结论时（即不仅对法条含义的理解是不确定的，且对各种法律解释的选择同样存在不确定性时），才有启用宪法间接适用方法之必要。

笔者主张宪法间接适用应当后置于其他法律解释方法，乃是出于"禁止向一般条款逃逸"的法律适用技巧与法规范于个案中的适用性之考量，也与其"独立的法解释方法"性质相适应，而并非司法谦抑之故。中国宪法间接适用的理论基础有二：其一，宪法规范之最高价值统摄全部法体系；[4]其二，法律

---

[1] 参见杜强强："论合宪性解释的法律对话功能——以工伤认定为中心"，载《法商研究》2018年第1期。

[2] 参见谭清值："行政处罚规范的合宪性解释——基于66个行政处罚案例的实证考察"，载《交大法学》2019年第1期。

[3] 梁慧星教授也有类似的排列顺序。参见梁慧星：《民法解释学》，中国政法大学出版社1995年版，第244~245页。

[4] 一国内各部门法所追求的价值并非杂乱无序，而是按照一定的位阶具有上下层级关系的价值排序，也即"外部的法秩序"。位于国法秩序顶点、发挥统摄全局作用的导向性价值即为宪法价值，其依托于宪法在法体系中效力的最高性，成为法的价值体系中具有最高性、不容抵触性的根本价值。这在规范建构的意义上，要求立法机关具体化宪法的过程中，贯彻此种社会共同体之最高价值，有意识地使所立法律与宪法保持导向上的一致性。因此，即便由于立法者的疏漏等原因而使法律具有了某种违反宪法之解释可能，也应首先考虑能否通过法律解释的手段对其作出符合宪法的解释，以继续维持法律贯彻宪法价值的应然状态。当然，在法律不存在任何符合宪法规范可能的情况下，便无法期待宪法仍将其统摄于全部法体系之下，而只能排除不符合宪法之法。

秩序的统一性与和谐性。[1]。

（二）宪法间接适用的内部方法

内部方法是指司法机关在审理具体行政个案的过程中适用宪法间接适用的技巧与方法，这是构建行政诉讼中的宪法间接适用制度在方法论层面的主要突破点。

1. 尽量在法律规范的文义范围内为宪法间接适用

"解释者活动的前提是其对法律的隶属性。"[2]所谓"解释"，是以可能的文义范围为界限进行阐释与说明的活动。[3]在将宪法规则、原则与精神注入下位行政法规范的解释时，应当以社会一般经验所划定的文义射程为宪法间接适用之边界，如此才能维持其"解释"的本色，否则将带有法律续造的因素。笔者并不排除符合宪法规范适用的法律续造之于行政诉讼中宪法间接适用的重要性，只是相较于法律续造，"解释"的本色具有更为清晰的指向，也因其符合国民预测可能性而更有利于维持法规范的安定。

2. 谨慎进行法律内的符合宪法规范之法律续造

法律续造有"内外"之分，"法律内的法律续造"是指超越文义界限但仍在立法者目的范围之内的法律续造，"超越法律的法律续造"是指超出立法者立法目的范围的法律续造。"法秩序整个臣属于正义的理念，有义务服从其所提的要求。"[4]因此，当"文义界限"成为实现个案正义的桎梏时，法官便有义务向实质正义原则寻求案件之最佳裁判结果，即进行符合宪法规范的法律续造。有学者认为，即使是未超越立法目的的法律续造活动也会严重侵犯立法者

---

[1] 宪法规范之最高价值统摄全部法体系，衍生出宪法秩序应当统一、和谐之结论。所谓统一性、和谐性，自然要求宪法与政治体系内部保持稳定，否则相互冲突的规范之间即为不和谐因素，而此种矛盾的存在也难谓统一的法秩序。宪法规范适用意在最大限度地减少法律与宪法规范相抵触的可能与频次，以数种解释之间的合宪抉择避免因不符合宪法的宣告所引起的社会震动。因为每一次不符合宪法的宣告都将加剧立法权与审查权间的紧张关系。故而，宪法规范适用的机关"负有维护宪法与政治秩序统一的义务与责任，尽可能避免因宪法判断而引起的社会生活的不稳定性"。宪法规范适用的宗旨也在于"尽可能维护以宪法为基础规范建立起来的整个法律体系的稳定性"。参见韩大元："论合宪性推定原则"，载《山西大学学报（哲学社会科学版）》2004年第3期；姜福东："司法过程中的合宪性解释"，载《国家检察官学院学报》2008年第4期。但判定政府或公民不符合的宪法规范适用类型，则可能并不会引起法律秩序统一性的紊乱。

[2] ［德］汉斯-格奥尔格·加达默尔：《真理与方法——哲学诠释学的基本特征（上卷）》，洪汉鼎译，上海译文出版社1999年版，第422页。

[3] 参见［德］卡尔·拉伦茨：《法学方法论》，陈爱娥译，商务印书馆2003年版，第246页。

[4] ［德］卡尔·拉伦茨：《法学方法论》，陈爱娥译，商务印书馆2003年版，第223页。

的权力，[1]显然其并未顾及作为司法之灵魂的正义解决问题。另有学者以其"必然违背立法者原意"为由，否定符合宪法规范的法律续造之正当性，[2]对此笔者难以认同。且不论这种纯粹的主观目的论解释思维是否还能适应今日法学方法论的要求，[3]只是面对开放的法律漏洞这一现状就足以促使法官找寻维护底线正义的途径，因为一部法律"所宣告或应当宣告的不是正在消逝的片刻，而是为了不断延展的未来"。[4]

笔者以为，在确有进行宪法间接适用之必要的前提下，若在文义范围内确实无法获致公正的裁判结果，法官可以考虑进行法律内的法律续造，而对于超越法律的法律续造活动，则应极为慎重。此外，笔者主张的宪法间接适用乃至符合宪法规范的法律续造的效力只应限定于个案。法院审判活动的司法性质决定了法官进行符合宪法规范的法律续造不是为了通过创造性的司法裁判形成某项社会共识，而且这在短时间内也不具有可能性与可期待性，因此"普通法官缺乏公共政策及社会共识的了解和形成能力"的质疑或许不会过多动摇我国法官进行法律续造的正当性。[5]

最后，虽然在特定的案件中进行法律内的符合宪法规范的法律续造有其必要之处，但是为了兼顾法律的可预期性与法秩序的稳定，仍然需要设定符合宪法规范的法律续造的限制条件——"案件关键事实涉及公民重要人身性利益"或应成为启动此种法律续造的条件之一，以限缩其可能被应用的案件范围，保障具有明显优先性的价值实现，以平衡个案正义与法的安定。

3. 明晰法益衡量过程

在我国行政诉讼中宪法间接适用类型中，涉及限制基本权利的样本案例高达42%，包括以公共利益限制公民基本权利与以基本权利限制另一基本权利两类。[6]然而上述两类的法益衡量过程均过于简单，暴露了司法实践中缺乏对法

---

[1] 参见张翔："两种宪法案件——从合宪性解释看宪法对司法的可能影响"，载《中国法学》2008年第3期。

[2] 参见谢维雁："论合宪性解释不是宪法的司法适用方式"，载《中国法学》2009年第6期。

[3] 有关主观目的论解释的含义及其弊病，参见［德］卡尔·拉伦茨：《法学方法论》，陈爱娥译，商务印书馆2003年版，第199页。

[4] 参见［美］本杰明·卡多佐：《司法过程的性质》，苏力译，商务印书馆1998年版，第51页。

[5] 参见蔡琳："合宪性解释及其解释规则——兼与张翔博士商榷"，载《浙江社会科学》2009年第10期。

[6] 以基本权利限制另一基本权利的案例，如"成怀山与江苏省昆山市公安局治安行政处罚案"，参见昆山市人民法院（2014）昆行初字第0015号行政判决书。

益衡量方法的足够重视。

就法院援用宪法条款进行限制基本权利类宪法间接适用的技巧方面，笔者认为"三个面向"的应用逻辑，尚不足以应对我国行政审判实践中出现的此类非典型意义的宪法间接适用，法院应当借鉴价值衡量"四步曲"以完成这一剖析过程。

具体而言，法院首先应当进行目的正当性的阐释，以相关行政法规范立法目的、相应宪法基本权利的内在界限及其背后的宪法价值为基础，指出该行政法规范和行政机关限制公民某一宪法权利的目的是"应被接受的"；其次，围绕行政法规范所设定的限制手段之适当性，法院应考量该手段能否实现维护公共利益（或另一基本权利）的目的；再次，法官应当审查行政机关是否有必要采取案件中如此强度的手段，这在违法上访的治安行政处罚案中已多有涉及，譬如在原告方经公安机关多次训诫但仍不悔改的情况下，法官便可以认可公安机关以行政拘留的手段达到维护公共利益的目的之必要性；最后，法官还应当考察所认可之手段与所欲求之目的间是否符合狭义比例原则的要求。

（三）宪法间接适用的外部条件

根据 2015 年《立法法》的规定，我国各级人民法院均不享有违反宪法规范适用的审查权，且最高人民法院对狭义的法律也不能提请全国人大常委会进行违反宪法规范适用之审查。因此应当为司法机关提供制度出路：实现宪法解释权与违反宪法规范适用的宣告权的分离，由司法机关将不符合宪法规范可能的法规范交由有权作出抽象的是否符合宪法规范认定的专门审查机关予以裁决。[1]

在我国，通过法院的宪法间接适用来推动宪法实施，并非承认由法院对规范性文件进行是否违反宪法规范适用的审查进而作出抽象意义上的效力判断。相反，法院只得于必要时进行针对个案的宪法解释，而不允许判定规范性文件违反宪法规范适用。在确实无法认定规范性文件是否符合宪法规范适用之时，便通过上述程序衔接机制将其交由违反宪法规范适用的专门审查机构定夺，由此便可最大程度避免美国"反多数困难"[2]的质疑。

此外，司法机关将涉嫌违反宪法规范适用的法规范交由审查机关的过程也

---

〔1〕 参见黄明涛："两种'宪法解释'的概念分野与合宪性解释的可能性"，载《中国法学》2014年第 6 期。

〔2〕 夏引业："合宪性解释是宪法司法适用的一条蹊径吗——合宪性解释及其相关概念的梳理与辨析"，载《政治与法律》2015 年第 8 期。

是审查机关或立法机关汲取实践智慧的重要途径。这能够促使立法不断贴合社会现实，提升法律的可操作性，并在各机关的法律对话过程中，弥补以民主主义为其基石的代议机关决策的缺陷，推动民主政治的健康发展。[1]

结　语

为了避免宪法继续处于实施效果不佳之境地所引入的宪法间接适用，在行政诉讼领域具有中国化的本土理论基础，也完全能够适应我国现有体制。司法实践中日益增多的相关判例，也为构建行政诉讼中宪法间接适用的中国模式提供了丰富的实证资源。宪法间接适用为行政诉讼领域的宪法适用提供了制度性渠道，我国司法机关也应有保障宪法实施的宪法义务与推动宪法适用之政治担当。

行政诉讼中的宪法间接适用使行政机关直接或间接面临根本法意义上的评判，有利于在一般意义上促进行政机关审慎对待自身行为之合法性，从司法领域实现行政诉讼限制公权力、保护私权利的目的，在中国语境之下还有助于"把行政机关已经伸进个人自由领域的行政权收回来"。[2]探索宪法间接适用的司法实践经验，并尽早形成中国的常态化宪法间接适用制度，是推动我国宪法适用由政治实施机制向兼采司法实施机制的综合性实施机制转型的重要机遇，[3]我国现行宪法法律规范以及政治体制运行中，也确存宪法间接适用的运行空间。

---

〔1〕　参见韩大元："论合宪性推定原则"，载《山西大学学报（哲学社会科学版）》2004 年第 3 期。
〔2〕　章剑生：《现代行政法总论》，法律出版社 2019 年版，第 39 页。
〔3〕　参见朱福惠："法律合宪性解释的中国语境与制度逻辑——兼论我国法院适用宪法的形式"，载《现代法学》2017 年第 1 期。

破解邻避冲突：相邻权人"容忍义务"司法审查标准的重构

刘奕彤*

摘　要：城市建设中具有明显负外部性的公共设施选址与兴建往往会引发邻避冲突。人民法院在邻避案件的审理中，无一例外都会涉及对相邻权人"容忍义务"的判断。行政诉讼中的判断标准存在将"容忍义务"误读成"屈从"之现象，且因过分地依靠国家公布的"强制性标准"而形成了"合标准即不侵权"的固化审判逻辑。这均成为邻避情绪难被公力救济填补的原因。为了破解邻避设施相邻权人的行政救济困境，必须重构"容忍义务"的司法判断标准。从发展型公平分享权角度理解公法上的相邻权，以利益衡量和轻微妨害为原则确定"容忍义务"的公法限度，并以"权利损害"理论和是否存在有效的公众参与等角度多元化理解"容忍义务"的判断标准，最终实现相邻权人邻避情结的真正化解。

关键词：邻避现象；容忍义务；侵权法律责任；利益衡量

一、问题提出

邻避现象属于城市规划领域中的问题，具体表现为居民抵触在与其邻近的区域建造具有明显负外部性的邻避设施，并由此引发与政府对抗性的事件。据有的学者通过微博的不完全统计，在 2005 年至 2016 年之间，媒体报道的具有一定规模的邻避冲突就有 531 起之多。[1]同时，最高人民法院于 2014 年和

＊ 刘奕彤，中国政法大学 2021 级宪法学与行政法学专业硕士。

〔1〕鄢德奎、李佳丽："中国邻避冲突的设施类型、时空分布与动员结构——基于 531 起邻避个案的实证分析"，载《城市问题》2018 年第 9 期。

2016 年公布的"十大环境行政典型案例"中就涉及多起邻避冲突问题，特别是在 2014 年的典型案例中，出现了 6 起，且其中相邻权人二审败诉率颇高。当邻避情结在正常信访、复议、诉讼环节中难以化解，就会引发走上街头示威的群体性事件，2007 年发生的"厦门 PX 事件"就是媒体报道最早的由邻避冲突引发的群体性事件，除此之外还有 2017 年仙桃市的垃圾焚烧站选址事件。在对涉及邻避案件的司法判决的考察中发现，导致相邻权人败诉的原因主要是人民法院认为容忍邻避设施的负外部性是相邻权人的义务，多采用"合标准不侵权"这单一标准来判断相邻权人"容忍义务"的限度。司法实践证明，若采取这一标准，往往会导致相邻权人的败诉，其被邻避设施兴建所影响的权益则无法寻求庇护。因此，必须对行政诉讼中对"容忍义务"的判断标准进行检视，并通过重构改变其机械适用的现状，实质性地化解相邻权人的邻避情结。

二、邻避现象中的容忍义务

邻避情结产生是邻避现象出现的直接原因。它是一种出于保护自身利益对政府规划的敌对情绪，即"不要在我家后院"（NIMBY），有时也被称为地方上排斥土地的使用（Locally Unwanted Land Use）。城市配套基础设施的完善与否是评价城市等级的重要指标，一个令人感到"幸福和便利"的城市必然存在垃圾处理厂、污水处理厂、火葬场、变电所等设施。北京市顺义区人民政府在2021 年末公开发布的政府工作报告中就将"确保生活垃圾焚烧三期等项目建成投用"和"完成污水处理厂二期规划选址"作为"完善城市功能品质、提升综合承载力，加快建设首都重点平原新城"的重要实现方式之一。邻避现象成为难题的原因在于城市空间利益分配的必然性失衡，即行政规划不可能达到所有人都获益的效果，公共基础设施虽有惠及社会的整体效果，但设施的负外部性却总需要部分的公民承担。

（一）相邻权人容忍义务的起源

即使邻避设施会对相邻权人的权益造成一定的影响，但相邻权人确实对这类设施有着一定的容忍义务。容忍义务最早可以追溯至罗马法时代，十二铜表法如此描述相邻关系中的容忍义务：邻田果树所结之果实，土地所有人应任田邻经过其土地而收取；以自然形势而形成之水流，低地所有人有承受之义务。可以看出，容忍义务在最初就具备了超越私法的含义，它包含了对私主体以及对某种公共利益的容忍，类似于低地势地区对水流的容忍。在法律理论的不断流变中，容忍义务的存在彰显的是所有权人行使对世权时的谦抑和对和谐邻里关系的追求。但是，"容忍义务"在不同的部门法以及不同的法系中也确实存在多样化的解读。例如，这一理论在法国法中被称为"近邻妨害制度"。且由于其不是直接由理论延伸出来而是由司法判例总结而成的，故比较灵活。在客体上并不局限于空间上的相邻关系，主体上也不局限于所有权人而包括承租人或者实际占有人等。

（二）相邻权的公法权利属性

相邻权虽起源于私法，但也具有一定的公法属性。在理论上，它可以通过保护性规范的检验成为一项公法上的请求权；在实践中，它频繁出现于最高人民法院的典型案例中。

从理论上来说，按照德国保护规范理论[1]，检验一项权利是否可以构成公民的主观权利需要经过三步检验。（1）其必须存在于客观法中，属于国家的客观义务；（2）实在法明确赋予当事人起诉的权利；（3）能够实现个别利益保护的效果。首先，为公民提供生活保障，创造适宜的居住条件，履行城市空间分配职责是国家的客观义务；其次，2018 年《最高人民法院关于适用〈中华人民共和国行政诉讼法〉的解释》第 12 条第 1 项就明确赋予了相邻权人行政诉讼的主体资格，[2]即实在法明确赋予了当事人起诉的权利；最后，相邻权人可以通过对邻避设施兴建的行政行为提起诉讼获得个体利益的保护。通过上述论证，相邻权可以经得起德国保护规范理论的三步检验，成为一项公民的主观权利，而不仅仅是诉诸无门的反射利益。

从实践层面来讲，相邻权可以成为一种实质上的公法请求权。最高人民法院公布的典型案例和公报案例中既有涉及相邻权的行政诉讼也有民事诉讼，如"雷家宾与国网四川省电力公司相邻权侵害纠纷案"和 2014 年最高人民法院公布的"十大环境行政典型案例"。虽然公民对于相邻权的诉求曾经通过主要民事诉讼来表达，但是似乎公民开始发现城市规划中真正的"操纵者"是行政机关，且在行政诉讼中相邻权人的诉讼费用更低，举证责任分配上也对其更有利。最主要的是，如果提起民事诉讼，只要被告以其建造行为被行政机关许可，就

---

〔1〕 "保护规范理论"是德国基本法中一个重要的理论概念，其主要用于检验客观法上的规则是否同时能够构成公民的主观权利，即某项利益不再纯粹是一项反射利益而是能够成为公法上的请求权。

〔2〕 2018 年《最高人民法院关于适用〈中华人民共和国行政诉讼法〉的解释》第 12 条第 1 项与 2000 年《最高人民法院关于适用〈中华人民共和国行政诉讼法〉的解释》第 13 条第 1 项相比，将"被诉的具体行政行为涉及其相邻权或者公平竞争权的"中的"具体"二字删除，但在赋予相邻权人原告资格这一点上没有变化。

会让相邻权人陷入"哑口无言"的境地。这一点在"雷家宾与国网四川省电力公司相邻权侵害纠纷案"中体现得十分明显。[1]

学者们已经越来越多地从主观公权利角度看待相邻权中的部分权利，如肖泽晟教授认为在确定"采光权"的属性时不能忽略其所具有的主观公权利性质。[2]这在德国法中被称为"邻人保护"问题，德国法对邻人的诉讼权能采取了放宽的趋向，不再依赖于实体法的明确赋权，事实影响就足以成为第三人利益应予权衡和考虑的因素。[3]但是为了避免邻人的范围被无限扩大，其能否作为主观公权利还得参考"事实影响"的范围与和邻人的相关联程度。

（三）"容忍义务"限度理论

即使邻避设施可以给城市带来公益效果，但对忍受其负外部性的具体相邻权人，因此他们的忍耐应是有限度的，否则就会造成城市空间利益分配不均。对"容忍义务"的限度理论最早由法国学者马诺欧德提出，日本学者加藤一郎、淡路刚久等在环境侵权方面的研究对早期的"容忍义务"理论作出了重要贡献。他们主张的容忍限度是以利益衡量为基础的，若某一行为会导致一方利益失衡，则超越了该限度。当然，判断一行为是否过限，需要考虑多种因素，可能包括公共利益的实现可能性，对相邻权人的损害后果，以及这种后果被回避的可能性等。[4]这类似于我国民法法律责任中的无过错责任原则，重视对相邻权人的损害后果的考虑，而对是否有主观过错在所不问。美国法律和判例采用"非实质损害说"来确定容忍义务的边界。在面对公共侵害上，只有相邻权人遭受了实质且具体的损害，且这种损害的种类与其他行使公权利的主体不同，才被认为超越了相邻权人的"容忍义务"。

三、"容忍义务"司法判断标准检视

从笔者考察的司法案例来看，行政机关败诉的原因主要是环评许可或者建设工程许可在程序上存在问题。相比于行政机关的败诉率，相邻权人的败诉显然更高，且其判决基本包含了对相邻权人容易义务的判断。既然"容忍义务"的判断标准对相邻权人能否胜诉起着重要作用，那就必须要对其进行考察，以

---

〔1〕 四川省高级人民法院民事判决书，（2013）川民提第 459 号。

〔2〕 肖泽晟："论规划许可变更前和谐相邻关系的行政法保护：以采光权的保护为例"，载《中国法学》2021 年第 5 期。

〔3〕 赵宏：《行政法学的主观法体系》，中国法制出版社 2021 年版，第 298 页。

〔4〕 张利春："日本公害侵权中的'容忍限度论'述评——兼论对我国民法学研究的启示"，载《法商研究》2010 年第 3 期。

检验现有的判断标准是否公正合理。

（一）"屈从"：公法上"容忍义务"的理解误区

德国民法学家冯·图尔提出，"容忍义务是某人有义务不提反对或异议，而这种反对或异议是他本来有权提出的；如果一个行为本来就不能或不可阻止，就无所谓容忍"。[1]无论在私法上还是公法上，没有限度的容忍就会变成一种"屈从"，尤其在公法上更要警惕这种出现"屈从"的可能。私法维度的容忍义务主要表现为主体际的容忍关系，而公法维度的容忍义则体现为权利与权力之间的容忍关系。[2]在考察法院作出的行政判决中，笔者发现，对公共利益的扩张性解读成为相邻权人在邻避诉讼中处于劣势的一个很重要的原因。例如，在"谢云等诉苏州工业园区国土环保局环评行政许可纠纷案"中，苏州市中级人民法院就对修建苏州 110KV 榭雨输变电工程建设项目的公共价值作出了强调，"变电工程建设是我国社会主义经济、社会等发展的客观需要，变电工程建设不可能完全排除对公民生活的影响，但应该同时考虑国家、集体和社会的利益"。[3]法院将邻避设施居民的容忍义务描述得理所当然，似乎只要该设施有益于社会利益且以符合强制性标准为前提，则相邻权人就必须保持一种谦抑的态度。但是，公共利益的概念和效果都是可变的，最终公共价值的实现与否以及实现效果都不确定。邻避设施所带来的具体社会效益只能是一个预测性的期待利益。即使经过科学的论证来证明建造它会带来诸多社会福利，但这也只是一种推测。行政机关在实施一个长远的期待利益与一个现实的相邻权人损害行为时本身就存在一种风险博弈。法院应当关注到邻避设施建设本身就具有的风险性与收益的不确定性，不能理所当然地将公共利益置于相邻权人之上。

（二）救济道路上的阻碍："合标准即不侵权"理念

公法形成了以标准规制为核心的损害预防机制，私法则延续了以侵权责任为核心的损害预防机制。[4]可见，制定标准的最初功能并不是为了追责而是为了预防。由于现代法律科学正在出现由分析性形态转向功能性形态的趋势，强制性标准规范逐渐被作为私法中侵权责任制度所接受，并成为是否承担责任的重要影响因素。[5]可以说，在对"合标准不侵权"这一审判逻辑的认可上，民

---

〔1〕 ［德］拉伦茨：《德国民法通论（上册）》，王晓晔等译，法律出版社 2013 年版，第 296 页。

〔2〕 胡杰："容忍义务的公法之维"，载《学术论坛》2015 年第 12 期。

〔3〕 江苏省苏州市中级人民法院行政审判，（2016）苏 05 行终 285 号。

〔4〕 谭启平："符合强制性标准与侵权责任承担的关系"，载《中国法学》2017 年第 4 期。

〔5〕 鄢德奎："市域邻避治理中空间利益再分配的规范进路"，载《行政法学研究》2021 年第 5 期。

事诉讼与行政诉讼存在着明显的一致性。

在"陈洪森诉等以开设饭店产生噪声和排烟等侵害相邻权为由诉邸哲明相邻关系案"中，蚌埠市中级人民法院二审认定被告存在相邻权侵权行为的理由是"被告辩解其排污行为符合国家标准，但没有充分证据证实，其应承担举证不能的后果"。此判决虽然支持了原告的主张，但说理部分是从反面支持了"合标准不侵权"的观点。[1]在行政诉讼中，相关人提诉讼的主要理由是行政机关的许可行为侵犯了其权利，超越了其对相邻建筑的"容忍义务"，妨碍了其权益。同时行政诉讼与民事诉讼相比，除"技术标准"的审查外，多了对行政程序是否合法的审查。例如，在最高人民法院发布的"张小燕等人诉江苏省环境保护厅环评行政许可案"中，南京市中级人民法院作出原告败诉的决定时，进行了如下阐释："省环保厅的涉案批复符合《环境影响评价法》第 22 条以及国家有关技术规范与政策规定，程序合法。"[2]而在江苏省盐城市中级人民法院判决的另一个与邻避设施兴建有关案例中，行政机关败诉的原因是许可程序不合法，其没有开展听证程序听取与审批项目直接相邻的利害关系人的意见，但对设施符合技术标准也作出了肯定。[3]唯"强制性标准论"的容忍义务判断标准的最大问题在于，让合标准成为行政机关免责的理由，从而导致相邻权人因邻避设施而受损的利益无法填补。

从理论上来说，强制性标准背后所代表的是行政机关处理问题的专业性，但这种专业性难以直接转化为行政行为的合理性和侵犯相邻权人权益的正当性。杰瑞·L. 马肖曾言"专门知识几乎必然隐含井蛙之见（tunnel vision）"，并作出论断"如果希望继续把专门知识的处理作为行政合法化的主要力量的话，解决问题的方案就不会明了"。[4]

四、对容忍义务判断标准的重构

早在 20 世纪下半叶，西方学者列斐伏尔、大卫·哈维、爱德华·W. 苏贾等人就开始探究城市改造中的空间正义问题。他们通过批判的方式揭示资本主义城市发展过程中空间分配的不正义，试图通过都市革命的形式实现无产阶级

---

〔1〕 安徽省蚌埠市中级人民法院民事判决书，（2005）蚌民一终 336 号。

〔2〕 江苏省高级人民法院行政判决书，（2015）苏环行终字第 00002 号。

〔3〕 江苏省高级人民法院行政判决书，（2015）苏环行终字第 00009 号。

〔4〕 "井蛙之见"（tunnel vision）一词，出现于杰瑞·L. 马肖所著的《行政国的正当法律程序》一书中，指专家倾向于把他们的知识转化为政策规则，对这种制定方法的结果不满，也就当然地激发对专门知识的不信任。在科学性、专业性与政治性之间，行政官员很难两全。

的城市权利。[1]对容忍义务判断标准的重构，主要是为其寻找新的理念基础并提供多元化的判断标准，最终在司法程序上实现实质性化解邻避冲突的目的，并以此种方式彰显政府在城市规划中的空间正义思想。

（一）将相邻权分两个维度解读

对"容忍义务"的司法判断标准容易走向两个极端，过度抬高会造成对相邻权人严重的不平等，过度降低则会成为行政机关进行城市化的阻碍。为了解决这一两难的困境，笔者主张将公法上的相邻权分成两个层面，需求型公平分享权和发展型公平分享权。需求型公平分享权是基于生存的需要而对阳光、健康空气等自然资源以及土地所享有的请求权，是相邻权人的基本生存需求；而发展型公平分享权则偏向于超越这一基本需要而开发和利用公共资源所享有的请求权。对于发展型公平分享权的保护实际上是一种平等的机会。

笔者认为，目前的国家公布的"强制性标准"所保护的更倾向于需求型公平分享权，即一种较低限度的保护。如果行政诉讼中仅以不侵犯相邻权人的生存需要为保护标准，则必然会导致纠纷无法得到实质性解决。合标准的邻避设施没有侵犯相邻权人的需求型公平分享权，但妨碍了相邻权人获得发展型公平分享权的机会，因为相邻权人在享受邻避设施所带来的社会福利时，额外承担了其他非相邻人所不承担的负外部性。我国现行法律仅仅保护需求型公平分享权的空间权，但不保护超出这一底线的空间利用利益，没有将之上升为发展型公平分享权。[2]故，在重构"容忍义务"的判断标准时必须重视保护相邻权人的发展型公平分享权。

（二）为"容忍义务"确立公法上的限度

容忍义务作为一项义务，其必然包含了权利人在某种程度上对自身权利的克减。为了保证这种义务的个体正义性，应使用一个较为弹性的指标。即使这样会导致在司法裁判中具有较大的裁量空间，但笔者认为仍不宜以一个僵化且一元的限度抹杀相邻权本身所具有的个体正义性价值。因此，笔者提出以下两项在司法裁判中应当注意的判断指标。

1. 以利益衡量为中心

在检视"强制性标准"作为行政行为合法的判断依据的正当性前，必须明

---

〔1〕李如海、李胜利："城市治理·空间正义·规划法治——基于国土空间规划法治化的逻辑"，载《学术交流》2021年第10期。

〔2〕陈国栋："公法权利视角下的城市空间利益争端及其解决"，载《行政法学研究》2018年第2期。

确公法上相邻权人的容忍义务限度在何处。笔者认为，虽相邻权人负有一定的容忍义务是不争的事实，但容忍的限度存在公法与私法上的差别。这一差别的原因是容忍的对象不同，私法上的容忍义务在于两个平等的主体之间，而公法上则是对公共设施的容忍。秦伟教授认为《民法典》对"容忍义务"的规定缺失，实乃一件憾事。"私法领域可反向推导出容忍义务者系《民法典》第294条，亦即相邻关系中未超过国家标准时须容忍。"该项标准的制定最大的问题是未见"效用衡量原则"之踪影。[1]效用衡量原则（利益衡量原则）的含义是，当一行为的效用价值明显大于所致损害时，利益受损方应当予以容忍效用。在利益衡量中，要着重衡量相邻权人在邻避设施建立中的损失，既包括短期利益损失也应包括长远利益损失，既应考虑到可量化的损失也应当考虑到不可量化的损失。

2. 以轻微妨害为宜

基于容忍对象的不同，行政机关不能以高高在上的姿态对邻避设施周边居民的容忍限度过于苛责，即在利益衡量时，不宜过度放大相邻权人的容忍义务，笔者认为，"轻微妨碍"应为容忍义务的最宜限度。

对"轻微妨害"的理解不能由决策者过于武断地加以定义，政府需要通过公众参与的方式，科学系统地了解相邻权人可以接受的"妨害限度"。例如，在环境影响评价中，需要编制环境影响评价报告书的建设项目就将公众参与作为法定程序之一，并在涉及环评许可的案件中，审查行政机关在程序上是否有引入公众参与环节。诚然，在邻避冲突化解方面完全实现"公共决策"几乎是不可能的，但公众参与所强调的政府与公民之间的互动性仍是现代民主政治的应有之义。因为，政府对邻避设施的建设规划本就是一场充满着风险的博弈，周边居民作为重要的利益相关人，有知情和参与决策的权利。即使站在政府角度来说，这种可能造成的规模性群体事件和公共卫生事件的政治风险也不宜由政府独立承担，因此加强公众参与是通过分摊风险的方式化解邻避冲突中怨怼情绪的重要措施。

（三）多元化"容忍义务"的参照标准

在对邻避设施建设的合法性进行审查时，务必聚焦于相邻权人的容忍义务之限度，但不能僵化该义务的判断标准，应设身处地为邻避设施周边的居民考虑，重视对其相邻权的保障。

---

〔1〕 参见秦伟、杨资："容忍义务与守护正义的耦合性"，载《法学论坛》2021年第3期。

1. 以相邻权损害最小为目标

这一标准的解读，是以行政法上的比例原则为基础的。虽说公法上的容忍义务是为了保障特定空间的公共利益，但是这种公共利益必须要以合理和必要为前提。这种态度实际上是一种珍视相邻权人利益牺牲的表现。保持这种态度的另一层意思便是，邻避设施的兴建不能以公共利益的最大化为目标，而应当追求对相邻权人利益损害的最小化。

对邻避设施的"容忍义务"是相邻权人以承担负外部性的方式换取公共利益的一种妥协。按照比例原则的要求，兴建邻避设施必须是一种必要的行为，且能够带来真正公共利益。既不是少数人的利益，也不是为了实现某种政绩，此时建造行为才是必要和正当的。同时，在所有可能的选址中，最后确定的方案必须是对相邻权人损害最小的。笔者建议，"损害最小"是一个综合性的结果，可能是受影响的人群范围最小，也可能是对周围居民的生活或者身体健康的损害最小，但最佳效果是能够实现各个方面的损害最小化。

2. 引入"权利损害"判断标准

在城市规划与建设项目许可审批中，技术标准的订立并非仅仅是为了行政执法或行政免责，更应当重视对人体健康福利的保障，确立相关领域的公共安全标准限值。[1]即使公私法上的容忍义务存在理论上的差别，但是对相邻权保护的立场与策略也存在一定的相通，故民法上的"权利损害"理论也可以引入行政诉讼。涉及邻避关系的行政诉讼中相邻权人的败诉率居高不下的原因在于，合标准不侵权的审判逻辑会导致相邻权人的受损权益诉诸无门。因此，在多元化判断标准中必须重视相邻权人的受损利益。

技术标准虽然是经过专家论证和科学检验后经行政机关对外发布的，但仍然过于宽松，且不能满足居民能够接受的安全价值。显然这一标准以维护城市居民的基本生存为需要，不对居民舒适的生活需求付诸过多考虑。如果单一地依靠这种判断标准，就会导致居民的舒适生活被无限压缩，最终只能挣扎在生存的边缘。这无疑违背了"以人民为中心"的城市规划初衷。在"李某诉泾阳县蒙秦商务宾馆有限公司相邻噪音污染侵害案"中，咸阳市中级人民法院的二审判决书表达了如下观点，"遵守排放标准不能作为私法上的免除责任的理由"。[2]在此案中，人民法院没有完全照搬"合标准不侵权"的审判逻辑，而是采用了

---

〔1〕 鄢德奎："市域邻避治理中空间利益再分配的规范进路"，载《行政法学研究》2021年第5期。
〔2〕 陕西省咸阳市中级人民法院（2017）陕04民终字第1295号民事判决书。

古老的侵权制度中的"民事权利减损"理论，形成了"合标准不免责"的民事判决。其侧重于考虑相邻权人在相邻关系中所遭受的损失，来判断民事关系中的另一方是否构成侵权。同时，在环境侵权纠纷的司法解释中也规定了污染者不得以符合国家或者地方污染排放标准为由免责。[1]

3. 将公众参与纳入判断标准

在程序正义方面需要着重注意的是公众参与程序。行政机关承担着维护空间正义的角色，并在这一角色基础上开展空间利益分配活动，但这存在着广泛的自由裁量空间。我们无法完全客观地判断其分配结果的正义与否，只能通过分配程序这一个可视化的过程去检视。

未将公众参与作为重要的衡量指标不能完全归咎于人民法院。因为这在成文法中并不总是一项强制性要求。在《环境影响评价法》中也强制规定了公众参与"可能造成重大环境影响的建设项目"[2]，轻度影响和较小影响的项目则无需公众参与。基于这样的规定人民法院就不能超越法律的规定擅自审查行政机关是否开展了法律并无强制规定的公众参与。同时，即使针对有些诸如建立变电站这种属于对环境造成重大影响的项目，行政机关进行的公众参与也不一定是有效的。例如，在浙江省开展的"浙北1000KV变电站"建设工程中，安吉县人民政府对工程建设情况在政府官网上发布了听证会的公告，但是其听证对象为"能熟悉相关乡镇土地利用总体规划及基本农田保护区情况，并关注该地区经济发展状况"的听证会代表，并没有将听证对象向利益相关人倾斜，而是更欢迎具有一定相关科学知识、类似于相关领域"专家"的人参与听证。显然，寄希望于这样的听证来化解真正利益相关人的邻避情结之效果是不会十分理想的。因此，对于"容忍义务"参照标准多元化这一目标的实现，不仅仅需要在司法程序上发生改变，相应的立法也需要重视这一问题，并从源头上对相邻权人的利益诉求进行回应，将其真正吸纳进城市规划的决策之中。

---

〔1〕《最高人民法院关于审理环境侵权责任纠纷案件适用法律若干问题的解释》第1条规定："因污染环境、破坏生态造成他人损害，不论侵权人有无过错，侵权人应当承担侵权责任。侵权人以排污符合国家或者地方污染物排放标准为由主张不承担责任的，人民法院不予支持。侵权人不承担责任或者减轻责任的情形，适用海洋环境保护法、水污染防治法、大气污染防治法等环境保护单行法的规定；相关环境保护单行法没有规定的，适用民法典的规定。"

〔2〕《环境影响评价法》第21条第1款规定："除国家规定需要保密的情形外，对环境可能造成重大影响、应当编制环境影响报告书的建设项目，建设单位应当在报批建设项目环境影响报告书前，举行论证会、听证会，或者采取其他形式，征求有关单位、专家和公众的意见。"

五、结语

在任何一个国家城市化推进的过程中，邻避现象似乎都是一种常态，但在任何一场"邻避纠纷"诉讼中的原告与被告，没有一个是真正的"赢家"，因为邻避情结并没有因诉讼程序的终结而消解，相反导致当事人转而走上街头向政府施压。在城市空间利益分配中，行政机关总被诘问是否做到了"空间正义"。公共利益与个体利益的悖论总是存在，但是这二者之间并未完全不可调和，其中也存在一个相对的平衡点。中国人对"公共利益"的容忍精神，背后是一种"团体格局"。我们始终坚信"团体"是超越个人的"实在"，它不是有形的和可描述的，所以只能用有形的东西去象征和表示它。最后导致公共利益的大牌子被频频举出，公民的牺牲和容忍在刚开始是一种值得歌颂的美德，但在后来慢慢嬗变成一种义务，其付出变得理所应当，拒绝忍让则要接受指责。

因此我们不能无限放大相邻权人对公共利益的容忍义务，正视相邻权人的邻避情结，重新定义"容忍义务"，使其变成有限度的公法请求权，并改变行政诉讼中"合标准即不侵权"的现象，重视邻避设施选址中公众参与的有效性问题，并结合多种标准综合判断邻避设施是否超越了相邻权人的"容忍义务"。邻避冲突的化解核心在于消解邻避情结，并采取措施填补其因"容忍义务"而造成的损失。在这一点上，侵权制度中的"权利减损"标准具有引入行政诉讼判断标准的价值。这一判断标准能够真正站在相邻权人的角度考虑问题，并用补偿等方式填补相邻权人的"邻避情结"。政府作为城市空间利益的分配者，必须兼有正义的出发点和合理的分配策略，或许司法审查因其固有的局限性，只能局限于"容忍义务"合法性层面的判断，但若想真正完成对公法上相邻关系中"容忍义务"的标准重构，可能需要信访、行政复议等其他行政纠纷解决方式共同完成对其"合理性"的构建与审查。

"容忍义务"判断标准重构的过程中体现了对实质法治的追求，同时也要追求形式法律所带来的秩序价值。因而，笔者不建议直接放弃强制性标准，完全将容忍义务纳入自由裁量之中。

变更判决适用标准之探讨

——基于 235 份判决文书的梳理

陈雨佳*

摘　要：作为行政诉讼判决类型中最能体现实质化解纠纷功能的判决方式，变更判决可以直接改变行政机关的行政行为，但在司法适用中，存在因适用标准不明而被怠用的困境。"行政处罚明显不当"与"其他行政行为涉及对款额的确认确有错误"是变更判决的两种适用情形，均有不明确的内涵外延和审查标准，导致变更判决判断标准的模糊。要确定其判断标准，应从我国司法实践的需求着手，结合变更判决适用原理和行政诉讼多重立法目的的要求，通过确定变更判决裁判时机成熟的考量因素与判断步骤，进一步明晰变更判决的适用标准。

关键词：变更判决；适用标准；明显不当；确有错误；裁判时机成熟

一、引言

2014 年《行政诉讼法》新增了"解决行政争议"的立法目的；作为行政诉讼判决类型中最能体现这一功能的引领性判决，[1]变更判决也相应扩大了其适用范围，由"行政处罚"扩大到了"其他行政行为"，并分别确定了"明显不当"与"对款额的确认确有错误"的适用条件[2]。然而，司法实践中变更判

---

　　* 陈雨佳，中国政法大学 2020 级宪法学与行政法学专业硕士。
　　[1]　章志远："新时代行政审判因应诉源治理之道"，载《法学研究》2021 年第 3 期。
　　[2]　《行政诉讼法》第 77 条第 1 款规定，行政处罚明显不当，或者其他行政行为涉及对款额的确定、认定确有错误的，人民法院可以判决变更。

决仍然存在被怠用、错用、不敢用等一系列问题，司法适用未能真正回应立法修改。可以说，变更判决仍然处于"沉睡状态"，并未被真正激活。[1]剖析问题的根源，不可忽视变更判决适用标准模糊不清、操作规则难以把握的问题，[2]导致法官表现出"敬而远之"的态度。[3]近年来，学者们对变更判决的研究主要集中在规范分析层面，缺乏从实证视角探究变更判决适用中的症结所在。因此，从司法审判实践着手，梳理和分析变更判决适用中的问题、原理及裁判基准，对于指导和规范行政审判中变更判决实践，从而统一修法后变更判决条款的适用，有着重要意义。

本文的研究思路为：通过对近三年涉及变更判决的行政裁判文书的梳理，充分展示和分析现今司法实践中"变更判决适用标准是怎样的"，总结规律发现问题，并依据相关的法理分析，揭示适用变更判决的"应然要求"，试图拨开变更判决适用标准的"迷雾"，探索构建变更判决的裁判基准，进而为修法后变更判决的准确适用提供思路。

二、实证检视：变更判决适用标准的现状

（一）案例样本概况

截至 2022 年 1 月 20 日，在中国裁判文书网上，高级检索关键词"可以判决变更"，案件类型选择"行政案件"，文书类型选择"判决书"，可以查找到近三年来涉及行政诉讼变更判决的案件。从数量上看，2021 年 34 件，2020 年 165 件，2019 年 168 件，整体适用量相对较低，每年适用率均不足万分之五。[4]通过认真筛选检索结果，剔除不符合标准的案例，最终得到有效样本 235 个。

笔者选取样本的标准是，法院必须最终作出变更判决，不包括仅有案件当事人提出过诉讼主张但法院并未采纳的情形。在采取上述标准进行筛选后，对一审判决后又上诉至二审的案件，选取二审判决作为样本，一审裁判仅作为分

---

〔1〕 李振凡："实质化解争议视角下行政变更判决适用研究——以环渤海行政区域内的行政案件为样本"，载程琥主编：《行政审判前沿问题探讨》，中国法制出版社 2020 年版，第 337 页。

〔2〕 参见王锴："行政诉讼中变更判决的适用条件——基于理论和案例的考察"，载《政治与法律》2018 年第 9 期。笔者在"威科先行法律信息库"中搜集了 2016 年以来的 83 个作出变更判决的案例，从中可以发现，我国法院对明显不当和行政行为对款额的确有错误的判断标准还存在不统一和非理性的问题。

〔3〕 参见张静："论行政诉讼变更判决"，载《行政法学研究》2015 年第 2 期。

〔4〕 在中国裁判文书网中，将案由设为"行政案由"、案件类型设为"行政案件"，搜索到 2021 年行政裁判 102 863 个，2020 年行政裁判 502 535 个，2019 年行政裁判 559 665 个。计算得出变更判决近三年的适用率：2021 年为 0.033%，2020 年为 0.033%，2019 年为 0.030%。

析参考；对系列案〔1〕原则上也只选取一例作为样本。235 个案例的基本情况如表1 所示。

表1 适用变更判决的案件类型

适用情形	案件类型	数量（个）	所占比例
行政处罚明显不当	食品药品安全	35	14.9%
	治安管理	24	10.2%
	道路交通安全	20	8.5%
	环境保护	15	6.4%
	广告违法	13	5.5%
	生产经营	13	5.5%
	森林管理	7	3.0%
	反不正当竞争	6	2.6%
	城乡建设规划	5	2.1%
	知识产权	2	0.9%
	禁止传销	2	0.9%
	消费者权益保护	2	0.9%
其他行政行为涉及对款额的确定、认定确有错误	房屋拆迁征收补偿	50	21.3%
	工伤保险行政给付	15	6.4%
	其他行政补偿、赔偿	7	3.0%
	养老保险行政给付	4	1.7%
	社会保障行政给付	3	1.3%
	公用设施建设	3	1.3%
	行政协议	2	0.9%
	行政奖励	2	0.9%
	社会抚养费行政征收	1	0.4%

---

〔1〕 系列案是指只是原告不同，案件的事实和被告完全一样，被告作出的行政行为与法院作出的行政裁判也完全一样。

适用情形	案件类型	数量（个）	所占比例
	土地、山林、草原确权行政裁决	1	0.4%
	缴纳住房公积金	1	0.4%

由表1可见，变更判决主要出现在房屋拆迁征收补偿、食品药品安全行政处罚、治安管理行政处罚、道路交通安全行政处罚、环境保护行政处罚案件以及工伤保险行政给付案件中，所占比例超过60%。由此可以发现我国变更判决的适用领域相对集中。2014年《行政诉讼法》修改后，变更判决适用情形由单一的"行政处罚"，扩大到"其他行政行为对款额的确定、认定确有错误"。从案件分布上看，涉及"行政处罚明显不当"的案件有144个，涉及"行政行为对数额的确认确有错误"的案件有91个。在"其他行政行为对款额的确定、认定确有错误"的适用情形中，对房屋拆迁征收补偿案件又呈现出适用数量上的明显倾向。变更判决是指在法院审理行政案件时，通过司法审判权直接变更原具体行政行为的判决类型，[1]在房屋拆迁征收补偿案件中体现为对征收补偿数额是否公正的审查与变更。[2]在我国，随着城镇化建设的加快，因为房屋拆迁征收补偿引发的行政争议也不断涌现。原告提起行政诉讼的目的在于，通过诉讼救济获得被诉行政行为侵害的实体合法权益，因此若仅作出撤销判决、确认违法判决，难以真正解决行政争议，及时救济被征收人的合法权益。正出于此，变更判决才拥有了较为广泛的适用空间。在食品药品安全、治安管理、道路交通安全行政处罚等案件中，适用变更判决时也有一个共同特征，即如果仅作出撤销判决、确认违法判决，将无法及时有效地救济行政相对人的合法权益，甚至造成循环诉讼。

由此可见，与行政诉讼其他判决方式相比，变更判决独具优势，人民法院适时适用变更判决，使得纠纷得以实质性解决，及时有效救济相对人权益。但如上所述，变更判决适用数量相对较低，适用领域类型集中。可以说虽然变更判决的适用范围在修法后得以扩大，但相关立法规定过于原则和笼统，且变更判决的裁判基准缺乏明确的规则，使得适法者往往援引撤销判决的规定，巧妙规避变更判决，导致"不愿适用""不会适用""不敢适用"。

---

〔1〕 参见应松年主编：《行政诉讼法学》，中国政法大学出版社1994年版，第272页。
〔2〕 耿玉娟："论房屋征收补偿数额的合理性司法审查"，载《政治与法律》2018年第6期。

（二）行政处罚明显不当

1. "行政处罚明显不当"的内涵

变更判决最早在 1989 年《行政诉讼法》第 54 条予以规定，[1]2014 年修法后对其适用范围进行扩大，也将行政处罚"显失公正"修改为"明显不当"。"显失公正"与"明显不当"均是不明确的法律概念，法律适用时的界限模糊不清，[2]通过比较二者之间的区别和联系，有助于明晰"行政处罚明显不当"的内涵和学理定位。关于从"显失公正"到"明显不当"的修法原因，学界存有两种不同观点。主流观点认为，二者实质上并无二致，[3]之所以作出修改是为与《行政复议法》以及撤销判决中新增加的"明显不当"之用语保持立法上的一致。[4]另一种少数观点认为"明显不当"比"显失公正"的涵盖范围更广，实际上扩大了对行政处罚的司法审查范围。[5]

行政处罚，是负担性的行政行为，对违反行政处罚法律规定的人限制其权利或施加其义务。在"行政处罚明显不当"一词中，行政处罚的含义更确切的理解应当是"行政处罚裁量"，即赋予行政机关在作出行政处罚决定时具有一定的行政裁量权。[6]明显不当，指明显不适当、不合理，属于裁量瑕疵问题，隐含了对行政行为合理性审查的含义。[7]由于我国《行政诉讼法》第 6 条明文规定了行政合法性审查原则，对"明显不当"进行司法审查，引发了合法性审查与合理性审查之间的学术争论，最终产生两种解释路径。一是"原则—例外"说，认为对行政行为以合法性审查为原则，以"明显不当"代表的合理性

---

〔1〕 1989 年《行政诉讼法》第 54 条第 4 项规定，行政处罚显失公正的，可以判决变更。

〔2〕 参见刘善春：《行政审判实用理论与制度建构》，中国法制出版社 2008 年版，第 712 页。

〔3〕 江必新主编：《〈中华人民共和国行政诉讼法〉及司法解释条文理解与适用》，人民法院出版社 2015 年版，第 505 页。

〔4〕《行政诉讼法》第 70 条第 6 项规定，行政行为有下列情形之一的，人民法院判决撤销或者部分撤销，并可以判决被告重新作出行政行为：（六）明显不当的。

〔5〕 参见周浩仁："行政诉讼变更判决的规范分析"，载《西南政法大学学报》2019 年第 2 期。其认为"'公正'主要强调结果，是结果裁量，是违法行为和处罚结果之间的衡量和对照；而'不当'涵盖的范围更广，既注重结果又强调要件和过程，是要件裁量、过程裁量和结果裁量"。参见程丹丹："行政诉讼司法变更权的新发展——兼评《行政诉讼法》第 77 条之规定"，载《安徽行政学院学报》2015 年第 5 期。认为"明显不当"审查的范围和程度较"显失公正"有所拓宽与加深。

〔6〕 依据受法律拘束之程度，行政行为分为羁束行为和自由裁量行为。羁束行为中，行政机关只能严格依法作为或不作为，不享有自由决定的权利；而自由裁量行为中，立法承认行政有一定的自由处分空间。

〔7〕 王锴："行政诉讼中变更判决的适用条件——基于理论和案例的考察"，载《政治与法律》2018 年第 9 期。

审查为例外；[1]二是实质合法说，认为明显不当虽是合理性审查标准，但可将其归入实质合法性范畴。[2]要判断是否是"明显不当的裁量"，只需判断该裁量是否符合立法日的和精神，是否考虑了相关因素，遵守了正当程序、符合比例要求等。[3]当行政裁量违反上述标准时，就属于实质违法了。实质违法说对行政处罚合法性提出了更高的要求，不仅要求在形式上符合法律的明文规定，还要求其符合立法的内在精神和基本原则。

上述学说固然可以为行政合法性审查与合理性审查之间搭建桥梁，体现出对行政自由裁量行为的监督，但"明显不当"的内涵和外延仍然是十分不明确的，其本身就存在一定的裁量空间。[4]因此，在判断行政处罚是否"明显不当"的司法审查中，具体尺度的拿捏，需要法官结合具体的案件进行判断。不过，法官也需要一个相对客观的标准，一方面明确告诉行政机关需要遵守的规则和底线是什么，另一方面也可以防止司法裁量权的滥用。[5]

2. "行政处罚明显不当"的判断标准

在"中国裁判文书网"搜集到近三年来作出变更判决的 235 个案例中，有 144 个案例是关于"行政处罚明显不当"，占全部案例的 61.3%。通过分析可以看出，在我国行政审判实践中，其判断标准主要包括以下五个：（1）大部分的"明显不当"是由于行政机关在作出行政处罚决定时，未考虑从轻、减轻情节。适用变更判决，大多结合《行政处罚法》修法前的第 4 条、第 5 条以及第 27 条第 1 款第 4 项规定的"其他减轻、从轻情节"等进行综合考量。[6]（2）一些案件对适用"明显不当"的标准直接进行说明，指出"明显不当应理解为超出了普通大众的认知和接受程度，以至于任何具有正常理性的普通人均能看出这种不公正性"。[7]（3）一些案件适用法律的一般原则来论证行政处罚的明显

---

〔1〕 梁君瑜："行政诉讼变更判决的适用范围及限度"，载《法学家》2021 年第 4 期。

〔2〕 参见袁杰主编：《中华人民共和国行政诉讼法解读》，中国法制出版社 2014 年版，第 21 页。

〔3〕 沈岿："行政诉讼确立'裁量明显不当'标准之议"，载《法商研究》2004 年第 4 期。

〔4〕 程丹丹："行政诉讼司法变更权的新发展——兼评《行政诉讼法》第 77 条之规定"，载《安徽行政学院学报》2015 年第 5 期。

〔5〕 何海波："论行政行为'明显不当'"，载《法学研究》2016 年第 3 期。

〔6〕 对应 2021 年修改后《行政处罚法》的第 5 条、第 6 条以及第 32 条第 5 项中规定的"其他应当从轻或者减轻行政处罚的"。

〔7〕 安徽省黄山市中级人民法院（2020）皖 10 行终 69 号行政判决书。

不当，包括比例原则〔1〕、"过罚相当"原则〔2〕、惩罚与教育相结合原则〔3〕等。(4) 个别案件认定"明显不当"是由于法律适用错误。例如，在"西安市莲湖区 XX 店不服西安市莲湖区市场监督管理局行政处罚一案"中，对同一行为同时触犯两个法条规定的罚款罚则，不应给予两次以上罚款的行政处罚，应择一重处，但行政机关分别确定两次罚款后合并处罚，量罚时存在适用法律错误。〔4〕(5) 个别案件还要考虑相同案件存在不同程度的违法情节时，对不同相对人承担过错责任在行政处罚上的区别。比如，对同一案件中的不同当事人的不同违法程度处以相同的行政处罚即为明显不当。〔5〕

对上述司法实践中的判断标准进行分析和总结可以发现，对"行政处罚明显不当"进行变更时存在司法审查标准逻辑不一、适用标准模糊的问题。此外，一些案件对"明显不当"缺乏论证，说理不充分，直接依据《行政诉讼法》第77 条作出变更判决。还有各地法院对"不当"的明显程度认识不一，变更幅度也参差不齐，有些案件变更幅度很大，数额相差好几倍；〔6〕也有些案件变更幅度很小，如从行政拘留五日变更为两日。〔7〕对于这种变更前后差距极小的行政处罚，适法者能否论证原处罚明显不当，令人存疑。

---

〔1〕 比如，在"东莞市第一人民法院 （2020） 粤 1971 行初 288 号行政判决书"中，认为"行政处罚应当遵循比例原则，处罚幅度应当与违法行为的事实、性质、情节以及社会危害程度、违法行为人的主观恶性程度等情形之间呈现适当的比例，否则将构成明显不当"。

〔2〕 比如，在"崇左市江州区人民法院 （2020） 桂 1402 行初 22 号行政判决书"中，法院指出"行政主体在进行具体行政处罚时，除适用对应的法律 （特别法） 外，还要符合行政处罚法 （一般法） 的原则 （过罚相当原则），否则必然会出现处罚畸轻畸重、重责轻罚、轻责重罚的不当行政行为。具体到本案中来，要对原告作出适当的行政处罚，除了适用食品安全法，还要依照行政处罚法的原则进行全面的、综合的考量"。再比如，在"河南省遂平县人民法院 （2020） 豫 1728 行初 13 号行政判决书"中，法院说明"行政机关在法定权限内实施行政处罚应遵循过罚相当原则，行政处罚所适用的处罚种类和处罚幅度要与违法行为的性质、情节及社会危害程度相适应"。

〔3〕 比如，在"陕西省西安铁路运输中级人民法院 （2020） 陕 71 行终 697 号行政判决书"中，法院指出"行政处罚兼具惩罚和教育的双重功能，通过处罚既应达到纠正违法行为的目的，也应起到教育违法者及其他公民自觉守法的作用。如果处罚过度，则非但起不到教育的作用，反而会使被处罚者产生抵触心理，甚至采取各种手段拖延或抗拒执行处罚，无形中增加了行政机关的执法成本，也不利于树立行政处罚的公信力"。

〔4〕 广东省深圳市中级人民法院 （2019） 粤 03 行终 415 号行政判决书。

〔5〕 重庆市黔江区人民法院 （2019） 渝 0114 行初 35 号行政判决书。原告与第三人殴打，第三人有主观故意、先动手打人的情节，因此第三人应承担主要的过错责任，但两份行政处罚决定书中对原告和第三人均处予行政拘留三日的行政处罚存在明显不当之处。

〔6〕 山西省介休市人民法院 （2020） 晋 0781 行初 121 号行政判决书。

〔7〕 江苏省南通经济技术开发区人民法院 （2019） 苏 0691 行初 283 号行政判决书。

（三）行政行为对款额确认确有错误

1. "其他行政行为对款额确定、认定确有错误"的内涵

2014 年变更判决的适用情形除了行政处罚明显不当外，还新增了"行政行为对款额确定、认定确有错误"的变更情形。这与德国《联邦行政法院法》中规定的一种变更判决类似。[1]弗里德赫尔穆·胡芬在点评这一判决方式的积极意义时强调，"由此就可以避免，法院动辄撤销行政行为，而不是自己确定金额，如果诉讼已经达到成熟的裁判时机，并且数额计算无需依赖于复杂、只能由行政机关确认的因素。"[2]德国立法例与我国法律规定的不同之处在于：第一，德国法将变更判决视为撤销判决的"前置程序"，即只有在无法变更一个行政行为的前提下才能作出撤销判决。[3]目前我国行政法学界大多认为变更判决是撤销判决或撤销重作判决的补充，最终适用与否要综合变更判决与其他判决方式的利弊。[4]第二，德国法中规定在法院变更不便利的情形下可以由行政机关自己进行变更，[5]但我国是由法院直接作出变更结果。

"其他行政行为""对款额的确定、认定"以及"确有错误"的限定条件，均有较大的解释空间。[6]首先，在对"其他行政行为"理解时，可以将其与变更判决另一种情形"行政处罚"进行比较。行政处罚与其他行政行为是分开规定的，并对二者分别限定了不同范围。对这两个条文进行分析，可以发现以下两点问题：（1）行政处罚是"损益型"行政行为，而其他行政行为既包含损益型行为也包含受益型行为。在审判实践中行政行为以受益型为主，主要包括行政补偿、行政给付、行政赔偿、行政奖励等。（2）行政处罚与其他行政行为因立法限定了不同适用条件，分别是"明显不当"和"确有错误"，致其证明标准和适用标准也并不一致。其次，在"对款额的确定、认定"中，"确定"一

---

〔1〕 德国《联邦行政法院法》第 113 条第 2 款规定了一种变更判决："如原告要求改变具体行政行为所确定的金额或一个与此相关的确认，法院可以将其确定为另一数额或以另一个确认取代原有确认。如果对确定或确认数额所进行的调查需花费不少费用，法院可以在指明未被予以正确考虑或未被考虑的事实或法律关系的前提下，确定由行政机关可以基于该裁判自行计算出金额并变更原具体行政行为。"

〔2〕 ［德］弗里德赫尔穆·胡芬：《行政诉讼法》，莫光华译，法律出版社 2003 年版，第 589 页。

〔3〕 Feminand O. Kopp/Wolf-Rüdiger Schenke/Ralf Peter Schenke, Verwaltungsgerichts ordnung Kommentar, 19. Aufl. C. H. Beck, München, 2013, p. 1392.

〔4〕 参见李广宇：《新行政诉讼法逐条注释（下册）》，法律出版社 2015 年版，第 665 页。

〔5〕 Andreas Decker, s113, in: Herbert Posser & Heinrich Amadeus Wolff（Hrsg.）, VwGO Kommentar, 2. Aufl., C. H. Beck, München, 2014, p. 840.

〔6〕 参见章志远："新时代行政审判因应诉源治理之道"，载《法学研究》2021 年第 3 期。

般指向相关款额的计算，包括行政机关对支付养老保险、工伤待遇、抚恤金等案件中对相关款额的计算；"认定"一般指向事实问题，包括企业营业额、征收补偿具体项目等案件中对客观存在事实的判断。[1]再者，对"确有错误"理解时学界有狭义和广义之分。狭义的"确有错误"指明显的技术错漏，广义的"确有错误"涵盖全部引起款额认定错误的原因，如认定事实不清[2]或适用法律错误[3]所引发的结果错误。笔者认为，广义的理解更符合我国立法本意与实践需要，相关案件大多涉及房屋征收补偿、养老保险、工伤待遇等迫切需要得到救济的领域，允许对此类案件作出变更判决，更有利于及时救济当事人权益、化解行政争议。

2. 对款额确认确有错误的判断标准

依据上述，在整理的 235 个案例中有 91 例涉及对款额确认确有错误。通过阅读和梳理可以发现，司法实践中适法者在判断和说理时主要有以下几种方式：(1) 在部分广义的"确有错误"案件中，对因"没有行政裁量余地"[4]而选择判决变更进行说明。比如，在"上诉人邓小文因与被上诉人乐山市五通桥区自然资源局土地征收补偿一案"中，法院指出五通桥区自然资源局作出的《补偿决定书》对两项补偿认定确有错误，并且对于该两项补偿，五通桥区自然资源局已经没有裁量余地，故重新确认两部分补偿。(2) 部分案件对"适用变更判决而不适用撤销判决"的原因进行了详细说明。"撤销重作判决意在尊重行政机关的专业判断，避免司法权过度介入行政权，但是如果相关的款额及给付方式均已明了或有章可循，法院机械地选择撤销重作判决方式，难免造成当事人诉累的增加和行政、司法资源的浪费。在这种情况下，选择变更判决方式，

---

[1] 参见薛政编著：《行政诉讼法注释书》，中国民主法制出版社 2020 年版，第 609 页。

[2] 比如，在"杨冬冬、梅博宇诉被告湘乡市自然资源局、第三人杨礼光房屋拆迁协议纠纷一案"中，因对安置人口的数量认定不清，判决从安置人口数量从"6 人"变更为"8 人"，并据此重新计算补偿数额，就属于认定事实不清。参见湖南省湘潭市岳塘区人民法院 (2020) 湘 0304 行初 93 号行政判决书。

[3] 比如，在"上诉人瑞安市自然资源和规划局因被上诉人瑞安市东来置业有限公司收缴违约金行为一案"中，依据《企业破产法》第 46 条规定：未到期的债权，在破产申请受理时视为到期。附利息的债权自破产申请受理时起停止计息。被告应参照上述法条对利息的规定，自破产申请受理时停止计算，至 2018 年 2 月 8 日。但被告作出的被诉决定书将违约金计算至实际竣工之日即 2019 年 1 月 17 日，不符合法律规定。参见浙江省温州市中级人民法院 (2020) 浙 03 行终 441 号行政判决书。

[4] "没有行政裁量余地"的相关理论源自德国，指在裁量决定中，只存在唯一一种行动可能性，除此之外的其他决定都会是违法的，因此可以限定，在法律后果方面，事实上没有为行政机关留下裁量余地。此时法院作出变更判决与行政机关作出变更判决，结果都是唯一且相同的。参见［德］弗里德赫尔穆·胡芬：《行政诉讼法》，莫光华译，法律出版社 2003 年版，第 445 页。

直接确定争议事项的处理结果，无需行政裁决及行政诉讼程序的反复启动，更有助于实质化解行政争议。"〔1〕（3）在个别再审案件中，直接分类说明具体可适用情形。比如，在"再审申请人新州镇民强村民委员会江管社与被申请人林业行政管理一案"中，法院直接指出"涉及对款额的确定、认定确有错误"的内涵和适用情形。〔2〕

对上述文书的判决理由进一步分析，可以发现以下问题。其一，虽然立法条文并未明文规定行政裁决、行政协议案件可以判决变更，学界也存在一定的争议，但实践中的做法表明实质上其已被归入变更判决的适用范围，且存在不少相关案例。〔3〕其二，实践中突破了"款额确认确有错误"的文本限定。比如在"原告芜湖中发置业有限责任公司诉被告芜湖市自然资源和规划局《缴纳违约金通知》案"中，法院判决变更并非因为款额的认定存在事实上的错误，而是因为原、被告双方均表达了山人民法院对违约金标准予以调低的意愿，因此，综合全案情况，依据公平原则、诚实信用原则，法院酌定变更违约金数额，此种情形下的变更与款额错误无关。〔4〕其三，变更判决与给付判决存在适用上的交叉。对款额确认确有错误的适用情形中，可能涉及对抚恤金、社会保险金的确定。这与给付判决"未完全履行给付义务"的表述存在竞合，很可能同时发生。〔5〕基于"可以判决变更"的立法表述，为法院选择其他判决方式留有余地，此时法院可以在两种判决方式之间进行选择，也可同时适用。

（四）小结：变更判决适用中的问题

对法院的变更结果不服而上诉的案件很多。在适用变更判决时，既要"激活"变更判决的适用发挥其实质化解争议的独特优势，也要防止滥用变更判决而加剧诉累。究其根源，是对"明显不当""涉及对款额的确认"等不确定法

---

〔1〕 吉林省长春铁路运输中级法院（2020）吉71行终121号行政判决书。

〔2〕 最高人民法院（2019）最高法行再134号行政判决书。"涉及对款额的确定、认定确有错误"通常是指被诉行政行为涉及的钱款的具体数字确定，或者与款额相关联的权利归属的认定出现错误，主要包括两种情形：一是行政补偿、行政赔偿案件中，涉及补偿、赔偿具体数额的计算确有错误的；二是土地、山林、草原确权行政裁决案件中，涉及争议地中各方权利归属具体面积数额的确定确有错误的。

〔3〕 参见湖北省咸宁市中级人民法院（2021）鄂12行终22号行政判决书；浙江省温州市中级人民法院（2020）浙03行终441号行政判决书；最高人民法院（2019）最高法行再134号行政判决书。

〔4〕 安徽省芜湖市鸠江区人民法院（2019）皖0207行初23号行政判决书。

〔5〕 比如，在"原告刘宇诉被告郴州市工伤保险服务中心劳动和社会保障行政给付案"中，原告刘宇在获得第三人的民事赔偿后，依法还可以享受工伤保险待遇，而被告并未履行给付义务。法院依法核定原告具体的伤残补助金后，作出变更判决。

律概念的判断标准不尽相同。模糊化的判断标准极有可能滋生司法滥用，逾越司法与行政的边界。[1]结合我国审判实践，在考量变更判决的适用标准时，应当以应对我国当下面临的问题为出发点，既不能"不愿用""不敢用"，也不能为快速解决争议而忽略当事人的意愿，过度适用变更判决，否则反而会造成原被告双方不服变更结果而频繁上诉，同时也不能发挥变更判决行政便宜、节约诉讼资源的独特优势。

三、理论探寻：变更判决的适用原理

（一）变更判决的本质属性

从法律属性上看，变更判决属于形成判决，法院通过判决直接形成当事人之间新的权利义务关系，使得纠纷得以径行解决。相比于撤销判决、履行判决，变更判决无需等待行政机关重新作出新的行政行为，通过在当事人之间直接形成新的法律关系，解决了悬而未决的权利状态。[2]对于变更判决在我国行政诉讼判决类型体系中的分析，学界主要有三种观点。第一，以姜明安为代表的学者认为，变更判决是撤销判决的补充。[3]第二，以章志远、李广宇为代表的学者认为，变更判决是撤销重作判决的补充。[4]目前行政法学界大部分学者持此观点。但还有第三种观点认为，可以将变更判决定义为"给付判决"。因为广义的公法上的给付诉讼，就是指基于公法上请求权，向行政法院起诉请求作出给付判决，判令行政机关为一定行为、容忍或不作为一定行为。[5]

笔者倾向于第三种观点。基于变更判决的本质是形成判决，当事人之间的权利义务经由法院的判决直接产生改变，纠纷得以径行解决，相比于撤销判决、履行判决等判决类型，变更判决应当具有独特优势和独立定位。将变更判决定

---

〔1〕 于洋："明显不当审查标准的内涵与适用——以《行政诉讼法》第70条第（六）项为核心"，载《交大法学》2017年第3期。

〔2〕 杨伟东："履行判决变更判决分析"，载《政法论坛》2001年第3期。

〔3〕 参见姜明安主编：《行政法与行政诉讼法》，北京大学出版社、高等教育出版社2015年版，第519页。持此观点的还有耿宝建、李纬华法官，收录于江必新主编：《〈中华人民共和国行政诉讼法〉及司法解释条文理解与适用》，人民法院出版社2015年版，第506页。

〔4〕 参见章志远："新时代行政审判因应诉源治理之道"，载《法学研究》2021年第3期。参见李广宇：《新行政诉讼法逐条注释（下册）》，法律出版社2015年版，第665页。参见王镤："行政诉讼中变更判决的适用条件——基于理论和案例的考察"，载《政治与法律》2018年第9期。参见吴庚：《行政法之理论与适用》，三民书局2003年版，第655页。

〔5〕 李振凡："实质化解争议视角下行政变更判决适用研究——以环渤海行政区域内的行政案件为样本"，载程琥主编：《行政审判前沿问题探讨》，中国法制出版社2020年版，第338页。

义为"给付判决",更能反映变更判决可以实质化解决行政争议的本质属性。与撤销判决、撤销重作判决加以区分,可以进一步防止司法实践中适法者"不愿""不敢"适用变更判决,而将本可以适用变更判决的情形转化为撤销判决、撤销重作判决。

(二) 变更判决的理论依据

1. 司法权与行政权的"尊重与制衡"

变更判决的本质是司法变更权,涉及行政权与司法权两者关系的处理问题,既要保持司法的谦抑性,防止过度干涉行政机关的专业领域、造成司法腐败,[1]也要发挥司法的监督功能,依据司法最终干预原则,制约行政机关,促使其尽可能不做不理想的事。[2]在适用变更判决时,一方面,须尊重行政机关的首次裁量权,对行政主体依法作出的专业判断予以充分尊重,不能随意变更。行政机关作为组织管理国家行政事务的执行机关,在作出行政处罚时常常需要考虑行政程序的公平性和行政管理的效能性。行政机关在行使自由裁量权时一般根据违法事实、性质、情节、社会危害性等因素确定具体裁量标准,也常常涉及一些技术性、专业性问题。人民法院在审查行政机关的自由裁量权过程中应保持必要的谦抑,尊重行政机关初始判断权,也为行政机关设定一个自由裁量权的范围。一般而言,对行政行为合法性的判断,法院优于行政机关,采用较为严格的司法审查标准,而对于合理性的判断,行政机关优于法院,只有行政机关超出自由裁量权的范围,达到"明显不当"的程度,人民法院方可行使司法审查权。另一方面,依据我国行政诉讼立法目的,[3]人民法院也要发挥"监督行政机关依法行使职权"的作用,防止行政机关滥用行政裁量权,通过法定司法程序对行政裁量进行事后的审查和监督。[4]任何不到位的形式主义审查或监督,都是对行政相对人权益的不力救济,将会侵蚀司法的权威和公信力。

2. 形式合法与实质合法的有机结合

我国《行政诉讼法》明文规定对行政行为作合法性审查,但并未对合理性审查进行规定,因此长期以来能否审查行政行为的合理性,成为困扰学者和适

---

〔1〕 梁君瑜:"行政诉讼变更判决的适用范围及限度",载《法学家》2021年第4期。

〔2〕 李哲范:"司法变更权限定与扩大的博弈——以司法权界限论为视角",载《吉林大学社会科学学报》2012年第5期。

〔3〕 《行政诉讼法》第1条规定,为保证人民法院公正、及时审理行政案件,解决行政争议,保护公民、法人和其他组织的合法权益,监督行政机关依法行使职权,根据宪法,制定本法。

〔4〕 杨欣:"行政诉讼变更判决的理论基础与适用",载《法律适用》2005年第6期。

法者的一个重要问题。但是，随着我国法治水平的提高，司法审查也日益深入，法律渊源逐渐泛化，合法性与合理性之间的区分界限日益模糊。[1]比如，在适用变更判决"行政处罚明显不当"时，《行政处罚法》要求遵循过罚相当原则，相关条款往往包含对合理性审查的要求，此时合法性与合理性审查之间出现了重合，司法实践中有不少案例直接采用"违反合理性原则"作为判决变更的理由。[2]基于此，理论界也开始把合理性原则置于合法性原则的框架内思考，提出了"实质合法"的概念。[3]实质合法观认为，作出的行政行为不仅要形式合法，还要做到实质合法。即不仅要在形式上符合法律的明文规定，还要符合法律的内在精神和基本原则，符合公平、正义的法则。2014年《行政诉讼法》修改后，立法者虽仍然坚持合法性审查为基本原则，但对合法性原则作扩大解释，依据实质合法的观点，明显不合理的行为也属于违法行为，而将其归入合法性审查的范畴。[4]故此，从本质上看，变更判决的适用体现了形式合法与实质合法的有机结合，行政行为的合法性有着更丰富的内涵。

四、续造规则：构建变更判决裁判基准的设想

（一）裁判时机成熟的考量因素

"裁判时机"的概念源自德国，指案件作出裁判的时间。结合裁判时机的概念，在案件事实状态、法律审查等都达到特定条件时，即裁判时机达到"成熟性"的标准时，法院就可以直接变更行政行为的内容以确定当事人之间的法律关系，作出变更判决。本文认为，变更判决裁判时机成熟除所有判决方式都应满足的条件外，还应当考量四个因素：第一，事实认定清楚。要求案件事实已达到清楚无异议的程度，若存在事实无法查清的情形，则不能适用变更判决。第二，关注原告意愿。虽然法院作出变更判决并不一定基于原告选择变更判决的诉讼请求，但若法院作出变更判决与原告意愿相抵触，反而违背了保护相对

---

〔1〕 何海波："论行政行为'明显不当'"，载《法学研究》2016年第3期。

〔2〕 比如，在最高人民法院（2019）最高法申9339号行政判决书中，法院指出"人民法院在对行政处罚行为坚持合法性审查的同时，还应当进行合理性审查。结合《行政处罚法》第四条第二款关于'过罚相当'的规定，在同一处罚程序中，对于违法情节明显减轻的情况，处罚结果未相应减轻，实质上亦属于加重处罚，不符合行政合理性原则"，并据此作出变更判决。

〔3〕 参见何海波：《实质法治：寻求行政判决的合法性》，法律出版社2009年版，第163页。

〔4〕 全国人大常委会法工委为行政诉讼法写的解读本指出："行政诉讼法修改是在坚持合法性审查原则的前提下，对合法性原则的内涵作了扩大解释。"参见信春鹰主编：《中华人民共和国行政诉讼法释义》，法律出版社2014年版，第20页；袁杰主编：《中华人民共和国行政诉讼法解读》，中国法制出版社2014年版，第21页。

人合法权益的立法目的，甚至造成循环诉讼。第三，经过实质合法性审查，特别是对"明显不当"等不确定法律概念进行判断时，要关注相关法律的原则和精神。第四，还要综合考量与其他判决在选择上的利弊。基于司法对行政要保持一定程度的谦抑，司法实践中适法者往往援引撤销判决的规定，将本可以适用变更判决的情形转化为撤销判决。[1]从本质属性上看，变更判决并非其他判决方式的附属，法官应当结合个案综合比较不同判决方式的利弊，选择最为合适的判决类型。

（二）裁判时机成熟的判断标准

在不同时期不同的政治社会背景下，裁判标准应当有不同的尺度，法官需要遵循相对统一的外在标准，但也要结合具体案例进行灵活调整，不能被这些外在标准所束缚而变得僵硬刻板，忽略了公正的灵魂。[2]结合上述裁判时机成熟考量因素的分析，以及对近三年判决文书的梳理，笔者认为，从发挥行政诉讼解纷功能的角度看，在具体个案中认定变更判决裁判时机成熟可以遵循以下判断步骤。

首先，应当结合《行政诉讼法》修改后立法目的的多重要求，特别要权衡"对行政机关的监督功能"和"对相对人权益的救济功能"之间的关系。对"行政机关的监督功能"体现在尊重其首次判断权的基础上，衡量其行政行为使用的手段是否为达到其行政目标所必需，依法对原行政行为进行形式合法与实质合法的审查。"对相对人权益的救济功能"体现在，审查原行政行为是否对当事人造成了"明显不当"或"确有错误"的不利后果，确实需要得到救济。若为达到行政目标所使用的手段不成比例，且对当事人权益造成了明显的不利后果，则应当通过司法手段予以解决。并且，法院要以行政诉讼解纷、监督与救济功能整体性发挥为基本原则，选择最符合《行政诉讼法》立法目的的裁判方式。若选择变更判决，判决理由的说明不仅要让相对人接受，也要让行政机关信服。

其次，要分析具体案件需要保护的特殊法益。在一些案件中，法官往往会将某些需要保护的特殊法益纳入考量范围。比如，在涉及企业生产经营的案件中确定行政处罚的幅度时，也会考虑到"保护民营企业发展和公司可持续发展

---

〔1〕 李振凡："实质化解争议视角下行政变更判决适用研究——以环渤海行政区域内的行政案件为样本"，载程琥主编：《行政审判前沿问题探讨》，中国法制出版社2020年版，第338页。

〔2〕 参见何海波："论行政行为'明显不当'"，载《法学研究》2016年第3期。

的需要"〔1〕；在新冠肺炎疫情暴发的特殊时期，指出"处于新冠肺炎后防治时期，应考虑民营经济体，包括个体工商户对于处罚过重的观念和可接受的程度"〔2〕。这在判决从轻处罚的理由中还包括"综合考虑到原告实施该行为的初衷是为了共抗疫情，属一种善举"〔3〕，这都体现了对国情现状和社会发展的关注，法官在具体案件中的综合考量体现了对民生的关怀和司法的温度。

最后，综合考量确定变更的尺度。变更判决对相对人权益救济的关键在于变更的内容，很大程度上表现为对变更尺度的把握。在款额确认有明显计算、遗漏等错误的案件中，纠正为唯一正确的数额即可，不存在对变更尺度的把握。但主要在行政处罚明显不当的案件中，会涉及对处罚数额的变更，此时法院的司法裁量空间较大，应在综合考量后依法确定变更的尺度，不可随意变更，如考虑违法情节轻重、社会危害程度、原告违法行为中的合理性因素，〔4〕以及把握变更后所产生的社会效果〔5〕等。因此，要求行政法官不仅要有良好的专业素养和道德要求，还要有丰富的社会生活经验；作出的变更判决结果不仅要让当事人接受、让行政机关信服，还要被社会公众接受，认为法官是站在公平、公正、中立的立场上作出的。如此，方能真正发挥变更判决实质化解行政争议的重要作用。

五、结语

"徒法不足以自行"，法律的生命不在于成文、颁布和修改，而在于能够被适法者正确理解和适用。只有正确把握变更判决的适用标准，才能充分发挥变更判决在解纷、监督和救济上的制度优势，应对当前变更判决被怠用和错用的困境。

在适用变更判决时应当注意以下几点：（1）《行政诉讼法》第 77 条第 1 款

---

〔1〕 湖北省黄冈市中级人民法院（2020）鄂 11 行终 140 号行政判决书。

〔2〕 河南省南阳市中级人民法院（2020）豫 13 行终 185 号行政判决书。

〔3〕 云南省普洱市思茅区人民法院（2020）云 0802 行初 141 号行政判决书。

〔4〕 山东省日照市岚山区人民法院（2019）鲁 1103 行初 26 号行政判决书。法院判决指出，"本案从原告已经发生了违法行为和其具有的合理性因素两个方面分析，被告作出涉案行政处罚结果具有单一性，未能包容原告生产所具有的合理性因素，故而被告的行政处罚结果存在明显不当的情况"。

〔5〕 崇左市江州区人民法院（2020）桂 1402 行初 22 号行政判决书。法院判决指出，"原行政处罚数额虽然体现出惩罚的功能，但过高的处罚同样会产生不利于弱小经营者持续经营、维持生计的负面影响，难以起到惩罚与教育并重的社会效果；同时，还会让经营者产生消极对抗的负面情绪，与公众认同感存在差距，难以对社会形成正确引导，也难以树立行政处罚公信力。从法律效果和社会效果相统一的角度来衡量，原告的行为可以适用减轻处罚，罚款金额应当予以变更"。

规定了变更判决"行政处罚明显不当"与"其他行政行为涉及款额的确认确有错误"两种适用情形,其内涵和外延均是不明确的,判断规则的确定并非由任何外来理论构筑,而应结合我国司法实践需求和具体国情进行分析。(2)就判决属性而言,将变更判决定义为"给付判决",更能反映其有助于实质化解行政争议的独特优势。变更判决涉及司法权对行政权的直接介入,[1]司法应持一定的谦抑态度,对行政机关的有效监督和对当事人权益的充分救济才是行政诉讼的根本目的。[2](3)变更判决在适用时仍有适用标准模糊的问题,未来有待通过指导案例或司法解释的形式,进一步明确其适用标准。并且,可通过加强司法与行政裁量基准的良性互动,[3]指导行政工作和审判实践,从源头解决行政争议。

---

〔1〕 尹洪阳:"司法审查之'变更权'制度探讨",载《法律适用》2014 年第 8 期。

〔2〕 杨伟东:"行政诉讼一审判决的完善",载《广东社会科学》2013 年第 1 期。

〔3〕 参见曹建明:"当前行政审判工作中的几个问题",载《法律适用》2007 年第 5 期。"司法与行政作为执行统一法律法规、追求同一法治目标的国家机关,具有协调一致、取得共识的前提和基础",加强司法与行政裁量基准的良性互动,是在行政裁量和司法裁量的基准上增强沟通、了解和共识,从源头上减少行政机关行政裁量明显不当的行政行为。

论国家机关处理个人信息的三重限制

——以《个人信息保护法》第34条为中心

冉启云[*]

摘　要：置身于大数据时代，个人信息权益因国家机关权力扩张而日渐退让。在规范层面，个人信息保护在体系密度、规范精度、覆盖广度和层级高度上捉襟见肘；在实践层面，个人信息保护时常面临收集限度突破、储存风险扩张和不当使用泛滥等挑战。为强化人格尊严的本质性保护、珍视个人信息的公共性品格、实现风险应对的反噬性规避，有必要围绕《个人信息保护法》第34条的三重约束，规训国家权力。在具体的制度型构上，应从形式合法性、实施有效性和实质合法性维度依次阐释"法定职责"之意涵，将正当程序原则贯穿于信息的整个生命周期，并使国家机关的处理行为接受比例原则的严格检验，以矫正国家机关对公民个人信息权益常态化、大规模、高强度的压制结构。

关键词：个人信息；国家机关；法定职责；正当程序；比例原则

一、问题的提出

伴随着工业时代向大数据时代的高歌猛进，国家机关[1]对个人信息的处理行为愈发丰富和频繁。一面观之，信息已然跳脱出满足传统行政需要之一隅，

---

* 冉启云，中国政法大学2020级宪法学与行政法学专业硕士。

〔1〕 国家机关除行政机关外还包括立法机关、监察机关、司法机关等。为论述聚焦，本文主要从行政机关视角加以论述。

其真实价值就像漂浮在海洋中的冰山，[1]具有国家基础性战略资源的重要特质。另一面看来，国家机关在个人信息持有数量和处理动能上较私法主体有过之而无不及，俨然是个人信息的最大处理者。与个人在私法关系中享有较高的合意性不同，鉴于行政的普遍性和不可替代性，个人对现代的行政功能存在着一般且持续性的依存关系。[2]因而公民不仅难以彻底回避国家机关的信息处理行为，还会于特定场合主动寻求国家机关的扶助，甚至为获得实体利益而放弃自身信息保护。[3]在此过程中，并非所有信息处理行为均遵循法治国原则，实践中，国家机关的恣意处理行为层出不穷。与国家机关滥用个人信息的境况形成鲜明对比的是，无论是在规范设置上抑或学术探讨中，国家机关处理个人信息的场域均未受到充分关注。

就规范而言，虽然《个人信息保护法》设置专节规范国家机关的个人信息处理行为，并在第34条[4]引入了职权法定、程序法定和比例原则，将"监管者纳入监管"[5]，但过于粗疏的原则性内容难谓周全备至，转介性条款亦因规范赤字而被迫悬置。具言之，一方面，该条自身属于"粗线条"式规定，对于实际操作而言助力不足；另一方面，该条虽将规范效力转至法律、行政法规，但我国涉及国家机关处理个人信息的主要法规范同样面临内容概括且实效不佳的困境。

就学界而言，学者主要在个人信息赋权与否、赋权后的权利属性及其相应的保护路径方面学说纷纭，涌现出个人信息权说[6]、个人信息控制权说[7]、个人信息自决权说[8]、个人信息基本权利说[9]、个人信息受保护权说[10]、

---

〔1〕 参见［英］维克托·迈尔-舍恩伯格、肯尼思·库克耶：《大数据时代：生活、工作与思维的大变革》，盛杨燕、周涛译，浙江人民出版社2013年版，第134页。

〔2〕 参见［日］小早川光郎：《行政诉讼的构造分析》，王天华译，中国政法大学出版社2014年版，第160页。

〔3〕 参见胡敏洁："社会保障行政中的个人信息利用及其边界"，载《华东政法大学学报》2019年第5期。

〔4〕《个人信息保护法》第34条规定："国家机关为履行法定职责处理个人信息，应当依照法律、行政法规规定的权限、程序进行，不得超出履行法定职责所必需的范围和限度。"

〔5〕 参见蒋红珍："《个人信息保护法》中的行政监管"，载《中国法律评论》2021年第5期。

〔6〕 参见王利明："论个人信息权的法律保护——以个人信息权与隐私权的界分为中心"，载《现代法学》2013年第4期。

〔7〕 参见周汉华："个人信息保护的法律定位"，载《法商研究》2020年第3期。

〔8〕 参见赵宏："信息自决权在我国的保护现状及其立法趋势前瞻"，载《中国法律评论》2017年第1期。

〔9〕 参见孙平："系统构筑个人信息保护立法的基本权利模式"，载《法学》2016年第4期。

〔10〕 参见王锡锌："个人信息国家保护义务及展开"，载《中国法学》2021年第1期。

个人信息相关权益被保护权说[1]，相应的路径则为民事主体私权自治、设置激励相容治理机制、强化个人信息公法保护、超越单一安全思维立法、落实国家保护义务以及基于场景的行为主义规制。透过相关论著可知，学界普遍认识到"个人控制"模式在个人信息治理中的弊病，倾向于公法积极干预，或在个人信息保护的"领域法"内主张多元主体合作治理。[2]但大部分讨论均着墨于非国家机关的个人信息处理行为，显然忽视了更为基础的国家机关处理模式，故而本文将结合《个人信息保护法》第 34 条的相关内容，通过下述结构展开省察和论证：首先，经由规范梳理和实践检视，发现国家机关的个人信息处理权力并未受到有效约束，滥权行为依然层出不穷；其次，从宪法依据、属性依据、路径依据上论证限制国家机关权力的正当性和必要性；最后，以法定职责、正当程序、比例原则为具体标尺，将国家机关的个人信息处理行为限定在法治框架内。

二、国家机关处理个人信息的现状审视

国家机关既是个人信息的最大处理者，也是个人信息的最大风险源。为预防国家机关侵蚀个人的合法权益，防范其不当处理行为对个人信息造成难以弥补的损害，相关处理行为必须在事前即遵守普遍性规则。此外，伴随着信息社会的纵深化发展，个人信息在常态社会治理和突发事件应对中均发挥着巨大功用，但也在整个信息生命周期中衍生出形态各异的滥用现象。

（一）国家机关处理个人信息的规范缺漏

《个人信息保护法》第 34 条要求国家机关根据法律、行政法规的实体权限和程序机制从事个人信息处理活动，本质上是将该条款的规范效力转至具体领域的规定之中，而仅余统帅性机能。本文搜集了涉及国家机关处理个人信息的法律和行政法规以展开进一步分析，相关内容如表 1 所示。

---

［1］ 参见丁晓东："个人信息的双重属性与行为主义规制"，载《法学家》2020 年第 1 期。

［2］ 相关论述可参见孔祥稳："论个人信息保护的行政规制路径"，载《行政法学研究》2022 年第 1 期；郭春镇、马磊："大数据时代个人信息问题的回应型治理"，载《法制与社会发展》2020 年第 2 期；梅夏英："在分享和控制之间 数据保护的私法局限和公共秩序构建"，载《中外法学》2019 年第 4 期。

表1　涉及国家机关处理个人信息的主要法规范

规范层级	法律	行政法规
概括式规定	《民法典》第 1039 条；《刑法》第 253 条之一；《行政许可法》第 5 条第 2 款；《数据安全法》38 条；《网络安全法》第 45 条；《电子商务法》第 25 条；《审计法》第 16 条、第 40 条第 2 款；《家庭教育促进法》第 5 条；《兵役法》第 11 条第 2 款；《监察官法》第 10 条；《预防未成年人犯罪法》第 3 条；《居民身份证法》第 6 条第 3 款；《传染病防治法》第 12 条；《出口管制法》第 29 条第 3 款；《契税法》第 13 条第 2 款；《护照法》第 12 条第 3 款；《统计法》第 9 条；《国家情报法》第 19 条；《社会保险法》第 81 条；《邮政法》第 35 条；《核安全法》第 74 条第 3 款	《居住证暂行条例》第 17 条；《不动产登记暂行条例》第 26 条；《全国经济普查条例》第 32 条；《社会救助暂行办法》第 61 条；《戒毒条例》第 7 条第 2 款；《彩票管理条例》第 27 条；《缺陷汽车产品召回管理条例》第 7 条；《保安服务管理条例》第 26 条第 1 款；《残疾人教育条例》第 20 条第 3 款；《医疗保障基金使用监督管理条例》第 32 条
列举式规定	目的限制（《统计法》第 25 条）	1. 目的限制（《全国人口普查条例》第 33 条）； 2. 信息保存、销毁（《全国人口普查条例》第 32 条）

经由规范梳理可知，我国法律和行政法规中涉及国家机关处理个人信息的条款在体系密度、条文精度、覆盖广度和层级高度等多方面尚存缺漏：第一，体系密度不实。国家机关处理个人信息的相关规范散见于《民法典》等多部法规范之中，缺乏针对国家机关处理个人信息的普遍性规整措施，体系考量和顶层设计付之阙如。第二，条文精度不足。上述条款可归集为概括式规定和列举式规定，观诸法律和行政法规，一个明显的趋势为笼统概括式条款数量远超义务列举式条款，鲜有规范为国家机关提供直接、明确的操作性指引。譬如《统计法》第 9 条规定："统计机构和统计人员对在统计工作中知悉的国家秘密、商业秘密和个人信息，应当予以保密。"该类规定过于宽泛和粗疏，对于统计机构和统计人员如何具体作为并未加以伸展，本质上仍缺乏对国家机关处理个人信息的限制。第三，覆盖广度不彰。《行政处罚法》《行政复议法》《治安管理处罚法》《档案法》虽涉及个人隐私保护，但鉴于个人隐私与个人信息并非全然等同，二者呈现出交叉关系，[1]

---

〔1〕　参见李永军："论《民法总则》中个人隐私与信息的'二元制'保护及请求权基础"，载《浙江工商大学学报》2017 年第 3 期。

因此上述法规范不能毫无甄别地适用于国家机关处理个人信息的场景。此外，《政府信息公开条例》在 2019 年修法时对规范对象相近的个人信息置若罔闻，并未实现对个人信息保护的规范流转。第四，层级高度不够。虽然法律、行政法规之外的行政规范性文件提供了具体化指引，例如《公安机关互联网安全监督检查规定》较为详细地规定了公安机关及其工作人员在履行互联网安全监督检查职责时的实体和程序规范，但囿于规范层级限制而作用发挥有限。

（二）国家机关处理个人信息的实践乱象

《个人信息保护法》第 4 条第 2 款列举了个人信息的处理方式，包括收集、存储、使用、加工、传输、提供、公开、删除等，然而并非所有的信息均会历经上述流程。易言之，不同信息的生命周期存在差异，反复性处理的信息与一次性处理的信息因其具体用途和功能区别而获得了或长或短的处理期间，亦面临或繁或简的处理行为。就目前而言，学界所构建的数据生命周期模型阶段各异、形态不一，但一个基本的共识在于，数据生命周期模型愈发复杂，则其愈能精准描绘个案；相反，数据生命周期模型愈发简明，则其愈能在不同场景普遍适用。在国家机关处理个人信息的场域中，数据生命周期模型既应当适当复杂，以寻求特定处理行为的独特内涵；又应当适当简明，以涵盖个人信息处理的主要环节。具体而言，信息收集、信息储存和信息使用是国家机关处理行为中频率更高、范围更广的基础阶段，以此三者组成数据生命周期模型虽较为简单，但更具有适应性和融洽力。但就实践情况看来，无论在实体空间抑或在网络空间，无论在常规状态抑或在应急状态，国家机关的个人信息处理行为并不尽如人意，表现为收集限度突破、储存风险扩张和不当使用泛滥。

第一，收集限度突破。以生物识别信息为例，2013 年 9 月，山东省滨州市滨城公安分局采集滨州学院 5000 余名男生 DNA，但其目的为"尽快破案，排除学生间误会"。[1]该种做法显然已经超脱了个人信息收集的合理限度。此外，数量可观的监控设备遍布实体空间，在自动化技术加持下，完成违章证据采集时亦将其触角默默延伸至属于敏感信息的个人生物识别信息，并可通过信息组合及技术复原描绘出完整的个人图章。而在网络空间中，国家机关的信息收集行为较之实体空间不遑多让。伴随着平台角色由初期的"管道"进化为发展期

---

[1] "山东滨州学院宿舍失窃 全校男生被采血验 DNA"，载腾讯新闻，https://news.qq.com/a/2013 1012/013025.htm，最后访问时间：2021 年 12 月 30 日。

的"媒介",再嬗变至信息时代的"合作治理者",〔1〕平台生态中所蕴含的个人信息经由平台的数据报送义务成为国家机关收集范围,而过度请求报送和重复请求报送现象亦较为明显。〔2〕由此观之,个人信息在实体与网络空间中均置身于被全面监控的状态。

第二,储存风险扩张。身处大数据时代,国家机关在充分运用"云计算"数字网格实现个人信息收集并借助"云平台"将其集中储存时,亦保留了传统信息储存方式,相应的储存风险则可分为技术运行引发的风险和人工操作引发的风险。首先,在技术风险方面,作为表征个人身体健康状态的电子化凭证和数字化支撑,健康码应用成本低、渗透力度强、管控效果佳,故而受到国家机关的积极采用。但由于健康码的功能发挥是以联结敏感个人信息为前提,且其被储存至中心化的数据库,因此该集中管理储存模式正不断累积个人信息泄露的风险。〔3〕此外,储存风险同储存体量和储存时间呈现正相关关系,大规模的敏感个人信息加之保存期限不明,便捷的"码治理"实则蕴含着巨大的风险性。其次,在人工风险方面,即便中央格外注重防堵个人信息的窃取和泄露,〔4〕然而实践中却一再出现国家机关及其工作人员泄露个人信息的事件,严重损害了公民个人信息权益。

第三,不当使用泛滥。权力具有不断扩张的本性,非到边界之处不止,苏州文明码即为一例。2020年9月,苏州于常态化疫情防控中推出"苏城文明码",藉由市民在交通、志愿等领域的文明表现赋予相应分值,并基于积分等级为其在日常生活、积分落户等方面提供差别化对待,甚全将其作为惩戒凭证。〔5〕暂且对文明水准能否量化、评价主体是否适格、相关行为是否违背"一事不二罚"按下不表,仅就个人信息保护而言,文明码显然是对个人信息的滥用。一个明显的区别在于,疫情之下的健康码有其独特的生成空间,公共健康追求构成了个人让渡权利、减损利益的实质性砝码,而仅为提升城市文明水平的文明

〔1〕 参见张亮:《论私人干预义务 网络时代的一种行政法学理更新》,上海三联书店2021年版,第78~87页。

〔2〕 参见刘权:"论网络平台的数据报送义务",载《当代法学》2019年第5期。

〔3〕 参见宁园:"健康码运用中的个人信息保护规制",载《法学评论》2020年第6期。

〔4〕 2020年2月4日,中央网络安全和信息化委员会办公室印发《关于做好个人信息保护利用大数据支撑联防联控工作的通知》,要求收集或掌握个人信息的机构要对个人信息的安全保护负责,采取严格的管理和技术防护措施,防止被窃取、被泄露。

〔5〕 宋承瀚等:"苏州推出'文明码'积分高可享受便利 专家:不宜用于惩戒",载南方周末,http://www.infzm.com/contents/191216,最后访问时间:2021年12月30日。

码则不具备该等分量。若国家机关为使用个人信息，将疫情防控的正当性延展至文明治理领域，此时便会出现"滑坡效应"[1]，反而会成为众矢之的。

三、国家机关处理个人信息的限制理据

国家机关的个人信息处理行为具有双重意涵。一方面，必要的个人信息已经成为国家机关履行法定职责的基础要素，对于其职能运转不可或缺。但另一方面，国家机关处理个人信息具备垂直性、高权性、强制性，甚至侵益性，公共权力的任意使用最终会导致个人的客体化。为强化人格尊严保护、发挥信息的公共品性、防止风险的过度处置，有必要防止国家权力的恣意膨胀。

（一）宪法依据：人格尊严的本质性保护

如上所述，学界针对个人信息赋权与否见解不一，但无论是主张赋予个人对其信息支配控制权的私法自治路径，抑或主张国家机关履行保护义务的公法管制路径，均不约而同地将对个人尊严的维护作为其重要论点，如张新宝教授将人格尊严作为个人信息的"本权权益"[2]，王锡锌教授指出个人信息受保护权的保护对象乃是"以尊严为核心的基本权利与实质价值"[3]，因此人格尊严已经成为公私法论者强化个人信息保护的统合点。而从域外尤其是德国经验来看，人性尊严早已沉淀为所有基本权的本质。[4]一方面，康德将人格的内在尊严奉为圭臬，指出每个个人都应当被视为目的本身，而非实现自己主观目的的工具，[5]从而为德国后续阐发人性尊严并挖掘其实质内涵奠定了根基。另一方面，历经纳粹极权统治和"二战"惨痛教训的德国将人性尊严提升至空前高度，在《德国基本法》第 1 条第 1 款中庄严宣示"人性尊严不可侵犯"，并在第 19 条第 2 款规定基本权利的本质内容不可侵犯，即核心保障绝对不可被限制，否则该法律将因违宪而无效。[6]

在我国规范语境中，《宪法》第 38 条可谓是人格尊严保护的直接渊源，但对该条款中的人格尊严存在两种解释进路，一是采取"人格尊严条款双重规范

---

〔1〕 参见郭春镇："对'数据治理'的治理——从'文明码'治理现象谈起"，载《法律科学（西北政法大学学报）》2021 年第 1 期。

〔2〕 张新宝："论个人信息权益的构造"，载《中外法学》2021 年第 5 期。

〔3〕 王锡锌："个人信息国家保护义务及展开"，载《中国法学》2021 年第 1 期。

〔4〕 参见赵宏："疫情防控下个人的权利限缩与边界"，载《比较法研究》2020 年第 2 期。

〔5〕 参见［美］E·博登海默：《法理学：法律哲学与法律方法》，邓正来译，中国政法大学出版社 2017 年版，第 84~85 页。

〔6〕 参见陈新民：《德国公法学基础理论》，法律出版社 2010 年版，第 413 页。

意义说"[1]，将《宪法》第38条前半段作为相对独立于后半段的规范性语句，则该条文可发挥概括性功能。二是认为《宪法》第38条前半段是后半段的基础，人格尊严则为指代公民得到尊重的一般性人格权。[2]然而就规范效果而言，上述解释实际殊途同归，人的尊严乃是价值依归，一般人格权则为权利基础，[3]二者共同存在并不会为新型基本权利解释造成规范障碍。[4]具体就个人信息保护而言，个人信息尤其是敏感个人信息承载着公民的人格尊严，因此个人信息的处理必须被框定在合理界限之内。

（二）属性依据：个人信息的公共性考量

罗伯特·波斯特（Robert C. Post）指出，人天然是社会性的动物，离开了具体的社群则个人独处空间或人格尊严便无从谈起。[5]而在大数据加持下，伴随着私权利社会形态向有机社会形态的嬗变，[6]作为社会交往基础的个人信息在个体属性外亦具备了显著的"社会资源性"。[7]这一现象投射到国家机关处理个人信息的场景则愈发突出，具言之，个人信息在以下方面体现出公共性质。

第一，前端的个人信息本体具有公共性。其一，个人信息的分享性。以姓名为例，虽然个人在特定场合下可决定是否公开姓名，但姓名本身内蕴着分享的特征，社会公众或国家机关对姓名的"识别权"[8]亦显重要，《统计法》和《全国人口普查条例》均要求统计调查对象和普查对象真实、准确、完整、及时地提供资料。其二，个人信息的再利用性。赋予个人对其信息的完全控制权会加剧信息孤岛现象，而将个人信息引入公共领域则有助于深度化分析和规模化应用。第二，中端的个人信息功能演绎具有公共性。在国家治理能力日益提升的背景下，个人信息除在社会治理、决策参考、资源配置等宏观治理中发挥功能外，还愈发向公共权力行使的具体场域渗透，在认证、连接和声誉方面功

---

〔1〕 参见林来梵："人的尊严与人格尊严——兼论中国宪法第38条的解释方案"，载《浙江社会科学》2008年第3期。

〔2〕 参见谢立斌："中德比较宪法视野下的人格尊严——兼与林来梵教授商榷"，载《政法论坛》2010年第4期。

〔3〕 参见王锡锌、彭錞："个人信息保护法律体系的宪法基础"，载《清华法学》2021年第3期。

〔4〕 参见姚岳绒："论信息自决权作为一项基本权利在我国的证成"，载《政治与法律》2012年第4期。

〔5〕 See Robert C. Post, "The Social Foundations of Privacy: Community and the Self in the Common Law Tort", *California Law Review*, Vol. 77, No. 5, 1989, p. 966.

〔6〕 参见吴伟光："大数据技术下个人数据信息私权保护论批判"，载《政治与法律》2016年第7期。

〔7〕 王秀哲："大数据时代个人信息法律保护制度之重构"，载《法学论坛》2018年第6期。

〔8〕 高富平："个人信息保护：从个人控制到社会控制"，载《法学研究》2018年第3期。

效显著。[1]以声誉规制功能为例，国家机关藉由相关个人信息的公布引入公众参与机制，将原本隐匿在线下实体中的个人信息传送至社会公众广泛持有，进而达到鼓励与遏制的双重目标，实践中大力推行的社会信用体系建设即为例证。第三，后端的个人信息问题处理具有公共性。个人信息虽彰显出个人权利属性，但个人信息保护问题却已破除个人单独把控和处理的窠臼，生发出社会整体应对和保全的态势。究其原因，除却私法自治难以高效、有力纾解个人信息保护困境外，本质原因在于保护个人信息不仅是对个人主体性的肯认，更是对"社会福祉"和"共同善"[2]的维护。《个人信息保护法》第36条即为总体国家安全观下的因应策略，一事一议机制凸显出数据安全及自由流动的审慎平衡。[3]

在上述三个因素的聚合下，国家机关处理的个人信息蕴含着丰富的公共性，但这并非意味着国家机关可通过个人信息的公共属性侵蚀公民的人格尊严。与之相反，个人信息的公共性迫切要求国家机关在维护公民人格尊严的同时"珍视"公共性，防止权力滥用行为阻滞个人信息公共性的作用发挥。以"码治理"为例，公众之所以将个人健康信息提供给国家机关并于健康码中使用，其基本要义乃是个人信息由个体性向公共性的适度倾斜，以期通过国家机关对公民健康信息的分析和研判，创造出更为及时、精准的防控方案。在此过程中，个人虽让渡了一部分自我控制、自我决定的权利，但经由个人信息公共性的实现，个人收获了更为重要的生命健康保障。然而个人信息的公共性并非绝对，"苏城文明码"的失败即映射出国家机关对个人信息的公共性把握不足：一是未认识到公共性实质上为有限公共性，"苏城文明码"超脱了公共性的合理范畴，随意聚合个人信息导致公民人格尊严受到贬损；二是未发挥出公共性的治理机能，国家机关不适当的处理行为非但不会提升社会治理水平，反而会侵蚀个人信息公共性的基本功能。概言之，个人信息具有公共性无疑，但国家机关如何认识、平衡并施展公共性则更为关键。

（三）路径依据：风险应对的反噬性规避

"风险是现代化的副产品，是不受欢迎的富余。"[4]在国家机关的日常履

---

[1] 参见胡凌："功能视角下个人信息的公共性及其实现"，载《法制与社会发展》2021年第5期。

[2] 参见王凌皞："公共利益对个人权利的双维度限制——从公共利益的平等主义构想切入"，载《华东政法大学学报》2016年第3期。

[3] 参见彭錞："论国家机关处理的个人信息跨境流动制度——以《个人信息保护法》第36条为切入点"，载《华东政法大学学报》2022年第1期。

[4] ［德］乌尔里希·贝克：《风险社会 新的现代性之路》，张文杰、何博闻译，译林出版社2018年版，第14页。

职活动中,一个重要的方面即为"防范和化解重大风险"。结合风险应对的分析结构,国家机关的应对之策囊括如下方面:第一,在专业科学知识的分析基础上开展风险评估以识别特定风险。第二,鉴于普通公民很难对伴随信息流通的风险进行预判,[1]因而需要强化风险管理,确保有关风险得到充分披露。第三,通过解释和说明开展风险交流,以提升公众的理解力,消弭怀疑主义。然而上述风险预防和应对措施并非总是按照既定轨道流畅运行。由于风险难以确定且面向未来,因此较之常规状态,国家机关的风险预防措施必然更为严格,处理权限必然更加扩张。虽然适当扩张的国家权力对于因应风险而言极为必要,但不受限制的国家权力势必会在初次风险之外,建构出个人信息处理的二次风险。具体到风险应对结构中,二次风险主要体现出如下样态。

首先,在风险评估时,国家机关往往会收集个人信息以展开分析,但收集数量、收集范围却可能超出风险评估所需。以新冠肺炎疫情防控为例,部分地区在收集身份证号、联系方式、地理位置、行踪轨迹等个人信息的同时,要求个人提供作息时间和过往病历信息,从而在源头上导致更多的信息遭受泄露风险。另外,长时间、多阶段的风险评估项目还会储存大量个人信息以进行对比分析和综合研判,亦使数据安全问题愈发凸显。

其次,在风险管理和交流时,国家机关或运用特定信息佐证风险应对举措,从而提升决策说服力;或公开特定信息以提示风险,从而引导公众审慎行为。但当此类信息能够联结到具体个人时,不当滋扰、网络谣言等二次风险亦被无意建构出来。在疫情防控中,相关部门每日公布确诊患者、疑似患者、密切接触者的个人信息,但部分地区在防疫初期却过于详细地公开了确诊患者的信息,以至于网络环境中骂声不断、谣言四起。国家机关的不当处理行为不仅直接对公民的正常生活造成了巨大影响,还间接诱发了网络谣言、网络暴力等失范行径。

由此观之,公民在享受便利的同时也日渐暴露在形形色色的风险之下,既包括初次风险,也包括二次风险。就国家机关而言,"风险最小化"应是其处理个人信息的准则。[2]这便要求国家机关既要应对履职活动中的风险,又要规避个人信息处理中的风险,防止因实行风险预防措施而损害公民的合法信息权益,阻却风险预防措施招致的反噬效应,从而科学、理性应对风险挑战。

---

〔1〕 See Daniel J. Solove, "Introduction: Privacy Self-Management and the Consent Dilemma", *Harvard Law Review*, Vol. 126, No. 7, 2013, p. 1880.

〔2〕 参见范为:"大数据时代个人信息保护的路径重构",载《环球法律评论》2016年第5期。

四、国家机关处理个人信息的限制进路

通过规范梳理和实践检视可知，当下国家机关在处理个人信息时仍然未受到有效约束，非理性处理行为依然层出不穷。鉴于个人信息保护所指向的不单是公民，而且是"政府自身政权合法性所必须"[1]，故而有必要重新配置国家和个人间的权义结构，优化国家机关的处理行为。《个人信息保护法》第 34 条虽较为概括，但法定职责、正当程序和比例限度三个层次可涵盖国家机关处理个人信息的主要方面：其一，法定职责要求国家机关处理个人信息必须做到"法定职责必须为，法无授权不可为"，即在形式合法性维度限制国家权力；其二，正当程序要求国家机关处理个人信息必须符合基本程序规范，并在开放性流程中获取个人信任，即在实施有效性维度限制国家权力；其三，比例限度要求国家机关处理个人信息必须受到"目的—手段"匹配度的检验，即在实质合法性维度限制国家权力。

（一）法定职责的内在制约

"为履行法定职责所必需"是国家机关处理个人信息最为基础和广泛的合法性前提，而适用该前提的关键又在于妥当解释法定职责，从而形成组织法上的内在制约，这包括厘清法定职责中"法"的范围和理解法定职责之所指两个方面。

第一，关于法定职责中"法"的外延，观点不一而足。狭义说认为此处的"法"仅包括法律。[2]《个人信息保护法》第 34 条所采用的是法律、行政法规。广义说认为法源不仅包括位阶较高的法律和行政法规，地方性法规、部门规章和地方政府规章都应当被纳入进来。[3]而最广义说认为"法"不仅涵盖上述法规范，同时也包括规范性文件、"三定方案"、先行行为、行政允诺、行政协议等。[4]从规范解读、适用现状和权益保护出发，应当扩张解释法定职责之渊源。其一，在规范解读上，《个人信息保护法》第 34 条中"依照法律、行政法规"并不必然阻碍其他法规范授权国家机关履行职责，第 37 条采用"法律、法

---

[1] 参见张新宝："从隐私到个人信息：利益再衡量的理论与制度安排"，载《中国法学》2015 年第 3 期。

[2] 参见张新宝、葛鑫：《个人信息保护法（专家建议稿）及立法理由书》，中国人民大学出版社 2021 年版，第 178 页；参见关保英："行政主体拒绝履行法定职责研究"，载《江淮论坛》2020 年第 5 期。

[3] 参见程啸：《个人信息保护法理解与适用》，中国法制出版社 2021 年版，第 132 页。

[4] 参见最高人民法院（2018）最高法行再字第 205 号行政判决书。

规授权"之表述即间接肯认了地方性法规的法源地位；其二，在适用现状上，由于规章、其他规范性文件已经融入国家治理之中，否认其法源地位无疑会阻碍国家机关的正常运转；其三，在权益保护上，为了防止国家机关以制定法中并未列明具体职责为借口而逃避责任，先行行为、行政允诺、行政协议亦应被视作法源，但需要符合上位法和一般法律原则，从而更为有力地保护公民的合法权益。

第二，关于法定职责之所指，《个人信息保护法》第13条与第34条在规范意涵上存在差别，进而在法定职责解释上造成狭义说和广义说之分：狭义的解释要求国家机关处理个人信息必须存在明确而具体的授权，比如《传染病防治法》第18条为疾控机构所赋予的"收集、分析和报告传染病监测信息"[1]的职责。广义的解释认为只要国家机关的行为并未超越权限，则可纳入法定职责的范畴，而无需明确、具体的授权。就域外经验观之，《欧盟通用数据保护条例》（以下简称GDPR）第6条第1款第c项规定"处理对于控制者是某项法律职责的主体履行其职责是必要的"。第2款则规定成员可以维持或新制定更多具体条款和更为明确的规定，并且第3款还规定处理基准应当通过欧盟法或成员国法律进行规定。由此看来，GDPR中的"法律职责"需要其他规范加以扩充，且不局限于专门授权，存在依法获得的一般性授权即可。在我国语境中，《个人信息保护法》第34条对法定职责是否必须明确、具体未作详细规定。一般而言，法律授权越直接明确，则国家机关的裁量空间越小，国家权力受外在约束程度越高。但是正如上文的规范分析所示，绝大部分法律和行政法规均采用概括性描述方式，且诸多法条并未明确规定国家机关的个人信息处理职权。倘若仅认可具体授权下的法定职责，则会在一定程度上妨碍国家机关依照概括授权或默示授权工作展开，进而排除了其积极履职的可能。因此，为了在国家机关权力限制和积极履职间获取平衡，我们既要广泛接纳一般性授权，同时也要为其划定一定边界。进言之，概括授权和默示授权必须以合法、正当、必要为限，必须满足"履行法定职责所必需"的前置条件，必须符合立法目的和规范意旨，必须在法律优先和法律保留的框架下行事。

（二）正当程序的过程制约

《个人信息保护法》第34条要求国家机关依循法定程序开展处理行为，然

---

[1]《传染病防治法》第18条第1款规定，"各级疾病预防控制机构在传染病预防控制中履行下列职责：……（二）收集、分析和报告传染病监测信息，预测传染病的发生、流行趋势……"。

而现有法律、行政法规中的程序规则总体呈现缺位状态。为确保个人"保持清醒的在场"，[1]可将正当程序作为阐释法定程序的"最好向导"，[2]从而在个人信息生命周期的全过程实现程序中立、程序参与和程序公开等最低限度的正义。[3]

第一，个人信息收集是国家机关处理个人信息的前序环节。虽然国家机关为履行法定职责无须征得个人同意，但是一般情况下的告知义务依然存在。因此，国家机关应当转变以往采用的隐蔽收集方式，根据职责要求和任务类型采取区别化告知模式。其一，对于不涉及保密事项、告知将不妨碍正常履职的个人信息，国家机关应当依照《个人信息保护法》第17条完全、充分告知，以保障公民的知情权利；其二，在刑事犯罪侦查等告知将妨碍正常履职或关涉保密情形中，国家机关应当在妨碍履职情形消除或秘密失去保守必要时迅速履行告知义务。除了告知义务外，国家机关在信息收集时还应当采取直接收集、一次收集的方式，保障公民陈述、申辩的权利，并减少对私域的侵入。

第二，个人信息储存是信息留存、积累以资后续调取、使用的环节。现有规范中个人信息的储存期限相差较大，储存公开和公众监督事项更是付之阙如。因而，国家机关在收集之始即应告知储存期限、数量和位置，并运用信息系统及时、动态公示储存事项，其内部也应设置定期储存风险评估机制。

第三，个人信息使用是国家机关处理个人信息的核心环节。以自动化决策为例，"技术利维坦"之下，算法程序的嵌入模式实际上剥离了正当程序的论证性。[4]《个人信息保护法》第55条将利用个人信息开展算法自动化决策纳入事前影响评估范畴，相应的程序机制则应从如下维度展开：其一，强化公众参与。通过国家机关、社会公众和技术开发者的交流对话，增强公众对算法规则的感知度和理解力，并有效表达自身主张。其二，保障公民知情、陈述、申辩的权利。一是在完全自动化决策中强化国家机关的通知、说明义务；二是在半自动化决策中保证公民获得人工干预的权利，[5]藉由陈述、申辩权利的实现回归程序理性商谈模式。

---

〔1〕 王锡锌："国家保护视野中的个人信息权利束"，载《中国社会科学》2021年第11期。

〔2〕 刘东亮："什么是正当法律程序"，载《中国法学》2010年第4期。

〔3〕 参见周佑勇：《行政法基本原则研究》，法律出版社2019年版，第219页。

〔4〕 参见雷刚、喻少如："算法正当程序：算法决策程序对正当程序的冲击与回应"，载《电子政务》2021年第12期。

〔5〕 参见张凌寒："算法自动化决策与行政正当程序制度的冲突与调和"，载《东方法学》2020年第6期。

（三）比例原则的限度制约

如何判定履行法定职责是"所必需"的？GDPR 第 5 条第 1 款第 c 项、第 e 项和《个人信息保护法》第 5 条、第 6 条、第 19 条、第 34 条等均指向比例原则。作为"公法里的帝王条款"，比例原则虽被贬低为"残缺的成本收益分析"[1]，但鉴于其超脱了纯粹数字计算的机械主义，蕴含着人权保障的价值理性，且具备更为广阔的适用空间，故而依然是评判国家机关处理个人信息妥当与否的基本准则。

第一，国家机关应当依循合目的性原则。作为公共利益的代言人，国家机关依照法定职责处理个人信息应当以谋求公共利益为旨趣，但公共利益或"国民福利"是否清晰可辨存有疑义，[2]因此，国家机关必须承担对"公共利益"予以具体化框定和说明的义务，[3]并符合目的明确和目的限制的要求。其一，目的本身是特定、明确、合法的；其二，即使变更个人信息处理目的，也应当在前后目的之间建立合理且相当的关联性，后续目的不应超越原初目的的涵摄距离，且未超出公民个体的合理预期。[4]

第二，国家机关应当依循适当性原则。个人信息收集、储存、使用、公开、共享等手段均应当与目的之间存在实质关联性，[5]亦即个人信息处理行为应当有助于国家机关法定职责之履行。例如，行政机关依照《行政处罚法》第 48 条和《政府信息公开条例》第 20 条履行行政处罚决定公开的法定职责，其在公开的处罚决定中载明处罚事实、处罚依据、处罚结果等信息有助于社会公众强化对行政执法的监督，但载明自然人姓名及其家庭住址等信息则无助于规范目的之达成。

第三，国家机关应当依循必要性原则。在法定职责可以通过多种方式加以履行的情境下，国家机关应当择取不处理个人信息或少处理个人信息的手段，即遵照数据最小化原则，在收集阶段符合直接关联、最低频率和最少数量要求；在储存阶段，根据信息类型和处理用途区分设置层级化储存期限，包括即时删

〔1〕 参见戴昕、张永健："比例原则还是成本收益分析——法学方法的批判性重构"，载《中外法学》2018 年第 6 期。

〔2〕 参见［美］理查德·B. 斯图尔特：《美国行政法的重构》，沈岿译，商务印书馆 2011 年版，第 22 页。

〔3〕 参见赵宏："《民法典》时代个人信息权的国家保护义务"，载《经贸法律评论》2021 年第 1 期。

〔4〕 对于变更目的时的考量因素，GDPR 第 6 条第 4 款亦进行了具体规定，主要包括目的之间的关联性；个人数据收集时的语境，尤其是数据主体与控制者的关系；数据的性质；数据主体的进一步处理可能；是否有恰当的保密措施。

〔5〕 参见刘权："适当性原则的适用困境与出路"，载《政治与法律》2016 年第 7 期。

除、职责履行完毕删除以及视职责履行需要延长保留期限；[1]在使用阶段，赋予工作人员最少处理权限。在无法寻觅最优解时，数据最小化实为"相对数据最小化"，因而国家机关需要在符合履行法定职责"最低有效性"的不同处理手段之间选择介入程度最低的一种手段，从而获取更优解。

第四，国家机关应当依循均衡性原则。总体上，国家机关处理个人信息获取的利益应当超越干涉公民所造成的不利益。鉴于个人信息的个体性难以同公共利益相抗衡，[2]因此可在肯认个人信息公共性的基础上采取类型化进路。具言之，国家机关履行法定职责而追求的公共利益可被类型化为绝对公益、相对公益和一般公益，而"对公民的自由干预越大，则需要越充分的理由"。[3]因此出于对公共健康和公共安全等绝对公益的考虑而处理敏感个人信息具备一定的正当性，但若仅出于监督公权力等一般公益的考虑而处理敏感个人信息则存有疑义。

五、结语

《个人信息保护法》是介于个人信息保护与处理之间的公共话语规则，个人信息在本质上兼具个体属性与公共属性，个体属性与人格尊严保护相契合，公共属性与社会系统维续相联结，二者统合于国家机关适当的风险规避之中，均要求限制一定的国家权力。具体到国家机关处理个人信息的场域，《个人信息保护法》第 13 条和第 34 条既授予国家机关因履行法定职责而处理个人信息的合法性，又附加了法定职责、法定程序和比例原则的三重限制。然而具体规范在保护个人信息时存在密度不实、精度不足、广度不彰、高度不够等问题，失序的个人信息处理行为却一再警醒保护的现实紧迫性。有鉴于此，国家机关在个人信息处理中应当接受法定职责的内在约束，同时，其处理行为应受到正当程序的过程制约和比例原则的限度制约，从而构建更加完备的国家机关处理模式，以防个人信息权益因国家机关权力扩张而过度退让。上述三重维度虽对规范国家权力具有一定意义，但针对不同类型的国家机关应设置何种区别化的义务、个人信息合法权益受到侵害时应如何寻求外部救济等仍是待回应的课题，需要我们进一步探寻。

---

〔1〕 参见王爽："二元责任主体架构下国家机关处理个人信息的规则建构"，载《内蒙古社会科学（汉文版）》2021 年第 4 期。

〔2〕 参见江海洋："论疫情背景下个人信息保护——以比例原则为视角"，载《中国政法大学学报》2020 年第 4 期。

〔3〕 张翔主编：《德国宪法案例选释（第 1 辑）：基本权利总论》，法律出版社 2012 年版，第 69 页。

公共利益视角下的城市更新多数决机制及其差异化设定

徐宏伟[*]

摘　要：我国城市建设逐渐由"增量扩张"迈向"存量更新"的变革期，各地也掀起了城市更新工作的热潮。城市更新的合法性基础是公共利益，基于公共利益而启动的城市更新会与部分反对者的财产权、居住权相冲突，民主多数决成为调和这一冲突的理想机制。但是不同类型更新项目中的公共利益需求不同，同时对公民权利侵害的程度也不同，因此作为调和利益冲突的多数决机制也应进行差异化设定。

关键词：城市更新；公共利益；利益冲突；多数决机制

一、问题的提出

经历改革开放四十年的高速发展，我国城市建设逐渐由"增量扩张"迈向"存量更新"的变革期。[1]2021年《关于开展第一批城市更新试点工作的通知》选定了24个城市作为城市更新试点，标志着我国城市更新工作的全面启动。在此背景下，深圳市、上海市、辽宁省先后制定城市更新地方性法规，为城市更新提供法治保障。

然而，城市更新这一旨在实现城市物质、经济、社会、环境全面提升的公共决策落实效率较低，每个城市不得不面对的是如何启动城市更新工作，如何解决城市更新中物业权利人同意难的问题。造成该问题的主要原因是过去对于城市更

---

* 徐宏伟，中国政法大学2021级宪法学与行政法学专业硕士。

[1] 唐燕、杨东、祝贺：《城市更新制度建设　广州、深圳、上海的比较》，清华大学出版社2019年版，第7页。

新启动机制中物业权利人同意比例（签约率）的硬性规定，过去要启动城市更新，必须取得物业权利人的一致同意，即只有与物业权利人的签约率达到100%，城市更新才能施行。例如，深圳木头龙城市更新项目，实施主体于2007年就开始征集业主意见，但直到2018年该项目仍未达到100%签约率，1300多户业主中仍有4户拒绝签约。[1]同样的困境也发生在北京，北京市辖区内老旧小区众多，加装电梯需求强烈，但通常由于低层业主的反对导致更新工作进展缓慢。100%的同意比例意味着，只要城市更新项目中有一个物业权利人拒绝更新，该项目就无法启动。

为破解该难题，2021年以来深圳、上海、广州、珠海等城市在其城市更新立法中摒弃了原有的100%同意比例，进行了相应的制度创新。如深圳采取"双95%签约率下的个别征收+行政诉讼"制度，珠海区分更新项目设置不同的多数决比例。毫无疑问，创新多数决机制能够有效解决城市更新启动难的困境，但问题在于，以这种民主多数决、少数服从多数的方式启动更新，势必会侵害少数不同意更新业主的权益。因此，设置一定比例的同意门槛即可启动更新的正当性何在？多数决机制的背后是否存在公益与私权的冲突与权衡？不同更新项目中对公益的需求与对私权的侵害是否相同？各地城市更新立法中关于多数决机制的现状如何？又存在哪些问题？本文将以公共利益为视角，对多数决机制的理论意义、现状与问题进行讨论。

二、城市更新中的公共利益与多数决机制

（一）公共利益——城市更新的合法性基础

公共利益在内容和受益对象两方面都是一个具有高度不确定性的法律概念。[2]公共利益的判断标准至今仍是一个众说纷纭的问题，学界对此并未取得共识。学者们从不同角度对公共利益范围的界定作出了努力，试图解决公共利益范围问题，但它们自身也存在一定的问题，如试图以更为抽象和更难以理解的概念去解释、界定一个本身已经极为抽象和难以理解的概念以及同义反复、循环定义问题等。[3]因此，本文也无法对城市更新中的公共利益进行概念界定，只能从理论与立法层面对其进行描述。

---

〔1〕 "罗湖区重大项目集中开工，木头龙旧改困局已破"，载 https://www.sohu.com/a/378222522_99986045，最后访问时间：2021年12月24日。

〔2〕 参见陈新民：《德国公法学基础理论》，山东人民出版社2001年版，第182页。

〔3〕 参见蔡乐渭："论行政法上的公共利益"，中国政法大学2007年博士学位论文。

城市更新所欲追求之公共利益较为多元。从城市更新的概念上看，1958 年荷兰海牙首届城市更新研究会将城市更新定义为：一种将城市中已经不适应现代化城市生活的地区作必要的有计划的改造活动。[1]清华大学建筑学院文国玮教授认为，更新就是为适应现代城市生活的需要，在保留传统建筑风格特色的前提下，对建筑进行更新改建。[2]张京祥认为，城市更新（urban renewal）有别于简单意义上的旧城改造，它是涉及物质、经济、社会空间重组的持续性的系统工程。[3]事实上，国内法学界对城市更新的概念与其所涉及的公共利益的关注并不多。有观点认为，城市更新之目的为消除经济、社会、法律上之不良地区，以追求城市均衡发展，也就是追求资格提升性的公共利益。也有观点认为城市更新之目的在于改善建筑物结构老化及居住品质恶化，[4]同时也有强化城市机能之目的。[5]从我国城市更新地方立法来看，深圳立法提到，城市更新是为了"完善城市功能，提升城市品质，改善人居环境"。[6]上海提出践行"人民城市"重要理念，以城市更新立法全面推动城市更新升级，创造高品质生活，传承历史文脉，提高城市竞争力。[7]北京在其城市更新指导意见中提出"统筹城市更新，进一步完善城市功能、改善人居环境、传承历史文化、促进绿色低碳、激发城市活力，促进首都经济可持续发展，努力建设国际一流的和谐宜居之都"。

城市更新多元化的公共利益构成其合法性基础。尽管公共利益这一概念在内容与受益对象上具有不确定性，但通过上述理论与立法两方面的论述，笔者认为，城市更新中的公共利益在内容方面表现为用一种整体性、综合性的概念和行动来解决不同城市问题，对经济、社会、物质环境不断变化的城市地区作出持续性的改善与提高。这种长远、持续性的改善与提高最终惠及的是在城市

---

[1] 钟澄、贺倩明：《深圳城市更新政策研究》，中国社会科学出版社 2019 年版，第 8 页。

[2] 文国玮："整治与更新 净化与进化——谈当前旧城改造"，载《规划师》1999 年第 3 期。

[3] 程大林、张京祥："城市更新：超越物质规划的行动与思考"，载《城市规划》2004 年第 2 期。

[4] 陈立夫："我国权利变换方式都市更新制度之法理"，载陈立夫：《土地法研究（二）》，新学林出版股份有限公司 2007 年版。

[5] 陈立夫："都市更新与土地征收——释都市更新条例第二十五条之一修正条文之阐释"，载《土地问题研究季刊》2005 年第 4 期。

[6] 《深圳经济特区城市更新条例》第 1 条规定：为了规范城市更新活动，完善城市功能，提升城市品质，改善人居环境，根据有关法律、行政法规的基本原则，结合深圳经济特区实际，制定本条例。

[7] 《上海市城市更新条例》第 1 条规定：为了践行"人民城市"重要理念，弘扬城市精神品格，推动城市更新，提升城市能级，创造高品质生活，传承历史文脉，提高城市竞争力、增强城市软实力，建设具有世界影响力的社会主义现代化国际大都市，根据有关法律、行政法规，结合本市实际，制定本条例。

生活的每一个公民，也即城市更新中公共利益的受益对象。因此，上述多元化且惠及城市全体公民的公共利益，自然成为城市更新的合法化基础。换言之，不同类型的城市更新项目存在的正当性在于，通过个案的更新不断实现城市综合性的改善与提升，最终由全体公民共享城市更新成果。在这一过程中，政治话语体系中"人民城市人民建，人民城市为人民"的"人民城市"理念，也转化为法律语境下的公共利益。

（二）多数决——利益冲突的解决机制

公共利益和私人权利的冲突，是城市更新必须解决的关键问题。通常而言，城市更新项目获得物业权利人的一致同意而启动是十分困难的。若想实现更新项目所欲达成的公共利益，就不得不对少数人的居住权、财产权等进行限制，因此会形成公共利益与私人权利之间的紧张与冲突。

《宪法》第10条规定了国家可以基于公共利益对土地予以征收或征用。但城市更新不同于农村土地征收，也不同于国有土地上房屋征收，它并不是一个纯公权力行为，在当下语境下城市更新可能更多是一种市场化的行为。住建部在《关于开展第一批城市更新工作试点的通知》中强调："探索建立政府引导、市场运作、公众参与的可持续更新模式。"可以看出，政府应转变其在城市更新工作中的角色定位，由"主导"转变为"引导"，充分发挥市场主体的作用，重视公众参与。因此，若在市场化运作的城市更新项目中仍借助行政权予以强制征收或征用，一方面会存在公权力出借的正当性问题，另一方面又不利于探索可持续更新模式。而设定一定的同意比例，以民主多数决、少数服从多数的方式决定是否进行更新更具正当性与可行性。正是因为城市更新的目标是实现更大的公共利益，而"大多数人选择的结果成为真理的可能性最大"[1]，同时又能保障团体活动及意思决定能够顺利进行，[2]因此民主多数决自然成为解决城市更新利益冲突的理想机制。

（三）小结

城市更新以公共利益作为限制公民权利的合法性要件，以民主多数决机制作为调和更新项目背后公共利益与私人权利冲突的理想途径。然而，不同城市、

---

[1] 贾茵："行政规划法视野下的都市更新研究——以我国台湾地区为参照比较"，中国政法大学2016年博士学位论文。

[2] 贾茵："行政规划法视野下的都市更新研究——以我国台湾地区为参照比较"，中国政法大学2016年博士学位论文。

地区有不同的更新需求，因而会产生不同类型的更新项目，其所欲追求的公共利益亦会不同。既然不同项目背后的公共利益不同，那么作为调和利益冲突的多数决机制是否也会因此产生变化。换言之，不同类型更新案件中公共利益需求的不同，是否会导致项目启动机制中的启动门槛（同意比例）的不同？

三、不同类型城市更新中的公益需求

不同城市更新类型所采取的更新手段不同、所经历的程序不同，对公民基本权利造成侵害的种类、程度亦会不同。因此，以比例原则作为城市更新公共利益判断标准之见解认为，若直接从城市更新制度出发，提出一个得以囊括所有不同城市更新类型所需要的具体公共利益内涵，实属不能。较为妥当的做法应以城市更新过程中对人民基本权利会造成的权利侵害为基准，凡是对财产权、居住权等侵害较为轻微的更新类型，如综合整治类更新，只需较为宽松的公共利益需求即可启动实施。而例如拆除重建这些对公民权利侵害严重的更新项目，只有存在高度公共利益需求才能启动实施，换言之，在此类更新项目中，只有高度公共利益才能成为限制公民权利的正当性基础。

各地的地方立法中，也对城市更新作了类型化区分，如深圳分为拆除重建类更新与综合整治类更新，广州在其立法草案中将城市更新分为微改造、全面改造和混合改造三类，珠海则是分为整治类、改建类、拆建类更新。我国台湾地区城市更新分为重建、整建、维护三类。本文以珠海立法为参照，选取整治、改建、拆建三种不同更新类型具体分析。

（一）整治类更新——低度公益需求

珠海城市更新立法将整治类更新定义为对更新单元内的基础设施、公共服务配套设施和环境进行更新完善。[1]深圳立法将其定义为在维持建设格局基本不变的前提下对建成区进行重新完善的活动。[2]整治类更新的核心是对老旧建筑物进行修缮翻新以提升居住品质，而最常见的整治类更新活动即是老旧小区改造。据初步统计，我国共有老旧小区近16万个，涉及居民超过4200万户，

---

〔1〕《珠海经济特区城市更新管理办法》第25条规定：整治类城市更新是指对更新单元内的基础设施、公共服务配套设施和环境进行更新完善，以及对既有建筑进行节能改造和修缮翻新等，但不改变建筑主体结构和使用功能。

〔2〕《深圳经济特区城市更新条例》第46条规定：综合整治类城市更新是指在维持现状建设格局基本不变的前提下，采取修缮、加建、改建、扩建、局部拆建或者改变功能等一种或者多种措施，对建成区进行重新完善的活动。

建筑面积约为 40 亿平方米，[1] 因此本部分以老旧小区更新改造为研究对象，是具有典型性的。

经济利益之减损。老旧小区改造中，相较于技术因素，很多时候社会性因素才是决定项目能否顺利推进的关键，[2] 换言之，业主协商一致才是更新改造的关键。有学者指出，老旧小区业主对是否进行改造的分歧主要包括，改造对不同楼层的房子房价影响不一、业主对改造费用接受度不一致以及私密性存在顾虑等。如停车场改造涉及有车无车居民间的利益博弈、上下水管道改造各方诉求差异等，常常陷入"一人反对，全员搁置"的困境。[3] 也有学者总结老旧小区改造难的主要原因，其中包括：（1）改造资金需求量大，筹集难；（2）居民观念落后，收费难。[4] 结合上述分析可以看出老旧小区改造难最主要的原因是"钱由谁出"以及"利益由谁共享"。更新改造会对少数业主产生经济利益减损之消极影响结合上述分析，老旧小区改造对少数业主的消极影响主要是经济利益的减损。以老旧小区加装电梯为例，部分反对者担心加装电梯会影响楼房结构和采光通风，而最主要的阻力在于"低层业主顾虑自身房价受损"。[5]

《宪法》第 13 条确立了对财产权的保护，但是宪法财产权的保护范围有多宽，整治类更新对少数业主带来的经济利益减损是否属于财产权保护范围内？谢立斌教授认为，2004 年修正宪法之后，在原有的生活资料所有权和继承权以外，所有保护经济利益的私法权利，包括所有权、继承权、其他保护经济利益的私法权利（即私法财产权，以及知识产权和社员权中具有经济价值的各项权利），都被纳入了《宪法》第 13 条的保护范围。[6] 但是利益并不等同于权利，此种经济利益的减损也不等同于对财产权的限制。利益只有得到法律或合同的明确认可才能转化为权利，但现行法律并未明确保护此类经济利益，业主之前也不存在相关的民事契约。因此，整治类更新对公民经济利益的消极影响无法纳入《宪法》财产权的保护范围内。申言之，整治类更新会在一定程度上造成对业务经济利益之减损，但此种减损程度较为轻微，且此种无法纳入宪法基本

---

〔1〕 梁传志、李超："北京市老旧小区综合改造主要做法与思考"，载《建设科技》2016 年第 9 期。

〔2〕 刘佳燕、张英杰、冉奥博："北京老旧小区更新改造研究：基于特征—困境—政策分析框架"，载《社会治理》2020 年第 2 期。

〔3〕 梁舰等："我国老旧小区改造亟待破题"，载《建筑》2020 年第 13 期。

〔4〕 梁传志、李超："北京市老旧小区综合改造主要做法与思考"，载《建设科技》2016 年第 9 期。

〔5〕 宋凤轩、康世宇："人口老龄化背景下老旧小区改造的困境与路径"，载《河北学刊》2020 年第 5 期。

〔6〕 谢立斌："论宪法财产权的保护范围"，载《中国法学》2014 年第 4 期。

权利保护范围内。正是因为只会对业主权益造成轻微损害，此类更新项目的启动仅需满足较低程度的公共利益需求，存在较低程度的公共利益需求更新项目就具有正当性基础。

（二）改建类更新——中度公益需求

珠海城市更新立法规定，改建类城市更新是指对更新单元内已确权登记的原有建筑物改变其使用功能，变更土地用途，并可在不全部拆除的前提下进行局部拆除或者加建，但不改变原权利人和土地剩余使用年限。北京市《关于实施城市更新行动的指导意见》中提到，对房屋行政主管部门认定的危旧楼房，允许通过翻建、改建或者扩建方式进行改造，具备条件的可以适当增加建筑规模，实施成套化改造或增加便民服务设施等。可以看出，改建类更新不同于拆除重建，主要是对建筑物进行局部拆除、加建，以提升建筑物的安全性和业主的居住体验。

经济利益之减损与居住权之限制。类似于整治类更新，改建类更新也会涉及的一个问题是钱由谁出。北京市《关于开展危旧楼房改建试点工作的意见》提出"成本共担"模式，改建资金由政府、产权单位、居民等多主体筹集。尽管资金由多方筹集，且政府有专项补助，但是居民还是会承担一定比例改建资金。以北京市危旧楼房改建试点项目之一的朝阳区劲松一区某楼为例，该项目也采取成本"四方共担"模式，最终每户居民出资6—7万元。这笔出资对于经济水平不高的老人或者因房屋老旧而长期闲置的业主来讲，事实上构成了对其经济利益的损害。此外，改建类更新会对业主的居住权进行一定的限制（下文将具体论述居住权的概念与内涵）。改建主要目的在于提升建筑物的安全性，《城市危险房屋管理规定》第17条规定，"房屋所有人对经鉴定的危险房屋，必须按照鉴定机构的处理建议及时加固或修缮治理。"笔者查阅相关资料了解到，建筑物加固的主要方式有对地基加固、对砌体结构加固以及对钢筋混泥土结构加固，而这些作业方式必须对房屋进行清场腾出作业空间，因此居民不得不暂时搬离原住所，从这一角度看，改建会对业主的居住权进行一定的限制。此外，即使无需搬离住所，改建相较于整治的工程量更大，可能带来出行不便与噪音污染等，也在一定程度上形成对居住权的限制。

相较于整治类更新，改建类更新不仅会减损部分业主的经济利益，而且会对其居住权形成一定的限制。因此，若想启动改建类城市更新项目，就必须基于更大程度的公共利益，本文将其描述为中度公共利益。换言之，存在中等程度的公共利益，改建项目就具有正当性基础。

（三）拆建类更新——高度公益需求

拆建类更新，依其字面意思，指拆除原有建筑物并按照规划进行重建。需要说明的是，拆除重建类城市更新不等于房地产开发。从所要解决的问题来看，房地产开发最重要的是解决城市增量发展的问题，而城市更新主要解决的是可持续发展、存量更新问题。从盈利性角度看，房地产开发具有资本逐利性，主要为了追求经济利益。城市更新虽然也追求经济利益，但更多的是实现城市功能、样貌的整体性提升。从建设方式来看，不同于房地产开发的大拆大建，标准化、可复制的建设方式，拆除重建类城市更新项目并非标准化、可复制的，而是基于实际情况与个性化考量，不得已才采取的一种更新方式。住建部也于2021年发布了《关于在实施城市更新行动中防止大拆大建问题的通知》，对有些地方出现继续沿用过度房地产化的开发建设方式、大拆大建、急功近利的倾向予以纠正。

财产权之限制。毫无疑问，拆建类更新中业主的土地使用权以及建筑物所有权属于宪法财产权保护的范畴。《民法典》物权编也确立了对财产权保护的基本原则，如《民法典》第240条规定："所有权人对自己的不动产或者动产，依法享有占有、使用、收益和处分的权利。"无论是宪法财产权还是私法财产权，财产权基于其自由权与防御权的特征，意味着"人民可以自由地拥有、使用并处分其合法取得之财产"。[1]在拆除重建类更新中，少数业主不愿意拆除重建，但基于民主的多数决不得不参与更新活动，当其不予配合更新时行政机关还会进行干预予以强制征收或拆除。尽管此种拆除重建可能是出于公共利益，或是基于财产的社会义务而具有正当性，[2]并且拆建后还会给予相应的经济补偿。但不可否认的是，此种拆除重建与少部分业主的真实意愿相违背，实际上是对其自由使用、处分财产的一种限制。

居住权之限制。所谓居住权，就是关于公民居住行为的权利统称，[3]相类似的概念还有"住宅权""适足居住权"。[4]事实上，相较于其他国家宪法，如《日本宪法》第22条规定"在不违反公共福祉的范围内，任何人都有居住、迁徙及选择职业的自由"，《南非宪法》则明确规定公民享有住房的积极居住权，

---

〔1〕 吕延君："消极自由的法律价值"，山东大学2006年博士学位论文。

〔2〕 张翔："财产权的社会义务"，载《中国社会科学》2012年第9期。

〔3〕 廖丹："作为基本权利的居住权研究"，武汉大学2011年博士学位论文。

〔4〕 王宏哲："适足住房权研究"，中国政法大学2007年博士学位论文。

我国《宪法》对居住权的保障相对薄弱。[1]虽然关于居住权是否属于我国宪法规范意义上的一项基本权利仍有待考察，但这并不妨碍本文学理上的探讨。学理上，对居住权的具体构成也众说纷纭。有观点认为居住权包括空间意义上的居住权（迁徙自由）、消极意义上的居住权（住宅不受侵犯）、实体意义上的居住权。[2]也有学者将其区分为消极住房权与积极住房权，消极住房权包括住房安宁权、住房隐私权和住房财产；积极住房权及适足住房权。[3]从居住行为角度来看，人的居住行为包括居所的选择、建造、使用、保护和保障等环节，居住权也应该涵盖这几个方面。[4]基于上述学理描述，在拆建类城市更新项目中，对业主居住权的限制主要体现在拆建会使业主无法和平、安全且有尊严地居住于原地，并且被强迫从原住所搬离，个人住宅、隐私和家庭生活受到干扰，以及无法自由选择住所、决定生活地区，因此形成对居住权的侵害。

综合上述分析，拆建类城市更新中对公民基本权利的侵害远大于整治与改建类更新，因此拆建类更新的启动应基于高度的公共利益，属于高度公益需求范畴。

四、城市更新多数决机制的差异化设定

（一）多数决机制的现状

我国目前无有关城市更新的中央专门立法，仅有《城乡规划法》与《国有土地上房屋征收与补偿条例》对旧城区改建进行了原则性规定。[5]地方立法层面，深圳、上海、辽宁先后制定地方性法规，广州于 2021 年 7 月发布《广州市城市更新条例（征求意见稿）》，北京市于 2021 年 8 月召开《北京市城市更新条例》立项论证工作启动会。深圳、上海、广州、珠海、西安五城制定城市更新地方政府规章。此外，北京市、云南省等均出台规范性文件指导城市更

---

〔1〕 廖丹："作为基本权利的居住权研究"，武汉大学 2011 年博士学位论文。

〔2〕 曾大鹏："居住权法律制度研究 ——以大陆法系民法为主的考察及其对我国的借鉴"，四川大学 2004 年硕士学位论文。

〔3〕 杜芳："我国公民住房权的司法保障研究"，湘潭大学 2009 年博士学位论文。

〔4〕 廖丹："作为基本权利的居住权研究"，武汉大学 2011 年博士学位论文。

〔5〕《城乡规划法》第 31 条规定，旧城区的改建，应当保护历史文化遗产和传统风貌，合理确定拆迁和建设规模，有计划地对危房集中、基础设施落后等地段进行改建。《国有土地上房屋征收与补偿条例》第 8 条规定："为了保障国家安全、促进国民经济和社会发展等公共利益的需要，有下列情形之一，确需征收房屋的，由市、县级人民政府作出房屋征收决定：……（五）由政府依照城乡规划法有关规定组织实施的对危房集中、基础设施落后等地段进行旧城区改建的需要……"

新工作。[1]

具体到城市更新多数决问题，《民法典》第278条对改建、重建建筑物及其附属设施等业主多数决事项进行了规定。[2]地方立法和政策层面，通过对上述城市的20余份地方性法规、规章以及规范性文件的分析梳理，发现并非所有城市都对此问题进行了规定。事实上，只有深圳、上海、珠海、广州的地方立法存在部分条款涉及多数决机制，重庆等地对多数决只有原则性规定，[3]而辽宁省、西安市的最新立法以及北京市城市更新"1+5+N"政策体系均未涉及这一问题。深圳城市更新分为拆除重建和综合整治两类，立法规定拆除重建类应取得双95%以上物业权利人同意，未规定综合整治类更新的启动比例。上海立法规定共有旧住房重建、改建要求95%以上承租人同意，加装电梯参照《民法典》。珠海市的立法最为细致，对整治类、改建类、拆建类更新分别规定不同的多数决比例，同时也对一般更新项目与城中村、老旧小区更新进行区分，详见表1。

表1　各地城市更新多数决机制梳理

法律/文件名称	更新项目类型	启动比例
《深圳经济特区城市更新条例》	拆除重建类更新	双95%以上物业权利人同意
	综合整治类更新	无相关规定
《上海市城市更新条例》	公有旧住房拆除重建、成套改造	95%以上公房承租人同意
	加装电梯	按照《民法典》双2/3以上参与投票，并取得双3/4同意

[1] 除深圳、上海等地制定地方性法规、地方政府规章外，截至本文定稿，昆明市（2015年3月）、景德镇市（2016年4月）、佛山市（2018年8月）、中山市（2020年12月）、云南省（2021年2月）、北京市（2021年5月）、无锡市（2021年5月）、重庆市（2021年6月）、内蒙古自治区（2021年9月）先后出台城市更新规范性文件。

[2]《民法典》第278条规定："下列事项由业主共同决定：……（七）改建、重建建筑物及其附属设施；……业主共同决定事项，应当由专有部分面积占比三分之二以上的业主且人数占比三分之二以上的业主参与表决。决定前款第六项至第八项规定的事项，应当经参与表决专有部分面积四分之三以上的业主且参与表决人数四分之三以上的业主同意。决定前款其他事项，应当经参与表决专有部分面积过半数的业主且参与表决人数过半数的业主同意。"

[3] 如《重庆市城市更新管理办法》第29条规定，城市更新既不涉及国有土地使用权及房屋所有权变动，也不需要取得原建筑使用权的，经充分征求原建筑权利人意见后依法实施。

法律/文件名称	更新项目类型	启动比例
《珠海经济特区城市更新管理办法》	整治类城市更新	双 2/3 区分所有人参与投票表决，且双 3/4 同意
		城中旧村整治，全体成员 2/3 同意
《珠海经济特区城市更新管理办法》	改建类城市更新	全体原权利人同意
	拆建类城市更新	双 3/4 区分所有权人同意
		老旧小区拆建，双 95% 以上区分所有权人同意
《广州市城市更新条例》（征求意见稿）	旧城镇全面改造	90% 以上权利主体同意
	旧村庄更新改造	95% 以上宅基地使用权人同意

(二) 多数决机制的困境

通过对既有城市更新立法的梳理可以看出，各地关于多数决机制立法呈现出以下特点：一是大部分城市选择回避多数决这一问题，或者仅作出原则性规定。笔者认为，这可能与城市更新尚处起步阶段有关，各地也在探索适宜的立法模式，构建合理有效的更新制度，因此对多数决机制的关注并不多。这一特点在政府主导城市更新的城市尤为突出，例如北京的城市更新一直由政府主导，政府和企业、业主是主导与跟随的关系，不存在博弈的空间。[1]当出现少数人反对更新的情况，通常由行政机关出面与当事人沟通协调解决，沟通协调机制失效时，则会借助行政权予以强制征收或强制启动更新。但是问题在于，由政府出面协调解决效率较低，无法形成可复制、可持续的更新模式。更重要的是，多数决机制是重要且无法回避的。因为每个更新项目的背后势必存在公共利益与私人权利的冲突与博弈，面对此种困境，只有通过构建多数决机制才能将问题纳入法治的轨道解决，实现从人治到法治的转变，既能为公民提供确定的预期，又能实现城市更新的持续发展。

二是在对多数决机制进行规定的城市中，其制度构建不够精细化，无法做到因不同类型的更新项目而设定不同的多数决比例和程序。如深圳立法只对拆建类更新的多数决机制进行了规定，但并未考虑到拆建类更新也可以进行细化

---

[1] 苏海威、胡章、李荣："拆除重建类城市更新的改造模式和困境对比"，载《规划师》2018 年第 6 期。

处理。例如基于公共安全对老旧小区拆建与基于商业利益进行拆建的公益需求是不同的，其同意比例与程序也应进行差异化设定，对后者可设定更高比例的签约率，并且其程序设计更应注重公众参与。同时，深圳并未规定综合整治类更新中的多数决机制，但相较于拆建类更新，整治类更新的需求更强烈且类型丰富，更需要构建多数决机制破解整治更新难题。与深圳、上海等地相比，珠海立法则更精细化，首先区分整治、改建、拆建不同更新类型，其次针对不同类型设定差异化的多数决比例，最后其程序规定也更具可操作性。但笔者的疑惑在于，珠海对多数决机制的差异化规定，是否具备正当性与科学性？如改建类更新要求全体原权利人同意，但拆建类并未要求全体同意。依照本文的论述思路，改建对公民权利损害侵害明显小于拆建，因此其更新启动的比例也应低于拆建。又如拆建类更新中，一般拆建项目只需 3/4 权利人同意，而老旧小区要求 95%同意。但事实上，老旧小区拆建的紧迫性与公益需求是要强于一般项目的，却设定更高比例的签约率，如此规定是否存在为商业开发创造便利的意图？

（三）多数决机制的差异化设定

依据本文分析，整治类更新对财产权与居住权的侵犯极为轻微，并且不会涉及所有权丧失与否的问题，只需较为宽松的公益需求即可，从而对于发动此类型的更新以及同意此类型更新的多数决门槛，以一般多数即足够。拆建类更新构成对经济利益与居住权的一定限制，因此在公益的需求上应当具备更大的程度或急迫性，从而启动更新的门槛应提升到绝对多数。改建类更新事实上形成了类似土地、房屋征收之侵犯，因此其启动应基于最高程度的公共利益，并且需要严格的程序限制，因此其同意门槛的设定也应采取最高、最严格的标准。

法律的作用在于定分止争，化解利益冲突。城市更新立法的背后也存在公共利益与私人权利的冲突，多数决机制虽能予以调和，但也需要适应不同类型更新中的公益需求与公民权利损害程度而进行差异化设定。

五、结语

"二战"后，发达国家的城市更新实践已有 70 余年，[1]大致经历了"清除贫民窟—福利色彩社区更新—市场导向旧城再开发—社区综合复兴"四个发展

---

〔1〕 参见刘迪等："发达国家城市更新体系的比较研究及对我国的启示——以法德日英美五国为例"，载《国际城市规划》2021 年第 3 期。

阶段。[1]王利明教授曾说："我们的民事立法用短短 40 年的时间，走过了西方国家数百年的道路。"[2]然而，在城市更新领域我们的立法还处于起步阶段，如何处理好城市更新背后公共利益与公民权利的冲突、避免爆发社会矛盾是亟待解决的问题，多数决机制成为解决这一问题的理想途径。但是考察各地立法，大多数城市选择回避多数决这一问题，少数城市的规定精细化程度远远不够。因此，建立多数决机制并进行差异化设定，是未来我国城市更新理论研究与立法实践需要重点关注的内容。

---

〔1〕 董玛力、陈田、王丽艳："西方城市更新发展历程和政策演变"，载《人文地理》2009 年第 5 期。

〔2〕 王逸群："王利明：中国民事立法 40 年走过了西方国家数百年的道路"，载 https://www.sohu.com/a/234221314_ 362042，最后访问时间：2021 年 12 月 28 日。

行政诉讼中公平竞争权人原告资格审查

——兼议保护规范理论引入的影响

高润青*

摘　要：健康的营商环境中，市场经营者的公平竞争权应受到法律保护。《最高人民法院关于执行〈中华人民共和国行政诉讼法〉若干问题解释》（以下简称《解释》）第 13 条将公平竞争权纳入行政诉讼的保护范围，突破传统仅对人身权、财产权保护的概念，成为我国行政诉讼发展的重要标志。然而我国理论界对于公平竞争权引发的行政诉讼及原告主体资格的审查问题之研究却相对较少。有鉴于此，本文将从公平竞争权人原告资格审查的司法实践出发，讨论竞争关系和利害关系的审查问题，探究保护规范理论对此类案件中原告资格审查的影响，完善我国公平竞争权人原告资格审查标准的进路。

关键词：竞争关系；利害关系；保护规范理论；原告资格

一、问题的缘起

2020 年 1 月 1 日起，《优化营商环境条例》正式实行，其中第 4 条提出"优化营商环境应当坚持市场化、法治化、国际化原则……完善法治保障，对标国际先进水平，为各类市场主体投资兴业营造稳定、公平、透明、可预期的良好环境"。随着市场经济体系的建立和发展，我国不断通过完善现有的实体法律规范体系为规范市场中经营者的公平竞争行为和维护自由、公平的竞争秩序提供

---

* 高润青，中国政法大学 2019 级宪法学与行政法学专业硕士。

法律依据，主要包括表 1 所列。

表 1　我国关于公平竞争的现有实体法律规范体系

序号	名称	法条	年份	颁布机关
1	《最高人民法院关于适用〈中华人民共和国外商投资法〉若干问题的解释》	——	2020 年	最高人民法院
2	《行政许可法》	第 53 条	2019 年	全国人大常委会
3	《保险法》	第 67 条、第 115 条	2010 年	全国人大常委会
4	《反不正当竞争法》	第 1 条、第 3 条	2019 年	全国人大常委会
5	《广告法》	第 5 条	2018 年	全国人大常委会
6	《招标投标法》	第 22 条、第 32 条、第 52 条	2017 年	全国人大常委会
7	《对外贸易法》	第 30 条、第 32 条	2016 年	全国人大常委会
8	《商业银行法》	第 9 条	2015 年	全国人大常委会
9	《最高人民法院关于审理涉及驰名商标保护的民事纠纷案件应用法律若干问题的解释》	第 5 条、第 9 条、第 10 条	2020 年	最高人民法院
10	《反垄断法》	第 1 条、第 5 条	2022 年	全国人大常委会
11	《银行业监督管理法》	第 3 条	2007 年	全国人大常委会
12	《最高人民法院关于审理不正当竞争民事案件应用法律若干问题的解释》（已失效）	——	2007 年	最高人民法院
13	《反倾销条例》	第 1 条	2004 年	国务院
14	《反补贴条例》	第 1 条	2004 年	国务院
15	《价格法》	第 14 条	1998 年	全国人大常委会

　　根据表 1 的汇总，我国在实体法层面以鼓励和保护公平竞争为宗旨，对经营者的不正当竞争行为、垄断协议、滥用市场支配地位、集中行为和行政垄断行为进行了规制，涉及特许、招标投标、对外贸易、外商投资、广告发布、商品和服务标价等多个领域，对公平竞争权的救济作出了规定。当不正当竞争行为人侵害其他经营者的"公平竞争权"时，其应当承担民事责任、行政责任以

及刑事责任。承担民事责任是由"公平竞争权"的私权本质所决定的，承担后两种责任，则是由"公平竞争权"的社会性与市场规制性而决定。[1]上述实体法虽然包含了对公平竞争秩序维护和公平竞争权救济的规定，但是并没有对市场中经营者的公平竞争权作出明确规定，而是通过保护经营者的公平竞争利益以促进其公平竞争权的实现。所谓经营者的公平竞争利益是其就自身的主体性要素所享有的利益。它不是某种现存的利益，而是追求利益的自由，具体表现为经营者有通过公平竞争追求利润的自由。[2]尽管经营者的公平竞争利益通常不能被特定化，但是其基于经营者主体性和社会公平秩序维护而存在的正当性是不容忽视的，而利益的正当性评价结果在法律上表现为权利。因此，笔者认为，经营者就实体法上所规定的公平竞争利益享有相应的权利。

与实体法规范不同的是，我国在程序法上明确将公平竞争权作为一种法律权利加以保护，且在《解释》有关行政诉讼原告资格的规定中承认了被诉行政行为涉及公平竞争权的经营者可以依法提起行政诉讼，以诉权的形式赋予了市场经营者对抗不正当的干涉经济行为的权利。经营者因自身公平竞争利益受损所享有的起诉权是保护经营者公平竞争权的利器，也是维护公平竞争市场环境的重要抓手。因此，笔者在下文中将从保护公平竞争权人诉权的理论和司法实践出发，结合实体法中对各行业公平竞争秩序和公平竞争权救济的相关规定，剖析我国公平竞争权人的原告资格审查路径。

二、经营者的审查—合法性标准

笔者在北大法宝数据库以"公平竞争权"和"行政诉讼原告"为搜索关键词，选择行政案件，结案日期为 2015 年 5 月 1 日（《解释》的实施日期）至 2021 年 10 月 1 日，检索到裁判文书 239 份。剔除 212 篇重复上网裁判文书以及并非涉及行政诉讼原告资格审查的文书，并将剩余的 27 份裁判文书进行梳理后发现，其中的 18 份裁判文书中都认为涉及公平竞争权的起诉人不具有原告资格，具体包括以下六种情形：第一种情形是被诉行政行为没有侵犯起诉人的公平竞争权，起诉人与被诉行政行为无法律上的利害关系；第二种情形是第三人的行为没有侵犯起诉人的公平竞争权；第三种情形是起诉人不享有所主张的公平竞争权；第四种情形是起诉人不是法律规定的经营者；第五种情形是起诉人与第三人间不存在公平竞争关系；第六种情形是起诉人主张公平竞争权，法院

---

〔1〕 王显勇：《公平竞争权论》，人民法院出版社 2007 年版，第 113 页。
〔2〕 朱一飞："论经营者的公平竞争权"，载《政法论丛》2005 年第 1 期。

以被诉行为与其无人身权、财产权上的利害关系为由，认为无行政诉讼原告资格。以上六种裁判涉及公平竞争权的起诉人不具有行政诉讼原告资格的情形主要依据的是公平竞争权的判断和利害关系的审查，而公平竞争权的判断势必要涉及对经营者和竞争关系的考量。有鉴于此，笔者将在本文的第二部分、第三部分以经营者和竞争关系的判断为视角展开讨论。

公平竞争权是指经营者在市场竞争中，依法享有的要求其他经营者及相关主体进行公平竞争，以保障和实现经营者合法竞争利益的权利。[1]它一方面要求经营者之间应当充分尊重他人占有市场的权利，另一方面又要求经营者之间应当遵守自愿、平等、公平、诚信的原则，遵循公认的商业道德进行市场交易。[2]简言之，市场经营者是公平竞争关系的权利义务主体，既享有公平竞争的权利，也要承担相应的义务。因此，公平竞争权人首先应是市场上的经营者，而要进一步成为行政诉讼的适格原告不仅要符合《反不正当竞争法》中关于经营者的规定，还应符合我国其他法律、法规和规章所作出的有关市场经营的强制性规范。行政诉讼原告资格的审查要求公平竞争权人为符合我国法律、法规和规章相关强制性规范的经营者，并不是在限缩公平竞争权人原告资格的范围，而在于实现对公平竞争权中"公平"二字的真正维护。因为如果违反法律、法规和规章相关强制性规范的经营者依然被认定为行政诉讼的适格原告，那么我国的行政审判就会成为市场经营者违反立法的帮手，甚至会对市场公平竞争的秩序造成巨大破坏。

实践中，涉及公平竞争权人原告资格是否属于有关经营者的审查，也印证了笔者的上述观点。在黑龙江省双鸭山市中级人民法院裁定的张某某等十三人上诉双鸭山市道路运输管理处一案中，法官认为，根据《道路旅客运输及客运站管理规定》第5条规定，"国家实行道路客运企业等级评定制度和质量信誉考核制度，鼓励道路客运经营者实行规模化、集约化、公司化经营，禁止挂靠经营"，从事道路客运经营的适格主体应是公司法人，而非自然人。[3]而在该案中，上诉人的《道路运输证》上载明的业户名称分别是佳运集团有限公司和顺达运输集团宝清有限公司。因此，上诉人以自然人的身份提起行政诉讼，不符合提起关于公平竞争权之行政诉讼的经营者身份，属于行政诉讼原告主体不适格。《道路旅客运输及客运站管理规定》是我国交通运输部发布的部门规章。

---

〔1〕 王显勇：《公平竞争权论》，人民出版社 2007 年版，第 102 页。

〔2〕 周少华、高鸿："行政诉讼中的公平竞争权及相关问题研究"，载《法学评论》2004 年第 6 期。

〔3〕 参见黑龙江省双鸭山市中级人民法院（2016）黑 05 行终 25 号行政裁定书。

黑龙江省双鸭山市中级人民法院因上诉人非为符合部门规章中有关客运经营之强制性规范的适格经营者，最终作出上诉人无行政诉讼原告资格的认定。法院在司法审判中的这一审查不仅遵守了我国法律、法规和规章中有关市场经营的强制性规范，也有效阻断了违法经营者假借公平竞争权之名维护非法权益的企图，有利于当地客运市场形成公平和竞争有序的良好环境。

三、竞争关系的审查——限于相关市场

（一）理论研究

目前在我国理论界，无论是从事经济法研究的专家学者还是从事行政法理论研究的专家学者，都已经普遍认为竞争关系的确定具有理论上的广义和狭义之分。狭义的竞争关系是指商品之间具有替代关系，而广义的竞争关系则不限于同一相关市场上的经营者，可以是市场上的任意主体。[1]经济法学者一般将广义的竞争关系纳入竞争法的调整范围，理由是竞争法的主要目的在于构建和维护良好的竞争秩序，而这一目的的实现要求所有市场主体必须遵守共同的规则。而行政法学者则普遍认为行政诉讼法上的竞争关系应当限定于狭义的竞争关系。行政法学者作出这一选择主要有以下三方面的考量：一是将广义的竞争关系纳入调整范围会打破行政诉讼原告主体资格上的有序性；二是行政主体与消费者之间不会发生不正当竞争关系；三是司法实践中无法准确计算广义上的不正当竞争所造成的损失。

除了以上三方面的原因，行政法学者之所以将狭义的竞争关系纳入行政诉讼的调整范围，与其对于《解释》第12条规定"利害关系"的理解是紧密相关的。其主张"利害关系"要求提起诉讼的主体必须能够证明其与被诉行政行为具有他人所不具有的利害关系。笔者赞同我国行政法学者所持的观点，认为应将行政诉讼法上的竞争关系限定于狭义的竞争关系，但是对于第二点理由，是存有疑问的。在现代市场经济环境下，行政主体是有可能作为民事主体参与民事法律关系的。在行政主体作为民事主体进入市场的情况下，我们不能否认其与其他消费者间存在不正当竞争的可能性。因此，笔者认为，将行政诉讼法上的竞争关系局限于相关市场，并不能排除行政主体作为竞争者的情形，而应将经营者、消费者和政府都纳入调整范围。

---

〔1〕 刘训峰："公平竞争权之质疑——对《最高人民法院关于执行〈中华人民共和国行政诉讼法〉若干问题的解释》第13条的重新审视"，载《行政法学研究》2011年第3期。

（二）司法实践

竞争关系是公平竞争权中最基础的一个概念，所以在公平竞争权人原告资格的审查中势必要涉及对竞争关系的审查。本文第二部分提到的六种情形中，也存在通过确定起诉人与第三人间不存在公平竞争关系从而认定起诉人不具有行政诉讼原告资格的情形。法院通常会结合地域、行业和客源地等多种因素对相关市场进行审查，考量被诉行政行为是否实际影响起诉人的经营与收益，进而审查起诉人是否具备行政诉讼原告资格。在周某诉南通市公安局开发区分局许可一案中，江苏省南通市港闸区人民法院在行政判决书明确指出"原告所经营的旅馆与第三人经营的旅馆相距甚近，双方在如此紧邻的地域范围内经营同种行业，必然形成相互竞争关系，故原告有权以被诉具体行政行为侵犯其公平竞争权为由提起行政诉讼，具备本案的诉讼主体资格"。[1] 在樊某与临县道路运输管理所行政许可案一审行政判决书中，法院认为"原告租赁经营线路与涉案许可经营线路虽然部分线路有重叠，但起讫地、起讫站点、停靠站点均不同，客源也不同，该许可行为并不影响原告的经营与收益，对原告合法权益也就不产生实际影响"，[2] 并以此作为判断起诉人和被许可人不存在竞争关系的依据，进而认定起诉人不具有行政诉讼的原告资格。透过以上案例可以发现，竞争关系的确定对公平竞争权人原告资格的审查有着十分重要的作用和意义。而对竞争关系的判断，立法层面上并没有也无法提供一个统一、明确的标准可以让法官在公平竞争权人的行政诉讼原告资格审查的案件中进行适用。不同地域、不同行业领域的竞争关系各有不同，竞争关系的呈现形式也是复杂多样的。这样的社会现实对我国法官在公平竞争权人的行政诉讼原告资格审查方面提出了更高的要求。法官需要在司法实践中采用灵活多样的裁量标准对竞争关系作出判断，在合理合法的范围内把握自由裁量的空间和限度，从而做到最终的裁判是真正有利于维护市场公平竞争环境的。

1. 特许行业经营者的竞争关系审查

在对特许行业中的经营者竞争关系进行审查时，法院将竞争主体限定在同行业内部，重点考察同行业的经营者间是否构成绝对竞争。道路客运的经营具有一定期间内的垄断性、经营事项的公共性、服务对象的普遍性等特点，属于行政特许的范畴。透过上述樊某与临县道路运输管理所行政许可案，我们可以

---

[1] 参见江苏省南通市港闸区人民法院（2013）港行初字第 0042 号行政判决书。
[2] 参见山西省汾阳市人民法院（2019）晋 1182 行初 55 号行政判决书。

发现，经营范围是否重叠对特许行业中竞争关系的确定有着十分重要的作用。

2. 投标人的竞争关系审查

《招标投标法》中规定的投标人是指响应招标、参加投标竞争的法人或其他组织。招投标领域中的竞争和通常市场中的竞争最大的不同点在于，"招投标是一种有意识的被控制着的竞争，招投标行为本身就是一种非完全性具有限制性竞争行为"[1]，限制了一定的参加者，限制了被提供商品的内容、质量。在投标竞争中，投标人除要遵守一般商业竞争规则外，还要遵守招标文件中提出的各种要求和规则。因此，法院在判断投标人之间的竞争关系时，不仅会根据立法上的法律规范进行审查，还会重点关注投标人是否符合招标文件要求，是否已经向招标方提出邀约。

四、利害关系的判断——直接性和公法调整

《行政诉讼法》第 25 条第 1 款规定，"行政行为的相对人以及其他与行政行为有利害关系的公民、法人或者其他组织，有权提起诉讼"。这一规定是审查行政诉讼原告资格的基本法律依据，如何理解其中的"利害关系"是正确审查公平竞争权人原告资格的关键。所有公民都有关一个违法行为向有权的行政机关进行举报，接到举报的行政机关也应当将处理的结果告知举报人。唯有如此，公民的举报权利才能得到切实的保障。但是，举报权没有主体资格的限制，行政诉讼原告资格却有着明确的界定标准，举报权要演变为起诉的权利，必须受到"利害关系"的制约。我国行政法学者对"利害关系"的判断众说纷纭，归纳下来主要有以下三种观点：第一种是采取比较的方式来审查"利害关系"，即在审查中判断起诉人与其他人相较而言是否具有特殊的联系；[2]第二种是通过"实际或相当的可能性"这一方法来判断"利害关系"；[3]第三种是借助与保护规范理论密切关联的主观权利、反射利益等概念，来明确作为行政诉讼原告资格基准的"利害关系"。[4]

我国司法实务界在涉及公平竞争权的诉讼中适用"利害关系"标准判断起诉人是否具有行政诉讼原告资格时，一是要看起诉人认为被侵犯或受影响的合法权益是否客观存在；二是要看起诉人认为被侵犯或受影响的合法权益是否已

---

〔1〕 [日] 佐藤德太：《企类七工了木久一公正七兢争の原理》，日本信山社 2000 年版，第 67 页。

〔2〕 江必新："论行政案件的受理标准"，载《法学》2009 年第 6 期。

〔3〕 沈岿："行政诉讼原告资格：司法裁量的空间与限度"，载《中外法学》2004 年第 2 期。

〔4〕 赵宏："保护规范理论在举报投诉人原告资格中的适用"，载《北京航空航天大学学报（社会科学版）》2018 年第 5 期。

经发生或发生的可能性是否必然；三是要看起诉人认为被侵犯或受影响的合法权益与被诉的具体行政行为之间是否存在因果关系。笔者通过梳理分析北大法宝数据库中涉及公平竞争权与行政诉讼原告资格审查的 27 份裁判文书发现，目前我国法官在有关公平竞争权的行政审判实践中一般认为，所谓"利害关系"就是指行政行为（包括不履行法定职责）对起诉人的合法权益可能产生的不利影响。在陈某、胡某诉东阳市千祥镇人民政府一案中，法院明确指出："作为行政诉讼原告资格的'利害关系'是指公民、法人或者其他组织的合法权益受到行政行为的实质影响，即合法权益受到行政行为的不利影响或不法侵害。本案中，第三人的建筑对原告的合法权益不产生实质影响，不存在原告诉称的侵犯其公平竞争权，原告与被告是否履行查处第三人违法建房法定职责没有利害关系，不具备诉讼主体资格，依法应当驳回。"[1] 由此，我们可以看出法院在有关公平竞争权人行政诉讼原告资格审查的案件中，主要适用"不利影响"的标准对"利害关系"作出判断。而不利影响是指当事人的合法权益受到行政行为的侵害，可能造成或已经造成了当事人权利、利益的减少或者义务的增加。[2]

但是，这里所说的"不利影响"与行政行为之间的联系并非不受任何限制，必须具有直接性和属于公法调整的特点。所谓"直接性"是指，行政行为的实施可能会对起诉人的合法权益产生的不利影响，要求二者之间至少具有法律因果关系的可能性。司法实践中，法官应对被诉行政行为破坏公平竞争关系的可能性作出判断，明确区分法律因果关系与哲学普遍关系。法律因果关系强调影响的特殊性、可预测性和补救性，而哲学上的普遍关系更多地依赖于人们的主观认识，完全超出了法律手段调整的范围。在袁某等人诉南通市规划局不履行法定职责而侵犯其公平竞争权一案中，法院认为袁某等起诉人作为商铺的经营者自然享有合法的经营权益，但是，并非任何违法因素都会对其经营权益产生不利影响。法官在裁判文书中指出，"行政机关对相关违法建筑是否查处、如何查处并不存在对这种经营权益或者公平竞争权侵犯的可能性，或者讲二者之间并不存在法律上的因果关系，而无论案涉建筑是否作为商铺的配套仓储设施"。[3] 这体现了在审查公平竞争权人行政诉讼原告资格的案件中，对"不利影响"与行政行为间具有"直接性"联系的要求。另外，"属于公法调整"的

---

〔1〕 参见浙江省东阳市人民法院（2016）浙 0783 行初 82 号行政裁定书。

〔2〕 李凌云："行政诉讼中投诉人与举报人的原告资格之区分"，载《辽宁大学学报（哲学社会科学版）》2020 年第 1 期。

〔3〕 参见江苏省南通市中级人民法院（2018）苏 06 行终 306 号行政裁定书。

含义是，起诉人主张的合法权益是行政主体在履行职责过程中必须考虑的因素。在行政行为只涉及维护城市规划、土地管理等公共法律秩序的情况下，法律规范不可能要求行政主体将市场主体的经营权益作为履行其规划管理职能时必须要进行考量的因素。优化营商环境下立法和司法层面对公平竞争权的保护相较于经营者其他私权的保护，更注重社会公共秩序和经营者商业权益的平衡，且在两者冲突时以公共秩序的维护为优先考量。

五、保护规范理论引入的影响

在 2017 年"刘某诉张家港市人民政府复议案"中，最高人民法院引入保护规范理论来分析起诉人的行政诉讼原告资格，提出"以行政机关作出行政行为时所依据的行政实体法和所适用的行政实体法律规范体系，是否要求行政机关考虑、尊重和保护行政诉讼原告诉请保护的权利或法律上的利益，作为判断是否存在公法上利害关系的重要标准"。[1] 在该案中，"利害关系"被置换为"主观公权利"，我国法院在该案的裁判中认为只有公法领域权利和利益受到被诉行政行为的影响，存在受到损害可能性的当事人，才与被诉的行政行为具有法律上的利害关系，才具有行政诉讼中的原告主体资格。笔者通过观察和分析该案后有关公平竞争权人之行政诉讼原告资格审查的司法裁判发现，正如笔者在本文第三部分提到的一样，法院在审判中确实引入了"属于公法调整"的概念，认为起诉人主张的合法权益是行政主体履行职责时应考虑的因素，是属于公法领域的权利和利益。这与保护规范理论中主观公权利的概念有一定的契合之处。然而笔者还注意到，我国法院在有关公平竞争权人原告资格审查的过程中并没有抛弃"利害关系"的概念，更谈不上将"利害关系"完全置换为"主观公权利"。我国法院在相关的审判实践中综合了"行政行为可能会对起诉人的合法权益不利影响"和"属于公法调整"两种观点以考量当事人与被诉行政行为是否具有"利害关系"。由此，我们可以看到我国的行政审判在判定公平竞争权人原告资格时在审查标准上的混乱，在从"利害关系"转向"主观公权利"道路上的徘徊和犹疑。

笔者发现，该案后我国法院在公平竞争权人原告资格审查过程中引入保护规范理论的裁判中基本上都否定了起诉人作为行政诉讼原告的资格。相对于 2017 年前我国法院在涉及公平竞争权的诉讼中适用"实际影响"或"不利影响"标准所作出的原告资格审查的裁判，2017 年后借助"主观公权利"概念所

---

〔1〕 参见最高人民法院（2017）行申 169 号行政裁定书。

作的有关公平竞争权人原告资格的审查总体上呈现出一种收紧的态势。我国法官在涉及公平竞争权的审判实践中，将之前的"利害关系"限缩为"属于公法调整的利害关系"，以被诉行政行为所需考虑的利益作为逻辑起点，而不是以起诉人诉求的内容为出发点，进而否定了反射性利益受到影响的经营者的行政诉讼原告资格。然而根据2014年《行政诉讼法》中关于行政诉讼原告类型的规定和最高人民法院在《解释》中将涉及公平竞争权的具体行政行为纳入受案范围的规定，我国在行政诉讼原告资格审查的立法层面上总体呈扩张趋势。因此，目前我国法院引入保护规范理论所发生的裁量结果与我国将公平竞争权纳入行政诉讼受案范围的初衷存在着矛盾和冲突。

此外，保护规范理论的本土化应用对法官的法律解释能力提出了较高的要求：一方面，法官如何利用体系解释和目的解释将值得保护的私益从实体法规范中解释出来，使得行政诉讼起诉人诉请救济的权益具备实体法上的保护依据，而不仅仅是依赖于《行政诉讼法》中关于受案范围的列举。另一方面，法官如何在解释的过程中对私益和公益进行合理的界定和划分，防止公共利益扩大化的同时，又避免私益对公益的侵犯。法官不仅要明晰两者的概念和范围以实现静态平衡，还应在相互转化的过程中把握其动态平衡。尤其在市场经济体系下，尽管个人利益与公共利益时有冲突，但两者也具有一定的一致性。正如亚当·斯密在《国富论》中提出的，即便每一个经济个体从个人利益角度出发，其结果也会促进社会的整体利益。遗憾的是，笔者在刘某一案后有关公平竞争权人原告资格审查的裁判文书中只看到了借助"主观公权利"概念以否定公平竞争权人具有行政诉讼原告资格的裁判结果，并没有看到法官在行政审判中对于起诉人主张的经营权益为什么不属于公法上调整的权利作出详细的合理合法的解释，也没有看到法官对相关法律规范中保护的经营者合法权益的范围问题进行解释。保护规范理论的引入和适用需要法官对法律规范的目的进行深入理解和系统把握，并在此基础上对公法规范所保护的利益作出逻辑周延的解释。然而，我国现实的行政审判实践与保护规范理论的愿景之间存在着张力。正如李建良教授在文章中指出的，"因公法（相对于民法）少有人民公法上权利的直接规定，加上行政的公益特质与行政法的公益规范取向，人民因公法规范而获取的，多属众人均沾的'反射利益'，致使公法上权利之存否隐晦难辩。"[1]我国法官在判断公平竞争权人有无行政诉讼原告资格时，仅仅停留在单纯地引用"主观

〔1〕 李建良："保护规范理论之思维与应用——行政法院裁判若干问题举隅"，载李建良主编：《2010行政管制与行政争讼》，新学林出版股份有限公司2011年版，第255页。

公权利""反射利益"等相关概念以支撑最终的审查结果的层面上，并没有达到对公法规范所保护的经营者合法权益进行解释的要求，可以说是"表里并不相一"。

六、结 语

综合以上五个部分的探讨，笔者将在此部分提出应当如何完善我国公平竞争权人的行政诉讼原告资格审查的建议，以期能够推进涉及公平竞争权的行政审判实践的发展，缓解相关理论与司法实践的张力，为市场中的经营者营造一个公平、竞争有序的良好法治环境。

首先，在司法实践中应将公平竞争权作为独立于财产权和人身权的法定权利进行保护。最高人民法院的《解释》施行后，审判实践中存在起诉人主张公平竞争权，法院以被诉行为与其无人身权、财产权上的利害关系为由认定起诉人无行政诉讼原告资格的情形。法院未将公平竞争权作为一项独立的法定权利进行保护，显然有违相关法规范的原意。而且在此种做法下，起诉人所主张的不能认定为财产权或人身权的合法权益，但属于公平竞争权范畴中的合法权益将无法得到行政法上的保护。有鉴于此，我国法院在涉及公平竞争权人原告资格的审判中不应依赖于起诉人的财产权或人身权有无受到具体行政行为的侵犯而得出结论，而应对起诉人的公平竞争权有无受到具体行政行为的侵害作出裁判。

其次，厘清经营者及其竞争关系的界定问题，进而明确公平竞争权的内涵。通过以上五部分的梳理可以看出，我国公平竞争权人的行政诉讼原告资格审查的关键在于公平竞争权内涵的确定上，而要明确公民竞争权的内涵，就必须对经营者和竞争关系的范畴进行界定。市场上经营者若要成为涉及公平竞争权的行政诉讼适格原告，则应满足法律、法规和规章所规定的有关市场经营的强制性规范中的要求。行政诉讼中的"竞争关系"应限定在狭义的竞争关系。这既是对"利害关系"审查标准的遵守，也是防止市场上任意主体滥用行政诉权的需要。经营者和竞争关系是公平竞争权的基础概念，经营者范畴的审查和狭义竞争关系的界定，有利于对公平竞争权内涵的进一步明晰，有利于法院在涉及公平竞争人原告资格审查的行政诉讼中作出缜密稳定的裁判。

最后，法院在审查公平竞争权诉讼时，可以从行政法律关系的视角出发，摒弃传统垂直行政关系下所形成的"公益—私益"保护规范路径，而在经营者的竞争关系中寻找法规范中有无蕴含冲突调和方案，以判断法规范是否具有保护公平竞争权人的立法目的。如果法规范本身就竞争主体间的竞争冲突状况作出若干立法安排及解决方案,那么该秩序规范对公平竞争权人的保护特性便可以得到肯定。司法实践中,法官沿着这一思考路径展开审查,既可以规避公益、私益概念不明以及界限不清的问题,还可以及时回应国家经济干预措施对经营者间竞争关系所产生的影响和改变。如果出现缺乏法规范作为公平竞争权诉讼权能权源的情况,法院应考察有无基本权可作为竞争主体防御权的直接规范效力,不应排除受不利影响的竞争者得主张基本权——尤其是竞争自由遭受侵害,而提起公平竞争权诉讼的可能性。

行政处罚谦抑性的逻辑证成

郝家亮*

摘　要： 行政处罚是行政法体系中的重要部分，其由于惩戒性的特质而与其他行政行为有着明显的区别，其目的在于实现行政目标、维护社会秩序。但是实践中行政处罚往往作为执法"工具"而被滥用。由于行政法的基本原则具有高度的抽象性，不能直接良好地引导行政处罚的具体适用，所以需要更具有针对性的谦抑性来引导行政处罚。但谦抑性是刑法原则，引入到行政处罚中需要进行论证，故通过聚焦于行政处罚自身的性质、《行政处罚法》的修订内容以及行政处罚的历史来源，从内在的性质、表现形式的文本、历史的渊源三个方面推导出行政处罚具有谦抑性。将谦抑性的价值内涵赋予行政处罚，进而为实现人权保障目标构建一定的理论基础。

关键词： 行政处罚；谦抑性；合理行政；非处罚化

一、问题的引出

直至今天我们也没有完全战胜新冠肺炎疫情，正如习近平总书记指出："抗击新冠肺炎疫情，是对国家治理体系和治理能力的一次大考。"[1]而且，这次持续性疫情的暴发对行政机关的行政能力和行政水平也是一次大考。当疫情来临时更需要行政机关积极主动地行使行政权来确保社会正常运行和公民人身财产安全，由此产生的结果是行政机关与行政相对人更加频繁地互动与联系。疫

---

*　郝家亮，中国政法大学 2020 级宪法学与行政法学专业硕士。

〔1〕习近平："全面提高依法防控依法治理能力 健全国家公共卫生应急管理体系"，载《求是》2020 年第 5 期。

情中，更加频繁的联系导致行政机关在进行执法与实施处罚的过程中也暴露出了一些问题。如最近的河南省郸城县对返乡人员一律处以行政拘留的做法，[1] 便是对法治原则的违背，其反映出在行政处罚案件中的政策性因素、稳定性因素与其他因素似乎可以在一定程度上逾越行政法的基本法理与原则，不能真切地做到合法行政与合理行政。

行政处罚作为行政权行使中惩戒性与权利减损性最强的方式之一，是行政主体面对疫情大考所需要正确运用的重点，而正确认识行政处罚在社会治理中的地位与性质则是运用好行政处罚权的先决问题。故笔者以此为切入点，引出行政处罚的谦抑性，从原则上引导行政处罚权的合法合理行使，为提高行政处罚实践的治理能力提供价值引导。但谦抑性并不属于行政法中的当然概念，更不是行政处罚法中的既有概念，而是刑法中的概念，将之直接纳入行政处罚领域并无直接理由，故需从逻辑上对行政处罚自身具有谦抑性进行论证，从而将谦抑性作为行政处罚实施的应然原则进行适用。

行政处罚谦抑性的具体内涵是指行政机关应当审慎地行使行政处罚权力，在实现行政管理目标的过程中适当限缩行政处罚的范围，"秉持谦虚、收敛的立场"，[2] 将其作为行政法体系保障的后置措施而适用。但行政处罚的谦抑性并非纯粹的理论内容，在实践中也有相应的判例，如连云港市中级人民法院在一份裁定书中认为："行政机关进行行政处罚时，应当具体结合违法实际，注重惩罚与教育相结合，不能摒弃谦抑的原则或理念。"[3] 该案中，法院最后以行政机关的行政处罚决定缺乏谦抑性而判决行政相关败诉。虽然法院并没有对谦抑性的来源、理由和适用进行论证，但也可一瞥谦抑性原则在实践中发挥着一定作用。所以对行政处罚的谦抑性进行证成研究，既有理论意义也有实践意义。

二、行政处罚谦抑性的内在证成

行政处罚是否应当具有谦抑性？其实通过行政处罚自身的内在性质就可以进行说明。新修订的《行政处罚法》第 2 条对行政处罚进行了定义："行政处罚是指行政机关依法对违反行政管理秩序的公民、法人或者其他组织，以减损权益或者增加义务的方式予以惩戒的行为。"由此可见，行政处罚是一种惩戒行

---

〔1〕 参见丁静："'恶意返乡'隔离+拘留？疫情防控不能偏离法治轨道"，载 http://www.banyuet-an.org/jrt/detail/20220121/100020003313499164274156960670982 5_ 1.html，最后访问时间：2022 年 1 月 22 日。

〔2〕 张弘："论行政权的谦抑性及行政法的相应对待"，载《政法论丛》2017 年第 3 期。

〔3〕 江苏省连云港市中级人民法院行政裁定书（2018）苏 07 行审复 1 号。

为，与行政许可、行政强制相比更具有严厉性。根据《行政处罚法》的规定，行政处罚的种类包括行政拘留，可见自由罚这种较为严厉的处罚种类尚且在行政处罚的范围之内，其严厉性无须过多说明。这种严厉性正是行政处罚谦抑性存在的决定与前提因素，在行政管理秩序中，在行政法体系中，行政处罚法之所以具有严厉性，是因为其需要保障其他行政行为的实施，这与刑法在整个法律体系中具有保障性的地位相类似。"刑法的制裁措施最为严厉，其他法律的实施都需要刑法的保障，刑法便在法律体系中处于保障法的地位。"〔1〕由此可见，行政处罚具备谦抑性适用的基础。同时从行政处罚本身来看，其具有有限性、补充性和经济性，这便可以自然推导出行政处罚的谦抑性，因为正是上述三个方面构成谦抑性的内涵。故本文从上述三个方面对于行政处罚谦抑性的性质证成进行研究。

（一）行政处罚具有有限性

在行政治理实践中，行政处罚并非解决一切问题的措施，其应当仅在有限的范围内发挥作用。在行政管理社会的过程中，应当采用多样的手段，实现行政目标而不应当仅限于具有更强攻击性和惩戒性的行政处罚。在我国的历史发展中，行政处罚作为行政机关管理社会的主要手段，用之震慑公民，从而使得公民不逾越行政管理的界限，确保行政治理的正常运转，将行政权适用于管理相对方。〔2〕这种做法是行政法中传统管理论的体现，将处罚作为一种便利使用的工具而确保社会秩序与行政管理，在我国历史上是不缺乏实例的。

关于行政的实体法律，首先便是 1996 年通过的《行政处罚法》，而《行政许可法》与《行政强制法》分别于 2003 年和 2011 年才先后获得通过及实施，而制定时间的先后往往与实践中的使用次数是正相关的。由此可以看出，行政处罚是我国历史上最经常适用的行政行为之一，绝大多数的行政行为都是行政处罚。但随着全面依法行政的推进，我国不断完善行政法律体系，行政程序法甚至是行政法总则都在起草酝酿之中，〔3〕目前业已形成了较为完备的行政法体系。这就意味着行政处罚在行政法体系中的比例逐渐降低，行政指导、行政协议、行政约谈等实践也越来越多，行政处罚也不再是行政权运行中的最常用手段，有限性也进一步凸显。实际上这也是我国行政法法律体系与实践制度不断完善

---

〔1〕 张明楷："论刑法的谦抑性"，载《法商研究》1995 年第 4 期。
〔2〕 参见罗豪才、宋功德："行政法的失衡与平衡"，载《中国法学》2001 年第 2 期。
〔3〕 参见王万华："我国行政法法典编纂的程序主义进路选择"，载《中国法学》2021 年第 4 期。

的体现。而在行政法体系较为完善的现实背景下，就可以进一步认识到行政处罚具有补充性。

（二）行政处罚具有补充性

补充性是指在法律体系中处于后置的位置，只有当道德、习俗或者其他法律难以发挥作用来维持社会正常秩序之时，方可适用。[1]当行政法体系不够完善时，行政管理秩序的实现就会缺少多样的方式与手段，在此情况下讨论某一行政行为在行政法体系中处于后置地位是"空中楼阁"，因为这已经忽略了行政法存在的基础——以实现行政秩序和社会管理的效果为目的，所以研究行政处罚的补充性应该以行政法体系完备为基础。如上文所述，我国目前已经建立起了较为完备的行政法体系，行政行为的种类也随着实践的发展而不断丰富，使得讨论行政处罚的补偿性具有现实基础。

首先，行政处罚的补充性是由现代法治与人权精神所决定的。我国《宪法》第33条第3款规定："国家尊重和保障人权。"由此可以推导出，作为对于行政相对人权利减损和义务施加的行政处罚不能处在行政管理过程中的前置位置，这也是现代法治国家的应有之义。

其次，行政处罚是对所有行政行为的保障和救济。不论是不同种类的行政行为还是不同的部门法领域，行政相对人与行政机关的行政行为之间是否存在张力是影响行政管理秩序与目标实现的关键因素，当行政机关的决定或是行政立法被行政相对人遵守时，张力便不存在；反之，张力便存在、从而影响行政目的的实现。例如，《行政许可法》规定行政相对人只能在取得许可之后才可进行某一行为，这便实现了行政机关对于特定行为的监管与约束的目的，保障社会正常运转。又如，税法领域内关于税收征收管理的规定，纳税人按照法律法规规定进行纳税，就可以实现行政机关对于税收的征收管理目的，税收秩序就会居于正常。但是一旦行政相对人违反了行政机关的行政决定或者行政立法，二者之间就产生了张力，行政目的便不能实现，这时行政行为就被行政相对人置于一种实质否定的位置，行政行为在实质上不会产生效果。由此，作为其他所有行政行为保障与救济方式的行政处罚就开始运作，通过减损行政相对人权利或者施加义务的方式，确保行政相对人遵守行政机关的决定或行政立法，以实现行政管理目的。行政实体法与部门行政法中往往规定违反行政决定或行政

---

[1] 参见张明楷："刑法在法律体系中的地位——兼论刑法的补充性与法律体系的概念"，载《法学研究》1994年第6期。

立法之后果，而这一后果通常是行政处罚。故可以认定行政处罚在整个行政法体系中具有保障行政秩序、实现行政目的的作用。

最后，实现行政目的和维护社会管理秩序应当首先实施和适用非行政行为与其他行政行为，而不能直接采用行政处罚。将行政处罚置于行政法体系中的最后手段位置，这一内容正是行政处罚补充性的核心。在一个正常且高效运转的社会中，非行政的手段在实现社会治理的过程中也会发挥重要作用。能通过行业自律、商业惯例解决的问题，就不需要通过行政手段解决；能通过行政手段中的非惩戒性方式解决的问题，就不需要通过惩戒性方式解决。在一定程度上，行政处罚的补充性也是行政法基本原则中合理行政的体现。正所谓"打小鸟勿用大炮"，[1]在实现行政目标和社会管理的过程中，不需要直接适用行政处罚。当某一新事物或者新做法出现时，直接处罚往往会带来负面效益，不仅不利于市场制度的完善，也不利于创新精神的培育。在"陈某诉济南市城市公共客运管理服务中心客运管理行政处罚案"中，法院认为："随着'互联网+'与传统行业的融合发展，客运市场上出现了'网约车'现象，该形式在很多城市和部分人群中确有实际需求且已客观存在。但这种客运行为与传统出租汽车客运经营一样，同样关系到公民生命财产的安全，关系到政府对公共服务领域的有序管理，应当在法律、法规的框架内依法、有序进行。"[2]故应当进行综合考量判断，不应该简单依据现有法律法规进行处罚。虽然法院的说理依然有不完善之处，但实际上已经蕴含一种思想，即当一种事物符合市场发展的必然性与社会发展规律时，不宜用简单的行政处罚来否定新业态的经营模式或者新事物。关于此点的说理角度多样，无论是明显不当还是合理行政，甚至是通俗的"法无禁止即自由"，这背后所蕴含的法治精神是，行政处罚作为一种后置手段，不应也不能过早启动，以避免其带来的消极后果。

（三）行政处罚具有经济性

任何行为都是需要付出一定的成本，即使是简单的呼吸也需要消耗身体的能量。行政处罚行为也一样，作为社会管理、实现行政目的的行为，其成本往往会转嫁成社会成本，给公民和国家造成一定的负担。正如刑法学者论述道："刑法的补充性是从刑法自身挖掘出的一种特性，刑法的经济性是在刑法实践中

---

〔1〕 周佑勇："行政裁量的均衡原则"，载《法学研究》2004年第4期。
〔2〕 董妍："基本原则在行政裁判中的适用：以网约车行政诉讼为视角"，载《人民司法（案例）》2018年第2期。

附加的一种价值特性。"[1]与此相同，行政处罚的经济性也体现在行政处罚的实践过程中，而决定行政处罚经济性的直接原因是资源的紧缺性。这种资源不仅体现在国家行政资源方面，也体现在公民的人身、财产等权利性资源方面。

行政处罚的经济性主要表现在三个方面。其一是行政处罚启动实施的成本，其二是行政处罚的后果难以回转，其三是行政处罚对于社会行为、市场行为的引导成本。第一，行政处罚启动实施的成本问题，这一成本不仅仅是物质成本，还包括教育引导成本。对通常领域内的行政处罚进行观测，会发现实施行政处罚的首先步骤是行政检查等查处过程，其次是某些特殊情况或领域还需要听证等必要程序，最后才是作出行政处罚。为了维护社会管理秩序、实现行政目标，带来一定成本是必要的，但不是绝对的。以农业综合执法为例，在实践中往往缺乏执法装备、执法人员，涉案数额较小，涉案人员为农民。在这种情况下，直接进行处罚所需的物质成本就会放大。同时，由于行政处罚的惩戒性质，其对于行政相对人的教育引导作用也不能得到完全发挥。由此就会导致此类处罚的成本过高且效果不好，所以在实施行政处罚时，应当将成本因素考虑在内。第二，行政处罚后果的回转难度，根据行政处罚的种类可以进行不同划分：倘若是罚款类的处罚，回转尚且较为容易；但是自由罚与声誉罚回转比较困难，在实践中只能通过国家赔偿或者是登报声明等方式进行一定的弥补。但是这种方式对于行政相对人的补偿程度不一定是完整的，其受到的损害不能完全得到填补，同时也会对国家财政造成一定的负担。第三，行政处罚的引导成本。如前文所述案件中，当行政机关直接实施行政处罚，或多或少会对创新造成影响，可能会对市场的更新、市场活力的激发造成抑制作用。

因此，行政处罚即使具有惩戒性，也依然具有较强的经济性，所以在适用的过程中应当尽量减少其物质与非物质成本，实现社会效益、经济成本与行政目标的相统一。

三、行政处罚谦抑性的规范文本证成

行政处罚是否应当具有谦抑性？实际上不仅可以从行政处罚自身的性质切入，在学理角度进行论证，还可以从新修订的《行政处罚法》入手，从规范文本和法条释义角度进行论证。这一角度可以称之为实践法律对于行政处罚内在谦抑性的回应，也是行政处罚应然包含谦抑性的直接体现，是行政处罚谦抑性

---

[1] 陈正云：《刑法的经济分析》，中国法制出版社 1997 年版，第 160~170 页。

的外在表现形式。行政处罚的谦抑性的关键在于限制行政处罚的范围，而《行政处罚法》中所规定的惩罚与教育相结合原则、主观过错归责原则与首违不罚规则恰恰限制了行政处罚的范围，约束了惩戒性权力的行使，隐含着谦抑性的实质内核。

（一）体现在处罚与教育相结合原则的规定

在《行政处罚法》修订之前，我国就在法律上规定了处罚与教育相结合的行政处罚原则，确定了《行政处罚法》具有教育、引导、预防的功能。行政处罚并不是行政目的，而是实现教育引导行政相对人的手段。新修订的《行政处罚法》第 33 条第 3 款的规定对处罚与教育相结合原则作出进一步细化，要求行政机关应当对于不予处罚的当事人进行教育，可以称该款为行政处罚谦抑性的直接体现。

行政处罚谦抑性要求行政机关审慎地行使行政处罚权力，而《行政处罚法》中的教育与处罚相结合的规定则为行政机关提供了具体路径。行政处罚的目的在于行政管理的有效实施、公共利益社会秩序的良好维护。这一目的的实现有两种途径。具有预防性的教育明显比事后的处罚更加具有防患于未然的作用，"实现预防功能最基本、最重要的手段便是教育"。[1]而教育不具有惩戒性，是一种通过说服、教导行政相对人了解法律、遵守法律的方式，可以在不对行政相对人造成权利侵害与义务施加的基础上提高行政相对人的法律意识，同时能实现行政法保障人权和控制行政处罚强度的作用。保障人权，控制行政处罚强度恰恰是谦抑性的要求。可以看到，教育与处罚相结合原则对《行政处罚法》带来的实际效果就是，与在一定程度上通过法律的规定隐性地确立谦抑性的原则。故行政处罚的谦抑性与现行法律并不相悖，同时还可以从现行法律中推导出谦抑性的身影。有学者指出，教育手段的最终目的是法律效益和社会效益的最大化，[2]从中可以看出行政处罚内在属性中的经济性。由此可以得出一个初步的结论，《行政处罚法》总则中的处罚与教育相结合原则在一定程度上就是行政处罚谦抑性的体现，也是行政处罚具有谦抑性的法律基础。

（二）体现在主观过错归责原则的规定

我国新修订的《行政处罚法》第 33 条第 2 款规定："当事人有证据足以证

---

〔1〕 石向群："我国治安行政教育与处罚相结合原则研究"，载《中国人民公安大学学报（社会科学版）》2006 年第 3 期。

〔2〕 参见陈新魁："对行政处罚与教育相结合条款的反思"，载《中山大学研究生学刊（人文社会科学版）》2015 年第 3 期。

明没有主观过错的，不予行政处罚。法律、行政法规另有规定的，从其规定。"
这一新修改的条文从归责方式上确定了行政处罚的构成要件，将主观要件赋予
其中，在一定程度上摆脱了长久以来的客观归责原则及其背后的"管理论"内
容。而这一法条的修改也直接体现了行政处罚的谦抑性。

谦抑性表明应当在一定程度上限制行政处罚的范围，防止行政处罚的扩大
化。行政相对人没有主观过错也需要受到处罚明显比其可以因非主观过错而免
罚的范围更大。"有责任始有处罚，违反行政法义务的行为，必须要行为人主观
上有可非难性及可归责性，才能进行处罚；如行为人主观上并非出于故意或过
失，则可认定无可非难性及可归责性，故不应予以处罚。"[1]这体现的是对于
行政相对人权利的保护，在法律上给予其合法的理由来避免处罚。与刑事法律
相对比，刑法的犯罪构成要件已经从"管理论"的四要件逐步发展成为"三阶
层""二阶层"理论，[2]重视犯罪构成要件中主观过错的作用，不会仅仅依据
客观行为来定罪量刑。这是刑法谦抑性的直接体现，置换到行政处罚领域，对
于行政违法构成要件的进一步明确，限制行政违法的构成范围，也是行政处罚
谦抑性的直接体现。

作为行政法体系中居于后置位置的行政处罚，与民事的行业自律、商业习
惯和其他非处罚性的行政行为相比也有较强的惩戒性与严厉性，所以主观过错
归责原则限制了惩戒性与严厉性的范围，对行政处罚加以约束。正如《刑法》
的非犯罪化内容一样，《行政处罚法》第 33 条第 2 款在一定程度上明确了某些
行为的非违法化，在构成要件层面上限制了行政处罚的范围。也正如《刑法》
中非犯罪化是刑法谦抑性的表现一样，《行政处罚法》中的非违法化内容也当
然是行政处罚谦抑性的表现。基于该法条的规定可以发现，《行政处罚法》中
具有谦抑性所要求的具体要求。

（三）体现在首违不罚的规定

新修订的《行政处罚法》第 33 条第 1 款规定："初次违法且危害后果轻微
并及时改正的，可以不予行政处罚……"这是在经过行政机关的实践探索后，
将体现"以人为本"理念的"首违不罚"制度规定到了法律当中，[3]是推进治
理体系现代化的具体举措。在这一规则的确立也能看到行政处罚谦抑性的身影。

---

〔1〕 熊樟林："行政处罚上的'法盲'及其规范化"，载《华东政法大学学报》2020 年第 1 期。
〔2〕 参见熊樟林："应受行政处罚行为模型论"，载《法律科学（西北政法大学学报）》2021 年第
5 期。
〔3〕 参见张红、岳洋："行政处罚'首违不罚'制度及其完善"，载《经贸法律评论》2021 年第 3 期。

首违不罚是对于某些轻微的违法行为，由于其未造成危害后果，而实施告诫、给予教育，不予处罚。[1]首违不罚在一定程度上限制了行政处罚的范围，将一些本来应该进行处罚的行为进行了非处罚化的处理，同时在上文讨论的《行政处罚法》第 33 条第 3 款也规定了不罚处理之后的做法，即教育引导。由此构建了一个较为完善的不罚与不罚后的处理机制。这一规定约束了行政惩罚权的行使，保障了行政相对人的权利。

从首违不罚的构成上看，需要满足初次违法、危害后果轻微、及时改正等要件，从中可以发现，这是法律赋予行政相对人在某些特殊条件下的一种处罚责任豁免。从首违不罚的性质上看，"不罚"即"不予处罚"，是一种免受处罚的制度，内在是非处罚化，将本来已经违法的行为进行不予处罚的处理，将之抽象来看，是行政相对人的行为上具有违法性，但是其具有免责性。而从首违不罚的构成和性质推导出的直接结果是，首违不罚规定是对行政相对人的一种权利保护和守法引导，避免减损其权利；同时对行政机关可以实施处罚的范围进行一定的限缩，避免行政处罚的泛滥；最后在保证行政管理目标的同时进行了处罚权力收缩。不难看出，这是对于行政处罚范围的一种直接限制。这种直接限制就通过非处罚化的措施而蕴含了谦抑性的内核。

《刑法》中体现谦抑性的做法除了上述构成要件层面的非犯罪化，还有责任层面的非刑罚化，二者构成了谦抑性在《刑法》中的直接表现。而首违不罚所代表的非处罚化与《刑法》中的非犯罪化类似，在责任层面上限制了行政处罚的范围。可以得出的结论是，《行政处罚法》的修订已经分别从构成要件层面和责任层面，在一定程度上进行了非违法化和非处罚化的规定，二者正是谦抑性在《行政处罚法》中的典型体现。故我国行政处罚的实践与法律规定中，已经体现了行政处罚的谦抑性原则。即使这些做法披着"行政法基本原则""以人为本"或者"程序正当"的外衣，但其所蕴含的精神已然是谦抑性了。

四、行政处罚谦抑性的历史证成

行政处罚是否应当具有谦抑性？仅仅研究行政处罚的内在性质与外在表现形式是不够全面的，还需要对行政处罚的产生与来源进行研究，从历史的角度更加完善地论证行政处罚的谦抑性。从行政处罚的历史沿革进行观察可以发现，行政处罚来源于刑法，换言之，行政处罚可以被包含在更加广义的刑法之中。刑法具有谦抑性是具有公理性质的论断，按照三段论的模式进行涵摄，便可以

---

[1]　参见尹培培："处罚法定的价值蕴含与现代行政法的变迁"，载《江苏社会科学》2018 年第 6 期。

得出行政处罚当然具有谦抑性的结论。

　　研究行政处罚的来源，首先需要对于刑法进行研究。在现代刑法体系之中，对犯罪行为的类型进行研究就会发现，罪名可以被囊括在自然犯与法定犯这两个种类之内。法定犯又被称为行政犯，即并非为了防止侵害社会自然秩序，而是为了适应行政管理的需要，或者为了贯彻行政政策的实施，而特定将某些行为规定为犯罪。[1]其并不当然具有反社会性和反道德性，而是侵害了行政管理秩序、行政法规规定才因此构成的犯罪，所以称之为行政犯。举一个典型的例子，故意杀人便是自然犯，而偷越国边境便是行政犯。

　　进而可以发现，在刑法中，有诸多罪名都是因为维护行政管理秩序而设置的。实际上，其与普通的行政违法行为一样，都违反了行政管理秩序、阻碍行政目标的实现；二者的区别在于不同程度的后果，比较轻的是行政违法，比较重的是行政犯。[2]具言之，违反国家社会秩序的轻的行为归于行政违法，予以行政处罚，违反国家社会秩序的重的行为归于刑事犯罪的行政犯，予以刑事处罚。但是究其本质，对于行政犯和行政违法行为进行制裁或处罚都是国家公权力动用国家强制力对于公民进行的权利减损或施加义务的惩戒行为。不过是国家为了实现广义上的"罪刑相适应"，而将其按照程度的轻重进行了行政责任与刑事责任的划分。所以可以得出的结论是，行政违法行为来源于刑事违法行为，行政处罚来源于刑事处罚。行政违法来源于刑法的最为典型代表便是德国，[3]德国首先将违反公共秩序的行为单列出来，与较重的犯罪行为相并列，成为一种全新的类型；后来德国又将违警罪列入刑法典中，成为"轻微犯罪"一章的内容；直到1952年德国颁布《违反秩序法》，才将行政处罚从刑法典中独立出来。

　　故从历史的发展演变可以看出，行政处罚来源于刑法，由刑法分裂出来。二者的产生都是国家为了实现国家治理和社会稳定的目标而运用公权力对有碍于该目标实现的相对人所进行的一种惩罚，甚至可以认为在产生的早期，二者不存在任何区别。如果对刑事处罚与行政处罚作出区分，主要考量因素在于行为社会危害程度的高低，[4]而二者在形式上没有显著的区别。无论是行政处罚还是刑事处罚都应该遵循法治的基本要求，惩罚并不是社会治理的目的，而是

　　〔1〕　参见刘艳红："'法益性的欠缺'与法定犯的出罪——以行政要素的双重限缩解释为路径"，载《比较法研究》2019年第1期。

　　〔2〕　参见陈兴良："论行政处罚与刑罚处罚的关系"，载《中国法学》1992年第4期。

　　〔3〕　参见王世洲："罪与非罪之间的理论与实践——关于德国违反秩序法的几点考察"，载《比较法研究》2000年第2期。

　　〔4〕　参见熊波："行政犯的类型与违法性判断的区分"，载《政治与法律》2020年第5期。

一种手段，所以需要更加注意的是对于社会法益的保护以及公民权利的保障。在刑法中，谦抑性是不需要过多论证的公理，但是行政处罚的谦抑性并没有过多的研究与提倡。而从行政处罚的来源看，其应当具有刑法的特质；从历史角度来看，作为从刑法中分裂出来的行政处罚，继承刑法的谦抑性也理所应当。虽然这种谦抑性与刑法的谦抑性有形式和表现上的区别，但是其审慎用权的实质却一脉相承。

五、结论

通过行政处罚自身性质的研究，发现行政处罚具有有限性、补充性和经济性的特性，符合谦抑性的存在条件和内在要求。通过观察最新修订的《行政处罚法》可以发现，无论是教育与惩戒相结合、主观归责主义还是首违不罚制度，都蕴含着谦抑性的实质精神。通过分析行政处罚的历史来源，可以发现，由于其由刑法分裂而产生，故当然具备刑法的谦抑性特质。所以，行政处罚应当具有谦抑性。当证成行政处罚具有谦抑性之后，便可以用与行政法基本原则相比更加具有领域性和针对性的谦抑性原则来指导行政处罚的立法与执法实践，在原则性的引导下保障行政相对人的权利，在审慎用权中实现行政目标、保障社会运转，提高行政治理能力和管理水平。

论对技术标准的司法审查

王一然*

摘　要：技术标准在行政判断中既有高度的科学性，也具有普遍的行政性。从表现形式看，绝大多数技术标准以规范性文件为载体，但是强制性技术标准却突破了规范形式与规范效力的对应关系，具有必须执行的效力。针对实践中对技术标准司法审查不足的问题，关键在于找到司法能动与司法谦抑之间的平衡，确定适当的司法审查强度。法院在尊重技术标准专业性的情况下，应对其行政性予以审查，对相关技术标准条款可采取附带性审查与过程性审查的方式。具体审查过程应分为标准制定阶段与适用阶段，其中制定阶段的审查标准主要为是否"严重违反法定程序"，适用阶段的审查标准以形式合法性为主，兼顾实质合法性。

关键词：技术标准；规范性文件；司法审查；审查强度；审查标准

一、问题的提出

标准作为规制产业行为的经典方式，在公共行政背景下，除具备高度的专业技术性外，也是多方利益复杂交汇的产物，其制定过程彰显着强烈的民主色彩。[1]但由于其技术性强于一般的规范性文件，对于技术标准的司法审查往往存在缺漏。

技术标准在司法裁判文书中发挥着不可忽视的规范作用。如在关卯春案中，

---

*　王一然，中国政法大学 2020 级宪法学与行政法学专业硕士。

〔1〕　参见［美］史蒂芬·布雷耶：《规制及其改革》，李洪雷等译，北京大学出版社 2022 年版，第 147 页。

法院借助"300 米的环境防护基准""与案涉项目距离超过 2 公里"等技术标准，认定其居住房屋不具备相应的环境利益，将其排除在行政行为作出时所应考虑的范围之外。[1]对于该技术标准是否包含个人利益保护指向的争议尚且不论，法院通过专业的技术标准不仅在法律事实层面认定了其是否具有环境利益，更在法律适用层面解释了行政机关应纳入考量的相对人利益范畴。但是对于技术标准本身是否应当接受司法审查，却并无明确回应。与法院的回避态度相反的是，行政相对人对技术标准的合法性提出了质疑。如在"大昌三昶（上海）商贸有限公司诉北京市丰台区食品药品监督管理局行政处罚案"（以下简称"大昌三昶案"）中，原告认为行政机关所依据的技术标准与上位法相抵触，不具有合法性。[2]

由此产生的问题是，技术标准是否应当接受司法审查，又该如何对其进行司法审查。技术标准具有高度的专业性，法院应当对其尊重。但若尊重所有的技术标准，则可能对行政相对人的合法权益造成损害，危害行政法治的良好运行。本文以技术标准的合法性审查为主线，首先分析技术标准的性质，在此基础上探讨技术标准应采取何种审查强度，又该适用何种审查标准。

二、技术标准的性质

根据效力强弱，可以将技术标准分为强制性与推荐性两类。由于强制性技术标准必须执行，实践中行政机关往往依据该类标准作出行政判断。大部分情况下，技术标准的载体为规范性文件，而强制性技术标准的效力与其规范形式并不对应，由此产生了对技术标准性质的争论。因此，本文主要围绕强制性技术标准展开分析。

（一）科学性与行政性兼具

技术标准具有高度的科学性，是一种专业技术判断。随着社会高度分工，不同领域、不同专业的发展愈加精细化。法官能够对司法领域的问题作出选择，但是对其他专业的技术问题却缺乏判断能力。这也是"制度能力论"的重要观点。从国家权限配置上看，司法权与行政权相互制约平衡。虽然司法审查能够在一定程度上提高行政决策水平，但同时也会带入法官的价值与政策偏好，从

---

[1] 最高人民法院（2017）最高法行申 4361 号行政裁定书。
[2] 参见"行政诉讼附带审查规范性文件典型案例·大昌三昶（上海）商贸有限公司诉北京市丰台区食品药品监督管理局行政处罚案"，载 https://www.court.gov.cn/zixun-xiangqing-125871.html，最后访问时间：2022 年 1 月 28 日。

而不当影响行政官员的判断。因此，专业的科学技术问题应交由专门的行政机关予以解决。[1]其中，技术标准就是专门行政机关制作的高度科学性的专业判断基准。

同时技术标准也具有行政性和民主性，属于公共决策的一部分。随着商品交易的迅速发展，技术标准影响的不仅仅是生产者，同时也影响了广大的消费者，进而会产生广泛的社会效应。以电动车国家标准为例，《电动摩托车和电动轻便摩托车通用技术条件》主要针对电动车生产者。但由于市场上已然流通着大量超标电动车，根据该技术标准大多数电动自行车将被划入机动车行列，给消费者增加了办理相关手续的义务，该规则在社会上引起很大反响。[2]又如根据现行强制性国家标准《电动自行车安全技术规范》，电动自行车充电线路应有短路保护装置。但各地发生多起因电动自行车充电器不合格，导致室内充电发生爆炸与火灾，但是被处罚者通常为车主，涉事车辆厂家和电池厂家却很少被处罚。[3]因此，技术标准的适用和实施将对广大民众的日常生活产生深远影响。

技术标准制定过程的关键在于获取充分的信息。[4]强制性技术标准只能由国务院行政有关主管部门负责，但是相关主管部门并不一定对行业技术进行准确地判断。例如，《河南郑州"7·20"特大暴雨灾害调查报告》中指出，市区应急管理局的36人中，只有1人有水利专业背景。[5]又如，环境影响评价领域中，建设单位可以委托技术单位开展环评工作、编制环评报告。[6]由此可以看出，行政机关对专业技术问题的判断仍存在薄弱之处。

此时，行政机关可以拓宽信息来源，具体包括产业界、政府官员、独立顾问、学者以及消费者团体。[7]但是每个信息来源又存在一定的问题，如政府可

〔1〕 参见宋华琳："制度能力与司法节制——论对技术标准的司法审查"，载《当代法学》2008年第1期。

〔2〕 参见孟澎菲："'电摩国际'缘何尴尬'出场'"，载 http://live.jcrb.com/html/2009/381.htm，最后访问时间：2022年1月28日。

〔3〕 封聪颖："电单车为何会杀人"，载 https://mp.weixin.qq.com/s/25xuXq7pHBucZNE g-sv59Q，最后访问时间：2022年1月28日。

〔4〕 参见［美］史蒂芬·布雷耶：《规制及其改革》，李洪雷等译，北京大学出版社2022年版，第129页。

〔5〕 "河南郑州'7·20'特大暴雨灾害调查报告"，载 https://www.mem.gov.cn/gk/sgcc/tbzdsgd-cbg/202201/P020220121639049697767.pdf，最后访问时间：2022年1月28日。

〔6〕 参见《环境影响评价法》第19条。

〔7〕 参见［美］史蒂芬·布雷耶：《规制及其改革》，李洪雷等译，北京大学出版社2022年版，第137~139页。

能代表了产业界的利益、企业会通过影响行政判断以在市场上获得优势地位、协会的参与经常受到程序的制约、专家的意见又难以达成共识、从消费者处获得的信息则可能更少甚至存在偏差。[1]因此，需要通过科学的程序设置保障多方主体的共同参与，以避免各独立信息来源的弊端，进而获得全面、中立、科学的专业信息，帮助行政机关作出准确的判断。

概括来看，除行政机关外，信息获取需要两类主体的参与：专家的参与和一般的参与。专家的参与除保证民主性外，也能够保证技术标准制定过程中的科学性；而一般的参与主要是与技术标准有关的消费者或其他普通民众，通过充分表达意见和建议，增加技术标准的可理解性与可接受性，从而为技术标准的顺利实施奠定基础。这种广泛的社会参与正是公共行政的体现。

（二）规范形式与效力之争

从传统法律渊源的角度看，法的表现形式与其呈现的效力相对应。若规范形式为法规命令，则对外具有强制性，若规范形式为行政规则，则对外不具有强制性。[2]依此划分标准，技术标准属于法规命令还是行政规则？对于该问题的回答大致有三种观点：有的学者认为技术标准属于法律规则，虽然从外观上不具备法律规范的形式，但实际上对行政相对人产生了法律效果，与法律规则的功能相同。[3]有的学者则认为技术标准不具备法律规则的属性，属于行政规范性文件。[4]有的学者则从软硬法的角度，认为强制性标准一般由国家制定和认可，并依赖国家强制力保证实施，将其划入硬法的范畴，而推荐性标准由于没有国家强制力，被划入软法的范畴。[5]

该争论背后的焦点为，在规范形式与规范效力相对应的传统模式被打破的情况下，应该如何看待技术标准的效力问题。从形式上看，实践中绝大多数技术标准为规范性文件，即属于行政规则，但是标准中有一类为强制性技术标准，并且依据《标准化法》第2条第3款的规定，强制性技术标准必须执行。抛开

---

[1] 参见宋华琳："规则制定过程中的多元角色——以技术标准领域为中心的研讨"，载《浙江学刊》2007年第3期。

[2] 参见宋华琳："论行政规则对司法的规范效应——以技术标准为中心的初步观察"，载《中国法学》2006年第6期。

[3] 参见宋华琳："论技术标准的法律性质——从行政法规范体系角度的定位"，载《行政法学研究》2008年第3期。

[4] 参见包建华、陈宝贵："技术标准在司法裁判中的适用方式"，载《法律适用》2019年第13期。

[5] 林良亮："标准与软法的契合——论标准作为软法的表现形式"，载《沈阳大学学报（社会科学版）》2010年第3期。

行业标准、地方标准、企业标准、推荐性国家标准所具备的事实上的强制力，若技术标准的强制效力不来源于其制定主体，那么还可以来源于法律的授权。强制性标准的强制性源于法律的规定，有法律授权的技术标准，既可能是强制性标准，也可能是推荐性标准；没有法律的授权，则一定是推荐性标准。[1]例如，《食品安全法》第 25 条规定食品安全标准是强制性标准，《土壤污染防治法》第 12 条第 3 款规定土壤污染风险管控标准是强制性标准。

三、技术标准的司法审查强度

技术标准是行政高度集中化的产物，但是若仅因为其具有高度专业性而排除司法审查，并不具有正当性。并且，"专门技术性"也具有一定的不明确性，在技术标准的行政判断中也存在一定的裁量空间，因此需要接受适当的司法审查。[2]即在司法节制的尊重原则下，划定司法审查的对象范围，确立合适的司法审查方式。

（一）司法谦抑下的尊重原则

司法谦抑与司法能动之间存在一定的张力，对技术标准的司法审查需要在二者之间寻找适当的司法审查强度。技术标准往往由制定机关予以解释，如《城市居住区规划设计标准》规定由住房和城乡建设部负责对强制性条文的解释，并由中国城市规划设计研究院负责具体技术内容的解释。从规范形式来看，强制性技术标准属于行政规范性文件，在裁判过程中应受到附带性审查。但是，与其他一般类型的行政规范性文件相比，该类技术标准具有较强的科学专业性。例如，在建筑规划、环境评价、食品药品安全等专业性极强的领域，法院认为自己是法律问题而非事实问题的专家，而会对技术标准给予更高的尊重。因此，法院对技术标准的司法审查较为少见，为此，有学者认为除技术标准过于专业外，当事人和法官对技术标准的司法审查还欠缺意识。[3]

尊重原则也分为不同的尊重程度。尊重原则强调司法机关作出决定时对非司法机关意见赋予权重的程度。[4]美国法院确立了众多尊重原则，其中影响较

〔1〕　参见王贵松："作为风险行政审查基准的技术标准"，载《当代法学》2022 年第 1 期。

〔2〕　参见王贵松："安全性行政判断的司法审查——基于日本伊方核电行政诉讼的考察"，载《比较法研究》2019 年第 2 期。

〔3〕　参见金自宁："科技专业性行政行为的司法审查——基于环境影响评价审批诉讼的考察"，载《法商研究》2020 年第 3 期。

〔4〕　Paul Daly, *A Theory of Deference in Administrative Law : Basis, Application and Scope*, Cambridge University Press, 2012, p. 7.

深远的为斯基德莫尊重原则和谢弗林尊重原则。美国法院根据规则效力的强弱适用相应的尊重原则，效力强的如立法性规则，对法院有拘束力，因此适用谢弗林尊重原则；效力弱的如技术标准等非立法性规则，则对法院不具有拘束力，[1]最终适用斯基德莫尊重原则。对技术标准的尊重程度较弱，就意味着法院要保留对判断的尊重决定权。但是我国并没有采取该种尊重原则。由于制度能力的限制，法院不能代替行政机关作出专业判断，因此法院应对技术标准予以高度尊重。

但是对技术标准的司法审查不应采取"全有或全无"的极端审查方式。若一味强调技术标准的科学性，不予以司法审查，便可能导致技术标准代替法律的弊端；若强调对技术标准采取完全的实质审查，在实际上则不具有可操作性，对技术标准的审查最终将流于表面。因此可采取折中的审查强度，在尊重其专业性的基础上，对其行政性予以审查。[2]

（二）技术标准的司法审查对象

关于一般规范性文件的审查范围学界多有讨论，主要集中于规范性文件的来源范围及条款范围两个维度。关于审查的规范性文件是被诉行政行为"依据"还是"参照"的问题，《行政诉讼法》规定附带审查的对象为具体行政行为所"依据"的规范性文件。如何理解"依据"二字，若只是"参考"，是否属于审查范围？该问题似乎成为规范性文件审查范围问题的关键。[3]但是实践中可能并没有严格区分"依据"与"参照"的区别，行政机关甚至存在通过"参照"适用相关条款以逃避司法审查之嫌，又或者在行政决定书中没有引用相关规范而产生"隐形依据"。[4]而关于具体条款的审查范围，《最高人民法院关于适用〈中华人民共和国行政诉讼法〉的解释》（以下简称《行政诉讼法司法解释》）第 148 条规定可以对"相关条款"予以审查，但有的学者认为法院的审查应当及于全部条款，不应只局限于被诉行政行为所依据的条款。[5]针对这些问题，对规范性文件的审查一般主张确立全面审查原则，即对有关规范性

---

〔1〕 宋华琳："论行政规则对司法的规范效应——以技术标准为中心的初步观察"，载《中国法学》2006 年第 6 期。

〔2〕 参见王贵松："作为风险行政审查基准的技术标准"，载《当代法学》2022 年第 1 期。

〔3〕 关于"依据"的辨析可参见周乐军、周佑勇："规范性文件作为行政行为'依据'的识别基准——以《行政诉讼法》第 53 条为中心"，载《江苏社会科学》2019 年第 4 期。

〔4〕 参见章剑生：《现代行政法总论》，法律出版社 2019 年版，第 483 页。

〔5〕 参见黄学贤："行政诉讼中行政规范性文件的审查范围探讨"，载《南京社会科学》2019 年第 5 期。

文件的有关条款进行全面审查，只要它们与被诉行政行为的合法性有关。[1]

从技术标准所依据规范文本的具体条款来看，既存在全部条款为强制性技术标准或推荐性标准的情况，如《预包装食品营养标签通则》（GB28050-2011）为纯粹的强制性规范性文件；也存在强制性标准与推荐性标准并存于同一份规范性文件中的情况，如《城市居住区规划设计标准》中，只有第 3.0.2、4.0.2、4.0.3、4.0.4、4.0.7、4.0.9 条为强制性条文，必须严格执行，其余则为推荐性条文。

行政机关一般适用强制性技术标准，但若采用推荐性技术标准作出行政判断，对行政相对人产生影响，那么同样应对该推荐性技术标准进行司法审查。例如，在"葛世清、熊佑翠等与含山县住房和城乡建设局案"中，法院认为上诉人的房屋均不在省道 S226 改建工程征迁范围内，其房屋与改建公路的距离符合《公路工程技术标准》中一级公路用地范围的规定，改建工程对相对人的权利义务不产生实际影响，上诉人与被诉行政规划许可行为不具有利害关系。[2]《公路工程技术标准》为交通运输部颁发的行业标准，是推荐执行的标准。[3]但是法院却引用该不具有强制执行力的标准直接裁定上诉人不具有原告资格，对行政相对人产生外部影响，应纳入司法审查的范围。

（三）技术标准的司法审查方式

技术标准作为专业性极强的规范性文件，在适用一般规范性文件的"全面审查"原则时，也应根据其自身性质具体选择审查方式。

强制性技术标准属于法院附带审查的范围。《行政诉讼法》第 53 条第 1 款规定附带审查的对象包括国务院部门和地方人民政府及其部门制定的规范性文件。《标准化法》第 10 条规定强制性技术标准由国务院有关行政主管部门制定，实践中绝大多数强制性技术标准由国家市场监督管理总局和国家标准委发布。从制定主体来看，该类技术标准属于附带审查的范围。附带审查方式决定了行政相对人对技术标准没有直接的原告资格，只能在对具体行政行为提起诉讼时一并提出审查要求。但是若原告没有提出附带审查技术标准的要求，法院也可以主动对其进行审查，法官具有主动审查的职责。[4]我国对行政行为的合法性审查奉行全面审查的原则，因此对具体行政行为所依据的规范性文件的审查不

〔1〕 参见何海波："论法院对规范性文件的附带审查"，载《中国法学》2021 年第 3 期。
〔2〕 参见安徽省马鞍山市中级人民法院（2016）皖 05 行终 51 号行政裁定书。
〔3〕 李跃青、张贵："浅谈《公路工程技术标准》的地位和发展方向"，载《公路》2015 年第 8 期。
〔4〕 参见何海波："论法院对规范性文件的附带审查"，载《中国法学》2021 年第 3 期。

应局限于原告的诉讼请求。在审查技术标准时，法官更应肩负起司法审查的职责，不能因标准内容过于专业而消极回避。

过程性审查能够帮助法院在避免代替行政机关作出实体判断的同时，发挥司法审查的作用，尊重技术标准的科学性、专业性，审查其民主性、行政性。技术标准的技术专业性不仅来自于领域的专门技术知识，同时也来自于政策性行政判断基础的专门知识。[1]技术标准的行政性体现在其内容与行政管理事务有关，具有公共决策的属性，包括政策判断与价值判断。因此在制定程序与适用程序上需要具备合法性、民主性。由于法官并非技术问题专家，因此重点审查技术标准的制定程序与适用程序可以避免对技术标准的实体问题进行判断，同时保证技术标准的合法性。

四、技术标准的审查标准

司法能动与司法谦抑平衡原则下的尊重强度旨在审查技术标准的行政性、尊重其科学性，落实到裁判中则表现为审理阶段的具体审查标准。对技术标准的审理阶段共包括两部分，即技术标准制定阶段与适用阶段。

（一）对技术标准制定阶段的司法审查

在技术标准制定阶段，首先面对的问题是应审查何种制定程序。《标准化法》中规定了强制性技术标准的制定程序包括提出项目阶段、组织起草阶段、征求意见阶段和技术审查阶段，并且规定在技术标准立项阶段对行政机关及其之外的企业、社会团体、消费者和教育科研机构等主体展开调查，在制定过程中采取多种方式征求意见，以保证标准的科学性和规范性。强制性标准的规范文本应当向社会公开。而《行政诉讼法司法解释》提出对审查程序问题的标准，即"严重违反制定程序"，具体包括没有履行法定批准程序和公开发布程序。"征求意见"程序并未被明确列入司法解释的文本中，那么没有履行该程序是否达到"严重违反"的程度、违反"征求意见"的过程是否需要受到司法审查呢？

对"征求意见"程序的审查，法院大多持谨慎保守态度。这是由于对"征求意见"等内部程序的探求会消耗大量司法资源，法院不仅缺乏资源和手段，同时也无力承担对制定程序消极评价的后果。[2]例如，在"班某与贵定县公安局交通警察大队行政处罚案"中，在审查关于路段最高限速设置40km/h是否

---

〔1〕 参见王贵松："安全性行政判断的司法审查——基于日本伊方核电行政诉讼的考察"，载《比较法研究》2019年第2期。

〔2〕 参见卢超："规范性文件附带审查的司法困境及其枢纽功能"，载《比较法研究》2020年第3期。

合法时，二审法院认为，被告在该路段设置 40km/h 虽未征求公众意见，属于程序瑕疵，但可以用补救方式来完善，最终认定该最高限速设置仍具有合法性。

（二）对技术标准适用过程的司法审查

技术标准的司法规范效应不仅体现在事实认定部分，也包含广义的法律适用部分，审查过程可以根据这两部分具体展开。其中，司法审查标准的总体原则应以形式合法性审查为主，兼顾实质合法性。

1. 事实认定

技术标准在司法裁判中发挥着事实认定的规范作用。例如，在起诉阶段，技术标准往往被用来判断原告的实际利益是否受到损害，从而判定其是否具备原告资格。在"彭某良与醴陵市规划局"[1]一案中，被告醴陵市规划局对第三人颁发了建设用地规划许可，原告彭某认为该规划许可中第三人拟建的城南加油站的服务半径与自己的中图顺达加油站的服务半径重叠，损害了其合法权益。法院依据《城市道路交通规划设计规范》与《成品油零售企业管理技术规范》等规范性文件制定的加油站服务半径，认定原告的现实利益受到了侵害，具有原告资格。

对于行政机关依据技术标准作出的事实认定，法院一般予以尊重。例如，在"贺某某诉长沙市芙蓉区人民政府房屋征收补偿行政纠纷案"中，法院认为《国有土地上房屋征收评估办法》属于专业技术性的规范，由此作出的评估报告是专业技术鉴定，非经法定程序不得改变和任意推翻。[2]但是这种尊重并不代表法院不作任何的事实认定审查。法院对具体行政行为奉行全面审查原则，《行政诉讼法》规定"主要证据不足"的可以判决撤销行政行为。行政机关对被诉行政行为的合法性承担举证责任，需将技术标准作为证据予以提交。此时依据技术标准作出的鉴定等具有专家证据的效力，法院对此种鉴定意见或报告审查时，可以不局限于客观事实，还应适当关注鉴定结论是否落在合理范围之内。[3]

2. 法律适用

法院主要对技术标准的适用问题进行合法性审查。《行政诉讼法司法解释》规定了超越职权或授权范围、与上位法抵触、损害相对人合法权益等标准。例

---

〔1〕 参见湖南省株洲市中级人民法院（2015）株中法行终字第 46 号行政判决书。

〔2〕 参见湖南省长沙市中级人民法院（2016）湘 01 行初 325 号行政判决书。

〔3〕 参见宋华琳："制度能力与司法节制——论对技术标准的司法审查"，载《当代法学》2008 年第 1 期。

如，在"大昌三昶案"中，被告认为行政相对人不符合《食品安全国家标准预包装食品营养标签通则》第3.2条的规定，认定其属于"经营标签标注不符合食品安全标准规定的行为"，原告则对该技术标准适用的合法性质疑。法院并没有对具体技术内容作出直接判断，而是通过审查技术标准是否符合立法目的，以证明技术标准符合上位法的规定，具有合法性。

但法院通常在没有进行审查的情况下便直接适用，甚至作为法律解释的一部分。例如，在"建宁县三滩加油站与福建省邵武市工商行政管理局案"[1]中，法院援引商务部《成品油零售企业管理技术规范》中对"成品油零售企业""加油站"等专业术语的规定，对《福建省成品油市场管理规定》及商务部《成品油市场管理办法》进行解释和适用，以判定行政相对人是否超出核准登记的经营范围。该案中，技术标准有助于进一步解释法律规范中的专业技术概念，但是有的案件中，对专业技术概念的阐释可能导致组织权限的重新分配，存在"超越职权"之嫌。[2]除此之外，目前法院对技术标准的审查主要集中于形式合法性，包括技术标准是否处于有效期间、是否适用了错误的技术标准等。[3]

那么对于技术标准的适用是否可以进行实质合法性审查？一般来说，法院以对规范性文件的合理性、适当性审查为例外，[4]因此对明显不合理的技术标准法院可以予以适用，但是应把握好审查的界限与强度，不能代替行政机关进行判断，也不能对明显不合理的技术标准置之不理。

五、结语

对技术标准的司法审查是在司法能动性与司法谦抑性之间寻找平衡。法院裁判不应该也没有能力代替行政机关作出专业判断，但是完全尊重技术标准而不予审查，则会架空法治的运行。目前，实践中对高度专业性的技术标准进行司法审查的意识较为薄弱。在此背景下，法院应充分发挥司法能动性，认识到技术标准兼具科学性与行政性的特点，在对技术标准附带性审查时，可采取过程性审查方式，对制定阶段与适用阶段谨慎审查；在提高行政决策质量的同时，降低司法审查的难度，促进司法与行政的良好互动。

---

[1] 福建省邵武市人民法院（2015）邵行初字第3号行政判决书。

[2] 参见宋华琳："制度能力与司法节制——论对技术标准的司法审查"，载《当代法学》2008年第1期。

[3] 参见尹国梁："试论行政诉讼中技术标准的司法审查"，苏州大学2009年硕士学位论文。

[4] 参见程琥："新《行政诉讼法》中规范性文件附带审查制度研究"，载《法律适用》2015年第7期。

《寒假期间拒绝参加学科类培训的承诺书》面临合法性危机

梁玉鑫*

摘　要： 为落实"双减"和防疫政策，河南省教育厅办公室发布了《寒假期间拒绝参加学科类培训的承诺书》（以下简称《承诺书》）。分别运用依法行政原则和不当联结禁止原则加以检验，可以发现《承诺书》在形式合法性与实质合法性两个层面均面临危机。为了防止《承诺书》的泛化和滥用，确保政策的落实符合法治国家的建设方向，有必要从制发主体、签订主体和实质内容三方面对《承诺书》进行修改和完善。

关键词： "双减"；承诺书；实质内在联结；疫情防控

一、引言：寒假期间参加学科类培训将纳入学生个人管理档案？

2021 年 7 月，"双减"政策正式出台。"双减"政策的实施对于减轻学生作业和校外培训负担、抑制资本过度涌入、降低教育成本乃至提高生育率都具有巨大的推动作用。寒假来临之际，为了巩固"双减"工作成果，河南省教育厅办公室发布了《关于做好中小学生寒假期间有关工作的通知》（以下简称《通知》），《承诺书》即为《通知》附件 2 的内容。《承诺书》要求中小学生承诺寒假期间"拒绝参加学科培训"，违者自愿纳入学生个人管理档案。[1]

---

* 梁玉鑫，中国政法大学 2021 级宪法学与行政法学专业硕士。

〔1〕《承诺书》第 4 条规定："四、拒绝参加学科培训。严格落实国家'双减'政策要求，不在国家法定节假日、休息日及寒暑假期参加学科培训，并对发现的违规违法培训行为，及时予以举报。"《承诺书》最后一自然段："我将严格遵守承诺，欢迎大家监督，如有违反，自愿纳入学生个人管理档案。"

（一）《承诺书》具有正当的制定目的

近期河南省疫情防控形势严峻，违规培训等人群聚集活动容易导致群体性感染，不仅不利于落实"双减"政策，而且加大了疫情防控难度。在此种情境下，《承诺书》制定的目的有二，一为校外培训治理，二为疫情防控。[1]校外培训治理可以在一定程度上减轻学生学习压力、降低教育成本。疫情防控则是出于公共安全和公众健康的需要，二者都属于公共利益的保护范畴。要求学生寒假期间拒绝参加学科培训不仅可以从需求侧打击校外违规培训，而且可以减少人群聚集、减轻防疫压力。可以说，《承诺书》的制定目的具有正当性。

（二）《承诺书》具有可以预见的实施效果

《承诺书》将中小学生参加学科培训的情况纳入个人管理档案的行为，会对家长和学生产生巨大的震慑作用。除少数家长为了孩子成绩"铤而走险"继续让孩子参加学科培训之外，大多数家长出于对子女前途的考虑，自然会在各类学科培训面前"三思而后行"，屡禁不止的地下违规培训也将失去部分市场。这一举措对于各类学科培训和违规培训的打击将是源头性的。从另一方面来讲，中小学生拒绝参加学科培训也有利于减少人群聚集，从而降低感染风险，减轻疫情防控压力。

（三）《承诺书》尚需具备形式与实质合法性

但公共政策的制定仅仅具备正当的目的和可以预见的实施效果还不够，还需保证政策的形式与实质合法性。不能因为目的正当就一概地肯定……在很多情况下手段价值要优于目的价值。[2]出于实现行政目标和任务的考量，行政主体在进行行政管理和改革时具有将能动性发挥到极致的原始冲动，显示出以尽可能多的限制措施来解决社会、经济监管问题和"无限制地结合各种武器对付人民"的倾向。[3]譬如，行政机关为了完成行政任务和提高行政效率，有时会运用某些行政手段，而这些行政手段与行政目的并不相关，此时便构成了对不当联结禁止的违反，有效性有余而合理性不足。将目光回到河南省教育厅办公

---

〔1〕参见《承诺书》第一自然段："……为持续巩固校外培训治理成果，切实做好寒假期间疫情防控工作，最大程度降低疫情蔓延风险……"。

〔2〕郭庆珠："论不当联结禁止原则对行政管理创新的规制——以创新的法律界限为归宿"，载《学术探索》2010 年第 6 期。

〔3〕参见翁岳生编：《行政法 2000（上册）》，中国法制出版社 2002 年版，第 161 页。

室发布的《承诺书》，其具有符合公共利益的制定目的和可以预见的实施效果，但这还不足以达到良法善治的要求。要确保《承诺书》符合法治国家的建设方向，尚需判断其是否具有形式合法性与实质合法性。

基于此，本文首先运用依法行政原则来对《承诺书》进行形式层面的合法性审查；然后运用不当联结禁止原则来分析《承诺书》是否具有实质合法性；最后针对《承诺书》提出修改和完善建议，以使其在形式与实质上合法。

二、《承诺书》面临形式合法性危机

1999 年"依法治国，建设社会主义法治国家"被写入《宪法》，依法治国从此被确立为一项宪法原则。根据 2004 年国务院《全面推进依法行政实施纲要》，依法行政首先要做到合法行政。依法行政原则是行政法上最重要的原则，包括法律优位和法律保留两项子原则。

（一）无上位法依据增加相对人义务

依据依法律行政原则，行政唯在有法律的授权依据时，才能通过命令或强制，通过下命性或是禁止性的干预侵入个人自由的自我确定，才能要求个人为一定作为或是进行财产处置。[1]《承诺书》要求中小学生承诺拒绝参加学科培训和及时举报违规违法培训行为之规定，无疑增加了相对人的义务，须有相应的上位法依据。

在北大法宝等法律法规检索引擎上，以"培训""举报"为关键词对《宪法》《教育法》等与教育有关的法律（此处指狭义的"法律"）进行全文检索，得到的结果如表 1 所示。[2]

---

〔1〕 Ottmar Buehler, Die Subjektiven oeffentlichen Rechte und ihr Schutz in der deutschen Verwaltungsrechtssprechung, 1914, p. 73. 转引自赵宏："主观公权利的历史嬗变与当代价值"，载《中外法学》2019 年第 3 期。

〔2〕 虽然检索结果不尽全面，但笔者认为仍能部分反映出教育相关法律对"学生拒绝参加学科培训义务"和"举报违规违法培训义务"的规定情况。检索日期为 2022 年 1 月 17 日。

表1　教育相关法律中关于"学生拒绝参加学科培训义务"和
"举报违规违法培训义务"的规定情况

法律名称	发布年份（年）	"培训"出现次数（次）	学生拒绝参加学科培训义务的有关规定（条）	"举报"出现次数（次）	学生举报违规违法培训义务的有关规定（条）
《宪法》	2018	3	0	0	0
《教育法》	2021	4	0	0	0
《家庭教育促进法》	2021	6	0	0	0
《义务教育法》	2018	1	0	0	0
《未成年人保护法》	2020	11	0	5	0

从检索结果可以看出，上述有关教育的重要立法均未规定中小学生有拒绝参加学科培训或举报违规违法培训的义务。而河南省教育厅发布的《承诺书》，不仅规定了学生对于违规违法培训行为的积极举报义务，而且规定了学生参加学科培训的不利后果——纳入学生个人管理档案。根据《最高人民法院关于适用〈中华人民共和国行政诉讼法〉的解释》（以下简称《行诉解释》）第148条第2款第3项的规定[1]，《承诺书》属于无上位法律依据而增加相对人的义务的情形，则《承诺书》不合法。

（二）制发主体超越权限

规范性文件并不是专门的法定概念，[2]指的是行政主体为实现行政管理而针对不特定对象发布的、能在一段时间内反复适用的决定和命令。我国法律并未对规范性文件的制定主体作出统一规定，规范性文件制定主体的有关规定散见于各个领域的具体规范中。[3]有国务院规范性文件规定了严禁以部门内设机

---

〔1〕《行诉解释》第148条第2款第3项规定，没有法律、法规、规章依据，违法增加公民、法人和其他组织义务或者减损公民、法人和其他组织合法权益的，属于《行政诉讼法》第64条规定的"规范性文件不合法"。

〔2〕但学术界和社会上对"红头文件"概念的理解基本一致，即指"行政机关为实施法律和执行政策，在法定权限内制定的除行政法规和规章以外的决定、命令等普遍性行为规则的总称"。参见江必新、邵长茂：《新行政诉讼法修改条文理解与适用》，中国法制出版社2015年版，第243页。

〔3〕如《河南省药品监督管理局行政规范性文件制定管理办法》第2条："本办法所称行政规范性文件（以下简称规范性文件），是指河南省药品监督管理局（以下简称省局）按照法定权限、程序制定并公开发布，涉及公民、法人和其他组织权利义务，具有普遍约束力，在一定期限内反复适用的公文。"

构名义制发行政规范性文件。[1]河南省教育厅办公室是河南省教育厅的内设机构，《承诺书》是以河南省教育厅办公室名义制发的，可见其制发主体超越了权限。此外，河南省教育厅办公室的职能并不包括政策制定。[2]由此观之，《承诺书》构成了《行诉解释》第148条第2款第1项规定的情形，[3]《承诺书》在制发主体方面不具有形式合法性。

（三）签订主体不具有完全行为能力

纳入学生个人管理档案无疑会对中小学生未来的升学就业等产生不利影响，故《承诺书》的签订主体应当具有相应的行为能力。只有在相对人能够准确完整地理解签订《承诺书》的意义并能独立承担责任的情况下，其签署方才具有法律效力。《民法典》第18条第1款规定，年满18周岁的完全民事行为能力人才可以独立实施民事法律行为。《刑法》也规定了只有达到一定年龄才需承担相应的刑事责任。[4]《承诺书》作为一种具有行政性的"格式条款"，其签订主体也理应具有相应的责任能力。我国目前并无关于《承诺书》签订责任年龄的统一立法，但鉴于学生个人管理档案的信用工具属性，《承诺书》的签订主体资格可参照《河南省社会信用条例》第3条第1款的规定，即具有完全民事行为能力。[5]

根据《义务教育法》第11条的规定，儿童一般在6周岁至7周岁开始接受

---

[1] 2018年《国务院办公厅关于加强行政规范性文件制定和监督管理工作的通知》第1条第1款规定："……严禁以部门内设机构名义制发行政规范性文件……"。

[2] 《河南省人民政府办公厅关于印发中共河南省委高等学校工作委员会、河南省教育厅职能配置、内设机构和人员编制规定的通知》第3条第1款规定，办公室是河南省教育厅的内设机构，其主要职能是"综合协调机关政务；负责厅机关财务和国有资产管理；负责重要会议的组织安排和督办查办工作；负责文秘、保密、信息、宣传、信访、档案、保卫等工作；负责协调学校治安的综合治理"。

[3] 《行诉解释》第148条第2款第1项规定，超越制定机关的法定职权或者超越法律、法规、规章的授权范围的，属于《行政诉讼法》第64条规定的"规范性文件不合法"的情形。

[4] 《刑法》第17条："已满十六周岁的人犯罪，应当负刑事责任。已满十四周岁不满十六周岁的人，犯故意杀人、故意伤害致人重伤或者死亡、强奸、抢劫、贩卖毒品、放火、爆炸、投放危险物质罪的，应当负刑事责任。已满十二周岁不满十四周岁的人，犯故意杀人、故意伤害罪，致人死亡或者以特别残忍手段致人重伤造成严重残疾，情节恶劣，经最高人民检察院核准追诉的，应当负刑事责任。对依照前三款规定追究刑事责任的不满十八周岁的人，应当从轻或者减轻处罚。因不满十六周岁不予刑事处罚的，责令其父母或者其他监护人加以管教；在必要的时候，依法进行专门矫治教育。"

[5] 《河南省社会信用条例》第3条第1款规定："本条例所称社会信用，是指具有完全民事行为能力的自然人、法人和非法人组织等信用主体，在社会和经济活动中履行法定义务或者约定义务的状态。"

义务教育。[1]照此推算，《承诺书》的签订主体"中小学生"在签订时应为 6 周岁至 18 周岁，并非完全的行为能力人。故其在签订《承诺书》时很难准确完整地理解自己行为的意义并独立承担相应的责任，甚至在当地教育行政部门"督促"下的签订行为是否出于自愿也不得而知。

由此可见，《承诺书》在无上位法律依据的情形下增加了相对人义务，且制发主体超越了权限，签订主体也不具有相应的行为能力，《承诺书》面临着形式合法性危机。

三、实质合法性危机——违反不当联结禁止原则

不当联结禁止属于实质合法性的范畴，[2]《承诺书》一旦违反不当联结禁止原则，就会面临实质合法性危机。鉴于实质合法性范畴的广泛性，本文针对《承诺书》实质合法性的讨论，主要围绕不当联结禁止原则来展开。

（一）不当联结禁止的内涵与判断逻辑

德国是不当联结禁止的发源地。毛雷尔认为公民的对等给付必须与合同中的给付具有客观的联系，[3]《行政法》一书中也有"出售裁量权的行为属于不正当的行政义务联结（即不当联结禁止）"[4]的表述。从立法方面来看，《德国行政程序法》对于不当联结禁止已有较为明确的规定，主要聚焦于附款行为与双务合同等方面。[5]不当联结禁止强调实质法治国面向，它同时具有宪法位阶，不当联结禁止的提出主要基于个体与国家之间的不平等性，用以防止公权恣意，故该原则不仅可在行政机关直接作出行政行为时适用，而且行政机关在制定规范性文件时也应予以遵守。针对不特定多数人民作出抽象、一般性规定时必须确保手段与目的的正当合理联结。[6]

目前，学界未对实质内在联结的内涵作出明确认定，但我们仍可以从典型案

---

[1] 《义务教育法》第 11 条第 1 款规定："凡年满六周岁的儿童，其父母或者其他法定监护人应当送其入学接受并完成义务教育；条件不具备的地区的儿童，可以推迟到七周岁。"

[2] 参见聂帅钧："失信联合惩戒措施的合法性检讨与控制"，载《财经法学》2021 年第 2 期。

[3] [德] 哈特穆特·毛雷尔：《行政法学总论》，高家伟译，法律出版社 2000 年版，第 356 页。

[4] [德] 汉斯·J. 沃尔夫、奥托·巴霍夫、罗尔夫·施托贝尔：《行政法》，高家伟译，商务印书馆 2007 年版，第 369~370 页。

[5] 《德国行政程序法》第 36 条第 3 款规定："附款不得有悖于行政行为的目的"，第 56 条第 1 款规定："在合同中约定为了特定目的进行对待给付，且服务于行政机关履行公共职能，可以订立本法第五十四条第 2 句所指公法合同。这种对待给付按照整体情况判断必须适当，并与合同约定的行政机关给付有着实质联系。"

[6] 参见李建良："行政法上不当联结禁止原则"，载《月旦法学杂志》2002 年第 3 期。

例对不当联结的认定中得出关于实质内在联结的判断逻辑。2001 年，我国台湾地区曾判定申请换发机动车行车执照与缴纳违法罚款之间构成不当联结，即使当事人在机动车使用中有罚款尚未缴纳，公路监理处也不得因此拒绝对行车执照进行换发。对于该案，李建良教授曾专门撰文进行评析，认为交通罚款是对违反交通规则者的强制惩罚，而行车执照关注的主要是汽车的自身状况和客观性能，缴纳交通违法罚款与汽车的自身状况、客观性能之间并没有实质关联。[1]

通过分析可以看出，李建良教授在该案评析中对"实质内在联结"的判断逻辑如图 1 所示。第一步，判断行政行为的目的。行车执照换发的目的是使行政机关了解汽车的自身状况和客观性能。第二步，判断要求行政相对人给付（手段行为）本身的属性和目的。要求缴纳交通违法罚款是对违反交通规则者的强制性惩罚。第三步，判断要求相对人给付与实现行政行为目的之间是否具有一致性。该案中，要求相对人缴纳罚款与确保车辆的客观性能之间并不具有一致性。由此，最终得出二者之间不具有实质内在联结的结论。

图 1　实质内在联结的判断逻辑

按照图 1 逻辑，要判断《承诺书》是否构成对不当联结禁止的违反，首先要判断《承诺书》制定的目的，即校外培训治理和疫情防控；其次要分析要求相对人给付（即纳入学生个人管理档案）本身的性质和目的；最后再判断学生个人档案管理与校外培训治理和疫情防控之间是否具有一致性。如果具有一致性，则二者之间具有实质内在联结；反之，则《承诺书》构成对不当联结禁止的违反。这是对不当联结禁止的常规判断模式。但由于学生个人管理档案的特殊性质，要检验《承诺书》是否真正满足不当联结禁止原则，还需额外进行一次"实质内在联结"的判断（下文将详细展开）。

（二）学生个人管理档案的性质——一种信用工具

过去一味靠行政强制执行来保障行政义务履行的时代正渐渐远去，如今慢

----

〔1〕　参见李建良："行政法上不当联结禁止原则"，载《月旦法学杂志》2002 年第 3 期。

慢转向通过违法事实公布、拒绝给付等更加注重信息披露的方式来保障义务履行。[1]为实现治理体系和治理能力现代化，当前中国越来越重视社会信用体系建设，信用工具的使用也呈逐步扩大化趋势。

学生个人管理档案是学校通过记录、评价学生的在校表现、品德素养等一系列信息，来加强对学生的思想政治教育，以便于学校进行管理和为招生和用工单位等提供参考。[2]学生个人管理档案主要用来记录和反映学生的学习经历、课业成绩、奖惩情况等，往往由学校进行集中保存以备查看。学生个人管理档案可以作为一种专门的信息载体，但是其作用又不仅限于承载和记录信息。它更重要的作用在于通过"声誉机制"及其后续评价发挥作用，故其本质上是一种信用工具。在词源上，"信用"指的是能够履行约定的事情而取得他人的信任，具体到社会经济领域，又指不需要提供物资保证，可以按时偿付。学生个人管理档案是出于"陌生人社会"和信息效率的考虑所建立的信用工具，主要是为后续的招生和用工单位提供参考信息，从而降低招生、用工的缔约风险。

我国目前关于学生个人管理档案的立法较不完善。在北大法宝上分别以"学生档案"和"中小学生学籍"为关键词进行检索，[3]检索结果显示：在中央一级立法层面，仅有1984年起实施的《教育部关于高中建立学生档案的暂行规定》（以下简称《暂行规定》）和2013年教育部发布的《中小学生学籍管理办法》（以下简称《管理办法》）与学生个人管理档案有关。对于何种信息应当被纳入学生管理档案，我国立法并无明确的规定，故此处关于学生管理档案的内容参照《暂行规定》和《管理办法》进行讨论。在学生学籍档案（临时档案）的各项内容中，[4]基础信息、证明材料和体质健康测试等与学生是否参加

---

〔1〕 ［日〕盐野宏：《行政法总论》，杨建顺译，北京大学出版社2008年版，第158~160页。

〔2〕 参见1984年发布的《教育部关于高中建立学生档案的暂行规定》第一自然段："……学生档案的建立，对全面贯彻党的教育方针，加强学生思想政治教育和学校管理，更好地了解、考查和培养学生，以及对高等学校招生、解放军征兵、社会招工等，都会发挥良好的作用……"

〔3〕 检索日期为2022年1月17日。

〔4〕《管理办法》第7条第2款规定，学生学籍档案内容包括：（1）学籍基础信息及信息变动情况；（2）学籍信息证明材料（户籍证明、转学申请、休学申请等）；（3）综合素质发展报告（含学业考试信息、体育运动技能与艺术特长、参加社区服务和社会实践情况等）；（4）体质健康测试及健康体检信息、预防接种信息等；（5）在校期间的获奖信息；（6）享受资助信息；（7）省级教育行政部门规定的其他信息和材料。《暂行规定》第3条规定了临时档案的内容，包括：（1）学年评语表；（2）考试（考查）登记表；（3）体质测试表、体育锻炼情况表；（4）健康检查表；（5）毕业生登记表；（6）高中毕业生家庭情况调查表等。

学科培训的关联性不强，那么"曾在寒假期间参加学科培训或未及时举报发现的违规违法培训"之情况就将主要记入学生的学年评语表、毕业生登记表或者综合素质发展报告中。学生个人管理档案的信用工具属性正是在其记录、评价和向特定对象公开的过程中得以体现的。

（三）《承诺书》对不当联结禁止的双重违反

《承诺书》主要是想通过将参加学科培训之信息纳入学生个人管理档案的威慑效果来实现其校外培训治理和防疫的目的。不难发现，学生个人档案管理作为中间环节，一头连接着参加学科培训之信息，一头连接着《承诺书》的制定目的，其中任何一环出了问题，《承诺书》都会构成对不当联结禁止的违反。一般而言，不当联结禁止只需要手段（学生个人档案管理）与目的（校外培训治理与防疫）之间具有实质内在联结即可，但由于学生个人管理档案的信用工具属性，信息（参加学科培训）与信用（学生个人档案管理）之间也应具有实质内在联结。

按照前述对于实质内在联结的判断逻辑，我们可以发现不仅学生个人档案管理与《承诺书》目的实现之间并无实质内在联结，参加学科培训之信息与学生个人档案管理之间亦无实质内在联结。《承诺书》构成了对不当联结禁止的双重违反。

1. 第一重违反：学生个人档案管理与《承诺书》目的实现之间

运用前述逻辑来判断学生个人档案管理与《承诺书》制定目的实现之间有无不当联结。第一步，分析《承诺书》的制定目的。如前所述，一为校外培训治理，二为疫情防控；第二步，分析要求行政相对人给付即手段行为——学生个人档案管理的性质与目的；第三步，判断学生个人档案管理与校外培训治理和防疫之间是否具有一致性。通过上述的分析可以看出，学生个人管理档案是出于"陌生人社会"和信息效率的考虑所建立的信用工具，主要是为后续的招生和用工单位提供参考信息，从而降低招生、用工的缔约风险。这与校外培训治理以及疫情防控的目的之间，并不具有一致性。换句话说，学生个人档案管理与实现《承诺书》制定目的之间并不具有实质内在联结。此为《承诺书》对不当联结禁止的第一重违反。

2. 第二重违反：参加学科培训之信息与学生个人档案管理之间

如前所述，学生个人管理档案本质上是一种信用工具。既然是信用工具，就需要筛选何种信息应当且值得被收集、评价和公开。信用纳入范围应当科学界定，严格以法律、法规等为依据。[1]中小学生曾在寒假期间参加学科培训或未及时举报违规违法培训行为（以下简称参加学科培训）之信息是否应被纳入学生个人管理档案，关键要看二者之间是否具有实质内在联结。仍按前述判断逻辑：第一步分析建立学生个人管理档案的目的，主要是为后续招生单位和用工单位提供参考信息，如学生的学习成绩和道德素养等；第二步判断参加学科培训或未及时举报发现的违规违法培训行为之性质；第三步判断参加学科培训与建立学生个人管理档案的目的是否具有一致性。曾在寒假期间参加学科培训并不能直接反映学生的学习成绩和道德素养等情况；换句话说，参加学科培训之信息并不能为后续招生、用工单位提供有价值的参考。由此观之，参加学科培训的信息与学生个人档案管理之间亦无实质内在联结。从这个角度来看，《承诺书》构成了对不当联结禁止原则的第二重违反。

四、《承诺书》的修改完善建议

为了防止《承诺书》的泛化和滥用，确保政策的落实符合法治国家的建设方向，有必要对《承诺书》从制发主体、签订主体和实质内容三方面进行修改和完善。

（一）以河南省教育厅名义制发

政府工作部门内设机构制定的规范性文件系内部文件，对外没有法律效力，也不承担法律责任。[2]而《承诺书》一经签订，中小学生再在寒假期间参加学科培训即有可能被纳入学生个人管理档案，从而留下不良记录，显然会对相对人权利义务产生实质影响，并非"对外没有法律效力"。为了防止行政主体故意以内部文件的形式逃避备案审查和责任承担，不应由政府工作部门内设机构制发规范性文件。且如前所述，河南省教育厅办公室并无对外发布规范性文件的权限，其职能内容也不包括政策制定，故《承诺书》不应由河南省教育厅办公室制发。《承诺书》的制发主体应当是能够对外发布影响相对人权利义务文件的行政机关或授权组织，故应将其制发层级上调为河南省教育厅，以省级政府部门的名义制定和发布。

---

[1] 参见沈岿："社会信用惩戒的禁止不当联结"，载《暨南学报（哲学社会科学版）》2021年第11期。

[2] 参见谢维雁、段鸿斌："关于行政规范性文件立法备案审查的几个问题"，载《四川师范大学学报（社会科学版）》2018年第1期。

(二) 由家长进行签订

面对严峻的就业形势和内卷化的社会风气，家长往往容易产生教育焦虑。在此种情境下，中小学生参加校外学科培训往往并非出于自己的意愿。将参加学科培训行为纳入学生个人的管理档案恐有惩戒主体错误之嫌。诚然，以学生为惩戒主体可能使得家长更加不敢随意忽略《承诺书》的要求，但出于行为主体与义务主体的一致性考量，由家长来签订《承诺书》更符合实质合法性。同时，父母作为成年人，其对自己行为的意义具备更加准确全面的认知，并且能够独立承担相应的责任。因此，将《承诺书》的签订主体由中小学生改为家长，更加符合法治的要求。

(三) 删除义务性和惩戒性规定

鉴于法律并未规定中小学生拒绝参加学科培训或举报违法违规培训的义务，故建议删除《承诺书》中的前述义务性规定。此外，由于"纳入学生个人管理档案"这一举措事实上已经具有了惩戒性质，建议将该惩戒性规定也予以删除。否则，在升学、就业过程中，"曾在寒假期间违反过《承诺书》"的标签将成为该学生的"终生烙印"，影响招生单位和用工单位对其的评价，将对学生的个人发展乃至整个家庭产生巨大影响。如此一来，《通知》第 5 条规定的让违规培训机构"一处失信，处处受限"就异化为了让中小学生"一处失信，处处受限"，背离了"双减"政策"促进学生全面发展和健康成长"的初衷。将义务性规定和惩戒性规定删除之后，可代之以激励、倡议等柔性举措。例如，可在班内进行"双减"政策的宣传教育，举办寒假期间不参加学科培训的倡议活动等。

五、结语

《承诺书》固然可能在短期内产生一定的效果，但长远来看，学生源头的教育需求解决不了，审批监管工作不到位，"双减"政策仍然难以真正得到有效落实。要真正做好校外培训治理，首先要发挥学校主阵地作用，提高教学质量和作业管理水平，满足学生对优质教育资源的需求，进行源头治理；同时要进行区域间、部门间以及部门和学校间的统筹协调，形成合力进行系统治理；要克服"唯分数"的顽瘴痼疾，形成对学生的多元化评价体系和升学求职机制，转变家长观念，由家长、学校和社会进行综合治理；最重要的是不能突破法律的底线，严格遵守教育相关的法律规定，做到依法治理。总而言之，在后续"双减"和防疫政策落实过程中，要始终坚持规范性文件制定的合法化。

当"双减"政策遇上疫情防控，规范性文件的制定更要慎之又慎。《承诺书》作为第一份将参加学科培训与学生个人档案管理相挂钩的规范性文件，如不对其合法性危机及时予以阐明，将很有可能成为未来各地寒假政策的"模板"。因此，要用依法行政原则和不当联结禁止原则来检视政策落实过程中是否"层层加码"。

政府数据开放的权属界定

王雅琪 *

摘　要：相比于政府部门信息公开更偏重于保障公众的知情权，政府部门数据开放则更加强调公众使用数据的权利，以及数据在被利用后所产生的经济效益和社会价值。根据二者之间的这一区别，为防止有关主体于政府数据开放中陷入数据转让等法律纠纷，本文认为急需将政府数据的权属划分明确。本文提出政府数据可成为财产权的客体，其在权利属性上更接近新型财产权说，兼具"公用物"与"公共用物"属性。立法者应沿着确立政府数据中央政府与地方政府"分别分级所有"的方向探索，促进政府数据的开放共享、应用深化。

关键词：政府数据；权属；政府数据开放；政府信息公开；国有公产

引　言

推进数据开放共享的同时，还需要制定数据资源确权等相关制度。开放数据的权利归属是政府数据开放法律中的关键部分，影响着相关法律关系的同时还作用于国家数据开放平台的高质量建立。但无论是新通过的《数据安全法》，还是《政府信息公开条例》都未明确该问题。实践中，政府数据开放中的权属问题往往与政府信息公开的权限等问题相混淆，导致权利主体、管理主体和应用主体等方面出现多重混乱现象，亟待厘清。当前我国尚未建立国家级的政务数据开放平台，要想在数字化时代推动发展，增强竞争力，实现对政府数据的

＊ 王雅琪，中国政法大学 2021 级宪法学与行政法学专业硕士。

保护与充分利用，对其权属进行系统研究确有必要。

一、政府数据开放与政府信息公开的权属问题存在区分

根据相关调查问卷的结果，无论是普通公众，还是政府相关部门，都存在把政府数据开放、政府信息公开二者相等同的情形，[1]与上述观点不同的是，笔者认为不能将二者进行等同看待。在对二者进行区分时，首先要对"数据""信息"进行区分。

（一）数据与信息的区分

《数据安全法》提出数据是以"电子或者其他方式"存在的信息。一方面，笔者认可数据可以以电子或者其他方式存在，数据不仅包含传统的文字信息，也可以是音频视频等。另一方面，总体而言，笔者不太赞同《数据安全法》对"数据"的界定。学界对"数据"与"信息"的研究，大多参照 DIKW 模型（图1），即数据—信息—知识—智慧。数据主要是对事实、观察或者测量结果的一种记录，数据经过带有主观意识的处理后，上升为具有意义的信息。[2]朱柏松、张毅菁等学者均支持此观点。[3]

笔者较为赞同 DIKW 的金字塔模型。据此，《政府信息公开条例》所援引的"信息"二字，以及第 38 条所标明的限缩语"已制作或者获取"也具有了合理性，即多数情况下政府需要按照一定的公务目的对采集到的数据进行加工，并非直接将其全盘托出。所以用"信息"二字是恰当的。基于此，政府数据的范围广于政府信息，后者是在前者基础上进行再处理后得到的结果，《数据安全法》对"数据"的界定存在不足。

---

〔1〕 参见周旭："政府数据开放的法律规制问题研究"，南京师范大学 2020 年硕士学位论文。

〔2〕 See Russell L. Ackoff, "From Data to Wisdom", Journal of Applies Systems Analysis, Vol. 16, No. 1, 1989, pp. 9.

〔3〕 如学者朱柏松提出，数据与信息的主要区别在于，数据是客观存在、没有被赋予特定含义、动态的，而信息是根据人的主观意愿而加工过、被赋予某种意义、静态的。即数据是信息的来源，信息是具有主观色彩的数据。张毅菁学者提出，数据作为信息的一种载体，是原始的、未经加工的记录，信息是指经过人为解读和加工的数据。参见朱柏松："隐私权概念之衍变及其损害防止立法之动向"，载《法学丛刊》1989 年第 4 期；参见张毅菁："从信息公开到数据开放的全球实践——兼对上海建设'政府数据服务网'的启示"，载《情报杂志》2014 年第 10 期。

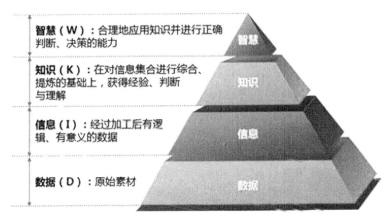

图1　DIKW 的金字塔模型

（二）政府数据开放与政府信息公开的区分

政府信息公开制度起源已久且趋于成熟，而政府数据开放制度仅处于起步阶段，理论研究有待加强，厘清二者的共性与差异，有助于明确从法律上将政府数据的权属界定清楚的必要性，以及为该界定提供方向。

（1）共性。随着社会的快速进步，信息资源的价值开始被不断发现，公众也开始对数据提出新需求。此二者均致力于加强政府的公开性、发挥信息资源的价值，以及实现知情权。政府数据开放可以在沿袭政府信息公开原有制度的基础上，进一步发展具备更高操作性的理论体系，寻求对数据资源的最大化利用。

（2）差异。二者的差异主要体现在实施与价值这两个方面。

①实施方面。信息公开是以政府为中心，政府掌握着公开的主导权。对于依申请公开的内容，必须依照法定程序申请，才能在有限范围内被查阅和公开。而数据开放则强调政府与利用者之间的互动，通过政府主动提供原始数据或公众按需求向政府部门索要相关数据资源，多方主体参与、共享共治。

②价值方面。政府信息公开的目的是保障知情权，其更像是政府在履行法定职责。而政府数据开放更为关注数据的社会、经济价值，其是公众实现利用数据的途径。从政府信息公开到政府数据开放带来了从"知晓"到"利用"的转变，也实现了从政府履行法定职责到政府向社会公众提供公共服务的跨越。[1]

---

〔1〕　郑磊："开放不等于公开、共享和交易：政府数据开放与相近概念的界定与辨析"，载《南京社会科学》2018 年第 9 期。

表1　政府数据开放与政府信息公开的共性与差异

	政府数据开放	政府信息公开
共性	1. 开放政府理念的产物。 2. 增强透明度。 3. 实现多主体使用	
差异	1. 初始性，无特定意涵。 2. 强调互动，政府主动提供或公众按需向政府索要数据资源。 3. 更注重开放的社会价值和经济价值，从"知情"到"利用"	1. 经过制作处理，以一定形式记录、保存，被赋予特定意义，本身具备一定价值。 2. 政府掌握实施主动权，公众被动接受信息。 3. 行政色彩强，政府履行法定职责，保障知情权

由此可知，我们必须在政府信息公开的基础上，推行政府数据的开放，为社会的进步注入新的助推力。然而，数据开放不仅仅意味着数据的流动，其更是权利的转换。为避免政府垄断，以及政府数据循环中的不必要纠纷等，我国亟须明晰政府数据的权利归属。

二、政府数据权属界定的前提——数据可成为财产权的客体

由于仅有财产权才有"权属"一说，所以在对政府数据开放的权属进行界定前，首先应界定政府数据能否成为财产权的客体。[1]

（一）政府数据可成为特定权利的客体

特定权利的客体具有三个特点：第一，它是对主体的"实用之物"，围绕它可能发生利益纠纷，故需要作出权益划分，明确其归属；第二，它是人类可以掌控或部分掌控的"掌控之物"，只有能控制才适合由法律作出规定；第三，在认识上，它是可以与人类分开、并立于人类的"独立之物"。

（1）政府数据的"价值性"。数据的"价值性"使其成为"实用之物"。首先，对数据的"关联性"进行追溯可以发现，其蕴涵着对人类有价值的信息。随着大数据在生产中的大范围使用，数据从之前的工具性、依附性定位升级至直接影响社会生活、蕴藏大量待发掘能量的资源性定位。正是由于认识到数据的宏大潜力，美、澳、英、法等国家纷纷出台政策以支持数据产业的发展，因此便出现了政府数据开放运动。其次，数据的价值性还体现为其具有的稀少性，"一切皆可数据性"的想象可能会让人们误以为数据极其充裕，可事实上，

---

〔1〕　参见张文显：《法哲学范畴研究》，中国政法大学出版社2001年版，第107页。

数据并不是人们可以任意获取或利用的，当今时代不断积累的数据都是依据于一定情景、一定意图、一定授权而采集的，这些数据主要由政府或少数大型企业掌握。因而，鼓励数据大幅开发和循环承载了十分重大的社会价值。

（2）政府数据的"控制性"。数据的"控制性"使其成为"掌控之物"。一些学者认为，数据是无法掌控的，一定程度上其体现出非确定性。而劳伦斯·莱斯格提出，网络空间架构全部依托于代码来运行，代码建造、定型了全部的网络空间，掌控代码即掌控数据，基于此，代码被定性为网络空间里的法律。这一观点明确表明了人们对数据已经实现了充分的控制。由此可知，在技术的加持下，数据可严格在提前设定好的框架内活动，持有数据的人可借由技术等对数据进行掌控。

（3）政府数据的"独立性"。数据的独立性使其成为"独立之物"。一些学者认为，基于上文所述的数据与技术之间的非常紧密的联系，数据不具有独立的经济价值，缺乏独立性。首先，不可否定的是，数据依附于技术，但算法和代码只是利用数据的工具，任何资源都需要借助特定工具才能发挥作用，他们并不因此失去独立价值。其次，数据的独立性还在于其可分离于人们而存留。如前文所述，在 DIKW 的模型中，数据位于最下层，通过最原始的观察活动而生成。通过提取数据，人类可以获得有意义的信息，信息与人的认识相关，但是就数据而言，其不随人的认识而变更，客观上具有独立性。综上，数据可以成为权利的客体。

（二）政府数据可成为财产权的客体

在此基础上，因为仅有财产权才有"权属"一说，我们需要进一步探讨数据能否成为财产权的客体。[1]笔者认为，数据应是一种存在某些需要法律加以保护的利益的财产。一方面，可以从《民法总则》的修订路径进行判断。因学界对数据的权利属性仍然没有形成统一的观点，这便造成了《民法总则》有关规定中的模棱两可情形。为消灭数据使用的不明确性，《民法总则》草案将数据信息纳入知识产权板块。但考虑到数据信息的繁杂性，立法者后又采取了保守路径，数据被从知识产权板块中移出，而独立成为一条。[2]由此可以看出，存在于知识产权保护对象外的数据，[3]虽不被视为知识产权，但其应是一种财

---

〔1〕 民事权利体系中有人身权与财产权两大权利类型，人身权依附于人身存在，与人身直接相关、不可分离，故不存在权属的界定，所谓权属仅针对"以财产为标的，以经济利益为内容"的财产权。参见江平主编：《民法学》，中国政法大学出版社 2007 年版，第 82 页。

〔2〕 即"法律对数据、网络虚拟财产的保护有规定的，依照其规定"。

〔3〕 如个人信息以及缺少智力创造性成果内容的数据集数据。

产，存在某些需要法律加以保护的利益。另一方面，根据投资激励制度，当只有注入巨量财力才能发展为智力成果时，产权制度的最终目的不再是鼓励建造人，而是改成鼓励投资人。[1]资金投入是数据行业兴旺运行的重要源泉，相关政府部门往往是政府数据的注资、采集、经管者，作为反馈，数据的收入也相应归属于其持有人。该制度体现了投资者对其投入存在一定的回馈要求，这也为数据得到法律认可，成为财产权客体的正当性奠定了基础。综上，对政府数据的权属进行讨论是具有合理基础的。

三、政府数据财产权性质的厘清

当下，学界关于政府数据的权利属性主要有以下三种学说。

（一）知识产权说

主张著作权说的学者认为，在政府数据开放网站中，很多网站都将其供应的数据类型定位为数据内容、数据库以及软件源代码。首先，有关于数据内容，我国《著作权法》第5条[2]就著作权问题并未作出清楚规定，但考虑到法条的严密性，数据内容只要满足了作品的要素，都理应得到著作权的保障。[3]其次，有关于数据库，我国《著作权法》并未作出专门规定，实践中更多的是将其视为汇编作品。但考虑到采集、归类、编排数据等过程消耗了较大的成本，因此，政府数据库同样能够受到著作权的保障。[4]最后，有关于软件源代码，根据《计算机软件保护条例》《著作权法》的规定，其享有著作权。

主张邻接权说的学者提出，实际操作中大部分的数据归属于数据汇编，不能体现出独立创新性，[5]也就是说数据并不必然具备独创性，不可一概被视为独创性的劳动产物，应当采用邻接权[6]对其进行保护。相关的邻接权客体说

---

〔1〕 See Raymand Shih Ray Ku, "The Creative Destruction of Copyright: Napster and the New Economics of Digital Teachnology", The University of Chicago Law Review, Vol. 69, No. 1, 2002, p. 279.

〔2〕 根据《著作权法》第5条第1项的规定，法律、法规，国家机关的决议、决定、命令和其他具有立法、行政、司法性质的文件，及其官方正式译文不适用《著作权法》。

〔3〕 秦珂："政府信息著作权管理制度立法创新研究"，载《图书馆建设》2012年第10期。

〔4〕 郑友德："公共部门信息再利用的版权治理与许可对策"，载《法学评论》2015年第1期。

〔5〕 林华："大数据的法律保护"，载《电子知识产权》2014年第8期。

〔6〕 邻接权，亦称相关权，即与著作权有关的权利，它是在传播作品过程中产生的权利。作品创作出来后，经传播者的创造性劳动而公之于众，该创造性劳动即为受法律保护的邻接权。邻接权在我国依《著作权法》规定主要是指表演者对其表演活动、录音录像制作者对其制作的录音录像、广播组织对其播放的广播电视节目以及出版者对其版式设计所享有的专有权利。邻接权与狭义著作权的区别在于：首先，两者保护的对象不同。狭义著作权保护的是符合独创性要求的作品，邻接权保护的是不构成作品

来自欧洲一些大陆法系国家的法律规定，不过这些法律规定颁布时间都早于大数据广泛应用之前，由于大数据产生来源的复杂性和广泛性，邻接权学说也难以为当前的权属争议提供有效的借鉴意义。[1]

（二）所有权说

所有权说认为依据民法所有权理论的理解，数据控制者就拥有对数据的所有权。[2]实践中一些数据交易规则也应按照所有权学说认定。然而，一方面，有学者认为，所有权说在保障数据掌控者权益的同时，也有可能侵害其他相关权利人的合法权益（如数据相关人的个人隐私权，数据收集、提供方的部分收益权等）。在此基础上有学者又进行了细化区分，认为数据所有权可分为原始数据所有权和匿名化数据集所有权，前者归本人所有，后者归处理方或企业所有，[3]不过此种划分的边界尚不明确。另一方面，有学者认为，我们国家在物权法上的理论研究与路径选择大体沿袭德国的民法，而《德国民法典》则是把"物"局限于有体物的范围，同时也仅仅涉及有体物的所有权问题。基于此，在我们国家的物权法中，可以作为物权客体的权利并不包括所有权。[4]所有权说泛泛认为，就权利而言，当其可以作为物权的客体而存在时，同样也就可以作为所有权的客体而存在。该种观点显然存有以偏概全的逻辑漏洞。

（三）新型财产权说

新型财产权说。从物权的角度看，财产权的论述是建立在承认所有权基础上的，强调个人享有对数据的优先财产权，并可以此限制政府对数据的利用行为。所有权说与财产权说代表着两种不同的价值取向，所有权说偏向政府立场，财产权说偏向公民个人立场。数据财产权的权能可以具体体现为使用、占有、处分以及收益。[5]所以，有学者认为，就数据财产权的内容而言，其与所有权

（接上页）的其他劳动成果。其次，邻接权保护对象的独创性不足以构成作品，法律对其保护水平相对较低，具体体现在享有专有权利数量少于狭义著作权人，其受法律的保护时间也短于著作权。

〔1〕 参见王玉林、高富平："大数据的财产属性研究"，载《图书与情报》2016年第1期。

〔2〕 如阿里云《数据保护倡议书》提到，"任何运行在云计算平台上的开发者、公司、政府、社会机构的数据，所有权绝对属于客户"。

〔3〕 参见王融："关于大数据交易核心法律问题——数据所有权的探讨"，载《大数据》2015年第2期。

〔4〕 如农村土地承包经营权、建设用地使用权等可成为用益物权的客体，而债权和知识产权则可成为担保物权的客体。

〔5〕 参见齐爱民、盘佳："数据权、数据主权的确立与大数据保护的基本原则"，载《苏州大学学报（哲学社会科学版）》2015第1期。

相差无几，不能很好地凸显其新型性。[1]

笔者认为，首先，有关知识产权说。数据具备一定意义后可以转换为信息，而信息具备一定解释性后可以转换为知识，基于此，知识和数据之间具有较为紧密的关联，知识产权和数据权利二者在权利属性上呈现出相近性，都可以被定性为同时具有人格权、财产权性质的权利，但是它们二者在权利内容的方面却相差甚大。其次，有关所有权说。主观层面来讲，各个公民的信息属于其本人，[2]但考虑到数据所体现出来的数字性、技术性，客观层面而言，公民个人无法实现对其的完全占有。基于此，数据所有权是遥不可及的。此外不可忽略的是，在进行数据交换时，附随着的往往是数据使用权[3]的变动，而非所有权的变动。笔者认为新型财产权说较为合理，但此处的"新型"不同于上述论述中的"新型"，此处的"新型"财产是相较于传统的有体物、无体物财产而言的。随着商品社会的发展，财产权已不再局限于对"物"的掌控，转而更加注重利用"物"来产生效益，以及利用该效益来挖掘出更多的效益。[4]一方面，相较于传统的有体物财产，数据是一种无体物财产；另一方面，相较于已有的无体物财产，数据是对其种类的丰富、体系的扩张。综上，政府数据财产权应被定性为一项新型财产权。

四、政府数据权利主体的性质

在上文将数据归属为一种无体物财产的基础之上，笔者认为政府数据可以进一步被认定为国有财产中的"国有公产"，同时具备"国有公产"之中的"公用物"与"公共用物"属性。

（一）国有财产释义

在我们国家，"国有财产"具体指向的是能够归于国家所有的财产。当下，我国学者的关注点主要集中在物权法上的国家所有权。但毋庸置疑的是，国有财产应该涵盖所有具备财产属性的利益，以知识产权为代表的无形财产权理应

---

[1]　参见曾娜："政务信息资源的权属界定研究"，载《时代法学》2018年第4期。

[2]　《欧盟通用数据保护条例》和2018年《加州消费者隐私法案》均明确了个人信息归信息主体所有。

[3]　相较于传统的使用权概念，此处使用权的内涵应做更广泛的解释。笔者认为，鉴于数据的二次开发与增值效应，数据使用权转移同时也蕴含了开发权在内。对于某一数据集的开发权，不是互斥或绝对排外的，可以并存。

[4]　参见李海敏："我国政府数据的法律属性与开放之道"，载《行政法学研究》2020年第6期。

成为其不可或缺的一部分。[1]

在法国的立法中，国有财产被区分为两类。一类是"国有公产"，其指向的是，基于服务公共管理[2]、社会公共利益[3]目的而形成的财产。前者称为"公用物"，后者则是称为"公共用物"。[4]另一类是"国有私产"[5]，其指向的是，可以实现近似私人的"私"要求的财产，具有营利性、国家专有性等特性。[6]二者在作用、目的等方面存在区别。

（二）政府数据国有公产的学理阐释

针对政府数据，有学者提出政府数据属于公产，公众是其所有人，政府体现为形式上的所有人，并可以行使对其的支配权利。[7]但需要注意的是，政府机关行使支配权利的正当性、合理性根基在于职责需要。另有学者提出，依托于公共信托理论，政务数据应被定性为国家公产，政府对其享有使用权。因此，政府在法定权限外将数据使用权让渡给私主体时，对其正当性根基的探寻需从政府数据权属的界定出发。此外，有学者认为，依据是否为公共资源，可以将政府数据划分为两种。其一，公共数据，其归属于所有公民，体现出财产权属性。[8]其

---

〔1〕 虽然宪法和物权法明确规定了自然资源、城市土地、野生动植物资源、无线电频谱资源、文物、国防资产、基础设施等几类国家享有所有权的财产。但这些规定并不精细。值得一提的是，早年深圳市出台的《深圳经济特区国有资产管理条例》涉及一些关于国有财产的具体内容，其将国有财产明确划分为（1）经营性国有财产；（2）公用国有财产，包括公务用国有财产、公共用国有财产和事业用国有财产；（3）天然资源性国有财产。其中体现的分类思想明显有大陆法系理论的影子。参见《宪法》第9条第1款、第10条第1款至第2款；《物权法》（已废止）第46条至第52条；《深圳经济特区国有资产管理条例》（已废止）第2条至第3条。

〔2〕 如行政机关办公设施。

〔3〕 如街道等公共设施。

〔4〕 蔡守秋、鲁冰清："析法国行政法中的公产与公众共用物"，载《宁夏社会科学》2015年第6期。

〔5〕 典型代表为国家作为出资人对所设立的国有企业享有的股权。

〔6〕 参见高富平："建立国有资产分类规范的法律体系"，载《华东政法学院学报》2000年第5期；肖泽晟："社会公共财产与国家私产的分野——对我国'自然资源国有'的一种解释"，载《浙江学刊》2007年第6期；张力："论国家所有权理论与实践的当代出路——基于公产与私产的区分"，载《浙江社会科学》2009年第12期。

〔7〕 参见吕富生："论私人的政府数据使用权"，载《财经法学》2019年第6期。2021年7月6日，深圳市司法局发布的《深圳经济特区数据条例》印证了这一立场，确立了公共数据属于国有资产，即数据要素市场主体对其合法收集和自身生成的数据享有数据权，而公共数据的数据权归国家所有，由深圳市政府代为行使。

〔8〕 参见王渊、黄道丽、杨松儒："数据权的权利性质及其归属研究"，载《科学管理研究》2017年第5期。

二，非公共数据，其中，原始数据归属于数据生产者，可以体现出人格权和财产权双重属性；次生数据则归属于数据加工者，只能体现出财产权属性。

笔者认为，将政府数据界定为国有公产的主要依据在于，政府数据所负载起的助力社会公益的角色。首先，政治价值。伴随政府数据开放而来的是高效的政府服务模式。[1]近年来，智慧政府如雨后春笋般拔地而起，在这一进程中，一方面，政府管理工作中的准确性与效率得到了大幅提升；另一方面，相较以往，普通民众的政务诉求在短时间内便可得到实现，提升了民众对政府的评价与认同。其次，经济价值。政府数据作为信息时代大数据不可或缺的部分，伴随着大数据的迅猛发展，正在创造出巨大的经济价值。政府数据不包括个人信息、商业秘密、国家秘密，以及其他不能开放的企业信息，在其收集过程中，纳税人已负担过成本，支付了代价，所以全体纳税人有权使用，从而激发数据所具有的商业增值潜力。最后，社会价值。目前已经出现了智慧交通、智能医疗等标杆产业，其对社会治理的完善，以及社会公共服务的创新发展具有重要价值。综上，笔者认为，政治价值、经济价值、社会价值等公共利益的客观存在，奠定了将政府数据界定为国有公产的合理性逻辑。

（三）政府数据兼顾"公用物"与"公共用物"属性

笔者认为，政府数据同时具备了"公用物""公共用物"特性。一方面，不论是我国为助力垂直政府部门政务协作而启动的"三金工程""金字工程"，还是目前为助力横向政府部门政务协作而启动的电子政务信息平台，提高政府的服务、管理质量与效率都是实施这些工程的应有之义。从这个角度来看，伴随这些工程的发展所收集、积累、分享的政府数据，表现出了鲜明的工具性，其同办公文件处理器等公共行政的办公机器扮演的角色相差无几，甚至越来越凸显出更加优越的功能性。[2]因而政府数据应被定性为"公用物"。另一方面，"公共用物"是出于保障社会公共福利的目的，而供人民群体使用的国有公产。随着政府数据由内部封闭走向外部流通，其使用范围、方式和目的等均迎来了巨大变动，因而其也逐渐具有了"公共用物"属性。基于此，政府数据的"公用物"与"公共用物"属性不是互斥或绝对排外的，而是可以并存的。

---

〔1〕 参见王万华："论政府数据开放与政府信息公开的关系"，载《财经法学》2020年第1期。
〔2〕 参见李海敏："我国政府数据的法律属性与开放之道"，载《行政法学研究》2020年第6期。

五、关于政府数据开放的权属界定

(一) 学界关于政府数据权属的争论

政府数据的权属问题是数据开放需要优先解决的核心议题之一，但关于谁享有政府数据权利，目前理论界争议较大。一是以李海敏为代表，将政府数据界定为地方政府的财产，并细分为共用物、公共用物和国有私产；[1]二是以胡凌为代表，认为政府数据应该归属于全民共同所有，但可以由政府暂行管理之职，以推进政府数据的开发利用；[2]三是以王蕊、张妮等为代表，主张通过反向赋权划定权利的禁区范围，以"算法"规则设定政府对数据的权利界限。[3]

基于上文对将政府数据界定为国有公产的合理性逻辑的阐释、对政府数据兼顾"公用物"与"公共用物"属性的界定，笔者较为赞同观点一。在此基础上，应对政府数据在地方政府与中央政府的权属关系进行建构。

(二) 地方政府数据应归地方政府所有

有关国有公产如何在中央与地方间进行划分的问题，我国学界尚存争论。一方面，一些学者认为国有公产应由国家"统一所有"，在我国的实践中，这一模式的应用已持续了较长时间，但这一模式的弊端也是显著的，高度的中央集权制度，带来了地方自主权的极度匮乏、管理成本高昂、国有公产流失严重等后果。基于此，有学者提出了在中央与地方政府间实行国有公产的"分别分级所有"，该观点目前已为更多的人接受，逐渐成为学界共识。[4]

笔者认为，有关于政府数据的权属，应采取"分别分级所有"模式。首先，我国地方政府与中央政府的利益关系并不统一，存在承认地方政府独立所有权的现实需求。以下以税收争夺等为例予以说明。我国自1995年施行的分税制度，其合理性根基就在于地方利益、中央利益之间的明确分别。此外，地方政府与中央政府在自然资源的所有权方面也存在较为紧张的关系。比如，二者曾就夺取陕西油田的采掘权利引发争议。除此之外，地方与中央政府在土地、森林资源、水资源等方面也存在严重的争夺。以上情况表明，地方与中央政府

---

[1] 参见李海敏："我国政府数据的法律属性与开放之道"，载《行政法学研究》2020年第6期。

[2] 胡凌："论地方立法中公共数据开放的法律性质"，载《地方立法研究》2019年第3期。

[3] 王蕊、张妮、吴志刚："算法规制与权利生产政府数据确权的反向路径"，载《电子政务》2021年第2期。

[4] 李昌庚："国有财产的中央与地方关系法治考量"，载《上海财经大学学报》2011年第4期。

的利益在很多情况下存在紧张关系，并非所有事项都具有统一的利益关系。其次，采取地方政府与中央政府的"分别分级所有"，既可以对我国一些地方政府现有的数据利用实践进行法律确认，提供上位法依据，又可以下放给地方政府一些必要的自主管理权，大力鼓励地方政府根据地方开发状况和发展规划，有方向、有规划地运用和开放政府数据。

（三）地方在政府数据国家所有方向探索的评判

实践中，一些地方政府如河北省、福建省、汕头市，在欠缺上位法依据的情况下，将政府数据的权属界定为国家所有。地方政府之所以会有这样的行为，主要是因为处理数据开放过程中以政务数据为客体所形成的法律关系，需要以政务数据权属的清晰界定为前提。如当前较多的地方政府将电子政务基础设施的运行交由第三方承担，那么政府部门对该运行模式下所产生的数据拥有什么的权利呢？倘若仅仅把这种权利定性为知识产权，那么毋庸置疑的是，无论是政府部门后续对数据的运用，还是面向社会进行的数据的开放开发，其正当性基础必将存疑。此外，政府数据共享方面，因政务数据的权属不清，在一定程度上造成了数据壁垒，如疫情防控期间，政府各部门认为其收集的数据属于"个人财产"或"部门财产"，导致了底层部门多次填报数据、密接人群的流调工作难以推进、假期返乡需前往多个单位开具证明等情形的发生。因而实务中地方政府将政府数据界定为国家所有，以便于进一步推进电子政务的建设和管理，规避数据开发利用过程中因权属问题造成的一系列风险与不便。

有学者提出，上述省市将政府数据定位为国家所有的立法实例存有不妥。其理由如下：依据《宪法》第13条第3款[1]、《立法法》第8条第7项[2]的规定，通过地方立法显然是不能实现将政府数据界定为国家所有的目的的。但是，笔者认为，上述论断是从征收的角度出发的，是将政府数据认定为公民的私有财产。而本文是将政府数据界定为兼顾"公用物"与"公共用物"属性，在此语境下，笔者认为我们需要关注的重点是，"公用物""公共用物"的概念在制度功能上所具有的两方面的排斥功能。首先，政府数据被定性为"公用物"或"公共用物"，它就具有了排斥政府私有化的属性，政府不能将该物品作为"国有私产"随意占有、处分；其次，它具有排斥私人将该物品私有化的

---

〔1〕《宪法》第13条第3款规定："国家为了公共利益的需要，可以依照法律规定对公民的私有财产实行征收或者征用并给予补偿。"

〔2〕 根据《立法法》第8条第7项的规定，对非国有财产的征收、征用只能制定法律。

功能。基于此，国家如果因公共利益，需要将政府数据在法定目的外使用，则应按照法定依据、法定程序来进行。

六、结语

基于政府数据开放与政府信息公开的区分，为避免开放数据的政府机构以及使用数据的社会主体在开放过程中陷入数据转让等各种争议及法律风险当中，明确政府数据开放的权属十分必要。鉴于政府数据具备"价值性""可控性""独立性"，可成为财产权的客体，其在权利属性上是一种新型财产权，并且随着政府数据由封闭走向开放，其由单一的"公用物"属性转变为兼具"公共用物"属性。同时考虑到地方层面立法正朝向确立政府数据国家所有的方向探索，以及我国存在承认地方政府独立所有的现实需求。应将政府数据确立为中央政府与地方政府"分别分级所有"。并且在实践过程中，必须坚守对国有公产的使用应依照法律规定，一方面，国家对其使用要遵循法定目的；另一方面，公众对政府数据也并不是全然免费地获取与运用，政府可以采取市场机制等措施实施规制，但终极目的要与推进公民实质性平等的目标相统一。[1]在政府数据开放的权属问题上，通过地方政府与中央政府"分别分级所有"，可以进一步加强政府数据的开放共享、深化政府数据的应用，促进政府数据经济价值的实现。

---

[1]　曾娜："政务信息资源的权属界定研究"，载《时代法学》2018年第4期。

疫情期间"价格约谈"的制度异化与再定位

——从西安约谈盒马等电商的决策说起

石文臻[*]

摘　要： 本文以西安市政府约谈京东、美团、盒马等规模较大的电商的价格调控决策为引，针对新冠肺炎疫情期间广泛出现的此种"价格约谈"与传统约谈的不同之处，探讨其所面临的合法性困境，并对其进行制度定位，初步得出此种"价格约谈"的实质是通过"执法威慑"保障相关领域整体意义上的守法秩序的预防性监管工具，进而通过分析其独有的适用场景证明其作为一种新型监管工具的独立性和制度价值，提出可能的制度设想与规制方案。

关键词： 价格约谈；制度定位；执法威慑；预防性监管

引　言

新冠肺炎疫情暴发以来，人们的日常生活受到明显影响的同时，公共安全及社会治理领域也面临着重大挑战。而在疫情防控工作之中，社会治理的重点，也即人民群众最为关切的问题，除新增病例的溯源、收治及相关人员的隔离等问题外，莫过于最为基本的"吃饭"问题，也即《市场监管总局关于新型冠状病毒感染肺炎疫情防控期间查处哄抬价格违法行为的指导意见》（已失效，以下简称《指导意见》）中提到的"与群众日常生活相关的粮油肉蛋菜奶等基本民生商品"的市场价格秩序问题。因此，可以说疫情防控期间相关商品的价格

＊　石文臻，中国政法大学 2021 级宪法学与行政法学专业硕士。

秩序是直接关系民生的重中之重;然而,价格管控涉及政府与市场的关系,本质上是政府对市场的干预,处理好市场规律与平抑物价的治理需求之间的关系、科学地进行价格干预,并非易事。

因此,在价格管制领域,灵活的监管方式似乎更受监管者的青睐,例如"约谈"[1]在价格管制领域就得到了广泛的应用。早在 2007 年《价格监督检查提醒告诫办法》就明确提到了 "约谈提醒告诫" 方式,通货膨胀期间,发改委也频繁通过约谈进行价格管控。[2]然而,约谈并不是包治百病且毫无副作用的"神仙药":用好了,它的确能够以较低的执法成本实现监管目标、对相对人更为友好,实现柔性监管;用不好,却也同样可能出现制度异化,借助了看似追求 "服务行政" 的治理手段,事实上侵害行政相对人的合法权益、引发社会公众的质疑。

西安市政府的约谈举措就引发了争议。2021 年 12 月 26 日晚,西安市政府约谈规模较大的连锁商超、农产品批发市场主体 110 多户,京东、美团、盒马等 20 余家电商公司和连锁商超、医药企业网络销售平台,责令企业树立大局意识,平抑价格、加强配送,做好稳价保供工作。

此项决策引发了部分西安市民的质疑,原因在于他们认为疫情期间盒马并没有涨价,并且努力保证配送,许多市民的日用品和食物是盒马供应的。从新闻本身来看,足以直观感受到西安市政府此次约谈的规模不小,包括 110 多户商超、批发主体及 20 多家电商,且约谈的原因并不是这么多商户都存在(或可能存在)哄抬物价的行为,而仅仅只是因为这些商户 "规模较大"。这引起了笔者的思考:理论意义上,约谈是一种在相对人涉嫌违法时,通过协商对话的方式,对相对人进行引导和教育,促使其进行整改的制度。[3]实践中,根据各部门出台的不同领域的约谈办法,也能够发现约谈所针对的是

---

〔1〕 值得特别指出的是,约谈可分为市场约谈和科层约谈两大类。"市场约谈" 是指作为市场监管工具的约谈模式,其反映的是国家—社会以及国家—市场之间的外部法律关系,而 "科层约谈" 指的是国家科层体系内部的约谈模式,包括中央或上级政府对于地方各级政府及其部门的约谈,其反映的是政府科层内部的法律关系。(参见卢超:"社会性规制中约谈工具的双重角色",载《法制与社会发展》2019 年第 1 期。)本文中讨论的 "约谈" 是作用于价格管制的市场监管工具,当属 "市场约谈" 范畴。因此,本文仅在 "市场约谈" 的意义上使用 "约谈" 一词,不涉及科层约谈的相关内容。

〔2〕 例如,2011 年 3 月 30 日,国家发改委约谈宝洁、联合利华、纳爱斯等日化品牌,2011 年 5 月 6 日约谈洋奶粉企业,2011 年 9 月 16 日约谈部分白酒企业,并明确表示各类企业要加强社会责任,不得随意搭车涨价,更不允许串通涨价、哄抬物价。

〔3〕 参见邢鸿飞、吉光:"行政约谈刍议",载《江海学刊》2014 年第 4 期。

存在特定法律问题的相对人。[1]换言之，行政约谈作为一种柔性监管，本质上仍是一种执法工具，其面向的应当是已经违法的行政相对人，至少是明显存在违法意图的相对人。"规模较大"是否能够证明这些商户存在违法的可能性？

实际上，这样以"规模较大"为依据确定价格约谈对象的做法并非个例，甚至可以说，疫情期间，地方政府进行价格调控时经常采取此种做法。这看似仅仅是一种"事急从权"的选择——毕竟短时间内似乎很难准确认定哪些商户存在哄抬价格行为，而疫情期间平抑物价却是人民群众的迫切需求，地方政府很难有充足的时间进行调查取证。但在依法行政的意义上，此种"取巧"行为实质上关涉到约谈制度的根本定位与运行规则：约谈本身是作为教育劝导违法行为人积极整改、从而以更为柔和的方式达到执法目的的监管工具，但"规模较大"明显不能作为推定相对人有违法可能的依据，尽管其可以预示相对人一旦违法所带来危害的严重性——此时"约谈"如果作为一种执法威慑存在，似乎起到的也同样是监管合规的制度效果，但这样的"执法威慑"是否仍旧在法律为约谈所设计的约束框架之内，又是否偏离了约谈作为柔性执法工具的制度初心？要回答这些问题，我们必须首先了解约谈制度的相关规范体系及其制度定位。

一、教义学视角下的"价格约谈"：合法性分析

在进行合法性分析前，值得特别说明的是，可能存在一些反驳的声音，认为约谈本身只是一种非强制性的协商沟通机制，不具有法律效果，即使在约谈对象的选取上没有严格遵守法律规定，其合法性瑕疵也并不十分重要，甚至可能不足以得到法律救济，不必过于重视。

但事实上，根据《价格监督检查提醒告诫办法》的规定[2]，地方政府的"提醒告诫"是具有法律意涵、产生法律效果的，其可能会影响相关行为的处

---

[1] 例如，《食品安全法》中规定的约谈对象为"食品生产经营过程中存在食品安全隐患，未及时采取措施消除的食品生产经营者"；《生态环境部约谈办法》中规定的约谈对象为"未落实生态环境保护主体责任的相关企业负责人"；《社会组织登记管理机关行政执法约谈工作规定（试行）》规定的约谈对象为"发生违法违规情形的社会组织"；《质量技术监督行政执法约谈工作指南》规定的约谈对象为"未履行质量安全主体责任，存在严重质量违法行为或产品可能存在缺陷的企业"。

[2] 《价格监督检查提醒告诫办法》第12条规定："对经提醒告诫仍未规范价格、收费行为，并违反价格、收费法律规定的，价格主管部门可以依法从严查处。"

罚强度。实践中部分政府的"约谈"行为也证明了这一点。[1]因此,对此种"约谈"进行合法性审查是应当的,也是必要的。

不过,笔者查阅了价格管制的相关法律法规,发现在价格管制领域的立法文本中并没有针对"约谈"的专门规定,只涉及与其监管理念相近的"告诫"和"提醒告诫"。因此,需要先确认关于"告诫"和"提醒告诫"的法律规定能否适用于该"约谈"行为的合法性审查。

观察《指导意见》中对告诫的规定[2]不难发现,其仅适用于经营者的货物囤积与大幅涨价行为,无论此时我们能不能将此种"约谈"视为某种意义上的告诫,显然西安市政府并没有出示任何证据证明这些商户已经从事或可能从事相关行为,"规模较大"与"货物囤积"等具体行为不存在直接相关性,因此《指导意见》中涉及告诫的相关规定显然不适用于西安市政府的行为;而根据《价格监督检查提醒告诫办法》第 5 条[3],提醒告诫的方式包括约谈提醒告诫,因此约谈可以作为一种提醒告诫的形式,适用该办法的规定进行合法性审查与分析。

那么《价格监督检查提醒告诫办法》能否为以"经营者规模较大"作为约谈依据,为约谈提供合法性背书呢?我们不妨仔细分析其中对约谈对象和约谈情形的规定:

"第二条 公民、法人和其他组织尚未构成价格、收费违法行为,或者违法行为轻微,依法可以不予行政处罚时,可以由各级价格主管部门依照本办法实施价格监督检查提醒告诫措施。

价格监督检查提醒告诫具体工作由价格监督检查机构负责。

---

[1] 例如,唐山市市场监管局约谈多家在全市占主导地位的经营单位时,其综合执法局局长就明确指出,"疫情期间,对经提醒告诫后仍存在囤积居奇、哄抬物价、虚假宣传等违法行为的,我局将依法从重从快予以严惩"。详见唐市宣:"疫情防控物资不得哄抬物价——综合执法局开展价格及食品安全行政约谈",载"唐山市市场监督管理局"微信公众号,最后访问时间:2022 年 1 月 27 日。

[2] 《指导意见》规定:"四、经营者有以下情形之一,可以认定构成《价格违法行为行政处罚规定》第六条第(二)项所规定的哄抬价格违法行为。(一)生产防疫用品及防疫用品原材料的经营者,不及时将已生产的产品投放市场,经市场监管部门告诫仍继续囤积的;(二)批发环节经营者,不及时将防疫用品、民生商品流转至消费终端,经市场监管部门告诫仍继续囤积的;(三)零售环节经营者除为保持经营连续性保留必要库存外,不及时将相关商品对外销售,经市场监管部门告诫仍继续囤积的。……"

[3] 《价格监督检查提醒告诫办法》第 5 条规定:"价格主管部门实施提醒告诫措施,可以采取以下方式:(一)公告提醒告诫;(二)会议提醒告诫;(三)书面提醒告诫;(四)约谈提醒告诫;(五)提醒告诫的其他方式。"

第三条 有下列情形之一，价格主管部门可以实施价格监督检查提醒告诫措施：

（一）重要商品和服务价格显著上涨或者有可能显著上涨时；

（二）市场价格总水平出现剧烈波动等异常状态时；

（三）价格举报问题集中或者呈上升趋势时；

（四）出现社会集中反映强烈的价格、收费问题时；

（五）价格、收费政策出台或者变动时；

（六）季节性、周期性价格或者收费行为发生时；

（七）节假日或者重大活动期间；

（八）各级价格主管部门认为有必要提醒告诫的其他情形。"

《价格监督检查提醒告诫办法》第2条规定，此种提醒告诫的对象尚未构成违法或者构成违法但可以不予处罚的轻微违法行为，这似乎意味着政府的确可以跳过调查收集违法证据的步骤，直接进行约谈对象的选择。然而值得注意的是，"不构成"和"尚未构成"并非等同的概念。法条表述中使用的是"尚未构成"，所谓"尚未"，在文义上指的是"截至目前还没有"，并不是绝对意义上的"不存在"。实际上，使用这个词反而是为强调"未来可能存在"。而"未来的违法可能性"又可能源于两种不同的情况：其一是相对人本身有从事某种违法行为的可能，即尽管目前尚未付诸实践，但能够证明其准备着手从事违法行为；其二是行为本身的违法性可能发生变化，即相对人从事了某些目前并不构成违法，但基于其危害性，未来可能会被法律制裁的行为。

而显然，"规模较大"仅为客观事实，不涉及法律和价值判断，也无法证明商户有从事违法行为的可能，因此无法得出这些企业或商户属于"尚未构成价格违法行为的法人"的结论，这意味着西安政府的这一决策所针对的对象，并不满足《价格监督检查提醒告诫办法》规定的可以进行约谈的情形，该行为也不属于《价格监督检查提醒告诫办法》所约束的"提醒告诫"行为，因此该办法中关于提醒告诫的规定也无法适用于此类以"规模较大"为依据的约谈行为。

因此，前文中提及的地方政府以此为依据，约谈规模较大的商户，并主张"经约谈后仍存在价格违法行为的，将从重从快予以严惩"的做法事实上是违法的，属于没有法律依据而增加了相对人的法律负担，构成无效行政行为，其对相关当事人的权利产生的负面影响是较为严重的。因此地方政府需要避免将此种"价格约谈"与提醒告诫约谈相混淆、不当地侵犯公民权益。

但仍有悬而未决的问题——这种以"规模较大"为依据组织约谈的行为,究竟应如何定性、如何约束?现有法律规范体系中遍寻不及,在无法为其提供法律依据的同时,也意味着无法通过法律约束、控制此类行为。考虑到这种"价格约谈"在疫情防控期间运用的普遍性及其对公民权利可能产生的限制效果,它在事实上已经成为一种地方政府所青睐的、可能具有法律强制力的监管方式,因此不能放任规范意义上对其定位和规制的缺位,相反,我们有必要以制度定位的视角观察之,判断其相较于传统约谈机制而言的异化程度,进而进行规制方式的选择。

二、"价格约谈"的制度定位:"遵从"还是"威慑"?

第一部分已经从教义学角度分析了以"规模较大"为依据的约谈在现行法规范体系内的尴尬地位。在现有法律规范体系无法为其定性和提供依据的情况下,亟待解决的核心问题转变成了确定此种"价格约谈"行为的制度定位;更进一步地,如果其的确构成了异化,则再行讨论规制可能。

(一)作为执法工具的约谈:规制遵从手段

要确定此种依据特殊的"价格约谈"是否构成异化,首先必须了解传统约谈制度在"监管工具箱"中的定位。

根据"执法金字塔"理论,行政机构可选择的执法工具群可视为一个"金字塔",位于金字塔底端的是强制力最弱、最具协商色彩的劝导机制,这种体现出软法色彩的劝导模式是在回应性规制体系下实现规制遵从的重要机制。[1]而我们所讨论的通常意义上的市场约谈工具,在制度定位上与这种带有软法色彩的劝导机制极为相似:首先,在手段上,二者都以带有柔性色彩的劝导、教育为主,强制力较弱;其次,在制度目标上,二者都以劝服相对人放弃违法即促成守法为核心目的。[2]因此,约谈这一执法工具本身更为强调的是"遵从"而非

---

[1]　规制遵从更多涉及规制方与被规制主体之间协商性(negotiated)、反思性(reflex-tive)以及连续性(serial)的交往关系。参见卢超:"社会性规制中约谈工具的双重角色",载《法制与社会发展》2019年第1期。

[2]　此外,根据相关学者的观点,二者的相似性还体现在:其一,遵从理论主张将重点放在潜在违法行为之上。而在约谈过程中,行政机关重在通过劝服与建议等方式促使企业遵守法律,或是让其认识到一旦违法将会面临严厉惩罚,以此阻止潜在违法行为的发生。其二,遵从理论强调行政机关与企业之间的关系应当从对抗转向合作。唯有双方趋向于合作关系,才有可能在约谈过程中就如何实现规制目标、保障行政实效展开有价值的交流与对话。详见朱新力、李芹:"行政约谈的功能定位与制度建构",载《国家行政学院学报》2018年第4期。

"威慑"——后者注重惩罚与强制，前者的出发点则是劝服与建议。[1]

更进一步地，从"劝导"一词中也能够窥见约谈的制度特性。相较于"劝导"而言，"威慑"的针对性色彩较弱，即威慑效应本身是"对世"而非"对人"的，只要相对人主观上产生了想要从事违法行为的意图，哪怕没有采取任何行动，相应的处罚规定就会对他产生威慑效果；而"劝导"在文义上就是有针对性的，其本身就隐含着"消除原本的想法"的意味，结合约谈的适用对象来看则更为明显，只有对存在违法可能性的相对人才需要对其进行"劝导"。换言之，劝导模式下的执法工具与威慑模式下的执法工具的运作机理是截然不同的，通过劝导手段实现执法目标，往往需要确定已明显产生违法意图的对象，再进行具体的协商、劝解等；而要实现威慑效果，却要尽可能地使相关的制度规定为更多人所知——以行政处罚为例，尽管最终的处罚是针对某一特定相对人作出的，但是这一执法工具的威慑效果却并非来源于对特定相对人的某一具体执法行为，而是来源于广而告之的法律规定中的处罚强度及违法行为的处罚概率。[2]

因此，我们可以得出，约谈是一种以实现规制遵从为目的、以劝导与说服为手段的柔性执法工具，它针对的是特定的、存在违法可能性的群体，即通过教育、劝解等方式说服已实际从事违法行为的相对人积极整改、尚未从事违法行为（但存在违法预期）的相对人及时打消违法念头。

（二）疫情期间的"价格约谈"：执法威慑？

前文提及，虽然"规模较大"不能作为推定相对人有违法可能的依据，但却的确可以预示相对人一旦违法所带来的危害的严重性，因此约谈"规模较大"的商户，的确也同样能够起到促成守法的制度效果。

但此种"价格约谈"的内在逻辑及正当性证成路径与传统的约谈明显有所不同：传统意义上，政府组织约谈是因为已经掌握了相对人违法（或准备违法）的证据，换言之，是相对人本身的过错和主观恶性证明了此时政府进行监管的正当性；但疫情期间的"价格约谈"，则完全依赖于价格秩序本身的重要性，换言之，因为重要商品的价格稳定关系到人民群众的基本生活，其如此重要以至于不容有失，所以政府约谈了一旦出问题就将显著影响价格秩序的商户。

---

〔1〕 参见朱新力、李芹："行政约谈的功能定位与制度建构"，载《国家行政学院学报》2018 年第4 期。

〔2〕 参见［美］斯蒂文·沙维尔：《法律经济分析的基础理论》，赵海怡、史册、宁静波译，中国人民大学出版社 2013 年版，第 420 页。

更进一步地，此种 "价格约谈" 实现执法目标的方式（即其运作模式与作用机理）与传统约谈也相去甚远。前文提及，传统意义上的约谈是一种以劝导与说服为手段的柔性执法工具，通过展示违法行为的恶劣影响、协商确定处理方案等方式，动之以情、晓之以理，力图与相对人达成共识，引导相对人积极主动整改、自觉守法；但此种所谓的 "价格约谈" 面对的却很可能是根本没有任何违法倾向的相对人，尤其是在西安市政府以 "规模较大" 为依据约谈了如此多商户的 "集体约谈" 情形下，约谈对象是守法公民的可能性更高，此时这种 "约谈" 本身是谈不上 "劝" 的，其本身不是以 "劝导" 为目的，而更像是把有能力影响价格秩序的商户聚集到一起，传达当地政府进行价格干预的决心，强调严格遵守相关法律法规的重要性——这似乎更像是一种 "威慑"，而非 "劝导"。

当然，尽管传统约谈以劝导教育为主要手段，但不得不承认的是，为了实现 "规制遵从" 的目标，其同样也在一定程度上依赖于劝导背后的执法威慑。[1]但首先，此种执法威慑在传统约谈和文章所研究的 "价格约谈" 中的来源与作用机理并不相同：对于传统约谈而言，执法威慑产生的根源在于当事人本身从事了（或即将从事）违法行为这一事实，而 "价格约谈" 的执法威慑则完全来源于针对价格违法行为的处罚规定；[2]其次，理论意义上，执法威慑在约谈的实效保障因素中本就不应该承担主要作用，过于强调执法威慑的约谈本身就有偏离其柔性监管定位的嫌疑。[3]

（三）"价格约谈" 在相关制度谱系内的定位

不难发现，大到制度面向、价值目标，小到约谈范围、约谈依据，疫情期间集体性的 "价格约谈" 与传统约谈都存在着不同程度的差异，可以说此种 "价格约谈" 的确与传统的约谈工具明显不同，因此，我们有必要将其与传统

---

[1] 有学者主张，行政约谈天然具有监管威慑的第一重面向，即行政主体作为约谈主体能够通过直接或者间接的公权强制方式，达到迫使被约谈对象遵从、履行某种特定指令的任务目标。参见周泽中："行政约谈的规制功能及其法治约束"，载《学习论坛》2019年第12期。

[2] 这两种不同来源的威慑的实际效果可谓是天差地别。对于传统约谈而言，执法威慑的存在只是为相对人拒不守法而准备的惩罚性后盾，此种执法威慑的存在反而会使得相对人感觉到 "优待"，换言之，此时积极整改能够免受或减轻处罚，因此相对人感受到的更多是 "幸免于难" 的庆幸，而非对执法威慑的恐惧。

[3] 在反思约谈制度设计局限时，学者就曾明确提出 "过于强调威慑功能导致行政约谈的程序价值弱化" 是当前约谈制度的弊端之一，主张应完善行政约谈的商谈机制，以共识、理由与程序作为核心。参见王虎："风险社会中的行政约谈制度：因应、反思与完善"，载《法商研究》2018年第1期。

约谈工具中涉及价格管制的相关制度进行一个较为全面的对比，以确定其在价格管制领域的监管工具谱系内的具体定位，以期更准确地把握其制度特性。而传统约谈工具中涉及价格管制的，除了前文提及的提醒告诫约谈以外，还有最为传统的价格约谈，即发改委常用于价格违法企业的柔性执法工具，因此本部分主要涉及的就是这三种"约谈"之间的对比。[1]

实际上，这三种约谈工具在制度面向上并非迥然相异，相反地，在预防违法的面向上，三者有一定的共通性。首先，传统价格约谈所起到的作用是因约谈对象而异的，[2]针对能够证明有违法可能或已经开始着手准备违法行为的相对人而言，主要是通过劝导教育，使其放弃违法意图、停止危害行为，此时约谈起到的就是提醒预防的效果。而结合前文分析，用于提醒告诫的约谈则只针对此部分当事人，本身就更为强调约谈制度的预防面向。[3]集体约谈就不必赘言了，其本身就是一种预防性监管。

但与此同时，不难发现，对三者而言，"提醒预防"在所追求的价值目标中的占比明显不同，传统价格约谈的制度目标在于实现"规制遵从"、促成守法，其中既包括"掐灭"尚未成型的准违法行为（即所谓的提醒预防），也包括以柔性手段整改已发生的违法行为；而提醒告诫约谈虽然以预防面向为主，但作为一种执法工具，将即将成型的违法行为解决于萌芽状态，让相对人"回归"守法状态，本质上仍属于执法范畴，换言之，此种有针对性的预防同时也在起到监管效果，是对某些特定具体行为的管理和纠偏；而集体约谈是一种普遍意义上的预防，换言之，其基本没有监管执法效果，它的价值目标只在于普遍意义上预防某类违法行为的发生。三者在价值目标上的关系可以轴型直观展示如图 1 所示。

---

[1]　此外，考虑到"价格约谈"容易与传统价格约谈相混淆，集体性"价格约谈"的表述又较为累赘，本部分特以"集体约谈"指代疫情期间地方政府以"规模较大"为依据组织的"价格约谈"。

[2]　前文提及，通常意义上我们所谈论的"约谈"，指的是一种在相对人涉嫌违法时，通过协商对话的方式，对相对人进行引导和教育，促使其进行整改的制度。其中，"涉嫌违法"又包括事实上从事违法行为和存在从事违法行为的可能性，因此约谈作为一种执法工具，主要起到规劝整改与提醒预防两种作用。

[3]　当约谈被用于"提醒告诫"时，则显然更偏向于后者。《价格监督检查提醒告诫办法》中明文规定的立法目的可以佐证这一点，根据《价格监督检查提醒告诫办法》第 1 条规定，制定本办法的目的在于"防止发生价格或者收费违法行为"，"防止发生"的立法表述足以证明其预防性立法的制度面向。

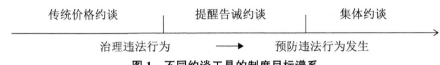

图1　不同约谈工具的制度目标谱系

因此,疫情期间的"价格约谈"似乎是一种通过执法威慑保障相关领域守法秩序的预防性监管工具,它不以相对人存在违法可能为约谈依据,并不着眼于特定违法行为的监督整改,而在于普遍意义上预防某一领域内该类违法行为的发生。

笔者认为,其偏离了"遵从",更接近于"威慑",这种制度目的上的偏离是根本性的。而结合学者对"约谈异化"的定义,异化是指其背离了行为本身的出发点或意图,[1]因此此种制度目的的背离,足以构成一种制度层面的异化,甚至异化程度可能已经足以使得其演变成一种独立于传统约谈以外的新型监管工具,有必要考虑进行独立的制度设计。

三、"价格约谈"的制度规则:适用情形与规制可能

经过前文的分析,我们已经较为全面地了解了此种异化后的"价格约谈"工具及其制度定位。尽管其在具体的制度目标和约谈范围上都与传统约谈不相同,我们已经可以根据这些差异在制度谱系上对其进行定位,但要证明其作为一种独立的监管工具的必要性,进而讨论制度设计的可能,我们还必须为其找到独立于传统约谈之外的适用场景。

(一)"价格约谈"的适用情形

首先,毫无疑问的是,此种作为预防性监管的约谈,与针对性强、作为执法工具的约谈相比,适用范围更广、标准更泛化。但这是一柄双刃剑:它意味着监管部门确定执法对象的成本较低、能够在较短时间内组织约谈;但同时,由于存在约谈"守法对象"的可能性,此种约谈侵犯公民权益的可能性更高、可能的侵害程度也更强,因此需要进行严格的公权力介入的正当性论证。同时符合这两种情形的典型场景即为本文所讨论的"疫情防控",即应急时期。在此种情况下,要求监管部门收集违法证据,所需的时间成本与其所可能侵害的公共利益相比可能是代价过高的,且在应急时期公共利益的需求可能更为强烈

---

〔1〕　价格约谈行为的异化可以表现为对价格约谈行为目的的背离。若仍坚持传统的"重管理、轻服务"的思想,容易导致约谈目的异化为训斥、处罚,背离柔性执法的初衷。参见张敏:"价格约谈行为的异化防止路径研究",载《价格理论与实践》2016年第12期。

（例如疫情期间的平抑物价的需求），监管部门因此能够为公权力的介入提供正当性证成。

此外，作为一种预防性监管工具，此种以规模为标准的"价格约谈"的确非常适合生长在价格管控这片土壤上，毕竟对于物价管制而言，只要控制了在市场上占主导地位的经营者，基本上就意味着控制了整体的物价水平。这启示我们在普遍意义上讨论作为预防性监管工具的约谈时，判断其适用情形的关键问题还包括约谈标准与约谈目标实现之间的关系。

（二）"价格约谈"的规制可能

考虑到其以威慑为主要实现机制，且属于预防性监管，结合前文提及的地方政府实践做法，除执法威慑本身以外，为此种"价格约谈"设置某种可能的法律后果是可以理解的，甚至根据其制度定位，在某些特定情况下可能是必要的。但由于目前法律规范体系中尚未识别出此类约谈行为并加以个性化的制度设计，此种"价格约谈"在事实上是没有任何法律依据的，一旦为其赋予法律约束力，则很可能会因为没有法律依据而增加了相对人的法律负担被认定无效。

或许有人会说，问题不是已经迎刃而解了吗？只要不在法律意义上涉及强制性，法律就没必要对其进行规制，而当其试图增设强制效力时，现有法律规范体系也足以认定其无效了。这似乎是一个非常全面的解决方案，但细思后会发现这其实是一种强盗逻辑，这个方案可以解决所有新型监管工具的规制困境，但基本上也扼杀了所有新型监管工具投入社会治理的可能性。从"价格约谈"在疫情期间已经被多地政府付诸实践这一点来看，它作为一种监管工具，事实上已经得到了实践的认可。以行政法学研究的视角来看，无视某种新出现的行政行为在实践中的广泛运用，不考虑其可能的制度定位和制度实效，不曾尝试将其纳入法治化轨道，就草率地认定其"无效"、直接宣判其死刑，无异于一种固步自封。[1]

因此，笔者更倾向于尝试为这种"价格约谈"另行设计一套合法性标准，为其正常运行提供法律依据，同时也能够起到针对性地进行合法性约束和限制的效果。结合前文对强制性的讨论，我们对"价格约谈"的规制方案可以因其

---

〔1〕 退一万步来说，此种监管工具本身以"威慑"为主要实现机制，地方政府在使用此种监管工具时往往倾向于强化"执法威慑"，如果完全不尝试将其纳入法律体系内，即该行为本身没有任何在法律上获得承认的空间，不存在合法的"强制化"模式，但监管者又的确需要以某种后果进行威慑时，可能会反向激励监管者涉足一些"灰色地带"，以某些事实上非法律意义上的不利后果为要挟，反而会使相关行为变得更加棘手。

本身的法律效果不同而存在两种选择。如果"价格约谈"选择像提醒告诫约谈一样设置相应的法律后果,那么其就具有了法律强制力,对其的规制也将更为严格,规制重点将着眼于防止其约谈范围的不当扩张而导致对公民自由权的过度侵犯;如果"价格约谈"像绝大多数领域的约谈一样,本身不会带来任何的法律效果,而仅仅只是在事实层面进行法律法规的宣讲,以法律法规中规定的处罚条款作为威慑来源,那么其作为一种行政事实行为,在预防性监管领域基本可以等同于普法,此时对其的规制重点则将着眼于防止其异化、强制化。

1. 强制化的"价格约谈":比例原则审查

事实上,针对"强制化"的法律规制,"价格约谈"展现出了相较于传统约谈而言的特殊性,这也从侧面反映出为其设计个性化的规制方案的必要性。针对传统价格约谈和提醒告诫约谈而言,公权力的介入是相对正当的,无需另行进行正当性证明;[1]但"价格约谈"的对象包括守法公民,对这一部分人来说,强制化的"约谈"事实上是公权力为了实现某种公共利益(如价格秩序)而施加在私主体上的限制和负担,因此这种介入并非天然具有正当性,即如果组织此种"约谈",理论上应当进行严格的公权力介入正当性论证。

因此,尽管没有足够的数据支撑具体规则设计,但起码原则性的约束不能缺位,即要组织此种强制化的"价格约谈",必须经过比例原则的审查,且进行比例原则审查时,需要根据此种监管工具的制度特性,有针对性地关注重点问题。

(1)适当性原则。

适当性原则要求执法手段应当有助于行政目标的实现。具体到"价格约谈",其手段是否有助于目标实现,应重点分析以下两个问题:其一,考虑到其对私权的限制主要源于其执法对象本身可能包括守法的相对人,因此需要着重分析执法手段中的"约谈对象的选择标准",即选取这些约谈对象是否有助于目标实现;其二,着眼于通常意义上的"执法手段",即执法威慑本身,分析这种附加的法律负担作为一种威慑是否有助于行政目标的实现。

(2)必要性原则。

必要性原则要求公权力机关在众多能够实现该行政目标的方案中,选择对相对人权益损害最小的方案。即如果要强制化此种"价格约谈",必须以没有

---

[1] 因为相对人本身就触犯了法律的规定或至少具有明显的违法动机,此时约谈只是作为一种对违法行为的柔性处理方式而存在,此时公权力的应对和处理方式都已经明文规定于相关法律规范中,此时公权力的介入本身就已经有足够明确的正当性依据。

比它更温和的监管工具能够解决问题为前提。

（3）均衡性原则（狭义比例原则）。

狭义比例原则要求公权力所保护或实现的公共利益与其所损害的个人利益之间不得不成比例，即"所得必须大于所失"。具体到"价格约谈"，即为要求此种"约谈"所要实现的公共利益与其为约谈对象设置的法律负担之间是成比例的。[1]

2. 非强制的"价格约谈"：防止制度异化

针对不具有强制性的"价格约谈"，由于其不会对约谈对象产生法律效果，即不会影响相对人的权利义务关系，因此其本身似乎是不需要过多的法律约束的，只要政府愿意付出足够的时间成本和金钱成本，并且认为此种成本投入能够获得相匹配的收益即可。

但事实上，即使是针对性更强的、作为执法工具的传统价格约谈，在其不另行设置任何法律负担的情况下，学者们都极力主张将其纳入法治化轨道。细究其中原因，除了很难完全避免约谈对当事人事实上的负面影响以外，也与价格约谈的特殊性相关：考虑到价格秩序与市场经济的密切相关性，理论上来说，只有当市场失灵时，政府才能够介入进行价格管制，因此哪怕是传统的、范围较小的价格约谈，也很有可能因为适用范围的不当扩张而构成约谈越位与异化；[2]而对于适用范围更广、约谈对象的选取标准更灵活的新型"价格约谈"，理当更为警惕制度异化与不当强制化的可能。

因此，我们可以借鉴理论界所主张的行政指导与传统行政约谈等柔性监管工具的法治化路径，考虑通过确立约谈的基本原则、推动约谈程序立法、完善约谈救济机制等方式，防止或应对其异化或不当强制化。

结　语

新冠肺炎疫情防控期间，基于特定领域公共治理需求的紧迫性，监管部门经常被要求以最快的速度对民众的需求作出有效的回应。一些监管工具因此被行政机关开发出了新用途，本文所关注的"价格约谈"就以其与传统约谈相类

---

〔1〕试举西安市政府所组织的此次"约谈"为例，其所追求的公共利益是在疫情防控期间稳定基本民生商品的价格秩序，这一价格秩序是与人民最基本的生存与尊严密切相关的。而其损害的个人利益则是从事违法行为时从重惩处，实际上只是法定罚则内处罚强度的调整，尽管的确会对公民产生法律上的影响，但显然与其所追求的公共价值相比，可以认为"所得大于所失"，因此应当是符合狭义比例原则的。

〔2〕参见孟强龙："行政约谈法治化研究"，载《行政法学研究》2015年第6期。

似但又明显不同的 "新" 面貌吸引了笔者的注意。不得不重申的是，尽管疫情期间相关领域可能会因为公共安全问题的影响而出现一定程度的混乱，行政秩序也可能会因此被打乱步调，但无论如何，作为公权力的行使者，哪怕面对再迫切的监管需求，都不能够脱逸于法治轨道之外。因此，我们绝不能够主张所谓的 "紧急状态无法治"，相反地，面对紧急状态下出现的新监管现象、新监管工具，要更加审慎地以法治的眼光审视之，判断其是否符合依法行政的要求。

尽管与要求监管者掌握相关商户从事或即将从事违法行为的证据的传统约谈相比，以 "规模" 为依据和标准的 "价格约谈" 对监管者的要求更低，在疫情防控期间，考虑到基本民生商品价格秩序的重要性，它显得格外便捷高效，但我们不能因此放松 "合法性" 这把标尺的警惕。事实上，约谈对象的选择明显与约谈制度的制度定位密切相关，因此在这个问题上的变通很可能导致在制度层面上发生了异化，即一旦发生问题，很可能是现有的法律规范体系无法有效解决的。

因此，笔者查阅、分析了价格管制领域和约谈领域现有的法律法规发现，其存在现有法律规范体系无法定位、无法约束之的困境，因此笔者进一步将其与法律体系内现有的约谈工具进行了对比以探寻其应然层面的制度定位，认为其事实上构成了一种独立于传统约谈之外的新型预防性监管工具，并根据其制度定位尝试进行规则设计。囿于学识与笔力，诸多地方论证不足，尤其是文末提出的规制方案，由于缺乏数据支撑，仅能提出一些原则性的规制可能，只是提出了初步的想法，希望能够对约谈制度的认识和制度定位起到微薄的作用。

设区的市地方性事务的范围探究

——基于地方立法权的权力属性

顾佳羽*

摘　要：2015 年《立法法》修改后，设区的市人大常委会获得了制定地方性法规的权力，地方立法的主体得到进一步扩充。实践中，地方立法主体的增加为地方治理法治化提供助力的同时，也产生了抄袭立法、立法内容同质化等立法"形式主义"问题。问题的根源在于地方立法权力属性的模糊。从国家结构形式来看，地方立法权似为中央所授予，但《宪法》对中央与地方关系的规定，以及制宪者的意旨都反映出地方立法具有自治属性。地方立法权根本上是地方人民进行社会治理的手段。从维护国家法制统一的要求来看，地方立法需要服从于中央立法，但从地方人民自我管理的需要来看，地方立法也要具有一定的自主运作空间。基于此，对《立法法》第 72 条所列举的设区的市能够进行立法的事项应当作广义理解。

关键词：地方立法；设区的市；权力机关

一、引论

2015 年《立法法》的修改放开了对设区市地方立法的限制。据统计，截至 2018 年，由新《立法法》而获得立法权的 323 个市级人大仅在一年内便制定地

---

* 顾佳羽，中国政法大学 2021 级宪法学与行政法学专业硕士。

方性法规 595 件，〔1〕地方立法的数量出现了指数级的增长。立法数量的增长是一把"双刃剑"，一方面为地方治理的法治化提供了助力，但另一方面也出现了显著的"立法形式主义问题"。实践中，大量地方立法存在着立法内容同质化的现象，〔2〕这在很大程度上影响了地方立法功能的充分发挥。

地方立法在实践中存在的形式主义倾向，固然与立法经验不足、人才储备不够密切相关，但更为根本性的原因在于地方立法权力属性的不明晰。地方立法权长期以来受到严格的限制。《立法法》修改前，地方立法权仅被下放至较大的市，2015 年《立法法》修改后虽然扩大了地方立法权的主体范围，却又通过第 72 条第 2 款对地方性事务的范围进行了限缩。"收"与"放"之间，反映了国家在立法权划分问题上的矛盾心态：一方面希望给予地方立法自主权，使其能够通过地方立法满足地方治理的现实需要；另一方面又担心地方立法权的膨胀有损国家法制的统一。欲破解此种矛盾的心态，以及因之产生的设区的市地方立法权边界模糊的问题，需要回归到对地方立法权权力属性的探讨上：地方立法权源于何处？它是由全国人大通过立法授予，还是另有来源？在没有全国人大立法授权的情况下，地方立法是否具有某种"自我拓展"的空间？这都是需要解决的前置性问题。

二、地方立法权的权力来源

（一）宪法规范的体系化解释

许多学者仅仅将《宪法》第 3 条第 4 款的规定视为一种政治性的宣示，认为其过于模糊，从而放弃了对该条文的解释，〔3〕这实际上掩盖了该条款所具有的规范价值。事实上，《宪法》第 3 条第 4 款正是我国的央地关系条款，是民主集中制原则在央地关系上的具体化。该款一方面强调了中央统一领导的重要性，但另一方面也为地方在立法中发挥自主性预留了空间。当该条款与《宪法》第 2 条人民主权条款相结合时，便能拨开笼罩在地方立法权权力属性上的迷雾。

首先，《宪法》第 3 条第 4 款中的"中央统一领导"并不意味着"一切权力属于中央"。结合《宪法》第 2 条的规定，如果一切权力属于中央，那么第 2 条第 2 款中人民行使权力的机关就只应当包括全国人大，而不包括地方各级人

〔1〕 "宪法修正案专题记者会"，载 http://www.xinhuanet.com/politics/2018lh/zb/20180311c/index.htm，最后访问时间：2021 年 12 月 26 日。
〔2〕 参见封丽霞："地方立法的形式主义困境与出路"，载《地方立法研究》2021 年第 6 期。
〔3〕 王建学："论地方政府事权的法理基础与宪法结构"，载《中国法学》2017 年第 4 期。

大。既然《宪法》没有排斥地方人大作为人民行使权力的机关，当然也就包括了地方人大享有人民赋予权力的意涵。此外，第 3 条第 4 款中的"中央统一领导"可以采取多种方式，在立法方面表现为：中央既可以授权地方对某些原属中央的事权进行立法，也可以通过合宪性审查纠正或撤销同上位法抵触的地方立法。不能因为有"中央统一领导"的规定就否认了地方立法自主操作的空间。

其次，第 3 条第 4 款中"发挥地方主动性和积极性"的要求为地方立法享有自主操纵的空间提出了直接的规范要求。主动性和积极性的发挥势必建立在地方享有一定程度自主权的基础上，尤其是能够根据实际情况制定符合地方需要的法律。

由此应当认为，在我国，立法权力实际上是由中央和地方权力机关共享。全国人大以及地方人大同时获得了人民的授权，但同时获得授权并不意味着二者享有权力的对等：全国人大代表全国人民的利益，地方人大仅代表某一地区人民的利益，二者在民主正当性上存在着差异。差异的结果便是，地方性法规必须服从于上位法的规定，不得与之抵触。地方人大纵使能够就地方性事务进行立法，但法律保留的事项是其不可逾越的红线。当然，中央对地方的限制并非刚性限制，地方人大毕竟也分享了一部分的立法权力，其依然有权在"地方性事务"的范围内灵活自主地进行规制。

（二）制宪者及修宪者原旨的理解

对地方立法权属性的理解，除了依托现有的宪法规范进行体系化解释，还需要结合宪法制定者和修改者的原意，进行综合分析。1954 年《宪法》规定全国人大是行使国家立法权的唯一机关。从当时高度集中的政治经济体制来看，这种规定无可厚非。但 1954 年《宪法》同时也规定了地方人大权力机关的属性，这就决定了地方人大不可能不分享一定的立法权力，1954 年《宪法》将国家立法权集中于中央层面的做法只能在特殊的历史条件下进行理解。随着改革开放的推行，高度集中的政治经济体制逐渐被打破，放开地方立法权势在必行。1982 年，彭真委员长在《关于中华人民共和国宪法草案的说明》（以下简称《草案说明》）中指出："草案根据发挥中央和地方两个积极性的原则，规定中央和地方适当分权，在中央的统一领导下，加强了地方的职权，肯定了省、自治区、直辖市人大和它的常委会有权制定和颁布地方性法规。"对于为何采取这样的立法体系，《草案说明》给出的解释是："各地政治、经济、文化发展很不平衡，这样规定，有利于各地因时因地制宜，发挥主动性、积极性，加速整个国家的建设。"彭真委员长的说明是我们理解修宪者原旨最好的渠道。从《草案说明》中我们能够得出以下几点认识。

1. 地方立法权是中央统一领导下，央地分权的结果

《草案说明》认为，授予地方立法权依据的是中央和地方"两个积极性"的原则，是中央和地方"适当分权"的结果。对于此处"适当分权"的理解，应当参考前文所述的内容，即全国人大与地方人大同为国家权力机关，共享了人民授予权力。正是因为对地方各级人大权力机关属性的正确认识，彭真委员长才采用了"中央与地方适当分权"的表述。

2. 省一级人大制定和颁布地方性法规是经过"肯定"而非"授权"

在《草案说明》中，"省、自治区'直辖市人大和它的常委会有权制定和颁布地方性法规"前的用词是"肯定"。肯定一词在现代汉语中的释义是承认事物的存在或事物的真实性，其本质在于对现存状态的确认。《草案说明》中使用"肯定"一词，说明地方自始便享有立法权力，只是因为新中国成立后前三十年经济建设和政治运动的需要被暂时"冷冻"。在推动对外开放需求的刺激下，这项权力得以"解冻"，重新出现在《宪法》的文本中，但它的出现并不是某种授权，而是自始存在的结果。

3. 地方与中央分权的规定是基于现实之需要

地方立法权获得合理性，一方面是源于人民的授权，另一方面也是对现实的充分考虑。我国幅员辽阔，各地的风俗习惯、社会情况都有着显著的差异，如果凡事都由中央授权地方后才能进行地方性法规的创制，显然无助于因地制宜地解决问题，更无法实现《宪法》所要求的地方的"主动性"与"积极性"。

1982 年《宪法》草案无疑准确把握了地方立法权的属性。修宪者采用了非常精妙的表述，回答了地方立法权源于何处的问题，更为今后地方立法权的进一步拓展打下了坚实的基础。纵观 1954 年至今地方立法权的发展径路，呈现出了一条"从无到有，由窄到宽"的发展趋势。需要注意的是，不能以地方立法权的从无到有，就将其认定为中央授权的结果。地方立法权作为地方人大权力的重要组成，自始而言源自人民，也因此具有不可授权的"固有"属性，只是因为国家建设的现实需求处在这样的发展脉络之中。

三、地方性事务的边界之困

(一) 为何地方立法权具有边界

在解决了地方立法权的属性这一前置性问题后，我们需要进一步探究的问

题便是：既然地方立法权本质上是由某一地区的人民所赋予，那么地方立法机关是否能够就所有的事务进行立法呢？如果这样，《立法法》中对设区的市立法权限的列举式规定意义何在？

地方立法权源自人民并不代表该权力没有边界。《宪法》第 3 条第 4 款规定地方立法必须遵循中央的领导。地方人大所能代表的仅仅是一定区域内的人民，它的权力边界在于特定区域内的地方性事务。对于中央事务，地方人大由于民主正当性的不足，无权进行立法，仅能依据上位法的规定创制执行性的地方性法规。因此，在承认地方立法权力由人民赋予的同时，我们依然认为地方立法具有天然的边界。

（二）地方性事务范围的争议

基于此，我们就需要解决本文的核心任务：确定地方性事务的范围。既然地方立法权存在天然的边界，那么这一边界到底在哪里？《立法法》第 72 条第 2 款的规定具有很大的模糊性，学界对此争议不断。

首先是对"等方面"的理解，目前学界主要有"等内等"和"等外等"两种看法。[1]"等内等"意指多个事项列举之后的煞尾，如果依据这一解释，那么地方性立法事务仅限于之前所列举的三项；而"等外等"意指列举事项不充分、尚有其他可能存在的情况，按照这种方式理解，那么地方立法权就不仅仅限于前文所列举的三个领域。对此，全国人大常委会法工委主任李适时曾指出，"从立法原意讲，应该是等内。"[2]李适时主任的解释似乎为学术争议画上了句号，但即便是《立法法》所列举的三个立法事项，依旧存在模糊之处。

其次是对"城乡建设与管理"的理解，《关于立法法修正案（草案）审议结果的报告》指出，"城乡建设与管理"包括城乡规划、基础设施建设、市政管理等。但该报告给出的解释也存在语义宽泛的问题，并不能解决现实中一些具体的问题。例如，地区的社会保障事业、对某些行业的管理能否纳入"城乡建设与管理"依然值得商榷。如果对"城乡建设与管理"采取最为广义的理解，那么凡是城市内有关公共服务的政府行为都属于这一范畴，市一级地方人大可以就辖区内政治、经济、文化等任何事项进行立法；如果对"城乡建设与管理"采取中义甚至狭义的理解，那么地方人大立法的事项仅涉及公共设施的

---

〔1〕 郑毅："对我国《立法法》修改后若干疑难问题的诠释与回应"，载《政治与法律》2016 年第 1 期。

〔2〕 李适时："全面贯彻实施修改后的立法法——在第二十一次全国地方立法研讨会上的总结"，载《中国人大》2015 年第 21 期。

管理，以及公共事业方面。值得注意的是，不仅是学界对"城乡建设与管理"的理解存在争议，立法实务的工作者也没有能够就其具体含义达成一致，甚至连"城乡建设与管理"的表述也是《立法法》草案提交至全国人大审议后才采用。用词的一再变化使得任何从立法者原意进行解释的尝试变得极为困难。虽然有学者试图通过语言逻辑的解释为"城乡建设与管理"找寻一个大致的范围，[1]但语言逻辑的分析并不能产生某种应然的结论。探讨"城乡建设与管理"的具体边界仍然需要回到宪法的规范中。

四、宪法 107 条：两种类型的地方事权

我国《宪法》对设区的市人大立法权的规定主要为《宪法》第 100 条第 2 款，但是，该款并没有明确规定设区的市的立法范围。那么我们又该如何通过宪法规范分析地方立法权限的真正范围呢？本文认为应当结合《宪法》第 107 条进行综合性的解释。

根据《宪法》第 107 条的规定，县级以上地方各级人民政府有权管理本行政区内的经济、教育、科学、文化、卫生、体育事业、城乡建设事业和财政、民政、公安、民族事务、司法行政、计划生育等行政工作。虽然此类规定的对象是地方人民政府，但需要注意的是，根据我国《宪法》第 105 条之规定，地方各级人民政府的行政管理权力归根结底源于地方人大。地方人大作为地方权力机关，并不能够直接管理上述事项。地方人大一方面需要将部分事项的委托权授予地方人民政府，另一方面需要通过立法保证地方政府的管理活动始终在其授权的范围之内。那么我们也就能得出第一个结论：地方各级人大的立法权限应当在《宪法》第 107 条所列举的事项范围内。

但停留在这样的结论上显然是有问题的，此一结论并没有从根本上解决市一级地方立法权的界限问题，反而引发了更多的问题，其中最为显著的便是：尽管《立法法》使用的"城乡建设与管理"一词过于模糊，但其仍然具有一个相对明确的范畴，《宪法》第 107 条所列举的部分事项显然无法被解释进"城乡建设与管理"中，如财政、民族事务、司法行政等。那么我们如何在《宪法》第 107 条所列举的事项中，进一步探究市一级地方立法权的范围呢？

这时候应当注意第 107 条的一个非常特殊的表述。第 107 条所列举的事项中，前七项和后六项之间并没有用顿号连接，反而是用"和"字隔开。这显然

---

〔1〕 魏治勋："市域社会治理视阈下设区的市城市管理权限界定"，载《法律科学（西北政法大学学报）》2021 年第 5 期。

不是制宪者的语法错误或者表达习惯，宪法本身的表述是极为严谨的。用"和"隔开而不是用顿号隔开恰好证明了一个问题：这些事项之间的性质是不同的。

（一）"和"字之后：中央委托地方行使的事项

"和"字之后包括"财政、民政、公安"等，这些事项被表述为"行政工作"，不同于"和"字之前的事项，它们具有非常强烈的中央事权的属性。以财政事项为例，对财政权力的控制关系到国家的凝聚力和统一性，1994 年国家推行分税制改革后，中央享有了全国大部分的优质税源，对财政收入有着举足轻重的影响，编制和执行国家预算是国务院一项重要的权力，体现在《宪法》第 91 条国务院对各级地方政府财政的审计监督权之中。因此，这一事项显然不能被视为一种地方能够自主决定的事项，之所以其能够成为地方政府权力的一部分，是因为全国人大以及国务院作为中央的国家机关，无法管理全国各地每一个角落，出于可操作性的考虑不得不将此类事务委托地方政府执行。正因为这些权力并非由地方自主享有，地方人大在制定相关地方性法规的时候必须得到上位法或者全国人大的明确授权，否则其行为将构成越权立法。

（二）"和"字之前：地方自主权所及事项

"和"字之前所列举的七类事项无论在表述上还是在属性上都与"和"字之后的事项有显著的差异。从表述上来看，这些事项之后采用了"事业"一词，无独有偶，《宪法》第 99 条关于地方人大的权力也使用了"事业"这种表述，且在内容上与地方政府的事项几乎完全重合。[1]这说明县级以上地方人民政府和地方人大在这些事项上存在着联系。这些事项并非由中央政府委托给地方政府行使，而是由地方人大授权地方人民政府进行管理。简言之，这些事项属于地方自主事项而非中央委托事项。从属性来看，教科文卫事项，以及城乡建设事业与地方的发展密切关联，极易受到各地发展状况、民族风俗的影响。例如，文化事项，往往带有明显的地方特色，可以认为《立法法》第 72 条所规定的历史文化保护正是文化事项的体现。既然这些事项并非中央授权地方进行管理，而是地方自主权所及之范围，那么自然可以认为，即便没有明确的授权，地方人大也可以就上述事项制定地方性法规，而这些事项范围之所在，正是市一级地方立法界限之所在。

---

〔1〕 王建学："论地方政府事权的法理基础与宪法结构"，载《中国法学》2017 年第 4 期。

五、地方性事务的类型化分析

通过《宪法》规范的分析，我们便可以结合《立法法》相关规定与《宪法》第107条，为市一级政府的地方立法权进行总的梳理，梳理的结果见表1。

表1 市一级地方性事务的类型化

事项类型	《宪法》第107条列举事项	《立法法》对应事项	市一级地方立法权限
地方自主事项	经济	无法明确	不能立法
	教育	城乡建设与管理	不同上位法抵触时得以制定地方性法规
	科学		
	卫生		
	体育		
	城乡建设事业		
	文化	历史文化保护	
中央委托事项	财政	根据法律、行政法规，对本行政区具体情况作出规定	非有明确授权，否则不能制定地方性法规
	民政		
	公安		
	民族事务		
	司法行政		
	计划生育		

首先，《立法法》第73条明确地方性法规可以就两类事项进行规定。这两类事务分别对应《宪法》第107条"和"字前后的两类事项。其中，对地方性事务的立法对应"和"之前，执行上位法的立法对应"和"之后。在此基础上，需要结合地方自主事项，解释"城乡建设与管理"的具体内涵。其中七类事项中的部分可以直接对应《立法法》第72条第2款所列举的三类事项，如"城乡建设事业"直接对应"城乡建设与管理"。而教育、科学、卫生和体育事业，从整体而言属于政府的公共服务事业，地方政府提供公共服务是当今城乡管理的重要内容，因此也可以被解释进"城乡建设与管理"中"管理"一词的辐射范围内。

最为困难的便是解释《宪法》第107条"经济"一项。在现代汉语中"经济"一词有着广泛的外延，大体涵盖物质的生产、流通以及交换环节。虽然《宪法》第 107 条将"经济"一项置于"和"字之前，但本文认为，目前而言市一级地方人大不宜享有经济事项的地方立法权。首先，经济性事项包含财政类事项，而财政事项与中央事权紧密相关，属于"和"字之后所列事项，在此类事项上地方欲进行立法必先得到中央的明确授权；其次，经济事项多涉及宏观调控和具体的经济政策，对这些政策的研究和制定也属于中央事权，地方层面最多只能由省级人大进行有限的立法活动，市一级人大更多应当充当执行者的角色。最后，地方人大目前的立法能力存在严重的不足，贸然放开经济事项的地方立法权不仅达不到激活地方经济发展的目的，反而会扰乱全国经济工作部署的统一性。不过，本文采取的限制的态度更多是出于市一级地方立法压力过大且能力不足的现实考虑，"经济"事项既然被列于《宪法》第 107 条七类事项之首，说明其必然具有某些地方性的因素，在很多并不涉及宏观政策和财政制度的经济领域，地方立法依然有发挥的空间。例如，《浙江省数字经济促进条例》就是地方立法在经济领域的探索和尝试，当然该条例只是省一级地方立法的结果，未来是否能够使设区的市进行经济事项的地方立法，本文持较为乐观的态度。

综上，本文所得出的结论是，设区的市地方立法的范围涵盖了《宪法》第 107 条第 1 款所列举的七项内容中的六项，只要是属于设区的市管辖范围内与城市建设相关的事项，与科学、教育、体育、卫生相关的城市治理事项，以及《立法法》所规定的环境保护和历史文化保护事项，都是设区的市地方人大能够制定地方性法规的范围。如果地方人大想要就其他事项制定地方性法规，首先应当获得授权，否则即构成越权立法。

余 论

为探求设区的市地方性事务的范围，本文采取了如下的论证逻辑：首先明确地方立法权之性质，以及该权力是否由中央授予；在得出了否定的结论后，进而探求地方能够在哪些领域行使自主进行地方立法，并尝试通过《宪法》第 107 条第 1 款之规定对这些能够进行立法的地方性事务进行类型化。虽然得出了一定的结论，但依然有很多问题没有能够解决。

首先，通过"和"字划分中央委托事项和地方自主事项是否科学的问题。如果仔细研究《宪法》第 89 条便会发现，国务院所领导和管理的事项与地方政府管理的事项几乎一致，但《宪法》第 89 条采取了完全不同的列举方式，经济工作与城乡建设工作，外加生态文明建设工作被单独作为第六项，计划生育工作和教科文卫体工作并列作为第七项，具有非常明显中央事权属性的民政、公安和司法行政工作作为第八项，民族事务则被归入了第十一项。从该条规定来看，制宪者似乎并不认为这些事项之间存在着"中央委托事项"和"地方自主事项"的严格分野。如何理解《宪法》第 89 条和《宪法》第 107 条第 1 款所列举模式之间的差异，囿于篇幅的限制，本文尚不能给出一个较为明确的答案。不过可以肯定的是，诸如民政、公安和司法行政这样具有非常明显的中央事权性质的事项，显然不能被纳入地方自主立法的范畴，至于其他事项的具体划分，本文认为还应当在实践中结合具体的情况进行进一步的细化。

其次，地方自主立法权这一概念是否合理的问题。本文在第一部分意图打破原有的"单一制国家内中央垄断立法权"的理论，认为地方立法机关在地方性事务上享有自主操作的空间，只是因为民主正当性的不足，地方立法不得与上位法相抵触。但这种理论存在两方面的问题，一方面是其得出的结论与采取传统单一制理论得出的结论并无不同，既然单一制理论能够解决问题，为何还要采取新的理论。另一方面的问题是，该理论与我国政治现实之间存在张力，同时也带来很多新的问题，如地方拥有立法自主权是否会对国家的法制统一构成负面影响等。这是本文论证可能引发的疑问之处。

对于上述疑问，本文给出的初步解释是：纵观我国宪法变迁的历程，地方立法权力的扩大是一个不可避免的趋势，这种变化并不是通过授权理论就能够解释的。此外，本文提出新的理论更多是为地方立法权的扩张提供一个更加完美的解释并对未来地方立法可能发生的变化进行展望，并不期待该理论能够完全解决现实中的全部问题。但本文坚信，在人民需求日益多样化的现代社会，赋予地方更多的自主权力，使其能够主动通过立法规范政府的行政管理活动是不可阻挡的历史潮流。

政府会议纪要公开的判定规则

伍　锐[*]

摘　要：《法治政府建设实施纲要（2021—2025 年）》提出的"行政机关内部会议纪要不得作为行政执法依据"是解决政府会议纪要公开问题的一项程序性规范。政府会议纪要的内部公文性质限制了其中政府信息的公开，导致公开程度始终没有明显进展，相关诉讼案件也逐年增加。面对行政机关不公开的简单选择与法院不分类型的泛化裁判问题，会议纪要的公开规则已经成为打造法治政府、透明政府的需要。为此要加强会议纪要的内部规程管理，强化审查与监督，建立科学合理的公开规则。公开的基本思路是，首先要对会议纪要所属类型进行个案分析，然后判定会议纪要的信息内容，最后在把握利益衡量与可分割原则的基础上对政府会议纪要采取分类型、分内容的公开。

关键词：会议纪要；政府信息公开；过程性信息；内部事务信息

一、问题的提出

《法治政府建设实施纲要（2021—2025 年）》中提出"行政机关内部会议纪要不得作为行政执法依据"，这是目前关于行政机关会议纪要的新表述。然而，什么是内部会议纪要？政府会议纪要的类型有哪些？不作为行政执法依据是否等同不公开？政府会议纪要的公开规则是什么？引发的一系列问题都要经由解释和规范。

20 世纪末，我国已有政府会议纪要公开的实践，而将公开问题引入公众视

---

[*]　伍锐，中国政法大学 2021 级宪法学与行政法学专业硕士。

野的是 2012 年赵某军申请卫生部公开生乳国标会议纪要案（以下简称"生乳新国标案"），彼时法院尚有回避倾向。[1]直到 2018 年，最高人民法院在周某梅诉武汉市汉阳区人民政府政府信息公开一案（以下简称"周某梅案"）中首次对会议纪要公开的问题作出回应，以"'会议纪要'具有内部性、过程性等特点"驳回申请人的申请，[2]并且后续多个案例沿用此观点。但会议纪要的裁判规则并没有得到统一。2020 年，刘某伙诉鄂州市人民政府政府信息公开一案中，法院认为"会议纪要记录并非还处于讨论、研究或者审查阶段，不属于过程性信息"，最终判决公开会议纪要。[3]由此可见，我国政府会议纪要是否应当公开还没有定论。会议纪要公开实务面临的困惑与混乱呼唤着更合理、更具体的判定规则出台。

有学者在 2019 年《政府信息公开条例》（以下简称《条例》）修改前就注意到这一问题，而新条例并没有给出会议纪要公开的直接依据。在政府信息公开领域，对会议纪要公开问题进行研究具有重要的意义。现实层面，会议纪要的公开是对政府信息公开程度和政府行政能力的考验，其集中体现了行政的内部性和封闭性。基于公众对行政权力的监督和质疑，相关事件的曝光极其容易成为舆论的热点，如"生乳新国标案"。理论层面，基于法经济学的视角，政府信息公开的问题可以看作政府信息的供需问题。近年来，日益攀升的政府信息公开诉讼案件反映了部分政府信息供小于求的矛盾。面对增长的需求端，我国于 2016 年产生了信息公开滥诉规制第一案"陆某霞案"，又于 2021 年开始对政府信息公开收取处理费。而面对不充分、不平衡的供给端，2019 年修改的《条例》还不能很好地回应复杂的行政实践，会议纪要的公开问题就是典型代表。有学者指出《条例》第 16 条的定义缺乏科学性，"内部事务信息"和"过程性信息"概念的界定和区分已经成为理论研究的难点。会议纪要又常常表现为以上两类信息的混合，因而成为这类问题研究的一个突破口。

二、政府会议纪要公开的现状与问题

（一）政府会议纪要公开之行政运用

1. 政府会议纪要的效力

《党政机关公文处理工作条例》第 8 条第 15 项规定"纪要。适用于记载会

---

〔1〕 北京市第一中级人民法院一审行政判决书（2012）一中行初字第 1895 号。法院观点是，该案的焦点是卫生部是否为会议纪要的制作机关，而不涉及会议纪要是否应当公开的问题。

〔2〕 最高人民法院再审行政裁定书（2017）最高法行申 1310 号。

〔3〕 湖北省鄂州市中级人民法院一审行政判决书（2020）鄂 07 行初 9 号。

议主要情况和议定事项"。会议纪要在行政机关内部起着依据、素材和备忘作用，与决定、命令、公报等类型的公文相比，不具有对外行政的效力。目前，会议纪要存在突破内部性的情况。从行政行为看，会议纪要是行政行为作出的依据之一，通常通过正式的转化对外发生效力。当行政机关直接以会议纪要内容送达行政相对人时，会议纪要应当具有对外效力。从会议主体来看，政府会议纪要是对会议内容的记载，此处的会议应该理解为政府主持的会议，即会议主体不仅仅局限于行政机关内部，有时也有行政相对人的参与，如政府招商引资与企业洽谈的会议纪要，此时的会议纪要也应当具有对外效力。

2. 政府会议纪要的属性

政府会议纪要是否属于政府信息尚有争论。一种观点是基于会议纪要的公文形式认为其不具有行政行为性。另一种观点从政府信息要件构成出发，认为会议纪要属于政府信息。从政府信息公开的角度探析会议纪要的属性，《党政机关公文处理工作条例》第 3 条规定，党政机关公文是党政机关实施领导、履行职能、处理公务的具有特定效力和规范体式的文书，可见，会议纪要公文符合《条例》第 2 条规定的主体要件、职权要件和形式要件，[1]因而属于政府信息。进一步的问题是，会议纪要属不属于公开的范围，是不是《条例》规定的例外事项？《条例》第 14 条的"三安全一稳定"为绝对不公开，第 15 条的"商业秘密、个人隐私"认定相对容易。会议纪要的公开问题就聚焦于第 16 条的"内部事务信息、过程性信息"。

3. 政府会议纪要的类型

关于政府会议纪要的类型，理论界存在多种分类。第一种分类是戚红梅主张的"一分法"，直接将会议纪要定性为过程性信息。[2]第二种分类是孔繁华主张的"二分法"，即纯粹的机关内部事务性信息和过程性政府信息。[3]第三种分类是吴晓旭主张的"六分法"，即将会议纪要分为行政决定型、行政立法

---

〔1〕《条例》第 2 条规定："本条例所称政府信息，是指行政机关在履行行政管理职能过程中制作或者获取的，以一定形式记录、保存的信息。"

〔2〕参见戚红梅："我国政府信息豁免公开制度研究"，苏州大学 2013 年博士学位论文。"调研报告、咨询论证意见、请示批复、会议讨论纪要等尚未最终形成决定的信息都属于过程中信息。"

〔3〕参见孔繁华："过程性政府信息及其豁免公开之适用"，载《法商研究》2015 年第 5 期。"一类是纯粹的机关内部日常开会记录；另一类是专门针对具体事项并对特定或不特定当事人权利义务产生实际影响的会议记录、备忘录。前一类信息属于纯粹的机关内部事务性信息，通常不予公开；后一类信息是行政行为作出过程中形成的信息，属于本文所讨论的过程性政府信息。"

型、行政司法型、行政合同型、内部信息型、过程性信息型六种类型。[1]

以北京市人民政府官网主动公开的会议纪要为例，大体可分为行政行为型、内部型和过程型三种会议纪要。行政行为型会议纪要指会议纪要的内容是行政行为作出的依据。政府会议一般以会议纪要记录，而会议纪要不仅记载会议内容，还是上级对下级部门的工作指导。内部型会议纪要对应《条例》第 16 条第 1 款列举的三种"内部事务信息"。过程型会议纪要对应《条例》第 16 条第 2 款列举的四种"过程性信息"。

（二）政府会议纪要公开之司法审判

1. 司法审判概况

进入行政诉讼的司法案例通常是依申请公开的类型，这些案件反映了信息公开的突出问题，本部分选取最高人民法院关于会议纪要的政府信息公开案件为研究对象。以"政府信息公开"和"会议纪要"为关键词在北大法宝检索最高人民法院的裁判文书，案件数量逐年增加，传达出实践中会议纪要公开问题日益凸显的信号。裁判结果上，再审案例均以驳回再审申请人的申请结案，但存在申请人实际获得了会议纪要的情形。在行政答复阶段存在两种情况：一是申请人取得会议纪要的摘要；[2] 二是申请人取得会议纪要的全文。[3] 在行政诉讼阶段存在两种情况：一是在诉讼程序中取得会议纪要；[4] 二是在另案诉讼中取得会议纪要。[5]

2. 司法裁判思路

最高人民法院首次对会议纪要不公开的理由作出详细说明是在 2017 年的

---

〔1〕 参见吴晓旭："政府会议纪要公开研究"，郑州大学 2015 硕士学位论文。

〔2〕 最高人民法院第三巡回法庭再审行政裁定书（2017）最高法行申 4420 号。法院观点：张海军诉南通市人民政府信息公开案裁定书"南通市政府已将上述会议纪要中和张海军相关的信息在 46 号《信息公开告知书》中以摘要的形式告知了张海军，故一审法院认定南通市政府已经履行了政府信息公开职责并无不当"。

〔3〕 最高人民法院再审行政裁定书（2018）最高法行申 7634 号。法院观点，张掖市信访局对贾某元已经公开了张掖市信访联席会议的会议纪要，而贾某元申请公开的信访联席会议记录，因其是相关到会人员个人意见表达所形成的记录……不属于信政府息公开的范围。

〔4〕 最高人民法院再审行政裁定书（2018）最高法行申 7518 号。法院观点，在本案一审诉讼期间，魏某珍实际获取了《会议纪要》，其知情权已经得到了保障。最高人民法院再审行政裁定书（2019）最高法行申 11611 号。法院观点，奚某能在再审审查中获得了政府提供的案涉《会议纪要》，其实体权利已经获得保障。

〔5〕 最高人民法院再审行政裁定书（2019）最高法行申 8619 号。法院观点："鉴于申请人已在另案诉讼中获取《专题会议纪要》，本案已无诉的利益和价值，遂裁定驳回永发设备厂的起诉。"

"周某梅案"，其裁判思路如下：第一步，确定会议纪要的性质，由行政机关内部公文形式推定过程性与决策性的特征。第二步，陈述世界范围内此类信息不予公开的通常做法。第三步，阐述会议纪要不公开的目的。最高人民法院认为会议纪要不公开可以保护政府决策过程完整，保护政府官员坦率交换意见，并防止不成熟的信息提前公开引发社会误解和混乱。第四步，法律条文适用。《条例》中暂无相关规定，《国务院办公厅关于做好政府信息依申请公开工作的意见》是对《条例》应用的解释，其中规定"内部管理信息以及……过程性信息，一般不属于《条例》所指应公开的政府信息"。经以上论证，最高人民法院得出汉阳区人民政府对会议纪要不予公开具有合法性的结论。

3. "周某梅案"的后续影响

该案裁定书生效后，最高人民法院关于该类型案件的裁判思路无非有两种，一是继续沿用《国务院办公厅关于做好政府信息依申请公开工作的意见》中关于内部管理信息与过程性信息的规定；二是套用"周某梅案"中的"内部性、过程性"的说理。然而，有学者认为最高人民法院对该案的判决存在多处逻辑错误：第一，内部公文不等于内部信息；第二，内部公文不能当然地推定会议纪要内容的过程性和决策性；第三，"所涉信息在世界范围内通常列为不公开的情形"，这一说法作为判决理由不够准确。[1] 有法官指出，该意见"不是部门规章，不属于行政诉讼的司法审查依据……过程性信息虽然可以作为不予公开的抗辩理由，但这不具有最终决定性"。[2] 后续案件在沿用这一裁判思路时，如果缺少个案分析，该裁判书的误导性就会被放大。

（三）政府会议纪要公开存在的问题

1. 公开的主动性不足

目前，我国政府公开会议纪要的主动性不足，这一结论是从已公开会议纪要不充分、不均衡的状态总结出来的。我国自 2008 年开始实施《条例》经历十三年的行政实践，中国政府网只公开了几十份会议纪要，平均每年公开数量为个位数，表现为不充分的公开现状，这与我国每年大量的行政活动不相匹配。公开时间无明显规律，说明没有定期评估审查、及时公开会议纪要。公开主体上以基层政府部门居多，市政府以上层级主动公开少。行政层级发文上呈现不

---

〔1〕 胡萧力："会议纪要应否公开的判定逻辑及规则"，载《中国行政管理》2018 年第 3 期。
〔2〕 顾建兵、刘羽梅："过程性信息的认定及不予公开的范围"，载《人民司法（案例）》2016 年第 14 期。

均衡的金字塔形。公开内容集中于经济与民生领域，符合《条例》列明的公开重点，但似乎并不满足《条例》"不断增加主动公开的内容"的要求。

公开的主动性不足还体现在依申请公开的过程中。虽然最高人民法院的有关再审案例都没有判决公开会议纪要，但存在申请人在诉讼程序中实际取得会议纪要内容的两种情形，均为行政机关公开所致。以美国司法实践为例，如果行政机关在诉讼程序中公开了政府信息，则说明该政府信息可以公开。按照这一逻辑，行政诉讼倒逼行政机关审慎考虑，使行政答复阶段不予公开的会议纪要得以公开。这说明相对人申请公开的会议纪要本身具有公开性，但却因行政机关不主动公开引发后续的行政诉讼，违背了便民高效的基本行政原则，行政机关存在不尽职，甚至不作为的嫌疑，最终造成申请人、行政机关和司法机关三方资源的浪费。

2. 司法审查流于形式

在最高人民法院对"周某梅案"作出会议纪要"具有内部性、过程性而不予公开"的裁判后，实践中进一步衍生出"会议纪要通常是内部信息，行政机关对其内部信息是否予以公开，拥有较大自主权"的法院观点。[1]对此的解释是，司法判定采用的是形式标准，由内部公文推定内部性，不审查实质内容，这样必然导致简单说理。而法院只需要将申请公开的会议纪要归入《国务院办公厅关于做好政府信息依申请公开工作的意见》或《条例》第16条的两类信息，一句"可以不公开"就避免了阐述理由。当然，也有个案作出了相对详细的说理，王某旺诉浙江省瑞安市人民政府一案中，法院采用"过程"与"决定"两个标准认定该案会议纪要属于过程性信息，[2]驳回申请人申请。

形式标准大有滥用的趋势，实践中出现不假思考、生搬硬套的情形，如刘某等与辽宁省大连市人民政府其他信息公开职责纠纷再审案，[3]政府机关在答复中体现的明显是会议纪要内容涉及敏感，影响社会稳定的理由，而法院依然采用会议纪要"内部性、过程性"的判决思路，属于实质内容认定错误。法院对行政机关不加审查的支持，将助长行政机关不予公开的势头，某行政机关甚

---

〔1〕 最高人民法院再审行政裁定书（2019）最高法行申 13774 号。

〔2〕 法院观点，申请人申请公开的上述两份会议纪要，仅记录了瑞安市人民政府对浙江商城集团有限公司国有股权转让事项的部分讨论、研究过程，其中均是要求相关部门对国有股权转让事项作进一步修改后再报市人民政府研究，并未对该事项作最终决定，故属过程性信息。

〔3〕 大连市政府办公厅经与中共大连市委大连市政府信访局、大连市城乡建设委员会、大连市甘井子区人民政府等相关部门协调会商，认为该《会议纪要》内容涉及敏感信息，如公开可能会引发群体信访事件，影响社会稳定"。

至产生"会议纪要没有公开必要"的武断言论。[1]长久如此，政府会议纪要将由相对不公开逐渐演变为绝对不公开。

3. 混合使用"内部性"与"过程性"

在"周某梅案"中，有的学者质疑由内部公文推出过程性的逻辑。纵观最高人民法院案例，混合使用"内部性"与"过程性"的法院说理并不少见。混用"内部性"与"过程性"是法院在"过程性信息"应用性差这一困境下的无奈之举，法院混用"内部性"与"过程性"是掩盖"过程"环节说理不足的方式。理论上，学术界对"过程性信息"一直有信息处理过程与行政行为过程之争；而"内部性"与"外部性"相对，其概念边界更为明晰。实践中，"过程性信息"是行政决策的产物，一旦不适当地公开，将会对决策作用在一定社会范围内产生影响；而诸如人事管理、内部工作流程的内部事务信息公开后，只对行政机关产生影响，且影响程度一般较小。行政机关对过程性信息的敏感度、保密性高于内部性信息。

过程性信息的公开相比内部事务信息而言更加复杂。内部事务信息没有对外效力，行政机关具有不予公开的理由。过程性信息可分为事实性信息和意见性信息，其中，意见性信息的公开可能影响行政机关的决策，事实性信息的公开则有助于补充事实，提高行政决策的科学性。过程性信息的内容以及作出的节点都影响着行政决策的终结状态，从而影响相对人的利益。因此，过程性信息的不予公开并非绝对。如果混用"内部性"与"过程性"，就会限缩政府会议纪要的公开范围。比如，北京市第四中级人民法院就依据"周某梅案"的裁判思路，将会议纪要列为政府信息公开的例外情形。[2]但同时该法院也认为要警惕行政机关滥用例外规定，导致内部管理信息和过程性信息的范围不当扩大。[3]所以，区分内部事务信息和过程性信息可以提高政府会议纪要公开的科学性。

4. 主动与依申请公开的态度呈两极分化

本部分从行政层面的主动公开与司法层面的依申请公开两方面对我国政府

---

[1] 最高人民法院再审行政裁定书（2016）最高法行申 4872 号。法院观点："会议纪要、文件等也属于过程性信息，没有公开的必要。"

[2] 参见程琥："新条例实施后政府信息公开行政诉讼若干问题探讨"，载《行政法学研究》2019年第 4 期。

[3] 参见顾建兵、刘羽梅："过程性信息的认定及不予公开的范围"，载《人民司法（案例）》2016年第 14 期。

会议纪要的公开现状进行了梳理。我国于 2008 年开始实施政府信息公开条例。同年，国务院在中国政府网公开了第一份会议纪要，此后，各级政府官网每年不间断地公开新的会议纪要，虽然公开数量不大、内容局限于少数领域并且偏重基层政府会议纪要的情况，但并不影响政府会议纪要在政府信息公开中属于主动公开范畴的事实。

公开方式上，依申请公开是主动公开的补充，缩减了行政机关对不予公开的自由裁量权。[1]我国法院对政府不予公开决定的支持率极高，表现出对政府会议纪要退避三舍的态度。在文书属性外界定，不深入会议纪要内容的判定，以 "信息普遍具有'内部性'和'非终极性'" "通常列为不公开的情形" 这样泛化的说理驳回公开申请。如此裁判显然与我国政府主动公开会议纪要的现实不相符，依申请公开消极、被动的问题比较突出。可见会议纪要公开与否，在我国政府机关与法院裁判之间，在主动公开类型与依申请公开类型之间产生龃龉。对此的一个解释是：会议纪要的公开需要进行个案分析，个案分析又需要以类型化为前提，否则就会出现不公开的简单选择和不分类型的泛化裁判。

三、政府会议纪要公开的国外立法

国外与 "会议纪要" 相对应的政府信息有备忘录、行政文件等形式，规定在内部信息与过程性信息中。美国是最早将 "内部信息" 写入信息公开法的国家，[2]目前也主要是美国在使用内部信息这一独立的概念。美国信息公开包括例外事项在内的各种制度经历了长时间的发展，在全球信息公开实践中影响最大。德国、日本同为大陆法系国家，两国的制度设计对我国很有借鉴意义。因此，本部分选取两大法系的代表国家进行制度研究，便于不同做法的比较、取长补短。

（一）国外立法现状

1966 年《美国信息自由法》第 2 条规定了包含机关内部人事规则与制度、机关内部和机关之间的备忘录在内的九项豁免公开事项。"机关内部人事规则与制度" 对应我国 "内部事务信息" 的概念。历史上，美国法院把 "机关内部人

---

〔1〕 参见吕艳滨："依申请公开制度的实施现状与完善路径——基于政府信息公开实证研究的分析"，载《行政法学研究》2014 年第 3 期。

〔2〕 参见薛亚君："政府信息公开中'内部信息'公开豁免问题研究"，载《情报理论与实践》2016 年第 11 期。

事规则与制度"由较宽泛的内部工作手册调整到纯粹的内部事务性规定。[1]"机关内部和机关之间的备忘录"与我国"过程性信息"相对应。"机关内部和机关之间的备忘录"在美国诉讼法上享有行政特权，这对保障行政决策质量起到重要的作用，行政机关在决定作出前的内部讨论过程，如各种意见、方案享有免于公开的特权，即讨论程序的特权，[2]对其保护只适用于讨论过程。此外，这类信息并非绝对不公开，在实践中采用意见性信息和事实性信息相区分的方法来判定应否公开，美国法院认为不影响公务人员的意见发表的统计信息、调查报告等事实性信息应该予以公开。

《德国信息自由法》涉及过程性信息保护的条文是第 3 条第 3 款 b 项规定[3]和第 4 条第 1 款。[4]德国对过程性信息的内容和期限有明确的限制：一是区分讨论的过程信息、事实材料与结果信息，过程信息免于公开，而所依据的事实材料和结果信息则不能免于公开；二是过程性信息在行政行为结束后不再受保护，即准备工作和前置决定只在最终决定结束前免于公开。[5]

《日本信息公开法》第 5 条规定的"正在审议、研究、协商中的信息"对应我国"过程性信息"的概念。该法第 7 条对公共利益裁量公开的规定值得注意，"公共利益裁量公开"在日本的应用是：申请公开的行政文件虽然记载了不公开的信息，但行政机关的首长以公共利益为出发点，进行高度的行政判断后，认为有必要公开时，可以向申请人公开该行政文件。对公共利益裁量的标准为信息公开实现的利益大于不公开保护的利益时，应该公开政府信息。但是该条文赋予了行政机关首长较大的裁量权，容易造成权力的滥用。[6]

（二）国外立法的启发

日本对公共利益的裁量有明确的规定，体现出利益衡量原则。德国对例外事项的内容与期限限制，运用了可分割原则。美国在内部信息公开中坚持最大

---

〔1〕 参见杨伟东："内部事务信息的确立、运用和发展兼论与过程性信息的界分"，载《中外法学》2021 年第 1 期。

〔2〕 参见王名扬：《美国行政法》，北京大学出版社 2016 年版，第 740 页。

〔3〕 参见德国《信息自由法》第 3 条第 3 款 b 项："如果会对行政机关之间的沟通产生损害，则申请人无权获得该信息。"

〔4〕 参见《德国信息自由法》第 4 条第 1 款："如果申请的信息是最终决定的草案或者直接为最终决定的作出而做的准备性工作或者前置性决定，且提前公开上述信息会对最终决定的效果或者之前行政机关已经采取的措施造成破坏性影响，则上述申请应被拒绝。"

〔5〕 参见龙非："德国《信息自由法》中的'过程性信息'保护"，载《行政法学研究》2013 年第 3 期。

〔6〕 参见戚红梅："我国政府信息豁免公开制度研究"，苏州大学 2013 年博士学位论文。

限度公开的原则，一是严格限制内部人事规则与制度的例外情形，二是对机关内部和机关之间的备忘录进行信息分割，将事实性信息予以公开。

1. 会议纪要公开类型——基于利益衡量原则

"利益衡量，是对当事人之间的利益以及当事人与社会公众之间的利益进行考量。"[1]将利益衡量原则应用于政府会议纪要公开案例，发生冲突的利益是申请人利益、第三方利益与公共利益。行政行为型、内部型和过程型会议纪要的公开基本都会涉及申请人利益和第三方利益，过程型会议纪要还要着重考虑公共利益。然而公共利益的衡量具有宽泛性，过程性信息公开后对行政机关讨论、研究的影响程度以及引发公众误解和混乱的可能性基本上是行政机关"一言堂"。如果行政机关轻易以公共利益之名不予公开政府信息，则会造成权力的滥用。因此，行政机关会议纪要的豁免公开要严格限制在公共利益的范围进行利益衡量。

就具体的会议纪要的类型而言，吴晓旭从抽象行政行为的普遍性约束力与依申请公开的难度考虑，将行政立法型会议纪要划为政府主动公开的范畴；从特定相对人的权利影响与会议纪要外化考虑，将行政决定类会议纪要列入依申请公开的行列；将内部型会议纪要划为可以不公开的范畴；过程型会议纪要的公开以行政行为的结束为标准。[2]

2. 会议纪要公开内容——基于可分割原则

会议纪要存在不予公开的理由，不等于会议纪要记载的所有内容都享有不予公开的特权，将豁免公开的信息剥离后，其余的信息就具备了公开的条件。《条例》第37条规定，"申请公开的信息中含有不应当公开或者不属于政府信息的内容，但是能够作区分处理的，行政机关应当向申请人提供可以公开的政府信息内容，并对不予公开的内容说明理由"。这就体现了可分割原则，但仅有"区分处理"的规定还不能满足实践中的判定需求，"区分处理"的实现需要建立细化的分割规则。

以过程性信息为例，按照信息的特点可以将其分为事实性信息和意见性信息。国际实践中，事实性信息以公开为原则，意见性信息则视情况而定。意见性信息从主体上可以分为公务人员的意见信息和专家的意见信息。为了保障行政职权的行使，公务人员意见应以不公开为原则，公开为例外；基于意见作出

---

[1] 王利明：《法学方法论》，中国人民大学出版社2011年版，第550页。
[2] 参见吴晓旭："政府会议纪要公开研究"，郑州大学2015年硕士学位论文。

的客观性与中立性，专家意见则以公开为原则，不公开为例外。[1]意见性信息从内容上有决策性信息和非决策性信息之分。非决策性信息，在不影响行政过程的前提下可以公开。[2]进行上述信息分类之后，还要结合信息形成的过程进行区分。行政行为准备阶段，信息公开以不公开为原则，公开为例外；行政行为作出后，受到外界干扰的可能性小，行政机关应视情况公开过程性信息。一种新的观点是应该摒弃"过程"的概念，将过程性信息修改为"机关及其人员的评价性信息"。

可分割原则可以解决过程性信息状态是否以行政行为结束为标准的实践难题。行政行为作出后，剥离了意见性信息的会议纪要受到外界干扰的可能性较小，具备公开的条件。

四、政府会议纪要公开的规则

（一）政府会议纪要公开的原则

政府会议纪要公开的理论基础，首先是保障公民的知情权，保障公民依法获取政府信息；进一步地，公开透明是法治政府的基本特征，[3]会议纪要的公开有利于提高政府工作的透明度。对于可以公开的信息，越早、越透明地公开，才越能实现社会效率的最大化。政府会议纪要属于政府信息，理应遵循"以公开为常态、不公开为例外"的基本原则。

为此，我国的行政机关应该树立主动公开会议纪要的意识，打破"内部公文"的桎梏。会议纪要的内部性不可上升为内部公文，内部公文不能当然地推定为内部事务信息和过程性信息，即使属于内部事务信息和过程性信息，也并非绝对不予公开。因此，不能孤立、僵化地运用《条例》第16条规定，将会议纪要记载的信息全部归入"免予公开"或"可不予公开"的范畴。在厘清公文体裁与政府信息的关系后，进一步对会议纪要记载的政府信息进行区分。

（二）政府会议纪要的对外转化

文章第二部分统计的最高人民法院近四年审判的会议纪要案件中，拆迁类案例最多。这类行政行为型会议纪要影响相对人的权利，如果行政机关直接将会议纪要送达相对人，会产生对外效力，这属于内部行政行为外化的表现。基

---

[1] 参见王敬波："过程性信息公开的判定规则"，载《行政法学研究》2019年第4期。
[2] 参见任佳艺："行政决策过程性信息公开的司法审查体系建构"，载《中州学刊》2018年第9期。
[3] 2016年中共中央办公厅、国务院办公厅印发的《关于全面推进政务公开工作的意见》提出"公开透明是法治政府的基本特征"。

于内部行政行为不可诉原则，行政机关通过上下级批示、记录等方式作出具有对外法律效果的行政行为，可以避免成为行政被告。以拆迁补偿为例，由于部门、人员、事项多方面的复杂性，有时出现行政机关不按照行政程序的规定将决定送达行政相对人，而是以内部形式将会议记录、通知公布于对外开放的政府网站，从而影响相对人权利的情形。

行政行为型会议纪要的直接对外适用是不规范的行政行为，一是会议纪要的适用没有法律依据，二是会议纪要的内部性在诉讼中易引发争议。因此，行政机关应规范行政行为程序，严格执行行政行为型会议纪要的对外转化形式，做好信息制作、文件流转、对外发布等的内部规程管理。

（三）政府会议纪要的审查与监督

美国司法实践中，"行政机关主张某项内部文件受到特权保护，必须证明该项文件符合特权的条件"。[1]我国也有类似规定，行政机关主张政府信息公开例外的，应当承担举证责任。但是由于行政机关举证不能泄漏文件内容，法院通常采用内部公文的形式标准，以"内部性、过程性"说理，从而没有达到对会议纪要审查的效果。出于对行政权的尊重，法院对行政行为只进行合法性审查，此时的司法审查应着重于程序审查，即审查行政机关对信息不予公开的认定程序。实践中一般有两种模式：一种是对会议纪要作出时的公开程度和密级进行认定，如"阎某恩案"[2]的会议纪要作出时就标为"秘密"；另一种是会议纪要作出后的重新认定，如"郭某、翟某案"，[3]大连市人民政府及相关部门在相对人申请后协调会商，认为会议纪要内容涉及敏感信息。法院应从过程论的视角出发，审查行政机关程序上的举动是否与最后所作出的不公开决定形成了密切的关联性，即因果关系的审查。[4]

在当前形式审查标准下，"决定权在政府"似乎成了会议纪要公开的现状。因此，必须加强对政府信息公开的监督。除复议机关加强合理性与合法性的审

---

〔1〕 王名扬：《美国行政法》，中国法制出版社 2005 年版，第 742 页。

〔2〕 最高人民法院再审行政裁定书（2019）最高法行申 4420 号。裁定书内容："经一审法院审查，该《会议纪要》密级标为"秘密"，尚在保密期限内。该项信息依法属于不予公开范围。"

〔3〕 最高人民法院再审行政裁定书（2018）最高法行申 9744 号。裁定书内容："针对案涉《会议纪要》，大连市政府经与中共大连市委、大连市人民政府信访局、大连市城乡建设委员会、大连市甘井子区人民政府等相关部门协调会商，认为其内容涉及敏感信息，依据《中华人民共和国政府信息公开条例》第八条和国务院办公厅关于施行《中华人民共和国政府信息公开条例》若干问题的意见第五条第十四项规定，决定不予公开，并无不当。"

〔4〕 参见杜洪洲："政府信息公开不作为案件司法审查问题探讨"，天津师范大学 2019 年硕士学位论文。

查以外，专职机构对政府信息公开行为进行监督，也是可行的模式。如法国的专门文件了解委员会、日本的政府信息公开审查会等机构与人员对信息是否公开提供建议与监督。[1]

（四）政府会议纪要的分类公开

政府信息公开的实现路径上，胡萧力提出信息内容的判定逻辑和以空间、时间、内容、功能为四要素的操作规则。[2]王敬波教授主张客观性与主观性、行政性与专业性、阶段性与确定性三大类考虑因素，进而依据利益衡量原则判断应否公开。[3]杨伟东教授重新界定了"内部事务信息"与"过程性信息"，使会议纪要可公开的范围更加明晰。[4]

本文认为在基本原则的指引下，可以通过类型化以达到具体化的目标。目前，行政部门已经具备信息分类的认识，"邢某东案"的《行政复议答复书》中载明："（2012）47号会议纪要内容涉及很多事项，有的内容关系社会稳定和保密事项，依法不能公开。请明示所申请公开的具体事项并提供该事项与你生产、生活、科研相关的依据。"[5]有的行政机关还进行了信息分类公开的实践，如"张某军案"，[6]南通市人民政府以摘要的形式告知相对人。又如"贾某元案"，[7]张掖市信访局对会议纪要予以公开，而对涉及意见信息的会议记录不予公开。以上案例检验了政府会议纪要分类公开的可行性。

政府会议纪要属于政府信息，同其他政府信息一样，其公开规则的重点在于规定豁免公开的例外情况。针对上文归纳的三种会议纪要类型，本文认为属于豁免公开的情形有：第一，已有通知等形式转化的行政行为型会议纪要，考虑到行政效率，可以不再公开；第二，不影响相对人权利的内部型会议纪要，可以不予公开；第三，过程型会议纪要的决策类意见性信息，不宜公开。以上

---

〔1〕 参见袁扬法："政府信息公开内部监督研究"，南京大学2016年硕士学位论文。

〔2〕 参见胡萧力："会议纪要应否公开的判定逻辑及规则"，载《中国行政管理》2018年第3期。

〔3〕 参见王敬波："过程性信息公开的判定规则"，载《行政法学研究》2019年第4期。

〔4〕 参见杨伟东："内部事务信息的确立、运用和发展兼论与过性信息的界分"，载《中外法学》2021年第1期。

〔5〕 最高人民法院国家赔偿行政裁定书（2020）最高法行赔申58号。

〔6〕 最高人民法院再审行政裁定书（2017）最高法行申4420号。

〔7〕 最高人民法院再审行政裁定书（2018）最高法行申7634号。裁定书内容："张掖市信访局对贾某元已经公开了张掖市信访联席会议的会议纪要，而贾某元申请公开的信访联席会议记录，因其是相关到会人员个人意见表达所形成的记录，是处于讨论、研究或者审查过程中形成的内部管理记录……会议记录是政府相关职能部门对特定事情研究讨论并形成处理意见的记录性材料，并不直接对外发生法律效力，会议决定必须借助另一行政行为的作出才能对外发生效力。"

情况仅是本文的初步尝试，面对复杂的现实案例可能要谨慎地考虑更多因素。除了例外情形，政府会议纪要应遵循"以公开为常态"这一基本原则，公开的基本思路整理如图1所示。

图1　政府会议纪要分类公开规则

网络空间国家审慎义务再探究

汪易玲*

  摘　要：起源于友邻原则的审慎义务，经过国家主权原则、跨界损害、国际人权法和人道法领域的发展与实践，在国际法的国家义务中占据一席之位。客观上，追究国家对国际不法行为的责任在国家主权不断延伸的今天更为困难，本文从网络空间现状和国家责任中控制标准难题引出审慎义务的适用，再从审慎义务的渊源和发展探讨在现代战争情势下解释适用审慎义务的可能性，在网络空间的国家责任归因更为困难的现实下，引入审慎义务减缓损失，寻找在新领域中适用旧规则的可行性。

  关键词：审慎义务；现代战争；国家责任；控制标准

引　言

  我国国家计算机网络应急技术处理协调中心发布的 2020 年度《中国互联网网络安全报告》显示，在全球新冠肺炎疫情不断发酵之时，境外"白象""海莲花""毒云藤"等 APT 组织将攻击视野放在我国卫生机构上，典型漏洞"永恒之蓝""心脏滴血"等仍然难以解决，勒索病毒层出不穷，数据显示有 78.1 万余个相关软件被捕捉，较 2019 年增长 6.8%。就全球 2020 年的网络情况而言，中国、巴基斯坦、乌克兰、韩国等多个国家都是被 APT 组织频繁攻击的目标；富士康 100G 数据被盗，黑客勒索 2.2 亿元；全球数家重要机构因 Solarwinds 供应链攻击而被黑客入侵等，网络安全事件不胜枚举。进入 2021 年，

---

  * 汪易玲，中国政法大学 2020 级军事法学专业硕士。

4月份伊朗纳坦兹核设施发生停电事故；5月份科洛尼尔管道勒索软件事件，为应对该事件，美国甚至宣布进入国家紧急状态；7月份卡西亚勒索软件事件；8月份的咨询巨头埃森哲、巴西国库以及美国数家医院遭遇勒索软件攻击事件；9月份，在被勒索软件攻击的 Springhill 医疗中心里，因为勒索软件抹掉了心率监测器本应在护士站接受的额外检查，导致一位婴儿丧生。[1] 这些网络活动似乎更倾向于破坏民用基础设施。然而，由于网络空间的隐蔽性，找到背后的责任人本身就存在技术上的难题，更不必说大量存在的受到国家"指挥或控制"的非国家行为者网络攻击行为难以归责的现象。其中很大一部分原因在于控制标准理论在网络空间中难以适用，新的归因理论也莫衷一是，此时，在国家责任赤字情况下提出的审慎义务，便得到学界的关注。

2021年10月19日，牛津大学道德、法律与武装冲突研究所发布《国际法中的网络审慎义务》[2]，在认可国际法可适用于网络空间的前提下，审慎义务作为一项古老的国际法义务，在预防和消除跨界环境损害、保护外国人人权和投资权益以及国际人道法等情境中有着独特的作用，同样可以解释适用于网络空间等新领域。笔者对此深以为然，首先，《国家对国际不法行为的责任条款草案》（以下简称《国家责任条款》）将为国家设定义务的初级规则和违反义务承担责任的次级规则严格区分，导致规则太抽象难以适用；其次，国际法实践中对于归因中的控制标准问题莫衷一是，即使在一定程度上存在彼此妥协与让步，但具体归因时法官自由裁量权较大；最后，一些新兴的归因理论，例如 Matthew J. Sklerov[3]、David E. Graham[4] 等学者提出的"转嫁责任理论""自上而下理论""庇护国理论"等也禁不起推敲，由此，在国家主权范围不断扩展的现代战争情势之下，因为技术等问题，存在于网络空间、外空、电磁等新兴领域的攻击行为的国家责任越来越难以归因，审慎义务的适用将会在一定程

---

〔1〕 Andraz, Kastelic: "Due Diligence in Cyberspace Normative Expectations of Reciprocal Protection of International Legal Rights", 载 https://www.unidir.org/publication/due-diligence-cyberspace-normative-expectations-reciprocal-protection-international, 最后访问时间: 2022年4月22日。

〔2〕 Talita Dias, Antonio Coco: "Cyber Due Diligence in International Law", 载 https://www.elac.ox.ac.uk/wp-content/uploads/2022/03/finalreport-bsg-elac-cyberduediligenceininternationallawpdf.pdf, 最后访问时间: 2022年4月22日。

〔3〕 Matthew J. Sklerov: "Solving the Dilemma of Sate Responses to Cyberattacks: A Justification for the Use of Active Defenses against States Who Neglect Their Duty to Prevent", Military Law Review, Vol. 201, No. 3, 2009, pp 38-39.

〔4〕 David E. Graham: "Cyber Threat and the Law of War", Journal of National Security Law & Policy, Vol. 4, No. 1, 2010, pp. 87-102.

度上减少这种"责任赤字"下的受害国损失。

一、国家责任中控制标准之争

国家责任的归因困境很大程度上来自于控制标准之争。国家责任中最关键且最难适用的第 8 条——"受到国家指挥或控制的行为"最容易成为网络空间所面对的情况，对于该条款的解释主要有国际法院"尼加拉瓜军事行动和准军事行动案"和"波黑诉南联盟种族灭绝罪公约案"等案例主导的有效控制（Effective Control）标准和前南国际刑事法庭"塔迪奇案"、国际刑事法庭"卢班加案"等主导的全面控制（Overall Control）标准。

（一）有效控制标准

在"尼加拉瓜军事行动和准军事行动案"[1]中，有证据证明美国里根政府向尼加拉瓜反政府武装部队提供有关后勤保障、武器弹药装备的协助，甚至直接派遣军事观察员。但是国际法院却认为需要直接证据证明美方作出了特别指令才能叫作有效控制并以此归责。[2]

在国际法院"波黑诉南联盟种族灭绝罪公约案"中，"有效控制"原则也得到了再次确认，国际法庭认为，"依赖关系不重要，重要的是指令和有效控制"。在"尼加拉瓜军事行动和准军事行动案"后的"塔迪奇案"所确认的"全面控制"标准只能用在确认冲突是否具有国际性之上。[3]具体追究国家责任仍应当坚持有效控制标准。

（二）全面控制标准

全面控制标准最初是由前南国际刑事法庭"塔迪奇案"上诉法庭确立。在该案中，初审审判庭按照有效控制标准认为，塞尔维亚和黑山没有对波黑境内的反政府武装部队进行有效控制，也就是说不存在国际性武装冲突，"严重违反日内瓦公约"的指控需要以构成国际性武装冲突为前提，塔迪奇当然不满此类指控。[4]但是上诉庭中的罗宾逊法官认为这样显然有失公平正义，也因为"塔

---

〔1〕 Military and Paramilitary Activities in and against Nicaragua（Nicaragua v. United States of America），载 https://www.icj-cij.org/en/case/70/judgments，最后访问时间：2022 年 4 月 22 日。

〔2〕 冷新宇："网络攻击中国家责任的判别标准"，载《西安政治学院学报》2014 年第 2 期。

〔3〕 Application of the Convention on the Prevention and Punishment of the Crime of Genocide（Bosnia and Herzegovina v. Serbia and Montenegro），载 https://www.icj-cij.org/en/case/91，最后访问时间：2022 年 4 月 22 日。

〔4〕 The Prosecutor v. Tadić, Duško, Separate Opinion of Judge Robinson，载 https://www.icty.org/x/cases/tadic/tjug/en/tad-tsojrob991111e.pdf，最后访问时间：2022 年 4 月 22 日。

迪奇案"为前南国际刑庭成立后的第一案，需要有示范效用。罗宾逊法官提出，塞尔维亚和黑山只需要在总体上拥有控制权，作为一个有组织的实体，控制者只需要明确被控制者大致方向的政策符合己方利益，并不需要对每次活动都作出明确指示，这也确认了对于组织较为宽松的全面控制标准。[1]

在国际法院确认判断冲突是否具有国际性应当用比较宽松的全面控制标准，判断是否应当追究国家责任适用有效控制标准之后，国际刑事法庭审判"卢班加案"又再次沿用了前南国际刑事法庭的全面控制标准。[2]作为刚果爱国者联盟主席、刚果爱国阵线总司令和政治领导人的卢班加在人民联盟的活动方面发挥了全面协调作用，并积极支持征聘倡议，例如，向当地居民和新兵发表演讲，国际刑事法庭认可以全面控制标准追究责任。由此可见，国际社会对于"指挥和控制行为"的解释并不明确，值得注意的是，这一条款的通过时间为1998年，之所以使用指挥（direction）和控制（control）两个程度明显不同的表述方式，也是因为"塔迪奇案"并未形成最终判决，立法委员会本身也并不清楚何种程度才算受到控制。

（三）控制标准困境下的审慎义务

从上述控制标准之争可以看出，国家责任归因存在如下问题：一是在非国家行为责任归因于一国的情形下，控制标准虽逐渐形成判断武装冲突是否具有国际性用全面控制标准，判断国家责任用有效控制标准的妥协，但学界对于其如何适用于网络空间莫衷一是。二是因为一些国家反恐怖组织的政策背景产生的新理论禁不起推敲，目前尚没有一项得到学界一致认可的归因标准。

总体看来，追究国家责任归因的"受到国家指挥或控制"的行为定义尚存争议，是否可以考虑在违法性上强调国家的审慎义务，减少不法行为的发生或者在不法行为发生时及时止损。[3]

2013年《关于从国际安全的角度来看信息和电信领域的发展政府专家组报告》[4]第23条指出，各国应当尽全力避免领土被从事影响信息通信正常使用

〔1〕 刘仑："网络攻击中国家责任的归因困境"，载《山东社会科学》2016年第3期。

〔2〕 The Prosecutor v. Thomas Lubanga Dyilo，载 https://www.icc-cpi.int/drc/lubanga，最后访问时间：2022年4月22日。

〔3〕 左希迎、刘丰："国际政治中的审慎原则——思想源流、理论价值与现实意义"，载《外交评论（外交学院学报）》2008年第6期。

〔4〕 "关于从国际安全的角度来看信息和电信领域的发展政府专家组报告"，载 https://undocs.org/zh/A/68/98，最后访问时间：2022年4月22日。

的行为；其后，2015 年报告[1]的第 13 条中进一步明确各国不应故意允许利用信息通信进行国际不法行为，并建议各国应当积极设法保证非国家行为者的行为合法。

另外还有一种比较缓和的观点，即审慎义务作为一般规则可以适用，但需要通过国家实践和法律依据加以确认。《塔林手册》的主编 Michael N. Schmitt 早在 2008 年就指出，需要有国家实践和法律意见作为证据来评估国际法在网络空间的适用性，即，各国必须在网络空间中实践审慎义务，审慎义务才可以通过当前国家实践和法律依据得到确认。本文认为，因为一般规则确实存在，应当适当降低国家实践和法律依据的门槛。

目前，在已知的国家公开声明中，仅有阿根廷、以色列、英国和新西兰对审慎义务在网络空间中的适用性持怀疑态度。澳大利亚政府专家组在国际网络稳定会公开咨询中提交的专家观点辩驳道，尽管关于审慎义务是否适用于国家在网络空间中的国际法律义务尚无国际共识，但这一准则已得到普遍认可。另外，国际法院在《核武器咨询意见》中也反映了这一观点，即，"如果没有从法律上加以排除，新技术就要受业已存在的国际法规制"。从学界观点和国家政策来看，审慎义务的适用具有一定的支持度，但如何解释适用于新领域就需要从审慎义务的渊源说起。

二、审慎义务的渊源和发展

亚里士多德认为个人的行动与情感必须遵循于审慎这样的实践智慧，在进行判断和选择这种情感决策时，应当推己及人、立意公正地为他人着想。[2]中世纪时期，审慎一词译为"discretion"，代表明断与慎行，为实现善的预期而理解现实。[3]阿奎那更是将审慎作为世间两种绝对完美的道德之一，仅次于第一等级的仁慈。[4]启蒙运动中的审慎被解释为"有限度的内省"，霍布斯认为，审慎是维护自身利益的技巧，不一定是一种美德，在这个程度上可以说，社会中达到维护他人利益的共识可以更好地保护自我利益。这似乎更为符合审慎的现代意义，即为了暂时移走悬在各个国家头上的"达摩克里斯之剑"，我们需

---

[1] "关于从国际安全的角度看信息和电信领域的发展政府专家组报告"，载 https://undocs.org/zh/A/70/174，最后访问时间：2022 年 4 月 22 日。

[2] 张曙光、胡礼忠主编：《伦理与国际事务新论》，上海外语教育出版社 2004 年版，第 46 页。

[3] Josef Pieper, *"On the Christian Idea of Man"*, Review of Politics, Vol. 11, No. 1, 1949, pp. 4-7.

[4] Denis J. M. Bradley, *Aquinas on the Twofold Human Good*: *Reason and Human Happiness in Aquinas's Moral Science*, The Catholic University of America Press, 1997, p. 491.

要给国家丛林法则找到一个更高规则，这是国家安全下发展新型作战手段和作战方式的先行诉求。

（一）国家主权原则中的审慎义务

1. 国家主权概念下的审慎义务

审慎作为国家主权的一部分最早由法国思想家博丹提出，在 1577 年的《论共和国》一书中，博丹认为，主权包括"他国不得干涉"和"谨慎注意领土用于侵犯他国主权行为"两个层面，即独立与审慎义务。

2. 国家主权审慎义务的法律依据

两次世界大战之后，各国逐渐认识到战争不是解决国际问题的关键，国家主权观念逐渐由强调权利变成权利义务并重，《联合国宪章》第一章第 2 条规定了国家主权平等原则。1970 年《国际法原则宣言》中，主权平等得到了更详细的阐述，国家主权原则中包含了国家的审慎义务。各国主权平等，其中包括履行国际法上的义务，从事国际不法行为将会承担国家责任等。从国际人道法视角来看，《海牙第五公约》第 5 条规定，战争中立国不能允许自己的领土被用于侵犯他国主权，这也是尊重主权，履行审慎的要求。《防止及惩治灭绝种族罪公约》第 1 条就要求缔约国对种族灭绝行为应当充分防止和惩治，该义务存在于和平或战争的任何形态，可以说，审慎贯穿于国家主权相关条约中。

3. 国家主权审慎义务的实践判例

1928 年的帕尔马斯岛仲裁案〔1〕开了审慎义务在国家主权中的适用先河，法庭在说理中认为，领土主权概念不仅强调"我方正当权利"，也包含保护我方领土内他国权利的义务。这就是在本国领土内谨慎注意不要侵害他国合法权利的案例实践。

审慎义务原则最著名的实践是"科孚海峡案"〔2〕，科孚海峡是阿尔巴尼亚和希腊两国之间的边界线，其最窄处恰好也是沿岸两国的领海，1946 年 10 月 22 日，英国舰队多次安全通过海峡后，再次通过时，在阿尔巴尼亚领海范围内遇到水雷后爆炸并造成人员伤亡和经济损失。英国政府随即要求阿尔巴尼亚针对此事进行赔偿。水雷虽然并不一定是阿尔巴尼亚故意部署，但却有间接证据

---

〔1〕 Island of Palmas case（Netherlands v. USA），载 https://legal. un. org/riaa/cases/vol _ II/829 - 871. pdf，最后访问时间：2022 年 4 月 22 日。

〔2〕 Corfu Channel（United Kingdom v. Albania），载 https://www. icj-cij. org/en/case/1，最后访问时间：2022 年 4 月 22 日。

可以证明阿尔巴尼亚至少知情。国际法院认为，既然阿尔巴尼亚可以被证明知道有危害他国的可能性存在，就应当秉承谨慎注意的态度，提前告知需要通过该海峡的船只，避免造成损失，否则就是 "在明知存在危害他国权利的情形下仍不作为" 的情况。

此后，1999 年 "刚果诉乌干达案" 中，刚果指控乌干达占领地区部队在刚果民主共和国领土上肆意盗采、劫掠、破坏自然资源。法院认为，乌干达武装部队对伊图里地区进行了军事占领，在占领期间，应当尽全力防止军队对刚果领土进行侵害，因为乌干达的不作为，法院判定乌干达违反审慎义务。[1]

由此可见，违反审慎义务无论是从条约规定还是国际法判例上，都可以作为国家主权被侵害的规则。

（二）国际环境法中的审慎义务

1. 国际环境法概念下的审慎义务

国际环境法领域的审慎义务具体体现在跨界损害上，具体包括两个方面：一是对减轻、防止和严格控制环境污染和跨界损害的单方面行为义务；二是在可能产生污染问题和跨界损害的项目上进行通知、提前协商、达成合意的多方合作义务。[2]

2. 国际环境法审慎义务的法律依据

1972 年《联合国人类环境宣言》第 21 条规定，各个国家在开发资源的同时应当注意他国的环境保护问题。1974 年，联合国大会通过的《各国经济权利和义务宪章》第二章第 3 条在意识层面上提出保护的前提下，规定共同开发应当进行协商。1978 年联合国环境规划署发布《有关国家共享资源的环境领域的行为原则》，其中预防原则要求 "确保防止对环境构成威胁的物质或活动对环境产生不利影响，即使没有确凿的科学证据证明该特定物质或活动与环境损害有关"。1982 年《联合国海洋法公约》第 192 条、第 193 条将此义务扩展到海洋环境领域。1992 年《里约宣言》原则 15 强调了这一原则，另外，原则 2、原则 19、原则 27 都体现出国家应当防治对他国的环境伤害、预先通知和协商等要求。

---

〔1〕 Armed Activities on the Territory of the Congo（Democratic Republic of the Congo v. Uganda），载 https://www.icj-cij.org/en/case/116，最后访问时间：2022 年 4 月 22 日。

〔2〕 [英] 帕特莎·波尼、埃伦·波义尔：《国际法与环境》，那力、王彦志、王小钢译，高等教育出版社 2007 年版，第 98~128 页。

3. 国际环境法审慎义务的实践判例

国际环境法诉讼中关于适用审慎义务的案例很多，其中以"美国诉加拿大特雷尔冶炼厂仲裁案"[1]最为著名，一家位于加拿大的冶炼厂在冶炼时大量排放二氧化硫，严重损害了美国华盛顿的农作物和植被，该案中值得一提的是关于因果关系的证明，涉及国家责任的赔偿领域，因果关系应当被证明，仲裁庭指出，国际法原则认为如果损害后果证据达到明确而可信程度就可以被采信，再次强调任何人都没有权利以任何形式，包括空气污染形式损害别国利益。此后，在"新西兰诉法国核试验案"[2]"匈牙利诉斯洛伐克多瑙河大坝案"[3]中都重申了审慎义务在环境污染和跨界损害中的重要作用。由此可见，违反审慎义务无论是从条约规定还是国际法判例上，都可以作为环境问题中国家责任的违法性规则。

(三) 审慎义务的发展产生的实践难题

在不同的国际法案例和规则、宣言中，审慎呈现出不同的属性。"帕尔马斯岛仲裁裁决"认定，国家主权要求各国保护其他国家在本国领土上的权利，这是一种积极的防治义务，不同于传统国家主权不侵害他国的消极义务。"科孚海峡案"产生的"科孚海峡原则"是一项公认的国际法原则。在环境损害和其他跨界危害成为关注重点以来，审慎义务也因为国家实践和法院判例而成为该领域的一般义务。这是国际法委员会在其第五十三届会议工作报告中所呈现的内容。根据委员会的报告，该领域的审慎义务也是一种习惯国际法，其基础是"不损害"或"睦邻"原则。本文更认可荷兰外交部长在2019《关于网络空间国际法律秩序的信——附录：网络空间国际法》[4]的发言，虽然并不是每个国家都认为审慎义务是一项国际法规定的义务，但违反审慎义务本身就构成国际不法行为。

---

〔1〕 Trail Smelter Arbitration (United States v. Canada), 载 https://legal.un.org/riaa/cases/vol Ⅲ/1905-1982.pdf, 最后访问时间：2022年4月22日。

〔2〕 Request for an Examination of the Situation in Accordance with Paragraph 63 of the Court's Judgment of 20 December 1974 in the Nuclear Tests (New Zealand v. France) Case, 载 https://www.icj-cij.org/en/case/97, 最后访问时间：2022年4月22日。

〔3〕 Legality of the Use by a State of Nuclear Weapons in Armed Conflict, 载 https://www.icj-cij.org/en/case/93, 最后访问时间：2022年4月22日。

〔4〕 Michael Schmitt: "New Zealand Pushes the Dialogue on International Cyber Law Forward", 载 https://www.justsecurity.org/73742/new-zealand-pushes-the-dialogue-on-international-cyber-law-forward/, 最后访问时间：2022年4月22日。

三、作为弥补"国家责任赤字"的审慎义务

长期以来，审慎义务是在初级规则下进行探讨的，仅作为国家的义务标准，但并不作为一个归因标准，为解决国家责任归因难的问题，近年来也有将审慎义务作为归因标准的说法。

（一）作为初级规则的审慎义务

格劳秀斯将法分为初级自然法、次级自然法和初级国际法、次级国际法，其在《捕获法》一作中指出，初级自然法为神意，次级自然法即是初级国际法，例如，仅次于神意的公意，即是人类的共同利益，从次级国际法开始才是国际社会为了共同利益所制定的规则，包括"所有国家表示的意志，即为关于所有国家之法律"等。哈特在《法律的概念》中指出，初级规则是设定义务的规则，要求或禁止人们作出某种行为。[1]也就是说，将审慎义务作为初级规则，即违法性层面上讨论审慎义务。

如前文所述，国家审慎义务是从"科孚海峡案"延伸出来的义务，[2]即谨慎注意义务，国家在已知的情形下，应当避免领土被用于侵害他国权利，在环境法中多表述为"采取一切必要措施"，如《联合国海洋法公约》第194条，在国际人道法中被描述为"防止与惩治"，如《防止及惩治灭绝种罪公约》。要追究国家不审慎的违法性，就必须具备这样的审慎义务，此类审慎义务可以来自条约规定，可以来自一般法律原则，例如，违反"使用武力"；可以来自国家承诺。在违法性的语境下，审慎义务的适用不是最主要的问题，学界所关注的是"一切必要措施"的范围以及一国未履行审慎义务是否可以引起相对应的反措施。

（二）作为次级规则的审慎义务

鉴于存在上述审慎义务是否能引起相对应的反措施的论题，有学者指出，将审慎义务作为归因的一类，就可以直接针对国家的不审慎追究国家责任。近年来，有学者提出，审慎义务仅在违法性层面规制国家不利于在新形势下维护国家安全并倡导将审慎义务界定为次级规则，即以归因标准来解决网络空间难以归责的问题。例如，学者 Nicholas Tsagourias[3]非常激进地主张："一国对另

---

[1] 张乃根："试析《国家责任条款》的'国际不法行为'"，载《法学家》2007年第3期。

[2] 黄志雄："网络空间负责任国家行为规范：源起、影响和应对"，载《社会科学文摘》2019年第3期。

[3] Nicholas Tsagourias, "*Cyber Attacks, Self-Defence and the Problem of Attribution*", Joural of Conflict and Seaurity Law, Vol. 17 No. 2, 2012, p 229.

一国的任何形式的攻击都可以引起受害国的天然的自卫权，在一国无法对非国家行为体实施控制的情况下，受害国可以行使天然的自卫权，这是国家使用武力的合法理由。"Chaglias 提出"容忍或不愿意"（toleration or unwillingness）标准。即，当一国发现非国家行为体的网络攻击时，如果发起方没有及时制止这种行为，受害国可以主张网络空间发起国容忍攻击行为或不愿意履行审慎义务，因而行使自卫权。另外学者 Luke Chircop[1]认为《国家责任条款》中现存的第4条至第11条中有关归因的标准为国家责任归因的一般规则，将审慎义务视为特殊的归因标准，也就是前文所说的在网络空间领域对审慎义务的新探索。

本文认为，这些观点都有其弊端，首先，《国家责任条款》是次级规则的集合，在《国家责任条款》编撰过程中，审慎义务曾经在初级规则部分多次出现。只是最终特别报告员詹姆斯·克劳福德为了尽可能弥合分歧，将初级规则尽数删除，审慎义务也因此被删。《国家责任条款》的目的不是规定构成国家责任的国际义务是什么，而是规定违背国际法义务的法律后果。[2]如果将其视为单独的归因标准，无疑会动摇整个《国家责任条款》体系和一直以来的国际实践。其次，若是由着新趋势发展不断地扩张国际法原意，无疑会带来国际局势的混乱和霸权主义盛行，美国在"9·11"之后的反恐行动"安全港理论"就可见一斑。由此，在国家责任违法性要件中可以解释适用审慎义务，但不审慎不能作为归因要件，在责任归于一国的判断中，应当严格按照《国家责任条款》进行分类讨论。[3]

从现实来看，将审慎义务作为归因对国家义务要求过高，国际法体系是基础的准绳，对各国科以过高要求一方面难以达成合意，另一方面更容易成为滥用反措施甚至使用武力的借口。另外，不作为与作为的违法有明显区别，不能简单地用"科孚海峡案"来进行归因。[4]在这一点上，作为行为的违法性与不作为行为的违法性不能相提并论，不应一味扩大审慎义务的范围使国家处于另外一种不安中，不利于国际社会的长久和平与安全。

---

〔1〕 Luke Chricop, "*A Due Diligence Standard of Attribution in Cyberspace*", Internatial & Comparative Law Quarterly Vol. 67, No. 3, 2018, p 643.

〔2〕 林灿铃："国际法的'国家责任'之我见"，载《中国政法大学学报》2015 年第 5 期。

〔3〕 张华："论非国家行为体之网络攻击的国际法律责任问题——基于审慎原则的分析"，载《法学评论》2019 第 5 期。

〔4〕 刘仑："网络攻击中国家责任的归因困境"，载《山东社会科学》2016 年第 3 期。

四、现代战争情势下审慎义务的趋势与困境

随着科学技术的不断发展，国家主权范围从最开始的陆地、海洋、领空慢慢扩展到网络、外空等，审慎义务在现代化的作战方式如网络战争中的适用逐渐成为国家趋利避害的共识。

（一）审慎义务适用趋势

法国、爱沙尼亚、芬兰、日本、丹麦、荷兰、冰岛、韩国等国家都确认了网络空间主权制度和审慎义务应当在网络空间中进行解释适用，[1]但具体如何适用尚且缺少国家实践。联合国裁军研究所发布的《网络空间的审慎义务：国际法律权利对等保护的规范预期》报告认为审慎义务仅仅只是规范，在这一点上，笔者认为，审慎义务的概念最好被理解为在一系列领域的国际法的各种基本规则或原则中发现的一种灵活的谨慎或善治标准，而不是具体的某一项原则的引用，要想真正达到审慎目的，就应该综合借鉴各个领域的审慎方式。

中国在 2021 年世界互联网大会乌镇峰会中联合多家智库发布《网络主权：理论与实践（3.0 版）》，其中在网络主权的义务维度确认"各国不得蓄意允许其领土，或者在政府控制下的领土或网络设施、网络数据和信息，被用于实施损害他国国家安全和利益的网络活动"。其中对审慎义务的适用添加限定词，在这样的限定词下应当如何具体适用审慎义务，也是接下来学界应当关注的话题。

（二）审慎义务适用难题

1. 审慎义务本身存在的问题

首先，审慎义务的内涵和外延不明确。国家应该在多大程度上履行审慎义务，审慎义务的履行强度和标准是否应当统一都是难以解决的问题，国家的技术水平参差不齐，对高技术国家科以高标准是否可行。这也是适用审慎义务最关键的难题。

其次，审慎义务可能会带来的人权问题。国家履行审慎义务可能涉及监测用户使用，必要时切断网络等侵犯人权的行为，这无疑又涉及了国际人权领域，对审慎义务的具体适用是否应当考虑到这些因素也是一大难题。

---

〔1〕 Talita Dias，Antonio Coco："Cyber Due Diligence in International Law"，载 https://www.elac.ox. ac.uk/wp-content/uploads/2022/03/finalreport-bsg-elac-cyberduediligenceininternationallawpdf.pdf，最后访问时间：2022 年 4 月 22 日。

2. 审慎义务具体应用问题

因为审慎义务本身存在问题，在网络空间情形下适用审慎义务难以达成国际共识。但是国际法需要国际实践或者各国普遍认可才有意义，而为国家带来责任的审慎义务可能难以得到认可，对于审慎义务的性质，各个国家也莫衷一是，存在行为义务、国际法原则、非强制性规范等不同说法。在这一点上就需要探讨针对不同主体的审慎义务，探索如何在为国家加上最小的义务的同时保护国际社会共同利益，只有这样才能最大可能地使国家接受在网络空间中的审慎义务。

国际社会层面缺少将审慎义务适用于网络空间的国家实践。目前，法国、荷兰、爱沙尼亚、芬兰、日本、丹麦、冰岛、韩国等国家都确认了网络空间主权制度和审慎义务应当在网络空间中进行解释适用，但具体如何适用尚缺少国家实践。许多国家明确声明支持审慎义务可以适用于网络空间，但也仅停留在可适用层面，审慎义务具体实施需要额外指导。笔者认为，牛津大学近期发布的《国际法中的网络审慎义务》中的"拼凑"方法是解题关键。

结论：中国现状与对策建议

国家对国际不法行为的国家责任一直以来都是一个颇受国际社会关注的话题，在国家主权不断解释扩展的今天，国家责任在各个领域的运用显得尤为关键。对于我国来说，网络基础设施监管严格，容易被其他国家用很高的审慎义务来要求，甚至有学者提出，对网络严密管控的国家，只要能够确定攻击来源地为此国，就可以在尚未确认具体行为人的前提下将责任归于该国。另外，在国家机关的界定上，《塔林手册2.0版》中，国际专家组认为，据以支持定性为国家机关的，是相关组织或机构的具体职能和国家认可的网络活动具体目的，[1]由此可见，中国大量国家控股的企业的行为就有被追究国家责任的风险。我国在政府对该公司的授权方式、目的、结果，人事任命和资产处置上都应当加以考虑，或者早日形成审慎义务适用范围的国际认可。

正如邓肯·霍利斯教授所说，现有的国际法律框架十分复杂，是特定历史时期的产物，具有不确定性。[2]但是动摇国家实践、国家合意而形成可适用多年的国际法体系无疑十分困难，在国家责任的违法性中适用审慎义务并对其适

---

〔1〕 田立："国际安全视角下的中国参与网络空间国际法建构的路径选择"，载《云南社会科学》2021年第6期。

〔2〕 邹龙妹、王谦："网络攻击背景下国家责任认定问题研究"，载《知与行》2020年第5期。

用范围加以解释是现阶段最好的方式。2020 年 12 月 14 日，"北约中心" 正式宣布将启动《塔林手册 3.0 版》的编纂工作，结合此前两版《塔林手册》的发展和局限，以世界互联网大会为牵引，我国也应当进一步明确立场，积极寻求区域协作和国际认可，掌握国际话语权，为构建网络空间命运共同体提供中国智慧。

法与经济学

"大数据杀熟"《反垄断法》规制的困境与出路

张新悦*

摘　要：2021 年《国务院反垄断委员会关于平台经济领域的反垄断指南》将"大数据杀熟"认定为价格歧视行为。"大数据杀熟"不仅会对消费者以及其他经营者的权益造成损害，也会破坏市场竞争秩序，因而应对其加以规制。本文从《反垄断法》规制的视角出发，发现现阶段"大数据杀熟"仍存在着差别待遇认定标准模糊以及执法体系不完善的问题。针对差别待遇认定标准模糊的问题，本文提出了优化市场支配地位的认定方式以及规制行为损害后果的意见与建议。针对执法体系不完善的问题，本文通过将"回应性监管理论"引入执法领域提出了构建多元监管体系以及完善执行金字塔的意见与建议。

关键词：大数据杀熟；反垄断法；价格歧视；法律规制；回应性监管

绪　论

随着数字经济的快速发展，以大数据为动力的数据驱动新时代正在到来。我们通过网上互动、购买记录等产生了大量的数据，这些数据可以被机器追踪。这种追踪能力与机器学习算法相结合，催生了广泛而多样的"个性化"服务，如个性化新闻内容、广告推荐等，其中更为普遍又相对隐蔽的便是"大数据杀熟"现象。自 2018 年 3 月，"大数据杀熟"便进入了人们的视野。2020 年 8 月发布的《在线旅游经营服务管理暂行规定》明确规定了在线旅游经营者不得滥用大数据分析等技术手段，基于旅游者消费记录、旅游偏好等设置不公平的交

---

* 张新悦，中国政法大学 2021 级法与经济学专业硕士。

易条件，侵犯旅游者合法权益；2021 年《国务院反垄断委员会关于平台经济领域的反垄断指南》（以下简称《指南》）将"大数据杀熟"定义为滥用市场支配地位、实施差别待遇。"大数据杀熟"现象得到越来越广泛的重视，但现阶段其法律规制方面仍存在不足与完善的空间。由于"大数据杀熟"不仅会对消费者权益、竞争对手权益造成损害，也会破坏市场竞争秩序，研究其法律规制方面仍存在的不足并针对性地提出意见与建议具有现实紧迫的重要意义。

对于大数据杀熟的法律规制，国内外已经有大量学者进行了研究。Marie Wallmark（2018）[1]认为算法价格歧视由于算法模型不透明，可能涉及种族歧视、性别歧视而违反《罗宾逊—帕特曼反托拉斯法》，因而提出基于行为模式的价格歧视，并讨论了价格歧视对消费者的经济福利、市场竞争和隐私的影响；Frederik Zuiderveen Borgesius（2019）[2]以线上价格差异为例，探讨了欧盟非歧视法与保护人们免受不公平算法决策侵害的关系，认为当前的非歧视法是十分必要的，但保护程度不足，仍然需要额外的规章制度；Salil K. Mehra（2020）[3]认为共谋价格歧视会导致从消费者向生产者的大量福利转移，也更容易形成持久的卡特尔，违反《谢尔曼反托拉斯法》第 1 条，并提出恢复对价格歧视的强制执行、优先采取行动打击抑制参与者转换的价格歧视平台等意见与建议；高培培（2019）[4]提出运用系统论的方法全局性地构造法律屏障，完善互联网相关的法律规范；余敏（2019）[5]基于 Akerlof 的"柠檬"问题理论模型实证分析发现消费者对于商品价格信息的披露最为敏感，可以有效减少"大数据杀熟"逆向选择的风险；李飞翔（2020）[6]从数据、用户以及互联网平台的视角出发，研究了"大数据杀熟"所包含的伦理问题，如数据的所有权与分布、算

---

〔1〕 参见 Wallmark M., Greenberg E., Engels D., "Consumer Welfare and Price Discrimination: A Fine Line", *SMU Data Science Review*, Vol. 1, No. 1, 2018, p. 14.

〔2〕 参见 Borgesius F. Z., "Price Discrimination, Algorithmic Decision-Making, and European Non-Discrimination Law", *European Business Law Review*, Vol. 31, No. 3, 2020, pp. 401-422.

〔3〕 参见 Mehra S. K., "Price-Discrimination Driven Algorithmic Collusion: Platforms for Durable Cartels", *Stanford Journal of Law, Business & Finance*, Vol. 26, No. 1, 2021, pp. 171-221.

〔4〕 参见高培培："构筑遏制大数据'杀熟'的法律屏障"，载《人民论坛》2019 年第 36 期。

〔5〕 参见余敏："'大数据杀熟'可以避免吗？——电子商务逆向选择风险规避"，载《价格理论与实践》2019 年第 4 期。

〔6〕 参见李飞翔："'大数据杀熟'背后的伦理审思、治理与启示"，载《东北大学学报（社会科学版）》2020 年第 1 期。

法相关的伦理规则、合理界定责任主体等重要议题；朱程程（2020）[1]建议在认定价格歧视时突破《反垄断法》关于实施主体的禁锢，完善电子商务信息披露制度；承上（2020）[2]认为需要依据"大数据杀熟"相关行为的竞争效果进行综合判断，并选择恰当的福利指标。朱建海（2021）[3]认为"大数据杀熟"的反垄断法规制需要从突破市场支配地位限制、改良反竞争效果的衡量方式、明确正当理由的判定标准以及加强反垄断的私人执行等方面入手，以实现保护消费者合法利益、维护市场公平和自由竞争。

综上所述，国外的研究大多关注于算法价格歧视背后的经济学原理以及算法价格歧视是否因涉及种族歧视、性别歧视等违反法律，如《反托拉斯法》等，并依此提出了基于固有特征定价和基于行为定位（BBP）两种模式的价格歧视。国内的研究注意到了"大数据杀熟"会导致消费者福利损失、损害市场秩序等风险，也有相关研究注意到了互联网领域市场支配地位认定的困难，但对"排除或者限制竞争"这一损害后果要件没有更加详细的论述，同时也少有研究将"回应性监管理论"引入反垄断执法领域。本文依据国务院反垄断委员会于 2021 年 2 月 7 日发布的《指南》将"大数据杀熟"认定为一种价格歧视行为，对差别待遇的构成要件进行了新的诠释，同时将"回应性监管"引入执法领域完善监管体系，具有创新性。

本文从《反垄断法》的视角出发，探究了"大数据杀熟"法律规制方面仍存在的不足与完善空间，具有重要的理论价值和实践价值。理论价值方面，本文多角度分析了"大数据杀熟"的竞争损害，并采用博弈论的分析方法发现"大数据杀熟"易形成稳定的串谋卡特尔。同时，《反垄断法》视角下我国"大数据杀熟"的法律规制仍存在差别待遇认定标准模糊以及执法体系不完善的问题。实践价值方面，针对差别待遇认定标准模糊的问题，本文提出优化市场支配地位认定方式并对"排除或者限制竞争"这一损害后果要件进行了更详细的阐述。针对执法体系不完善的问题，本文将"回应性监管理论"引入反垄断执法领域，提出了构建多元监管体系、完善执行金字塔的意见与建议。

---

〔1〕 参见朱程程："大数据杀熟的违法性分析与法律规制探究——基于消费者权益保护视角的分析"，载《南方金融》2020 年第 4 期。

〔2〕 参见承上："人工智能时代个性化定价行为的反垄断规制——从大数据杀熟展开"，载《中国流通经济》2020 年第 5 期。

〔3〕 参见朱建海："'大数据杀熟'反垄断规制的理论证成与路径优化"，载《西北民族大学学报（哲学社会科学版）》2021 年第 5 期。

一、"大数据杀熟"概述

（一）"大数据杀熟"的概念

"大数据杀熟"是指运营商通过收集、检索和分析消费者消费偏好的相关数据（如价格敏感性、消费者偏好、网站页面停留时间等），并利用老客户的用户黏性和市场的信息不对称，向老客户就相同商品或服务索取更高的无关成本差别的价格。[1]

杀熟的表现形式多种多样。例如，根据消费者与商场的距离进行差异化定价，距离较远的消费者价格更高，距离较近的消费者价格较低。又如，根据用户价格敏感性的不同而差异化定价，对价格敏感性较低的消费者制定的价格更高，对价格敏感性较高的消费者制定的价格更低。

（二）"大数据杀熟"的性质

理论界关于"大数据杀熟"的性质有"价格歧视"与"价格欺诈"之争。"价格歧视说"认为，"大数据杀熟"是一种价格歧视行为，针对同一商品和服务，经营者对交易条件相同的消费者制定不同的价格，从而实现销售利润的最大化，基本原理在于经营者通过提供无差别的商品或者服务，并采取区别定价模式，以达到消费者剩余[2]最小化的交易效果；"价格欺诈说"认为，"大数据杀熟"是利用信息优势，在违背消费者内心真实意愿下实施的一种不正当交易行为，是一种"价格欺诈"行为。[3]《指南》第17条将"大数据杀熟"定性为差别待遇，即支持"价格歧视说"。

"大数据杀熟"是典型的一级价格歧视[4]行为，运用互联网记录人们产生的数据，分析人们的消费偏好、价格敏感性等，从而制定出千人千面的价格，最大程度地侵害消费者权益，最大化经营者利益，属于一级价格歧视。同时大

---

〔1〕 参见邹开亮、刘佳明："大数据'杀熟'的法律规制困境与出路——仅从《消费者权益保护法》的角度考量"，载《价格理论与实践》2018年第8期。

〔2〕 消费者剩余（consumer surplus）是指消费者消费一定数量的某种商品愿意支付的最高价格与这些商品的实际市场价格之间的差额。

〔3〕 参见郑智航、徐昭曦："大数据时代算法歧视的法律规制与司法审查——以美国法律实践为例"，载《比较法研究》2019年第4期。

〔4〕 一级价格歧视，即经营者对消费者收取的价格恰好处于消费者的最高支付意愿临界点，这一模式将导致消费者剩余最小化，而经营者将实现销售利润的最大化。

数据杀熟不包含二级价格歧视[1]和三级价格歧视[2]。在《反垄断法》的实践中，认定差别待遇行为应当考虑公认的商业惯例。对因预先付款、数量和数额大等特殊情况而给予折扣和奖励，并且对所有符合这些条件的交易相对人都给予相应的待遇，则不应认定为差别待遇，因而"大数据杀熟"不属于二级价格歧视。新用户和老用户分属于两个市场，老用户往往由于忠诚度过高而被制定更高的价格，但同一市场的内部制定的不是相同的价格，而是采取"千人千面"的价格策略，因而"大数据杀熟"同样也不属于三级价格歧视。因此，"大数据杀熟"是典型的一级价格歧视。

二、"大数据杀熟"的竞争损害

大数据技术可以更加便捷地获取消费者数据，提供个性化服务，但同时大数据技术也是把双刃剑。大数据技术不仅利用消费者的用户黏性，剥夺了消费者剩余，侵害了消费者的权利，也排挤了相关经营者的公平交易机会，损害了其他经营者的权益，同时还破坏了市场的竞争秩序，造成了消费者与经营者的信息不对称，稳定的串谋卡特尔更容易形成。因此，将"大数据杀熟"行为纳入法律规制范围具有现实紧迫的重要意义。

（一）侵害消费者权益

1. 剥夺消费者剩余

数字经济时代下，算法精准识别、定向推送等功能发展十分迅速，但同时算法价格歧视行为充分利用对个人偏好数据掌控的优势实行价格歧视，实现了由消费者到生产者的福利转移，侵害了消费者的权益。如果运营商通过准确的大数据算法分析预估了消费者的最大意愿支付价格，实施一级价格歧视，运营商将侵占全部的消费者剩余，实现自身利益的最大化。

2. 侵犯消费者权利

电子商务平台的线上交易中，价格并不是公开透明的，经营者往往利用算法，对不同消费者收取不同的价格。消费者默认经营者对其他消费者收取与自己同样的价格，往往不能发现其遭遇了价格歧视，因而这种行为破坏了经营者与消费者之间买卖合同的共识基础，也违背了民法中的诚实信用原则。线上交易

---

[1] 二级价格歧视是指垄断厂商按不同的价格出售不同单位的产品，但是购买相同数量产品的每个人都支付相同的价格，即数量折扣。

[2] 三级价格歧视即对于同一商品，完全垄断厂商根据不同市场上的需求价格弹性不同，实施不同的价格。

中存在着大量的算法价格歧视行为。随着算法的不断发展，消费者对于相同产品支付价格的差异将会越来越大，消费者的知情权和公平交易权也将因此而受损。

（二）损害其他经营者权益

大数据杀熟背景下企业更易通过价格歧视行为损害竞争对手的利益。通过一级价格歧视制定"千人千面"的价格策略，最大程度地剥夺消费者的利益，也最大程度地侵占了竞争对手的市场份额。大规模的经营企业在数据获取、信息搜集等方面占据着优势地位，在搜集数据（如消费者偏好、价格敏感性等）了解消费者的最大意愿支付价格的同时，也可以了解其他经营者的价格策略，并制定收益最大化的价格，排挤竞争对手，损害其他经营者的权益。尽管这些经营者之间生产效率、产品质量等方面可能相差不大，但由于存在大数据杀熟的行为，规模庞大、实力较强的经营企业更容易通过大数据分析实现价格歧视，极大地损害其他经营者的利益。

（三）破坏市场竞争秩序

1. 信息不对称

在电子商务平台线上交易中，经营者比消费者拥有更多的信息，是一个信息不对称的市场。经营者由于拥有算法平台等掌握更多关于消费者的信息，而消费者由于在市场中是分散、独立的，拥有更少的信息，处于相对劣势的地位，经营者利用自己的信息优势实行价格歧视，造成市场失灵，当自由竞争无法发挥作用时，就需要政府的规制、法律的规制。

2. 稳定的串谋卡特尔

实行算法价格歧视需要耗费大量的资金构建算法、构建平台，同时算法价格歧视比起单一定价更能使得经营者获益。资本是逐利的，每个经营者都有动机实行算法价格歧视，因而经营者有动机联合在一起实行算法价格歧视，实现规模经济，[1]降低成本，最大化收益，其结果便是一个稳定的串谋卡特尔。

运用博弈论的方法进行分析可以更直观地了解为什么算法价格歧视易导致稳定的串谋卡特尔。

（1）单一价格竞争。考虑一个两家企业卡特尔的囚徒困境，在这个模型中，企业可以通过串通达成（合作，合作）实现共同利益的最大化，假设分别是（2，2）。但这样的串通并不稳定，因为每个企业都有动机违约去取得收益3，

---

〔1〕 规模经济是指在一特定时期内，企业产品绝对量增加时，其单位成本下降，即扩大经营规模可以降低平均成本，从而提高利润水平。

而另一家企业因为对方的违约收益会变为-1，从而每家企业都会选择（不合作，不合作），这也是这个策略的纳什均衡[1]，虽然这样的总收益和效率不高。

表1 单一价格竞争收益矩阵

	合作	不合作
合作	(2，2)	(-1，3)
不合作	(3，-1)	(0，0)

（2）算法价格歧视下的价格竞争。通过串谋进行算法价格歧视可以增加企业合作的价格回报。这里的假设是由于开发算法成本过大，单一企业自身无法进行算法价格歧视，只有通过共同加入分散成本才能实现个性化定价，当然这只在大数据技术发展前期成立。随着技术不断发展，技术普及和应用的成本会不断降低。假设上述分析的其他结果保持不变，收益矩阵如表2所示。

表2 算法价格歧视下的收益矩阵

	合作	不合作
合作	(4，4)	(-1，3)
不合作	(3，-1)	(0，0)

在这种情形下，两家企业可以通过串谋达成（合作，合作），共同的收益达到了最大化，同时任何一个企业也没有动机去违约，因为一个理性的经济人在作出决策时会进行成本收益分析，违约成本小于违约收益时才会选择违约。在这里，违约成本为不合作的机会成本[2]，即合作时的收益4，而违约收益为3，违约成本大于违约收益，因而更容易达成合作，即形成一个更加稳定的串谋卡特尔，更容易形成垄断，造成市场失灵。传统分析中认为垄断会造成价格歧视，因为在完全竞争下，市场中有大量的卖方和买方，如果一个卖方实行价格歧视就会失去市场，因而只有在垄断下才能形成价格歧视。而大数据时代下，算法价格歧视更容易导致串谋卡特尔，更容易导致垄断。

---

〔1〕 纳什均衡是指博弈中对于每个参与者来说，只要其他人不改变策略，他就无法改善自己的状况。

〔2〕 机会成本是指企业为从事某项经营活动而放弃另一项经营活动的机会，或利用一定资源获得某种收入时所放弃的另一种收入。

信息不对称、垄断都会造成市场失灵，不利于市场竞争秩序的稳定，因而"大数据杀熟"下的买卖合同不会因为意思自治而当然有效，因为除当事人间的权利义务发生了变动外，市场的竞争秩序也受到了侵犯，因而也要受到经济法的规制。

三、"大数据杀熟"《反垄断法》规制的困境

"大数据杀熟"在我国《反垄断法》的法律规制方面仍存在着不足与完善的空间，现阶段主要存在着差别待遇认定标准模糊以及执法体系不完善的问题。

（一）差别待遇的认定标准模糊

根据我国《反垄断法》第 17 条第 6 项的规定，在认定差别待遇时，行为主体是否具备市场支配地位这一构成要件尤为重要。同时，《反垄断法》第 7 条也表明"排除或者限制竞争"是滥用市场支配地位的损害后果要件。

1. 市场支配地位

运用互联网平台实施"大数据杀熟"在实践中存在着市场支配地位认定模糊的问题。根据我国《反垄断法》第 23 条和第 24 条的规定，市场份额是认定经营者市场支配地位的重要标准。我国实践中也常将市场份额作为判定经营者市场支配地位的首要标准。市场份额的认定主要以商品销售额和销售数量为依据，[1] 但互联网领域很多产品和服务都是免费的，亦有免费模式和收费模式并存的。例如，"英语流利说"先以免费的课程吸引流量，增大用户基础，再推出收费课程等收费的产品和服务实现盈利，其市场份额不仅仅是收费模式下的销售额，也应包含免费模式下庞大的用户基础、用户数量。因而，在互联网领域将市场份额认定为商品销售额和销售数量是有失准确的，应选择新型指标来界定市场份额，认定市场支配地位。

2. 排除或者限制竞争的损害后果

根据我国《反垄断法》第 7 条的规定，"排除或者限制竞争"是滥用市场支配地位的构成要件之一，即构成价格歧视须要排除或者限制竞争。一种价格歧视行为如果没有排除或者限制竞争，就不具有违法性，不能为《反垄断法》所规制。因而，在分析是否构成差别待遇时也要看行为是否产生或者可能产生排除或者限制竞争的损害后果，即是否具有或可能具有垄断的效果。然而，我国对于"排除或者限制竞争"这一要件并没有进行更加详细的规定，使得适用

---

[1] 根据《禁止滥用市场支配地位行为暂行规定》第 6 条的规定。

时存在复杂性和模糊性的问题。

（二）执法体系不完善

Gary Becker 认为，法律的威慑力主要由法定处罚和犯罪行为被定罪的概率决定。[1]其中，法条决定了法定处罚，法律执行制度的效率决定了定罪概率，[2]因而法律的执行对法律发挥威慑力具有至关重要的作用。《反垄断法》第 57 条对价格歧视的执法主体以及法律责任进行了相应的规制，但是在实践中并不能发挥很好的效果，执法主体单调及缺乏合作型执法的制度性缺陷日益显现。

（1）执法主体单调。国务院反垄断委员会和国务院反垄断执法机构共同负责我国的反垄断工作，可见反垄断执法在我国主要由政府部门负责，不符合我国"放管服"的改革背景。反垄断执法中要转变政府职能、提高效能，全面推进"放管服"改革，降低制度性交易成本。政府应简政放权、加强监管，切实提高事中事后监管的针对性、有效性。监管主体限定于国家部门、政府部门，忽略了市场监管、自身监管的作用，使得监管的效率低下，也耗费了大量的行政管理资源。

（2）执法措施不完善。"大数据杀熟"现象近几年越发普遍，但相关的执法措施尚不完善。[3]执法措施可以分为对抗性执法措施和合作型执法措施，[4]垄断行为的法律责任偏重于对抗性执法以及事中事后的监管，缺乏事前监管措施及合作型执法。

从反垄断执法主体的性质和程序来说，《反垄断法》的执行分为公共执行[5]和私人执行[6]。公共执行的法律成本较低，但也存在着明显的劣势，由于公共执法不能带给执法人员明显的收益，缺乏执法激励，执法产出较低，如

---

〔1〕 Becker, Gary S, "Crime and Punishment: An Economic Approach", *The Journal of Political Economy*, Vol 76, No 2, 1968, pp. 169–217.

〔2〕 徐文鸣："美国'多层次'证券法公共执法制度的实证分析"，载《经贸法律评论》2019 年第 5 期。

〔3〕 根据《反垄断法》第七章法律责任的规定，滥用市场支配地位的法律责任包括责令停止行为，没收违法所得，罚款以及相应的民事责任。

〔4〕 参见 Robert Baldmin, Martin Cave, Martin Lodge, *The Oxford Handbook of Regulation*, Oxford University Press, 2010, p. 752.

〔5〕 公共执行是指依靠公共机构实施法律，发现和处罚违法者，它的处罚方式多样化，可以施加民事、行政和刑事处罚。

〔6〕 私人执行主要是指依靠私人主体实施法律，通过提起民事诉讼达到赔偿受害人和威慑潜在犯罪的目的。

果仅依靠公共执行会造成执法强度较弱以及选择性执法的问题，因而应充分完善《反垄断法》的私人实施机制，有效激活其治理垄断的社会效果，使公共执行制度和私人执行制度并行发挥作用。私人执行的结果关系到执法人员的切身利益，因而执法人员有充足的激励提高执法产出。[1] 但私人实施成本显著大于收益，使得我国的私人实施高度缺乏动力。私人诉讼的成本方面，反垄断案件通常具有较强的专业性，同时私人诉讼需要需要原告投入大量的时间和费用，复杂的案件甚至可能耗费上千万元的资金和数年的时间；而收益方面，损害赔偿原则使得我国的反垄断案件的赔偿只限于垄断行为造成的直接经济损失，[2] 因而我国目前的反垄断的民事诉讼效益对于私人而言是非常不理想的，应当完善反垄断法的私人救济制度。

四、规制"大数据杀熟"现象的对策与建议

（一）完善《反垄断法》对"大数据杀熟"的规定

1. 优化市场支配地位的认定方式

"大数据杀熟"现象下，运营商通常会根据消费者的消费记录、区域等相关信息进行差别化定价，因此可以选取"用户数量"的指标评估互联网经营者的市场份额。同时，在计算用户数量时，不仅要考量用户注册数量，也要考量用户的活跃度、使用强度等。用户活跃度越高也意味着有效用户的规模越大。互联网企业及其产品发挥价值的关键在于其所拥有的有效用户规模。例如，对市场份额的计算可进行流量统计或访问量统计。[3]

互联网经济下市场支配地位认定的方法引起了国家的高度重视。相关文件也表明了在首要标准"用户数量"判定后，仍有许多相关因素需考量。[4] 例如，应充分考量是否存在网络效应壁垒。网络效应壁垒是指用户一旦选择某一种网络产品或服务，则很难进行改变，或者改变需付出高昂的代价而使得相关市场形成壁垒。比如，微信是人们生活中沟通交流的主要工具，如果用户选择

---

〔1〕 参见徐文鸣："美国'多层次'证券法公共执法制度的实证分析"，载《经贸法律评论》2019年第5期。

〔2〕 参见《反垄断法》第60条第1款规定及最高人民法院对此所作的解释《关于审理因垄断行为引发的民事纠纷案件应用法律若干问题的规定》第14条规定。

〔3〕 如欧盟 Microsoft 收购 Yahoo Search Business 案中，欧盟委员会计算市场份额的具体依据就是搜索请求量和竞价排名搜索请求量等。

〔4〕 根据《禁止滥用市场支配地位行为暂行规定》第11条的规定，认定互联网经营者市场支配地位应考虑相关行业竞争特点、网络效应等因素。

其他的通讯软件，将很难与他人获得沟通。消费者对于互联网产品的需求随着网络效应的扩大而不断扩大，同时随着消费者数量的增加，消费者也能在网络效应下获得利益，因而消费者不会退出当前的软件。

2. 行为损害后果应规制

现行法律法规没有对"排除或者限制竞争"作出明确的规定，因而有必要对行为损害后果要件进行规制。在"排除或者限制竞争"要件的认定中要关注效果分析，选取可观测的判断标准并引入经济学分析。[1]美国《反托拉斯法》以福利指标探究市场效率。关于选择消费者福利指标还是社会总福利指标一直是学术界和实务界争论的焦点。本文认为，将福利指标引入经济学分析对分析"排除或者限制竞争"有所帮助，同时也应明确选择的是消费者福利指标还是社会总福利指标。算法价格歧视的存在会降低消费者福利，同时也会增加社会总福利。

运用"反事实状态"的方法，[2]比较实施"大数据杀熟"前后的社会总福利变动。在垄断市场结构下，企业在边际收益（MR）＝边际成本（MC）的点上生产，此时对应数量为 Qm，在需求曲线上对应着价格 Pm，因而垄断厂商会选择制定 Pm 的价格，垄断产生的无谓损失（deadweight loss）为如图 1 所示；在实行"大数据杀熟"时，即一级价格歧视，此时社会总福利达到最大，社会福利净损失为 0。卖家知道每一个买家意愿支付的最高价格，实行"千人千面"的定价模式，剥夺了全部的消费者剩余，厂商达到了 P＝MC 的最优产量，实现了帕累托最优；虽然消费者剩余等于 0，但全部转移到了生产者手里，没有无谓损失，社会福利达到了最大化，因而实施"大数据杀熟"会增加社会总福利。

---

〔1〕 伍晓雯："试析垄断协议中'排除、限制竞争'要素的认定"，载《吉林省经济管理干部学院学报》2016 年第 2 期。

〔2〕 反事实状态是指在反垄断执法中涉案行为未发生的情形下市场竞争会达到的均衡状态。通过比较和评估实施特定市场行为前后的市场状态，进而分析该行为是否产生或可能产生排除、限制竞争的损害后果。

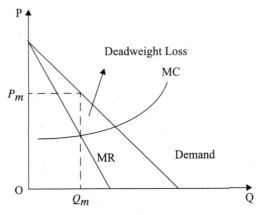

图1 垄断产生的无谓损失

综上所述，价格歧视会减少消费者剩余，但会增加社会总福利。明确选择指标的类型对于认定差别待遇具有重要意义，如果选择消费者福利指标，无论社会总福利如何变动，只要不损害消费者福利就不会构成"排除或者限制竞争"；如果选择的是社会总福利指标，无论消费者福利如何变动，只要不损害社会总福利就不会构成"排除或者限制竞争"。

（二）执法领域引入"回应性监管"理论

执法领域引入回应性监管理论，通过构建多元的监管体系、构建完善的执行金字塔可以有效提高反垄断领域的执法效率。

1. "回应性监管"理论

20世纪六七十年代，西方商界与学界对于自由市场和政府监管进行了激烈的争论。Ayres和Braithwaite提出了"回应性监管"理论（responsive regulation），[1]基于被监管对象的异质性，主张执法机制要对被监管对象的行为进行回应，根据他们的类型从"金字塔式"的执法工具箱中选择合适的处罚措施，如图2所示。

"执行金字塔"每一层都展示了一种执法策略，根据被监管对象的反应效果，监管机构沿着金字塔层次逐步加大执法策略的严厉程度，直至被监管对象遵守法律法规。将"回应性监管"理论引入反垄断执法领域具有重要意义。对于"大数据杀熟"现象，不仅应构建多元的监管体系，扩充执法主体，也应完

---

〔1〕 Ayres I, Braithwaite J, *Responsive regulation: Transcending the deregulation debate*, Oxford University Press, 1992, pp. 67-92.

善执行金字塔，对违法行为作出相应的回应，提高监管效率。

图2　执行金字塔

2. 构建多元监管体系

在回应性监管理论的基础上，Gunningham 和 Grabosky 主张丰富执法主体并提出"精明监管"（smart regulation）的概念，构建政府、企业自我监管以及第三方执法的三维金字塔监管模型。[1]仅仅依靠政府监管发挥作用效果并不理想，应充分认识到第三方主体监管的重要作用，构建多元的监管体系。将监管权分配给市场中的公共利益集团，同时也可以解决监管俘获的困境。反垄断执法应充分发挥第三方监管的重要作用，加强其对相关经营者的监督与检查，也可以鼓励媒体发挥舆论监督的重要作用，加强对互联网企业的关注与报道，尤其是在互联网领域，第三方主体在发现垄断行为有着特殊的优势。例如，淘宝平台相比消费者更容易发现经营者的"大数据杀熟"行为。

同时，企业应加强自身的反垄断合规建设。《经营者反垄断合规指南》，明确了企业应加强《反垄断法》相关知识的学习，积极完善企业反垄断合规制度建设，建立健全合规奖惩机制，明确内部举报机制，建立专业化的合规人才队伍等方面的合规建设。通过培训教育并在日常经营中不断落实反垄断合规制度，持续予以更新和改进，降低企业日常经营的反垄断法律风险。[2]

〔1〕 Gunningham N, Grabosky P, Sinclair D, *Smart Regulation Designing Environmental Policy*, Oxford University Press, 1998, pp. 132–212.

〔2〕 原洁、张国栋："企业反垄断合规制度应该包括哪些内容"，载《法人》2020 年第 11 期。

3. 完善执行金字塔

完善反垄断法领域的执行金字塔，既要完善金字塔底部的合作型策略，也要完善金字塔顶部的对抗性策略，以合作型策略进行"软法"工具的治理，节约执法成本，以对抗性策略作为"温和的大炮"，给被监管者以警示，同时也可以体现经济法领域行为惩戒相适应的比例原则，使得反垄断领域执法体系更加完善。

现阶段我国的反垄断执法措施缺乏合作型执法，大多是罚款、没收违法所得等对抗性措施，对于初犯、愿意守法等公民来讲处罚过重，违背了比例原则。本文认为应该增加合作型执法措施的种类，如监管谈话、警示等软法治理工具。在发现企业有反垄断行为但危害较轻时，可以通过监管通话、通报批评、警示等方式予以纠正。如果企业改正了自己的行为，处罚便达到了目的；如果处罚对于垄断行为实施者没有足够的威慑作用，可以不断升级处罚措施，直至企业选择遵守法律法规。同时，反垄断执法领域也可以积极落实合规不处罚这一原则。如果市场主体已经履行了法律法规设定的相关要求，那么执法机构不应再对其予以行政处罚，市场主体也更有动力加强自身的合规建设。如此便可以通过合作性的执法策略以较低成本实现执法目的，显著提高执法效能。

物业服务企业参与养犬管理：现状、成因与完善

——从社科法学的视角切入

陈慨洋 *

摘　要：基于对现实情况的调查研究，借助社科法学的知识和进路，本文展现了物业服务企业在参与养犬管理时面临的困境，指出造成困境的原因在于理论预设的偏差、信息的不足与处罚权缺失带来的威慑缺失。同时，养犬管理事项在与众多小区管理事项的机会收益比较中处于劣势，并因此难以得到较多的治理投入，构成了寻求改善物业服务企业履行养犬管理职责效果时的制约条件。基于以上分析，结合物业服务企业在收集养犬信息中发挥积极作用的启示，本文提出了以下完善方向：首先，反思理论预设的偏差，调整政策目标；其次，从多方面着手，充分发挥已有治理资源的治理功能；最后，对于是否授予物业服务企业对违法养犬行为的处罚权，现实、稳妥与可取的方式是在坚持现有制度框架的同时进行处罚权授予的试点，并进行某些权限的限制。

关键词：物业服务企业；养犬管理；社科法学

一、问题的提出

随着经济社会的发展，不少居民通过饲养犬只以获取精神上的陪伴。《2020年中国宠物行业白皮书》显示，我国城镇家庭饲养的犬只数量达到5222万只，

---

* 陈慨洋，中国政法大学 2021 级法与经济学专业硕士。

养犬人数达到 3593 万人。[1]伴随着养犬人群体逐步壮大，养犬行为的负外部性也逐步显现。例如，不少养犬人饲养的犬只超过了规定数量，或饲养烈性犬种；未能充分地管理犬只，导致犬吠扰民等侵扰私人生活空间、公共空间的问题；携带犬只外出时不牵绳、不清理犬只粪便，导致犬只伤人、犬只粪便污染环境等问题；随意抛弃犬只和犬只尸体，导致流浪犬数量激增的问题，以及病菌传播的隐患。

国家卫生健康委员会 2019 年公布的数据显示，我国每年被猫或犬只咬伤的人数高达 4000 万。[2]愈发拥挤的城市生活空间与养犬人的上述不文明养犬行为相叠加，引起了社会公众的不满，甚至引发了某些过激行为，如在小区内投放异烟肼片毒杀犬只等。[3]一次次冲突的发生，让养犬人与社会公众之间的矛盾愈发尖锐。但在缺少外部条件约束的情况下，养犬人通常缺乏动力将自身行为的社会成本纳入其私人行为的成本收益考虑。因此，为避免或减少养犬行为给社会运行所带来的不利后果，许多城市通过城市养犬立法等方式对养犬行为进行规范。[4]

其中，不少城市的立法将物业服务企业纳入参与养犬管理的主体范围。这背后存在以下两方面的考虑：一方面，面对具有细碎化、分散化等特点的养犬问题，主管部门受制于自身负责的多种业务和有限的执法资源，难以为其提供较多的执法资源；同时，养犬问题的上述特点，又使其难以引起主管部门的重视并获得较多的执法关注。[5]因此，要有效地处理和解决养犬问题，仅依靠主管部门的努力难以实现，现实情况催生了主管部门之外的其他主体参与养犬管理的需求。另一方面，生活小区是养犬问题的多发地和集中地，物业服务企业在城市中的分布广泛，和小区居民联系较为密切，对居民的情况有着较好的掌

---

〔1〕 "《2020 年中国宠物行业白皮书》（消费报告）今日发布！"，载 https://www. 163. com/dy/article/G16RUM1R0520I4F7. html，最后访问时间：2022 年 1 月 27 日。

〔2〕 "国家卫生健康委员会：出台动物伤害救治标准非常必要"，载 https://baijiahao. baidu. com/s? id=1644200191370705876&wfr=spider&for=pc，最后访问时间：2022 年 1 月 26 日。

〔3〕 "用'异烟肼'毒狗 毒害的不仅仅是狗"，载 https://baijiahao. baidu. com/s? id=1608492917646974541&wfr=spider&for=pc，最后访问时间：2022 年 1 月 27 日。

〔4〕 据笔者在"北大法宝"检索的结果显示，当前已生效的城市养犬管理地方性法规有 100 部，已通过但尚未生效的有 7 部。另外，不少城市也正在将养犬管理纳入自己的立法计划或立法修订计划。例如，淄博市就将《淄博市养犬管理条例》纳入 2020 年的立法工作计划。又如，广州市将《广州市养犬管理条例》的修订纳入 2020 年的立法工作计划。

〔5〕 "广州养犬条例前 8 年仅行政处罚 200 余起 市民呼吁加大养犬执法力度"，载 https://news. ycwb. com/2018-12/03/content_ 30144210. htm，最后访问时间：2022 年 1 月 24 日。

握；他们在拥有一定人财物力的同时，处理问题的方式更为灵活。在养犬管理工作中充分发挥他们的作用，对城市养犬综合治理体系的完善、养犬问题的有效解决具有重要的意义。可以说，包括主管部门在内的政府部门对其他主体参与养犬管理的需求和物业服务企业具有的某些比较优势，构成了物业服务企业参与城市养犬管理必要性的现实基础。

然而，这也向我们提出了新的问题：物业服务企业参与养犬管理的效果实际如何（尤其是面临什么样的困境）？其发挥或未能发挥设想作用的原因是什么？有哪些经验和教训值得我们吸取？现实可行的完善方向是什么？这些问题的回答需要细致的研究和分析。本文在调查研究物业服务企业参与养犬管理情况的基础上，借助社科法学（主要是法律经济学）的知识和进路，尝试对以上问题进行分析和回应。

二、是什么又为什么：现状及其成因分析

从不少城市的养犬立法文本和实际运行来看，物业服务企业在养犬管理中的职责可大致归纳为：开展文明养犬和依法养犬宣传、劝阻小区内的违法养犬行为、收集小区内养犬登记信息并配合主管部门进行养犬登记检查、处理流浪犬以及调解因养犬引起的纠纷。[1]研究物业服务企业在履职过程中遭遇的困境、发挥的作用，提炼教训和经验，有助于我们思考现实可行的制度完善方向。以下将分别考察物业服务企业履行不同职责的情况，并在此基础上进行成因分析。

（一）劝阻违法养犬行为

根据威慑理论，预期违法成本大于预期违法收益时，违法者才会选择守法。而处罚是实现威慑的常用手段。但根据目前各地的养犬地方立法，物业服务企业对于违法养犬行为只能劝阻，无权进行处罚。[2]我们从物业工作人员处了解

---

[1] 例如，《佛山市养犬管理条例》第6条规定，村（居）民委员会、物业服务企业应当协助有关主管部门做好养犬管理工作，开展依法养犬、文明养犬等宣传教育活动，对违法养犬行为予以劝阻、制止，及时处理投诉、举报。劝阻、制止无效的，应当及时报告有关主管部门。村（居）民委员会、住宅小区业主委员会可以制定文明养犬公约。物业服务企业应当收集住宅小区内养犬相关信息。又如，《东莞市养犬管理条例》第7条第1款至第2款规定，业主委员会、物业服务人应当收集物业住宅小区内养犬信息，开展文明养犬宣传，及时处理业主、物业使用人关于违法养犬行为的投诉、举报。对在物业管理区域内违法养犬行为，业主委员会、物业服务人应当予以劝阻、制止；劝阻、制止无效的，应当及时报告公安机关，并配合查处。

[2] 例如，现行的《广州市养犬管理条例》第5条第3款规定："物业服务企业应当在本居住区内开展依法养犬、文明养犬的宣传；对违法养犬行为予以制止，并向有关行政管理部门报告。"

到，只有极少数违法养犬人听从了劝阻。绝大多数违法养犬人或对工作人员的劝阻视而不见，或用言语搪塞，部分人甚至会对工作人员施以拳脚。并且，对于不少听从劝阻的违法养犬人来说，听从劝阻只是为了应付，一旦工作人员离开，他们仍然会实施违法养犬行为。

物业服务企业和主管部门也意识到了劝阻无效的现实情况，曾尝试建立一定的应对机制：由物业服务企业对违法养犬行为拍照或录像进行取证，取证后交给主管部门，由主管部门进行处罚。然而，这一机制在现实中却难以有效运行。困难首先出现在取证阶段，拍照、录像通常会引起违法养犬人的不满，并引起冲突，甚至可能导致物业工作人员受到人身安全的威胁。其次，即使顺利取证，主管部门受制于业务的繁忙，难以及时处理。[1]此外，一次次努力的落空乃至负反馈，也消磨着物业工作人员的积极性。

如果不能劝阻违法养犬人实施违法养犬行为，那么能否在违法行为可能造成损害时阻止损害发生呢？这并不容易。不少物业工作人员表示，由于违法养犬行为的发生较为普遍，并且在时间和空间上分散，及时劝阻违法养犬行为，意味着付出大量的时间和人力、物力，但养犬管理只是众多小区管理事项中的一项，并且还不是最值得关注的一项，因此物业服务企业难以对劝阻违法养犬行为投入过多的关注。因此，面对大量的违法养犬行为，物业服务企业事实上也很无奈，用工作人员的话说，"拿他们没办法"。

不仅如此，考虑到威慑缺失下对违法养犬行为劝阻的无力性，不少工作人员实际上倾向于把更多的精力投入其他小区管理事项。这似乎导致了某种恶性循环：养犬管理作为众多小区管理事项中处于机会收益劣势的一项，本身就难以得到较多的投入，威慑的缺失削弱了养犬管理的收益，这让养犬管理的机会收益劣势进一步加大。

（二）依法养犬、文明养犬宣传

物业服务企业定期通过宣传栏、道路边的标语牌等在小区进行文明养犬的宣传，内容主要是当地城市现行养犬管理法规对养犬行为的规定。但小区内养犬居民外出遛犬时不牵犬绳、放任犬只随处便溺、不清理犬只粪便等违法养犬行为仍然频频发生。

---

[1] 一位受访物业服务企业工作人员的话集中表达了这一点："其实派出所方面也不是没有想过办法，派出所方面让我们在劝阻不听的时候拍照、录像发给他们，他们来进行处罚。但这种方法落实不下去，你想想，你在遛狗的时候我劝你牵狗绳你不听，这时候我拿相机拍你，你会是什么反应，你会不会跟我干架；即使我很顺利（地）给你拍了照，留下了证据、照片发给了派出所，他正抓贼呢，能来吗？"

依法养犬、文明养犬宣传的推动往往基于一种观点，即依法养犬、文明养犬宣传能够使人们树立法治思维，提高人们的素养，从而减少违法养犬行为的发生。然而，这种观点的预设是，人们是因为不了解法律的规定才实施违法行为，而人们了解法律如何规定，就知道自己应当如何做，从而在行动上遵守法律。但是，人们知道或认为应当如何做，并不意味着人们实际上会如何做。[1]因为"了解什么是应当做的事，什么是合乎道德的事，这并没有为做此事提供任何动机，也没有创造任何动力；动机和动力必须来自道德之外"。[2]事实上，社会科学领域的研究成果一再表明，人是趋利避害的，各种利益而不是某种观念在人们的行为选择中起着较大甚至是决定性的作用。

这或许有助于我们理解依法养犬、文明养犬宣传的现状。从法律经济学的角度看，只有在违法者的预期违法成本大于预期违法收益时，才能对人们形成有效威慑，抑制人们实施违法行为。根据贝克尔公式，预期违法成本由实际处罚力度和处罚概率决定，在实际处罚力度一定时，处罚概率的下降会导致预期违法成本的下降，从而导致威慑的削弱。从养犬人的角度看，一方面，实施违法养犬行为（如外出时不清理犬只留下的粪便）能避免一大笔费用，这是违法行为的获利；另一方面，由于有权处罚的主管部门鞭长莫及，进行劝阻的物业服务企业又无权处罚，因此违法行为的成本几乎为零。作为理性人，他们当然有动力实施违法养犬行为。[3]

（三）调解因养犬引起的纠纷

据物业工作人员介绍，对于犬只伤人引发的纠纷，如果居民有需要，物业服务企业的工作人员会介入调解。但调解常常无法直接使问题得到解决，而是起到辅助的作用：避免事件双方在强烈情绪的作用下激化矛盾，从而产生二次纠纷并造成二次伤害，从而有助于后续的妥善处理。这一方面因为犬只伤人事

---

[1] 这在日常生活中十分常见。例如，都懂得学习应当在平时用功，但不少同学总是到了期末考试前才抱佛脚；明白兄弟应当互助友爱，但人们仍然可能拒绝为兄弟移植自己适配的肾脏；都认同应当孝顺父母，但人们仍然会因为某些琐碎之事与父母发生争吵；甚有研究表明，不少犯罪分子对法律的掌握程度甚至比普通人更高。

[2] ［美］理查德·A. 波斯纳：《道德和法律理论的疑问》，苏力译，中国政法大学出版社 2001 年版，第 7~8 页。

[3] 值得注意的是，调研过程中我们观察到，与文明养犬、依法养犬同时期推进的垃圾分类的宣传也遭遇了收效甚微的困境。某小区，垃圾分类宣传设施在某小区的道路上以 5~10 米为间隔分布，路过的小区居民有充分的机会了解垃圾分类的相关内容和要求，但该小区的大多数居民仍然没有对垃圾进行分类，用许多小区居民的话来说，是因为"这样做（不进行垃圾分类）没有任何负面的后果"。

件中可能伴随着双方强烈的情绪，另一方面也因为此类事件涉及责任的判断和分配，双方往往存在利益分歧。强烈的情绪和利益的分歧让调解变得困难。

不过，犬只伤人以外的违法养犬行为（如外出不牵犬绳、放任犬只随处便溺、不清理犬只粪便、犬只吠声扰民等）可能引起周围居民的不快，但因此引发的纠纷数量极少，和其他原因引起的邻里纠纷相比也比较少见。[1]从与居民的访谈中得知，不少居民认为这类违法养犬行为虽让自己不快，但短期来说对自身利益损害较小，考虑到自己和物业都没有有效的手段来要求违法养犬人停止实施违法养犬行为，除非给自己造成直接和重大的伤害，他们在大部分情况下不愿对此进行深究。但也有不少居民指出，这种不满会累积，可能在未来的某个时刻以激烈的方式表现出来。[2]因此，源头的治理——有效制止违法养犬行为仍然重要。然而，这又让我们不得不再次面对物业服务企业在劝阻违法养犬行为时的窘境。

（四）流浪犬的处理

根据产生来源的不同，小区内的流浪犬可以大致分为两类：（1）小区外的流浪犬进入小区成为小区内流浪犬；（2）小区养犬居民原先饲养的犬只被弃养而产生的流浪犬。据物业服务企业的工作人员介绍，对于前者，处理的方式一般是在其进入时驱离，难度不大；而后者构成了小区内流浪犬的主要部分，并且这类流浪犬常常在小区内活动，成为小区内的一大安全隐患。据物业工作人员介绍，导致这部分流浪犬产生的主体通常是小区内的租客，这部分群体流动性较强，并且和大部分养犬人一样，他们饲养的犬只通常没有办理登记。出于各种原因，他们实施了抛弃犬只的行为，而这类群体频繁的人口流动以及他们的去向与登记信息的缺失，使得对他们的抛弃行为进行追责变得困难（而这反过来又让其在实施抛弃时无所顾忌）。

对于物业服务企业来说，信息不足和威慑缺失成为其在处理小区流浪犬问题时的掣肘。一方面，由于物业服务企业缺少可靠的信息来事前地识别何者可

---

〔1〕 由于物业服务企业没有专门对纠纷的数量和类型以及不同类型纠纷的数量在纠纷总数中的占比进行统计，具体的数字我们不得而知。为确保情况的真实性，笔者又访谈了小区居委会的工作人员。居委会工作人员肯定了上述说法的真实性。

〔2〕 "狗吠影响睡眠多次交涉无果 男子上门捅人致3死1伤"，载https://baijiahao.baidu.com/s? id=1614001815933402128&wfr=spider&for=pc，最后访问时间：2022年1月25日。

能会抛弃犬只，因此难以提前采取行动；另一方面，由于养犬登记率较低，[1]物业服务企业难以确定弃养者的身份及其所在，因此也难以将上述信息提供给主管部门用于追究弃养者的法律责任。结果是，物业服务企业通常只能被动接受流浪犬产生的现实，并定期进行清理。

（五）养犬信息收集、配合养犬登记检查

物业服务企业需要定期收集小区的养犬信息。例如，物业服务企业会根据主管部门的要求建立小区的养犬台账，记录小区居民的养犬情况——是否养犬、养犬数量等，并配合主管部门开展养犬登记检查。

和前面几项职责的履行效果不同，不少小区的物业服务企业对小区内的养犬情况有较好的掌握。这得益于两方面，一方面是事项本身特点，另一方面则和充分利用小区内的治理资源有关。两者使得物业服务企业得以高效地完成养犬信息和养犬登记信息的收集。

事项本身的特点决定了物业服务企业无需投入过多。首先，这一事项只要求了解和记录信息，而观察和询问并不需要花费较多的人力物力。即使遇到阻碍，如对象拒绝回答，阻碍本身也可能起到某种筛选作用——拒绝回答的多是没有办理登记的养犬人。其次，事项的完成无需改变某个现状。与之相反，劝阻具有普遍性、时空的分散性和随机性的违法养犬行为，既需要获得信息，也需要改变现状。相较之下，收集养犬信息和养犬登记信息所需的投入是更少的。再次，了解和记录信息、不改变现状的特点，也不容易引起养犬人的反感并造成冲突。最后，相较劝阻违法养犬行为，这一事项不需要反复地投入，因为养犬人饲养情况通常相对稳定。

这一事项的完成也充分利用了小区内的治理资源。这体现在以下方面：第一，在养犬管理本身难以得到过多的治理投入时，将信息收集的工作与其他时空重合、特点兼容的管理事项的同步推进，如工作人员在小区内巡查的同时收集养犬信息和养犬登记信息。第二，充分借助某些技术手段。例如，通过监控设施确定不配合收集信息的养犬居民的去向，既为接下来的上门核查提供了精准的定位，也减小了信息成本。第三，充分利用了小区内的信息渠道。典型的例子是，部分的物业服务企业借助了当下极大地促进了小区居民的互动交流且已成为小区信息传播的重要渠道的微信群，来获取小区的养犬信息。

---

[1] 余嘉敏：“广州 10 年累计受理养犬登记约 12 万只，抽查登记率仅约 50%”，载 https://www.sohu.com/a/330397670_ 119778，最后访问时间：2022 年 1 月 25 日。

（六）小结

从以上的分析可以看到，作为众多小区管理事项之一且处于机会收益比较劣势的养犬管理事项难以得到较多的治理投入。这一情况在短期内难以改变，因此构成了改善物业服务企业履行养犬管理职责效果的制约条件。养犬管理的事务多而细碎，然而造成困境的原因却可大致分为以下几个方面：第一，理论预设的偏差。第二，信息的不足。第三，威慑的缺失。其中，第一集中体现在文明养犬、依法养犬宣传方面。第二和第三主要体现在劝阻违法养犬行为和处理流浪犬方面。同样应该看到的是，物业服务企业在小区养犬管理中起到的积极作用也为完善的方向提供了一定的指引——在无法获得较多治理投入的情况下，充分利用小区治理资源。

三、戴着镣铐跳舞：制约条件下的完善思考

前文的分析指出，由于需要投入治理关注的小区管理事项众多，且养犬管理事项处于机会收益比较的劣势，因此希望通过增加治理投入来改善物业服务企业参与养犬管理的治理效果并不现实，至少在其他条件不变的情况下看如此。因此，以下的分析尝试在制约条件下，结合治理现状的经验与教训，运用社科法学的知识，探讨如何改善物业服务企业参与养犬管理的治理效果。

（一）理论预设偏差的反思：减少无效支出与政策目标的调整

对于理论预设偏差带来的困境，我们应当在反思的基础上，避免或减少无效的支出。如果进行文明养犬、依法养犬宣传的政策目标是通过让人们了解法律从而使人们守法，那么从效果来看，文明养犬、依法养犬宣传是失败的。并且，由于存在理论预设的偏差，从运行机制上看它就难以成功——人们实施违法行为并不是因为他们不了解法律。认识到这一点，有助于避免陷入"投入但效果不好——认为效果不好是投入不够——继续投入但效果仍不好"的恶性循环。

宣传的收益甚微，花费却不少——制作宣传标牌、派发传单等都需要耗费财力、人力。并且，现实中有不少成本更低的替代措施。例如，可以将宣传方式从以线下宣传为主转变为以线上宣传为主，如转发报道犬只伤人事件的新闻用于警示宣传，转发公众号推送的养犬科普文章用于科普引导。这样做不仅成本更低，而且由于其内容来源和形式丰富，在促进人们文明养犬、依法养犬上效果可能还更好。考虑到在众多小区管理事项面前，物业服务企业的人财物力本身就有限，通过采取某些替代措施减少用于依法养犬、文明养犬宣传的支出，并将这部分开支用于其他养犬管理的事项，也许是更好的选择。

此外，我们还可以考虑从转变政策目标方面着手来谋求完善。作为一种手段，依法养犬和文明养犬宣传在其他的政策目标和定位下也许可能发挥作用。例如，将政策目标界定为构建一个文明养犬、依法养犬的舆论环境，为实施心理层面的制裁和威慑提供广泛的道德共识和基础。不过，需要注意的是，即使这相比原先的政策目标和定位更为明确和可行，但考虑到其效果的实现是一个长期的、潜移默化的过程，效果的大小具有不确定性，并且也可以采用上述提到的许多成本较低的措施，因此这并不影响前述应当削减宣传方面支出的判断。

（二）积极作用的启示：已有治理资源的最大化利用

物业服务企业在养犬信息收集方面发挥的积极作用为完善小区的养犬管理提供了方向：在无法获得较多治理投入的情况下，最大化利用已有的能用于养犬管理的小区的治理资源。具体如何做可以考虑从以下方面着手。

首先，借助对居民生活习惯的掌握来最大化利用治理资源。例如，在之前的调研过程中发现，受作息规律的影响，大多数养犬人一般晚上8点半或9点后外出遛犬，因此可以根据多数养犬人的这一习惯，[1]合理地安排物业安防员的巡逻时间。又如，儿童往往在小区的游乐设施、健身设施区域活动，考虑到这一群体的相对弱势——危险靠近时不易察觉、遭受侵害时不易反抗等，可以让物业安防员在小区巡逻时重点关注这类区域。

其次，在条件允许的情况下采取某些措施来"助推"养犬人守法。例如，削减某些无效支出（如先前用于文明养犬、依法养犬宣传的支出），并将这部分开支用于设置和变动某些设施，如在小区内设置一些用于清理粪便的纸巾或塑料袋的犬只粪便收集箱，从而为养犬人的守法选择提供便利。又如，在小区的微信群里转发推送分享文明养犬、依法养犬的知识和技巧，帮助养犬人更好地约束犬只，既帮助养犬人更好地与犬只相处，也有利于保障周围人的安全。总之，在已有条件下，通过设置和变动某些微观条件，引导人们作出守法的选择。

再次，尝试让养犬管理和其他时空重合、特点兼容的管理事项同时推进。这一点在分析物业服务企业在收集养犬信息方面的积极作用时曾提到过。或许

---

〔1〕 根据物业服务企业的工作人员的介绍，包括多数养犬人在内的小区居民的日常作息规律是：下午5点半下班，40分钟通勤，6点半到家，7点或7点半吃晚饭，8点或8点半晚饭结束，休息半小时后9点或9点半出门遛犬。这和笔者实地观察到的情况相符。

还可以更进一步，寻求与主管部门正在开展的某些工作同步推进。例如，考虑到养犬人信息难以获取构成了物业服务企业抑制小区流浪犬出现的掣肘，积极配合主管部门推进的养犬登记工作将有助于减少有关信息费用的支出。[1]

最后，充分借助小区这一相对的熟人社会，实施某些心理层面的制裁和威慑。生活小区本就是工商业城市陌生人社会中的相对的熟人社会，近年来包括微信群在内的社交网络更是使小区居民的互动更加频繁。包括评价机制在内的熟人社会的各种行为制约机制在此发挥着一定作用，这为实施心理层面的制裁和威慑提供了基础。在此基础上，可以借助某些手段来进行舆论监督，从心理层面对违法养犬行为进行制裁和威慑。例如，在微信群内公布养犬者的违法养犬行为，引起居民的议论乃至批评，对违法养犬行为进行舆论监督。

需要指出的是，以上只是展示了可能使已有治理资源的治理效果最大化的某些方式，而非穷举。问题的解决需要在发现和创造上作出努力。

（三）授与不授：成本收益视角下的处罚权授予分析

威慑的缺失使物业服务企业对违法养犬行为的劝阻显得无力，而处罚权是形成威慑的有效手段。《行政处罚法》第19条的规定为处罚权的授予留下了空间。[2]考虑授予物业服务企业对违法养犬行为的处罚权的呼声也开始出现在部分城市的地方立法过程中。[3]那么是否可以考虑授予物业服务企业对违法养犬行为的处罚权呢？以下部分将对此进行讨论。

在此之前，笔者要对调研过程中广泛存在的两种观点进行辨析，为之后的讨论扫清认识论上的障碍。第一种反对观点认为，物业服务企业是私主体，处罚权的行使是公共职能，与物业服务企业的私主体性质冲突。这种观点的问题在于预设了主体具有一个明确、不变的本质或性质，并且主体不应当发挥与其性质不同的功能。然而，现实中大量的组织都发挥着与其性质不同的功能。例

---

〔1〕 目前不少城市的养犬立法呈现出将养犬登记电子标识化的趋势。这种做法通过将记录犬只健康状况、防疫情况、宠物主人的姓名、地址等信息的电子标识芯片植入犬只体内，有助于帮助犬主人寻回遗失的犬只，并对抛弃犬只的行为进行追责。程姝雯："建议全国推广电子芯片实行犬只登记"，载搜狐网 https://www.sohu.com/a/239154680_161795，最后访问时间：2022年1月25日。

〔2〕《行政处罚法》第19条规定："法律、法规授权的具有管理公共事务职能的组织可以在法定授权范围内实施行政处罚。"

〔3〕 于悦："不文明养犬物业可否有权处罚？济南将修订养犬管理规定"，载 https://baijiahao.baidu.com/s?id=1629564303653370238&wfr=spider&for=pc&searchword=%E6%B5%8E%E5%8D%97%20E7%89%A9%E4%B8%9A%20%E5%85%BB%E7%8A%AC%20%E5%A4%84%E7%BD%9A，最后访问时间：2022年1月26日。

如，居委会并非行政主体，但它承担了一定的公共职能，如政令的传达与民意的收集。又如，某些平台企业制定适用于大量且不特定用户的规则用以裁断用户的纠纷，发挥着某种程度的公共管理功能。除非秉持本质主义的立场，所谓的性质是否存在其实值得疑问。当我们在说某个组织的性质时，其实我们更像是在根据组织所从事的活动等提炼组织的特点并对其进行分类。但某个组织已从事某些活动的事实，并不能简单地成为限制该组织从事其他活动的理由。组织社会学的需求溢出理论有助于进一步指出此种观点的问题。需求溢出理论指出，为使组织获得最佳资源效率，每一类社会组织在其基本功能路径之外还可能混搭或嵌入其他功能路径。所谓的组织"性质"，并不是某个形而上的实体，而是我们基于组织的基本功能路径赋予该组织的"类名"；由基本功能路径决定的"类名"无法反映出组织经过功能混搭或功能嵌入后该组织功能路径的实际情况；不能以仅体现了单一的基本功能路径的"类名"来限制组织的实际功能路径，要求后者保持功能的单一性。[1]可以看到，以组织性质拒绝某个组织在基本功能之外混搭和嵌套其他功能，忽视了组织基于对治理效果的追求和比较优势的考虑而对其他功能的现实需要，实际上陷入了教条主义。

另一种拒绝的理由则认为，物业的工作人员没有受过专业的执法训练，授予处罚权可能导致公民权利受损，因此不应当授予。但此种观点的问题是：首先，违法养犬行为的判断和处罚程序的操作并不困难，这种观点高估了专业训练对正确行使处罚权的意义。其次，即使缺少专业训练可能造成公民权利受损，以此为由来否定处罚权的授予可能也过于草率了。因为，缺少处罚权作为后盾的劝阻对违法养犬行为的抑制作用十分有限，不顾这一现实情况，也许是在变相地姑息违法，从而也可能导致公民权利受损。负责任的做法是权衡这两种情况下的成本收益，这也是权利的相互性理论一再提醒我们的。

通过对以上观点的辨析，指出了讨论处罚权授予问题时可能存在的认识上的教条与片面。与此相一致，以下尝试从务实的角度出发，关注是否授予处罚权的系统后果以及它们各自的成本收益，对处罚权授予问题进行分析。

支持授予处罚权的理由在于，拥有处罚权的主管部门受限于业务的繁忙可能无暇处理小区内发生的违法养犬行为，物业服务企业接近违法行为的发生地，且具备一定的人财物力，因此授予处罚权则能够充分发挥物业服务企业在养犬管理中的积极作用。抽象地看，这种观点有一定的道理。然而实施过程中，情

[1] 参见刘太刚、刘开君："居委会'去行政化'：错误理论误导下的'骑士战风车'——基于需求溢出理论的广义社会组织论的逻辑"，载《北京师范大学学报（社会科学版）》2017年第3期。

况可能更为复杂。考虑到违法养犬行为具有普遍性、时空分散性和随机性，且小区的管理事项繁杂，物业服务企业难以时刻进行执法，势必通过类似"专项行动"的方式进行执法。因此，虽然授予处罚权使执法资源得以"开源"，处罚概率得以提升，但这种提升的程度又相对有限，意味着对违法养犬行为的威慑也许并不如设想的那样大。那么是否可以通过提高处罚力度来提升威慑效果？理论上也许可以，但现实中难得多。原因之一是，对许多人来说，对少数人进行非常严厉的惩罚让他们在直觉上难以接受，这使得在地方立法层面提升处罚力度面临障碍。[1]

同时，授予处罚权可能带来的负面影响也值得警惕。首先，处罚权的行使可能引发冲突，尤其是在实施没收超出饲养数量限制的犬只和禁养犬只的处罚时。因为犬只身上凝聚了养犬人太多的情感寄托（如不少养犬人把饲养的犬只当成自己的孩子那样对待），养犬人在面对处罚时，更容易出现情绪化行为，对物业工作人员的人身安全造成威胁。这种冲突不是文明执法、耐心执法所能避免的。并且，在当前无证养犬、饲养禁养犬只的现象较为普遍的背景下，出于法不责众的机会主义心理，养犬居民作为一个数量不小、在此问题上利益较为一致的群体，完全有可能采取集体行动实施对抗。主管部门也存在上述担心。据物业服务企业的工作人员介绍，公安机关之所以在养犬登记、饲养禁养犬只等问题上没有采取彻底的严格执法，就是考虑到了上述问题发生的潜在可能。

不仅如此，上述对抗情绪也可能影响甚至阻碍物业服务企业对小区其他管理事项的推进，人们也许不能避免和主管部门打交道，但物业服务企业却可能面临拒绝合作的窘境。为了避免以上情况发生，物业服务企业也许会对违法养犬行为采取放任的态度，而这就意味着原先设想的授予处罚权的积极作用会受到削弱。但也应当看到，上述推论可能更多地出现在采取没收犬只的处罚的情形。这表明以上提到的负面影响也许并不否定处罚权的授予，而只是警示我们在授予处罚权时要考虑授权实施的处罚种类的问题。

其次，小区是一个相对的熟人社会，手握处罚权的物业服务企业的工作人员多少会受到人情网络影响，从而在执法上可能出现不合理的区别对待等问题。但目前并没有现成的机制帮助他们防范人情网络带来的风险。此外，即使不存

---

[1] 例如，《广州市养犬管理条例（修订草案征求意见稿）》曾对提高处罚力度作出过努力，写入了"携带犬只进行户外活动未用犬绳牵领，或者未遵守本条例其他规定，导致犬只伤害他人的，公安机关可以没收犬只，并对养犬人处以一万元罚款"等条款，但上述条款在《广州市养犬管理条例（修订草案修改稿征求意见稿）》中被删除了，其他旨在提升处罚力度的条款也受到了一定程度的削弱。

在上述问题，由于前面提到物业服务企业无法对每个违法养犬行为都进行处罚，因此处罚谁或者不处罚谁，在这一熟人关系网络中也可能引起争议。

还需要注意的是，将处罚权授予物业服务企业后，主管部门是否可能因此而在养犬管理问题上有所懈怠，也值得我们注意。

必须承认，上述分析都还只是基于调查信息所作出的事先推演。由于处罚权的授予并未付诸实践，因此并没有现实的经验证据明确地指向某个结论。事实上，某一制度在现实中运作可能出现的问题和发挥的作用也许会出乎我们的意料。因此，以上的分析更希望展现处罚权问题背后的复杂性，并提醒决策者以谨慎的态度对待处罚权授予的问题。如行为经济学研究所指出的，相比未来可能获得的利益，既有利益的损失对人们的伤害更大。因此，对于城市养犬立法的完善而言，更现实、稳妥与可取的方式应当是，在坚持原有的制度框架——仅主管部门有权实施行政处罚——的基础上，寻找时机进行局部的处罚权授予试点，并且在授予处罚权的同时进行某些权限的限制，如将授权行使的处罚种类限于罚款，从而实现制度的完善。

结　语

各地的城市养犬立法将物业服务企业纳入养犬管理的参与主体，在城市治理的进步的同时也提出了新的问题。物业服务企业目前在养犬管理上并没有发挥出立法者所期待的积极作用。基于对现实情况的调查研究，借助社科法学的知识和进路，本义展现了物业服务企业在参与养犬管理时面临的困境。同时，本文还进一步指出，养犬管理事项在与众多小区管理事项的机会收益比较中处于劣势并因此难以得到较多的治理投入的现实，构成了寻求改善物业服务企业履行养犬管理职责效果时的制约条件。这并不令人绝望，相反，这让本文在探讨完善的方向时避免了某些不切实际。在直面制约条件、借助社科法学的知识和认真对待现实有益经验的基础上，本文在寻求现实可行的完善方向上作出了努力与尝试。

第六部分

法律职业伦理

浅析律师与委托人商业交易的必要性限制

——以域外法律文本为参照

魏博闻*

摘　要： 在委托人与律师的商业交易过程中，委托人往往会给予律师以充分的信任，而这种充分的信任可能会被律师滥用，从而产生利益冲突的可能。我国目前现有的利益冲突规则并没有对律师和委托人之间的商业交易作出充分的限定，而这种限定应是必要的，因为这不仅关乎委托人的利益，还关乎职业律师声誉。本文试图结合域外法律文本，对委托人和律师间的商业交易行为进行必要的限定并分类，对不同类型的交易行为展开系统的分析，为我国律师职业设立相关利益冲突规则提供借鉴。为解决我国此类问题，除利益冲突规则立法方面的补充外，还需要根据实践需要完善相关的法律制度，设定必要的法律拟制来解决违反该利益冲突规则产生的双罚后果如何与民事责任相衔接的问题。

关键词： 法律职业；委托人—律师关系；利益冲突；商业交易

一、引言

美国律师协会曾在一个著名的报告中将职业律师界定为"是一个作为促进公正和公共福祉的共同职业的一分子，在为委托人和为公共服务的精神中，追

---

*　魏博闻，中国政法大学 2021 级法律职业伦理专业博士。

求博学艺术的法律专家"。[1]《律师法》第 2 条第 2 款[2 也着重体现了律师职业的公共服务属性。可见，律师职业的核心特征是公共服务，实现社会公正和公共福祉是律师职业的首要目标。正如一些学者所言，"对于律师、医生以及牧师等职业的人来说，最根本的价值是为公众服务的精神，其职业义务的内容尤其强调利他主义和伦理性"。[3]委托人—律师关系是委托人和律师之间的一种权利、义务关系，这种关系既受《民法典》第三编"合同编"的合同法律规范所调整，同时也受到法律职业伦理的调整。[4]律师职业相对于其他团体来说更加精英化，法律知识对普通人来说深奥难懂，必须经过专业训练和学习才能掌握，因此根据福柯的"知识—权力"哲学理论[5]，律师的知识谱系相对普通人而言更加具有支配优势，律师所提出的建议对委托人的行为决策必然有重大的影响，委托人天然地会给予律师充分的信任。可以讲，委托人—律师关系是信托性质的。从法律职业伦理的角度来看，律师对于委托人负有信托义务。[6]由于这种关系的特殊性，各国有关律师执业活动的法律文本普遍规定了律师对委托人负有忠诚义务、勤勉义务以及保守秘密的义务，并要求律师在委托人—律师关系中时刻保持独立的职业判断。[7]出于这些职业伦理和律师职业本身公共服务属性的共同要求，律师必须始终以其在职业判断中认为是出于其委托人的最大利益的方式行事，并将这些利益置于他自己的利益或者法律职业其他人员的利益之上。[8]但是，从另一个角度讲，委托人—律师关系的复合属性也导致了利益冲突的产生。如美国斯坦福大学黛博拉·L. 罗德教授所述，"律师的目标是其收益的最大化而委托人的目标是价值的最大化和成本的最小化，导致

---

〔1〕 王进喜：《美国律师职业行为规则理论与实践》，中国人民公安大学出版社 2005 年版，第 2 页。

〔2〕《律师法》第 2 条第 2 款："律师应当维护当事人合法权益，维护法律正确实施，维护社会公平和正义。"

〔3〕 季卫东：《法治秩序的建构》，中国政法大学出版社 1999 年版，第 240 页。

〔4〕 王进喜：《法律职业伦理》，中国人民大学出版社 2020 年版，第 48 页。

〔5〕 [法] 福柯：《福柯说权力与话语》，陈怡含编译，华中科技大学出版社 2017 年版，序言。

〔6〕 王进喜：《美国律师职业行为规则理论与实践》，中国人民公安大学出版社 2005 年版，第 42 页。

〔7〕 参见《加拿大律师协会联合会职业行为示范守则》，王进喜译，中国法制出版社 2016 年版，第 17 页，规则 3.1；参见《苏格兰诉辩律师协会诉辩律师职业行为指引和惩戒规则》，王进喜译，中国法制出版社 2017 年版，第 27 页，规则 5.1；参见美国律师协会《职业行为示范规则》规则 1.1，1.3，1.6。

〔8〕 参见《苏格兰诉辩律师协会诉辩律师职业行为指引和惩戒规则》，王进喜译，中国法制出版社 2017 年版，第 27 页。

这些道德问题的最根本的原因就是律师利益和委托人利益的分野"〔1〕。

利益冲突是现代律师在执业活动中面临的一个具有普遍性的法律职业伦理问题，处理利益冲突问题是律师执业过程中的重要一环。这不仅仅是说律师的业务活动是为了帮助他人消除争端、解决争端或者预防争端，还意味着律师本身往往会卷入某种形式的利益冲突。〔2〕为了保证代理的有效性，保证律师对委托人的忠诚，保守委托人的秘密，防止律师侵犯委托人的利益，同时促进司法制度的有效运作，律师职业较为发达的普通法系国家普遍制定了详细周密的利益冲突规则。我国律师职业起步相对较晚，利益冲突本身也是一个在 20 世纪末、21 世纪初期才开始逐渐受到重视的职业伦理问题。〔3〕目前，有关利益冲突的现行规则散见于法律效力层级不一的规范性文本中，有的是法律〔4〕，有的是部门规章〔5〕，有的是地方规范性文件〔6〕，有的是行业规范〔7〕。

对于利益冲突的分类，理论上主要有四种分类方式，即委托人和律师的利益冲突与委托人之间的利益冲突；同时性利益冲突与连续性利益冲突；个人性利益冲突与推认性利益冲突；可以克服的利益冲突与不能克服的利益冲突。〔8〕商业交易中隐含的利益冲突即应属于由于律师个人经济利益产生的律师与现行委托人之间的利益冲突。律师和委托人之间的商业交易是很普遍的事情，律师和委托人之间的委托代理合同本身也是一种有名合同，属于交易的一种形式。除了代理本身，律师和委托人之间还存在产生其他类型商业交易的可能，在交易过程中，委托人基于在委托人—律师关系中与律师形成的私人友谊以及对律师在代理过程中展现的专业精神的欣赏，或者看中了律师所拥有的可信的资本资源，往往会给予律师充分的信任。这种信任会从委托人—律师关系拓展到他们

---

〔1〕 王进喜：《美国律师职业行为规则理论与实践》，中国人民公安大学出版社 2005 年版，第 46 页。
〔2〕 王进喜：《法律职业伦理》，中国人民大学出版社 2020 年版，第 85 页。
〔3〕 司法部 1993 年发布的《律师职业道德和执业纪律规范》（已失效）第 12 条、第 14 条曾对利益冲突问题作出初步规定。
〔4〕 如《律师法》第 39 条、第 47 条规定了利益冲突的形式和处罚方式。
〔5〕 如司法部 2010 年出台的《律师和律师事务所违法行为处罚办法》第 7 条、第 8 条对《律师法》的利益冲突规则进行了解释和列举。
〔6〕 如杭州市律师协会 2020 年发布的《杭州市律师协会关于利益冲突认定和处理规则（试行）》、上海市律师协会发布的《上海市律师协会律师执业利益冲突认定和处理规则》（2019 年修订）、广东省律师协会发布的《广东省律师防止利益冲突规则》（2019 年修订）。
〔7〕 如中华全国律师协会 2017 年通过的《律师执业行为规范（试行）》第 51 条规定了不可克服的利益冲突情形，第 52 条规定了可以克服的利益冲突情形。
〔8〕 王进喜：《法律职业伦理》，中国人民大学出版社 2020 年版，第 90 页。

之间的商业关系，并使委托人相信律师不会做任何损害其利益的事情。[1]正是由于这种信任性的充分，可能会导致律师对这种信任的滥用，从而产生利益冲突的可能。美国律师协会曾指出，律师的法律技能和所受的训练，加上律师和委托人之间的信托和信赖关系，使得律师在和委托人形成商业关系的时候存在弄巧欺人的可能性。[2]普通法系国家在律师执业规范类型的法律文本中普遍对律师和委托人之间的这种商业交易进行限制，以防止其影响律师在代理过程中独立的职业判断以及对委托人的忠诚，同时防止律师利用自身在这种关系中的优势地位，如知晓委托人的秘密信息，在商业交易中获得更多的利益。

我国目前现有的利益冲突规则并没有对律师和委托人之间的商业交易进行充分的限定，这种限定应是必要的，因为这不仅关乎委托人的利益还关乎职业律师的声誉。本文试图对委托人、律师之间的商业交易行为进行分类，并予以必要的限定。同时结合域外法律文本，对不同类型的交易行为进行系统的分析，为我国律师执业设立相关利益冲突规则提供借鉴。

二、商业交易的界定和类型划分

（一）商业交易的界定

根据《民法典》第一编"总则"第六章"民事法律行为"的规定，民事主体之间的民事法律行为有多种表现形式，其中订立合同是最主要的形式，在律师与委托人不存在身份关系时，如近亲属、婚姻、收养、监护等人身关系，两者间的商业交易应当仅指双方合同关系。依据《民法典》第464条第1款对合同的定义以及第469条对合同形式的规定可知，单从合同的角度来讲，委托人和律师间的商业交易可以是合同法律规范所规定的有名合同的任何一种，且合同可以采用书面或者口头的形式。但委托人和律师间的商业交易既受合同法律规范的约束，同时也受到法律职业伦理的约束。从法律职业伦理的角度，为了防止职业上的风险，必须对这种商业交易进行类型划分，从而予以必要性限制，这也是普通法系域外各国的通行做法。

（二）商业交易的类型划分

根据前文所述，基于合同关系框架下对委托人—律师间的商业交易进行类

---

〔1〕 王进喜：《美国律师职业行为规则理论与实践》，中国人民公安大学出版社2005年版，第90~94页。

〔2〕 苏小聪："律师执业中的利益冲突及其规制"，厦门大学2007年硕士学位论文。

型化分析，可以从合同关系的两端即订立合同的主体以及合同的标的这两个角度对双方间的商业交易进行分类。

1. 从合同标的的角度

律师为委托人提供法律服务的目的可以总结为，就当事人所争议的权益为委托人谋求最大的利益。从合同标的是否与当事人所争议的权益相关的角度出发，委托人和律师间的商业交易可以分为合同标的与当事人所争议权益有关的交易以及合同标的与当事人所争议权益无关的交易。如果合同标的与当事人所争议权益不相关，则可以继续根据委托人和律师间的商业交易形式是格式化或是标准化商业交易[1]区分为格式化商业交易和非格式化商业交易。

2. 从订立合同主体的角度

通过合同法基本原理可知合同具有相对性，仅仅对订立合同的双方有约束力。在委托人和律师商业交易的合同关系中，委托人和律师是合同的订立主体，因此可以从委托人和律师两个方面分别进行分类。从委托人的角度出发，以委托人是组织性委托人或者是自然人的标准，可以区分为委托人是组织性委托人的商业交易和委托人是自然人的商业交易。在委托人是组织性委托人的情况下，根据律师与该组织是否存在职务上的联系，又可以区分为有职务联系的商业交易或者没有职务联系的商业交易。从律师角度出发，根据律师是本人还是同一律师事务所的其他律师或者是其所在律师事务所本身等，可以对交易类型划分。

三、商业交易的必要性限制

（一）商业交易的绝对限制不能

在利益冲突规则文本中，出于降低法律服务活动成本，增加委托人对律师服务的可得性以及降低对律师和律师事务所执业活动的消极影响等原因，普遍规定了利益冲突的例外规则。但是相对特殊的是，对委托人和律师之间商业交易的限制并不会直接产生以上严格执行利益冲突规则所带来的负面影响，但这并不意味着可以对委托人和律师之间的商业交易进行绝对的限制。委托人、律师间的商业交易是一种合同关系，换言之，其本质上是契约关系，严格意义上并不能进行绝对的限制。此外，律师除了在委托人—律师关系中所具有的职业角色身份，更普遍的是民事自然人的身份，对律师与委托人商业交易的绝对限制会给其日常生活带来不必要的负面影响，尤其是这种限制律师和委托人进行商

---

[1] 标准化商业交易是那些采用格式合同，其条款和条件通常对一般公众均一样的交易，如银行服务、医疗服务、保险服务、信托服务等。

业交易的利益冲突规则往往被认定为可推认的利益冲突规则的情况下，[1]当律师身处较大规模的律所时，随着委托代理业务的不断增加，商业交易的绝对限制会给其所在律所的其他律师以及律师事务所本身带来过多的负担。

此外，本文所述的律师与委托人的商业交易仅仅指代现行委托人和律师间的商业交易，而不涉及潜在委托人以及前委托人。针对潜在委托人和前委托人，律师更多的是负有保密的义务，相关利益冲突规则也多是围绕该执业义务进行设计的。律师在与潜在委托人或者是前委托人的商业交易中，虽然可能知晓委托人的秘密信息，但是这没有关乎律师对委托人的忠诚、代理的称职以及职业判断的独立性。律师在与潜在委托人或前委托人的交易关系中并不能获得可以预见的优势地位。对律师与潜在委托人和前委托人之间的商业交易进行限制会给律师本人及其所在律所的其他律师带来多余的负担。因此，不需要针对律师与潜在委托人或前委托人之间的商业交易进行限制。

（二）商业交易利益冲突类型化分析

1. 合同标的与当事人所争议权益有关的交易

严格意义上，说代理本身也是一种商业交易行为，律师不得利用向委托人提供法律服务的机会牟取当事人之间所争议的利益。对此类型商业交易的禁止是各国利益冲突规则文本的共识。[2]这类规定根植于普通法的助讼图利罪和帮讼罪，旨在避免在代理中给予律师过大的利益。[3]这些行为会鼓励不必要、无价值的诉讼，促使律师在代理中提出过度的损失要求，导致隐匿证据、贿赂证人等不法行为。但是需要指出的是，各国律师执业规范普遍允许就特定类型的诉讼采用风险代理收费的方式，而这种方式是一种典型的助讼图利的行为。美国法院认为，"风险代理这种附条件收费形式一定程度上发挥着替代诉讼费用援助制度的作用，是穷人进入法院大门的钥匙。"[4]当然对风险代理这种安排也要有充分的规制和控制，以保护委托人和适当司法。

---

〔1〕 参见美国律师协会《职业行为示范规则》规则1.8，注释20。

〔2〕 如司法部《律师和律师事务所违法行为处罚办法》第12条规定，不得采用诱导、欺骗、胁迫、敲诈等手段获取当事人与他人争议的财物、权益；不得指使、诱导当事人将争议的财物、权益转让、出售、租赁给他人，并从中获取利益；中华全国律师协会2017年发布的《律师执业行为规范（试行）》第46条、第47条明确规定禁止律师非法牟取委托人权益；《律师法》第40条第2项规定律师在执业活动中不得"利用提供法律服务的便利牟取当事人争议的权益"；美国律师协会《职业行为示范规则》规则1.8（i）规定"就为委托人办理的诉讼，律师不得就诉因或者就诉讼标的取得财产利益"。

〔3〕 参见美国律师协会《职业行为示范规则》规则1.8，注释16。

〔4〕 王进喜：《美国律师职业行为规则理论与实践》，中国人民公安大学出版社2005年版，第50页。

2. 合同标的与当事人所争议权益无关的交易

我国利益冲突规则法律文本对此类型的商业交易并没有具体的规制, 体现出一种与普通法系各国例行做法相反的放任自由的态度, 似乎没有意识到交易行为的双方之间是存在利益冲突的, 而这种利益冲突在委托人—律师关系中会给委托人带来更大的风险。[1]美国律师协会《职业行为示范规则》规则 1.8 (a)[2]对此类型的商业交易予以了明确的规制, 首先要求交易本身对委托人而言是公平的, 并且以其能够理解的书面形式向其传达, 这就要求双方订立的合同本身不能采用口头的形式。其次, 要求律师以书面形式告知委托人最好是寻求独立的法律顾问的建议, [3]相比美国律师协会《职业行为示范规则》规则 1.8 在 2002 年修正之前的版本, 进一步加强了对委托人的保护。[4]最后, 要求律师就交易中所订立合同的重要条款以及律师在该交易中的角色得到委托人签字的书面明智同意。该规则对律师的要求是极其严格的, 在违反该规则的情况下, 委托人甚至不需要证明律师从事了欺诈或者不当影响的行为。即使律师不存在这样的不当行为, 如果律师在交易中获得了更多的利益, 这种合同也是无效的, 除非律师完整地履行了全面公开的义务, 证明委托人对交易后果有着全面的认识, 并且律师没有利用委托人对律师的信任。[5]例如, 在美国 1987 年堪萨斯州最高法院裁判的菲利普诉卡尔森案[6]中, 律师在和客户交易时忽略了

---

〔1〕 李宝宏:"论律师执业利益冲突及其规制", 西南政法大学 2009 年硕士学位论文。

〔2〕 美国律师协会《职业行为示范规则》规则 1.8 (a):律师不得同委托人达成商业交易, 或者在明知的情况下取得不利于委托人的所有权、占有权、担保或者其他财产利益, 除非:(1) 上述交易和律师获得了上述利益的条款, 对于委托人而言是公平、合理的, 并且是以委托人能够合理理解的书面形式向其全面披露和传达的;(2) 在该交易中, 已经以书面形式告知委托人最好是就该交易寻求独立法律顾问的建议, 并且为委托人提供了寻求该建议的合理机会;并且 (3) 委托人就该交易的重大条款和律师在该交易中的角色, 包括律师是否正在该交易中代理该委托人, 以其签字的书面形式作出了明智同意。

〔3〕 苏小聪:"律师执业中的利益冲突及其规制", 厦门大学 2007 年硕士学位论文。

〔4〕 美国律师协会《职业行为示范规则》规则 1.8 在 2002 年修正之前, 在委托人获得独立法律顾问的建议问题上, 并没有规定律师必要 "要以书面形式告知委托人最好是就该交易寻求独立的法律顾问的建议", 而仅仅是要求给委托人以寻求独立律师的建议的合理机会。

〔5〕 王进喜:《美国律师职业行为规则理论与实践》, 中国人民公安大学出版社 2005 年版, 第 94 页。

〔6〕 该案讲述了原告一家和被告是相识多年的朋友, 在菲利普先生去世后, 原告聘请被告及其律师事务所担任其代理人, 处理菲利普先生的遗产, 并一次性付清代理费用。在代理过程中, 被告先后两次向原告借款, 但都没有告知原告相关的法律性质和后果, 也没有建议其该交易寻求独立的法律意见。后来, 原告发现被告交付给她的抵押财产并没有进行抵押登记, 便马上向被告追讨欠款, 但被告并未付款, 且随后申请破产。原告即对被告提起诉讼。参见曾报春、任崇正:"律师执业中的利益冲突规则再探", 载中华全国律师协会编:《第三届中国律师论坛暨专业委员会年会论文集 (管理发展卷)》, 法律出版社 2003 年版, 第 105~130 页。

执业和道德上的风险，对客户没有履行全面公开以及建议客户寻求独立的法律顾问并获得其书面的明智同意等执业义务，最终州最高法院判决被告及其所在的律师事务所承担相应的法律责任。加拿大律师协会联合会发布的《职业行为示范守则》也对律师与委托人之间的商业交易作了类似的规定，在规则 3.4-27 至 3.4-41 中对律师和委托人之间商业交易可能面临的利益冲突以及律师应当履行的执业义务作了明确的阐述。规则 3.4-28 规定，律师不得与委托人进行交易，除非与委托人进行的交易对委托人而言是公平和合理的。规则 3.4-29 则具体列举了律师和委托人之间可能发生的商业交易情形，并要求律师在交易前必须履行披露[1]、建议[2]以及寻求委托人明智同意[3]的职责。

前文介绍合同标的与当事人所争议权益无关的交易，根据交易本身是否是标准化交易或者格式化交易，可以分成格式化交易和非格式化交易两种类型。对于格式化交易往往不需要对委托人施以特别的保护，因为在这种类型的交易过程中律师并没有获得可以预见的优势，因而对这种类型的商业交易进行限制是没有必要的。美国律师协会《职业行为示范规则》规则 1.8 注释 1[4]以及加拿大《职业行为示范守则》规则 3.4-30（b）[5]、3.4-31（a）[6]、3.4-35 (a)[7]均体现了这样的立法精神。

随着我国市场经济的逐步发展，以市场经济为主导的经济体制的确立势必要求法律法规、行业规范要紧跟实践的脚步。笔者认为，针对合同标的与当事人所争议权益无关的交易，我国有必要根据国内市场经济的发展情况以及法律

---

〔1〕 加拿大《职业行为示范守则》规则 3.4-29（a）：披露任何利益冲突的性质，或者以后可能会如何形成利益冲突。

〔2〕 加拿大《职业行为示范守则》规则 3.4-29（b）：考虑有关情况是否合理建议委托人就交易获得独立的法律建议。

〔3〕 加拿大《职业行为示范守则》规则 3.4-29（c）：在委托人获得上述披露和法律建议后，获得委托人对交易的同意。

〔4〕 规则 1.8 注释 1 明确规定规则 1.8（a）不适用于委托人与律师之间的委托人通常向他人推销的产品或者服务的格式化交易。

〔5〕 加拿大《职业行为示范守则》规则 3.4-30（b）：律师从作为在通常业务过程中放款的银行、信托公司、保险公司、信用合作社或者金融公司的委托人那里借款不适用规则 3.4-29（商业交易限制规则）。

〔6〕 加拿大《职业行为示范守则》规则 3.4-31（a）：律师不得从委托人那里借贷，除非委托人是借贷机构、金融机构、保险公司、信托公司或者任何类似公司，其业务包括向公众借贷。

〔7〕 加拿大《职业行为示范守则》规则 3.4-34 规定：被聘请在委托人作为借款人或贷款人的交易中行事的律师，不得为作为借款人或者贷款人的委托人的债务提供个人担保，或者提供其他担保。规则 3.4-35（a）规定：贷款人是在通常的业务过程中放款的银行、信托公司、保险公司、信用社或者金融公司，贷款人直接或者间接地仅为律师、律师的配偶、父母或者子女提供资金的，律师可以提供个人担保。

服务行业未来的发展态势，参照普通法系国家律师职业行为规范合理设计有关此类型商业交易的利益冲突规则。

3. 委托人是组织性委托人的商业交易

根据前文所述，从合同订立主体的角度对委托人和律师间的商业交易进行划分可以抓住两个主要方面，即合同订立的双方——委托人和律师。从委托人的层面看，委托人是自然人的商业交易可以适用前面商业交易利益冲突规则的一般设计，而对于组织性委托人则要稍加补充。组织性委托人相比于自然人委托人最大的不同之处就在于，组织本身是委托人且有着与其股东、雇员、董事、监事、高管、官员不同的人格，尽管组织或者公司要通过其官员、董事、雇员、成员、代理人或者代表人行动和作出指示。因此，当律师与组织性委托人进行商业交易时，需要确保代表组织的自然人拥有交易的实际权限并且代表该组织的意志。尽管在民法和商法中为保护合同相对人、被代理人或被代表人的利益，针对无权代理、无权代表以及表见代理、表见代表行为作出了相应的制度设计，但是此种交易本身具有复合属性，除民事法律规范外，还必须考虑律师和组织性委托人之间的商业交易是否符合职业伦理的规范，因此一旦机械地遵循民商事法律相关的制度设计，其带来的基于职业和道德上的风险对于律师来说可能是灾难性的。例如，在表见代表的情况下，尽管公司依据相关规定可以在承受损失后向表见代表人追偿，但是律师可能由于交易行为损害了委托人利益而面临被取消代理资格的风险，甚至还会受到相应的行政处罚、行业内处罚以及承担基于交易合同的缔约过失责任。因此，对组织性委托人和律师间的商业交易必须进行合理限制。笔者认为，需要明确的是，前文叙述的律师要履行的全面公开义务的对象绝不仅是代表人本人而应当是整个组织，即律师在缔约时应当负有通知公司董事会、监事会，没有董事会而设立执行董事的公司的其他股东以及合伙企业剩余合伙人的额外告知义务。

此外，对于组织性委托人和律师间的商业交易限制还要考虑代理律师与该组织间是否存在职务上的联系。笔者所述的职务联系仅仅以是否存在劳动合同、聘用合同或行政编制为标准，而不指代投资行为。对于与组织性委托人存在职务联系的律师，我国与域外普通法系国家的情况有很大不同。我国目前已经发布关于公职律师和公司律师的管理规范。通过这些管理规范可知，我国公司律师、公职律师仅指在党政机关、人民团体以及国有企业中符合相关条件获得律师资格的人。此类公司律师、公职律师与所属单位具有很强的人身依附性，并不依靠通过代理而获得的律师费用谋生。[1]在这种关系下的商业交易，律师本不可能获得必然的优势地位，甚至在委托人—律师关系中，律师反而是相对弱势的一方，因此对该种商业交易进行限制是不适当的，毕竟限制律师与委托人商业交易的立法宗旨是保护委托人免于律师不当和不道德行为的伤害。相反，对于公司律师、公职律师以外律师与组织性委托人存在职务关系的情况，如律师担任委托公司的独立董事的，[2]则需要履行律师与组织性委托人商业交易一般规则所要求的义务。

4. 非律师本人的商业交易

从合同订立主体的另一方，即律师的角度出发，委托人和律师间的商业交易可以扩展到与律师有关联的其他主体的交易，如律师所在律师事务所的其他律师、律师的配偶、律师事务所、律师控制的公司等。对于该种类型的商业交易主要涉及的问题是委托人、律师商业交易限制规则是否可以被推认。目前域外普通法系国家利益冲突规则文本普遍认为该规则是可推认的规则，[3]当然这种认识也不是自始至终的，美国律师协会《职业行为示范规则》的最初版本并没有规定该规则适用于与该受利益冲突规则限制的律师在同一律师事务所共事的其他律师。[4]对于律师事务所而言，我国与西方国家均有规定禁止律师事务所从事法律服务以外的经营活动。[5]但是至于不以营利为目的的日常商业交易

---

〔1〕 2018年《公职律师管理办法》第2条规定，"本办法所称公职律师，是指任职于党政机关或者人民团体，依法取得司法行政机关颁发的公职律师证书，在本单位从事法律事务工作的公职人员"；第14条第2款规定，"公职律师应当接受所在单位的管理、监督，根据委托或者指派办理法律事务，不得从事有偿法律服务，不得在律师事务所等法律服务机构兼职，不得以律师身份办理所在单位以外的诉讼或者非诉讼法律事务"；《公司律师管理办法》第2条规定，"本办法所称公司律师，是指与国有企业订立劳动合同，依法取得司法行政机关颁发的公司律师证书，在本单位从事法律事务工作的员工"；第14条第2款规定，"公司律师应当接受所在单位的管理、监督，根据委托或者指派办理法律事务，不得从事有偿法律服务，不得在律师事务所等法律服务机构兼职，不得以律师身份办理所在单位以外的诉讼或者非诉讼法律事务"。

〔2〕 中国证券监督管理委员会发布的《关于在上市公司建立独立董事制度的指导意见》（已失效）规定，上市公司独立董事是指不在公司担任除董事外的其他职务，并与其所受聘的上市公司及其主要股东不存在可能妨碍其进行独立客观判断的关系的董事。

〔3〕 除美国律师协会《职业行为示范规则》规则1.8（k）款外，加拿大《职业行为示范守则》规则3.4-32也体现了这样的认知。

〔4〕 王进喜：《美国律师职业行为规则理论与实践》，中国人民公安大学出版社2005年版，第94页。

〔5〕 《律师法》第27条规定，"律师事务所不得从事法律服务以外的经营活动"；《加拿大不列颠哥伦比亚省1998年法律职业法》早有类似规定。参见《加拿大不列颠哥伦比亚省1998年法律职业法》，王进喜译，中国法制出版社2017年版，第197页。

则仍应根据交易类型性质适用前文描述的有关委托人、律师商业交易的具体规定。

四、本土规则改良路径刍议

对于委托人和律师商业交易必要性限制问题，除利益冲突规则立法方面的补充外，还需要根据实践需要完善相关的法律制度。有观点指出，"中国至今没有一部完整的《律师执业利益冲突认定和处理规则》。利益冲突规则散见于各级各类规范性文件中，从内容到形式到效力均是参差不齐"。[1]该观点是有一点道理的，如地方律师协会出台的利益冲突规则与中华全国律师协会制定的利益冲突规则就有不同的内容和形式。[2]至于效力层面，由于《律师法》利益冲突规则具体内容的缺失，而中华全国律师协会制定的《律师执业行为规范（试行）》仅仅是行业性规范，不属于法律、行政法规的强制性规定，因此在实践中造成了诸多法律适用层面的问题。今后即便将委托人和律师商业交易的利益冲突规则予以了补充也仍需解决以上立法技术层面的问题。笔者认为，可采取一般法与特别法的设计方式对《律师法》进行补充规定。[3]

另外，委托人和律师之间商业交易产生的利益冲突问题有其自身的特殊性，其亟需解决的是违反该利益冲突规则产生的行政处罚以及行业内惩戒后果如何与民事责任相对接的问题。在普通法系国家，律师违反有关商业交易的利益冲突规则通常会导致合同无效。[4]但是该规定显然无法直接移植于我国现行法律规范。我国民法语境中的合同无效是有严格的适用条件的，《民法典》第153条第1款明确规定了民事法律行为不能违反法律、行政法规的强制性规定，这里的"强制性规定"应当是指效力性强制性规定。也就是说，现行法律明确规定只有违反法律、行政法规的效力性强制性规定的合同才无效，而违反法律、行政法规的管理性强制性规定的合同并不当然无效。结合《律师法》目前的条款设计，其中的利益冲突规则毫无疑问属于管理性强制性规定，在实践当中也多

---

〔1〕 栗红："律师执业利益冲突规范研究"，中国政法大学2006年硕士学位论文。

〔2〕 例如，杭州市律师协会2020年发布的《杭州市律师协会关于利益冲突认定和处理规则（试行）》第7条"会员对本规则规定的间接利益冲突情形，应当立即将利益冲突的事实和可能产生的后果通知利益冲突的各方当事人"与中华全国律师协会2017年通过的《律师执业行为规范（试行）》第52条"通知对象"方面的规定存在内容的差异。

〔3〕 如在《律师法》利益冲突规则设计上规定"有特殊情况适用特别法"，从而赋予其他利益冲突规则文本以同等的法律效力。

〔4〕 王进喜：《美国律师职业行为规则理论与实践》，中国人民公安大学出版社2005年版，第94页。

有发生违反《律师法》强制性规定而裁判双方合同仍然有效的案例。例如，在鹿苑公司等诉中银律所居间合同纠纷案[1]中，再审申请人鹿苑公司称中银律所的行为违反《律师法》第27条"律师事务所不得从事法律服务以外的经营活动"的强制性规定，不应得到支持。但北京市高级人民法院在民事再审裁定书中认为"鹿苑公司与中银律所签订的合同名为《合作协议》，实为居间合同，该合同系当事人的真实意思表示，内容未违反国家法律、行政法规的强制性规定，合法有效"，而没有支持再审申请人认定合同无效的请求。而一旦合同自始具有效力将使委托人不得不履行合同以避免承担违约责任，这与委托人、律师商业交易限制规则的立法宗旨是背道而驰的。就算事后对律师采用了双罚制的处罚手段，也仍然无法避免履行合同可能给委托人带来的实际损害。因此，笔者认为在设计委托人与律师商业交易利益冲突规则时，应当明确在相应类型商业交易中，如果律师没有按照商业交易的一般规则履行全面公开、建议委托人就商业交易寻求独立的法律顾问以及获得委托人书面的明智同意等执业义务，则应当推定其存在欺诈行为。这种推定的法律拟制给予了委托人寻求基于《民法典》第148条[2]规定的当事人撤销权的救济手段，委托人可以自知道或者应当知道撤销事由之日起一年内行使撤销权。合同一旦撤销，根据《民法典》第157条[3]的规定，委托人还可以追究律师的缔约过失责任，要求律师赔偿其缔约时的过失行为给委托人带来的信赖利益损失，从而更好地维护自身权益。

结　语

在委托人与律师的商业交易过程中，委托人往往会给予律师充分的信任，而这种充分的信任可能会被律师滥用，从而产生利益冲突的可能。我国目前现有的利益冲突规则并没有对律师和委托人之间的商业交易作出充分的限定，而这种限定应是必要的，因为这不仅关乎委托人的利益还关乎职业律师的声誉。此外，委托人和律师间的商业交易既受合同法律规范的约束，同时也受到法律职业伦理的约束。委托人、律师间的商业交易应当仅指合同关系，从合同关系的两端，即订立合同的主体以及合同的标的这两个角度，可以对双方间的商业

---

〔1〕　（2018）京民申537号。

〔2〕　《民法典》第148条规定，一方以欺诈手段，使对方在违背真实意思的情况下实施的民事法律行为，受欺诈方有权请求人民法院或者仲裁机构予以撤销。

〔3〕　《民法典》第157条规定：民事法律行为无效、被撤销或者确定不发生效力后，行为人因该行为取得的财产，应当予以返还；不能返还或者没有必要返还的，应当折价补偿。有过错的一方应当赔偿对方由此所受到的损失；各方都有过错的，应当各自承担相应的责任。法律另有规定的，依照其规定。

交易进行分类并分别讨论分析。最后，解决我国当前此类问题，除利益冲突规则立法方面的补充外，还需要根据实践完善相关的法律制度。在设计委托人与律师商业交易利益冲突规则时，应当明确在相应类型商业交易中，如果律师没有履行被要求的执业义务，则应当推定其存在欺诈行为，这种法律拟制有利于保护委托人的合法权益。限于篇幅以及行文切入点的问题，本文并没有站在更宏观的视角阐述我国法律职业伦理中的利益冲突问题，而这无疑是必要的。不断完善行政监督与行业内自主管理的"两结合"体制，提高律师协会的管理效能，加强对利益冲突问题的自主审查能力，从制度架构的改良中寻求解决问题的方法也是一种值得尝试的思路，然而从"两结合"体制的视角看律师执业活动中的利益冲突问题将另义阐明，本文则不再赘述。

律师事务所管理的法律职业伦理价值

——以律师事务所的品牌管理为视角

王姝雯*

　　摘　要：品牌是依存于一个主体的附加价值，是对外的口号和招牌，具有直观的宣传效果。律师事务所作为本质上具有公共性的特殊服务主体，在品牌管理方面更需注意，不应有逐利目的，应找寻贴合自身发展模式的品牌管理制度，为本所的业务拓展、行业和社会良好口碑的积累添砖加瓦，为委托人提供优质代理。在互联网媒体视野下，律所品牌管理呈现出新的发展动向，以此指明其在法律职业伦理层面的限制与价值，提供路径建议，探索长远的品牌管理模式。
　　关键词：律师事务所；品牌管理；推广；应用；法律职业伦理价值

一、问题的提出

　　品牌是主体积累的外在价值，能引导消费者形成选择偏好，提高效率。品牌管理作为管理学的常用术语，本是营销管理的重要成分，但提及律所的管理时，品牌管理却也有不同的研究价值。律所的品牌管理是什么？有何种新背景？在法律职业伦理视角下如何予以必要规制？能起到何种法律职业伦理的现代化价值效用和引领？这些是本文研究的核心问题。在对我国律所品牌管理的认知、调研和优秀经验借鉴的基础上，运用可视化方法探讨红圈所的品牌管理，评估我国律所品牌管理的现状和法律职业伦理价值。

---

　　* 王姝雯，中国政法大学 2020 级法律职业伦理专业硕士。

二、律师事务所的品牌管理

品牌管理在律师事务所发展过程中的法律职业伦理价值不可忽略。其管理主要发散为以下几个维度：品牌创立、应用、保护和推广管理。以下拟对律所的品牌管理进行探索，并对律师事务所品牌和律师个人品牌之间的关系作出说明。

（一）律师事务所品牌管理的内涵

"律师事务所的品牌就是记录、凝结或承载着该所全体律师优质、诚信，而又有文化品位的，且被客户认可和信赖的工作状态的名称和标志。"[1]作为律师事务所对外的形象代表，长期积累起来的口碑需要过程性建设，在精心运营、多方位设计和秉持以维护委托人的合法权益为核心理念的指引下，才更能推进律所长远发展。品牌首先是独特的并且具有显著性，要能和他人的品牌以示区别。[2]充分了解自身特长，定位客户需求，形成适于律所的独特品牌，从而提供更广阔的发展平台。"21 世纪的律师事务所品牌要有三个一流，即一流的平台、一流的专业、一流的团队。并提供四种服务，即技术服务、管理服务、决策服务、战略服务。"[3]品牌规模效应往往能为律所提供业务、管理、创新、文化、成员等力量之源。图 1 即对律师事务所品牌管理的影响因子作了具体构图分析。

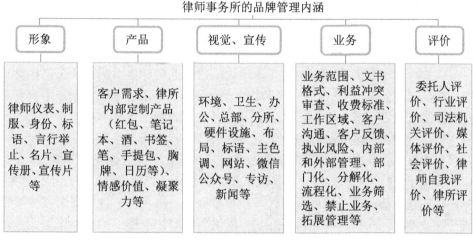

图1 律所品牌管理内涵图示

〔1〕 宋振江："律师事务所的品牌"，载《中国律师》2003 年第 3 期。

〔2〕 参见陈玉峰："律所为何需要品牌官"，载《法人》2012 年第 12 期。

〔3〕 "洪国安：创一流律所品牌"，载《中国商界》2018 年第 10 期。

（二）律师个人品牌与律所品牌的叠加

律师个人品牌是指律师通过案件代理、客户满意度积累、自身专业实力加强、待人接物等多方面的完善，以在委托人间进行宣传，在长期沉淀中形成个人品牌。律所品牌是指以整个律所为平台的口碑，其形成有双重意义，一是以律所为整体的良好口碑代表，二是律所品牌是由一个个律师个人品牌堆积和建立起来的。从品牌经营的初级阶段出发，品牌贡献度主要来源于委托人对律所中某个律师的信赖。而随着法律职业共同体的建设、律所品牌建设以及律师整体意识和归属感的提升，品牌贡献度开始转向依赖律师事务所，形成律师个人品牌与律所品牌的叠加。

"我把律师视为真正活在律师事务所品牌上的人。他们是那些兑现律师事务所品牌承诺的人。"[1]律师个人品牌与其所属律所品牌其实是相互依存的，律师可以从律所品牌的迅速发展中获取红利，在个体高质量的代理实践中也助推律所口碑的积累，扩大律所规模效应。

"律师个体形象是律所整体形象的重要基础和组成部分，良好的个体形象是律所形象流动载体，良好的个体形象也是律所整体形象对外辐射的窗口。"[2]因此，在建立律师个人品牌的同时，也要关注律所整体品牌建设，二者相互成就。律所品牌由该律所中执业律师的个人品牌汇集而成，每个律师在面对当事人时也代表了律所的整体形象。

三、互联网媒体视野下的律师事务所品牌推广路径及法律职业伦理限制

人们一般很少区分广告和宣传，但从法律专业角度出发，中华全国律师协会 2018 年 12 月 13 日发布的《律师执业行为规范（试行）》（含修正案）在第三章第二节和第三节中明确区分了律师业务推广中的广告与律师宣传，故在研究中需进行辨析和区分解释。律师个人广告与宣传相比，范围往往更狭窄，限制也更严格。2018 年《律师执业行为规范（试行）》（含修正案）第 28 条规定："律师个人广告的内容，应当限于律师的姓名、肖像、年龄、性别、学历、学位、专业、律师执业许可日期、所任职律师事务所名称、在所任职律师事务所的执业期限；收费标准、联系方法；依法能够向社会提供的法律服务业务范围；执业业绩。"其所规制的内容多为对律师官方、基本和简洁的介绍，远非广

---

〔1〕 John Hellerman, "Minding Your Firm Brand", *Law Practice：The Business of Practicing Law*, Vol. 42, No. 1, 2016, p. 54.

〔2〕 李广健："汲取企业文化创建律所文化之我见"，载《中国律师》2013 年第 7 期。

告采取的夸张艺术形式。而律师宣传的范围则更广，形式也更丰富。例如，通过微信、官网、人物专访、抖音等平台进行宣传，在迎合网络发展潮流时也获得了更广的关注度，为律师和律所业务的拓展提供了后备资源。

（一）律师事务所广告设置的合理性与法律职业伦理边界限制

律师事务所设置广告，争议颇大，如是否有碍律师的公共性本质，陷入商业主义倾向，使律师和律所丧失法律的正式性和权威性，是否会显得社会法治秩序不和谐等。笔者在此赞同律所设置广告，但应予以限制。

1. 律师事务所广告设置的合理性探讨

律师事务所广告与商业广告的联系与区别共存。联系表现在宣传目的上；最大的区别在于商业广告具有市场性，可在不悖真实的情况下运用夸张的艺术形式，而律所广告限于对律所整体情况、律师基本情况等的简单介绍，内容和形式非常严格。

但严格并不代表扼杀，律所设置广告具有合理性。首先，律所投放广告有利于宣传，使律所获得相对稳定的业务来源，对新设律所尤为有利。其次，律所将广告投放于公众后，公众能对律所和律师形成完整认识，为有法律服务需求的委托人提供选择，尽可能快速地获取法律服务。最后，推动各律所形成自身的发展特色，通过广告传播专业领域、价值观、文化底蕴、人才队伍等要素增进委托人的情感认同和律师的归属感。

虽肯定律所广告设置的合理性，但严格规制也有必要。律所在设计和投放广告时不能让普通公众联想到打官司，因为法律服务是特殊的、具有公共性的服务，并不具有商业性。

2. 律师事务所广告设置的边界限制

总体而言，律所在设置广告时要依法、严谨、真实和适度。

（1）不得虚假或夸大。

律所在设计广告时务必贴合实际，用简洁的语言介绍律所及律师，不得有任何关于律所业务领域、律师执业业绩、执业许可、学历等虚假或夸大内容，不得使用"最""第一""权威"等字样引人误解。

（2）不得采取艺术夸张手段。

律所广告应具有可识别性。法律服务不同于商品，前者是具有公共性、以维护委托人合法权益为核心的服务，而后者处于市场交换中，具有营利属性。基于两者之间本质的差异，要采取不同方式设置广告并加以规制。商业广告的目的即在公众间达到传播效果，进而寻求目标消费者，故有时会使用不偏离基本原则的艺术夸张手段。而基于法律服务的公共性和法律的权威性，律所和律师在设计广告时往往只被允许采用朴素和实际的形式，也不得有违律师底线或形象。

（3）不得明示或暗示特殊关系。

虽然我国是人情社会，但止步于真情和和谐关系，而非权力运作"关系"，因为后者极易助长权力滥用，导致司法不公，损害法律权威。故而律所或律师在设置广告时不得明示或暗示与公权机关存在利害关系（如律师不得在名片上印"曾任职于最高人民法院"）。

（4）不得比较或贬低同行。

律所在进行广告推广时不得与同行进行比较甚至贬低。律所间的正当竞争可以存在，但不得将商战中的方法或思维引入具有公共性的法律服务行业中。

（5）不得以提供或者承诺提供回扣的方式承揽业务。

律师在代理中应以事实为根据，以法律为准绳。在该准则指导下，律师在代理业务时不得虚假承诺，不得向委托人作出对案件结果的保证或预判。在代理前，更不得以提供或承诺提供回扣等不正当竞争方式承揽业务。律师和律所应怀有对法律的敬畏，在法律、法规、行业规范、律所内部规则等指引下执业。

（二）律所的平台品牌宣传研讨

在传统媒体之外，运用技术和网络媒体的发展红利，通过微信公众号、官网、抖音等宣传的例子屡见不鲜。"律师事务所的品牌建设与媒体密不可分，甚至有些律师事务所已经将媒体合作纳入诉前服务中来，将律所与媒体之间的互动与合作进一步提升。"[1]此外，由于法律服务有目标服务群体，律所在通过网络媒体宣传时要突出重点，筛选信息。大面积的大众传播并不适于对律所的宣传，且推广效用有限。[2]

微信公众号作为新媒体的一种，在某些方面与律所的平台品牌宣传相契合。其一，微信在熟人网络下运作，关注微信公众号的用户通常是基础用户及其朋友圈，使传播的有效性提高；其二，微信公众号的载体易获得；其三，微信公众号的实时性和互动性强，有利于律所及时获取用户意见并调整。微

---

〔1〕 陈晶晶："律所该如何建设品牌和文化"，载《法人》2012 年第 2 期。
〔2〕 参见卫峥："如何打造律师事务所的品牌：来自北京律协'律师事务所品牌建设研讨会'的报道"，载《中国律师》2009 年第 11 期。

信公众号需要团队运营，要有清晰的品牌定位、新媒体语言的表达方式和律所律师共同参与的积极性。[1]在众多律所开办微信公众号的情况下，如何脱颖而出，吸引更多的目标受众，扩大律所的品牌影响力，是目前运营中的突破点。

在对律所进行网络媒体的品牌宣传中，抖音短视频平台所受的争议颇大。虽然它传播范围广、传播速率快以及可利用碎片化时间，但在法律行业中仍存在诸多不符。首先，抖音的娱乐化倾向较为容易使律所和律师在宣传时有损专业形象，使规范的法律服务太过随意。其次，抖音的用户群体偏年轻化，而法律服务需求多存在于 30 周岁至 60 周岁的高净值人群中。由于抖音采用户兴趣推荐的匹配模式，很难形成专业法律服务的兴趣偏好，所以这种需求导向型的法律服务在宣传层面与抖音平台的适配度并不高。

律师事务所的官方网站，相较于微信公众号和抖音这些新媒体而言，出现得更早，归入更广泛的网络媒体范畴。其传播速率虽然偏低，但更权威，更能代表律所整体风貌，主导特定受众。"网站是必须的，它应该是身份认证计划的一部分。在你建立网站之前，先创建一个一直用在信笺、宣传册、新闻稿和名片上的品牌。一旦创建了自己的品牌，就要用一种能照亮品牌的方式去建立网站。"[2]在这一意义上，它的确是律所身份的代表，承载了律所的各种信息，包括业务领域、具体律师、律所地址、联系电话等，以便委托人更迅捷地获得法律服务。在网站的设计和维护方面，除律所和律师提出意见外，律所可能聘用专员或寻求专门提供此种服务的公司，以减轻律师的业务负担，敦促其勤勉尽责。外部提供完善服务的公司这样阐述："我们希望确定我们是否可以帮助法律管理人员和律师事务所改造他们的网站，以更好地服务于他们的目标。我们选择从定义和排列律师事务所网站上最常见的功能开始。例如，网站是否突出了公司的独特品质？"[3]结合律师的勤勉义务、保密义务和律所转型，传统律所聘用专员逐渐取代现代化律所的外部服务令人欣喜。

四、典型律所品牌的应用管理分析

在律所品牌建设的应用管理中，其行为文化建设、物质环境建设、精神文

---

〔1〕 参见刘胜飞："应用型民办高校背景下'产学研用'协同机制探索——以承包广东 L 律师事务所品牌运营为例"，载《中国多媒体与网络教学学报（上旬刊）》2019 年第 6 期。

〔2〕 Filisko, G. M., "Law Firm Marketing 101", *Illinois Bar Journal*, Vol. 96, No. 1, 2008, p. 23.

〔3〕 Burkey Belser, "From Bland to Brand: Improving the Design of Your Law Firm's Web Site", *Legal Management*, Vol. 25, No. 5, 2006, p. 16.

化建设、口碑积累等方面占据了重要地位。律师的行为、礼仪仪表和语言规范构成了律所行为文化建设的要素。从律师行为规范出发，律所可以制定标准化的规则及管理制度，规范律师的业务行为，以敦促律师提供法律服务时勤勉义务的履行，提升客户的信任感与满意度。在礼仪仪表规范方面，好的仪容仪表在给客户留下值得信赖的初印象的同时，也能体现出其对律师职业的尊重。在与委托人沟通时，尤应关注语言规范，擅于倾听，切勿情绪化。律所的物质环境建设主要体现为律所硬件设施的安排。精神文化建设存在于无形，其可增强律师与律所之间的向心力。[1]

律所对自身的品牌宣传直观体现在其官网、微信公众号、微博等平台的宣传上，找寻更多目标受众。另外，对于公司和企业而言，"行业整合有助于品牌知名度的提高，这往往伴随着规模的不断扩大，并经常要求额外费用"[2]。律师事务所要借鉴有效成果，形成自己独特或擅长的业务领域和行业领域，便于客户在选择法律服务时有效识别。

（一）红圈所横向对比的量化分析

1. 不同标识下的律所文化反映

表1　八大"红圈所"标识中的文化寓意

律师事务所	标识	名称寓意	文化底蕴
金杜律师事务所 1993年	KING&WOOD MALLESONS 金杜律师事务所	含道家五行中的金、木、土，红蓝象征水和火。后与澳大利亚万盛国际律所联合，调整英文名，保留中文名	客户至上；精诚奉献；协同共享；团队合作；追求卓越
中伦律师事务所 1993年	中伦 ZHONG LUN	"中伦"出自论语"言中伦，行中虑；夫中伦者，天下规矩，心怀天地，中伦天下"，意为：合乎规矩	积极进取。关注环保、民生和社会责任，回馈社会

---

〔1〕　参见刘振甫："浅议小型律师事务所的品牌塑造"，载《决策探索（下）》2018年第1期。

〔2〕　Ward Bower, "Law Firm Economics and Professionalism", *Dickinson Law Review*, 122（2017），p. 239.

律师事务所	标识	名称寓意	文化底蕴
君合律师事务所 1989 年	君 JUNHE	讲求"君子之合",注重以人为本。	以提供精品服务为立所之本;以坚持独立审慎为成长之源;以海纳人才为发展之道;以秉持创新为常青之方;以倡导强强联合为纵横之策
方达律师事务所 1993 年	FANGDA PARTNERS 方達律師事務所	取四方通达、汇聚人才之意	服务出色、对交易的商业理解及快速反应
竞天公诚律师事务所 1990 年	竞天公诚律师事务所 JINGTIAN & GONGCHENG	"竞天"出自"万类霜天竞自由";"公诚"则意为"公正诚实"	维护客户利益。励精图治,力求专业极致,投身公益
通商律师事务所 1992 年	通商律师事务所 COMMERCE & FINANCE LAW OFFICES	集聚资源和人才,受众面和影响力扩散至四方之意	一切为了客户的利益。严谨、效率、责任
环球律师事务所 1984 年	SINCE 1979 环球律师事务所 GLOBAL LAW OFFICE	放眼宇宙,以广阔空间之意命名	国际化视野、团队、服务。客户至上、服务品质至上
海问律师事务所 1992 年	HAI WEN 海问律师事务所	取意天堂。"问"代表咨询;"海"有两层含义,一是"海外",体现出专攻涉外业务,二是"海量"之意,体现其希望业务昌盛的美好愿望	职业操守严格、专业水准卓越,工作作风细致。创造性和专业经验强,做到全方位服务

2. 地域扩展及语言设置导向

表 2　八大"红圈所"办公室的地域分布及适配的语言设置

	办公室地点	语言
金杜 律师事务所	国内（北京、上海、苏州、重庆、广州、海口、济南、成都、杭州、青岛、三亚、深圳、南京、珠海、香港） 国际（澳大利亚、新加坡、比利时、德国、阿联酋、意大利、日本、西班牙、英国、美国） 【云办公地点】 中国（长沙、重庆、贵阳、成都、福州、海南自贸港、合肥、昆明、拉萨、呼和浩特、南昌、南宁、宁波、琴澳、沈阳、郑州、台北、天津、乌鲁木齐、武汉、厦门、西安、石家庄、西宁） 全球（马来西亚、孟加拉国、柬埔寨、印度尼西亚、越南、新西兰、巴基斯坦、韩国、俄罗斯、斯里兰卡、泰国、菲律宾、缅甸、老挝）	中文、英语、日语
中伦 律师事务所	国内（北京、上海、广州、深圳、武汉、成都、重庆、青岛、杭州、海口、南京、香港） 国际（东京、洛杉矶、伦敦、旧金山、纽约、阿拉木图）	中文、英语、日语、韩语
君合 律师事务所	国内（北京、上海、广州、深圳、大连、海口、天津、成都、青岛、香港、杭州） 国际（纽约和硅谷）	中文、英语
方达 律师事务所	国内（北京、广州、香港、上海、深圳）	中文、英语、日语
竞天公诚 律师事务所	国内（北京、天津、上海、杭州、成都、深圳、南京、广州、三亚、香港）	中文、英语、日语
通商 律师事务所	国内（北京、香港、成都、上海、深圳、杭州、武汉）	中文、英语
环球 律师事务所	国内（北京、上海、深圳、成都）	中文、英语
海问 律师事务所	国内（北京、上海、深圳、成都、香港）	中文、英语

　　根据表 2 所示，金杜、中伦和君合律师事务所的办公室涉及国内和国际双重地域，品牌效应和影响力的扩展更为明显和有效，其中尤以金杜律师事务所为最

盛。另外，受地域扩展的影响，涉及的国家越多，对工作语言的种类需求也越多。

3. 官网各类宣传文件的年份及数量记录

在此将七大红圈所官网呈现的新闻、业绩、文章等宣传文件作数据折线图以示比较（数据统计时间截至 2022 年 1 月 26 日），以清晰呈现各所官网的宣传状况。需指出，图中未纳入方达的数据，是基于其在宣传时呈现汇总式，尚未指明时间，且总量太少。

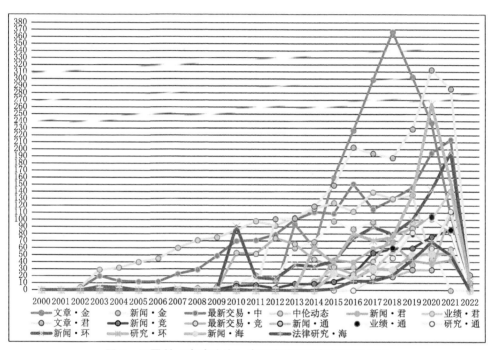

图 2　红圈所（方达除外）官网宣传文件数据汇总[1]

从各年份的总量可以看出，金杜、中伦、君合和环球律师事务所在官网的宣传中表现较为突出。宣传数极大值集中于 2017 年至 2021 年，与近几年信息洪流和自身品牌宣传敏感度紧密联系。其中金杜和君合律师事务所的最高值相对其他律所呈现出断层式，金杜律师事务所更是在 2018 年达到平均日更一篇的惊人速率。但在统计时也看到不足，如海问律师事务所在新闻和研究的数据排列中有一定的年份乱序；方达律师事务所的重大新闻总数是 51 篇，但并未指明

---

[1]　除方达之外的七大红圈所在统计图中均用首字代替，以示简洁。

发布时间，在"洞察"版块虽有年份标注，但刊物数量少，在官网的品牌宣传上有待加强。

4. 官网标示的其他了解渠道

表3　八大红圈所官网标示的其他了解渠道

	其他了解渠道	评价
金杜律师事务所	微信、Linkedln、Twitter、Facebook（4种）	官网所附的其他联系渠道居红圈所之首
中伦律师事务所	微信、微博、Linkedln、Facebook（4种）	官网所附的其他联系渠道居红圈所之首
君合律师事务所	Linkedln、微信、微博（3种）	良好
方达律师事务所	×	官网首页未标注其他渠道
竞天公诚律师事务所	微信、微博、Linkedln（3种）	良好
通商律师事务所	×	在官网首页未标注，但在公众号上附有官网入口
环球律师事务所	微信（1种）	在公众号中也有官网入口
海问律师事务所	×	官网二维码扫出来仍为官网，未标注其他联系渠道

5. 微信公众号原创内容总篇数

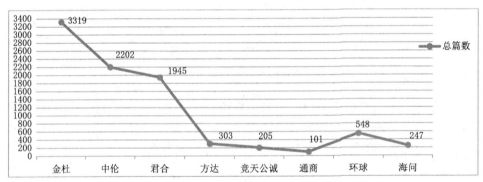

图3　八大"红圈所"微信公众号原创内容总篇数[1]

从微信公众号原创内容总篇数的统计结果看，金杜、中伦和君合律师事务

---

[1]　数据统计截至2022年1月26日。

所在红圈所中脱颖而出，金杜律师事务所尤为瞩目，而其他五所律所呈现平稳趋势。综合前三组图表中的数据，金杜、中伦和君合律师事务所均领先，尤以金杜律师事务所为显著。对于其他五所红圈所而言，普遍呈相近的平稳态势，但环球律师事务所可能在品牌建设的某些方面呈现小的发展火花。

律师事务所的品牌化建设是一项庞大的系统工程，可细分为规模、专业、办公条件、服务质量、管理能力、营销水平、制度设计、文化等元素，不可能一蹴而就，需正确审视自身各项条件并持久坚持。[1]

（二）律所内部定制物品的非市场化

律师事务所的内部定制物品凝结其办公风格、文化底蕴和情感价值。它们不具有市场价值，不在市场上流通，也不带有逐利目的，多用于内部沟通交流以及律所与客户的互联。故律所内部的使用和律所对客户等主体的赠送均不构成行贿类别的刑事犯罪，因为该物品无法通过市场衡量其金钱价值，多为内心的文化价值和情感寄托，无法符合该类犯罪的入罪要件。

（三）律所品牌应用在法律职业伦理视角下的情感价值

律所品牌应用首先体现为内部律师的共识。不排除部分律所专门与其他服务商达成提供品牌运营服务的协议并协助本所进行品牌建设和运营的情况，总基调仍建立在该所的办公风格、人文理念、文化传统和内部律师的职业归属感上。事关律师、律所、客户、律师职业伦理、大众传媒等多重主体，也在复杂交织下愈发体现律所品牌建设的重要性和魅力。品牌建设保证律所成员形成统一认识，并融入日常工作，向客户传递一致且清晰的品牌形象，为建设律所品牌奠基。同时，为确保品牌形象高效传递，应对待人接物的注意事项、法律服务流程、法律文书格式等有形成果实行规范化管理。[2]普通的法律服务需求者甚至委托人能在律所声誉、正式代理阶段前、代理过程中、客户的口碑宣传等方面对特定律所或律师实现全方位了解，加快法律服务提供的效率。

1. 激发委托人的情感认同

在法律职业伦理视角下，律师事务所的品牌应用能激发委托人的情感认同，体现在律所名称、待人接物、设计风格、内部定制物品等方面。以中伦律师事务所为例，其名称中蕴含着言中伦、行中虑、法天下、积极进取、关注民生和社会的意味，与律师职业的服务性质深度契合，能带给委托人强烈的信任，形

---

〔1〕 参见张之永："提高综合竞争力 推进律师事务所品牌化建设"，载《中国律师》2010年第8期。
〔2〕 参见林泰松："律师事务所的品牌战略研究"，载《新经济杂志》2008年第Z1期。

成情感偏向。

另外，律所对委托人的维护提倡有形和无形。"无形是指日常一个法律问题的提示、一个法律信息的传递、一个法律风险的提醒。有形主要是体现在沟通上……一个祝福，一声问候，一枝鲜花，一张贺卡，都是一种有形的交流和沟通。"[1]这些服务推动委托人形成潜移默化的关怀与情感认同。

2. 激发律所内部律师的职业认同感和归属感

律所内部律师作为一个整体，与单个律师最大的区别在于，前者在律所整体文化和信念的熏陶下铭记协作、友善、互助、使命和责任，而后者可能更多关注自身业绩与形象。注重律所品牌建设与应用，与我国建设法律职业共同体的理念不谋而合，有利于实现律师的友好协作；通过律所的文化熏陶和成员凝聚力建立起对律师职业的认同感和对律所的归属感，有利于聚力实现职业理想。[2]

五、管理的价值——法律职业伦理的视角

为避免对律所品牌管理的探讨陷入纯粹的新闻学、传播学、营销学等偏向误区，本文始终以法律职业伦理为研究主线，着重研究律师事务所的品牌管理及其法律职业伦理价值。

（一）给委托人以信赖

追溯传统行业，品牌在消费者眼中具有偏向作用。产品没有品牌就犹如"三无产品"，法律服务也如此。良好的品牌效应挖掘更多客户资源，也在一次次代理中积累口碑，成为委托人口口相传的服务优质、文化内涵深厚、怀有深切人文关怀的律师事务所。每名执业律师通过各法律业务环节的执业，律师事务所进行整体品牌建设的关注和应用，以形成良好的社会口碑，给委托人以信赖。"内容营销不仅是律师个人展示品牌的一种方式，也是展示其工作实例的一种方式。它架起了品牌承诺和律师履行承诺之间的桥梁，是我们抽象谈论的揭晓品牌或企业的方法之一。它可以让消费者更容易接触到律师，打开这个黑匣子对潜在客户来说会有很大的不同。"[3]

---

〔1〕 大李："专业化成就'新业'品牌：河北新业律师事务所主任张霄云畅谈专业化"，载《中国律师》2009 年第 5 期。

〔2〕 参见李广健："汲取企业文化创建律所文化之我见"，载《中国律师》2013 年第 7 期。

〔3〕 John Hellerman, "Minding Your Firm Brand", *Law Practice: The Business of Practicing Law*, Vol. 42, No. 1. 2016, p. 54.

（二）便于委托人选择法律服务时进行竞争识别

律师事务所进行品牌建设和管理，可以引导客户在自己熟悉的品牌内选择。通过品牌去了解律师事务所、律师及其提供的法律服务，由最初的认知深化到根据律所整体品牌或律师个人品牌去识别法律服务。因此，律所品牌管理的目标不仅在于将法律服务提供给客户，更是律所长远发展的力量之源。此外，不同的律所品牌特色鲜明，以区别于其他律所的法律服务。我们可以在商品的购买中找到共通之处，如人们购买汽车时有奔驰、宝马、别克等多种品牌选择，每种品牌象征各具特色的文化底蕴、具象表现和设计内涵，消费者可根据自身需要选择。提供有形产品的企业借助品牌传播影响力，同样，品牌对提供服务的律师和律所而言也有重大效用，消费者通过品牌识别和选择自己心仪的企业、律师和律所。

（三）获得法律服务增值的优势

良好的律所品牌具有品牌附加值，在与其他律所服务同质同量的情况下，品牌其实给到特定的律所以更优质的比价优势和要价优势，典型的如红圈所的显性优势。律所品牌的建立，可以在客户进行选择的竞争识别中增强综合竞争力，扩大市场份额，获取超过同类事务所的超额收益，为后续扩展提供强有力的资金支持。驰名品牌更是可以克服时空、语言、风俗等障碍，进军国际市场，积极交流，开拓本所品牌的国际知名度，寻求更大的增值空间。

（四）作为无形资产的品牌自身价值

律师事务所的品牌象征着知识产权，良好的品牌是律所的无形资产。除显性的附加值外，律所品牌给大众特别是有法律服务需求的消费者带来的内心印象也存在隐性价值，体现在知名度、信赖、偏好、情感共鸣等方面。"优秀的律师事务所一定是靠品牌的力量不断产生自我更新的力量和自我更新的业务，这是律师事务所品牌化发展最大的一个空间。对内是一种荣誉，对外就是一种信任。"[1]这种品牌建设形成的增量对律所来说是业务扩展的力量之源和强大的动力储备，律师在律所整体品牌的引导下获得足够的成长空间，进而推动所属律所无形品牌价值的提升。

（五）助推法律职业共同体建设

律师事务所的品牌管理和应用，不仅可以增强内部律师的凝聚力，使其在

---

〔1〕 李华鹏："君泽君：20 年的坚持与专注铸就专业品牌 对话北京君泽君律师事务所管委会成员"，载《中国律师》2015 年第 6 期。

共同的职业价值观、使命感和责任指引下实现其职业理想，还能以其品牌的规模化效应吸引更多优秀法律人才的聚集，共建更优质、有温度、有强大凝聚力和为客户所信赖的律所，助推集知识共同体、价值共同体、利益共同体和信仰共同体于一体的法律职业共同体建设。

六、结论

我国律师事务所的品牌管理和应用在起步、发展和成熟中对律所整体的规模化发展、客户的情感共鸣、内部律师的职业归属等方面做了极大贡献。在认清律所品牌管理的良好效应和法律职业伦理层面价值的基础上，更要针对新形势，提出切合实际的建议。通过对红圈所品牌管理建设的比较研究，发挥带动效应，促进律师行业和各律所的品牌管理建设，优化发展动力和规制模式。

各律所可以找寻符合自身特质、文化底蕴、业务实践等的品牌管理模式，形成良性的品牌文化氛围，积极推进我国律所品牌管理制度的发展，根据自身特点和时代背景予以优化。这样，我国律所的品牌管理在互联网媒体、客户导向、法律职业共同体建设以及法律职业伦理价值的深层意义上，可以继续实现平稳式发展，稳中求进，提升律所内部律师执业的凝聚力、归属感和幸福感，为有法律服务需求的公众提供迅速的定向服务，建立律师事务所、律师与客户的互通。

诉讼融资中律师的职能定位研究

殷佳敏[*]

摘　要：诉讼融资，不同于法律援助、诉讼保险、风险代理收费等其他制度，具有其独特的近用司法意义。诉讼融资本质的性质不是借贷，也不是合伙，而是投资。在不作为当事人代理人的情况下，"律师"可以谨慎地以其业外普通公民身份，作为诉讼融资中的资助方，对案件当事人进行资助以获取一定的利益；而在律师是当事人的代理人的情况下，基于不得谋取当事人诉讼利益、不得为当事人提供经济帮助、不得与当事人进行商业交易以及保持立场独立等职业行为规范，律师不得再为当事人提供诉讼资助。另外，在诉讼融资中，律师若为诉讼融资公司提供服务，主要需注意的是利益冲突问题；而在为当事人服务的情况下，则需注意风险提示、保持独立等称职性问题。另外需要指出的是，由于诉讼融资的概念与实践发展都还不是十分稳定，为避免同一命题下研究内容的偏差，也为了增强文章分析讨论的准确性，须说明本文讨论的背景是较为狭义的诉讼融资，即在以当事人为主体接受诉讼资助的情形下，涉及律师的一些问题的分析。

关键词：诉讼融资；律师；职能定位；职业伦理

一、诉讼融资概述

（一）诉讼融资的内涵、发展历史及意义

诉讼融资（Litigation Funding），又有第三方诉讼融资（Third Party Litigation

---

* 殷佳敏，中国政法大学 2021 级法律职业伦理专业硕士。

Funding）、第三方资助诉讼（Third Party Litigation Funding）、诉讼贷款（Litigation Loans）等名称（前两者较为常见），是指出资人支付诉讼当事人的诉讼成本和费用，以换取诉讼当事人通过诉讼收回的部分利益。如果诉讼当事人败诉，出资人将失去这些投资。但是，无论是在诉讼还是和解中，若索赔成功，出资人都将获得诉讼当事人收回的部分利益。[1]在诉讼融资中，受助者多为原告方，既有个人，也有公司。他们选择诉讼融资，主要是由于自身负担不起高昂的诉讼费用与律师费用，或者是由于想规避败诉给自己带来的利益损失与时间消耗等诉讼风险；而资助者多为专门的诉讼融资公司，但也有财力雄厚的个人，他们选择介入别人的诉讼，参与诉讼融资，是市场经济中资本逐利的体现，主要是为了谋求诉讼为自身带来的经济利益。

回顾诉讼融资的发展历史，从世界范围内来看，诉讼融资于 20 世纪 90 年代左右产生。起初由于传统"禁止包揽诉讼与助讼"制度的影响，诉讼融资也被视为包揽诉讼与助讼而被禁止。后来随着经济与社会的发展，人们诉诸司法的需求越来越大，案件解决的成本越来越高，诉讼的周期也越来越长，国家提供的法律援助措施与资金支持等总是不能很好地满足人们适用司法的需求，因此各国便纷纷放松包揽诉讼与助讼的限制，开始规定一些包揽诉讼与助讼的例外，认为"正当的'助讼'是促进民事诉讼制度有效实施的健康因素"[2]，诉讼融资便在此背景下拥有了初步发展的机会。当前，诉讼融资在各个国家的发展程度及其具体制度并不相同，但主要的发展趋势是：澳大利亚、美国、英国等国都在司法实践中承认了诉讼融资的效力，也已有部分国家或地区针对诉讼融资出台了相关法规，[3]并且与此同时，若诉讼融资协议严重违反了公共政策或者被认定为高利贷，也会受到相应的司法规制。

诉讼融资为支付不起诉讼费用或者负担不起诉讼风险的当事人提供了支持，提供了公民通过诉讼的途径救济自己的合法权益的机会，是公民诉权的又一种保障方式。但是诉讼融资也有导致包揽诉讼与助讼的风险，引发一系列的滥诉。此外，资助者本身并不具有维护社会公正的目的，其是经济利益的追求者，经济利益最大化是其主要目标，因此他们在诉讼中难免会为了维护自己利益的实

---

〔1〕 Bernardo M Cremades Jr. , "Usury And Other Defenses In U. S. Litigation Finace", *Kansas Journal of Law & Public Policy*, Vol 23, No 2, 2013, p 151.

〔2〕 郭晓文："第三方资助诉讼的缘起和发展"，载深圳前海鼎颂投资有限公司编：《中国"法律+资本"创新及探索》，中国法制出版社 2017 年版，第 13 页。

〔3〕 例如，美国的田纳西州、缅因州、俄亥俄州、纽约州等州，已经通过州立法对诉讼融资的合法性进行了确定。参见田天洋："第三方诉讼资助制度：国际经验与中国探索"，南京大学 2020 年硕士学位论文。

现而干预受助者的诉权,控制诉讼,不正当地影响诉讼进程。从这种意义上来看,诉讼融资又不利于社会公正的实现。

(二) 诉讼融资与律师风险代理收费制度

在对诉讼融资制度有了初步了解之后,我们很容易联想到现行的律师风险代理收费制度,因为诉讼融资与律师风险代理收费制度都包含诉讼风险的转移问题,两者在许多方面具有相似性。但是,这两者是否完全一样呢?

律师风险代理收费制度是指当事人与律师约定,在委托代理合同签订之时不交律师费或只交基础性的律师费,若诉讼结果达到当事人与律师的约定目标,则律师按约定获取报酬(通常高于按照普通代理收费方式所计算得的律师费);若诉讼结果未达到预期约定目标,则律师不再收取律师费。诉讼融资与律师风险代理收费制度有许多相似之处。首先,两者都是通过资金支持,帮助当事人获得诉讼的机会,都是"穷人进入法院大门的钥匙",[1]都能在一定程度上弥补公共司法帮助(如法律援助)的不足,促进法律正义的实现。其次,两者的运作理念相似。无论是诉讼融资中的资助者,还是律师风险代理收费制度中的律师,都需要在对案情经过详细的分析研判后,认为风险与收益成适当比例时,才会与当事人达成合意。并且,诉讼融资与律师风险代理收费制度都是将资金提供者与当事人的利益统一起来,并将诉讼结果作为该利益实现与否的重要影响因素。此外,律师风险代理收费制度与诉讼融资都曾因禁止助讼图利与帮讼规则而遭到禁止。[2]

虽然诉讼融资与律师风险代理收费制度相似,但是两者还是不同的。第一,律师风险代理收费制度为当事人减轻的资金压力的范围仅仅限于律师费,而诉讼融资为当事人减轻的资金压力除律师费外,还包括诉讼费、鉴定费、公证费等其他提起并完成诉讼所需的一切费用。第二,在律师风险代理收费制度中,律师所需要提供的更多的是法律专业服务,即通过精湛的专业素养推动案件获得理想的结果,从而赚取较高的代理费。而在诉讼融资中,资助者主要提供的是资金服务,通过雄厚的资金支持,保障当事人获得优质的律师服务,保障当事人有足够的资金能够完成应走的诉讼程序,进而提高自己获得高额报酬的概率。

---

[1] See, e.g., Leonard C. Arnold, Ltd. v. Northern Trust Co., 506 N. E. 2d 1279, 1281 (Ill. 1987); Matter of Swartz, 686 P. 2d 1236, 1242 (Ariz. 1984).

[2] 参见王进喜:"风险代理收费:制度理论与在中国的实践",载《中国司法》2005 年第 11 期。

诉讼融资与律师风险代理收费制度都能帮助当事人适用司法，但是律师风险代理收费制度在资助的费用、资助的案件等方面都有限制，且律师还要受到职业行为规范的约束限制，而诉讼融资中的资助者作为诉讼外非法律职业的第三方则比较自由。[1]因此，诉讼融资不同于律师风险代理收费制度，具有其自身的存在意义。

二、律师参加资助的资格问题

如上文所分析，诉讼融资与律师风险代理收费制度是不同的，那么律师是否可以作为诉讼融资的资助方，为当事人提供诉讼费、律师费、鉴定费、上诉费等资金，使当事人能够顺利完成诉讼并达到预期诉讼结果，以使自己最终获得约定的报酬？目前几乎没有这方面的讨论，笔者认为，对这一问题需要分两方面来讨论。

（一）律师只作为诉讼融资中的资助方，而不作为当事人的代理人

在此假定情况下，律师提供的仅仅是资金服务，不涉及法律服务，法律服务由另外的律师提供。在这种"律师"仅仅扮演出资人的角色的情况中，首先需要对诉讼融资的性质或者本质进行界定。因为其性质不同，对此问题的回答便不相同。在当前的理论研究与司法实践中，有将诉讼融资行为界定为借贷的，有将诉讼融资行为界定为合伙的，还有将诉讼融资行为界定为投资的。[2]

首先，借贷是指由出借人向受借人给付一定数额的资金，待约定期限届满或条件成就后，受借人将所借本金或本金加约定利息归还出借人的行为。在美国的一些案例[3]中，法官将诉讼融资行为界定为高利贷。归纳起来，主要是基于两个原因：第一，在这些案件中，受助者的诉讼结果基本上可以提前确定，且败诉的可能性非常小，因此受助者支付回报的行为基本上不存在偶然性，也就是说，基本上受助者一定会向资助者支付约定的回报金；第二，资助者与受助者约定的回报利率非常高，如有的案件中约定的回报额为出资额的数倍。基于这两个主要因素，法官将其界定为高利贷，以使其受到一定的规制。其次，合伙是指两个或两个以上的主体共同出资、共同经营、共享收益、共担风险的经济活动。国外一些学者将诉讼融资行为界定为合伙中的隐名合伙，认为资助者与受助者具有共同的目标，且由于诉讼融资行为一般都是在对方诉讼当事人

---

〔1〕 参见高怡乐："诉讼融资协议欧美实践法律困境分析"，西北大学 2021 年硕士学位论文。

〔2〕 参见高怡乐："诉讼融资协议欧美实践法律困境分析"，西北大学 2021 年硕士学位论文。

〔3〕 如 Rancman v. Interim Settlement Funding Corp、In re Minor 与 Echeverria v. Estate of Lindner 等案件。

不知情的情况下进行的，对方诉讼当事人并不知道资助者的存在，由受助者提起诉讼并参与诉讼，资助者不参与经营管理，仅以出资额为限承担责任，这一系列特点都符合隐名合伙的特征，故应当将其认定为隐名合伙。最后，投资是指为了获取收益而进行支出的行为。将诉讼融资界定为投资，主要是认为资助者对当事人提供资金主要就是为了在将来当事人胜诉时自己获取一定的利益，这与对公司投资的理念是一样的。投资公司也是为了公司的运转能在将来为自己带来收益。

结合现有研究与实践，笔者赞成第三种观点，即诉讼融资行为的本质是投资。理由如下：第一，借贷的最重要的一个特点就是其绝对性还款要求，而诉讼融资无此特征。诉讼融资是与风险紧密联系的，虽然说有些案件的诉讼结果可以提前预见，当事人败诉的可能性也非常小，但这并不等同于绝对性还款要求。诉讼是多变的，虽然当事人在实体权利上很大程度是可以胜诉的，但有时由于各种程序性问题或者对方提出新的事实、新的证据，乃至由于法官自由裁量权的问题，当事人败诉。因此笔者不赞同将诉讼融资界定为借贷。第二，商事行为中的合伙一般都需要登记核准，而目前的诉讼融资行为显然没有这样的程序，且并非所有的资助人都如同隐名合伙人一样不参与经营、管理，许多资助人为了诉讼结果能够预期实现，都对当事人的诉讼实行紧密的控制，甚至要求按照资助者拟定的诉讼策略来进行诉讼，并且严格限制资助费用的使用，要求当事人合理使用资助费用。因此，诉讼融资的本质也不是隐名合伙。相比之下，投资是最符合诉讼融资本质的。

确定了诉讼融资中资助者的行为是投资后，那么律师是否可以作为资助者呢？虽然大多数国家都没有明确律师是否可以进行投资行为，但是律师的投资与经营活动是相似的，[1]大部分国家都对律师是否可以从事经营活动作出了规定。就我国而言，2004年《合伙律师事务所管理办法》第4条第2款规定"合伙律师事务所及其律师不得从事商业性经营活动"，此外司法部在2001年《司法部对关于律师从事经营性活动的批复》中再次明确"律师在执业期间不应担任企业职务，参与企业的管理，从事经营性活动"。但目前《合伙律师事务所管理办法》已被废止，司法部的上述批复也已于2014年由其公告废止。我国的其他律师职业行为规范中也只规定了律师事务所不得从事其他经营活动。因此

---

[1] 在此处，不应当将投资认定为是律师与当事人之间的交易，因为在此处，律师仅仅是诉讼外的出资人的身份，而不是律师的身份，也未发挥律师的各项职能与特征。所以，将其认定为律师业外的其他经营活动较为合适。

根据"法无禁止即可为"的精神，律师是可以从事投资等经营活动的，是故在我国律师可以作为诉讼融资中的资助方。

在日本，其《律师职务基本规程》第16条规定了律师经营营利事业过程中的品格保持，因此可以看出，在日本律师也是允许从事经营活动的，只是要求律师经营以营利为目的的业务时，要保持品格，不得为了追求利益而作出有损品格的行为。在美国，美国律师协会《职业行为示范规则》的序言规定，律师无论是为委托人提供职业服务还是在律师商业或个人事务中，律师的行为都应遵循法律的要求，因此，在美国，律师也可以从事一定的商业活动。

尽管大部分国家都默许或允许律师从事经营活动，但律师在诉讼融资问题上，并不是可以随意作为资助者的。律师职业的特殊性对其业外行为提出了比常人更高的谨慎要求。日本《律师职务基本规程》第10条规定，"（委托劝诱等）律师不得为不正当之目的，或者通过有损品味的方法，劝诱案件委托，或者诱发案件"。再如，中华全国律师协会《律师执业行为规范（试行）》第15条第1款第5项规定了律师不得有"其他违反社会公德，严重损害律师职业形象的行为"。也就是说，无论是否代理案件，律师都不得有故意诱发案件、助讼图利等违反社会公德损害律师职业形象的行为，这些行为是与公共政策和公共利益不相符合的。综上所述，如果一国的律师职业行为规范没有禁止规定，律师可以"谨慎地"作为诉讼融资中的资助者。

（二）律师既作为诉讼融资中的资助方，也作为当事人的代理人

律师是否可以既在诉讼融资中扮演资助者，又在诉讼中充当当事人的代理人呢？首先，从理论层面进行分析，笔者认为，如果律师在代理当事人的同时，又是诉讼融资中的资助者，将可能存在律师一味追求金钱报酬、不注重被资助人的利益、不正当地控制或拖延案件进程、不正当地推动或阻碍和解的情况，还可能增大律师在幕后操纵司法的风险，导致律师及其他法律职业人员在金钱驱动下的腐败。纽约大学法学院民事司法中心主任 Geoffrey Miller 也这样说道："在法律这个行业，金钱的角色总会让人感到不适。当投资者进入诉讼生态系统，我们是否失去了什么？我们是否拉低了专业水准？是否让公众觉得法律仅仅只是关于金钱？"其次，从规范层面进行分析，这一问题涉及在诉讼中律师能否获取当事人的利益、能否为当事人提供经济帮助或能否与当事人进行商业交易的有关规范，以下我们将通过我国、美国、日本的律师职业行为规范来考量该种情况在规范层面是否可行。

《律师法》第25条第1款规定了律师承办业务应当由律师事务所统一接受

委托，按照国家规定统一收取费用并如实入账。第40条规定了律师在执业活动中不得私自接受委托、收取费用，接受委托人的财物或者其他利益；不得利用提供法律服务的便利牟取当事人争议的权益。[1]总结来说，首先，对当事人费用的收取都应当通过律师事务所进行，律师不可以私自收取当事人的费用；其次，若律师基于自己的法律服务，为当事人提供资助，并意图获取当事人的胜诉利益，这将违反《律师法》第40条的规定而受到处罚，因此在我国律师职业行为规范的背景下，律师不可以既作为诉讼融资中的资助方，又作为当事人的代理人。

在美国，美国律师协会《职业行为示范规则》规则1.8（e）规定："就未决诉讼和准备提起的诉讼，律师不得为委托人提供经济帮助，下列情形除外：（1）律师可以预付法院费用和诉讼耗费，对这些费用的偿还可以根据有关事务的结果附条件进行；（2）代理贫困委托人的律师可以为委托人支付法院费用和诉讼耗费；以及（3）对贫困委托人进行公益性代理的律师，通过非营利性法律服务或者公共利益组织对贫困委托人进行公益性代理的律师，以及通过法学院法律诊所或者公益性计划对贫困委托人进行公益性代理的律师，可以向委托人提供适度的赠与，作为食物、房租、交通、医药和其他基本生活费用。"因此在美国，律师仅仅在特定的情况下允许为当事人提供资金支持，但是由于《职业行为示范规则》规则1.8（i）[2]规定了"就为委托人办理的诉讼，律师不得就诉因或者就诉讼标的取得财产利益"。因此，律师在特定情况下为当事人提供的资金支持的归还应当是等额的，律师不可以收取额外的报酬，所以在美国，

---

〔1〕 结合我国《律师和律师事务所违法行为处罚办法》第12条"有下列情形之一的，属于《律师法》第四十八条第三项规定的律师'利用提供法律服务的便利牟取当事人争议的权益的'违法行为：（一）采用诱导、欺骗、胁迫、敲诈等手段获取当事人与他人争议的财物、权益的；（二）指使、诱导当事人将争议的财物、权益转让、出售、租赁给他人，并从中获取利益的"来看，律师在代理当事人的同时，又以获取胜诉利益的目的在诉讼融资中为当事人提供资金资助的行为，极易落入上述规定的范畴。

〔2〕 美国律师协会《职业行为示范规则》规则1.8释义〔19〕：（i）规定了一个传统规则，即禁止律师在诉讼中取得财产利益。像（e）一样，这一——般性规则根植于普通法的助讼图利罪和帮讼罪，其旨在避免在代理中给予律师过大的利益。此外，如果律师就代理事项获得了所有权利益，在委托人想解雇律师的情况下，委托人对律师的解雇将变得更加困难。本条规则受到了几个具体例外的限制。这些例外规定是判例法发展的，并且为本规则所继续规定。某些预付诉讼费用的例外规定在了（e）中。此外，（i）规定了法律允许的担保律师费或者其他费用的留置权例外，以及关于合理的风险代理费的合同例外。每个司法辖区的法律将确定什么样的留置权为法律所允许。这些留置权可能包括制定法赋予的留置权、起源于普通法的留置权，以及通过与委托人订立的合同获得的留置权。当律师通过合同在非因律师在诉讼中的活动而挽回的财产上获得担保利益的时候，这样的行为是同委托人进行的商业或者经济交易，受（a）的要求的调整。民事案件中的风险代理费合同，受规则1.5调整。

从律师向当事人提供经济帮助的角度看，律师不可以兼任诉讼融资中的资助方与当事人的代理人。此外，从律师与当事人商业交易的角度看，美国律师协会《职业行为示范规则》规则1.8（a）规定了"律师不得同委托人达成商业交易，或者在明知的情况下取得不利于委托人的所有权、占有权、担保或者其他财产利益"，与此同时也规定了几种例外情况。但我们认为，这条所说的商业交易应当是律师与当事人之间的代理案件之外的商业交易，涉及诉讼标的的，不可适用该条的例外情况，而应当受上述规则1.8（i）"就为委托人办理的诉讼，律师不得就诉因或者就诉讼标的取得财产利益"的规制。综上所述，在美国律师职业行为规范的背景下，律师也不可以既作为诉讼融资中的资助方，又作为当事人的代理人。

日本《律师职务基本规程》第25条规定了"律师在没有特别事由的场合不得与委托人进行金钱借贷"。但我们之前已经讨论过，诉讼融资行为不是借贷，本条在此便不能适用。但该规程第20条规定了"律师在受理与处理案件的过程中，应当努力保持自由、独立的立场"。现有利益冲突等理论普遍认为，律师为当事人提供经济资助或与当事人进行商业交易等换取经济收益的行为不利于律师保持独立的判断，会对诉讼产生不利影响。因此，从日本上述较为原则性的规定中，我们也可以推导出律师不能在代理当事人的同时，参与诉讼融资为当事人提供资金支持以换取经济收益，否则这将不利于律师保持自由、独立的立场。

综上所述，律师作为诉讼之外的个人可以谨慎地对诉讼中的一方进行资助。但是如果律师是当事人的诉讼代理人，则其一般不能资助当事人。

三、律师提供法律服务的职业伦理问题

无论是诉讼融资的过程，还是后续诉讼的过程，律师在其中都扮演着重要的角色。笔者认为在这些过程中，律师可能会面临一些不同于一般诉讼的职业伦理问题，探讨如下。

（一）律师为资助者提供服务中的利益冲突问题

如第一部分所述，诉讼融资中的资助者既有个人，又有公司，但就目前实践中的情况来看，是以专门性的诉讼融资公司居多。这些融资公司长期从事诉讼资助的服务，而该服务中的核心就是对申请资助人的诉讼案件进行胜诉率评估，因此离不开具有法律知识与诉讼经验的人提供的专业技术支持。律师就是合适的人选之一，因此许多诉讼融资公司会外聘律师作为法律顾问为其提供该

服务。我们现在需要讨论的一个问题是：诉讼当事人向融资公司申请了诉讼资助，融资公司通过自己的外聘法律顾问参与研讨了当事人的案情，之后这一当事人找到该律师请求委托代理进行诉讼，该律师可以接受委托代理吗？笔者认为对这一问题的回答至少需要分两种情况讨论。

1. 融资公司决定进行资助

在这种情况下，律师如果接受当事人的委托代理，那么律师此时既是融资公司的外聘法律顾问，又是当事人的委托代理人，我们需要考量的是这两个委托人之间是否存在利益冲突而阻碍律师的代理？在这种情况下，涉及的主要是同时性利益冲突。同时性利益冲突关注的主要是律师的忠诚问题，[1]此时律师既要对融资公司作出的资助决定（胜诉率评估、诉讼融资合同的拟定，包括资助金额与回报金额的确定、律师费的确定等，都可能需要律师参与）负责，又要对当事人的诉讼负责。融资公司希望自己能在风险尽可能低的情况下获得尽可能高的报酬，当事人希望自己能在尽可能低的成本支出下取得胜诉的结果，但是律师不能同时效忠于利益有冲突的双方。那么在这种情况下律师的忠诚必然在不同的当事人之间进行分割。如果律师对自己评估为胜诉概率大的案件，在后续诉讼中却因为其他原因不能胜诉，这对两个委托人的利益都会产生影响，也会影响法律职业在公众心中的形象。因此，从原则上来看，律师此时不应该接受委托代理，但是目前许多国家也规定了律师利益冲突的例外情况，如美国律师协会《职业行为示范规则》就规定了在某些情况下律师仍然可以代理存在利益冲突的委托人，因此若符合这些情况，律师也可以选择代理。

2. 融资公司决定不进行资助

基于法律顾问及经济领域工作者的研判评估，融资公司决定不进行资助。这种情况下，律师如果接受当事人的委托代理，是极容易形成立场性利益冲突或连续性利益冲突的。因为在前一阶段，律师评估案件认为胜诉几率不大，但在下一阶段律师却转而接受当事人的委托代理。这一行为无论于融资公司而言，还是于当事人而言，都会引发其对律师忠诚度的怀疑，也会使两者产生对律师专业能力及称职性的质疑，对律师本身也不利于其保持应有的独立性，因此在这种情况下，律师也不应该进行代理。但是同上种情况，若符合利益冲突的例外情况，律师也可以选择代理。

除上述情况，律师在为资助者提供服务中还有可能遇到的一种利益冲突的

---

〔1〕 王进喜：《美国律师职业行为规则理论与实践》，中国人民公安大学出版社 2005 年版，第 89 页。

情况是：当事人向融资公司申请了诉讼资助，融资公司通过自己的外聘法律顾问参与研讨了该申请人的案情，之后资助申请人的诉讼对手找到该律师请求建立委托代理诉讼关系，该律师可以接受委托代理吗？这种情况较上述情况更易判断：在这种情况中，主要是涉及连续性利益冲突。连续性利益冲突关注的主要是委托人的秘密信息问题，这种情况与律师不能在一审中代理原告、在二审中代理被告同理，如果允许律师代理对方当事人，那么资助申请人之前在申请诉讼资助时提供的秘密信息就可能被律师利用来对抗自己，而且这些秘密也有泄露的风险，因此律师不能在这种损害风险存在的情况下接受委托代理。

（二）律师为当事人提供服务中的称职性问题

1. 律师的风险提示义务

当事人在获得诉讼融资公司的资金支持后，很大程度上会委托律师代理自己进行诉讼以提高自己的胜诉率，当然这也可能是基于诉讼融资公司的要求。如果当事人委托的律师发现当事人签订的诉讼融资合同显失公平，如当事人的胜诉概率非常大，但回报率却非常高，这种情况下律师有提示义务吗？笔者认为，律师是维护当事人合法权益、维护法律正确实施与维护社会公平和正义的职业。如果当事人因为身体、精神或财产遭受损害而成为适格当事人，通过诉讼获得损害赔偿，后却又由于诉讼融资失去大部分损害赔偿，显然当事人的合法权益遭到了侵害，也不利于实现社会的公平与正义，所以若律师发现存在上述显失公平的情况，有提示当事人存在这种风险的义务。此外，从规范层面而言，以美国律师协会《职业行为示范规则》为例，其规则 2.1 释义 [5][1]也有相关规定，认为当律师知道委托人准备采取的某行动将可能给委托人带来重大不利的法律后果之时，律师可以主动提出该建议。

2. 律师的独立性义务

如第一部分所述，诉讼融资是将一定的诉讼风险由当事人转移到了资助者身上，资助者一定会采取一些措施来降低其风险，其中之一就是对诉讼进行干

---

〔1〕 美国律师协会《职业行为示范规则》规则 2.1 释义 [5]：一般而言，律师在委托人提出要求时才给予建议。然而，当律师知道委托人准备采取的某行动将可能给委托人带来重大不利的法律后果之时，根据规则 1.4 规定的律师对委托人的职责，如果委托人的行动与代理有关，则律师可能需要提供建议。与此类似，如果某个事项可能涉及诉讼，根据规则 1.4，律师可能有必要就可能合理替代诉讼的纠纷解决方式告知委托人。通常情况下，律师没有职责来发动对委托人事务的调查，或者提出委托人已经表示不需要的建议，但是当律师向委托人提出建议看来有利于委托人的利益时，律师可以主动提出该建议。

预，以提高胜诉概率。例如，资助者轻则会要求当事人合理使用资助资金，或向律师打听诉讼情况，重则会要求律师按照资助者确定的策略进行诉讼。但是律师在诉讼过程中应保持独立判断，除了应当与委托人保持合适的关系，更重要的一点是要避免外界干扰，忠诚称职地代理当事人。

四、结语

诉讼融资在我国是新生事物，律师又是其中的重要角色。本文在对诉讼融资有关内容进行简要介绍的基础上，浅析了律师参加资助的资格问题与律师提供法律服务的一些职业伦理问题。根据分析，律师在不代理当事人的情况下，可以以非律师身份，谨慎地作为诉讼资助人对当事人进行资助。另外，律师在为诉讼融资公司提供法律服务时，需注意诉讼融资带来的利益冲突问题，在为一方提供了法律服务后，就不能再代理另一方。此外，诉讼融资背景下律师在为诉讼当事人提供法律服务时，应当履行对当事人的风险提示义务及独立性义务。希望本文的分析可以为后续诉讼融资及律师职业伦理的研究与发展提供一些思路。

第 七 部 分

体育法学

体育权利规范实证化困境与模式展开

孔维都 *

摘　要：体育权利规范实证化受阻的表象为体育权利概念受到质疑，实则为体育法学学科自身发展遭受困境。虽然体育权利存在概念未明确化、证成方法的简单套用、证成话语的泛道德化等问题，但体育权利蕴含于国际人权文件中，是一种发展权，体育权利规范实证化的最佳途径和保障方式是回归实在法。以我国为例，体育权利以《宪法》为统帅，是宪法未列举权利，在《体育法》中完成规范实证化，并在《全民健身条例》中得以具体规定。此外，体育权利保障原则同样是体育权利规范实证化的重要面向。

关键词：体育权利；规范实证化；实在法；权利保障原则

我国关于体育权利的研究自 20 世纪 80 年代肇始，伴随着"权利本位"的重要地位在法学研究领域的确认、"国家尊重和保障人权"条款的入宪、《体育法》的颁布、体育强国战略目标的提出以及体育自身影响力的凸显，体育权利逐渐成为体育法学研究中着墨较多的议题且未有降温之迹象，其中便包括体育权利规范实证化。体育权利概念与规范实证化两者相辅相成，已有研究对体育权利概念的证成路径归结为三类：权利要素分析路径、人权路径和宪法推定路径。

权利要素分析路径认为，体育权利满足权利构成的五个要素：利益要素、

---

* 孔维都，中国政法大学 2021 级宪法学与行政法学专业博士。

要求要素、资格要素、权能要素和自由要素，因此具备"权利"之属性。[1]人权路径可以分为两类，一是基本人权，二是体育人权，区别在于前者认为体育权利是基本人权在体育领域的延伸，而后者强调体育人权是一种独立权利。虽然两者认知有差异，但基本遵循以国际人权文件为论证依据的路径。无论是诸如《经济、社会和文化权利国际公约》（International Covenant on Economic，Social and Cultural Rights，ICESCR）、《残疾人权利公约》（Convention on the Rights of Person with Disabilities，CRPD）等条约类国际文件，还是《世界人权宣言》（Universal Declaration of Human Rights，UDHR）、《国际体育教育、体育活动与体育运动宪章》（International Charter of Physical Education Physical Activity and Sport，ICPEPAS）等非条约类国际文件都直接或间接主张参与体育运动的权利，尤其是 ICPEPAS 第 1 条明确规定"开展体育教育、体育活动和运动是每个人的一项基本权利"。[2]宪法推定路径认为，体育权利是由《宪法》中的具体条款推导出来的，只是所依据的具体条款存在差异。然而在体育权利证成的进程中不乏有不同观点，诸如认为体育权利概念并不存在，其只是权利泛化语境下的虚构概念。[3]

一、体育权利法定化困境：体育权利是一个伪命题？

（一）体育权利是伪命题之论据

1. 证成方法的简单套用和证成话语的泛道德化

依托权利要素分析路径证成体育权利，形式上使体育权利满足了权利理论内涵以实现权利属性的证成，但这种权利要素的简单套用，本质上是用权利概念证成体育权利概念，并未能真正揭示体育权利的内核。简言之，未能完成从权利过渡到体育权利的证明。以循环逻辑证成体育权利所得出的概念必然是模糊化和非确定性的，加之在以"利益论"作为权利证成依据的背景下，体育利益涉及内容广泛，造成的结果就是体育权利的外延将无所不包，进而反噬体育权利存在的合法性。[4]此外，通过阐述体育对人之身体健康和全面发展的重要

---

〔1〕 参见常乃军、李荣、陈远军："公民体育权利法律化是体育持续发展的必然选择"，载《成都体育学院学报》2010 年第 2 期。

〔2〕 参见姜世波："论体育权作为一种新型人权"，载《武汉体育学院学报》2018 年第 4 期。

〔3〕 参见杨腾："体育权：权利泛化语境下的虚构概念"，载《武汉体育学院学报》2014 年第 6 期。

〔4〕 参见张鹏、戚俊娣："'体育权利'研究反思与立法选择"，载《天津体育学院学报》2013 年第 3 期。

性，以及对体育权利保障缺失的严重性将不利于全民健身战略实施和体育法治建设等内容所构建的体育权利证成话语体系显见于已有研究之中。这种以道德为支撑，附带强烈感情色彩的论证话语并不能充分证成体育权利的存在。[1]

2. 体育权利概念的未明确化

从人权角度证成体育权利的主要依托是国际人权文件，而这些文件对体育权利乃至对体育的规定都是笼统而概括的，并未明确赋予其内涵，更没有任何国际公约明确规定体育人权。尽管 ICPEPAS 将体育教育、体育活动和运动界定为基本权利，但其实质是国际软法，执行力和约束力实属欠缺，更多是一种象征性的倡导或建议。其次，即使 ICPEPAS 的倡导可能在国际体育领域具有一定的效用，但具有约束力的公约并未明确规定体育权利，更没有为实现体育权利提供可量化的标准。最后，无论是以个人自由为核心的第一代人权，还是以社会利益为主要内容的第二代人权，以及以国家或民族生存权和发展权等所谓"集体权利"为主要内容的第三代人权，都未明确涉及体育权利。以人权视角展开论证，看似充分实则难经推敲。

3. 体育权利被消解于现有法律体系

已有研究认为体育权利概念之所以被提出，在于现有法律体系并不能完全涵盖体育权利。实则不然，现有立法已经可以满足对体育权利的保障。首先，《宪法》中已有的基本权利，诸如生命权、健康权、财产权、社会文化权、社会经济权等基本人权可以对体育领域的权利进行覆盖。同时，即使认为应当创设体育权利的原因不乏也是因为体育权利未明确，从而导致国家给付义务实施效果欠佳，进而寄希望于创设新型权利以对抗权力，而并非现有法律体系未能保障体育权利。其次，现有民法理论中的物权、债权、人格权等完全可以保障体育权利，无须再创设一个模糊化的概念。最后，诸如刑法、行政法等其他部门法也为体育权利的保障提供支撑，[2]一味坚持创设新型权利，不免陷入立法中心主义。

（二）体育权利是一个真命题

1. 体育权利被质疑的原因：体育法学自身发展困境

不可否认对体育权利的质疑具备合理性，它反映出体育权利背后所蕴含的

---

[1] 参见张健："体育权利研究的限度与转型"，载《成都体育学院学报》2017 年第 1 期。

[2] 参见吕存锋："中美体育法学研究现状比较及对体育法学学科建设的探讨"，载《天津体育学院学报》2006 年第 3 期。

更深层次的体育法学自身发展问题。简言之，对体育权利是权利泛化下虚构概念的认识，是基于体育法学的非学科定位得出的。体育法学只是一个研究领域，作为研究领域的体育法学自然也就遑论体育权利。其实，体育法学学科定位一直是学界常论常新的议题，也是一个具备矛盾属性的议题，矛盾性体现在体育法学的学科定位"既重要又非重要"。"重要"指它为体育法学提供归宿，在宏观层面指引体育法学的发展方向，如果学科定位不存在争议也就无体育权利概念受质疑；"非重要"指体育法学在微观层面的研究仿佛并未因其悬而未决的状态而止步不前。但这种着重体育领域具体法律问题研究，进而使体育法学研究范围扩大的路径，并未直面体育法学学科体系的建构和整体性思考，套用或重复法理学基本框架并不利于体育法学发展。如今学科之间的渗透与融合并非罕见现象，甚至是科学研究的发展趋势，[1]体育法学就是该趋势下的产物。作为新兴交叉学科的体育法学，一方面面临其到底是体育学还是法学分支的争议，[2]另一方面在承认其为法学分支学科下，面临着在法学学科下自身定位问题。前者争议较小，目前学界争议主要集中在后者。它与其他新兴交叉学科一样为谋取独立的学科地位，不可避免地陷入"独立部门法属性之争"，试图在传统部门法学研究范式下证成体育法学学科的独立属性。尽管体育法学界一直试图在研究对象、研究方法和理论体系上证成其特殊性，但已有成果多为学界内部的自说自话。在无法证成体育法学是独立部门法学下，其学科地位悬而未决，进而出现与部门法学之间无从协调与衔接的困境，表征在权利层面就是体育权利与其他部门法学权利混为一谈。这也是需要再次梳理研究体育法学学科定位的动源。

2. 自身困境突破的重要因素：研究范式

研究范式与学科定位呈现出密切关系，学科定位影响范式中研究方法的选择，范式也能反作用于新兴学科定位。这里的"范式"指学科共同体普遍认可的理论成就，并由此提供该学科经典的问题及相应解答。[3]体育法学研究范式负责处理亟待解决的体育法难题，但目前并未得到学界重视。[4]体育法学研究多以法学方法论的应用来解决实践问题，这本无可厚非，毕竟体育法也经历过

---

〔1〕 参见肖永平："体育法学：一个正在形成中的法学部门"，载《武汉大学学报（哲学社会科学版）》2008 年第 4 期。

〔2〕 韩勇："中国体育法学研究：从法解释学到法社会学"，载《体育科学》2010 年第 3 期。

〔3〕 ［美］T. S. 库恩：《科学革命的结构》，李宝恒、纪树立译，上海科学技术出版社 1980 年版，第 8~9 页。

〔4〕 孙国友："回顾与瞻望：我国体育法研究范式之研究"，载《浙江体育科学》2013 年第 1 期。

"体育与法律"的阶段，但长此以往的结果是立足于体育领域特有视角展开的研究和反思越来越少，[1]真正关乎体育法学学科建构的"内生理论"[2]被逐渐边缘化，由此期待体育法学研究范式去回答该学科经典问题的愿景不免会付之东流。此外，体育法学发展过程中存在过度强调自身应用性极强的问题。因为法学本身就是一门实践学问、实践知识，即通过"实践之思"获取的知识。[3]良好的学科发展状态应当是理论研究与实践知识的有机融合与融会贯通，体育法学应用性很强并非意味着其不需要纯粹理论研究，过度强调学科应用性极强的属性可能会出现理论与实践发展的对立，学科"内生理论"建构也会止步不前。体育权利被质疑就是体育法学内生理论不健全导致的结果，也是新兴法学学科发展初期阶段理论基础薄弱、研究方法欠缺等共有通病，并非意味着体育权利概念的虚构。

二、国际人权文件下体育权利的规范实证化

体育权利的提出与发展离不开国际人权文件对其逐渐的重视，对体育权利的规范实证化也遵循着国际人权文件规定到各国国内立法的进路。虽然国际人权文件对缔约国而言并不直接等同于国内立法，但是根据"条约必须信守"的国际法基本原则，国际人权文件中的体育权利条款构成权利的起源和重要参照。

（一）国际人权宪章中原则性条款

国际人权宪章是以 UDHR 为基础，以《公民权利与政治权利国际公约》（International Covenant on Civil and Political Rights，ICCPR）、ICESCR 及其两个任择议定书为核心的国际人权文书的统称，即联合国基础性人权公约的统称。目前国际人权宪章并未直接规定体育权利，无论是 UDHR 还是 ICESCR 均未提及体育，遑论体育权利。已有研究表明，UDHR 第 24 条（人人享有休息和休闲的权利）和第 27 条（人人有权自由参加文化生活）间接主张了参与体育运动的权利；ICESCR 第 15 条也规定人人有权参加文化生活。随着人们对体育功能多元化认识加深，体育是一种文化已成为共识，体育生活应当被文化生活包含。[4]该观点认为体育权利曾蕴含于 ICESCR 和 UDHR 具体权利条款，尤其是

---

〔1〕 参见贾文彤、王晓强、郝军龙："我国体育法学研究中的'体系'探讨"，载《河北体育学院学报》2008 年第 5 期。

〔2〕 廉睿等："中国体育法学：'场域'调适、规范集成与方法自觉"，载《天津体育学院学报》2019 年第 2 期。

〔3〕 舒国滢主编：《法理学导论》，北京大学出版社 2019 年版，第 1 页。

〔4〕 参见姜世波："论体育权作为一种新型人权"，载《武汉体育学院学报》2018 年第 4 期。

文化权利，但即使退一步认为体育是一种广义上的文化，那么是否必然导致体育权利归属于文化权利，两者是否存在必然因果关系仍值得商榷。因为究竟何为国际人权公约上的文化权利，法理上似乎并不明晰，[1]也很难依托体育属于文化就径直得出体育权利属于文化权利范畴。人权的内容和重心是漂浮和变化的，人权的体系也是发展的。[2]体育权利成为一项新兴人权，或可以在公认的国际法原则——民族自决原则[3]中寻求依据。一方面，无论是 ICCPR 还是 IC-ESCR 第 1 条均采用了相同表述："所有人民都有自决权。他们凭这种权利自由决定他们的政治地位，并自由谋求他们的经济、社会和文化的发展。"另一方面是"三代人权"理论中第三代人权的主要表征发展权。[4]

（二）残疾人权利公约中明确性条款

为确保所有残疾人充分和平等地享有一切人权和基本自由，2006 年联合国大会通过了 CRPD，中国政府和中国残联在促成该公约"诞生的过程中作出了不可磨灭的历史贡献"[5]。CRPD 在未突破国际人权宪章对权利的规范下，[6]以人权理念为核心界定了残疾人和基于残障的歧视等系列概念，突破性地规定了基本原则，并构建了全新的权利保障模式，即"人权模式"。"人权模式"以"社会模式"为基础，并创造性地将残障问题划归到人权范畴内。"社会模式"是残疾人模式演变发展过程中的经典模式，与之前"医学模式"侧重关注残疾人自身不同，其提供一种全新视角，将着眼点从残疾人转移到残疾人所生活的社会环境，认为残障本身是社会结构给残疾人带来的障碍，是社会歧视残疾人的结果而非原因。"人权模式"在阐明人之残疾是与人类社会共存的现象，残疾人是人类社会必然组成部分的基础上，更凸显了"残疾人的人权主体地位"[7]。

在"人权模式"下，为保障残疾人与其他人平等地享有体育权利，CRPD 以第 30 条第 5 款为核心建构起了体育权利保障规范。该规范包括两层内涵，第一层是形式平等，鼓励残疾人尽可能地参加各级主流体育运动；第二层是实质平等，在尊重残疾人特殊体质下，提供相关便利服务，确保其使用体育场所和

[1] 参见涂云新：《经济、社会、文化权利论纲》，中国法制出版社 2020 年版，第 349 页。
[2] 何志鹏：《权利基本理论：反思与构建》，北京大学出版社 2012 年版，第 181 页。
[3] 既是一种国际法原则也是一种重要的人权。
[4] 朱力宇、叶传星主编：《人权法》，中国人民大学出版社 2017 版，第 279 页。
[5] 李敬、亓彩云："《残疾人权利公约》：诞生、解读及中国贡献"，载《残疾人研究》2019 年第 3 期。
[6] 参见曲相霏："《残疾人权利公约》与残疾人权利保障"，载《法学》2013 年第 8 期。
[7] 曲相霏："《残疾人权利公约》与中国的残疾模式转换"，载《学习与探索》2013 年第 11 期。

参加体育活动。虽然 CRPD 关于体育权利的规定是以特殊群体为权利主体，但其详尽的权利内容为后续体育权利内涵的明晰提供了参照系。同时，也明确了缔约国向残疾人权利委员会提交报告的义务，说明为履行本公约规定的义务而采取的措施和在这方面取得的进展。我国针对残疾人开展的体育服务体系和制度建设以及体育赛事和活动的保障，是对 CRPD 第 30 条第 5 款的遵守，是在坚持人权的普遍性原则和国情相结合下所形成的一条具有中国特色的残疾人体育权利保障道路。

（三）国际体育运动宪章中实施性条款

2015 年联合国教育、科学及文化组织修订了专门规定体育的国际宣言 ICPEPAS，其第 1 条开篇明确"开展体育教育、体育活动和运动是每个人的一项基本权利"，并在第 1.3 条中规定"必须为所有人提供包容、适宜和安全的机会来参与体育教育、体育活动和体育运动，特别是学龄前儿童、妇女和女童、老年人、残疾人"。如何保障将体育权利的具体内容予以实施是目前困境所在，即体育教育、体育活动和体育运动权利之间是否存在权利优先实现顺序，这需要借助相关理论研究予以辅助。根据联合国经济、社会和文化权利委员会（简称经社文委员会）"最低核心义务"[1]（minimum core obligations）要求，缔约国保障体育权利的义务包括一般义务和具体义务。一般义务是一些即刻生效的义务，如保证体育权利不受歧视义务（ICESCR 第 2.2 条）和采取措施充分实现 ICPEPAS 第 1 条的义务（ICESCR 第 2.1 条）。具体义务包括尊重义务，要求缔约国不直接或间接地干预个人对体育权利的享有（ICPEPAS 第 1.1 条）。保护义务，要求缔约国采取措，防止第三方干预 ICPEPAS 第 1 条所进行的保护；实现义务，要求缔约国为全面实现体育权利采取适当的立法、行政及司法措施（ICPEPAS 第 1.2 条~1.7 条）。

根据 ICPEPAS 第 1 条的系统性规定，体育权利可从权利和义务两个方面进行诠释。（1）人人享有体育活动、体育运动的权利。体育权利是有关体育教育、体育活动和运动的权利，包括自由和权利。作为自由的体育权利可通过体育活动来发展身心和社会福祉及能力的自由。CRPD 第 30 条规定残疾人体育权利时，采用"参与文化生活、娱乐、休闲和体育活动"的表述，其中体育的英

---

〔1〕 "General comment 12, by United Nationals Educational Scientific and Cultural Organization"，载 https://tbinternet.ohchr.org/_ layouts/15/treatybodyexternal/Download.aspx? symbolno = E% 2fC. 12% 2f1999% 2f5&Lang=zh，最后访问时间：2022 年 1 月 10 日。

文为"Sport"。从某种意义上，CRPD 更倾向于保障残疾人参与类似竞技体育的权利。2015 年修订的 ICPEPAS 新增"体育活动"（Physical Activity），是指全民健身体育或一般身体活动，[1]此外还包括参加体育教育的权利。（2）政府必须履行义务，保障人人享有使用实现体育教育、体育活动和运动所必须的各种设施、场地、服务和条件（合称体育设施）的权利。政府必须具有足够数量的、行之有效的体育设施、场地、服务以及体育规划，即体育设施的可提供性（availability）；缔约国所提供的体育设施、场地和服务必须面向所有人，不得歧视，即保证体育设施的可获取性（accessibility）；所有体育设施、场地和服务提供的方式应当充分考虑特殊人群的需求，即保障体育设施的可接受性（acceptability）；体育设施、场地和服务提供不仅是可接受的，而且必须是适当和高质量的，即确保体育设施的质量（quality）。

通过国际人权宪章的原则性条款、CRPD 的明确性条款、ICPEPAS 的实施性条款，体育权利逐渐得到国际人权的重视，但从严格意义上而言，体育权利并非一项独立人权。因为，尽管 ICPEPAS 第 1 条明确规定了体育权利，但其并不是国际人权宪章的构成部分，而是不具备法律效力的宣言。基于新兴人权的产生是"社会可供资源与人的需求的契合"[2]，或许可以依据民族自决原则的延伸——发展权的视角看待体育权利。作为谋求发展而存在的权利，发展权并非一个单独权利，而是一个类的概念。ICPEPAS 将体育权利的内涵划分为体育教育权、体育活动权和体育运动权。发展权的目标主要是追求主体的全面发展，而体育活动在"人"的生存、发展中占据越来越重要的地位，特别是在国家层面推进"健康中国"的规划和行动的逐步开展中，在全民健身计划纲要的指引下，体育权利与发展权对人类全面发展本质要求的内在特质完全相符。发展权视角下的体育权利虽然有其国际性的一面，但人权问题在本质上是一个国家主权范围内的问题，体育权利的实现需要国家来保障。

三、实在法下体育权利规范实证化的法律层级结构

（一）纳入《宪法》保障的体育权利

《宪法》明确提及体育的条款共 4 条，即"总纲"第 21 条第 2 款，"国家机构"第 89 条第 7 项、第 107 条以及第 119 条。首先，《宪法》"国家机构"

---

　　[1]　参见李平平、王雷："《对国际体育教育、体育活动与体育运动宪章》的解读与思考"，载《北京体育大学学报》2016 年第 7 期。

　　[2]　何志鹏：《权利基本理论：反思与构建》，北京大学出版社 2012 年版，第 180 页。

相关体育条款只是明确中央与地方政府的职权管理，并未规定体育权利是基本权利。其次，《宪法》第33条至第50条作为宪法对基本权利的规范依据并无涉及体育。最后，体育权利难以从现行作为基本权利的教育权、文化权推衍出来。一方面，与教育相关的体育权往往只局限于学校体育之中，另一方面，《宪法》第47条规定的"其他文化活动"貌似为体育权利提供了依归。[1]确实，1978年《宪法》第52条规定："……国家对于从事科学、教育……体育等文化事业的公民的创造性工作，给以鼓励和帮助"，将体育纳入文化事业范畴，归属《宪法》基本权利。但现行《宪法》却将"体育"删除，这意味着从规范层面不适宜将体育简单地纳入文化范畴。从权利形态层面而言，体育权利是集合权利，其权利构成包含诸多基本权利。因此，体育权利并不能被任何基本权利所包含。

那么，体育权利是否属于《宪法》未列举权利？因为《宪法》主要通过建构权利体系实现对权利的表达，但这并非意味着权利只限于权利体系之中。那些被视为"人之所以为人"的权利并未被列入《宪法》确认的"非列举权利"同属权利之列，[2]只是基于社会资源的有限性和法律确定的滞后性，使得一些涉及社会成员生存和发展状况的利益诉求列入权利体系。但依据社会发展规律，社会资源总量处于增长状态，权利保护的标准也随之上升，权利体系空间也会随之扩大，吸纳紧迫而必要的权益诉求进入《宪法》也是发展趋势，而何为紧迫必要权益诉求就是非列举权利的使命。紧迫必要权利的界定是抽象的，需要借助参照系和界定标准而不能主观臆断。虽然这种共识很抽象，但基于权利只能来自社会的共识，参照系就是作为全球化背景下的国际人权公约。[3]体育权利体现在国际人权宪章的原则性条款、CRPD的明确性条款和ICPEPAS的实施性条款中，并以发展权为载体，满足成为《宪法》"非列举权利"的紧迫必要。

界定体育权利是《宪法》"非列举权利"的意义在于，一方面是对人权保障的国家立法进行回应，因为"普遍的人权应当得到每一个国家的尊重，但是，由于不同的适用条件，每个国家保障人权获得具体实现的方式和方法，其程度

---

〔1〕 参见于善旭："论公民的体育权利"，载《体育科学》1993年第6期。

〔2〕 秦小建：《宪法的道德使命　宪法如何回应社会道德困境》，法律出版社2015年版，第197页。

〔3〕 参见秦小建："宪法为何列举权利？——中国宪法权利的规范内涵"，载《法制与社会发展》2014年第1期。

不得导致侵犯国内宪法的权威"。[1]另一方面是明确法律对残疾人体育权利立法保障的遵循。回到《宪法》"总纲"第21条第2款"国家发展体育事业，开展群众性的体育活动，增强人民体质"，其在权利体系中并无相对应条款，因为其着眼点在国家，为国家指明了一个阶段内体育事业的努力方向。该条款只是纯粹规定国家应实现体育相关目标，是一种客观法规范，无法直接得出个人主观权利——体育权利，"可以被视为一种原则意义上的宪法要求"[2]。简言之，以人权为理论依据的体育权利蕴含于《宪法》第21条第2款，但该条款并非体育权利的直接依归，而是制定体育权利的法定遵循，体育权利的确定需要由下位法来完成。

（二）获得《体育法》保障的体育权利

在2021年10月19日第十三届全国人大常委会第三十一次会议上，全国人大社会建设委员会主任委员何毅亭对《体育法（修订草案）》（以下简称《修订草案》）进行说明，突出依法保障公民参加体育活动的权利是《修订草案》的基点和重点内容。《修订草案》"总则"第5条明确规定"公民依法平等地享有参与体育活动的权利……"，没有直接提出体育权利而是提出体育活动的权利。这是立法妥协的结果，但这里的"体育活动"应当作广义理解，即包含ICPEPAS第1条中所规定的体育教育、体育活动和体育运动。因为一方面《修订草案》主要修改的内容就是要突出权利导向，明确规定平等参与权利；另一方面在坚持立足国情的背景下，做好与国际规则的对接，汲取国外经验强化理解与掌握国际体育组织规则亦是本次草案修订的重点。所以该条款可以理解为我国体育法律体系甚至整个法律体系中首次明确规定体育权利的条款。因为虽然《全民健身条例》第4条第1款规定，"公民有依法参加全民健身活动的权利"，但其只是行政法规，法律位阶较低，未能与非明示基本权利的体育权利进行良好呼应。另一方面，全民健身活动不等同于体育活动，其并非完整意义上的体育权利。《修订草案》第5条明确规定了公民的体育权利，体现了国家在立法层面对于公民体育权利的重视，强调了国家和社会在公民体育权利保障方面的责任，体现了依法治体的理念，是对体育权利的直接确定，也起到了总纲作用。

《修订草案》对体育权利采用了"总+分"模式进行规定，"总则"第5条

---

[1] 莫纪宏、宋雅芳："论国际人权公约与国内宪法的关系"，载《中国法学》1999年第3期。

[2] 参见涂云新：《经济、社会、文化权利论纲》，中国法制出版社2020年版，第170页。

是体育权利的纲领性规定，分则中"全民健身"提出全民健身战略条款，规定保障全民健身的措施与手段，并对老年人、残疾人等重点人群给予特殊保障。"学校体育"中新增第 25 条第 1 款，"学校必须开设体育课，保证体育课时不被占用"，虽然该条款并未直接明确规定违反该行为的法律后果，但《行政处罚法》第 12 条第 3 款新增了地方补充性立法，为地方立法机关保障在校学生参与体育活动的权利提供了法律依据。"竞技体育"中新增第 40 条"国家依法保障运动员接受文化教育、选择注册与交流等权利"，这不仅是因为竞技体育的可持续发展是体育的核心内容之一，更在于运动员作为体育中的特殊主体，对其体育权利的明确保障更能彰显体育权利的价值所在。

四、基于权利保障原则的体育权利实证化

体育法基本原则是体育法基础理论研究的重要议题，涉及体育法本质、体育法定位、体育法概念界定、体育法价值等基本体育法律要素。正如德沃金所认为，把这样一个准则称为原则，它应当得到遵守，并不是因为它将促进或保证被认为合乎经济、政治或者社会形式，而是因为它是公平、正义的要求，或者是其他道德层面的要求。[1]体育权利保障原则是对体育权利条款的原则化上升，既是一种权利也是一种原则。一方面，体育法基本原则作为学术话语早已进入研究视野，虽然目前对于体育法基本原则的研究成果莫衷一是，但无论是以现行《体育法》总则条款为确定标准的九原则说[2]、立足于体育功能的七原则说[3]，还是以法律原则的立法技术特征为标准的五原则说[4]、以本国体育法基本原则的继承与发展为标准的五原则说[5]，或是以规范性要求和目要求为标准的四原则说[6]，均将体育权利保障原则纳入范畴，学界对体育权利保障原则的共识已然形成。

---

〔1〕 ［美］罗纳德·德沃金：《认真对待权利》，信春鹰、吴玉章译，中国大百科全书出版社 2002 年版，第 41 页。

〔2〕 参见汤卫东编著：《体育法学》，南京师范大学出版社 2000 年版，第 18~24 页。

〔3〕 参见张厚福："中国体育法律原则初探"，载《成都体育学院学报》2000 年第 3 期。

〔4〕 参见胡旭忠："体育法基本原则研究"，南京师范大学 2017 年博士学位论文。

〔5〕 参见汪全胜、陈兴、张洪振："《体育法》总则的反思与重构"，载《天津体育学院学报》2010 年第 2 期。

〔6〕 参见唐勇：《体育法基本问题研究》，法律出版社 2020 年版，第 107~108 页。

表1 《修订草案》"总则"条款内容分析

《修订草案》"总则"条款内容	属性（定位）
第1条：为了发展体育事业，增强人民体质，推动体育强国和健康中国建设，培养和践行社会主义核心价值观，根据宪法，制定本法。	立法目的及立法依据
第2条：国家坚持以全民健身为基础，坚持普及与提高相结合，促进体育事业均衡、充分发展，促进人的全面发展和社会进步。	体育工作方针（政策性条款）
第3条：各级人民政府应当将体育事业纳入国民经济和社会发展规划。	发展规划（政策性条款）
第5条：国务院体育行政部门主管全国体育工作。国务院其他有关部门在各自职责范围内管理体育工作。 县级以上地方各级人民政府体育行政部门或者本级人民政府授权的机构主管本行政区域内的体育工作。	管理体制与职权划分
第5条：公民依法平等地享有参加体育活动的权利。国家对未成年人、老年人、残疾人等参加体育活动的权利给予特别保障。	既是权利条款又是原则
第6条：国家扶持革命老区、民族地区、边疆地区、经济欠发达地区体育事业的发展。	均衡发展（政策性条款）
第7条：国家鼓励支持民族、民间传统体育项目的发掘、整理和提高。	传统体育
第8条：每年8月8日为国家体育节。	体育节日
第9条：开展和参加体育活动，应当遵循遵守规则、诚实守信、尊重科学、保障安全的原则。	体育活动原则
第10条：国家支持体育产业发展，完善体育产业体系，规范体育市场秩序，鼓励扩大体育市场供给，扩宽体育产业投融资渠道，促进体育消费。 国家规范和发展健身休闲、竞赛表演、体育培训等产业，促进体育与健康、文化、旅游、养老等融合发展。	体育产业（政策性条款）
第11条：国家支持体育科学研究和技术创新，推广应用体育科学技术成果，提高体育科学技术水平。	体育科技（政策性条款）
第12条：国家对在体育事业发展中作出突出贡献的组织和个人，按照国家有关规定给予表彰和奖励。	体育奖励（政策性条款）
第13条：国家鼓励开展对外体育交往。对外体育交往坚持独立自主、平等互利、相互尊重的原则，维护国家主权、安全、发展利益，遵守中华人民共和国缔结或者参加的国际条约。	国际交流（政策性条款）

另一方面，通过梳理《修订草案》"总则"条款（详见表 1）得出，政策性条款内容居多，但政策性条款并非等同基本原则，两者在本质属性、落实路径、形成基础以及效力约束层面存在差异。《体育法》政策性条款本质是国家对体育公共服务责任的扩大（赋予国家责任的特殊条款），而体育法的基本原则诠释着体育法的精神内涵。在落实路径上，政策性条款是通过单独立法或发布政策，而基本原则则通过涵摄与衡量适用；在效力约束上，政策性条款宣誓性效力强，覆盖面有限，基本原则具有宏观指导性效力，适用范围广。体育权利条款在"总则"中统领体育权利规定，诠释普通民众参与全民健身活动、运动员参与竞技体育、学生参与体育活动的体育法精神内涵，契合体育法基本原则的内涵要素。所以体育权利条款既是权利也是原则，其能够发挥确认性功能。

结　语

《修订草案》明确规定体育权利条款是对体育法学界一直呼吁的体育权利法定化的积极回应，在法律规范层面上意味着今后体育法的发展方向将以体育权利保障为研究中心。同时，对于体育权利法定化应保持理性认识，如果体育权利条款不被司法适用，那将只是一种"纸面上的权利"，真正实现体育权利不仅需要权利法定化，更需要强化政府的责任与义务，做到有权必有责。在权利行使的保障层面，需要厘清体育自治与司法介入的边界，建立独立的体育仲裁机构，构建我国体育纠纷解决机制。